사례로 보는

# 여·수신

與·受信法律의 實務

# 법률의 실무

安永七 著

육법사

# 머 / 리 / 말

금융기관 상호 간의 과당경쟁은 이미 도를 넘은 것 같다. 또한 독점규제 및 공정거래에 관한 법률의 규제가 강화되는 등 소비자 권익이 크게 신장되고 있음은 아마 금융기관 종사자라면 어렵지 않게 느낄 수 있다. 아울러 금융기관과 고객 간의 분쟁은 날로 증가 추세에 있고, 그 결과 또한 고객에게 유리한 쪽으로 기울어지는 경향이 짙어, 금융기관 직원이 법률적 판단을 요구하는 실무를 처리하여야 할 때에는 상당한 부담을 가질 수밖에 없다.

저자는 1984년에 대고객 민원업무를 담당하면서부터 자연스레 은행 실무와 관련한 법률문제에 관심을 가지고 연구를 시작하게 되었고, 그 후 한국금융연수원의 여신심사역 과정을 이수하고서부터 금융실무법률 분야에 눈을 뜨게 되었다. 그 후 1999년부터 은행 내 실무법규전문 강사, 대구상공회의소 어음·수표법 실무 강사, 한국생산성본부 채권관리사 과정 강사, 새마을금고 중앙연수원 여·수신법률 과정 강사 등으로 활동하면서 이론 위주의 법률 서적보다는 당장 영업점 현장에서 누구나 쉽게 활용할 수 있는 실무사례를 중심으로 한 책자의 필요성을 절감하고 자료를 축적해 왔다. 이 책은 그 바람의 작은 시작이다.

이 책의 특징은 다음과 같다.

첫째, 무엇보다도 가장 큰 특징은 저자의 오랜 실무경험을 토대로 영업점 여·수신업무 실무를 충분히 이해하고, 실무에서 빈번히 발생하고 업무의 기본이 되는 내용을 중심으로 구성하였다는 점이다.

둘째, 영업점의 현장감각을 최대한 유지하고자 실제 사례를 들어 질의·응답식으로 기술함으로써 일반 법률 서적이 보편적으로 지니고 있는 지루함으로부터 탈피하고, 실무자들이 보다 쉽게 이해할 수 있도록 하는 데 중점을 두었다.

셋째, 하나의 큰 주제를 두고 그 아래 수 개의 질의를 추가함으로써 가능한 그 범주에 속하는 문제를 모두 해결하고자 노력하였으며, 견해의 대립이 있는 사항에 대해서는 한국금융연수원의 견해와 대법원 판례를 기준으로 하여 기술하였다.

넷째, 이 책은 사례와 질의, 결론(해답) 그리고 은행 내규 및 관련 법률의 규정이나 대법원 판례 등을 근거로 한 해설 순으로 기술하였으며, 실무상 특히 주의가 필요한 사항은 별도로 정리하여 업무 착오를 예방하고자 노력하였다.

다섯째, 영업이 최우선시 되는 현재의 상황을 고려할 때 은행 내규나 법률에서 정한 대로만 실무를 처리하기 어려운 점을 중시하여, 은행에 피해가 없다고 판단되는 범위 내에서 저자의 경험과 법률 전문가들의 견해를 참고하여 고객 편의를 위한 업무처리 방안도 제시해 보았다.

원래 이 책의 초안 원고는「사례로 보는 여신법률의 실무, 수신법률의 실무(상・하)」로 구성되어 있었으나 갑작스런 출간 요청으로 분량을 최소화 할 수밖에 없었던 점이 못내 아쉽다.

탈고를 하고나니 무엇을 끝냈다는 해방감보다는 오히려 두렵고 부끄럽다. 절대적으로 부족했던 시간도 한 원인이 되겠지만 그보다는 저자의 아둔함과 턱없이 부족한 지식 탓일 것이다. 독자 여러분들의 너그러운 아량을 바랄뿐이다.

여러모로 미흡한 점이 많겠지만 이 책이 고객과의 거래관계에서 발생할 수 있는 법적 리스크를 최소화하고 분쟁을 사전에 예방하는 등 실무자들의 고충을 해소하는 데 조금이나마 도움이 되었으면 하는 바람이다.

수년간 내색하지 않고 원고 정리를 해 준 아내에게 고맙다는 말을 전한다. 그리고 만약 한국금융연수원이 없었다면 이 책도 없었을 것이다. 존경하는 오시정 교수님, 한상문 교수님, 임승서 교수님 등 은행원의 고충을 해소하고자 불철주야 연구하고 계시는 모든 분들께 은행원의 한사람으로서 감사와 존경을 바친다.

끝으로 이 책이 발간되기까지 짧은 시간 동안에 애써주신 육법사 직원 여러분에게 감사의 말씀을 올린다.

2011년 1월 10일

安 永 七 씀

# | 참 고 문 헌 |


- 김형배, 민법학 강의
- 정찬형, 상법 강의
- 한국산업은행, 금융법률실무(여신, 수신)
- 윤완중, 민사소송 · 부동산경매 · 기타 채권관리 실무
- 한국사법행정학회, 민법주석서
- 한상문, 여신실무법률 上
- 오시정, 여신실무법률 中 · 下
- 오시정, 근저당권의 이론과 실무
- 유석주, 부동산등기법
- 홍제남, 예금 · 적금의 법률실무
- 대한법률구조공단, 생활법률
- 오시정, 어음 · 수표법 실무
- 서헌제, 어음 · 수표법
- 오종근, 민법 제920조의2에 대한 검토(논문)
- 이재양, 형법각론
- 곽윤직, 채권총론
- 박명주, 상가 · 주택임대차보호법 해설
- 임승서, 여신법률(채권계약) 기초
- 정동윤, 어음 · 수표법
- 임승서, 수신법률기초 제4권

# 차 례

## 제 1 장 여신법률의 실무

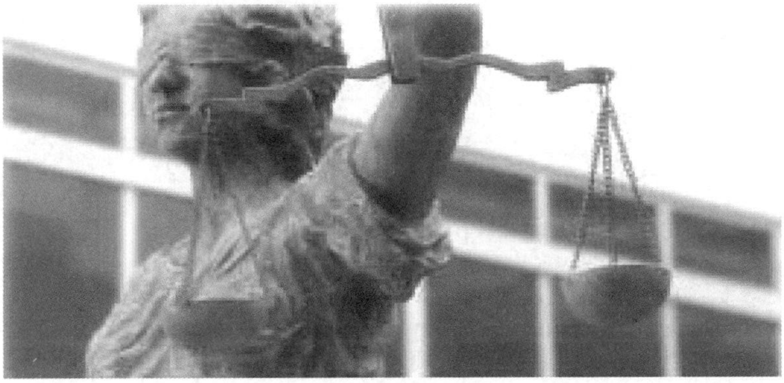

# 제 1 장 여신법률의 실무

# 제 1 절 여신거래의 상대방

## 1. 미성년자와의 여신거래시 고려하여야 할 사항

(상 황)

a. 미성년인 甲(만 18세의 근로청소년)은 D은행 Y지점에 정기예금 10 백만원을 예치하고 있다.
b. 한편 甲의 父(乙)와 母(丙)는 모두 생존하고 계신다.

### (1) 미성년자 단독에 의한 여신거래약정의 효력

甲으로부터 자신의 정기예금을 담보로 하는 대출 신청을 받았다. 그런데 그의 父와 母가 원거리에 거주하고 있는 관계로 은행 방문이 어렵다고 한다. Y지점은 甲과 단독으로 여신거래약정을 체결하여도 되겠는가?

금융기관과 甲이 체결하는 여신거래약정은 하나의 법률행위에 해당한다. 따라서 장래 법정대리인[1]의 동의가 없었다는 이유로 미성년자[2] 본인 또는 그의 법정대리인이 취소권을 행사하게 되면 여신거래약정을 체결한 때로 소급하여 무효가 되므로, Y지점은 甲의 요청을 정중히 거절하는 것이 타당할 것으로 판단된다.

민법은 미성년자를 보호할 목적으로 미성년자를 행위무능력자로 규정하는 한편 미성년자가 법률행위를 하고자 할 때에는 법정대리인의 동의를 얻어서 미성년자 스스로 하거나 아니면 법정대리인이 대리하여야 하며, 이를 위반한 법률행위는 미성년자 본인 또는 그의 법정대리인이 취소[3]할 수 있도록 정하고 있다.[4]

1) 법정대리인은 본인의 위임을 받지 않고도 법률의 규정에 의하여 당연히 대리할 권리가 있는 자를 말한다. 미성년자에 대한 법정대리인은 친권자 또는 후견인이 된다.

2) 미성년자라 함은 만 20세에 달하지 아니한 사람을 말한다. 우리 민법은 미성년자를 행위무능력자로 규정하여 법정대리인(친권자 또는 후견인)을 두도록 정하고 있으며, 재산상의 거래행위는 원칙적으로 법정대리인이 대리하거나 법정대리인의 동의를 얻어서 하여야 한다.

3) 사법상 취소라 함은 무능력 또는 의사표시가 사기・강박・착오로 행하여진 것을 이유로 일단 유효하게 성립한 법률행위의 효력을 후에 행위시에 소급하여 소멸케 하는 특정인(취소권자)의 의사표시를

미성년인 자에 대한 친권(법정대리권)은 父母가 혼인 중인 때에는 부와 모가 공동으로 행사하고, 부모의 일방이 친권을 행사할 수 없을 때에는 다른 일방이 행사한다.

법정대리인의 동의 행위는 서면으로 하던 구두로 하던 그 형식을 요하지 아니한다. 따라서 甲의 법정대리인인 부와 모에게 전화를 걸어 동의 여부를 확인하고 그 일시와 통화내용을 채권서류에 일목요연하게 기록하고 취급하는 방안도 고려해 볼 수 있을 것이다.

하지만 전화상으로는 진정한 친권자인지 여부를 확인하기가 여의치 아니할 뿐만 아니라 설령 친권자라 하더라도 장래 동의 사실을 부인하게 되면, 진정하게 동의가 있었다는 사실을 은행이 입증하여야 하므로 실무로 채택하기에는 부적절하다.

한편 미성년자가 단독으로 행한 여신거래약정 행위를 정당한 취소권자가 취소권을 행사하게 되면 그 여신거래약정 행위는 처음부터 무효가 되고, 이 경우 미성년자는 그 행위로 인하여 받은 이익이 현존하는 한도에서 상환할 책임을 부담할 뿐이다.

그리고 주채무가 무효가 되거나 취소될 경우 연대보증인의 보증채무도 소멸하는 것이 원칙이다. 그러나 취소의 원인이 있는 채무를 보증한 자가 보증계약 당시에 취소의 원인이 있음을 알면서 보증을 한 경우에는 설령 미성년자 등 행위무능력자의 차입행위가 정당한 취소권자에 의하여 취소되더라도 행위무능력자임을 알고서 보증한 연대보증인은 그 보증 책임을 면할 수 없다.[5] 따라서 실무상 부득이 한 사정으로 연대보증인 입보 조건으로 행위무능력자와 단독으로 여신거래약정을 체결하고자 하는 때에는 연대보증인으로 하여금 '차주가 행위무능력자임을 알고서 보증한다.'라는 내용을 근보증서의 특약사항란 등에 자필하도록 한다면, 장래 취소권을 행사함으로써 주채무가 무효가 되더라도 보증인에 대하여 보증채무 이행을 청구하는데 아무런 장애가 되지 않을 것이다.

연대채무[6]의 경우에는 어느 연대채무자에 대한 법률행위의 무효나 취소의 원인은 다른 연대채무자의 채무에 영향을 미치지 아니하므로(민법 제415조), 행위무능력자와 연대채

---

말한다. 취소할 수 있는 행위는 취소가 있을 때까지는 모든 자가 그 행위의 효력이 있는 것으로 다루며 취소권자가 취소권을 포기하거나 또는 취소권이 소멸하면 그 행위는 효력을 잃지 않는 것으로서 확정된다.

4) 미성년자가 법률행위를 함에는 법정대리인의 동의를 얻어서 미성년자가 스스로 하거나 법정대리인인 친권자가 대리하여야 하고, 법정대리인의 동의 없이 미성년자가 단독으로 법률행위를 한 때에는 미성년자 또는 법정대리인이 이를 취소할 수 있다(민법 제5조 제2항 · 제140조).

5) 민법 제436조(취소할 수 있는 채무의 보증).

6) 수인의 채무자가 채무전부를 각자 이행할 의무가 있고, 채무자 1인의 이행으로 다른 채무자도 그 채무를 면하게 되는 때에는 그 채무를 연대채무로 한다(민법 제413조, 연대채무의 내용).

무자가 된 자는 정당한 취소권자가 취소권을 행사[7]하더라도 이와는 상관없이 채무를 이행하여야 한다.

### (2) 미성년자 측에서 취소권을 행사할 때 반환받을 수 있는 대출금액

**법정대리인(乙, 丙)의 동의를 받지 아니하고 미성년인 甲에게 정기예금담보대출을 취급하였으나 그 후 甲의 법정대리인이 법률행위의 하자를 이유로 취소권을 행사할 경우, 甲이 Y지점에 반환하여야 할 금액은?**

미성년자가 단독으로 한 차입 및 담보제공행위는 일단 유효하다. 그러나 법정대리인의 동의 없이 미성년자 단독으로 한 차입행위에 대하여 미성년자 본인 또는 그 법정대리인이 취소를 하게 되면, 그 차입 또는 담보제공 행위는 여신거래약정 체결 당시로 소급하여 무효가 되고, 이 경우 미성년자는 차입행위로 인하여 얻은 이익이 현존하는 한도에서 이를 거래의 상대방(Y지점)에게 반환(부당이득반환)하여야 한다.[8]

여기서 '현존하는 이익'이라 함은 대출금이 현금으로 그대로 있거나 또는 그것이 변형되어서 잔존하고 있는 한도를 의미한다. 예컨대 대출금이 타인의 채무변제 또는 생활비에 충당되었다면 그 한도에서 이득이 잔존하는 것으로 본다. 하지만 유흥비 등으로 소비해 버린 경우에는 이익이 현존하지 않기 때문에 반환받을 수 없게 된다.

이익의 현존 여부 및 그 한도에 관한 입증책임은 미성년자 측에 있다. 현존하는 이익을 반환하지 아니하면 부당이득반환청구의 소[9]를 제기하는 수밖에 없다.

한편 甲의 법정대리인인 父가 차입행위에 동의하지 않았음을 이유로 취소권을 행사한다 하더라도, Y지점은 미성년자 명의의 대출금을 자동채권으로 하고 담보로 취득한 예금을 수동채권으로 하는 상계는 할 수 없을 것으로 본다. 상계를 하기 위해서는 동종의 양 채권이 서로 유효하게 대립하고 있어야만 하는데, 미성년자 단독으로 한 차입행위가 취소되면 예금반환채무에 대립하는 채무자(甲)에 대한 대출금채권(자동채권)이 존재하지 않기 때문이다.

---

7) 취소권은 추인할 수 있는 날로부터 3년 내에(미성년자 본인이 취소권을 행사하려면 성년이 된 때로부터 3년 이내), 법률행위를 한 날로부터 10년 내에 행사하여야 한다(민법 제146조).

8) 취소한 법률행위는 처음부터 무효인 것으로 본다. 그러나 무능력자는 그 행위로 인하여 받은 이익이 현존하는 한도에서 상환할 책임이 있다(민법 제141조, 취소의 효과).

9) 소송 상대방이 행위무능력자인 경우에는 그의 법정대리인(친권자 또는 후견인)의 주소와 자격, 성명을 기재하여야 한다.

### (3) 공동친권자 중 그 일방 단독에 의한 동의 또는 대리행위의 효력

**丙(甲의 母)이 단독으로 미성년인 甲의 정기예금을 담보로 하는 대출(차주 : 甲)신청이 있는 경우, Y지점의 실무처리 방안은?**

다른 법정대리인인 乙(甲의 父)이 丙 단독으로 담보제공 및 차입행위를 하는데 동의하지 않는다는 사실을 Y지점이 모르고 있는 한, 丙(甲의 母)과 정기예금담보대출에 관한 여신거래약정을 체결하여도 무방할 것으로 본다. 다만, 丙이 대리행위를 할 때에는 반드시 공동명의{甲의 법정대리인 乙(父), 甲의 법정대리인 丙(母)}으로 하여야만 한다.

민법은 미성년인 子에 대한 친권은 父母가 혼인 중인 때에는 父와 母가 공동으로 이를 행사하며, 부모의 일방이 친권을 행사할 수 없을 때에는 다른 일방이 이를 행사하도록 규정하고 있다.[10] 따라서 부모가 혼인 중인 경우 미성년인 子의 법률행위에 대리 또는 동의하고자 하는 때에는 부와 모가 공동으로 하여야 한다.

미성년인 子의 법률행위에 부모 중 일방이 단독으로 대리행위를 한 경우에는 무권대리 행위가 되어 다른 일방이 추인을 하지 아니하고 취소권을 행사하게 되면 그 법률행위는 무효가 된다. 또한 부모 중 일방이 단독으로 동의한 때에도 미성년자 본인 또는 동의를 하지 아니한 다른 일방이 그 법률행위를 취소를 하게 되면 그 법률행위는 역시 무효가 된다.

그런데 여기서 특히 유의하여야 할 사항은 친권을 부와 모가 '공동으로 행사'한다는 의미는, 친권행사에 관해서 부와 모의 의견의 일치가 있다는 것, 즉 부와 모의 공동 의사에 기인함을 뜻할 뿐 반드시 부와 모가 각각 거래 상대방에게 친권을 행사하여야 한다는 의미는 아니라는 점이다.[11]

민법 제920조의2(공동친권자의 일방이 공동명의로 한 행위의 효력)에 의하면, 父母가 공동으로 친권을 행사하는 경우 부모의 일방이 공동명의로 자를 대리하거나 자의 법률행위에 동의한 때에는 다른 일방의 의사에 반하는 때[12]에도 그 효력이 있다. 그러나 상대방이 악의

10) 부모는 미성년자인 子의 친권자가 된다. 양자의 경우에는 양부모가 친권자가 된다. 친권은 부모가 혼인중인 때에는 부모가 공동으로 이를 행사한다. 그러나 부모의 의견이 일치하지 않는 경우에는 당사자의 청구에 의하여 가정법원이 이를 정한다. 부모의 일방이 친권을 행사할 수 없을 때에는 다른 일방이 이를 행사한다(민법 제909조).

11) 민법 주석서(한국사법행정학회) 및 민법 제920조의2에 대한 검토(오종근).

12) 부모 중 일방의 공동명의의 사용이 다른 일방의 의사에 반한다 함은 다른 일방이 동의 또는 대리권을 수여한 바가 없음에도 공동명의로 동의 또는 대리행위를 행사한 것을 의미한다(민법 제920조의2에

인 때에는 그러하지 아니한다고 정함으로써 이 점을 명확히 하고 있다.

본 조문은 공동친권자가 미성년인 子에 대한 친권을 행사(동의 또는 대리행위)하고자 할 때, 거래 상대방의 면전에서 부와 모가 각각 직접 대리하거나 동의를 하여야 하는 것만은 아니며, 부와 모 중 그 일방만으로도 동의 또는 대리행위를 할 수 있다는 것을 의미한다. 다만, 부모 중 일방에 의한 동의 또는 대리행위가 유효하려면 다음과 같은 요건을 갖추어야 한다.

1. 반드시 공동명의로 법률행위에 대리 또는 동의하여야 한다.

여기서 공동명의로 子를 대리 또는 동의한다 함은 공동친권자 일방이 2개의 명의, 즉 하나는 자기 자신의 명의로 또 하나는 다른 공동친권자의 명의로 하는 것을 의미함으로 설문에서 보는 바와 같이 미성년인 子(甲)의 차입 및 담보제공 행위에 부모 중 일방인 母가 단독으로 동의 또는 대리행위를 하더라도 그 표시는 {甲의 법정대리인 乙(父), 甲의 법정대리인 丙(母)}과 같이 공동으로 표시하는 것을 말한다. 따라서 {甲의 법정대리인 丙(母)}으로만 표시한 경우에는 민법 제920조의2의 규정이 적용되지 아니하므로 그 법률행위는 장래 미성년자 본인 또는 대리행위를 하지 아니한 다른 일방(父)에 의해 취소될 수 있다는 점에 유의하여야 한다.

2. 미성년자의 거래의 상대방(Y지점)이 악의가 없었어야 한다.

여기서 악의라 함은 공동친권자인 부와 모 중 어느 일방(설문의 경우 父)이 미성년자의 차입 및 담보제공 행위에 반대하며 다른 일방(母)에게 동의 또는 대리권을 수여하지 않았다는 것을 미성년자의 거래 상대방이 알았거나 조금만 주의하면 알 수 있었음에도 이를 모른 경우, 즉 상대방의 중대한 과실을 의미한다. 따라서 다른 법정대리인인 乙(甲의 父)이 甲의 정기예금을 담보로 차입을 하는데 동의하지 않는다는 사실을 Y지점이 몰랐고, 모르는데 중대한 과실이 없어야만 한다.[13]

■ 참고사항

1. 부모가 이혼한 때에는 부모의 협의로 친권을 행사할 자를 정하고, 협의를 할 수 없거나 협의가 이루어지지 않는 경우에는, 당사자의 청구에 의하여 가정법원이 결정한다.[14]

부모의 협의로 친권을 행사할 자를 정한 경우, 단독친권으로 하든 공동친권으로 하든 자유로

대한 검토, 오종근).

13) 상대방(Y지점)의 악의 여부는 당해 법률행위의 무효를 주장하는 자가 입증하여야 하므로 친권자 또는 미성년자가 이를 입증하여야 한다.

14) 민법 제909조(친권자) 제4항.

이 결정할 수 있다는 것이 통설이다. 협의이혼을 할 경우 이혼신고서에 친권을 행사할 자가 정해진 때에는 이를 기재하도록 하고 있다.

재판상 이혼의 경우에는 가정법원이 미성년자인 子의 친권을 행사할 자에 관하여 부모에게 미리 협의하도록 권고하도록 되어 있으므로 누가 친권을 행사할 자인지를 확인하기 위해서는 먼저 이혼신고서나 판결문을 징구하여 보는 것이 필요하다. 이혼신고서나 판결문에 친권을 행사할 자가 정해져 있지 아니하고 또 당사자의 협의에 의해서 친권을 행사할 자가 정해져 있다는 증빙이 없다면 부모 쌍방이 공동친권자가 된다고 보아야 할 것이다.

이혼한 부모가 재혼을 했다 하더라도 친권자임에는 변함이 없으며, 그들의 협의에 의해 친권을 행사할 자가 정해지지 않았다면 여전히 쌍방이 공동친권자가 된다.

2. 미성년자에 대하여 친권자가 없거나 친권자가 법률행위의 대리권 및 재산관리권을 행사할 수 없는 때에는 그 후견인을 두어야 하며(민법 제928조), 미성년자의 후견인이 될 수 있는 자는 친권을 행사하는 부모가 유언으로 지정한 자[15]가 되며, 지정한 자가 없는 때에는 직계혈족, 3촌 이내의 방계혈족의 순위[16]로 후견인이 되며, 이들도 없으면 친족이나 이해관계인의 청구에 의하여 법원이 이를 선임[17]하여야 한다.

3. 후견인이 특정한 주요 재산행위에 동의 또는 대리를 하고자 할 때에는 친족회의 동의를 얻어야 하며, 동의 없이 한 행위는 피후견인 또는 친족회는 이를 취소할 수 있다.[18]

### (4) 미성년자 단독에 의한 여신거래약정이 체결된 경우 그 대책

**甲이 미성년자라는 사실을 간과하여 법정대리인(친권자 乙, 丙)의 동의를 받지 아니하고 甲에게 정기예금담보대출을 취급한 사실이 발견된 경우, Y지점의 적절한 대책은?**

대출을 취급하였으나 차주가 미성년자 등 행위무능력자로 판명된 경우에는 먼저 대출자금의 행방을 추적, 대여금이 통장에 남아 있는 경우에는 지급정지 등록을 하는 한편 미성년자의 법정대리인(부와 모)에게 최고하여 추인[19]을 받아두도록 한다. 그러나 친권자

15) 이를 지정후견인이라 한다(민법 제931조).

16) 이를 법정후견인이라 하며, 직계혈족 또는 방계혈족이 수인인 때에는 최근친을 선순위로 하고, 동순위자가 수인인 때에는 연장자를 선순위로 한다(민법 제932조 · 제935조 제1항).

17) 이를 선임후견인이라 한다(민법 제936조 제1항).

18) 민법 제950조(법정대리권과 동의권의 제한).

19) 사법상 일단 행하여진 불완전한 법률 행위를 그 후에 보충하여 완전하게 하는 일방적 의사표시를 말한다. 취소할 수 있는 행위의 추인이라 함은 취소할 수 있는 행위를 취소하지 않겠다는 추인권자의

가 추인을 하지 아니하고 취소의 의사표시를 하는 경우에는 부당이득반환청구권을 행사하는 수밖에 없는데, 이 경우 반환을 받을 수 있는 범위는 미성년자가 차입행위로 받은 이익이 현존하는 범위 내이다.

차입신청 서류만 징구하고 대출을 실행하지 아니한 경우에는 추인을 구하는 것 보다는 철회권[20]을 행사하여 여신거래약정 자체를 해지하는 것이 적절할 것으로 본다.

미성년자가 유효한 차입행위를 하기 위해서는 법정대리인의 동의를 얻어서 미성년자 스스로 하거나 아니면 법정대리인이 대리행위에 의하여야 하며, 이를 위반한 때에는 미성년자 본인 또는 그 법정대리인이 취소[21]를 할 수 있다. 다만, 법정대리인의 동의가 없었다 하더라도 취소의 의사표시가 있기 전까지는 확정적으로 무효인 것은 아니며, 법정대리인이 추인을 하면 처음부터 유효한 차입행위가 된다.

민법상 법정대리인에게 추인을 구하는 방법에는 최고[22]가 있다. 이는 1개월 이상의 유예기간을 정하여 법정대리인에게 미성년자의 행위를 취소 또는 추인 여부를 촉구하는 행위인데 이 유예기간 내에 확답이 없으면 원칙적으로 추인한 것으로 본다. 그러나 법정대리인이 후견인인 관계로 추인 여부에 대해 친족회의 동의를 받아야 하는 경우 등 특별한 절차를 요하는 행위에는 취소한 것으로 본다.

차주인 미성년자가 성년이 된 후에 대출금의 이자를 납입하거나 원금의 일부 상환, 연기, 갱신, 대환 등을 하게 되면 이는 법정추인의 요건에 해당되어 이후로는 취소할 수 없게 된다.

한편 공동대리인이 본인을 위하여 제3자에 대하여 의사표시를 하는 것(이를 능동대리라 한다)이 아닌, 제3자의 의사표시를 수령(이를 수동대리라 한다)하는 경우에도 공동으로 하여야

---

의사표시(취소권의 포기)를 말한다.

20) 무능력자와의 계약은 추인이 있을 때까지 상대방이 그 의사표시를 철회할 수 있다. 그러나 상대방이 계약당시에 무능력자임을 알았을 때에는 그러하지 아니 하다. 무능력자의 단독행위는 추인있을 때까지 상대방이 거절할 수 있다. 철회나 거절의 의사표시는 무능력자에 대하여도 할 수 있다(민법 제16조, 무능력자의 상대방의 철회권과 거절권).

21) 취소권은 추인을 할 수 있는 날로부터 3년 내에, 법률행위를 한 날로부터 10년 내에 행사하여야 한다(민법 제146조, 취소권의 소멸).

22) 미성년자의 상대방은 미성년자가 성년이 된 경우에는 미성년자 본인에게, 성년이 되지 못한 때에는 그 법정대리인에 대하여 1월 이상의 기간을 정하여 그 취소할 수 있는 행위의 추인 여부의 확답을 최고할 수 있고 그 기간 내에 상대방이 확답을 하지 아니한 때에는 그 행위를 추인한 것으로 본다(민법 제15조, 무능력자의 상대방의 최고권).

하는지 의문이다.

결론적으로 공동대리인 중 1인이 한 수동대리도 본인에 대하여 효력이 있다는 것이 다수설의 입장이다. 이러한 법리는 공동친권자인 부모가 미성년자인 자를 위하여 제3자가 행한 의사표시를 수령하는 경우에도 동일하게 적용되어야 함으로 민법 제920조의2(공동친권자의 일방이 공동명의로 한 행위의 효력)는 수동대리의 경우에는 적용되지 않는 것으로 본다. 즉 공동친권자인 부와 모 중 어느 일방이 타방의 허락 없이 공동명의로 제3자가 행한 의사표시를 수령하였다 하더라도 상대방의 악의 여부와 관계없이 항상 본인인 미성년자에게 효력을 발생시킨다고 한다. 따라서 미성년자의 상대방이 그의 법정대리인에게 하는 의사표시는 반드시 공동친권자 모두에게 하여야 하는 것은 아니며 부모 중 어느 일방에게만 하여도 무방할 것으로 판단된다.

## 2. 의료법인과의 여신거래시 유의사항

(상 황)

D은행 Y지점은 평소 거래 중이던 K병원(의료법인)으로부터 차입신청을 받고, 여신 내규와 관련 법규(의료법)를 검토하고 있다.

### (1) 의료법인에 대한 신용대출 취급시 유의사항

**병원에 대하여 신용대출을 취급하고자 할 경우, Y지점이 특히 유의하여야 할 사항은?**

의료법인은 감독관청[1]의 허가를 받아 의료법에 의하여 설립된 법인으로 의료법에 특별한 규정이 없으면 민법상의 재단법인에 관한 규정이 적용된다. 의료법인으로부터 무담보 신용대출 차입 신청을 받은 때에는 특히 다음 사항에 유의하여야 한다.

1. 의료법인이 차입을 하거나 보증행위를 하는데 대하여는 의료법상 아무런 제한이 없다. 그러나 간혹 그 법인의 정관에 감독관청(시장 또는 도지사)의 허가 사항으로 정하고 있는 경우가 있으므로 정관의 내용을 철저히 확인하여야 한다.

2. 의료법인이 차입을 하거나 보증행위를 하는데 대하여는 의료법상 아무런 제한이 없지만, 채권자가 의료법인의 재산에 대하여 강제집행을 하고자 할 경우에는 감독관청의 허가를 받아야 하며,[2] 아울러 의료인의 의료 업무에 필요한 기구, 약품, 기타 재료에 대해서는 압류를 할 수 없다.[3] 따라서 의료법인이 대출금을 자진 변제하지 않는다면 사실상 채권회수가 어려울 것으로 예상되므로, 의료법인으로부터 차입신청이 있는 때에는 그 법인의 재정상태, 경영상황 및 여건, 병원의 인지도, 신용상태, 향후 전망 등을 면밀히 검토하여 자진변제 능력이 있다고 판단되는 경우에 한하여 취급하여야 할 것이다.

3. 차입이나 보증 등 의무부담 행위는 이사회결의 사항이다. 따라서 이사회결의서 사본을 징구하여 이사회 결의 여부를 확인하여야 한다.

---

1) 감독관청이라 함은 시장 또는 도지사를 말한다. 그러나 목적사업의 범위가 2이상의 도에 걸치는 의료법인의 경우에는 보건복지부장관이 된다.

2) 의료법 제48조 제3항의 규정에 의한 감독관청의 허가는 강제경매의 경우에도 그 효력요건으로 보아야 한다(대법원 1993. 7. 16. 선고 93다2094 판결).

3) 의료법 제13조(의료기재 압류 금지).

4. 의료법인의 경우 이사가 그 법인을 대표한다. 따라서 상업등기부 등본을 징구하여 대표이사가 누구인지 또 정관에 대표권에 관한 제한 사항은 없는지를 확인하여야 한다.

### (2) 의료법인의 재산을 담보 취득하고자 할 때 유의사항

**K병원의 재산(부동산)을 담보로 대출을 취급하고자 하는 경우, Y지점이 특히 유의하여야 할 사항은?**

의료법인의 재산을 담보 취득하고자 하는 경우에는 특히 다음 사항에 유의하여야 한다.

1. 의료법인이 그 재산을 처분(담보제공 행위를 포함한다)하거나 정관을 변경하고자 할 때에는 감독관청의 허가를 받아야 한다.[4]

본 조항은 강행법규의 효력규정으로 이를 위반한 재산의 처분행위는 무효이다. 따라서 의료법인의 재산을 담보로 취득하고자 하는 때에는 담보제공 1개월 전에 담보제공 이유서, 담보제공 재산의 목록 및 감정평가서, 이사회회의록, 차입기관, 차입 예정금액, 자금용도 등을 기재한 서류 등을 감독관청에 제출하여 '재산 담보제공 및 기채허가서'를 받아 이를 근저당권설정등기 신청시 첨부하여야 한다.

참고로 의료법 제48조(설립 허가 등) 제3항은 개인병원과 같이 의료법인이 아닌 경우에는 적용되지 아니한다. 따라서 의료업을 경영하는 개인이 의료목적으로 사용하는 자신의 재산을 담보로 제공할 때에는 감독관청의 허가를 요하지 아니한다.

2. 기숙사 등 의료 목적에 직접 사용되지 않는 부동산이라 하더라도 그 재산이 의료법인의 소유에 속하는 이상 감독관청의 허가를 받은 후 담보로 취득하여야 할 것이다.

그런데 의료법인의 재산에 대한 담보 취득시 기숙사와 같이 환자 진료에 직접 사용되지 않는 재산인 경우에도 감독관청의 허가를 받아야 하는지 의문이다.

이와 관련 의료법 제48조(설립 허가 등)에는, 의료법인이 그 재산을 처분하거나 정관을 변경하고자 할 때에는 감독관청의 허가를 받아야 한다고만 규정하고 있다. 이를 문언대로 해석하면, 그 재산이 의료법인의 소유에 속하는 한 그것이 의료 목적에 직접적으로

4) 의료법 제48조(설립허가 등) 제3항.

사용되지 않는다 하더라도 감독관청의 허가를 받아야 할 것으로 본다. 저자가 시·도 관계 공무원에게 문의한 결과 감독관청의 허가사항이라는 답변을 받은 바 있다.

한편 의료법 제48조 제3항을 해석하면, 의료법인이 의료 목적으로 사용하고 있는 재산이라 하더라도 그것이 의료법인이 아닌 제3자의 소유라면 그 재산의 처분행위시에는 감독관청의 허가사항이 아님은 당연하다.

3. 담보제공허가서의 내용과 담보취득 내용이 반드시 일치하여야 한다.

담보제공허가서(허가서에는 차입은행을 명시하도록 요청할 것)에 기재된 근저당권의 채권최고액과 부동산등기부상에 기재된 채권최고액이 서로 일치하지 아니한 사건에서, 대법원은 허가조건을 위반한 것으로 보고 그 담보 취득을 무효라고 판시한 바 있으므로 실무상 각별한 주의가 필요하다.

## 3. 학교법인과의 여신거래시 유의사항

(상 황)

D은행 Y지점은 K대학교로부터 대출신청을 받고 사립학교법을 검토하고 있다. 학교법인과 여신거래를 하고자 할 때 특히 주의가 필요한 사항은?

학교법인과의 여신거래를 하고자 할 때에는 특히 다음 사항에 각별히 유의하여야 한다.

1. 여신거래의 상대방은 학교법인을 대표하는 이사장이 되며, 사립학교장은 학교법인을 대표하는 권리와 의무의 주체가 될 수 없다.

2. 학교법인이라 함은 사립학교만을 설치·경영함을 목적으로 사립학교법에 의하여 설립되는 법인을 말한다.[1)]

여기서 사립학교라 함은 학교법인 또는 공공단체 외의 법인 기타 사인(私人)이 설치하는 초·중등교육법 제2조[2)] 및 고등교육법 제2조[3)]에 규정된 학교를 말한다.

3. 학교법인이 타처로부터 차입이나 보증 등 의무부담 행위를 하고자 할 때에는 관할청의 허가 또는 신고사항이므로 학교법인에 대하여 여신을 취급하거나 보증 입보시는 사전에 관할청의 기채허가서 또는 신고필증을 받아야 한다.

사립학교법 제28조(재산의 관리 및 보호) 제1항 본문에 의하면, 학교법인이 차입이나 보증 등 의무의 부담이나 권리의 포기를 하고자 할 때는 관할청[4)]의 허가를 받도록 규정하고 있으므로, 금융기관이 학교법인에 대하여 대출을 하거나 또는 보증 입보시는 관할청의 기채허가서를 받은 후 취급하여야 한다. 다만, 대통령령이 정하는 경미한 사항의 경우에는 허가사항이 아니라 신고사항으로 규정(사립학교법 제28조 제1항 단서)하고 있으므로 이 경우에는 신고필증을 받으면 된다.

1) 사립학교법 제2조(정의) 제2항.

2) 유치원, 초등학교, 공민학교, 중학교, 고등공민학교, 고등학교, 고등기술학교, 특수학교를 말한다.

3) 대학, 산업대학, 교육대학, 전문대학, 방송통신대학, 기술대학을 말한다.

4) 사립학교법에서 관할청이라 함은 사립의 유치원, 초, 중, 고등학교는 그 주소지를 관할하는 교육감을 말하며, 사립대학은 교육과학기술부장관을 말한다(사립학교법 제4조).

그리고 사립학교법 제28조 제1항 단서의 '대통령령이 정하는 경미한 사항'이라 함은 의무의 부담가액이 5천만원 미만(대학 또는 산업대학을 경영하는 학교법인의 경우는 3억원 미만인 경우에 한한다)인 경우를 말한다.[5)]

한편 사립학교법 제28조 제1항 본문 규정은 강행법규의 효력규정으로 해석되므로 이를 위반한 차입이나 보증행위는 무효[6)]라고 보아야 한다.

4. 학교법인의 재산은 크게 보통재산과 기본재산, 그리고 학교교육에 직접 사용되는 재산으로 구분하는 한편 그 재산의 종류에 따라 담보를 제공할 수 없는 경우(학교교육에 직접 사용되는 재산이 이에 해당한다)와 관할청의 허가사항 또는 신고사항(기본재산이 이에 해당한다)으로 구분되므로 학교법인의 재산을 담보 취득하고자 하는 때에는 기본재산의 담보제공에 관한 허가서(신고사항의 경우에는 신고필증) 및 이사회결의서[7)] 사본을 받아야 한다.

사립학교법 제28조 제1항 본문에 의하면, 학교법인이 그 기본재산[8)]을 매도, 증여, 교환 또는 용도변경하거나 담보로 제공하고자 할 때(또는 의무의 부담이나 권리의 포기를 하고자 할 때)는 관할청의 허가를 받도록 규정하고 있으므로, 금융기관이 학교법인의 기본재산을 담보 취득하고자 하는 때에는 기본재산의 담보제공에 관한 허가서[9)]를 받은 후 취급하여야

5) 사립학교법 시행령 제11조(기본재산의 처분) 제5항 제7호.

6) 학교법인이 사립학교법 제16조(이사회의 기능) 제1항에 의한 이사회의 심의・의결 없이 학교법인 재산의 취득, 처분행위를 하거나 제28조(재산의 관리 및 보호) 제1항의 규정에 의하여 관할청의 허가를 받지 않고 의무부담 행위를 한 경우에 그 행위는 효력이 없고, 학교법인이 그 후에 추인하더라도 효력이 생기지 않는다(대법원 2000. 9. 5. 선고 2000다2344 판결).

7) 사립학교의 법인이 이사회가 자금차입에 관한 결의를 하면서 자금을 차입할 상대방을 '금융기관'이라고만 하고 그와 관련된 부수업무는 사무국에 위임한다는 내용의 의결을 하였고, 그와 같은 이사회 결의에 터잡아 관할청으로부터 자금차입허가를 받는 과정에서 비로소 차입처가 'X은행'으로 특정된 경우에는 이후 실제 대출을 받은 과정에서 차입처가 'Y은행'으로 변경되었다 하더라도 변경된 차입처인 Y은행 역시 원래의 이사회 결의에서 정했던 금융기관에 해당하는 것이고, 그와 같은 변경으로 차입조건이 당초 이사회 결의에서 예상하였던 것보다 사립학교법인에게 불리하게 되었다는 등의 특별한 사정이 인정되지 않는 이상 그와 같은 차입처의 변경은 기존의 이사회 결의 내용에 이미 포함된 것으로서 별도의 이사회 결의를 필요로 하지 않는다(대법원 2006. 5. 11. 선고 2003다37969 판결).

8) 학교법인의 재산 중 다음 각 호의 1에 해당하는 재산은 기본재산으로 한다(사립학교법 시행령 제5조, 재산의 구분) 제1항.
  1. 부동산
  2. 정관에 의하여 기본재산으로 되는 재산
  3. 이사회의 결의에 의하여 기본재산에 편입되는 재산
  4. 학교법인에 속하는 회계의 매년도 세계잉여금중 적립금

9) 학교법인의 기본재산의 담보제공에 관한 허가신청서 또는 신고서에는 담보에 제공할 재산목록, 피담보액, 담보처, 상환방법 및 상환계획, 이사회회의록 사본을 첨부하여야 한다(사립학교법 시행령 제11

한다. 다만, 대통령령이 정하는 경미한 사항의 경우에는 허가사항이 아니라 신고사항으로 규정(사립학교법 제28조 제1항 단서)하고 있으므로 이 경우에는 신고필증을 받으면 된다. 여기서 '대통령령이 정하는 경미한 사항'이라 함은 담보의 제공가액이 5천만원 미만(대학 또는 산업대학을 경영하는 학교법인의 경우는 3억원 미만)인 경우를 말한다.[10)]

그리고 근저당권설정등기를 신청하고자 할 때에는 그 등기신청서에 감독관청의 허가를 증명하는 서면(기본재산의 담보제공에 관한 허가서)[11)]을 첨부하여야 한다. 아울러 대통령령이 정하는 경미한 사항에 속하는 여신을 취급하고자 할 때에는 신고필증을 확인 후 취급하는 것이 바람직하다.

5. 학교교육에 직접 사용되는 학교법인의 재산 중 대통령령이 정하는 것(교지, 교사, 체육장, 실습 또는 연구시설, 기타 교육에 직접 사용되는 시설, 설비 및 교재, 교구)은 매도하거나 담보로 제공할 수 없으므로(사립학교법 제28조 제2항) 직접재산에 대한 담보취득은 할 수 없다.

6. 사립학교경영자의 경우에는 사립학교법 제28조 제1항(기본재산에 대한 매도 및 담보제공시 관항청의 허가 또는 신고)은 적용되지 아니하고, 제28조 제2항(학교교육에 직접 사용되는 재산의 매도 또는 담보제공의 금지[12)])만 적용된다. 따라서 학교교육에 직접 사용되지 않는 재산의 경우에는 담보 제공하는데 법적 제한이 전혀 없다.

7. 사립학교법 제28조(재산의 관리 및 보호)는 그 재산이 학교법인 또는 사립학교경영자의 소유인 경우에 한하여 적용되는 규정이다. 따라서 학교법인이나 사립학교경영자가 타인의 재산을 임차하여 사용하고 있는 경우에는 본 규정이 적용되지 아니함으로 그 재산의 소유자가 담보제공을 하는데 아무런 제한이 없다.

---

조 제3항).

10) 사립학교법 시행령 제11조(기본재산의 처분) 제5항 제3호.

11) 학교법인이 기본재산을 담보로 하여 기채 하도록 감독관청으로부터 허가를 받았다면 허가기간 및 기채 제한액 내에서는 직접 채무자가 되지 않고 타인의 채무에 대한 기존채무를 위하여 담보제공을 하는 동시에 동일 채무에 대하여 연대보증을 하였거나 채무인수를 하였다 하더라도 허가범위에 들어간다(대법원 1975. 5. 27. 선고 75다45 판결).

12) 명목상으로만 학교법인에 직접 사용되는 재산으로 되어 있을 뿐 실제로는 학교교육에 직접 사용되는 시설·설비 및 교재·교구 등이 아니거나 학교 자체가 형해화되어 사실상 교육시설로 볼 수 없는 경우와 같은 특별한 사정이 있다면 매도나 담보제공을 무효라고 주장하는 것은 법 규정의 취지에 반하는 것이므로 신의성실 원칙에 반하거나 권리남용이라고 볼 것이지만, 그와 같은 특별한 사정이 없이 사립학교 경영자가 매도나 담보제공이 무효라는 사실을 알고서 매도나 담보제공을 하였다고 하더라도 매도나 담보제공을 금한 관련 법 규정의 입법 취지에 비추어 강행규정 위배로 인한 무효주장을 신의성실 원칙에 반하거나 권리남용이라고 볼 것은 아니다(대법원 2000. 6. 9. 선고 99다70860 판결).

8. 기타 학교법인과의 여신거래시 참고 사항으로는 다음과 같은 것이 있다.

가. 중등교육법 제10조 및 고등교육법 제11조의 규정에 의한 수업료 기타 납부금(입학금, 학교운영지원비 또는 기성회비 등)을 받을 권리와 사립학교법 제29조 제2항의 규정에 의하여 별도 계좌로 관리되는 수입에 대한 예금 채권은 이를 압류하지 못한다.[13)]

나. 민법상의 재단법인의 기본재산의 처분은 정관의 변경사항에 해당되며, 정관의 변경은 주무관청의 허가사항에 속한다. 따라서 사립학교경영자가 자연인이 아닌 민법상의 재단법인인 경우에는 사립학교법 제51조에도 불구하고 정관변경에 관한 주무관청의 허가를 받아야만 차입 또는 담보제공 행위를 할 수 있다는 점에 유의하여야 한다.

다. 영유아보육시설은 초·중등교육법 제2조 및 고등교육법 제2조의 교육기관이 아니므로 유치원 및 영유아보유시설용 건물의 소유자가 영유아보육법에 의하여 민간 보육시설로 인가 받아 그 소유건물 전부를 보육시설로 운영 중인 자는 사립학교법 제2조 제3항 소정의 사립학교경영자에 해당되지 않으므로 그 소유건물에 대하여는 매매 또는 담보제공 등 처분행위가 자유롭다.[14)]

라. 학교법인의 불법행위로 상대방에게 손해를 입힌 경우 학교법인은 손해배상책임이 있지만 상대방에게 과실이 있으면 과실상계를 하여야 한다는 것이 대법원 판례의 태도이다. 따라서 여신업무를 전문으로 하는 금융기관이 학교법인에게 대출을 하면서 관계법령에 위배되었다면 금융기관에도 상당한 과실이 있는 것으로 보고 있다.

결론적으로 학교법인으로부터 차입요청이 있을 경우에는 학교법인의 정관을 통해 기본재산 또는 담보제공이 금지된 재산인지 여부, 관할청의 허가 유무, 허가 내용, 이사회 결의 유무 등에 대하여 각별한 주의가 요구된다.

---

13) 사립학교법 제28조(재산의 관리 및 보호) 제3항.

14) 1997. 3. 26. 등기선례 V-433.

## 4. 교회와의 여신거래시 유의사항

(상 황)

a. D은행 Y지점은 장로교파인 A교회로부터 타 금융기관 대출금 상환자금에 충당하기 위한 차입 신청을 받았다.
b. A교회는 법인격을 취득하지는 못했지만, 관할세무서로부터 고유번호증을 교부받은 상태다.
c. 교회의 정관을 확인한 결과 의사결정기관 및 업무집행기관으로는 교인총회, 당회, 제직회를 두고 있다.

### (1) 권리능력 없는 단체로서의 실체를 인정받기 위한 요건

**어떤 단체가 권리능력 없는 단체로서의 실체를 인정받기 위해서는 어떠한 요건을 갖추어야 하는가?**

권리능력 없는 단체라 함은 단체로서의 실체를 갖추고 있으나 법인등기를 하지 아니하여 법인격을 취득하지 아니한 인적 결합체를 말하며, 법인격 없는 단체 또는 임의단체라고도 한다. 그 대표적인 것으로는 교회, 종중, 동창회, 학회 등이 있으며, 이들 단체의 법률관계는 민법의 비영리법인에 관한 규정을 준용한다는 것이 통설이다. 그리고 법인격 없는 단체의 대표자 또는 관리인이 관할세무서장에게 단체승인 신청을 하면 단체의 고유번호증을 발급받을 수 있다.

한편 어떤 단체가 권리능력 없는 단체로서의 실체를 인정받기 위해서는 일반적으로 다음과 같은 요건을 갖추어야 한다.[1)]

1. 그 단체가 고유의 목적을 가지고 있어야 한다.

2. 단체의 조직과 운영에 관한 규정(정관 또는 규약)이 존재하고, 대표자 또는 관리인이 선임되어 있어야 한다.

3. 단체의 명의로 수익과 재산을 독립적으로 소유하여야 하며, 단체의 수익을 구성원에게 분배하지 않아야 한다.

1) 국세기본법 제13조 및 국세기본법 시행규칙 제5조의2 참고.

4. 구성원의 가입, 탈퇴 등으로 인한 변경에 관계없이 단체 그 자체가 존속될 수 있어야 한다.

5. 단체의 조직과 운영에 관한 규정에는 대표의 선임 방법, 총회나 이사회의 운영, 자본의 구성, 재산의 관리 기타 단체로서의 주요사항이 확정되어 있어야 한다.[2)]

### (2) 교회의 기관과 그 기관의 결의 사항 및 결의 방법

**일반적으로 교회의 조직(기관)으로는 어떤 것들이 있으며, 그 기관의 결의사항 내용과 결의 방법은?**

일반적인 교회의 조직으로는 교인총회, 당회, 제직회 등이 있으며, 그 기관의 결의사항 내용과 결의 방법은 다음과 같다.

**1. 교인총회** 교인총회(공동의회라고도 하며, 사단법인의 최고 의사결정기관인 사원총회에 해당한다)는 교회의 최고의사결정기관으로 구성원은 출석 교인 중 세례를 받은 모든 교인이 회원이 되며, 의장은 당회장이 겸직한다.

교인총회의 결의 사항[3)] 및 결의 방법은 교단의 정관 또는 규약에 정한 바에 따르며, 결의 방법에 관하여 그 정함이 없는 때에는 민법의 비영리법인에 관한 규정이 준용되므로 교인의 과반수 찬성으로 결의가 성립한다.

**2. 당 회** 당회는 업무집행결정기관으로서, 사단법인의 이사회와 같은 성격을 가지며, 장로 이상의 직분을 가진 교인과 목사로 구성되어 있다.

당회의 결의 사항과 결의 방법은 교단의 정관 또는 규약에 정한 바에 따르며, 결의방법에 관하여 그 정함이 없는 때에는 구성원 과반수의 찬성으로 결의가 성립된다(민법 제58조, 이사의 사무집행).

**3. 제직회** 제직회는 당회와 같이 업무집행결정기관으로서의 역할을 하며, 집사 이상의 직분을 가진 교인으로 구성되어 있다.

재직회의 결의 사항과 결의 방법은 교단의 정관 또는 규약에 정한 바에 따르며, 결의 방법에 관하여 그 정함이 없는 때에는 구성원 과반수의 찬성으로 결의가 성립된다(민법

2) 대법원 1999. 4. 23. 선고 99다4504 판결.

3) 목사 청빙 및 사임안의 심의 의결권, 장로 피택 심의 의결권, 예산안 심의 의결권, 권사 및 장립집사 피택 심의 의결권 등 을 갖고 있으며 그 외에도 교회의 중요한 사항을 결의한다.

제58조, 이사의 사무집행).

**4. 당회장** 당회장(담당목사)은 교회의 대표자로서의 역할을 수행하며, 당회장이 누구인지는 소속교단확인원으로 확인이 가능하다.

### (3) 임의단체인 교회 명의로 부동산등기를 할 수 있는지 여부

임의단체인 교회 명의로 부동산등기를 할 수 있겠는가?

교회가 권리능력 없는 단체로서의 실체를 갖추고 있다면 그 교회 명의로 재산을 소유할 수 있으며, 부동산등기(부동산등기부의 소유자를 표시할 때 「교회의 명칭을 기재하고 고유번호증 등록번호가 기재」된다)도 할 수 있다. 민법은 권리능력 없는 사단의 사원이 집합체로서 물건을 소유하는 경우 그 소유 형태를 총유(總有)로 한다(민법 제275조 제1항)고 규정하고 있으므로 그 재산(적극재산은 물론 부채와 같은 소극재산을 포함한다)은 교회 구성원 전원의 총유로 귀속된다.

한편 부동산등기법 제30조(법인 아닌 사단 등의 등기신청인)에는 종중, 문중, 그 밖에 대표자나 관리인이 있는 법인 아닌 사단이나 재단에 속하는 부동산의 등기에 관하여는 그 사단이나 재단을 등기권리자 또는 등기의무자로 하며, 그 등기는 그 사단이나 재단의 명의로 그 대표자나 관리인이 신청한다고 규정하고 있다.

참고로 교회 소유의 부동산을 다른 사람으로 등기한 경우에는 명의신탁 법리에 의거 등기 자체가 무효가 될 뿐 아니라 관련자들은 형사 처벌을 받을 수도 있다.

### (4) 교인들이 교회에 속하는 재산에 대하여 갖는 권리

교인들은 교회에 속하는 재산에 대하여 어떠한 권리를 갖는가?

교회에 소속된 교인들은 그 교회에 속하는 재산에 대하여 정관 기타의 규약에 정하는 바에 따라 사용 및 수익을 할 수 있으며 또한 그 재산의 관리 및 처분에 관여할 수 있는 권리를 갖는다. 그러나 공유나 합유에 있어서와 같은 각 교인 개인의 지분권은 인정되지 아니한다.

우리 민법은 이미 앞에서 언급한 바와 같이 권리능력 없는 사단의 사원이 집합체로서 물건을 소유하는 경우, 그 공동소유 형태를 총유로 규정하는 한편 총유물에 관한 사원의 권리의무는 사원의 지위를 취득 상실함으로써 취득하거나 상실하며(민법 제277조), 각 사원은 정관 기타의 규약에 좇아 총유물을 사용, 수익할 수 있고(민법 제276조 제2항), 총유물의 관리 및 처분은 단체의 정관이나 규약에 정하는 바에 따르며, 그 정함이 없는 때에는 사원총회(교회의 경우 공동의회 또는 교원총회)의 결의에 의한다(민법 제276조 제1항)고 규정하고 있다. 따라서 권리능력 없는 교회의 교인 들은 교회 재산에 대하여 사용, 수익 및 그 재산의 관리 및 처분에 관여할 수 있는 권리를 갖는 것으로 보아야 한다.

### (5) 교회와 여신거래를 하고자 할 때 거래의 상대방

**교회(권리능력 없는 사단)와 여신거래를 하고자 할 때, 거래의 상대방(권리와 의무의 주체)을 누구로 하여야 하는지, 그리고 여신거래약정을 체결할 때 일반적으로 받아야 할 서류로는 어떤 것이 있는가?**

**1. 교회와 여신거래시 그 상대방** 장로교파에 소속된 교회의 경우, 개별교회 그 자체가 권리와 의무의 주체가 되며,[4] 대표자는 당회장(담당목사)이 된다. 따라서 교회 그 자체를 차주(A교회)로 하되, 교회로부터 소속교단확인원을 받아 거기에 명시된 당회장과 여신거래계약을 체결하도록 하되, 당회장 등 유력한 교인을 연대보증인으로 입보하게 하는 것이 안전할 것으로 판단된다.

**2. 교회와 여신거래약정을 체결할 때 일반적으로 받아야 할 서류** 금융기관 내규를 보면, 교회와 여신거래약정 체결시 다음과 같은 서류를 받도록 규정하고 있다.

① 소속 교단의 법인등기부등본 및 법인설립 허가증 사본.

② 교단이 증명한 소속 증명원 및 교회대표자 증명서, 소속교단이 증명한 교회 직인 증명서.

③ 당해 교회 정관 또는 규약.

④ 차입 및 담보제공에 대한 기채기관(공동의회 또는 당회)의 의사록[5] 및 의사록에 서

4) 감리교파의 경우에는 교회유지재단(재단법인)이 모든 소속교회를 관리하는 것으로 되어 있다. 따라서 이 경우에는 교회유지재단이 거래의 상대방이 되어야 할 것이며, 비영리법인에 준하여 처리하여야 한다.

5) 차입 및 담보제공에 관한 기채기관이 어디이며 또 그 결의 방법은 어떠한가는 정관을 통해 확인하여야 한다. 다만, 담보제공 물건이 유지재단 소유인 경우 차입은 기채기관에서 결의를 하면 되지만 담보제공에 관한 결의는 유지재단에서 하여야 한다. 그리고 기채기관 의사록을 받을 때에는 의사록에 서명

명한 각 개인의 인감증명서.

⑤ 비영리법인의 등록번호 증명원 및 사업자등록증 사본.

⑥ 최근 3년간 예산, 결산서, 헌금관련 통장사본.

⑦ 교회요람, 주보 등 교회 소개에 관한 서류 등.

⑧ 근저당권설정에 필요한 서류.

### (6) 교회 명의로 된 부동산 담보취득시 유의사항

**교회 명의로 된 부동산을 담보 취득하고자 할 때 유의사항과 받아야 할 서류는?**

1. 권리능력 없는 교회로부터 교회 명의로 된 부동산을 담보(담보제공 행위는 재산의 처분행위에 해당한다)취득시 유의하여야 할 사항으로는 다음과 같은 것이 있다.

가. 담보제공에 관한 정당한 권한을 가진 기채기관의 결의가 있었는지를 철저히 확인하여야 한다. 담보제공에 관하여 정당한 기채 권한을 가진 의결기관의 결의가 없는 근저당권설정행위는 무효가 되기 때문이다. 거래의 상대방(은행)이 교회에서 결의가 있는 것으로 작성된 회의록을 믿었고 믿는데 과실이 없었다[6] 하더라도 역시 무효로 본다는 대법원 판례[7]의 입장이다. 따라서 권리능력 없는 단체인 교회 재산을 담보 취득하고자 할 때에는 담보제공에 관한 결의가 정당하게 이루어진 것인지 여부를 철저히 확인하여야 할 것이다.

이를 위해서는 교회의 정관 또는 규약을 확인하여 그 기채 권한이 교인총회에 있는지, 아니면 당회에 있는지를 확인하여 그 회의록 원본을 받아야 한다. 정관이나 규약에 그 정함이 없다면 최고의사결정기관인 교인총회(공동의회)의 결의를 받아야 할 것이다.

---

한 각 개인의 인감증명서가 반드시 첨부되어야 한다. 다만, 담보제공에 관한 주무관청의 허가서가 있는 경우에는 담보제공에 관한 유지재단 의사록에 서명한 각 개인의 인감증명서는 제출하지 않아도 된다.

6) 당회장(담임목사)이 정당한 결의 절차를 거치지 아니하고, 마치 결의가 있은 것과 같이 의사록을 작성하여 타 처로부터 차입을 한 행위는 형법상 업무상 배임죄에 해당될 것이므로 유사 사례 발생시는 이 점을 적극 활용하도록 한다.

7) 종중 소유의 재산은 종중원의 총유에 속하는 것이므로 그 관리 및 처분에 관하여 먼저 종중 규약에 정하는 바가 있으면 이에 따라야 하고, 그 점에 관한 종중 규약이 없으면 종중 총회의 결의에 의하여야 하므로, 비록 종중 대표자에 의한 종중 재산의 처분이라고 하더라도 그러한 절차를 거치지 아니한 채 한 행위는 무효이다. 거래 상대방이 종중의 결의가 있는 것으로 작성된 회의록을 믿고 믿는데 과실이 없었다 하더라도 마찬가지이다(대법원 1992. 10. 13. 선고 92다27034 판결, 대법원 2000. 10. 27. 선고 2000다22881 판결, 대법원 2007. 4. 26. 선고 2005다31033 판결).

한편 교단들의 헌법을 보면, 당회 권능 중에 '교회 재산의 관리'라고 되어 있는 경우가 많다. 그런데 문제는 이 경우 교회 재산을 매각한다거나 담보제공 등 소위 재산의 처분을 목적으로 하는 행위도 과연 당회 권능에서 정하는 교회 재산의 관리 행위에 해당하는지 여부이다.

일반적인 문언의 용례상 관리와 처분의 의미는 확연히 구분하고 있고, 특히 우리 민법은 관리와 처분을 명확히 구분하고 있다는 점 등을 고려할 때, 재산의 처분 행위는 교회 재산의 관리에 포함하지 않는 것으로 보는 것이 타당하다. 따라서 단순히 관리 행위의 권능만 부여받은 당회 또는 제직회에서는 교회 재산의 처분에 관한 결의는 할 수 없다고 보고 실무를 처리하여야 할 것으로 판단된다.

나. 교회 그 자체는 제3자를 위한 담보제공이나 보증행위는 할 수 없는 것으로 보고 실무를 처리하여야 할 것이다.[8] 이러한 행위는 교회의 정관이나 규약에 정한 목적범위에 속한다고 볼 수 없기 때문이다.

다. 개별교회의 재산이 유지재단에 편입되어 있는 경우에는 차주를 개별교회(A교회)로 하고, 유지재단으로 하여금 담보를 제공하는 형식을 취하여야 할 것이다. 따라서 이 경우에는 담보제공에 관한 기채결의는 유지재단 측에서 하여야 하며, 유지재단의 정관을 받아 담보제공 행위가 주무관청의 허가 사항은 아닌지를 확인하여야 한다.

2. 교회 명의의 재산에 대하여 근저당권을 설정하고자 할 때 받아야 할 서류는 다음과 같다.

① 교회정관 또는 규약

② 교회정관에서 정한 기채기관의 차입 및 담보제공에 대한 회의록 원본

③ 회의록에 서명날인한 사람의 개인 인감증명서. 다만, 담보제공에 관한 주무관청의 허가서가 있는 경우에는 의사록에 서명한 각 개인의 인감증명서는 제출하지 않아도 된다.

④ 대표자의 개인 인감증명서

⑤ 위임장 등

끝으로 은행이 권리능력 없는 단체에 속하는 교회로부터 차입 신청을 받은 때에는 무엇보다도 먼저 다음 사항을 검토한 후 그 취급 여부를 결정하는 것이 바람직하다.

1. 교회의 채무 상환능력은 교인의 수와 교회의 헌금능력에 달려 있다 하여도 과언

8) 임승서, 한국금융연수원 여신법률(채권계약)기초 제2권.

이 아니므로 교회 대출에 대한 여신심사를 할 때에는 적어도 최근 3년간 교인의 수, 헌금액 등을 확인하여 상환능력을 판단하여야 할 것이다.

2. 자금용도, 융자기간, 융자한도에 관한 사항은 은행에서 정하는 여신 내규를 따라야 한다.

3. 특히 교회의 실체를 철저히 조사하여 교인간의 다툼이 있다거나 분쟁이 있다고 판단되는 경우에는 여신 거래를 하지 않는 것이 적절할 것으로 생각된다.

■ 공동의회(당회, 제직회) 의사록(例)

공동의회(당회, 제직회) 의사록

일　　시 : 200　년　　월　　일
장　　소 :
출석위원 : 총　　명중　　명

의장인 대표는 회의가 적법하게 성립되었음을 선언하고 다음 안건을 부의하여 심의를 구하다

1. 안 건 : 차입 및 담보제공에 관한 건
   가. 차입은행 : D은행 ○○지점
   나. 대출과목 : 일반자금대출
   다. 차입금액 : 금 ○억원정
   라. 차입기간 : 차입일로부터 ○년간
   마. 자금용도 :
   바. 담보제공할 부동산의 표시 :
   사. 근저당권 설정금액 :

2. 결의내용
   출석위원 전원의 찬성으로 위 안건을 가결한다.

200　년　　월　　일

대한예수교 장로회　　　　교회 대표목사　○　○　○　(인)[9]
○　○　○　(인)

9) 출석위원들이 자필서명 후 인감도장으로 날인을 하고 각 개인 인감증명서가 첨부되어야 한다.

# 제2절 정관 · 법인등기부 · 이사회결의서 · 인감증명서

## 1. 정관과 법인등기부 등본, 이사회의사록 사본 등을 받는 이유

(상 황)

법인과의 여신거래약정을 체결하고자 할 때 그 법인으로부터 일반적으로 받는 서류에는 사업자등록증 사본, 법인인감증명서, 정관, 법인등기부 등본, 이사회의사록, 납세완납증명서 등이 있다. 금융기관이 이러한 서류를 받고 있는 이유는 어디에 있는가?

### (1) 사업자등록증을 받고 있는 이유

**기업고객과의 여신거래약정을 체결할 때 사업자등록증 사본을 받는 이유는 무엇인가?**

법인 등 기업고객과의 여신거래약정을 할 때 사업자등록증 사본을 받는 것은 대출 신청시점 현재 사업을 계속 영위하고 있는지 여부를 확인하고자 함이다.

사업을 하고 있지 않다면 일정한 수입이 없어 설령 담보대출이라 하더라도 법적절차(임의경매 등)에 의하여 회수하여야 할 가능성이 많고, 이 경우 대손충당금 적립, 대출관리 등에 많은 노력과 시간이 요구될 것이므로 사업을 계속하고 있는지 여부를 확인하고자 사업자등록증 사본을 받고 있다.

그런데 여기서 특히 유의하여야 할 사항은 사업자등록증은 현재 영업폐지신고를 하지 않았다는 것일 뿐 실제 영업을 하는지 여부와는 무관하다. 따라서 실무상으로 무엇보다도 실제로 영업활동을 하고 있는지를 확인하는 것이 더욱 중요하다고 할 것이다.

### (2) 법인으로부터 정관을 받고 있는 이유

**법인과의 여신거래약정을 체결할 때 정관을 받는 주된 이유는?**

법인과의 여신거래약정을 할 때 정관(임의단체의 경우 규약 등)을 받는 것은 차입 또는 담보제공시 인・허가 사항 등 그 법인의 권리능력에 관한 제한사항 여부, 이사의 수, 이사회 결의요건, 공동대표 제도를 채택하고 있는지 여부, 대표이사 유고시 직무대행자 및 정관상의 내용과 법인등기부상의 기재 내용과 일치 여부 등을 확인하고자 함이다.

그럼에도 불구하고 이를 형식적으로 받는 경우가 허다하다. 이는 그 회사가 주식회사 형태를 취하고 있지만 실질적으로 개인 회사에 불과하여 정관에 정한 사항에 반하여 신용공여나 담보 취득 행위가 이루어 졌다 하더라도 이를 문제 삼아 그 차입 또는 담보제공 행위를 부정하는 사례가 극히 희박하여 그저 형식적으로 서류를 구비하는 것이 관행화되었기 때문이라 생각된다. 하지만 일정 규모 이상의 회사로 주주와 경영진이 엄격히 구분되어 있다거나 특히 특별법에 의하여 설립된 법인에 대하여 신용공여 또는 그 법인재산을 담보 취득하고자 하는 때에는 정관의 내용이 매우 중요하며, 정관에 정한 사항에 반하여 여신이 실행된 때에는 무효가 될 수도 있다는 점을 간과하여서는 아니 된다.

정관이란 실질적으로는 회사의 조직과 활동에 관하여 규정한 기본규칙을 말하며, 형식적으로는 이와 같은 근본 규칙을 기재한 서면을 말한다.[1)]

정관은 회사의 설립시에 최초로 작성한 원시정관과 그 후에 주주총회 결의를 통하여 변경된 변경정관으로 구분된다. 주식회사를 설립할 때에는 발기인이 정관을 작성(상법 제288조, 발기인)하여 기명날인 또는 서명하여야 한다.[2)] 원시정관은 회사의 설립관계를 명확히 하고자 반드시 공증인의 인증을 받도록 정하고 있으며, 공증인의 인증을 받아야만 정관으로서의 효력을 가진다.

회사가 원시정관을 분실한 경우에는 회사 설립시 공증을 받은 공증사무소나 등기한 법원에서 그 정관 등본을 구할 수 있다. 정관의 내용이 변경된 경우에는 정관 변경에 관한 주주총회 의사록에 근거하여 원시정관을 수정하여 법인인감으로 날인하면 된다.

정관의 기재사항으로는 반드시 정관에 기재하여야 하며 이의 기재흠결이 있으면 정관이 무효가 되는 절대적 기재사항[3)]과 정관에 기재함으로써 그 효력이 발생하는 사항으로 상법에 규정되어 있는 상대적 기재사항, 상법에는 규정이 없으나 강행법규에 반하지 않는 사항으로 정관에 기재함으로써 효력이 발생하는 임의적 기재사항[4)]이 있다.

1) 정찬형, 상법 강의.

2) 상법 제289조(정관의 작성, 절대적 기재사항).

3) 발기인은 정관을 작성하여 목적 및 상호, 회사가 발행할 주식의 총수, 1주의 금액, 회사의 설립시에 발행하는 주식의 총수, 본점의 소재지, 회사가 공고하는 방법, 발기인의 성명, 주민등록번호 및 주소를 기재하고 각 발기인이 기명날인 또는 서명하여야 한다(상법 제289조, 정관의 작성 및 절대적 기재사항).

4) 임의적 기재사항의 예로는 주권의 종류, 주식명의개서 절차, 이사 및 감사의 수, 영업연도 등이 있다.

권리능력이라 함은 권리와 의무의 주체가 될 수 있는 자격을 말하는데, 민법상 권리와 의무의 주체가 될 수 있는 자로는 자연인(개인)과 법인이 있다.

자연인은 태어나면서부터 누구나 다 제한 없이 권리능력을 가진다. 그러나 법인의 경우, 민법 제34조에 의하면 법인은 법률의 규정에 좇아 정관으로 정한 목적의 범위 내에서 권리와 의무의 주체가 된다(민법 제34조, 법인의 권리능력)고 규정하고 있다. 하지만 상법에는 이에 관한 규정이 없다.

따라서 상법상의 법인에 대해서도 민법 제34조의 규정을 준용,[5] 회사의 권리능력을 정관 소정의 목적 범위 내로 제한하여야 하는지 의문이다. 만일, 회사의 권리능력이 정관상에 정한 목적의 범위 내로 제한된다면 회사의 행위능력도 제한되어, 목적범위 외의 행위는 회사의 행위로 인정되지 아니하여 회사와 거래한 제3자(여신거래의 경우에는 은행)에게 매우 중대한 영향을 미칠 수 있기 때문이다.

이에 관하여 학설이 대립하고 있으나 권리능력에 제한을 받지 않는다는 것(무제한설)이 통설이다. 그러나 대법원의 판례[6]는 민법상의 법인이건 상법상의 법인이건 권리능력의 제한을 인정하고 있으며, 다만, 상법상의 법인의 경우 정관으로 정한 목적의 범위 내에 해당하는지 여부를 판단함에 있어 '회사의 권리능력은 회사의 설립근거가 된 법률과 회사의 정관상의 목적에 의하여 제한되나 그 목적 범위내의 행위라 함은 정관에 명시된 목적 자체에 국한되는 것이 아니라 그 목적을 수행하는데 있어 직·간접으로 필요한 행위는 모두 포함되고, 목적수행에 필요한지의 여부는 행위의 객관적 성질에 따라 판단할 것이고 행위자의 주관적, 구체적 의사에 따라 판단할 것은 아니다.'라고 하며, 정관상에서 정한 목적의 범위를 비교적 넓게 해석하는 태도를 취하고 있는데, 이는 거래의 안전을 도모하고자 하는 취지로 생각된다.

---

5) 상사에 관하여 본법에 규정이 없으면 상관습법에 의하고 상관습법이 없으면 민법의 규정에 의한다(상법 제1조, 상사적용법규). 민사에 관하여 법률에 규정이 없으면 관습법에 의하고 관습법이 없으면 조리에 의한다(민법 제1조, 법원). 일반법과 특별법이 충돌하는 경우에는 특별법이 우선적으로 적용되고, 일반법은 보충적으로 적용되는데 이를 특별법우선의 원칙이라 한다. 일반법 또는 보통법이라 함은 같은 단계의 법이지만 특별법에 비하여 넓은 범위의 사람·장소 또는 사항에 적용되는 법을 말한다. 특별법은 일반법보다 좁은 범위의 사람·장소 또는 사항에 적용되는 법을 말한다. 예컨대, 민법은 일반의 시민 간의 법률관계를 다루고, 상법은 원칙적으로 상인간의 법률관계에 적용되므로 민법은 일반법, 상법은 특별법이라 할 수 있다. 행정법에는 일반법이라 할 수 있는 법이 없다.

6) 법인의 권리능력 혹은 행위능력은 법인의 설립근거가 된 법률과 정관상의 목적에 의하여 제한되나, 그 목적 범위 내의 행위라 함은 법률이나 정관에 명시된 목적 자체에 국한되는 것이 아니라 그 목적을 수행하는 데 있어 직접, 간접으로 필요한 행위는 모두 포함한다(대법원 2007. 1. 26. 선고 2004도1632 판결, 대법원 1999. 10. 8. 선고 98다2488 판결 외 다수).

민법의 규정 및 대법원 판례를 근거로 볼 때 여신업무 실무상 회사의 권리능력과 관련한 문제는 다음과 같이 정리할 수 있다.

1. 상법에 근거하여 설립된 회사의 경우, 회사가 회사와 전혀 무관한 제3자에 대하여 보증 또는 담보제공을 하고자 하는 경우(실무상 이와 같은 일이 발생할 소지는 없을 것으로 본다) 이외에는 권리능력과 관련한 문제의 발생 소지는 사실상 거의 희박하다고 판단된다.

2. 민법의 규정에 의하여 설립된 비영리 법인,[7] 공익법인의 설립 및 운영에 관한 법률에 의거 설립된 공익법인, 사회복지사업법에 의거 설립된 사회복지법인, 향교재산법에 의거 설립된 향교법인 및 지방자치단체, 학교법인, 의료법인, 새마을금고, 상호저축은행, 신용협동조합 등 특별법에 의하여 설립된 소위 특수법인의 경우에는 그 설립 근거법에 의거 권리능력이 엄격히 제한[8]되므로 이들과의 여신거래를 체결하고자 할 때에는 반드시 설립 근거법이나 정관의 내용 내용을 세밀히 확인한 후 대출이나 담보 취득 여부를 결정하여야 할 것이다.

### (3) 법인등기부 등본을 받고 있는 이유

**법인과의 여신거래약정을 체결할 때 법인등기부 등본을 받는 주된 이유는?**

법인과의 여신거래약정시 법인등기부 등본(등기사항전부증명서)[9]을 받는 것은 공동대표이사 제도를 택하고 있는지 여부, 현재 대표이사, 이사와 감사가 누구인지 그리고 이들의

7) 민법상의 법인은 비영리 법인이다. 그러나 민법상의 법인이어야만 비영리 법인이 되는 것은 아니다. 특별법에 의한 비영리 법인도 있다.

8) 학교법인이 사립학교법 제16조(이사회의 기능) 제1항에 의한 이사회의 심의・의결 없이 학교법인 재산의 취득, 처분행위를 하거나 제28조(재산의 관리 및 보호) 제1항의 규정에 의하여 관할청의 허가를 받지 않고 의무부담 행위를 한 경우에 그 행위는 효력이 없고, 학교법인이 그 후에 추인하더라도 효력이 생기지 않는다(대법원 2000. 9. 5. 선고 2000다2344 판결).

9) 법인등기부 등본은 '등기사항전부증명서'라는 이름으로 말소사항을 포함한 것과 현재사항 만으로 구분하여 발급되고 있다. 법규상 법인등기부 등본의 유효기간은 없다 다만. 부동산등기규칙 제55조(인감증명 등의 유효기간)에는 등기신청서에 첨부하는 인감증명, 법인등기부 등・초본, 주민등록 등・초본, 가족관계등록사항별 증명서, 토지대장 및 건축물대장 등본은 발행일로부터 3개월 이내의 것이어야 한다.' 고 규정하고 있다. 따라서 여신업무 실무상 근저당권설정 등 부동산등기신청을 위한 경우가 아닌 한 그 유효기간은 문제가 되지 않는다. 하지만 일부 금융기관의 여신 내규 상에는 보다 업무를 정확히 하고자 3개월 이내에 발급된 법인등기부 등본을 받도록 규정하고 있으므로 이에 준하여 실무를 처리하여야 할 것으로 생각된다. 수신업무와 관련한 내규에는 이와 같은 규정이 없는 곳이 많다. 고객의 편의를 고려한다면 구태여 3개월 이내에 발급된 서류를 고집할 필요는 없다고 생각된다.

임기가 만료된 것은 아닌지 등을 확인하고자 함이다.

주식회사 설립등기를 그 회사의 본점소재지를 관할하는 법원 또는 등기소에 신청하게 되면 등기관(법원서기관, 법원사무관, 법원주사, 법원주사보 등 법원일반직 공무원 중 지방법원장이 지정한 자)이 신청서를 접수하여 조사한 후 각하할 사유가 없는 경우에는 상업등기규칙이 정하는 소정의 법인등기부 양식의 신청서에 등기사항을 기재하고 날인하여 법인등기부를 작성, 비치하고 있는데 이를 법인등기부(원본)라 한다.

법인등기부 등·초본의 발급을 신청하는 경우 법원 또는 등기소는 법인등기부 원본을 복사한 후 등본임을 표시하는 인증문구와 담당등기관의 성명을 기재하여 신청인에게 교부하게 되는데 이를 법인등기부 등본[10]이라 하며, 법인등기부 기재사항 중 필요한 부분만 작성한 후 법원 또는 등기소에 신청하여 인증문구와 담당 등기관 표시를 받은 것을 법인등기부 초본이라 한다.

법인등기부 등·초본은 상업등기법 제10조 제1항(구 비송사건절차법 제142조 제1항)[11]에 의거 회사와 이해관계 없는 자라도 누구든지 대법원규칙으로 정한 수수료를 납부하고 서울상업등기소를 포함한 전국 모든 법원과 등기소에 열람 및 교부를 청구할 수 있다.

법인등기부 등본은 상업등기법 제5조 제1항에서 규정하는 상업등기부[12]에는 해당되지 않지만, 상법 제37조(등기할 사항은 이를 등기하지 아니하면 선의의 제3자게 대항하지 못한다. 등기한 후라도 제3자가 정당한 사유로 인하여 알지 못한 경우에도 같다)의 규정은 법인등기부 등본에도 그대로 적용된다. 따라서 회사가 상업등기를 마친 이상 악의자는 물론 중대한 과실이 있는 선의의 제3자에게도 대항할 수 있다고 해석할 수 있다.

그런데 문제는 상업등기에는 부동산등기와 마찬가지로 공신력(公信力)이 인정되지 아니하여 그 등기를 믿고 거래한 선의의 제3자라 하더라도 보호를 받을 수 없다는 점이다.

예컨대 공무원의 착오로 사실과 다른 대표이사 등기를 하였다거나 또는 권한 없는 제3

10) 법인등기부 등본의 내용은 인터넷으로도 확인할 수도 있다. 하지만 이는 어디까지나 열람용에 불과하여 이렇게 출력한 등기기록은 그 법적효력이 없다. 따라서 실무상으로는 특별한 사정이 없는 한 법원 또는 등기소가 발급한 것을 교부받아야 할 것이다.

11) 누구든지 수수료를 납부하고 대법원규칙으로 정하는 바에 따라 등기부에 기록되어 있는 사항의 전부 또는 일부의 열람과 이를 증명하는 서면의 교부를 청구할 수 있으며, 이해관계 있는 부분에 한하여 등기부의 부속서류를 열람 청구할 수 있다. 열람 및 교부 청구는 관할 등기소가 아닌 등기소에 대하여도 할 수 있다(상업등기법 제10조, 등기사항의 열람과 증명).

12) 등기소에서 편성하여 관리하는 등기부로는 상호등기부, 무능력자등기부, 법정대리인등기부, 지배인등기부, 합명회사등기부, 합자회사등기부, 주식회사등기부, 유한회사등기부, 외국회사등기부가 있다(상업등기법 제5조 제1항).

자가 위조문서에 의하여 대표이사 변경등기를 신청하고, 금융기관이 그 대표자와 여신거래를 하였다면 특별한 사정이 없는 한 그 대표자와의 여신거래 약정은 효력이 없다. 결론적으로 법인등기부 등본의 기재내용을 지나치게 신뢰하여서는 아니 된다는 것이다.

이처럼 상업등기에는 공신력이 없지만 부실등기(고의 또는 과실에 의해 사실과 상위한 사항을 등기하는 것을 부실등기라 한다)에 한해서는 공신력이 인정된다. 따라서 등기할 권한을 가진 자가 고의 또는 과실로 사실과 다른 등기를 하였다면 이를 믿은 선의의 제3자는 보호를 받을 수 있다.[13)]

그리고 또 하나의 문제는 법인등기부 등본 상의 내용과 정관의 내용이 서로 일치하지 아니 할 경우 어느 것이 우선하느냐이다.

결론적으로 상업등기에는 공신력이 없으므로 정관의 내용이 우선 적용된다. 따라서 실무상으로는 법인등기부 등본의 기재내용이 정관에 반하는 사항은 없는지 확인하여야 한다. 법인등기부 등본과 관련하여 여신업무 실무상 특히 유의하여야 할 사항은 다음과 같다.

1. 법인등기부 등본의 내용에 대표이사가 2인[14)] 이상인 경우에는 정관을 통하여 공동대표이사 제도를 채택하고 있지 않는지를 확인, 공동대표이사 제도를 채택하고 있다면 대표이사 전원과 여신거래계약을 체결하여야 한다.

2. 법인의 존속기간과 해산사유가 등기되어 있는 때에는 존속기간의 만료 또는 해산사유가 발생되지 않았는지를 점검하여 존속기간이 만료되었거나 또는 해산 사유가 발생한 때에는 대출 요청을 거절하여야 할 것이다. 이 경우에는 회사의 권리능력이 청산목적으로 제한되기 때문에 회사의 존속을 전제로 하는 신규 여신을 취급할 수 없을 뿐만 아니라 기존 여신에 대해서도 기한갱신이나 대환 및 연기를 할 수 없는 것으로 보기 때문이다.

3. 주식회사의 대표이사가 변경[15)]된 경우 그 효력발생 시기는 변경등기 일자가 아니라 주주총회 또는 이사회 등에서 대표이사로 선임된 때부터이다. 따라서 은행이 주주총회 또는 이사회 등에서 대표자 선임 결의가 있은 후에 구 대표자와 한 여신거래약정 행

13) 고의 또는 과실로 인하여 사실과 상위한 사항을 등기 한자는 그 상위를 선의의 제3자에게 대항하지 못한다(상법 제39조, 부실의 등기). 제3자의 악의가 있었음은 이를 주장하는 회사에서 그 입증책임을 져야 한다.

14) 대표이사가 수인 이하라 하더라도 공동대표라는 문언이 없으면 각자대표이사로 본다.

15) 대표이사는 이사회의 결의로 선정한다. 그러나 정관으로 주주총회에서 정하기로 한 경우에는 이에 의한다(상법 제389조 유추).

위는 원칙적으로 무효라고 보아야 한다. 다만, 새로운 대표이사가 선임되었음에도 불구하고, 회사가 그 변경등기16)를 태만히 함으로써 금융기관이 대표자가 변경된 사실을 모르고 상업등기부를 믿고 등기부에 기재된 대표이사와 여신거래를 체결하였다면 특별한 사정이 없는 한 그 대출약정은 유효할 것으로 본다. 하지만 거래 회사의 대표자가 변경된 사실을 인지한 이상 변경등기가 되지 않았다 하여 구 대표자를 거래의 상대방으로 하여서는 아니 될 것이다.

### (4) 이사회의사록을 받고 있는 이유

**법인과의 여신거래약정을 체결할 때 이사회의사록 사본을 받는 주된 이유는?**

상법에 의하면, 회사가 타처에 채무부담 행위(차입, 보증행위 등)를 하거나 재산의 처분행위(담보 제공행위를 포함한다) 또는 이사와 회사 간의 거래를 하고자 할 때에는 이사회 결의를 하도록 규정하고 있다. 따라서 법인과의 여신거래약정을 할 때 이사회의사록 사본을 받는 것은 이사회 결의 여부를 확인하고자 함이다.

이사회는 회사의 업무집행에 관한 의사결정기구로서 이사 전원으로 구성되는 주식회사의 필요상설기관이다.

이사회의 의사에 관하여는 대표이사가 의사록을 작성하여야 한다. 이사회 의사록에는 의사의 안건, 경과요령, 결과, 반대하는 자와 그 반대이유를 기재하고 출석한 이사 및 감사가 기명날인 또는 서명하여야 한다(상법 제391조의3, 이사회의 의사록). 주주는 회사의 영업시간 내에 이사회 의사록 열람 또는 등사를 청구할 수 있다. 그러나 회사는 주요한 정보나 영업비밀 유출 방지 등의 이유를 들어 거절할 수 있다.

이사회 결의사항은 법정결의사항과 임의결의사항으로 나누어진다. 전자는 상법 기타 특별법에서 이사회 결의를 받도록 정한 것을 말하며, 후자는 상법 또는 특별법상의 정함은 없지만 내부 경영상 중요한 사항에 대하여 이사회 결의사항으로 정한 것을 말한다.

상법 제398조(이사와 회사 간의 거래)에는, 이사는 이사회의 승인이 있는 때에 한하여 자기 또는 제3자의 계산으로 회사와 거래를 할 수 있다고 규정하고 있고, 상법 제393조(이사회의 권한) 제1항에는, 중요한 자산의 처분(담보제공 행위 포함) 및 양도, 대규모 재산의 차입(보

16) 회사 등기사항에 변경이 잇는 때에는 본점소재지에서 2주간 내, 지점소재지에서는 3주간 내에 변경등기를 하여야 한다(상법 제183조 · 제317조 제4항).

증행위 포함), 지배인의 선임 또는 해임과 지점의 설치·이전 또는 폐지 등 회사의 업무집행은 이사회의 결의로 한다고 규정하고 있다. 따라서 대표이사 개인이 차주가 되고 회사가 보증을 하고자 하는 경우(상법상의 이사와 회사 간의 거래에 해당한다) 또는 회사의 중요 재산을 은행에 담보로 제공하거나 대규모의 차입(보증 포함)행위는 이사회의 법정결의사항에 해당된다.

그런데 어느 것이 중요한 자산에 해당하는지 또 어느 정도가 대규모 차입에 속하는지에 관해서는 법률의 정함이 없어, 금융기관 실무상으로는 회사로부터 차입신청이나 보증 또는 담보를 취득할 때에는 대출(보증 포함) 금액이나 자산의 종류에 불구하고 이사회 결의서 사본을 받아, 이사회 결의 여부를 확인하고 있는 실정이다.

그렇다면 만일 회사의 대표이사가 금융기관으로부터 거액의 차입하거나 대표이사 개인이 차주가 되고 회사가 보증을 하는 여신거래약정(상법상의 이사와 회사 간의 거래에 해당함)을 체결하면서 이사회 결의가 없었다면 과연 그 여신거래약정의 효력(금융기관은 회사에 대하여 채무이행 또는 보증채무 이행을 청구할 수 있는지)은 유효한지 의문이다.

이에 관한 학설과 대법원 판례[17]의 입장은, 법률 또는 정관 등 회사의 내부규칙에 의하여 이사회의 결의를 요하도록 규정하고 있음에도 불구하고, 이러한 결의 없이 대표이사가 한 대외적 행위의 효력은 제3자가 선의(여기서 선의라 함은 악의 또는 중대한 과실이 없는 것을 의미한다)인 때에는 유효하며, 제3자의 악의나 중대한 과실에 대한 입증책임은 무효를 주장하는 회사에 있다는 입장을 취하고 있다.

학설과 판례의 입장을 정리하면, 회사의 대표이사가 이사회의 결의 없이 차입 또는 보증행위를 한 경우에, 거래의 상대방이 대표이사와 여신거래약정 체결 당시에 이사회 결의가 없었음을 알았거나 알 수 있었다는 것을 회사에서 입증하지 않는 한 그 여신거래약정은 유효하므로, 회사는 채권자에 대하여 그 채무를 이행하여야 할 것이다.

그런데 금융기관은 여신을 전문으로 하는 기관이다. 금융기관이 회사 명의의 대출 또는 회사 재산을 담보로 취득하거나, 외관상 이사와 회사 간의 자기거래가 틀림없음에도 불구하고 이사회 결의서 사본을 징구하여 승인 여부를 확인하지 않았다면, 해당 금융기관에 중대한 과실이 있는 것으로 볼 여지가 있으므로 실무상 각별한 주의가 요구된다.

17) 이사와 회사 간의 이해상반거래는 회사의 이익을 보호해야 하기 때문에 회사는 당해 이사가 이사회의 승인을 득하지 못한 것을 내세워 그 행위의 무효를 주장할 수 있음은 당연하지만, 회사 이외의 제3자와 이사와의 자기거래에 있어서는 거래의 안전과 선의의 제3자를 보호할 필요가 있기 때문에 회사는 그 거래에 대하여 이사회의 승인을 얻지 못하였다는 것 외에 상대방이 이사회 승인 없음을 알고 있었다(악의)는 사실까지 주장·입증하여야 비로소 그 무효를 제3자에게 주장할 수 있다(대법원 1994. 10. 11. 선고 94다24626 판결 외 다수).

한편 이사회 결의가 없었음에도 대표이사가 마치 정당하게 이사회 결의가 있은 것처럼 가장하여 금융기관에 허위의 이사회 결의서 사본을 제출, 여신거래약정이 체결되었다면 과연 그 여신거래약정은 유효한지(금융기관은 회사에 대하여 채무이행 또는 보증채무 이행을 청구할 수 있는지) 의문이다.

이러한 이사회 결의는 당연히 무효라고 한다. 하지만 이는 대표이사가 그 권한을 남용한데 원인이 있으므로 금융기관에서 대표권의 남용 사실을 알고 있었다거나 또는 알 수 있었음에도 불구하고 이를 묵인하였다는 사실을 회사가 입증하지 않는 한 그 여신거래약정은 유효한 것으로 보고 있다. 여신 실무에서 이사회 결의가 진정한 것인지를 확인하지 아니하고 그 결의서 사본을 징구하고 있는 실무관행은 이와 같은 이유에서 기인한 것이 아닌가 생각된다. 이사회 결의서 징구와 관련하여 실무상 특히 유의하여야 할 사항으로는 다음과 같다.

1. 금융기관이 법인 회사와 여신거래약정(보증 포함)을 체결할 때에는 반드시 이사회 의사록 사본을 징구하여 이사회 승인[18]여부를 확인하여야 한다. 이사회 의사록에는 의사의 안건, 경과요령, 결과, 반대하는 자와 반대이유 등을 기재하고, 출석한 이사 및 감사[19]가 기명날인 또는 서명하여야 한다.

실무상 이사회결의 여부를 확인하고자 할 때에는 이사회결의서 사본에 '원본과 틀림없음'이라 기재하고 그 여백에 대표이사 ○○○이라 기재하고 법인인감을 날인하게 하여 받아두면 된다.

2. 이사회 결의방법은 정관의 정함에 따른다. 정관에 그 정함이 없는 때에는 상법의 규정에 의거 이사 과반수의 출석과 출석이사의 과반수로 결의한다.[20]

다만, 이사회 결의에 관하여 특별한 이해관계가 있는 이사(예컨대 대표이사 개인이 차주가 되고 회사가 보증을 하는 경우 그 대표이사)는 이사회에서 의결권을 행사할 수 없으므로 결의성립에 필요한 출석이사에는 포함되지 아니한다. 그러나 의사 정족수 산정의 기초가 되는 이사의 수에는 포함된다. 따라서 이사회 의사록을 검토할 때에는 특히 이 점에 각별히 유

18) 이사의 회사와의 자기거래 승인 결의 요건.
□ 합명회사의 경우(상법 제199조) : 다른 사원의 과반수의 결의.
□ 합자회사의 경우(상법 제269조) : 유한책임사원을 포함한 다른 사원의 과반수의 결의.
□ 유한회사의 경우(상법 제564조 제3항) : 회사가 감사 제도를 두고 있는 때에는 감사의 승인, 감사가 없는 때에는 사원총회(의결권 있는 사원의 과반수 출석과 그 의결권의 과반수 찬성)의 승인.

19) 이사회 소집통지는 감사에게도 하여야 하며, 감사는 이사회에 출석하여 의견을 진술할 수 있지만 결의 정족수에는 포함되지 아니한다.

20) 상법 제391조(이사회의 결의방법).

의하여 결의 요건 충족 여부를 확인하여야 할 것이다.

3. 주식회사의 감사는 이사회에 출석하여 의견을 진술할 권리가 있으므로 이사회 개최일 1주일 전에 감사에 대하여 소집통지를 발송하여야 하지만 주식회사의 이사회는 이사만으로 구성되고, 감사는 그 구성원이라 할 수 없다. 따라서 감사 2인이 있는 주식회사의 이사회에 감사들이 모두 불출석한 경우에도 출석한 이사들만으로 이사회를 개최하고 이사회의사록을 작성할 수 있다.

4. 자본금이 10억원 미만으로 이사가 1인[21]인 소규모 주식회사의 경우에는 이사회가 존재하지 않으므로 상법 제390조(이사회의 소집), 제391조(이사회의 결의방법), 제391조의3(이사회의 의사록) 등의 규정이 적용되지 아니한다.[22]

5. 민법의 규정에 의하여 설립된 비영리 법인이나 공익법인의 설립 및 운영에 관한 법률에 의거 설립된 공익법인이나 사회복지사업법에 의거 설립된 사회복지법인, 향교재산법에 의거 설립된 향교법인 및 지방자치단체, 학교법인, 의료법인, 새마을금고, 상호저축은행, 신용협동조합 등 특별법에 의하여 설립된 소위 특수법인의 경우 그 특별법에 차입이나 보증 또는 담보제공 행위를 하고자 할 때 이사회결의를 받도록 정하였다면 이는 강행규정의 효력 규정에 해당되어 위를 위반한 차입, 보증, 담보제공 행위 등은 무효라는 것이 대법원 판례[23]의 일관된 태도이다. 따라서 이들과 거래를 할 때에는 설립 근거법에서 정하는 내용대로 이사회 결의가 진정하게 이루어 졌는지를 반드시 확인하여야 한다.

### (5) 정관과 법인등기부 상의 기재 내용이 서로 상이한 경우 어느 쪽이 우선하는지 여부

**회사 정관에서 정하고 있는 내용과 법인등기부 등본 상의 내용이 서로 상이한 경우, 어느 것이 우선하겠는가?**

---

21) 이사는 3명 이상이어야 한다. 다만, 자본금 총액이 10억원 미만인 회사는 1명 또는 2명으로 할 수 있다(상법 제383조, 원수 및 임기).

22) 상법 제383조(원수 및 임기) 제5항.

23) 학교법인이 사립학교법 제16조(이사회의 기능) 제1항에 의한 이사회의 심의·의결 없이 학교법인 재산의 취득, 처분행위를 하거나 제28조(재산의 관리 및 보호) 제1항의 규정에 의하여 관할청의 허가를 받지 않고 의무부담 행위를 한 경우에 그 행위는 효력이 없고, 학교법인이 그 후에 추인하더라도 효력이 생기지 않는다(대법원 2000. 9. 5. 선고 2000다2344 판결).

회사의 정관에서 정하고 있는 내용과 법인등기부 등본 상의 내용이 서로 상이한 경우에는 정관이 우선한다.

정관에 정한 사항을 외부에 공시한 것이 법인등기부이다. 그런데 법인등기부에는 공신력이 없다. 따라서 정관의 내용과 법인등기부 등본 상의 내용이 서로 상이한 경우에는 정관의 내용을 우선 적용된다. 예컨대 K주식회사의 법인등기부 상 대표이사가 甲 단독으로 등재되어 있으나 동사의 정관상 공동대표이사 제도를 채택하고 있다면 정관이 우선하므로 정관의 내용을 단독대표이사 제도로 변경하거나 아니면 다른 공동대표이사를 추가로 선임하지 않는 한 동사와의 여 · 수신거래를 할 수 없을 것이다.

그럼에도 불구하고 금융기관이 甲과 여신거래를 하였다고 가정할 경우 금융기관과 회사 간의 여신거래약정이 유효한지 의문이다.

이 경우 회사가 부실등기[24]를 한 책임이 있으므로, 금융기관은 선의의 제3자로서 보호를 받을 수 있다는 생각도 가질 수 있다. 하지만 금융기관의 여신업무 내규상 법인과의 대출거래약정 체결시 정관을 받도록 규정하고 있고 또 이러한 업무처리는 이미 오랜 관행이다.

더구나 여신을 전문으로 하는 금융기관이 정관의 내용과 법인등기부상의 내용이 일치하지 않는다는 사실을 몰랐다면, 이는 중과실로 볼 여지가 많으므로 甲의 불법행위로 인한 손해배상책임이나 회사의 사용자 책임은 별론으로 하더라도 금융기관과 회사 간에 체결된 여신거래약정은 무효로 보아야 한다고 생각된다.

### (6) 납세완납증명서를 받고 있는 이유

**여신 고객으로부터 차입신청이 있는 때 차주 및 담보제공자로부터 납세완납증명서를 받고 있는 이유는?**

여신거래약정을 할 때 고객으로부터 납세완납증명서를 제출하게 하는 것은 여신거래와 관련하여 취득하는 담보가치의 확실성을 파악하는 동시에 그 회사의 자금 여력, 신용상태 등을 파악하고자 함이다. 특별한 사정이 없음에도 조세를 체납할 정도라면 회사의 자금사정이 극도로 경색되어 있고 신용상태에 중대한 문제가 있는 것으로 보아야 할 것이

24) 고의 또는 과실로 인하여 사실과 상위한 사항을 등기한 자는 그 상위를 선의의 제3자에게 대항하지 못한다(상법 제39조, 부실의 등기).

므로 이 점을 충분히 고려하여 대출 의사를 결정하여야 할 것이다.

국세기본법 제35조(국세의 우선) 제1항(지방세법 제31조도 같은 내용임)에는 '국세 · 가산금 · 체납처분비는 다른 공과금 기타 채권에 우선하여 징수한다. 다만, 국세의 법정기일 이전에 전세권, 질권 또는 저당권을 취득하고 이를 증명하는 경우에는 그러하지 아니한다.'라고 규정하고 있다. 따라서 고객으로부터 유효하게 담보를 취득하였다 하더라도 그 취득일자가 체납된 국세나 지방세의 법정기일과 같거나 늦다면 담보로서의 가치를 전부 또는 일부를 상실할 수 있다. 그리고 그 재산에 대하여 부과된 국세 및 지방세(가산금 및 체납처분비 포함)[25]의 경우에는 그 법정기일이 근저당권의 설정등기 또는 등록일자보다 늦은 경우라 하더라도 항상 근저당권이나 질권에 우선하여 징수한다.

한편 본인의 예금을 담보로 대출을 취급하는 경우에는 체납처분압류명령이 송달된다 하더라도 상계권을 행사함으로써 담보예금을 조세채권에 우선하여 대출금 회수에 충당할 수 있어 채무자의 체납처분이 문제되지 아니한다. 그러나 제3자가 자신의 예금을 다른 채무자를 위하여 담보만 제공하고 연대보증인으로 입보하지 아니한 경우에는 담보제공자의 체납액이 문제될 수 있다. 금융기관이 채무자에 대한 대출금과 제3자가 제공한 담보예금을 서로 상계하기 위해서는 채권 · 채무가 서로 대립하고 있어야만 하는데 담보만 제공하고 보증인으로 입보하지 아니한 자(이를 물상보증인이라 한다)는 책임은 있으나 채무를 부담하지 아니하여 상계를 할 수가 없기 때문이다.

현재 금융기관의 여신실무 처리지침에 의하면, 제3자를 위하여 예 · 적금 등을 담보로 제공하는 자에 대해서는 연대보증인으로 입보시키지 않는 것을 원칙으로 하고 있다. 금융감독원에서 이러한 행위를 불건전 영업행위(은행감독업무시행세칙 제64조)로 간주하여 규제를 하고 있기 때문이다. 그러나 제3자가 당해 금융기관에 예치되어 있는 예 · 적금 또는 금전신탁수익권을 담보로 제공하고, 연대보증의 책임을 담보제공범위 내로 제한하여 연대보증인으로 입보[26]시키는 것은 불건전 영업행위로 보지 아니한다. 따라서 강력한 담보적 기능을 가지고 있는 상계권을 확보하기 위해서는 실무상 이를 적극 활용할 필요가 있

25) 그 재산에 부과된 국세와 지방세를 당해세라 한다. 2010. 1. 1. 현재 국세 중에는 상속세, 증여세 및 종합부동산세가 이에 해당(국세기본법 제35조 제5항)하며, 지방세 중에는 재산세, 자동차세, 도시계획세, 공동시설세 그리고 재산세와 자동차세에 부과된 지방교육세가 이에 해당(지방세법 시행령 제14조의4)한다.

26) 예 · 적금 또는 금전신탁수익권을 담보로 제공받는 동시에 담보제공자를 연대보증인으로 입보하고자 하는 경우에는 특약사항란 등에 '담보로 제공하는 예금(또는 적금 · 금전신탁수익권을 담보) 범위 내에서 연대보증 책임을 진다'라는 문언을 기재하여, 은행업감독업무시행세칙 제64조에서 규정하고 있는 불공정거래 행위에 해당되지 아니함을 분명히 할 필요가 있다.

다. 만일, 담보제공자를 연대보증인으로 입보시키지 아니하고자 하는 경우에는 담보제공자의 국세 또는 지방세의 체납 여부를 조사하여 질권에 우선하는 조세채권이 존재하는지, 그리고 존재한다면 담보물에 미치는 영향 등을 고려하여 여신실행 여부를 결정하여야 할 것이다.

## 2. 등기신청에 필요한 인감증명서의 유효기간

(상 황)

D은행 Y지점 직원은 여신거래처로부터 등기신청에 필요한 인감증명서의 유효기간, 인감증명서 발급시 반드시 적정 용도를 기재하여야 하는지 여부에 관하여 문의를 받았다.

### (1) 등기신청에 필요한 인감증명서의 유효기간

**등기신청에 필요한 인감증명서의 유효기간은 얼마인가?**

등기신청서에 필요한 인감증명서는 발행일로부터 3개월 이내의 것이어야 한다.

등기를 신청할 때 마다 항상 인감증명서가 요구되는 것은 아니지만 특정한 경우에는 이를 첨부하도록 규정하고 있다. 이는 등기관에게 형식적 심사권 밖에 없는 현재의 등기제도에서 등기의무자로 하여금 인감증명을 제출토록 함으로써 부실한 등기를 방지하기 위한 하나의 수단이다.

그렇다면 인감증명서의 유효기간이 있는지 또 있다면 그 기간이 얼마인지 의문이다.

결론적으로 인감에 대하여 규정하고 있는 인감증명법상에는 인감의 유효기간에 대한 제한이 없다. 다만, 개정된 부동산등기규칙 제55조(인감증명 등의 유효기간)에 의하면, 등기신청서에 첨부하는 인감증명, 법인등기부 등·초본, 주민등록 등·초본, 가족관계등록사항별 증명서, 토지대장 및 건축물대장 등본은 발행일로부터 3개월 이내의 것이어야 한다고 규정하고 있다. 따라서 등기신청에 필요한 인감증명서의 유효기간은 등기신청의 종류를 불문하고 3개월 이내의 것이어야 한다. 인감증명서의 발행일인 초일은 산입하지 아니하고, 응당일 전일 만료한다. 다만, 그 기간의 말일이 공휴일인 때에는 그 다음 날로 기간이 만료한다.[1] 예컨대 인감증명서의 발행일이 2008. 6. 2. 경우에는 2008. 6. 3.부터 기산하여 응당일 전일인 2008. 9. 2.(자정)에 유효기간이 만료된다.

그러면 발급일로부터 상당한 기간이 경과한 인감증명서를 믿고 거래한 자도 보호를 받을 수 있는지 의문이다. 이에 관한 사항은 다음 사례에서 설명하고자 한다.

1) 1997. 4. 10. 등기예규 제866호.

### (2) 유효기간이 경과한 인감증명에 의거 근저당권설정등기가 이루어진 경우 그 효력

**유효기간이 경과한 인감증명에 의거 근저당권설정등기가 이루어진 경우, 그 근저당권의 효력은?**

유효기간이 경과된 인감증명서에 의거 등기가 이루어졌다 하더라도 그 등기의 효력에는 아무런 영향을 미치지 아니한다. 따라서 유효기간이 경과한 인감증명에 의한 근저당권설정등기도 유효하다.

부동산등기규칙 제55조(인감증명 등의 유효기간)에서 등기용 인감증명서의 유효기간을 발행일로부터 3월 이내의 것으로 정하고 있는 것은 무권리자에 의해 등기가 이루어지는 것을 최대한 예방할 목적에서이다. 따라서 유효기간이 경과된 인감증명서에 의거 등기가 이루어졌다 하여 그 등기자체가 무효가 되는 것은 아니며 대법원 판례[2]도 같은 입장을 취하고 있다.

### (3) 인감증명서의 용도

**근저당권설정등기에 필요한 인감증명서의 경우, 반드시 그 용도가 근저당권설정등기용으로 기재되어 있어야만 하는가?**

근저당권설정등기를 신청할 때 첨부하는 인감증명서는 그 용도가 무엇으로 기재되어있던 상관없다.

부동산의 매매를 원인으로 하는 소유권이전등기 신청의 경우에는 반드시 용도가 부동산매도용[3] 인감증명서를 첨부하여야 하지만 매매 이외의 경우에는 등기신청서에 첨부된 인감증명서상의 사용 용도와 그 등기의 목적이 다르더라도 무방하다. 따라서 사용 용도

2) 인감증명의 유효기간이 경과하였다는 사실만으로 그 등기가 원인무효라고 볼 수도 없고, 부동산등기법 제55조(신청의 각하) 제8호(신청서에 필요한 서면 또는 도면을 첨부하지 아니한 때)에 위배된다고 볼 수 없다.

3) 부동산매도용으로 인감증명을 발급받고자 하는 때에는 부동산매수자란에 매수자의 성명, 주소(법인의 경우에는 법인명과 주된 사무소의 소재지) 및 주민등록번호를 기재하여야 하며(인감증명법시행령 제13조 제3항), 만일 용도가 부동산매도용이 아니거나 부동산매도용이라 하더라도 기재된 매수자의 인적사항이 소유권이전등기신청서에 기재된 등기권리자의 인적사항과 다른 경우에는 '신청서에 필요한 서면 또는 도면을 첨부하지 아니한 때'에 해당되어 그 등기신청이 각하 된다.

가 기재되지 않았거나 또는 그 용도가 가등기나 부동산매도용으로 기재되어 있는 인감증명서를 근저당권설정등기 신청서에 첨부하여도 그 등기신청은 각하되지 아니한다.

# 제3절 기한연장 · 대환

## 1. 보증인 동의 없이 기한연장을 한 경우 보증채무 존속 여부

(상 황)

a. D은행 Y지점은 차주 甲으로부터 상환기일이 도래한 일반자금대출 20백만원(연대보증인 乙, 한정근보증)의 기한연장 신청을 받았다.
b. 그런데 문제는 그 대출금에 연대보증을 한 乙이 해외 출장 중에 있어 은행에 방문을 할 수가 없는 상황이다.
c. 연대보증인의 동의를 받지 아니하고 기한연장을 할 경우, Y지점은 장래 乙에게 보증채무 이행을 청구할 수 있겠는가?

대법원 판례의 태도 및 근보증계약서에 정하고 있는 한정근보증의 피보증채무 범위를 고려할 때 연대보증인(乙)의 동의를 받지 아니하고 기한연장[1])을 하였다 하더라도 乙에게 보증채무 이행을 청구할 수 있을 것으로 본다.

각 금융기관의 내규상 대출금의 기한연장을 할 때에는 채무자 및 연대보증인이 서명날인한 여신거래 연기신청서(한도거래 여신의 경우 ( )거래 추가약정서)를 받도록 규정하고 있다.

그렇다면 대출금의 변제기를 유예할 목적으로 연대보증인의 동의를 받지 아니하고 기한연장 또는 대환[2])을 한 경우, 그 대출금의 연대보증인에 대하여 보증채무 이행을 청구

1) 기한연장이라 함은 개별대출의 경우 그 변제기를, 한도거래대출의 경우 그 거래기간을 연장하는 것을 의미하며, 그 법적성질을 변제기의 유예(한국금융연수원 여신법률기초 제4권)로 보고 있다. 현재 금융기관의 실무는 채무관계인과 새로운 여신거래약정을 체결하지 아니하고 단순히 대출금연기신청서(한도거래여신의 경우 : ( )거래 추가약정서)를 받아 처리하고 있다.

2) 대환이라 함은 실질적으로는 대출금의 변제기 연장이지만 형식상으로는 신규 대출을 취급하여 기존의 대출금을 상환하는 것을 의미하며, 그 법적성질은 기한연장설(당사자의 의사는 기한연장을 목적으로 한 것이므로 보증인 또는 담보제공자의 동의 없이 대환을 하더라도 원칙적으로 종전채무를 위한 담보나 보증은 그대로 존속하는 것으로 본다는 설) 내지는, 준소비대차설(구채무와 신채무거 서로 동일성이 인정되는 경우에는 보증인 또는 담보제공자의 동의 없이 대환을 하더라도 원칙적으로 종전채무를 위한 담보나 보증은 그대로 존속하는 것으로 본다는 설)로 본다는 것이 대법원 판례의 태도이다(한국금융연수원 여신법률기초 제4권).

할 수 있는지 여부가 의문이다. 이에 관한 의문을 해소하기 위해서는 당사자 간에 체결한 근보증 계약의 내용, 대법원 판례의 태도 그리고 금융기관의 내규 등을 이해하여야 한다.

**1. 근보증 계약의 내용에 의한 판단** 연대보증인과 금융기관 간에 체결한 보증계약의 실질적인 내용이 '특정채무보증'에 해당하는 경우에는 연대보증인의 동의 없이 대출금의 기한연장 또는 대환을 하게 되면 보증채무 이행을 청구할 수 없는 것으로 보아야 한다.

현재 금융기관이 사용하고 있는 근보증계약서에 의하면, 연대보증인의 보증 책임범위를 특정채무보증(채무자가 은행에 대하여 부담하는 특정된 채무만을 보증한다)으로 정한 경우에는 보증인의 동의 없이 기한연장 또는 대환을 한 때에는 보증 책임이 소멸하는 것으로 약정하고 있기 때문이다.

과거 한 때 금융기관은 가계자금대출의 경우에 한하여 연대보증인으로부터 별도의 보증서를 받지 않고 대출거래약정서(가계용)라는 하나의 서식에 의하여 주채무자와 대출거래약정 및 보증인과의 보증 약정을 체결한 적이 있는데 그 대출거래약정서 내용 중에는 '이 약정에 의한 채무의 상환기일이 보증인의 동의를 받아 연장된 때에는 계속해서 보증책임을 지기로 한다.'라는 조항이 있었다.

이와 같은 약정에 의거 보증 입보한 연대보증인은 특정채무보증을 한 것으로 간주하여 그 채무가 보증인의 동의 없이 재취급, 대환이나 기한연장을 한 때에는 보증 책임이 소멸하는 것으로 보았다.

그 후, 가계자금대출 거래약정서를 개정(이 약정에 의한 '채무의 상환기일이 보증인의 동의를 받아 연장된 때에는 보증인은 계속하여 제1조의 약정에 따르기로 한다.'라는 내용 삭제하여, 2003. 6. 2.부터 사용해 오고 있다)하는 한편 연대보증인과의 보증계약은 별도 서식(근보증서)을 사용하여 계약하는 분리서식형을 채택하여 현재까지 적용해 오고 있다.

다음은 보증계약의 실질적인 내용이 '특정근보증'에 해당하는 경우에는 연대보증인의 동의 없이 대출금의 기한연장을 하더라도 보증채무가 소멸하지 아니하므로 보증채무는 계속 존속하지만 대환을 한 경우에는 보증 책임이 소멸하는 것으로 해석할 수 있다.

특정근보증의 경우 연대보증인의 책임범위는, 특정된 거래계약(예 : ○년 ○월 ○일자 여신거래약정서)으로부터 계속적으로 발생하는 채무를 보증하며, 그 채무가 기한연기된 때에도 보증한다. 그러나 재취급 또는 다른 과목의 여신으로 대환된 때에는 보증하지 않는 것으로 약정하고 있기 때문이다.

보증계약의 실질적인 내용이 한정근보증[3] 또는 포괄근보증[4]에 해당하는 경우에는 연대보증인의 동의 없이 대출금의 기한연장, 재 취급 또는 같은 종류[5]로 대환을 한 경우에도 보증 책임이 존속하는 것이 원칙이다.

근보증계약서에 의하면, 연대보증인의 보증책임 범위를 한정근보증 또는 포괄근보증으로 정한 경우, 보증인의 동의 없이 기한연장 또는 재취급 또는 같은 종류로 대환을 한 때에도 보증 책임을 부담하는 것으로 약정하고 있기 때문이다.

**2. 대법원 판례의 입장** 근보증서나 근저당설정계약서는 처분문서이므로 특별한 사정이 없는 한 그 계약서에 기재된 문언대로 효력이 발생한다.

그러므로 당사자 간에 체결한 한정근보증의 피보증채무 범위를 고려하면, 은행이 보증인의 동의 없이 기한연장을 하였다 하더라도 연대보증인(乙)은 계속해서 보증 책임을 져야한다는 입장을 취하고 있다. 그러나 연대보증인의 책임범위를 한정근보증(또는 포괄근보증)으로 약정하였다 하더라도 보증계약의 실질적인 내용이 '특정채무보증'으로 해석할 만한 특별한 사정이 있는 경우에는 계약내용의 형식에도 불구하고 특정채무보증으로 본다는 것이 대법원 판례[6]의 일관된 태도이다. 따라서 보증계약의 피보증채무 범위를 한정근

3) 한정근보증의 경우 연대보증인의 책임범위는, 특정한 종류의 거래(예 : 할인어음대출 거래)에 대하여 이미 맺어져 있거나 앞으로 맺게 될 거래계약으로부터 현재 발생되어 있거나 앞으로 발생하게 될 채무를 모두 보증하며, 그 채무의 연기나 재취급은 물론 같은 종류로 대환된 때에도 보증한다. 그러나 다른 종류의 여신으로 대환된 때에는 보증하지 않는 것으로 약정하고 있다.

4) 포괄근보증의 경우 연대보증인의 책임범위는, 채무자가 은행에 부담하는 현재 및 장래의 모든 채무(여신거래로 인한 채무뿐만 아니라 다른 형태의 채무를 포함한다)를 보증하는 것으로 약정하고 있다.

5) 같은 종류의 대환이라 함은 대출의 취급형식(예 : 증서대출 형식 또는 어음대출 형식)이 같은 것을 의미한다(한국금융연수원, 여신실무법률 上). 이 견해에 따르면 금융기관이 연대보증인과 한정근보증 계약을 체결하면서 보증 책임 범위를 '할인어음(어음대출 형식)'이라고 정한 경우로써 차주가 할인어음을 기일에 변제하지 못하여, 일반자금대출(어음대출 형식)을 일으켜 그 할인어음의 결제자금으로 충당하는 경우도 양자 모두 어음대출 형식이므로 같은 종류로의 대환으로 보고 있다. 그러나 이와 같은 구분은 금융기관 실무상 무의미하다고 생각된다. 금융기관에서는 보다 안전한 업무처리를 위해 같은 과목으로의 대환이던 같은 종류로의 대환이던 불문하고 대환을 할 때마다 보증인과 새로운 보증계약을 체결하고 있기 때문이다.

6) 근저당설정계약서는 처분문서이므로 특별한 사정이 없는 한 그 계약 문언대로 해석하여야 함이 원칙이지만, 그 근저당권설정계약서가 금융기관 등에서 일률적으로 일반거래약관의 형태로 부동문자로 인쇄하여 두고 사용하는 계약서인 경우에 그 계약 조항에서 피담보채무의 범위를 그 근저당권 설정으로 대출받은 당해 대출금채무 외에 기존의 채무나 장래에 부담하게 될 다른 원인에 의한 모든 채무도 포괄적으로 포함하는 것으로 기재하였다고 하더라도, 당해 대출금채무와 다른 채무의 각 성립 경위 등 근저당설정계약 체결의 경위, 대출 관행, 각 채무액과 그 근저당권의 채권최고액과의 관계, 다른 채무액에 대한 별도의 담보확보 여부 등 여러 사정에 비추어 인쇄된 계약 문언대로 피담보채무의 범위를 해석하면 오히려 금융기관의 일반 대출 관례에 어긋난다고 보이고 당사자의 의사는 당해 대출금채무만을 그

보증이나 포괄근보증으로 정하였다 하더라도 보증계약의 실질적인 내용이 특정채무보증에 해당된다면, 연대보증인의 동의를 받지 아니하고 기한연장을 한 경우에는 연대보증인의 보증 채무가 소멸하는 것으로 보아야 한다.

상기에서 살펴본 바와 같이 근보증 계약의 내용 및 대법원 판례에도 불구하고 각 금융기관의 여신업무 내규에는 기한연장을 할 때 채무자 및 연대보증인이 서명날인한 여신거래 연기신청서(한도거래여신의 경우 '( )거래 추가약정서')를 받도록 규정하고 있다.

금융감독기관에서 보증과 관련한 분쟁을 예방할 목적으로 기한연장을 할 때 연대보증인의 동의를 받도록 권장하고 있기 때문이다. 그러나 동의를 받지 아니하고 기한연장을 하였다 하여 보증 채무가 소멸한다고는 보지 아니한다. 금융기관(채권자)의 내규보다는 채권자와 채무자 간에 체결한 계약 내용이 우선적용되어야 할 것으로 생각되기 때문이다.

기한연장을 할 때 보증인의 동의를 받아서 처리를 하면 그만인데 왜 이와 같은 문제를 다루어야 하는지 의문을 가질 수도 있다. 하지만 실무를 하다보면 간혹 차주는 연기를 요청하고 있지만 보증인이 장기 출타 등 부득이한 사정으로 대출금의 변제기한이 도래 되었음에도 보증인이 연기신청서에 자필을 할 수 없는 상황이 발생한다. 이 경우 그 대출금은 연체대출금으로 분류되어 차주는 정상이자를 적용할 때보다 훨씬 많은 비용을 부담할 수밖에 없고 금융기관의 입장에서는 공연한 불건전자산만 보유하게 된다.

실무상 이와 같은 상황에 처하게 되면 다음과 같이 실무를 처리하는 것이 현명할 것으로 생각된다.

1. 기한연장이나 대환을 취급하고자 할 때에는 보증계약의 실질적인 내용(한정근보증 또는 포괄근보증) 및 대법원 판례에도 불구하고 보증인의 서면 동의를 받고 취급함을 원칙으로 한다.

2. 보증인이 더 이상 보증할 의사가 없다고 판단되는 때에는 보증인 변경 등 채권보전에 관한 별도의 대책이 없는 한 기한연장이나 대환을 하지 않도록 한다.

3. 보증인이 계속해서 보증을 할 의사가 확실하지만 장기 출장 또는 병원 입원 등 부득이한 사유로 대출금의 변제기일까지 래점할 수 없는 상황인 경우에는 보증인으로부터 계속해서 보증할 의사가 있다는 뜻을 기재한 서면(차주명, 대출과목, 금액, 기한연장 요청의

---

근저당권의 피담보채무로 약정한 취지라고 해석하는 것이 합리적일 때에는, 위 계약서의 피담보채무에 관한 포괄적 기재는 부동문자로 인쇄된 일반거래약관의 예문에 불과한 것으로 보아 그 구속력을 배제하는 것이 타당하다(대법원 1997. 5. 28. 선고 96다9508 판결, 대법원 2001. 9. 18. 선고 2001다36962 판결, 대법원 2005. 7. 28. 선고 2005다22565 판결).

뜻을 기재하고 서명)을 우편이나 팩스 등으로 받아, 당초의 근보증서에 기재되어 있는 자필과 대조하여 일치한다면 기한연장을 하는 것이 고객의 이익은 물론 연체대출금 감축을 위해서도 바람직한 업무처리이며 또한 장래 보증채무를 청구하는 데에도 아무런 문제가 되지 않을 것으로 본다. 기한연장은 단순히 대출금의 변제기를 연장하는 데 불과하여 보증인의 보증 책임을 가중시키는 행위가 아닐 뿐만 아니라 기존의 보증채무에 대한 계속적 보증 의사표시는 반드시 은행이 지정한 서식에 하여야만 효력이 발생하는 것은 아니라고 판단되기 때문이다.

## 2. 담보물이 가압류된 상황에서 기한연장 및 대환 취급 여부

(상 황)

a. D은행 Y지점은 甲으로부터 대출금의 기한연장 신청을 받았다.
b. 그런데 채무자가 제공한 담보(한정근담보) 부동산에 대하여 제3자가 가압류를 한 사실이 확인되었다.

### (1) 근저당 목적물에 가압류가 있는 경우 기한연장 또는 대환을 할 수 있는지 여부

**근저당권의 목적물에 제3자의 가압류등기가 있는 상황에서 대출금의 기한연장 또는 동일과목으로 대환을 하여도 무방하겠는가?**

근저당 목적물이 제3자에 의하여 가압류되었다 하더라도 이는 근저당권의 피담보채권의 확정 사유에 해당하지 아니한다. 그리고 이 상황에서 기간연장 또는 대환 취급을 한다 하더라도 가압류권자에게 어떠한 불이익 따르는 것도 아니다. 따라서 대출금의 기한연장 또는 한정근담보의 책임범위[1]에 속하는 대환(동일과목 또는 같은 종류의 대환)을 하여도 무방할 것으로 판단된다.

가압류는 채무자가 자신의 재산을 양도하거나 담보로 제공하는 것을 막고 현상을 유지하기 위한 보전처분 절차에 불과할 뿐 그 부동산에 대한 환가나 배당 절차가 개시된 것이 아니므로 근저당권의 목적물에 제3자가 가압류를 하였다 하더라도 근저당권의 효력에는 아무런 영향을 미치지 아니한다. 또한 근저당 목적물에 제3자가 한 가압류등기는 근저당권의 피담보채권의 확정 사유에 해당하지 아니한다.

대출금의 변제기일이 도래되었으나 담보 목적물에 다른 채권자의 신청에 의한 가압류등기가 있는 때에는 가급적 그 가압류등기를 말소한 후 대출금의 기한연장 또는 대환을 하는 것이 바람직하다. 그러나 채무자의 사정이 여의치 않다면 말소하지 아니하고 기한

1) 현재 금융기관에서 사용 중인 근저당권설정계약서상의 한정근담보의 책임범위는 '채무자와 채권자(본지점) 간에 특정한 종류의 거래(예 : 당좌대출거래)에 대하여 이미 맺어져 있거나 앞으로 맺게 될 거래계약으로부터 현재 발생되어 있거나 앞으로 발생하게 될 채무를 모두 담보하며, 그 채무의 연기나 재취급(동일과목 대환을 의미함)은 물론 같은 종류로 대환된 때에도 담보한다. 그러나 다른 종류의 여신으로 대환된 때에는 담보하지 않는다.'라고 약정하고 있다.

연장 또는 대환을 하여도 무방할 것으로 판단된다. 다만, 향후 담보물의 매각대금으로부터 채권전액을 회수할 수 없다고 판단되는 경우에는 즉시 재산조사에 착수하여 발견재산에 대하여 가압류 등 보전처분 조치를 취하여야 할 것이다.

한편 신규 대출은 근저당권의 효력 유무를 떠나 장래 민원 발생[2] 소지가 있으므로 특별한 사정이 없는 한 취급하지 않는 것이 바람직하다.

채무자가 제공한 담보재산에 대하여 타 채권자가 가압류(압류 제외)를 한 경우, 채무자의 신용이 현저하게 악화되어 채권회수에 중대한 지장이 있을 때에는 독촉에 의한 모든 채무의 기한이익 상실[3] 사유에 해당하나 채권보전에 지장이 없다면 기한이익 상실 사유에 해당되지 아니한다. 실무상 전자의 경우에 해당하지만 기한연장 또는 대환 취급 후 자진변제를 유도하는 것이 채권보전에 유리하다고 판단되는 때에는 기한이익 부활에 관한 의견서[4]를 작성하고 기한연장 또는 대환을 하는 것이 적절한 실무처리라 생각된다.

### (2) 근저당 목적물에 제3자가 경매를 신청한 경우 대환을 할 수 있는지 여부

**근저당권의 목적물에 제3자가 압류를 함으로써 매각개시결정이 있다면, 대출금의 기한연장 또는 대환을 하여도 무방하겠는가?**

다른 근저당권자 또는 일반채권자가 경매를 신청하면 경매를 신청하지 아니한 근저당권의 피담보채권은 그 근저당권이 소멸하는 때, 즉 그 부동산의 매수인이 매각대금을 완납한 때에 확정된다는 것이 현재 대법원 판례의 태도이다. 따라서 매수인이 매각대금을 완납하기 전까지[5]는 대출금의 기한연장 또는 대환(동일과목 또는 같은 종류의 대환)은 물론이

2) 근저당권의 채권최고액 범위 내에서 신규 대출을 취급하게 되면 가압류채권자에게 배당될 가액이 줄어들게 되므로 근저당권자가 악용하면 가압류채권자가 선의의 피해를 입을 수 있다.

3) 기업용 은행여신거래기본약관 제7조 제4항 제3호에는, 담보물에 대하여 제3자로부터 가압류가 있는 경우로서, 채무자의 신용이 현저하게 악화되어 채권 회수에 중대한 지장이 있을 때에 한하여 독촉에 의한 기한이익 상실 사유에 해당되는 것으로 약정하고 있다.

4) 의견서에는 '은행여신거래기본약관 제7조 제4항 제3호에 의거, 기한이익 상실 사유에 해당되나 채무자에 대한 재산조사결과 발견재산 없음. 채무자 면담결과 자진변제 의사 확고하여 가산금리 적용 조건으로 기한연장(또는 대환) 요청에 응하는 것이 은행의 자산건전성 유지 및 채권보전에 유리할 것으로 판단된다.'는 등의 내용을 기재하도록 한다.

5) 근저당권의 피담보채권이 확정된 이후에 연기나 대환을 할 경우 그 대출금에 대하여 근저당권의 효

고 이론상 한정근담보의 책임범위에 속하는 신규 대출도 가능하다. 그러나 특별한 사정이 없는 한 신규 대출은 취급하여서는 아니 된다.

제3자가 경매신청을 함으로써 근저당 목적물에 매각개시결정등기가 된 때, 경매를 신청하지 아니한 다른 근저당권자의 피담보채권이 언제 확정되는가에 관하여는 다툼이 있다.

대법원 판례는 그 부동산의 매수인이 매각대금을 완납한 때에 확정되는 것으로 보고 있다.[6] 그러나 민법 개정안에 의하면, 이해관계 있는 제3자로부터 경매신청이 있었음을 안 날로부터 2주일이 경과하면 근저당권의 피담보채권이 확정되는 것으로 규정하고 있다. 따라서 근저당권의 목적물에 대하여 제3자가 압류를 하여 그 등기(매각개시결정등기)가 되었다 하더라도 그 부동산의 매수인이 매각대금을 완납하기 전까지는 기한연장이나 대환은 물론 근저당의 피담보채권의 범위 내에서 신규 대출도 가능하다. 그러나 이미 경매가 진행 중인 사실을 알면서 채무자에게 추가 여신을 취급하게 되면 압류채권자에게 배당될 금액이 줄어들게 되고, 결과적으로 이들 채권자를 해하는 행위가 되어 민원이 발생될 소지가 많다. 따라서 법원으로부터 채권계산서 제출을 최고받는 등 경매가 진행 중인 사실을 안 경우에는 신규 여신은 취급하지 않는 것이 안전하다.

력이 미치는지 여부에 관하여는 다툼이 있으므로 연기나 대환 취급을 하지 않는 것이 안전하다. 이에 관한 자세한 사항은 '근저당권의 피담보채권 확정과 그 효력'을 참조하기 바란다.

6) 당해 근저당권자는 저당부동산에 대하여 경매신청을 하지 아니하였는데 다른 채권자가 저당부동산에 대하여 경매신청을 한 경우 민사소송법 제608조 제2항·제728조의 규정에 따라 경매신청을 하지 아니한 근저당권자의 근저당권도 경락으로 인하여 소멸하므로, 다른 채권자가 경매를 신청하여 경매절차가 개시된 때로부터 경락으로 인하여 당해 근저당권이 소멸하게 되기까지의 어느 시점에서인가는 당해 근저당권의 피담보채권도 확정된다고 하지 아니할 수 없는데, 그 중 어느 시기에 당해 근저당권의 피담보채권이 확정되는가 하는 점에 관하여 우리 민법은 아무런 규정을 두고 있지 아니한 바, 부동산 경매절차에서 경매신청기입등기 이전에 등기되어 있는 근저당권은 경락으로 인하여 소멸되는 대신에 그 근저당권자는 민사소송법 제605조가 정하는 배당요구를 하지 아니하더라도 당연히 그 순위에 따라 배당을 받을 수 있고, 이러한 까닭으로 선순위 근저당권이 설정되어 있는 부동산에 대하여 근저당권을 취득하는 거래를 하려는 사람들은 선순위 근저당권의 채권최고액 만큼의 담보가치는 이미 선순위 근저당권자에 의하여 파악되어 있는 것으로 인정하고 거래를 하는 것이 보통이므로, 담보권 실행을 위한 경매절차가 개시되었음을 선순위 근저당권자가 안 때 이후의 어떤 시점에 선순위 근저당권의 피담보채무액이 증가하더라도 그와 같이 증가한 피담보채무액이 선순위 근저당권의 채권최고액 한도 안에 있다면 경매를 신청한 후순위 근저당권자가 예측하지 못한 손해를 입게 된다고 볼 수 없는 반면, 선순위 근저당권자는 자신이 경매신청을 하지 아니하였으면서도 경락으로 인하여 근저당권을 상실하게 되는 처지에 있으므로 거래의 안전을 해치지 아니하는 한도 안에서 선순위 근저당권자가 파악한 담보가치를 최대한 활용할 수 있도록 함이 타당하다는 관점에서 보면, 후순위 근저당권자가 경매를 신청한 경우 선순위 근저당권의 피담보채권은 그 근저당권이 소멸하는 시기, 즉 경락인이 경락대금을 완납한 때에 확정된다고 보아야 한다.

### (3) 근저당 목적물에 제3자가 가압류를 한 경우 기한이익상실 사유에 해당되는지 여부

**Y지점이 담보 부동산에 대한 제3자의 가압류를 이유로 채무자에 대한 기한이익을 상실시키고 채무자의 예금과 상계를 하여도 무방하겠는가?**

채무자(甲)가 제공한 담보재산에 대하여 타 채권자로부터 가압류가 있다 하더라도 '채무자의 신용이 현저하게 악화되어 채권회수에 중대한 지장이 있을 때'에 해당되지 않는다면 채무자에 대한 기한이익을 상실시킬 수 없다. 만일 채무자의 신용이 현저하게 악화되어 채권회수에 중대한 지장이 있다고 판단되는 때에는 배달증명부 내용증명으로 신용회복 등을 독촉하되, 그 정리 기한은 반드시 그 통지의 도달일부터 10일 이상의 날로 정하여야 한다. 채무자가 은행이 정한 기간까지 이행을 하지 아니하면 그 때 비로소 모든 채무의 기한이익을 상실한다.

채무자가 제공한 담보물에 제3자로부터 가압류가 있으면 채무자의 신용이 종전에 비해 악화되었다고 추정은 되지만 반드시 신용이 악화되었다고는 단정할 수 없다. 그래서 기업용 은행여신거래기본약관 제7조(기한전의 채무변제 의무) 제4항 제3호에는 채무자가 제공한 담보물에 대하여 제3자의 가압류가 있다 하더라도 '채무자의 신용이 현저하게 악화되어 채권회수에 중대한 지장이 있는 때'에만 독촉에 의한 기한이익 상실 사유에 해당되는 것으로 정하고 있다.

문제는 어떤 경우가 채무자의 신용이 현저하게 악화되어 채권회수에 중대한 지장이 있는 때에 해당 되는가이다.

이에 대한 명확한 정의는 없다. 다만, 가압류채권자의 청구금액, 담보물의 회수예상가격, 채무자의 현재 상황 및 해결방안 등을 종합적으로 고려하여 판단하는 것이 합리적이라 생각된다.

채무자의 신용이 현저하게 악화되어 채권회수에 중대한 지장이 있음을 이유로 기한이익을 상실시키고 채무자의 예금과 상계를 하고자 하는 경우에는 기한이익 상실 예고통지서 및 상계통지서를 발송하는 한편 채무자의 신용이 현저하게 악화되어 채권회수에 중대한 지장이 있다는 품의서를 작성하여 전결권자의 결재를 받아 두는 것이 채무자 등으로부터의 민원에 대비하는 바람직한 업무처리라 사료된다.

한편 은행여신거래기본약관 제7조(기한전의 채무변제 의무) 제1항 제1호에 의하면, 제 예치금 기타 은행에 대한 채권에 대하여 가압류, 압류명령이나 체납처분압류통지가 발송된 때 또는 기타의 방법에 의한 강제집행 개시나 체납처분 착수가 있는 때. 다만, 담보재산이 존재하는 채무의 경우에는 채권 회수에 중대한 지장이 있는 때에만 가압류는 독촉에 의한 모든 채무의 기한이익 상실[7] 사유에 해당되는 것으로 약정하고 있다. 따라서 채무자가 제공한 담보재산이 존재하는 경우에는 채무자의 예금에 대하여 가압류명령이 송달된다 하더라도 그것만으로는 곧 기한이익을 상실한다고 할 수 없고, 기한이익 상실 사유에 해당되는지 여부는 담보 목적물의 담보가치 여부로 판단하여야 할 것으로 본다. 즉 법정절차(경매)에 의한 담보 목적물의 회수예상가격이 대출금을 회수하기에 충분하다면 기한이익 상실 사유에 해당되지 아니하며, 반면에 채권 회수에 중대한 지장이 있다고 판단되면 기한이익 상실 사유에 해당되는 것으로 보아야 할 것이다.

채무자로부터 제공받은 별도의 담보재산이 있음에도 불구하고 채무자의 제 예치금에 대하여 가압류명령이 송달되었음을 이유로 기한이익을 상실시키고, 채무자의 예금과 상계를 하고자 하는 경우에는 채권회수에 중대한 지장이 있다는 의견서를 작성하여 전결권자의 결재를 받아 두는 것이 채무자 등(채무자의 예금에 가압류 있을 경우 가압류채권자 등 이해관계인)으로 부터의 민원에 대비하는 바람직한 업무처리라 사료된다.

특히 당연 기한이익 상실 사유의 경우에는 채무자의 기한이익 상실 사유를 인지한 날로부터, 독촉에 의한 기한이익 상실 사유의 경우에는 채무자가 기한의 이익을 상실한 날로부터 각각 15일 이내에 연대보증인에게 통지[8]하여야 하며, 기한이익을 부활시킨 때에도 부활 후 15일 이내에 통지를 하여야 한다.

한편 채무자가 제공한 담보재산(은행여신거래기본약관 제7조 제1항 제1호의 제 예치금 및 기타은행에 대한 채권은 제외)에 대하여 압류명령(가압류명령은 제외)이나 체납처분압류 통지가 발송된 때 또는 기타의 방법에 의한 강제집행 개시나 체납처분 착수가 있는 때에는 채무자가 제공한 담보물의 가치 여부에 불문하고 모든 채무의 당연기한이익 상실 사유에 해당되므로 채무자의 예금과 상계를 하여도 무방하다. 다만, 대출금채권의 담보가 부동산이 아닌 국·공채나 상장주식 또는 예금 등인 경우에는 부동산과는 달리 그 담보물로부터 쉽게 대출금 채권을 회수할 수 있음에도 압류채권자를 무력화시킬 목적으로 압류예금과 상계하고 담보권을 행사하지 아니하면 이는 상계권의 남용으로써 상계의 효력이 발생하지 않는

7) 은행여신거래기본약관상 기한이익 상실 사유에는 크게 당연 기한이익 상실 사유와 독촉에 의한 기한이익 상실 사유로 구분하고 이들은 다시 은행에 대한 모든 채무의 기한이익 상실 사유와 당해 채무의 기한이익 상실 사유로 각각 구분하고 있다.

8) 은행이 채무자가 최종 신고한 주소지로 통지를 한 때에는 보통의 우송기간이 경과한 때 도달한 것으로 추정한다. 다만, 기한 전 변제 청구나 상계통지와 같이 중요한 사항의 경우에는 배달증명부 내용증명으로 발송하여야만 도달한 것으로 추정된다(기업용 은행여신거래기본약관 제18조 제2항 단서).

것으로 보고 있으며, 또한 채무자의 부동산에 대하여 다른 채권자가 강제집행 절차를 진행함으로써 이미 그 절차가 종료되어, 채권계산서만 제출하면 법원으로부터 바로 배당을 받을 수 있음에도 불구하고 구태여 배당받는 것을 포기하고 채무자의 예금과 상계 처리하는 행위를 상계권의 남용[9]으로 보고 있으므로 주의를 요한다.

### (4) 기한이익의 부활

**기한이익을 상실한 채무자가 그 후 신용을 회복하였다고 판단되는 경우, Y지점은 기한이익을 부활시킬 수 있겠는가?**

기한이익의 부활은 채권자의 권리에 속한다. 따라서 악화되었던 채무자의 신용이 회복되었다거나 채권보전에 지장이 없다고 판단될 때에는 채권자(Y지점)는 기한의 이익을 부활시킬 수 있다. 금융기관 내규에 의하면, 기한이익의 부활여부는 채무관계인의 자산과 신용 및 거래상황 등을 종합적으로 고려하여 영업점장이 결정하도록 정하고 있다.

기한이익의 부활은 묵시적, 명시적으로도 할 수 있다. 다만, 여기서 주의하여야 할 사항은 기한이익의 부활이라 함은 채무자가 가지는 기한의 이익이, 기한이익을 상실하기 전부터 소급하여 회복된다는 것이 아니라 기한의 이익을 부활시킨 그 때부터 다시 기한의 이익을 갖는다는 것을 의미한다는 것이다. 따라서 기한이익 상실 이후부터 부활사유가 발생하였을 때까지 발생한 지연배상금은 채무자가 변제하여야 할 것이다.

9) 오시정, 한국금융연수원 여신법률(下).

# 제4절 공장저당권 · 특수한 경우의 담보취득

## 1. 공장저당권과 관련한 법률문제

(상 황)

D은행 Y지점은 甲주식회사로부터 공장을 담보로 하는 차입 신청을 받고, 공장 및 광업재단저당법상의 공장근저당권과 관련한 제반 법률문제를 검토하고 있는 중이다.

### (1) 공장에 설치되어 있는 기계 기구의 매각대금에서 우선변제를 받기 위한 요건

공장의 토지나 건물에 설치된 기계 기구에 대하여 공장근저당권자로서 우선변제를 받기 위한 요건은 무엇인가?

공장의 토지나 건물에 설치된 기계 기구에 대하여 공장근저당권자로서 우선변제를 받기 위해서는, 공장에 속하는 토지나 건물에 대한 근저당권설정등기를 신청할 때에 반드시 이들의 목록을 제출하여야만 한다.

동일 부동산에 대하여 그 순위를 달리하는 수 개의 공장근저당권이 설정된 경우에 그 토지나 건물에 설치된 기계, 기구 등의 매각대금에 대한 우선순위는 공장근저당권설정등기의 선후(先後)에 불구하고, 기계 기구 목록제출에 따른 등기의 선후에 따라 결정된다. 공장 및 광업재단저당법 제6조(저당권 목적물의 목록) 제1항에 의하면, 공장에 속하는 토지나 건물에 대한 저당권설정등기를 신청하려면 그 토지나 건물에 설치된 기계, 기구, 그 밖의 공장의 공용물로서 제3조 및 제4조에 따라 저당권의 목적이 되는 것의 목록을 제출하여야 한다고 규정하고 있기 때문이다.

공장 및 광업재단저당법 제3조(공장 토지의 저당권)에는, 공장 소유자가 공장에 속하는 토지에 설정한 저당권의 효력은 그 토지에 부합된 물건과 그 토지에 설치된 기계, 기구, 그 밖의 공장의 공용물에 미친다고 규정하고 있고, 같은 법 제4조(공장 건물의 저당권)에, 공장 소유자가 공장에 속하는 건물에 설정한 저당권의 효력은 그 건물에 부합된 물건과 그 건물에 설치된 기계, 기구 그 밖의 공장의 공용물에 미친다고 규정하고 있어, 마치 공장으로 사용 중인 토지나 건물에 대하여 근저당권을 설정하기만 하면 그 토지나 건물에 설치된 기계 기구 그 밖의 공장의 공용물의 매각대금에서 우선변제를 받을 수 있는 것이 아닌가 하는 생각을 가질 수 있다.

물론 공장저당권의 효력이 미치는 것은 틀림없으나 그 매각대금에서 우선변제를 받을 수는 없다. 같은 법 제6조(저당권 목적물의 목록)는 공장에 속하는 토지나 건물에 대한 저당권설정등기를 신청하려면 그 토지나 건물에 설치된 기계, 기구 그 밖의 공장의 공용물로서 제3조 및 제4조에 따라 저당권의 목적이 되는 것의 목록을 제출하여야 한다고 규정함으로써 공장에 속하는 토지나 건물에 대한 저당권설정 등기 신청을 할 때에 이들의 목록을 제출하지 아니하면 그 매각대금에서 우선변제를 받을 수 없다는 점을 분명히 하고 있다.

공장 및 광업재단저당법에서 규정하는 공장근저당권을 설정하기 위해서는 그 대상 목적물이 토지+건물+기계 기구, 기타 공용물 또는 토지+기계 기구, 기타 공용물 또는 건물+기계 기구, 기타 공용물 중 적어도 어느 하나의 형태에 속하여야만 한다.

그리고 하나의 공장을 구성하는 토지 또는 건물과 그에 설치된 기계기구의 소유자가 일치하여야 하며, 다른 경우에는 설령 기계 기구 목록을 제출하였다 하더라도 그 기계 기구에 대해서는 저당권의 효력이 미치지 아니한다. 따라서 기계 기구가 설치될 건물이 건축 중에 있거나 설치할 기계 기구가 제작 또는 운송 중에 있는 경우에는 공장근저당권을 설정할 수 없으므로 이러한 경우에는 공장근저당권의 설정이 가능하게 될 때까지 일단 양도담보로 취득하여 관리하는 것이 적절할 것으로 판단된다.

### (2) 제3자 소유 또는 양도담보로 제공된 기계의 목록제출과 그 효력

**공장근저당권을 설정하면서 특정 기계 기구에 대하여 목록을 제출하였으나 그것이 제3자 소유이거나 또는 이미 점유개정 방법으로 제3자에게 양도담보로 제공된 것으로 확인된 경우, 그 기계 기구에 대하여 공장근저당권의 효력이 미치겠는가?**

공장 및 광업재단저당법에 의거 공장근저당권 설정등기를 하면서 특정 기계 기구에 대하여 등기소에 목록을 제출하였다 하더라도 그것이 공장근저당권설정자의 소유가 아닌 제3자 소유이거나 또는 점유개정의 방법에 의하여 이미 타 채권자에게 양도담보로 제공된 것이었다면 그 기계 기구에 대하여는 공장근저당권의 효력이 미치지 아니한다.[1] 그러므로 기계 기구 또는 기타 공용물을 근저당권의 목적물로 하고자 할 때에는 그것이 리스물건[2] 등 제3자 소유는 아닌지, 또 이미 타처에 양도담보로 제공된 것은 아닌지 여부를 다각도로 철저히 조사하여야 한다.

한편 리스물건이나 또는 이미 제3자에게 양도담보로 제공된 기계를 또다시 금융기관에 담보로 제공하고 차입을 한 행위는 형법상 사기죄를 구성하는 것으로 보고 있다. 따라서 기계 또는 공장 공용물을 담보로 취득할 때 이 점을 차주와 담보제공자에게 각별히 주지시킨다면 이와 같은 문제를 예방하는데 다소나마 도움이 될 것으로 판단되며, 실무상 설문과 같이 타인의 물건 또는 이미 타 채권자의 권리의 목적이 된 물건을 담보로 취득함으로 인하여 피해를 입게 된 때에는 이러한 법리를 적극 활용, 채무자 또는 담보제공자를 압박한다면 채권회수에 도움이 될 것으로 생각된다.

### (3) 공장저당 목적물인 기계를 제3자가 무단 점유하고 있는 경우 그 대응 방안

**공장근저당권의 목적물로 취득한 기계 기구를 제3자가 무단으로 점유하고 있는 경우, 공장근저당권자가 취할 수 있는 적절한 대응 방안은?**

이 경우 공장근저당권자로서는 다음과 같이 대응하는 것이 적절할 것으로 판단된다.

**1. 무단 점유자에 대한 조치** 기계 기구를 점유하고 있는 제3자가 선의취득을 하지 아니한 이상 공장근저당권자는 이를 점유하고 있는 자에게 물권에 기한 방해배제청구권을 행사하여 원래의 설치장소에 원상회복할 것을 청구할 권리가 있다. 다만, 저당권자는 점유권이 없기 때문에 그 기계 기구를 저당권자 자신에게 반환할 것을 청구할 수는 없다. 따라서 공장근저당권자는 무단점유자를 상대로 공장근저당권 설정당시 그 기계 기구가 존재하던 원래의 장소로 원상회복을 종용하여야 할 것이다.

**2. 채무자 또는 담보제공자에 대한 조치** 공장근저당권이 설정된 선반기계 등을 이중담보로 제공하기 위하여 이를 다른 장소로 옮긴 경우, 이는 공장근저당권의 행사가 방해될 우려가 있는 행위로서 형법상 권리행사방해죄[3]에 해당한다는 것이 대법원

1) 대법원 1998. 10. 12. 자 98그64 결정.

2) 리스물건인 경우에는 통상적으로 회사 재무제표에 리스료가 계상된다.

3) 타인의 점유 또는 권리의 목적이 된 자기의 물건 또는 전자기록 등 특수매체기록을 취거, 은닉 또는 손괴하여 타인의 권리행사를 방해한 자는 5년 이하의 징역 또는 700만원 이하의 벌금에 처한다(형법 제

판례(1994. 9. 27. 선고 94도1439 판결)의 태도이다. 따라서 이러한 법리를 적극 활용, 그 기계 기구가 존재하던 원래의 장소로 원상회복시키게 하거나 그 기계 기구의 담보가격에 상응하는 대출금을 변제하게 한다. 물론 이를 이유로 채무자의 기한이익을 상실시킬 수 있음은 당연하다.

### (4) 토지 및 건물과 기계 기구를 분리하여 경매를 신청할 수 있는지 여부

**공장근저당권에 기한 임의경매를 신청할 때, 공장근저당 목적물인 토지 및 건물과 이에 설치된 기계, 기구를 각각 분리하여 경매를 신청할 수 있겠는가?**

공장저당의 목적이 된 토지나 건물과 거기에 설치된 기계, 기구 등은 분리하여 경매를 신청할 수 없고 반드시 일괄하여 경매를 신청하여야 한다.

공장저당물건인 토지 또는 건물과 그 곳에 설치된 기계, 기구 기타 공장의 공용물은 유기적인 일체성을 갖는다. 따라서 공장 및 광업재단저당법에 의한 공장근저당권의 실행으로 경매가 이루어지는 경우에 공장저당의 목적이 된 토지나 건물과 그 곳에 설치된 기계, 기구 등은 분리하여 경매를 신청할 수 없고 반드시 일괄하여 경매를 신청하여야만 한다.
설사 토지나 건물의 가격만으로도 충분히 채권의 변제를 받을 수 있는 공장근저당권자라 할지라도 부가물이나 설치물과 분리하여 토지 또는 건물만 경매를 신청할 수 없다.

공장 근저당권자가 아닌 일반 근저당권자가 임의경매를 신청하면서 자기 담보물의 토지 또는 건물에 대해서만 경매목적물로 하여 신청한 경우, 집행법원은 공장저당목적 토지 또는 건물과 기계, 기구 등 공장 공용물에 대해서도 경매목적물로 하여 일괄경매를 진행한다.[4] 만약 집행법원이 이러한 조치를 취하지 아니할 경우에는 담보권자로서는 일괄경매를 촉구할 수 있다.

323조, 권리행사방해). 여기서 취거란 타인의 점유 또는 권리의 목적이 된 자기의 물건을 그 점유자의 의사에 반하여 그 점유자의 점유로부터 자기 또는 제3자의 점유로 옮기는 것을 말한다.

4) 법원의 매각절차에서 공장근저당권의 목적인 토지 또는 건물에 대한 매각개시결정이 내려져 토지 또는 건물이 압류된 경우에는 특별한 사정이 없는 한 공장근저당권의 목적인 토지 또는 건물과 함께 그 공장 공용물도 법률상 당연히 일괄 매각되어 매각허가결정도 일괄하여 이루어지는 것이고, 경매법원이 매각개시결정에서 공장 공용물을 매각목적물로 명시하지 아니하거나 매각목적물의 감정평가와 물건명세서에 이를 누락하였다고 하여도 이를 달리 볼 것은 아니라 할 것이며, 경매법원이 매각허가결정에서 그 목적물을 표시함에 있어 공장 공용물을 누락하였다고 하더라도 특별한 사정이 없는 한 이는 오기 기타 이에 유사한 오류가 있음에 불과한 것으로서 경매법원은 이를 보충하는 경정결정을 할 수 있다(대법원 2000. 4. 14. 자 99마2273 결정).

## 2. 공장저당권과 추급력

(상 황)

a. D은행 Y지점은 甲으로부터 차입신청을 받고, 그의 공장을 담보(공장 및 광업재단저당법 제6조에 의한 공장저당)로 대출을 실행하였다.

b. 그 후, 甲은 Y지점의 공장근저당권의 목적물로서 기계기구 목록에 기재되어 있는 기계를 제3자인 乙에게 양도담보로 제공하였다.

### (1) 공장저당권의 목적물인 기계를 제3자에게 양도담보로 제공한 경우 그 효력

**甲과 乙 사이에 체결한 양도담보설정계약은 그 효력이 유효한가?**

甲과 乙사이에 체결된 양도담보설정계약 그 자체는 일단 유효하다. 다만, 乙은 이미 타 채권자(Y지점)에게 담보로 제공된 기계를 양도담보로 취득한 것이 된다.

공장근저당권의 목적물이 공장근저당권자(Y지점)의 동의 없이 제3자(乙)에게 인도된 후라 하더라도 그 물건에 대하여 공장근저당권자로서 권리를 행사할 수 있는데 이를 공장근저당권의 추급력[1]이라 한다. 이는 공장근저당권의 목적물인 대지 또는 건물에의 부가물이나 설치물이 공장근저당권자의 동의 없이 분리될 우려가 많은 점을 고려하여 공장근저당권자를 보호하고자 마련된 규정이다. 하지만 공장근저당권설정자(甲)가 공장근저당권자의 동의 없이 저당목적물에서 분리하여 제3자에게 처분하였다 하여 처분행위 그 자체의 효력마저 부정되는 것은 아니며, 단지 공장근저당권의 효력이 미치는 동산을 취득한 결과가 되어 공장근저당권의 효력을 배제시키지 못할 뿐이다. 결론적으로 乙은 공장근저당권의 효력이 미치는 기계를 양도담보로 취득한 결과가 된다.

한편 형법 제323조(권리행사방해)에 의하면, 타인의 점유 또는 권리의 목적이 된 자기의 물건 또는 전자기록 등 특수매체기록을 취거, 은닉 또는 손괴하여 타인의 권리행사를 방

1) 저당권자는 제3조와 제4조에 따라 저당권의 목적이 된 물건이 제3취득자에게 인도된 후에도 그 물건에 대하여 저당권을 행사할 수 있다. 다만, 민법 제249조부터 제251조까지의 규정을 적용할 때에는 그러하지 아니하다(공장 및 광업재단저당법 제7조, 저당권의 추급력).

해한 자는 5년 이하의 징역 또는 700만원 이하의 벌금에 처한다고 규정하고 있다. 따라서 위 사례에서 甲은 공장근저당권자의 권리행사를 방해한 것[2]이 되어 권리행사방해죄로 형사처벌을 받을 수 있으므로 이러한 법리를 적절히 활용하여 채무자를 압박한다면 채권회수에 도움이 될 것으로 판단된다.

### (2) 공장저당 목적물인 기계를 제3자가 양도담보 취득한 경우 공장근저당권자와 양도담보권자 상호간의 우열

甲의 공장에 설치된 기계기구에 대하여 Y지점과 乙 중 어느 쪽이 우선하겠는가?

문제가 된 기계에 대하여 어느 쪽이 우선하는지 여부는, Y지점이 공장근저당권의 목적물로 하기 위하여 기계목록을 제출하고 법원이 이를 접수한 일자와 乙이 양도담보계약서상에 확정일자[3]를 받은 날짜의 선후에 의하여 할 것이므로, Y지점이 우선변제권을 갖게 될 것으로 본다. 그러나 그 기계가 이미 Y지점에 공장저당 목적물로 제공된 사실을 모르고, 모르는데 중대한 과실 없이 양도담보설정계약을 체결하였다면 乙이 우선할 것으로 본다. 공장 및 광업재단저당법 제7조에서 규정하는 공장근저당권의 추급력은 제3취득자(乙)가 선의취득의 요건을 갖춘 경우에는 적용되지 않기 때문이다.

결론적으로 기계에 대한 우선변제권이 어느 쪽에 있는지 여부는 양도담보 취득과정에서 乙의 선의취득이 인정되는지 여부에 달려 있다고 본다. 그런데 양도담보가 일반적으로 점유개정(목적물의 소유권은 양수인에게 이전하되 그 목적물을 양도인이 계속 점유하는 방식에 의한 인도를 말한다)의 방법에 의하여 이루어지고 있고, 선의취득의 요건인 점유취득에는 점유개정에 의한 취득은 포함되지 않는다는 것이 통설 및 판례일 뿐만 아니라 기계를 매입 또는 양도담보로 취득하려 할 때 그 기계가 존재하는 공장용지의 등기부등본을 열람하면 타처에 공장근저당권이 설정되어 있는지 여부를 어렵지 않게 인지할 수 있다는 점 등을 고려할 때, 특별한 사정이 없는 한 乙이 선의취득자로 인정될 여지는 없을 것으로 본다.

2) 공장근저당권이 설정된 선반기계 등을 이중담보로 제공하기 위하여 이를 다른 장소로 옮긴 경우, 이는 공장저당권의 행사가 방해될 우려가 있는 행위로서 권리행사방해죄에 해당한다(대법원 94도1439 판결).

3) 양도담보계약서에 확정일자를 받지 않았다 하더라도 다른 방법으로 양도담보계약이 체결된 날짜를 입증하면 그 날짜에 유효한 양도담보계약을 체결된 것으로 볼 수 있다. 하지만 확정일자 이외에는 이를 입증하는 것이 용이하지 아니하므로 금융기관 실무에서는 양도담보계약서에 확정일자를 받도록 하고 있다.

한편 공장저당권자는 물권에 기하여 그 침해가 있는 때에는 그 제거나 예방을 청구할 수 있다. 하지만 공장저당권의 목적물인 동산이 저당권자의 동의를 얻지 아니하고 반출된 경우라 하더라도 공장저당권자는 점유권이 없기 때문에 담보제공자로부터 일탈한 저당목적물을 공장근저당권자 자신에게 반환할 것을 청구할 수는 없다. 다만, 저당목적물이 제3자에게 선의취득되지 아니하는 한 원래의 설치 장소에 원상회복할 것을 청구할 수 있다.[4] 이는 물권인 저당권자가 가지는 방해배제청구권의 행사에 해당하기 때문이다.

4) 대법원 1996. 3. 22. 선고 95다55184 판결.

## 3. 유치원으로 사용 중인 부동산에 대한 담보취득과 그 효력

(상 황)

a. D은행 Y지점은 K유치원 원장(甲)으로부터 유치원을 담보로 하는 차입신청을 받았다.
b. 甲은 유치원을 설치 · 경영하는 사립학교법(이하 '법'이라 한다)상의 사립학교경영자이며, 유치원으로 사용 중인 본인 소유의 토지 및 건물을 담보로 제공하려고 한다.
c. Y지점은 동 부동산에 유효한 담보를 취득할 수 있겠는가?

유치원을 설치 · 경영하는 사인(私人)은 사립학교법상의 사립학교경영자에 해당하므로 그가 소유한 유치원교육에 직접 사용되는 부동산은 담보로 제공할 수 없다. 따라서 Y지점이 동 부동산을 담보로 취득한다 하더라도 그 근저당권은 무효가 될 것으로 본다.

사립학교법 제2조(정의) 제1항에는 유치원도 사립학교의 범위에 포함되며(유아교육법 제2조 제2호), 제3항에는 유아교육법 초 · 중등교육법 및 고등교육법과 이 법에 의하여 사립학교를 설치 · 경영하는 공공단체 외의 법인(학교법인을 제외한다) 또는 사인을 사립학교경영자라고 규정하고 있다.

아울러 이 법 제28조 제2항에는 학교교육에 직접 사용되는 재산 중 대통령령이 정하는 것[1]은 이를 매도하거나 담보로 제공할 수 없다고 규정하고 있으며, 제51조(준용규정)에는 제28조 제2항은 사립학교경영자에게도 적용되는 것으로 규정하고 있다. 따라서 유치원을 설치 · 경영하는 사인(私人)은 사립학교법상의 사립학교경영자이고 그가 소유한 유치원 교육에 직접 사용되는 부동산은 매도하거나 담보로 제공할 수 없으므로, 자기 소유의 토지 및 건물에 사립학교법에 의한 유치원을 설립 · 경영하는 사립학교법상의 사립학교경영자는 그 유치원을 폐교하지 않는 한 그 유치원 건물 및 토지를 타인에게 매도하거나 담보로 제공할 수 없다.[2]

사립학교법 제28조 제2항은 강행법규의 효력규정으로 본다. 따라서 Y지점이 근저당권 설정계약을 체결한다 하더라도 그 근저당권은 무효가 될 것으로 본다.

1) 학교교육에 직접 사용되는 학교법인의 재산 중 대통령령이 정하는 것으로는 교지, 교사, 체육장, 실습 또는 연구시설, 기타 교육에 직접 사용되는 시설, 설비 및 교재, 교부 등이 있다.

2) 1997. 2. 6. 등기선례집 제5권 제68항.

한편 유치원 건물의 소유자 甲이 사립학교법상의 사립학교경영자가 아니라면 비록 건축물관리대장 및 등기부에 용도가 유치원으로 등록 및 등기되어 있다하더라도 甲은 그 부동산을 매도하거나 담보로 제공할 수 있다.[3]

그리고 유치원 건물의 소유자는 甲이고 유치원 경영자는 그의 남편 乙로서 건물의 소유자(甲)와 유치원 경영자(乙)가 서로 다른 경우,[4] 혹은 유치원 부동산의 소유자인 甲이 본인 명의로 유치원 설립인가를 받아 경영하다가 관할청으로부터 제3자(乙)명의로 유치원 설립자 변경을 인가를 받아 본인(甲)은 폐업한 뒤, 乙이 甲으로부터 임차하여 유치원을 경영하고 있는 경우,[5] 또는 유치원 토지 및 건물의 소유자(甲)가 아직까지 유치원 설립인가 신청을 하지 않은 경우에는 그 건물이나 토지(유치원으로 사용 중인 부동산)를 매도하거나 담보로 제공할 수 있다[6]는 점에 유의하여 여신업무에 임하여야 할 것이다. 다만, 이와 같은 경우 법원에 등기신청을 하려면 등기신청서에 그 소유명의인이 사립학교경영자가 아니라는 사실을 증명하는 서면을 첨부하여야 한다.

참고로 영유아보육법 제2조의 영유아보육시설은 교육법 제81조(현 : 초·중등교육법 제2조, 고등교육법 제2조)의 교육기관이 아니므로 유치원 및 영유아보유시설용 건물의 소유자가 영유아보육법에 의하여 민간 보육시설로 인가 받아 그 소유건물 전부를 보육시설로 운영 중인 자는 사립학교법 제2조 제3항 소정의 사립학교경영자에 해당되지 않으므로 그 소유건물에 대하여는 매매 또는 담보제공 등 처분행위를 할 수 있는 것으로 보고 있다.

---

3) 1987. 7. 14. 등기선례집 제2권 제299항.

4) 1996. 5. 22. 등기선례집 제4권 제104항.

5) 2004. 2. 27. 등기선례집 제7권 제45항.

6) 유석주, 부동산등기법 참조.

## 4. 미성년자 재산의 담보취득과 친자간 이해상반행위

(상 황)

D은행 Y지점은 甲으로부터 미성년인 그의 子(乙)명의로 된 부동산을 담보로 하는 대출신청을 받고, 민법 제921조(친권자와 그 자간 또는 수인의 자간의 이해상반행위)에서 규정하고 있는 친자간(親子間) 이해상반행위에 대하여 검토하고 있다.

### (1) 친권자의 채무에 미성년인 子의 부동산 담보취득시 근저당권설정계약의 상대방

甲(차주)으로부터 그의 子(미성년자)명의로 된 부동산을 담보로 하는 대출신청을 받았다. 이 경우 Y지점은 친권자(甲)와 근저당권설정계약을 체결하여도 무방하겠는가?

법정대리인인 친권자(甲 : 乙의 父)의 차입에 미성년인 그의 子 소유의 부동산을 담보로 제공하는 행위는 민법 제921조(친권자와 그 자간 또는 수인의 자간의 이해상반행위)[1]에서 규정하고 있는 친자간(親子間)의 이해상반행위로 보고 있다.[2] 따라서 Y지점은 친권자와 근저당권설정계약을 체결하여서는 아니 되며, 가정법원이 선임한 미성년인 子의 특별대리인 및 차주가 아닌 다른 친권자(사례의 경우 母)와 설정계약을 체결하여야 함이 원칙이다.

친자간 이해상반행위라 함은 친권자에게는 이익이 되고 미성년인 子에 대하여는 불이익이 되는 행위 또는 친권에 복종하는 수인의 미성년인 子 중 일방에 대하여는 이익이 되고 다른 일방에 대하여는 불이익이 되는 모든 행위를 말한다.

대법원은 법정대리인인 친권자와 그 자 사이의 이해상반의 유무는 전적으로 그 행위 자체를 객관적으로 관찰하여 판단하여야 할 것이지 그 행위의 동기나 연유를 고려하여 판단하여야 할 것은 아니라는 입장[3]을 취함으로써 친자간 이해상반행위의 판단기준은

1) 민법 제921조(친권자와 그 자간 또는 수인의 자간의 이해상반행위) ① 법정대리인인 친권자와 그 자 사이에 이해상반되는 행위를 함에는 친권자는 법원에 그 자의 특별대리인의 선임을 청구하여야 한다. ② 법정대리인인 친권자가 그 친권에 따르는 수인의 자 사이에 이해상반되는 행위를 함에는 법원에 그 자 일방의 특별대리인의 선임을 청구하여야 한다.

2) 대법원 1971. 7. 27. 선고 71다1113 판결 외 다수.

3) 대법원 2002. 1. 11. 선고 2001다65960 판결.

그 대리행위의 내용이 실질적으로 미성년자에게 불리한 것인가를 따지지 아니하고 형식적으로 이해가 상반되는지를 그 기준으로 삼고 있다.

우리 민법은 부모는 미성년자인 자의 친권자가 되고(민법 제909조, 친권자), 또한 그 미성년자인 자의 법정대리인이 된다(민법 제911조, 미성년자인 자의 법정대리인)고 규정하고 있다. 하지만 친자간의 이해상반행위에 대해서는 미성년자를 보호할 목적으로 친권자라 하더라도 그의 子에 대한 법정대리인이 될 수 없고, 가정법원이 선임한 특별대리인이 대리권을 갖는 것으로 규정하고 있다. 따라서 은행이 특별대리인이 아닌 이해상반 당사자인 친권자(甲)와 근저당권설정계약을 체결하게 되면 이는 무권대리[4] 행위가 되어, 장래 미성년자 본인이 추인(미성년자는 성년이 되어야만 추인을 할 수 있다)을 하지 아니하고 취소를 하게 되면 그 근저당권설정계약은 처음부터 무효가 된다.

결론적으로 Y지점은 법정대리인인 친권자로 하여금 미성년자의 주소지를 관할하는 가정법원에 乙(미성년자)의 특별대리인의 선임을 청구하도록 하여, 선임된 그 특별대리인과 채무자가 아닌 다른 친권자(乙의 母)가 공동으로 미성년인 子를 대리하게 하여 근저당권설정계약을 체결하여야 한다.

금융기관의 여신업무 실무상 친자간 이해상반행위와 관련하여 특히 유의하여야 할 사항은 다음과 같다.

1. 특별대리인의 선임은 미성년자 본인의 주소지 관할 가정법원에 친권자 또는 미성년자 본인, 기타 이해관계인 등의 신청에 의한다.

2. 친권자 중 어느 한사람만 이해가 상반되는 경우에는 이해가 상반되지 아니하는 다른 친권자와 법원에서 선임한 특별대리인이 공동으로 대리하여야 한다.

3. 친자간 이해상반행위에 해당되어 특별대리인을 선임할 경우, 그 특별대리인은 개개의 이해상반행위마다 개별적으로 선임되어야 하며, 그 권한도 법원의 선임결정서상의 선임취지에 한정된다는 점에 유의하여야 한다. 따라서 법원이 선임심판의 주문에 특별대리인이 처리할 법률행위를 적시하지 아니한 채 단지 특별대리인으로 선임한다는 내용만 기재되어 있다 하더라도 그 권한은 선임신청서에 기재된 특정의 법률행위에 한정된 것으로 보고 있다. 특히 선임결정서상의 선임취지가 해당 특정대출거래에 대한 기간 연장, 대환, 기한갱신을 포함한다고 해석될 만한 표현이 없는 한 기간연장이나 대환 및 기한갱신

4) 대리권 없는 자가 타인의 대리인으로 한 계약은 본인이 이를 추인하지 아니하면 본인에 대하여 효력이 없다(민법 제130조, 무권대리).

의 경우에도 새로운 특별대리인을 선임하여야 한다는 견해[5]도 있으므로 특별대리인 선임이 필요한 대출신청접수 상담을 할 때에는 특별대리인의 권한과 범위(예 : 채무자, 대출과목 및 금액, 동 대출의 연기 및 대환 등)를 분명히 하여 장래 여신고객의 불편을 최소화하여야 할 것이다.

4. 이해상반행위에 해당되지 아니하여 특별대리인을 선임할 필요가 없었음에도 특별대리인을 선임하고 그 특별대리인이 미성년자를 대리하여 법률행위를 한 경우 그 대리행위는 유효하다는 것이 통설이다(법원실무제요).

5. 다음은 이해상반행위에 해당된다고 본 대표적인 사례이다.

가. 친권자의 자금 차입에 미성년인 子 소유 부동산에 근저당권을 설정하는 법률행위(대법원 1971. 7. 27. 선고 71다1113 판결).

나. 친권자의 자금 차입에 미성년인 子와 친권자가 공유부동산을 담보로 제공하는 행위(서울민지 1971. 7. 20. 선고 71가합832 판결).

다. 친권자가 미성년인 子를 위한 금원 차입에 다른 미성년인 子 명의 부동산을 담보로 제공하는 행위(대법원 1976. 3. 9. 선고 75다2340 판결).

라. 친권자인 모가 자신이 연대보증한 채무의 담보로 자신과 자의 공유인 토지 중 자의 공유지분에 관하여 법정대리인의 자격으로 근저당권설정계약을 체결한 행위(대법원 2002. 1. 11. 선고 2001다65960 판결).

6. 다음의 경우에는 이해상반행위가 부정된 사례이다.

가. 미성년인 子 명의로 된 예금에 대하여 본인(차주 : 子)명의 예금담보대출 신청 및 질권설정계약을 체결하는 행위.[6]

나. 미성년인 子의 채무를 담보하기 위하여 子 소유 부동산에 근저당권 설정행위.

다. 친권자와 미성년인 子를 공동채무자로 하고, 친권자와 미성년인 子의 공동소유 부동산에 근저당권을 설정하는 행위.

5) 한상문, 한국금융연수원 여신실무법률(上).

6) 이 경우 그 대출금을 차주가 사용한다 하더라도 형식상 미성년자가 자신의 예금에 대하여 담보대출을 받아가는 행위이므로 이해상반행위로 보지 아니한다. 그러나 차주가 친권자가 되면 당연히 이해상반행위가 된다.

라. 친권자가 제3자의 채무를 미성년인 子와 공동으로 연대보증하고 子와의 공유부동산에 근저당권을 설정하는 행위(대법원 1991. 11. 26. 선고 91다32466 판결).

마. 친권자가 미성년인 子의 재산을 채무자인 그 미성년인 子를 위하여 담보로 제공하거나 제3자에게 처분하는 행위.7)

바. 친권자가 미성년인 子의 부동산을 제3자에게 증여하고 그에 따른 소유권이전등기를 신청하는 행위.

### (2) 친권자와 미성년인 子 공동명의 부동산을 친권자가 대표이사로 재직중인 회사 채무에 담보제공하고자 할 때 친권자가 그 子를 대리할 수 있는지 여부

**친권자(父)와 그 子(미성년자)의 공동명의 소유로 된 부동산을 친권자(父)가 대표이사로 재직중인 A주식회사의 채무의 담보로 취득하고자 한다면, Y지점은 친권자(父)와 근저당권설정계약을 체결하여도 무방하겠는가?**

설문의 경우 친자간 이해상반행위에 해당되는지 여부에 관하여 학설은 긍정설과 부정설로 대립하고 있다. 그러나 친권자인 父가 A주식회사의 1인 주주라는 등의 특별한 사정이 없는 한 그 행위의 객관적 성질상 채무자 회사의 채무를 담보하기 위한 것에 불과하여 이해상반행위에 해당되지 않는다는 것이 대법원 판례8)의 태도이다.

따라서 Y지점은 친권자(父)와 그리고 다른 친권자(母)가 공동으로 미성년인 子를 대리

7) 친권자인 母가 자기 오빠의 제3자에 대한 채무의 담보로 미성년인 子 소유의 부동산에 근저당권을 설정하는 행위가 채무자를 위한 것으로서 미성년자에게는 불이익을 주는 것이라고 하더라도 민법 제921조 제1항에 규정된 법정대리인인 친권자와 그 子 사이에 이해상반되는 행위라고 볼 수 없다(대법원 1991. 11. 26. 선고 91다32466 판결).

8) 민법 제921조의 이해상반행위란 행위의 객관적 성질상 친권자와 그 子 사이 또는 친권에 복종하는 수인의 子 사이에 이해의 대립이 생길 우려가 있는 행위를 가리키는 것으로서, 친권자의 의도나 그 행위의 결과 실제로 이해의 대립이 생겼는지의 여부는 묻지 않는다. 친권자인 母가 자신이 대표이사로 있는 주식회사의 채무를 담보하기 위하여 자신과 미성년인 子의 공유재산에 대하여 子의 법정대리인 겸 본인의 자격으로 근저당권을 설정한 행위는, 친권자가 채무자 회사의 대표이사로서 그 주식의 66%를 소유하는 대주주이고 미성년인 子에게는 불이익만을 주는 것이라는 점을 감안하더라도, 그 행위의 객관적 성질상 채무자 회사의 채무를 담보하기 위한 것에 불과하므로 친권자와 그 子 사이에 이해의 대립이 생길 우려가 있는 이해상반행위라고 볼 수 없다(대법원 1996. 11. 22. 선고 96다10270 판결 근저당권설정등기말소).

하게 하여 근저당권설정계약을 체결하여도 무방할 것이다.

### (3) 합명회사 대표사원인 친권자가 회사의 채무를 담보할 목적으로 미성년인 子의 부동산을 담보제공하고자 할 때 친권자가 그 子를 대리할 수 있는지 여부

**합명회사의 대표사원인 친권자(父)가 회사의 채무를 담보할 목적으로 미성년인 子 명의로 된 부동산을 담보제공을 하고자 한다면, Y지점은 친권자(父)와 근저당권설정계약을 체결하여도 무방하겠는가?**

설문의 경우 친자간 이해상반행위에 해당된다는 것이 통설이므로 친권자로 하여금 가정법원에 특별대리인의 선임청구를 하게 하여 선임된 특별대리인과 다른 친권자(母)가 공동으로 대리하게 하여 이들과 근저당권설정계약을 체결하여야 한다.

친권자가 주식회사의 대표이사인 경우에는 특별한 사정이 없는 한 이해상반행위에 해당되지 않는다고 판시하고, 그 논거를 근저당권설정계약에 의하여 이익을 받을 자가 형식상 별개의 인격이라는 점을 들고 있는데 이 논리에 의하면 합명회사의 경우에도 주식회사와 마찬가지로 이해상반행위에 해당되지 않는 것으로 볼 수도 있다. 그러나 합명회사는 합자회사와 더불어 인적회사로서 그 실체는 조합에 해당하며, 사원은 회사의 채무자에 대하여 직접적이고 무한의 책임을 부담하게 되므로 미성년인 子가 회사 채무에 대하여 담보를 제공함으로써 대표사원이 이익을 받게 되는 것은 당연하다.

따라서 설문의 경우에는 이를 이해상반행위로 보아 특별대리인을 선임하게 하여 그 특별대리인과 근저당권설정계약을 체결하여야 할 것이다.

### (4) 미성년인 子의 채무를 위해 그 子의 부동산을 담보제공하고자 할 때 친권자가 그 子를 대리할 수 있는지 여부

**미성년인 子를 채무자로 하고 그 子의 명의로 된 부동산을 담보 취득하고자 할 경우, Y지점은 그의 친권자와 근저당권설정계약을 체결하여도 무방하겠는가?**

설문의 경우 자금의 용도로 볼 때 사실상 친권자가 사용할 것이 명백한 경우에는 이해상반행위로 보아야 한다는 견해도 있다. 그러나 이해상반행위에 해당되지 않는다는 것이 대법원의 판례[9)]의 입장이다.

이를 유추적용하면, 미성년인 子(甲)명의로 된 예금을 담보로 하는 본인명의 예금담보대출(차주 : 甲)신청 및 질권설정계약을 친권자가 대리하는 행위는 친자간의 이해상반행위로 보지 아니한다.[10)] 따라서 설문의 경우 친권자와 여신거래 약정 및 근저당권설정계약을 체결하여도 무방할 것으로 판단된다.

9) 대법원 1996. 11. 22. 선고 96다10270 판결.

10) 한상문, 한국금융연수원 여신실무법률(上).

## 5. 외화표시 근저당권과 관련한 법률문제

(상 황)

a. D은행 Y지점은 K사로부터 공장을 담보로 외화대출 차입 신청을 받았다.
b. 그런데 외화대출금을 담보하기 위하여 원화를 채권최고액으로 하는 근저당권을 설정할 경우, 장래 환율변동(원화가치 하락)으로 인한 채권부족이 우려된다.

### (1) 외화표시 근저당권설정등기를 할 수 있는지 여부

**근저당권의 채권최고액을 외화로 표시하는 근저당권설정등기를 할 수 있겠는가?**

근저당권 채권최고액을 외화로 표시하는 근저당권설정등기도 가능하다. 현재 법원 실무상으로도 이를 허용하고 있다. 다만, 등기신청서에는 과세표준액의 산정[1])을 위하여 원화로 환산한 금액도 함께 기재하여야 한다.

민법 제377조(외화채권)에 의하면, 채권의 금액은 당사자 간의 약정으로 외국통화로 정할 수 있다고 명시하고 있다. 그렇다면 근저당권의 채권최고액도 외화로 표시(예 : 미합중국법화 일십만불)하여 등기를 할 수 있는지 의문이다.

이에 관하여 학설은 부정설과 긍정설이 대립하고 있다. 그러나 우리나라 현행 부동산등기법의 해석에 의하면 채권최고액을 외화로 하는 근저당권의 설정도 가능하며, 법원 실무상 외화표시 근저당권설정등기 신청도 받아 주고 있는 실정이다. 다만, 등기신청서에는 과세표준액의 산정을 위하여 원화로 환산한 금액도 함께 기재하도록 하고 있다.[2])

금융기관 내규에도 외화대출을 담보하기 위한 근저당권설정계약을 체결하고자 할 때에는 당해 대출통화표시 근저당권설정을 원칙으로 하고, 다만 기존 담보물에 대한 원화표시 설정금액이 충분하여 채권보전에 지장이 없는 경우에는 당해 대출통화표시 근저당권설정을 하지 아니할 수 있다고 규정하고 있다.

1) 근저당권설정등기를 할 때 등록세(채권최고액의 0.2%) 및 지방교육세(등록세의 20%)가 부과되며, 경우에 따라서는 국민주택채권도 매입하여야 하는데 그 과세표준액의 기준은 채권최고액이 된다.

2) 유석주, 부동산등기법 제7장 제4절 근저당권에 관한 등기.

한편 근저당권 채권최고액을 외화와 원화로 혼용(예 : 일본국법화 팔백만엔 및 원화 2천만원) 하여 표시하는 근저당권설정등기도 가능하다고 한다.

### (2) 외화표시 근저당권설정등기시 환율적용에 관한 특약 등기를 할 수 있는지 여부

**외화표시 근저당권설정등기를 할 때, 장래 환율변동이 있으면 그 외화금액을 변동된 환율에 의거 원화를 환산하기로 하는 환율특약에 관한 사항도 등기를 할 수 있겠는가?**

외화 환율이 변경될 때에는 그 변경된 환율에 의한 원화 환산액으로 한다는 특약은 등기근거 규정이 없으므로 등기할 사항이 아니다.[3] 따라서 외화표시 근저당권설정등기를 할 때, 장래 환율변동이 있으면 그 외화금액을 변동된 환율에 의거 원화를 환산하기로 하는 환율특약에 관한 등기는 할 수 없으며, 법원 실무상으로도 등기신청 자체를 받아주지 않고 있는 실정이다.

한편 이와는 달리 외화금액을 내국통화(원화)로 환산하여 이를 담보한도액으로 하기로 하는 그 환율의 적용에 관한 등기는 가능하다고 한다.[4] 하지만 실무에서는 그 사례가 드물다. 필자의 견해로는 굳이 등기를 할 필요도 없다고 생각한다. 외화표시 근저당권의 실행으로써 임의경매를 신청, 그 경매절차상의 매각대금으로부터 배당을 받을 때에는 그 배당일의 외국환시세가 원화 환산의 기준시점이 되기 때문에[5] 적용환율에 관한 등기를 하지 않는다 하더라도 외화대출금 채권회수에 문제가 없을 것으로 판단되기 때문이다.

### (3) 원화표시 근저당권 채권최고액을 외화표시 채권최고액으로 변경할 수 있는지 여부

**원화로 등기된 근저당권의 채권최고액을 외화표시 채권최고액으로 변경할 수 있겠는가?**

이론상 근저당권설정계약의 당사자 간의 합의가 있으면 원화로 등기된 근저당권의 채

3) 외환율이 변경될 때에는 그 변경된 환율에 의한 원화환산액으로 한다는 특약은 등기근거 규정이 없으므로 등기할 사항이 아니다(1980. 6. 13. 등기예규 제363호, 대법원 행정처 1980. 6. 18. 등기 제245호).

4) 오시정, 한국금융연수원 여신실무법률(中) 제6장 부동산담보.

5) 대법원 90다2147 전원합의체 판결, 은행 기업용 여신거래약정서 제8조(상환통화 및 환율).

권최고액을 외화표시 채권최고액으로 변경하는 등기도 가능하다는 견해가 있지만 실무상 매우 이례적인 일에 속한다.

원화 채권최고액을 외화표시 채권최고액으로 변경하고자 하는 때에는 먼저 설정 당사자 간에 근저당권설정변경계약(예 : 변경 전 채권최고액 금 100,000,000 - 변경 후 채권최고액 일본국법화 일천만엔)을 체결[6]하고, 등기원인을 '변경계약'으로 기재하여 변경등기를 신청하면 된다고 한다.

그런데 여기서 문제는 원화 채권최고액을 외화 채권최고액으로 환산할 때, 그 적용할 환율을 어떻게 할 것인가이다.

생각건대, 등기부상 이해관계인이 없다면 당사자 간의 합의한 내용에 따라야 할 것이고, 이해관계인이 존재하는 경우에는 이들의 동의가 있어야만 변경등기가 가능할 것으로 본다.

### (4) 외화대출채권을 원화로 변제받을 때 적용 환율

**외화표시 근저당권의 실행으로 담보 부동산이 경매되어 그 매각대금을 배당하는 경우, 그 근저당권자에게 배당할 채권최고액의 원화 환산에 적용되어야 할 환율은?**

채권액이 다른 나라 통화로 지정(외화표시채권)된 경우로써, 당사자 사이에 지정된 외화만으로 지급(변제)하기로 하는 특약이 있는 때에는 반드시 당해 외화로 지급하여야 유효가 변제가 된다. 그러나 특약이 없는 때에는 채무자는 지급할 때에 있어서의 이행지의 환금시가에 의하여 우리나라 통화로 변제할 수 있다.[7] 그리고 외화표시 근저당권의 실행으로 담보 부동산이 경매되어 그 매각대금을 배당하는 경우, 그 근저당권자에게 배당할 채권최고액의 원화 환산에 적용되어야 할 환율에 관한 대법원 판례의 입장은 다음과 같다.

1. 근저당권설정계약 당사자 간에 외화 채권최고액을 원화로 환산할 때 적용할 환율에 관한 특별 약정이 없는 경우

외화표시 근저당권의 실행으로써 임의경매를 신청하거나 또는 제3자가 당해 부동산에

---

6) 근저당권변경계약서를 활용 '아래 표시 근저당권의 통화를 원화 금100,000,000원을 미합중국법화 일십만불로 변경'이라고 표시한다.

7) 민법 제378조(외화채권).

대하여 강제경매를 신청, 그 경매절차상의 매각대금으로부터 배당을 받을 때에는 그 배당일의 외국환시세가 원화 환산의 기준시점이 된다는 것이 대법원 판례[8]의 태도이다. 따라서 이 경우에는 매각대금 배당일의 전신환매도율을 적용하여야 할 것으로 본다.

2. 근저당권설정계약 당사자 간에 외화 채권최고액을 원화로 환산할 때 적용할 환율에 관한 특별 약정이 있는 경우

이 경우에는 당연히 당사자 간에 약정한 그 내용에 따라야 할 것으로 본다. 그러나 원화 환산에 관한 특약이 있었다 하더라도 그 특약등기를 하지 않았다면 근저당권 목적물의 제3취득자 또는 기타 담보물에 대하여 이해관계 있는 제3자에게는 대항할 수 없다고 보는 것이 타당하다. 따라서 이들과의 관계에 있어서는 환율 특약이 없는 것으로 보고 매각대금 배당일의 외국환 환율이 적용되어야 할 것으로 생각한다.

한편 금융기관의 기업용 여신거래약정서 제8조(상환통화 및 환율)에 의하면, 외화대출의 원리금을 원화로 상환하는 경우 그 적용 환율은 상환 당일의 전신환매도율로 한다고 약정하고 있다.

### (5) 외화표시 근저당권 실행시 원화대출금도 우선변제를 받을 수 있는지 여부

**Y지점이 외화표시 근저당권설정등기를 한 경우, 채권최고액 범위 내에서 채무자에 대한 원화대출금에 대해서도 우선변제를 받을 수 있겠는가?**

채무자에 대하여 가지는 원화대출금이 외화표시 근저당권설정계약서에서 정하고 있는 피담보채권 범위에 속하는 한 채권최고액의 범위 내에서 그 원화대출금도 우선변제를 받을 수 있다.[9]

8) 채권액이 외국통화로 지정된 금전채권인 외화채권을 채무자가 우리나라 통화로 변제함에 있어서는 민법 제378조가 그 환산시기에 관하여 외화채권에 관한 같은 법 제376조, 제377조 제2항의 '변제기'라는 표현과는 다르게 '지급할 때'로 규정한 취지를 새겨보면, 그 환산시기는 이행기가 아니라 현실로 이행하는 때, 즉 현실 이행시의 외국환시세에 의하여 환산한 우리나라 통화로 변제하여야 한다고 봄이 타당하다. 따라서 채권자가 위와 같은 외화채권을 대용급부의 권리를 행사하여 우리나라 통화로 환산하여 청구하는 경우에도 법원이 채무자에게 그 이행을 명함에 있어서는 채무자가 현실로 이행할 때에 가장 가까운 사실심 변론종결 당시의 외국환시세를 우리나라 통화로 환산하는 기준시로 삼아야 한다(대법원 1991. 3. 12. 선고 90다2147 전원합의체 판결).

9) 한국산업은행 금융실무법률(여신) 제2장 담보.

은행여신거래에 있어 채무자가 채무를 상환하고자 할 때 외화로 변제하도록 약정하는 것은 외화를 자원으로 하는 채무를 부담함에 있어서 은행이 장차 부담하게 될지도 모를 환차손의 위험을 방지하기 위한 것일 뿐 변제통화 자체를 반드시 외화로 회수하고자 하는 취지는 아니다.

그리고 근저당권의 채권최고액이란 금전채권의 담보한도액을 의미하는 것일 뿐 채권최고액이 외화로 표시되어 있다 하여 반드시 외화채권만 담보한다고 볼 수 없다. 근저당권의 채권최고액을 외화로 기재하여 등기하였다고 하여 그 해당 외화표시채권만 담보할 수 있다고 한다면, 원화로 기재된 근저당권도 외화채권을 담보할 수 없는 것으로 보아야 하기 때문이다.

## 6. 나대지(裸垈地) 담보취득시 고려하여야 할 사항

(상 황)

D은행 Y지점은 甲으로부터 차입신청을 받고 지상건물이 없는 토지(나대지)에 1순위 근저당권과 지상권을 설정하고, 운전자금 100 백만원을 지원하였다.

### (1) 지상권자의 승낙 없이 건물을 신축할 수 있는지 여부

**甲(토지소유자)은 토지사용에 관한 지상권자(Y지점)의 승낙을 받지 않고도 위 토지위에 건물을 축조할 수 있겠는가?**

과거 소관부서인 건설교통부(현 국토해양부)의 유권해석에 의하면, 건축허가신청서에는 지상권자의 토지사용승낙서가 첨부되어야 하며, 심지어 그 토지위에 가압류가 있는 경우에는 가압류권자의 승낙서도 첨부되어야 한다[1]는 입장을 취한 바 있다. 하지만 최근에는 건축주가 건축을 하고자 하는 토지의 이용권을 진정하게 확보하고 있는가에 관한 문제는 사법적인 법률관계일 뿐 공법적인 법률관계인 건축허가에 이를 개입시킬 필요가 없다는 이유로 지상권자로부터 토지사용에 관한 승낙을 받지 않고서도 건물축조가 가능하다고 한다.[2]

근저당 목적물인 토지 위에 근저당권자의 동의[3] 없이 건물을 축조하거나 불법적으로 이용하게 되면 장래 근저당권자가 담보권을 실행하는데 상당한 장애가 될 수 있다. 이러한 문제를 예방할 목적으로 각 금융기관 여신업무 내규에는 지상건물이 없는 토지(나대지)를 담보 취득할 때에는 지상권도 함께 취득함을 원칙으로 하되, 채권보전에 지장이 없다고 판단되는 때에 한하여 예외적으로 지상권설정을 생략할 수 있도록 규정하고 있다.

---

1) 건축과－1534호(2004. 4. 12).

2) 오시정, 한국금융연수원 여신법률(담보관리) 제2권 제5장 근저당권의 취득 및 활용과 관련한 특수문제Ⅱ, 오시정, 근저당권의 이론과 실무.

3) 근저당권설정자는 근저당권자의 동의를 받지 않고서도 언제든지 근저당 목적물의 토지 위에 자유로이 건물을 축조할 수 있다. 근저당권이란 근저당권설정자가 근저당 목적물에 대한 사용・수익할 권리를 가지되, 채무의 변제기가 도래된 때 변제하지 아니하면 근저당권자는 그 목적물을 처분하여 매각대금으로부터 우선변제를 받는 것을 목적으로 하는 물권이기 때문이다.

그런데 문제는 지상권이 설정되어 있는 토지 위에 건물을 축조하고자 할 경우 건축허가신청 서류에 지상권자의 토지사용승낙서가 반드시 첨부되어야 하는지 여부이다.

건축법시행규칙 제6조(건축허가신청 등) 제1항 제1호에 의하면, 건축물의 건축허가를 받으려는 자는 건축허가신청서에 건축할 대지의 범위와 그 대지의 소유 또는 그 사용에 관한 권리를 증명하는 서류를 첨부하여 허가권자에게 제출하여야 한다고 규정하고 있다. 여기서 '그 대지의 소유 또는 그 사용에 관한 권리'가 과연 무엇을 의미하는지 의문이나 반드시 지상권자로부터 토지사용승낙을 받아야 한다고 해석하기도 어렵다.

이미 앞에서 언급한 바와 같이 과거 건설교통부(현 국토해양부)에서는 건축허가신청서에 지상권자의 토지사용승낙서가 첨부되어야 한다는 유권해석을 하였고, 이를 근거로 아직도 대다수 건축사나 법무사는 지상권자의 토지사용승낙서가 첨부되어야만 건축허가신청을 할 수 있는 것으로 알고 실무처리를 하고 있으며 또한 건축허가업무를 담당하고 있는 공무원도 이를 요구하고 있는 실정이다.

그러나 건축주가 건축을 하고자 하는 토지의 이용권을 진정하게 확보하고 있는가에 관한 문제는 사법적인 법률관계일 뿐 공법적인 법률관계인 건축허가에 이를 개입시킬 필요가 없다는 이유로 지상권자로부터 토지사용에 관한 승낙을 받지 않고서도 건물축조가 가능하다고 한다. 따라서 향후 지상권자의 토지사용승낙 여부에 불문하고 건물이 축조될 개연성이 매우 높다.

문제는 금융기관의 여신업무 내규에 나대지를 담보 취득할 때 지상권[4]도 함께 취득함을 원칙으로 규정하고 있는데, 이처럼 금융기관이 나대지에 지상권을 설정하는 주된 목적은 타인의 토지를 사용 · 수익하고자 함이 아니라 토지소유자가 그 토지를 지상권자인 은행의 동의 없이 무단 사용하는 것을 막아 궁극적으로 담보물건의 교환가치를 계속유지하기 위한 것인데, 만일 토지소유자 등이 지상권자의 토지사용승낙 없이 임의로 건물 축조가 가능하다고 한다면 사실상 지상권을 설정히는 의미가 무색해 실 수밖에 없다.

아무튼 지상건물이 없는 토지를 담보로 취득하면서 지상권을 설정하였다 하더라도 지상권자인 은행의 토지사용승낙서 없이 건물이 축조될 수도 있다는 사실을 유념하여야 할 것이다.

한편 현재 금융기관이 사용 중인 지상권설정계약서 제4조(토지의 보존 등) 제1항에 의하

4) 지상권이란 타인의 토지에 건물 기타 공작물이나 수목을 소유하기 위하여 그 토지를 사용할 수 있는 권리를 말하며(민법 제279조, 지상권의 내용), 민법에서 규정하는 물권의 종류 중 하나이다. 하지만 금융기관이 나대지에 지상권을 설정하는 주된 목적은 타인의 토지를 사용 · 수익하고자 함이 아니라 장래 토지의 담보가치 하락을 방지하는 등 근저당권의 효력을 강화하고자 하는데 있다.

면, 설정자는 사전에 지상권자의 서면승낙없이 지상권의 목적인 토지에 공작을 구축 기타 그 현상을 변경하는 행위를 아니한다고 약정하고 있다. 그리고 근저당권설정계약서 표준서식 제3조(담보가치의 유지 등) 제1항에는, 설정자가 근저당 물건에 대하여 멸실, 훼손 등 채권자의 채권보전에 지장을 초래할 현상변경 행위를 하고자 하는 때에는 미리 채권자의 승낙을 얻어야 하며, 제2조(공부와 실제의 불일치) 제2항에는, 근저당 토지상에 미등기 건물이 있는 경우 또는 장래 건물을 신축할 경우에 채권자가 채권보전상 필요에 따라 청구하는 때에는 설정자는 지체 없이 그 보존등기를 하는 동시에 그 건물에 제1조(근저당권의 설정)에 의한 근저당권을 추가 설정한다고 약정하고 있다.

그러므로 나대지에 지상권을 설정해 준 자가 임의로 건물을 축조하고 그 건축물을 담보로 제공하지 아니함으로써 은행이 채권보전에 중대한 지장이 초래되었다면 이는 기한이익 상실 사유에 해당됨은 물론 민법에서 규정하는 불법행위[5]에 해당되며, 형법상 권리행사방해죄[6]에 저촉된다. 따라서 실무상 유사 사례가 발생한 때에는 관련 약관의 내용과 법률을 적절히 활용, 채무자를 압박한다면 채권회수 및 관리에 도움이 될 것으로 생각된다.

### (2) 근저당권자가 제1순위 담보취득을 조건으로 토지사용승낙을 한 경우 법정지상권 성립 여부

**근저당권자(Y지점)가 담보제공자(甲)의 요청을 받고, 신축건물 준공 즉시 그 건물을 제1순위 담보제공 조건으로 토지사용승낙을 하였으나 건물이 완공되었음에도 이를 이행하지 아니하는 경우, 그 신축건물 소유자를 위한 법정지상권이 성립되었다고 할 수 있겠는가?**

지상건물이 없는 토지에 대한 근저당권자 겸 지상권자가 건물완공 즉시 1순위 추가 근저당권설정을 조건으로 토지사용승낙을 하였으나 지상권설정자 등이 건물 축조 후 이를 이행하지 아니하였다면 그 건물소유자를 위한 지상권이 설정되었다거나 법정지상권이 발생된 것으로 보지 아니한다.[7]

5) 고의 또는 과실로 인한 위법행위로 타인에게 손해를 가한 자는 그 손해를 배상할 책임이 있다(민법 제750조, 불법행위의 내용).

6) 타인의 점유 또는 권리의 목적이 된 자기의 물건 또는 전자기록 등 특수매체기록을 취거, 은닉 또는 손괴하여 타인의 권리행사를 방해한 자는 5년 이하의 징역 또는 700만원 이하의 벌금에 처한다(형법 제323조, 권리행사방해).

7) 대법원 1979. 6. 12. 선고 79다438 판결.

신축된 건물에 추가 근저당권을 취득하지 아니 하였는데도 그 신축건물의 소유자를 위한 지상권 내지는 법정지상권이 성립되었다고 한다면, 토지의 담보가치가 당초의 나대지 상태의 담보가치 때보다 크게 하락, 토지 근저당권자가 불측의 손해를 입을 수도 있기 때문이다.

지상권이라 함은 타인의 토지에 건물 기타 공작물이나 수목을 소유하기 위하여 그 토지를 사용할 수 있는 권리를 말하며, 당사자 간의 지상권 설정에 관한 합의(지상권설정계약) 및 등기에 의하여 성립한다. 다만, 당사자 간의 지상권 설정에 관한 합의 및 등기가 없어도 법률[8]의 규정에 의거 당연히 성립하는 경우가 있는데 이를 법정지상권이라 한다.

민법이 법정지상권에 관한 규정을 두고 있는 이유는 법정지상권을 인정하지 않을 경우 건물 철거로 말미암아 입게 되는 사회적, 경제적 손실을 최소화 하는 동시에 신의칙과 형평의 원칙에 반하는 불합리한 점을 방지하기 위한 공익상의 목적에서이다. 민법 제366조(법정지상권)는 강행법규의 효력규정이다. 따라서 저당권설정계약의 당사자 간에 저당목적물인 토지에 대하여 법정지상권을 배제하는 특약을 하였다 하더라도 그 특약은 효력이 없다.[9]

금융기관 여신 실무상 지상권설정자로부터 건물 신축을 위한 토지사용승낙 요청이 있는 때에는 특별한 사정이 없는 한 신축건물에 1순위 추가 근저당권을 설정하는 조건으로 사용승낙을 하고 있는 실정인데, 건물 축조 후 사용승낙 조건을 이행하지 아니한 때에도 그 건물소유자를 위한 지상권 내지 법정지상권이 성립되는지 여부가 의문이다.

이에 대하여 대법원은 그 건물소유자를 위한 지상권이 설정되었다거나 법정지상권이 성립되지 않는다는 입장을 분명히 하고 있다. 신축된 건물에 추가 근저당권을 취득하지 아니 하였는데도 그 신축건물의 소유자를 위한 지상권 내지는 법정지상권이 성립되었다고 한다면 토지의 담보가치가 당초의 나대지 상태의 담보가치 때보다 크게 하락, 토지 근저당권자가 불측의 손해를 입을 수 있으므로 대법원의 태도는 당연한 것으로 생각된다.

법정지상권의 성립요건과 성립시기 및 그 존속요건과 법정지상권의 성립을 인정한 사

8) 저당물의 경매로 인하여 토지와 그 지상건물이 다른 소유자에 속한 경우에는 토지소유자는 건물소유자에 대하여 지상권을 설정한 것으로 본다. 그러나 지료는 당사자의 청구에 의하여 법원이 이를 정한다(민법 제366조, 법정지상권).

9) 민법 제366조(법정지상권)는 가치권과 이용권의 조절을 위한 공익상의 이유로 지상권의 설정을 강제하는 것이므로 저당권설정 당사자 간의 특약으로 저당목적물인 토지에 대하여 법정지상권을 배제하는 약정을 하더라도 그 특약은 효력이 없다(대법원 1988. 10. 25. 선고 87다카1564 판결).

례 등에 대하여 살펴보고자 한다.

**1. 법정지상권의 성립 요건** 법정지상권이 성립되기 위해서는 다음과 같은 요건을 모두 갖추어야 한다.[10)]

가. 근저당권설정 당시 저당목적물의 토지위에 건물이 존재하고 있어야만 한다. 여기서의 건물이라 함은 미등기 건물이나 무허가 건물 및 사회 관념상 독립된 건물로 볼 수 있는 정도에 이르지 않았다 하더라도 건물의 규모와 종류가 외형상 예상할 수 있는 정도까지 건축이 진전되어 있는 건축 중인 건물을 포함한다.[11)]

나. 근저당권설정 당시에 토지와 건물이 모두 동일한 소유자의 것이어야 한다.

근저당권설정 당시 이미 토지소유자(A)와 건물소유자(B)가 달랐다면 법정지상권이 성립하지 아니한다. 다만, A와 B는 당사자 간에 체결한 토지이용에 관한 계약의 내용에 구속된다고 한다. 가령 토지에 대하여만 근저당권이 설정되고 그 후 근저당권의 실행으로 토지가 C에게 매각 되었다면, B는 C에게 법정지상권의 성립을 주장할 수는 없지만 전 토지소유자인 A와의 법률관계(토지 임차권 등)를 이유로 C에게 대항할 수 있다고 한다. 따라서 C로서는 건물의 소유자인 B가 정당한 토지의 이용권한 없이 불법적으로 타인의 토지위에 건물을 축조하였다면 그 철거를 요구할 수 있겠지만, 토지 임차권 등 정당한 토지의 이용권한을 갖고서 건물을 축조하였다면 토지의 용익권 등 정당한 권리에 의하여 제한을 받고 있는 토지소유권을 취득한 것이 된다. 이러한 문제점을 예방하고자 금융기관 여신업무 실무상으로는 토지와 건물을 공동담보로 취득함을 원칙으로 하고 있다.

다. 경매로 인하여 토지와 건물의 소유자가 서로 다르게 된 경우이어야 한다. 다만, 근

10) 김형배, 민법학강의, 오시정, 한국금융연수원 여신실무법률(中).

11) 토지와 그 지상의 건물이 동일한 소유자에게 속하였다가 토지 또는 건물이 매매나 기타 원인으로 인하여 양자의 소유자가 다르게 된 때에는 그 건물을 철거하기로 하는 합의가 있었다는 등의 특별한 사정이 없는 한 건물소유자는 토지소유자에 대하여 그 건물을 위한 관습상의 지상권을 취득하게 되고, 그 건물은 반드시 등기가 되어 있어야만 하는 것이 아니고 무허가 건물이라고 하여도 상관이 없다(대법원 1991. 8. 13. 선고 91다16631 판결).
민법 제366조의 법정지상권은 저당권 설정 당시 동일인의 소유에 속하던 토지와 건물이 경매로 인하여 양자의 소유자가 다르게 된 때에 건물의 소유자를 위하여 발생하는 것으로서, 토지에 관하여 저당권이 설정될 당시 토지 소유자에 의하여 그 지상에 건물을 건축 중이었던 경우 그것이 사회 관념상 독립된 건물로 볼 수 있는 정도에 이르지 않았다 하더라도 건물의 규모·종류가 외형상 예상할 수 있는 정도까지 건축이 진전되어 있었고, 그 후 경매절차에서 매수인이 매각대금을 다 낸 때까지 최소한의 기둥과 지붕 그리고 주벽이 이루어지는 등 독립된 부동산으로서 건물의 요건을 갖추면 법정지상권이 성립하며, 그 건물이 미등기라 하더라도 법정지상권의 성립에는 아무런 지장이 없는 것이다(대법원 2004. 6. 11. 선고 2004다13533 판결).

저당권설정 당시에는 토지와 건물의 소유자가 동일인이었으나 그 후 어느 하나를 처분함으로써 토지와 건물의 소유자가 달라진 상태에서 경매가 진행된 경우에도 건물소유자에게 법정지상권이 성립한다는 것이 대법원 판례[12]의 입장이다.

**2. 법정지상권의 성립시기 및 존속기간 등** 법정지상권은 매수인이 매각대금을 납부한 때 성립한다고 한다. 이는 법률의 규정에 의거 성립하는 것이므로 등기를 요하지 아니하나 이를 다른 자에게 처분하려면 지상권설정등기를 하여야 한다.[13] 따라서 법정지상권을 취득한 건물소유자가 지상권설정등기를 경료하지 아니하고 건물을 제3자에게 양도한 경우에는 양도인은 먼저 자신을 권리자로 하는 지상권설정등기를 한 후 이를 양수인에게 이전등기를 해 줄 의무를 부담한다.

그리고 법정지상권의 성립으로 인하여 지상권설정등기를 해 줄 의무가 있는 토지소유자는 지상권의 이전등기를 하지 아니한 건물의 양수인에 대하여도 지상건물의 철거를 요구할 수 없다.

법정지상권의 존속기간은 정함이 없는 것으로 본다. 따라서 민법 제281조(존속기간을 정하지 아니한 지상권) 제1항 및 제280조(존속기간을 약정한 지상권)에 의거, 법정지상권이 성립된 건물이 석조, 석회조, 연와조 또는 이와 유사한 견고한 건물인 경우에는 30년, 기타의 건물에 속하는 경우에는 15년으로 본다.

지상권자는 토지소유자(지상권설정자)와 협의하여 지료를 부담하여야 하며, 협의가 되지 아니하면 당사자의 청구에 의하여 법원이 결정한 금액으로 한다.

**3. 민법상 법정지상권의 성립을 인정하는 사례** 현행 민법 또는 판례가 인정하는 법정지상권은 다음과 같은 5가지의 경우가 있다.

가. 토지와 지상건물이 동일인에 속하는 동안에 건물에 대하여만 전세권을 설정한 후 토지소유자가 변경된 경우(민법 제 305조, 건물의 전세권과 법정지상권).

나. 토지와 그 지상의 건물이 동일인에게 속하고 있는 동안에 어느 한 쪽에만 저당권이 설정된 후 저당권의 실행으로 토지와 건물의 소유자가 다르게 된 경우(민법 제366조, 법정지상권).

다. 토지와 그 지상의 건물이 동일인에게 속하고 있는 동안에 그 어느 한 쪽에만 가등

12) 대법원 1999. 11. 23. 선고 99다52602 판결.

13) 민법 제187조(등기를 요하지 아니하는 부동산물권 취득).

기담보권, 양도담보권, 매도담보권이 설정된 후 담보의 실행(귀속청산)으로 토지와 건물의 소유자가 다르게 된 경우(가등기담보 등에 관한 법률 제10조, 법정지상권).

라. 토지와 입목이 동일인에게 속하고 있는 동안에 경매 기타의 사유로 토지와 입목이 소유자를 달리하게 된 경우(입목에 관한 법률 제6조, 법정지상권).

마. 토지와 건물이 동일인에게 속하고 있는 동안에 그 건물 또는 토지만이 매각되어 양자의 소유자가 다르게 된 경우(판례에 의한 관습상의 지상권).[14]

### (3) 근저당권자가 토지사용승낙을 할 때 유의사항

**근저당권 및 지상권을 취득한 토지(나대지) 위에 건물을 축조할 목적으로 담보제공자 등으로부터 토지사용승낙 요청이 있는 경우, 근저당권자로서 특히 유의하여야 할 사항은?**

지상권설정자 등으로부터 건물 신축을 위한 토지사용승낙을 받고 신축하는 건물에 대하여 1순위 추가 근저당권설정을 조건으로 토지사용승낙을 하였으나 건축도중 공사가 중단된다거나 건물 완공 후 추가 근저당권을 설정하기 전에 제3자에게 소유권이 이전되면 근저당권 실행에 상당한 장애가 될 수 있다.

14) 토지와 건물이 동일한 소유자에게 속하였다가 건물 또는 토지가 매매 기타 원인으로 인하여 양자의 소유자가 다르게 된 경우, 당사자 사이에 그 건물을 철거하기로 하는 합의가 있었다는 등의 특별한 사정이 없는 한 건물소유자는 토지소유자에 대하여 그 건물을 위한 관습법상의 법정지상권을 취득하게 되고(대법원 1997. 1. 21. 선고 96다40080 판결 외), 건물을 철거하기로 하는 합의가 있었다는 등의 특별한 사정의 존재에 관한 주장·입증책임은 그러한 사정의 존재를 주장하는 쪽에 있으며(대법원 1988. 9. 27. 선고 87다카279 판결), 관습법상의 법정지상권이 성립되기 위해서는 토지와 건물 중 어느 하나가 처분될 당시에 토지와 지상건물이 동일인의 소유에 속하였으면 족하고 원시적으로 동일인의 소유였을 필요는 없다(대법원 1995. 7. 28. 선고 95다9075 판결).
법정지상권을 가진 건물소유자로부터 건물을 양수하면서 법정지상권까지 양도받기로 한 자는 채권자대위의 법리에 따라 전건물소유자 및 대지소유자에 대하여 차례로 지상권의 설정등기 및 이전등기절차이행을 구할 수 있다 할 것이므로 이러한 법정지상권을 취득할 지위에 있는 자에 대하여 대지소유자가 소유권에 기하여 건물철거를 구함은 지상권의 부담을 용인하고 그 설정등기절차를 이행할 의무있는 자가 그 권리자를 상대로 한 청구라 할 것이어서 신의성실의 원칙상 허용될 수 없다(대법원 1985. 4. 9. 선고 84다카1131, 1132 전원합의체 판결).
법정지상권을 취득한 건물소유자가 법정지상권의 설정등기를 경료함이 없이 건물을 양도하는 경우에는 특별한 사정이 없는 한 건물과 함께 지상권도 양도하기로 하는 채권적 계약이 있었다고 할 것이므로 법정지상권자는 지상권설정등기를 한 후에 건물양수인에게 이의 양도등기절차를 이행하여 줄 의무가 있는 것이고 따라서 건물양수인은 건물양도인을 순차 대위하여 토지소유자에 대하여 건물소유자였던 최초의 법정지상권자에게 법정지상권설정등기절차 이행을 청구할 수 있다(대법원 1988. 9. 27. 선고 87다카279 판결).

특히 저당대지의 소유자와 신축건물의 소유자가 다른 경우에는 비록 법정지상권은 성립되지 않는다 하더라도 대지와 건물의 일괄경매가 불가하여 대출금을 회수하기까지 상당한 노력이 따라야 하므로 토지소유자와 건축주를 달리하여 대지사용을 요청하는 경우에는 적절한 채권보전 대책이 없는 한 거절하여야 할 것이다.

실무상 지상권설정자로부터 토지사용승낙 요청이 있는 경우에는 특히 다음 사항에 유의하여야 할 것이다.

1. 토지사용승낙을 할 때 '장래 신축건물을 철거하지 않겠다.'는 내용이 포함된 확인서를 발급하게 되면 법정지상권이 성립할 소지가 있으므로 주의를 요한다. 다만, 신축건물에 대한 1순위 담보제공(추가 근저당권 설정 등)을 조건으로 승낙하는 경우에는 무방하다.

2. 신축건물 축조를 위한 토지사용승낙을 하고자 하는 때에는 건축설계도 및 건축공사도급계약서 사본, 채무관계자의 후취담보제공 각서(아래 예문 참조), 추가근저당설정에 필요한 서류(추가 근저당권설정계약서, 근저당권설정등기를 위한 위임장, 인감증명서[15] 등), 신축(증축)승낙의뢰서(양도담보증서 겸용) 등의 서류를 징구하여야 한다.

3. 토지사용승낙 후에도 공사일정표에 따라 공사 진척 상황을 수시로 확인하여 신축건물 준공 즉시 토지사용승낙을 할 때 받아둔 서류로 추가근저당권을 설정하여야 한다. 근저당권설정등기 신청용 인감증명서의 유효기간 경과 등의 사유로 추가근저당권을 설정할 수 없는 상황이고 채무관계자도 협조를 하지 않는다면 채권보전을 위한 적절한 조치를 취하여야 할 것이다.

---

15) 부동산등기규칙 第55조에 의하면, 등기신청서에 필요한 인감증명서의 유효기간이 3개월이므로 설정용 인감증명서는 매 3개월마다 재 징구 관리하여야 한다.

■ 후취담보제공 각서(例)

## 후 취 담 보 제 공 각 서

(주) ○○은행 귀중

본인이 지상권자인 귀 은행에 건물신축을 위한 토지사용승낙을 요청함에 있어 향후 다음 사항을 반드시 이행하겠으며, 불이행으로 인하여 발생하는 민・형사상의 모든 책임을 본인이 전적으로 부담할 것을 약속하오니 토지사용을 승낙하여 주시기 바랍니다.

1. 신축예정 건물의 현황
   가. 건축주
   나. 건축지번
   다. 신축건물의 구조 및 면적
   라. 준공예정시기

2. 준수사항 등
   가. 건축도중 건축주를 임의로 변경하지 않겠으며, 준공검사 시에는 이를 은행에 통지하는 한편 당초 승낙 받은 건축주의 명의로 소유권보존등기가 이루어지도록 하겠습니다.
   나. 건물 준공 즉시 소유권 보존등기를 경료하고, 귀행에 1순위로 담보제공(추가근저당 설정)을 하겠습니다.
   다. 상기 사항을 이행하지 아니할 경우, 건물에 대한 지상권 내지 법정지상권이 성립되지 아니하여, 철거를 하여야 한다는 것과 대출금의 기한이익을 상실한다는 사실을 잘 알고 있습니다.

년 월 일

위 각서인

| | | |
|---|---|---|
| 차 주 | 주 소 | |
| | 성 명 | (인감) |
| 담보제공자 | 주 소 | |
| | 성 명 | (인감) |

(주 1) 토지사용승낙을 할 때 본 각서를 추가로 받아둔다면 신축건물을 제1순위로 후취담보 취득하는 데 용이할 것으로 본다.

(주 2) 밑줄 친 부분은 가급적 자필로 기재하게 하여 경각심을 고취시키고, 각서가 토지사용승낙 당시에 작성되었다는 증거로 확정일자를 받아 두는 것이 바람직할 것으로 본다.

### (4) 근저당권자로부터 토지사용승낙을 받은 자가 후취담보제공 약속을 이행하지 않는 경우 그 대응 방안

**Y지점이 지상권설정자로부터 토지사용승낙 요청을 받고, 신축건물 준공 즉시 그 건물을 1순위 담보취득을 조건으로 토지사용승낙을 하였으나 건물이 완공되었음에도 이를 이행하지 아니하는 경우, Y지점의 적절한 대응 방안은?**

지상권설정자로부터 토지사용승낙 요청을 받고 신축건물 준공 즉시 1순위 담보 제공을 조건으로 사용승낙을 하였으나 건물이 완공되었음에도 이를 이행하지 아니하는 경우에는 다음과 같이 대응하는 것이 가장 적절한 것으로 보고 있다.[16)]

**1. 신축건물의 소유권 보존등기가 되어 있지 않은 경우** 신축건물의 소유권 보존등기가 되어 있지 않은 경우에는 채권자대위권을 행사하여 채권자(은행) 스스로 소유권 보존등기를 신청하는 방안을 강구하여야 한다.

**2. 신축건물의 소유권 보존등기가 되어 있는 경우** 신축건물이 이미 지상권설정자(토지 소유자)명의로 소유권 보존등기가 되어 있는 때에는 신속히 당해 부동산의 소재지를 관할하는 지방법원에 처분금지가처분(피보전권리 : 근저당권설정등기 청구권)을 신청, 그 건물이 제3자에게 양도되거나 담보로 제공되지 않도록 조치한 후, 채무관계자를 상대로 '근저당권설정등기 이행청구의 소'를 제기(소유권이 이미 제3자에게 이전되었다면 소를 제기를 할 수 없다)하여 근저당권설정등기를 명하는 이행판결을 받아 그 판결문을 첨부하여 채권자(은행) 단독[17)]으로 추가 근저당권설정등기를 신청하도록 한다.

**3. 신축건물이 제3자 명의로 소유권 보존등기가 되어 있거나 또는 제3자 앞으로 이미 소유권이 이전되어 있는 경우** 신축건물이 제3자 명의로 소유권 보존등기가 되어 있거나 또는 이미 제3자 앞으로 소유권이 이전되어 있는 경우에는 신축건물에 대한 권리가 제3자에게 있기 때문에 제3자 스스로 담보 제공을 하지 않는 한 채무자나 제3자

16) 오시정, 한국금융연수원 여신실무법률(中).

17) 근저당권설정등기는 등기의무자와 등기권리자가 공동으로 신청하여야 함이 원칙이다(부동산등기법 제28조). 그러나 판결에 의한 등기는 승소한 등기권리자 또는 등기의무자만으로 단독으로 신청할 수 있다(부동산등기법 제29조). 따라서 등기의무자가 협조를 하지 않는 때에는 등기신청의 의사표시를 구하는 소, 즉 근저당권설정등기이행청구의 소를 제기하여 근저당권설정등기를 명하는 이행판결을 받아 그 판결문을 첨부하여 채권자 단독으로 등기를 하는 수밖에 없다. 문제는 이 경우 확정판결을 받기까지에는 상당한 시일이 소요되므로 그 사이에 근저당권설정자가 저당목적물을 제3자에게 양도하는 등 근저당권자를 해하는 행위를 할 수 있다는 점이다. 이러한 경우에 대비하여 부동산등기법에서는 가등기 또는 가처분을 함으로써 근저당권자 등의 등기권리자의 지위를 보전하는 제도를 마련해 두고 있다.

에게 근저당권 설정등기의 이행을 종용할 수 없다.

그러나 지상건물이 없는 토지에 대한 근저당권자 겸 지상권자가 건물 완공시 1순위 추가 근저당권설정을 조건으로 토지사용승낙을 하였으나 건물 축조 후 이를 이행하지 아니한다면 그 건물 소유자를 위한 지상권 내지 법정지상권은 성립하지 아니한다.[18]

따라서 신축건물이 제3자 명의로 소유권 보존등기가 되어 있거나 또는 이미 제3자 앞으로 소유권이 이전되어 있는 경우에는 신축건물의 소유자를 상대로 신축건물이 철거 대상에 해당된다는 사실을 배달증명부 내용증명으로 통지, 심적 압박을 가하여 스스로 담보제공을 하게 하거나 또는 토지를 적정가격(대출채권액)에 매수하도록 유도한다.

**4. 기타 대응 방안** 근저당 토지상에 건물이 축조된 경우, 은행이 채권보전에 필요하여 청구하는 때에는 설정자는 지체 없이 그 보존등기를 하는 동시에 추가 근저당권 설정등기에 응하여야 하며,[19] 이를 이행하지 아니하면 '독촉에 의한 당해 채무의 기한이익 상실'사유에 해당된다.

신축건물 완공 즉시 추가 담보제공을 하기로 약정하였음에도 이를 이행하지 않는 행위도 역시 마찬가지이다. 따라서 기한이익 상실 예고통지서를 배달증명부 내용증명으로 발송하여 지정한 기일 내에 담보제공을 하지 아니하면 기한이익이 상실된다는 사실을 분명하게 주지시키도록 한다.

근저당권설정자가 저당 목적물의 토지 위에 건물을 신축하고도 담보로 제공하지 않는다면 이는 저당목적물의 환가를 현저히 곤란하게 하는 행위로써 형법 제323조의 권리행사방해죄[20]가 성립된다고 한다. 그리고 후취 담보제공을 조건으로 토지사용승낙을 받았음에도 이를 이행하지 않는다면 사기죄(형법 제347조)가 성립하는 것으로 보고 있다. 따라서 권리행사방해죄 등으로 검사(또는 사법경찰관)[21]에게 형사 고소할 예정임을 내용증명으

18) 대법원 1979. 6. 12. 선고 79다438 판결.

19) 근저당 토지상에 미등기 건물이 있는 경우 또는 장래 건물을 신축할 경우에 채권자가 채권보전상 필요에 따라 청구하는 때에는 설정자는 지체 없이 그 보존등기를 하는 동시에 그 건물에 제1조(근저당권의 설정)에 의한 근저당권을 추가 설정하기로 한다(근저당권설정계약서 제2조 제2항).

20) 타인의 점유 또는 권리의 목적이 된 자기의 물건 또는 전자기록 등 특수매체기록을 취거, 은닉 또는 손상하여 타인의 권리행사를 방해한 자는 5년 이하의 징역 또는 700만원 이하의 벌금에 처한다(형법 제323조, 권리행사방해). 여기서 취거라 함은 점유자의 의사에 반하여 그 점유물에 대한 점유자의 사실상의 지배를 제거하고 자기 또는 제3자의 사실상의 지배로 옮기는 것을 말하며, 은닉이란 물건의 소재의 발견을 불가능하게 하거나 또는 현저히 곤란한 상태에 두는 것을 말한다.

21) 고소 또는 고발은 서면 또는 구술로써 검사 또는 사법경찰관에게 하여야 한다(형사소송법 제237조 제1항).

로 통지하여 채무자를 압박하도록 한다. 물론 고소를 한다고 하여 근저당권자가 입은 손해가 자동적으로 치유되는 것은 아니지만 형사 처벌을 면하기 위하여 보다 적극적인 해결방안을 제시해 올 가능성이 매우 크다. 다만, 고소의 실행은 채권보전을 위해 더 이상의 다른 방도가 없다고 판단되는 때에 한하여 실행하는 것이 바람직할 것으로 생각한다.

상기와 같은 조치에도 불구하고 해결될 여지가 없다면 담보물(토지)을 매각하는 수밖에 없다. 그런데 문제는 토지와 신축건물의 소유자가 다른 관계로 토지에 한해서만 경매가 진행되고, 토지 위에 타인의 건물이 존재하고 있는 관계로 매수가격은 크게 하락할 수밖에 없다. 따라서 이러한 문제점을 해소하려면 경매 신청 전에 건물철거 및 토지 인도의 이행을 구하는 소를 제기, 승소[22]하여 건물을 철거 후 경매 신청하는 것이 토지의 매각가격에 유리하다.

참고로 당해 시설 준공 즉시 주담보 취득하여 본 보증 우선 해지하고, 사업장 부지의 소유권이전 즉시 추가담보 취득하여 본 보증 우선 해지할 것이라는 특약조건이 있는 신용보증서를 담보로 시설자금을 대출한 경우로써, 채무자가 신속하게 추가담보 제공을 하지 않는 경우, 금융기관은 1순위 근저당권자의 지위를 확보할 수 있도록 먼저 처분금지가처분을 신청, 근저당권설정등기 청구권을 보전시킨 후 근저당권설정등기이행청구소송절차를 거쳐 담보권을 취득하는 방법으로 특약사항을 이행하여야만 보증기금에 대하여 보증채무 이행을 청구할 수 있다는 것이 대법원 판례[23]의 태도이므로 유사 업무 취급시는 각별한 주의가 요구된다.

### (5) 근저당 목적물의 토지 위에 건물이 축조된 경우 그 건물을 토지와 함께 일괄경매를 신청할 수 있는지 여부

**지상건불이 없는 토지(나대지)에 근저당권설정등기가 되고 난 이후 건물이 축조된 경우, 근저당권자는 그 신축건물을 토지와 함께 일괄경매를 신청할 수 있는지 그리고 그 매각대금에 대하여 우선변제를 받을 수 있겠는가?**

토지를 목적으로 저당권을 설정한 후 그 설정자가 그 토지에 건물을 축조한 때에는

22) 철거로 인한 사회적 손실을 고려하여 법원은 철거명령을 하지 아니하고 건물소유자로 하여금 채권자가 입은 손해를 변상하라는 취지의 판결을 하고 있다. 채권자는 이 판결에 기하여 신축건물을 압류한 후 토지와 일괄하여 경매를 신청함으로써 저당 토지가 적정가격에 매각되는 효과를 거둘 수 있다.

23) 대법원 1994. 6. 14. 선고 94다8150 판결.

저당권자는 토지와 함께 그 건물에 대하여도 경매를 청구할 수 있다(민법 제365조 전단, 저당지상의 건물에 대한 경매청구권). 신축건물에 대하여 일괄경매청구권을 행사하려면 그 건물에 대하여 소유권보존등기가 되어 있어야 한다. 그러나 미등기라 하더라도 그 건물에 관하여 부동산등기법 제131조(건물의 보존등기)에 의한 소유권보존등기 신청의 서류를 구비할 수 있는 때에는 이 서류를 첨부하여 일괄경매 신청을 할 수 있다(민사집행법 제81조 제1항). 미등기건물의 소유권보존등기는 건축물대장 등본에 의하여 자기 또는 피상속인이 건축물대장에 소유자로서 등록되어 있는 것을 증명하는 자, 판결 또는 기타 시・구・읍・면의 장의 서면에 의하여 자기의 소유권을 증명하는 자, 수용으로 인하여 소유권을 취득하였음을 증명하는 자가 이를 신청할 수 있다.[24]

이처럼 민법은 토지의 소유자와 신축건물의 소유자가 동일한 경우에는 신축건물도 토지와 함께 일괄경매를 할 수 있도록 규정하고 있지만, 신축건물에 대하여는 근저당권의 효력이 미치지 아니하여 그 매각대금으로부터 우선변제를 받을 수 없고, 일반채권자의 지위로 배당을 받게 된다.

그런데 여기서 문제는 토지 근저당권자가 일반채권자의 지위로 건물의 매각대가로부터 배당을 받기 위해서는 민사집행법 제88조(배당요구)에 의거, 별도의 배당요구를 하여야만 하는지 여부이다. 이에 대한 다수의 견해는 민사집행법상 배당요구의 종기까지 경매신청을 한 채권자는 당연히 배당요구를 한 것으로 취급된다는 점을 들어 별도의 배당요구 절차를 취하지 않아도 된다고 한다.[25]

한편 근저당권을 실행하기 전에 근저당권설정자가 그 건물을 타인에게 양도하였다거나 또는 신축건물이 제3자 명의로 축조된 경우에는 일괄경매를 신청할 수 없고, 토지에 한해서만 경매를 신청할 수 있다. 하지만 근저당권이 설정된 나대지 위에 건물을 축조한 경우에는 법정지상권이 성립되지 않기 때문에 이러한 대지를 매수한 자(매수인)는 건물의 소유자를 상대로 건물철거 및 토지인도 소송을 제기하여 승소한 후 그 건물의 철거를 구할 수 있다. 다만, 철거로 인한 사회적 손실 등을 고려, 법원은 철거명령을 하지 아니하고 건물소유자로 하여금 채권자가 입은 손해를 변상하라는 취지의 판결을 하고 있는 실정이다.

24) 부동산등기법 제131조(건물의 보존등기).

25) 오시정, 근저당권의 이론과 실무.

## 7. 분양받은 미등기 공장용지를 담보취득하는 방안

(상 황)

a. A주식회사(이하 'A'사라 한다)는 지방자치단체에서 조성하고 있는 공업단지 내의 공장용지를 500백만원에 분양을 받기로 하고, 계약금조로 50백만원을 지급한 바 있다.
b. D은행 Y지점은 A사로부터 공장용지 분양대금(중도금) 납부를 위한 자금지원 요청을 받았다.
c. A사는 더 이상 담보를 제공할 여력이 없는 상황이다.

### (1) 미등기 공장용지에 1순위 근저당권을 확보하기 위한 방안

Y지점은 A사가 분양받은 공장용지를 담보로 활용하는 방안을 고려하고 있다. 과연 어떤 조건을 충족한다면 장래 공장용지의 소유권이 A사 앞으로 이전되었을 때, 제1순위의 근저당권을 취득할 수 있겠는가?

수분양자(A사)가 지방자치단체에서 조성하는 공단용지에 대하여 매매계약을 체결하였으나 현재 공단 조성 공사 중인 관계로 소유권을 이전받을 수 없지만, 수분양자가 분양대금을 차질 없이 납부한다면 가까운 장래에 소유권을 이전받게 될 것이다. 그러므로 수분양자가 공장용지의 소유권을 이전받는 즉시 그 공장용지에 대하여 제1순위 근저당권을 설정할 수 있다면 차주가 분양받은 미등기 공장용지도 충분히 담보로서의 가치가 있다. 장래 공장용지의 소유권이 A사 앞으로 이전되었을 때, 제1순위의 근저당권을 확보하려면 대출을 취급하기 전에 다음과 같은 조치가 선행되어야 한다.[1)]

1. 수분양자로부터 공장용지의 소유권을 이전받는 즉시 제1순위 근저당권설정등기를 이행하겠다는 취지의 각서[2)]를 받아야 한다. 이를 위해서는 담보제공 각서는 물론 근저당권설정계약서, 근저당권설정등기용 위임장, 인감증명서[3)] 등을 사전에 받아 두어야 할 것

1) 오시정, 한국금융연수원 여신실무법률(中) 제6장 부동산담보.

2) 각서의 효력에 관한 분쟁을 사전에 방지하려면 각서의 내용 중 특히 중요한 사항에 대하여는 타이핑과 같은 인쇄문자를 피하고 그 내용을 해당 고객으로 하여금 직접 자서하게 하고 인감으로 날인하는 것이 보다 확실하다.

3) 부동산등기규칙 제55조(인감증명 등의 유효기간)에 의하면, 등기신청서에 첨부하는 인감증명, 법인등기부등 · 초본, 주민등록 등 · 초본, 가족관계등록사항별 증명서, 토지대장 및 건축물대장 등본은 발행일

이다.

2. 분양자로부터 수분양자에게 소유권이전등기 의무를 이행할 때 D은행 앞으로 제1순위 근저당권설정등기가 이루어지도록 협조하겠다는 확약서를 받아, 이에 확정일자[4]를 받아 두어야 할 것이다.

분양자가 작성한 확약서에는 '당사가 수분양자(A사) 앞으로 소유권이전등기 의무를 이행할 때, 수분양자 앞 소유권이전등기와 동시에 귀 행이 1순위 근저당권설정등기를 할 수 있도록 협조하겠다.'라는 내용이 포함되어야 할 것이다.

3. 수분양자가 분양대금의 납입 지체 등 계약불이행으로 분양계약이 해지되거나 또는 분양자의 사정으로 공장용지 분양계약이 해지될 때, 수분양자가 분양자로부터 반환받을 분양대금반환채권에 대하여 질권설정계약(질권자 : Y지점 / 질권설정자 : 수분양자 / 제3채무자 : 분양자)을 체결하고, 분양자가 서명한 질권설정승낙서에 확정일자를 받아 두어야 할 것이다.

수분양자가 분양자로부터 반환받을 분양대금반환채권에 대한 질권설정계약이 유효하려면, 분양계약서상에 분양계약의 해지에 관한 특약이 존재하고, 분양자가 반환받게 될 금액을 확정할 수 있고, 상당한 기간 내에 소유권이전등기가 되거나 아니면 분양계약이 해지된다는 것이 예정되어 있는 경우라야 함으로 분양계약서를 확인하여 이와 같은 요건을 충족하고 있는지 여부를 확인하여야 한다. 장래의 채권이나 조건부 채권은 그 권리의 특정이 가능하고 가까운 장래에 발생할 것임이 상당한 정도 기대되는 경우에 한하여 양도 또는 질권의 대상이 되기 때문이다.[5]

그리고 질권설정계약을 체결할 때에는 분양계약서 원본 여백에 '○년 ○월 ○일 분양대금반환채권에 대하여 질권설정'이라 기재한 후, 취급점포 명을 적고 직인을 날인하여 반환하도록 한다. 이는 분양계약서를 이용하여 타처로부터 무분별하게 차입을 하는 것을 방지하고자 함이다.

---

로부터 3개월 이내의 것이어야 한다고 규정하고 있기 때문에 근저당권설정 등기를 위해서는 매3개월마다 인감증명서를 재 징구 관리하여야 할 것이다.

4) 확정일자라 함은 그 증서 또는 문서가 작성된 일자에 대하여 제3자에 대해서 완전한 증거력이 있다고 법률에서 인정하는 일자를 말한다. 분양자가 작성한 확약서에 확정일자를 받아 두는 이유는 공장용지에 대한 이해관계 있는 제3자와의 관계에서 그 날짜에 확약서가 진정하게 작성되었음을 입증하기 위한 조치이다.

5) 대법원 1997. 7. 25. 선고 95다21624 판결 참조.

한편 분양자의 신용이 양호하지 아니하면 이와 같은 조치를 강구하였다 하더라도 채권보전에 차질이 발생할 수 있으므로 분양자가 누구인지 또 신용상태는 어떠한지를 가장 우선적으로 검토되어야 할 것이다. 대출기표는 상기와 같은 요건이 충족되었을 때 실행하여 수분양자의 계좌에 직접 입금하는 것이 바람직하다.

### (2) 은행이 분양자로부터 받은 확약서의 효력

**A사가 분양자에 대하여 가지는 공장용지에 대한 소유권이전등기청구권에 대하여 A사의 다른 채권자가 가압류를 하였다고 가정할 경우, 분양자는 Y지점에 제출한 확약서(수분양자에게 소유권이전등기 의무를 이행할 때, 제1순위 근저당권설정등기가 이루어지도록 협조하겠다는 확약서)를 이유로 그 가압류채권자에게 대항할 수 있겠는가?**

금전채권에 대한 가압류(압류)의 경우, 제3채무자(분양자)는 가압류(압류)명령을 송달받을 때 까지 채무자(수분양자 : A사)에게 대항할 수 있었던 사유를 가지고 가압류(압류)채권자에게 대항할 수 있으므로, 이러한 법리를 유추하면 분양자는 Y지점에 대한 제1순위 근저당권설정등기 협력의무를 가지고 가압류(압류)채권자에게 대항할 수 있는 것으로 본다.[6]

문제는 분양자가 확약서의 내용을 이행하지 아니하여 가압류(압류)등기가 되고, 그 후에 근저당권설정등기가 이루어짐으로 인하여 Y지점이 손해를 입었다면, 분양자에 대하여 그 손해의 배상을 청구할 수 있는지 여부이다.

한국금융연수원(오시정, 여신법률 담보관리 기초 제2권)에서는, 분양자에 대하여 손해의 배상을 청구할 수 있다는 견해를 취하고 있다. 그리고 판례는 각서, 이행각서, 확약서, 확인서 등 그 명칭에 불구하고 그 내용이 당사자의 권리의무에 관한 사항을 정하였다면 계약과 같은 효력이 있다는 태도를 취하고 있다. 나반, 삭서의 내용이 본인의 의사를 본질적으로 제한하거나 상대방에게 일방적으로 불리한 사항 또는 강행법규의 효력규정에 반하는 내용인 때에는 계약의 내용으로 삼을 수 없어 그 전체 또는 일부가 효력이 없는 것으로 보고 있다.

그러나 저자의 소견으로는 각서 또는 확약서의 내용이 '…손해를 배상하기로 한다.'는 등의 구체적인 표현(금융기관이 이러한 내용의 확약서를 요구해도 토지분양기관에서는 이를 거절하고 있는 실정이다)없이, 단지 '…하도록 협조하겠다.'고 기재되어 있다면 이는 법적 구속력이 결

6) 오시정, 한국금융연수원 여신법률 담보관리 기초 제2권.

여되어 상대방의 명백한 과실이나 고의가 있지 않는 한 손해배상청구를 할 수 없을 것으로 생각된다.

생각건대, 분양자가 이러한 확약서에 기명날인 또는 서명하였다 하더라도 그 책임범위는 고의 또는 명백한 과실(고도의 법률적 판단을 요하는 사항을 토지분양기관이 잘못 판단하였다 하여 이를 명백한 과실이라 하기도 어려울 것이다)에 의하여 발생된 손해로 한정될 여지가 있으므로 사후관리에 각별한 주의가 필요하다고 본다.

## 8. 환매특약 등기가 있는 부동산의 담보취득시 유의사항

(상 황)

a. D은행 Y지점은 A주식회사(이하 'A사'라 한다)로부터 운전자금 차입 신청을 받았다. 그런데, A사가 담보로 제공하고자 하는 부동산에는 B를 권리자로 하는 환매특약 등기가 되어 있다.
b. Y지점은 동 부동산에 대하여 1순위 한정근저당권을 설정하고 여신을 실행하였다.
c. 그 후, A사는 B가 환매권을 행사할 경우 자신이 반환받게 될 환매대금청구채권을 C에게 양도하고, 확정일자에 기한 양도통지서를 B에게 도달시켰다.

### (1) 민법에서 규정하는 환매의 의의

**민법에서 규정하는 환매의 의의?**

민법 제590(환매의 의의)에서 규정하는 환매란, 매도인(B)이 매매계약과 동시(매매계약과 동시에 하지 아니한 환매특약은 무효이다)에 그 매매목적물을 환매할 권리를 유보한 경우, 그 영수한 대금과 매수인(A사)이 부담한 매매비용을 반환하고 그 목적물을 반환받을 수 있는 권리를 말한다.

환매기간은 부동산의 경우 5년, 동산의 경우 3년을 초과할 수 없으며, 이를 정하지 아니한 경우에는 부동산의 경우 5년, 동산의 경우 3년으로 본다.[1)]

환매기간은 환매특약이 성립한 날로부터 기산하며, 환매기간을 정한 때에는 다시 이를 연장할 수 없다.

환매제도는 채권담보를 위해서 그리고 행정상의 목적(예컨대 한국토지주택공사 또는 지방공공단체가 토지를 공급할 때 매수인이 공사가 공급하는 목적에 맞게 이용하도록 규제)을 달성하기 위하여 이용되고 있는데 후자의 경우가 대부분이다.

1) 민법 제591조(환매기간).

### (2) 환매특약 등기의 의의

**환매특약 등기의 의의?**

환매특약 등기라 함은 부동산의 매도인과 매수인 간에 환매특약을 한 경우, 장래 그 환매 권리를 안전하게 보전할 목적으로 하는 등기를 말하며, 매수인 앞으로 소유권이전등기를 신청할 때에 그 소유권이전등기에 부기등기를 하는 형식으로 한다.

부동산의 매매 당사자 간에 환매특약을 하고, 환매특약 등기를 하지 아니하였다 하더라도 당사자 간에는 그 환매특약이 유효하다. 다만, 환매권자가 소유권이전등기와 동시에 환매특약 등기를 한 때에는 제3자에게도 대항할 수 있으므로,[2] 환매권자는 환매특약 등기 이후의 근저당권자나 지상권자에 대하여환매권행사로 인한 실효를 원인으로 하는 말소등기를 청구할 수 있다. 따라서 환매특약 등기가 선행되어 있는 부동산에 대하여 근저당권설정등기를 하였다가 그 후 환매권자가 적법하게 환매권을 행사하게 되면 그 근저당권은 말소될 수밖에 없다.

환매특약 등기는 매도인(환매권자)이 등기권리자가 되고, 매수인(환매의무자)이 등기의무자가 되어 공동으로 신청하여야 하며, 매매등기 신청과 동시에 환매등기를 신청하여야 한다(민법 제592조, 환매등기). 동시에 신청하지 아니하면 환매특약 등기 신청은 부동산능기법 제55조 제2호의 '사건이 등기할 것이 아닌 때'에 해당되어 각하 대상이 된다.

환매특약 등기의 권리자는 매도인에 한정된다. 따라서 제3자를 환매권리자로 하는 환매등기는 허용되지 아니한다.[3] 다만, 환매권은 거래의 대상이 될 수 있는 독립된 재산권이므로 추후 환매권자를 제3자로 하는 환매권 이전등기는 허용된다.

환매특약부 매매의 등기원인은 '환매특약부 매매'로 기재하며, 환매특약 등기의 등기원인은 '○년 ○월 ○일 특약'이라 기재하며, 권리자 및 기타 사항란에는 매매대금, 매매비용(매매대금과 매매비용은 필요적 기재사항임), 환매기간, 환매권자 등을 기재한다.

2) 민법 제592조(환매등기).

3) 1991. 11. 20. 등기선례 Ⅲ-566.

### (3) 환매권의 행사와 근저당권설정등기의 효력

**환매권자(B)가 환매권을 행사할 경우, Y지점이 취득한 근저당권은 어떻게 되겠는가?**

환매권자가 환매권을 행사하게 되면 환매특약 등기 이후에 설정등기를 한 근저당권은 소멸한다. 다만, 이 경우 근저당권의 효력은 담보물권의 특성인 물상대위성[4]에 기하여 환매의무자가 환매권자에 대하여 가지는 환매대금반환청구권에 미친다. 다만, 이 경우 근저당권자는 환매권자가 환매대금을 환매의무자에게 지급하기 전에 물상대위권에 기한 압류를 하여야만 한다.

환매대금에 대하여 이미 다른 채권자가 가압류나 압류를 한 때에는 그 집행법원에 배당요구의 종기까지 물상대위권에 기한 배당요구를 하는 방법으로도 할 수 있다.[5]

물상대위권의 행사는 담보권의 실행이므로 이를 행사함에 있어 별도의 집행권원을 요하지 아니하며, 민사집행법 제273조(채권과 그 밖의 재산권에 대한 담보권의 실행)에 의거 담보권의 존재를 증명하는 서류(근저당권설정계약서 사본 및 부동산등기부 등본)를 제출하여, 채권압류 및 추심명령을 신청하는 방법으로 한다. 물상대위의 객체(환매대금)가 되는 청구권에 대하여 이미 다른 채권자가 가압류나 압류를 한 때에는 그 집행법원에 민사집행법 제247조(배당요구) 제1항 및 같은 법 제84조(배당요구의 종기 결정 및 공고)에 의거, 배당요구의 종기까지 물상대위권에 기한 배당요구를 신청하는 방법으로도 행사할 수 있다.

물상대위권 행사와 관련하여 실무상 특히 유의하여야 할 사항은 물상대위권에 기하여

---

4) 질권은 질물의 멸실, 훼손 또는 공용징수로 인하여 질권설정자가 받을 금전 기타 물건에 대하여도 이를 행사할 수 있다. 이 경우에는 그 지급 또는 인도전에 압류하여야 한다(제342조, 물상대위). 이 규정은 저당권에도 준용한다(민법 제370조, 준용규정).

5) 민법 제370조(준용규정), 제342조(물상대위) 단서가 저당권자는 물상대위권을 행사하기 위하여 저당권설정자가 받을 금전 기타 물건의 지급 또는 인도전에 압류하여야 한다고 규정한 것은 물상대위의 목적인 채권의 특정성을 유지하여 그 효력을 보전함과 동시에 제3자에게 불측의 손해를 입히지 않으려는 데 있는 것이므로, 저당목적물의 변형물인 금전 기타 물건에 대하여 이미 제3자가 압류하여 그 금전 또는 물건이 특정된 이상 저당권자가 스스로 이를 압류하지 않고서도 물상대위권을 행사하여 일반 채권자보다 우선변제를 받을 수 있으나, 그 행사방법으로는 민사집행법 제273조(채권과 그 밖의 재산권에 대한 담보권의 실행)에 의하여 담보권의 존재를 증명하는 서류를 집행법원에 제출하여 채권압류 및 전부명령을 신청하는 것이거나 민사집행법 제247조(배당요구) 제1항에 의하여 배당요구를 하는 것이므로, 이러한 물상대위권의 행사에 나아가지 아니한 채 단지 수용대상토지에 대하여 담보물권의 등기가 된 것만으로는 그 보상금으로부터 우선변제를 받을 수 없고, 저당권자가 물상대위권의 행사에 나아가지 아니하여 우선변제권을 상실한 이상 다른 채권자가 그 보상금 또는 이에 관한 변제공탁금으로부터 이득을 얻었다고 하더라도 저당권자는 이를 부당이득으로서 반환청구할 수 없다(대법원 2002. 10. 11. 선고 2002다33137 판결).

우선변제를 받아야 하는 경우가 발생되었을 때, 물상대위권에 기한 압류 및 추심명령을 신청 또는 물상대위권에 기한 배당요구를 하지 아니하고 단순히 일반채권자의 지위에서 압류를 하거나 배당요구를 하면 일반채권자와 평등하게 배당받을 수밖에 없다는 것이다.

### (4) 근저당권자와 환매대금반환청구권을 양도받은 자 상호간의 우열

**환매권자(B)가 환매권을 행사할 경우, A사가 B로부터 반환받게 되는 환매대금에 대하여 Y 지점(근저당권자)과 환매대금반환청구권의 양수인인 C 중 어느 쪽이 우선 하겠는가?**

환매의무자가 환매권자에 대하여 가지는 환매대금반환청구권에 대하여 근저당권자의 물상대위권과 양수인(또는 질권자)의 권리가 충돌(경합)하는 경우 그 우열은 근저당권설정등기 일자와 채권양도(또는 질권설정)의 제3자 대항요건을 구비한 일자(A사 명의의 확정일자 있는 양도통지서가 B에게 송달된 일자와 B가 한 양도승낙서에 확정일자를 받은 일자 중 빠른 날짜)를 비교하여 그 선후로 결정한다는 것이 통설이므로, D은행이 우선할 것으로 본다. 다만, 근저당권자(D은행)는 환매권자(B)가 환매대금을 환매의무자(A사=근저당권설정자)에게 지급하기 전에 물상대위권에 기한 압류를 하여야 한다는 것은 이미 앞에서 설명한 바와 같다.

### (5) 환매특약 등기가 있는 부동산 담보취득시 유의사항

**환매특약 등기가 되어 있는 부동산 담보취득시 특히 유의하여야 할 사항은?**

환매특약 등기가 되어 있는 부동산을 완전하게 담보 취득하기 위해서는 특히 다음사항에 유의하여야 할 것으로 생각된다.

1. 근저당권 설정과 동시에 환매의무자(근저당권설정자)가 환매권자에 대하여 가지는 환매대금반환청구권에 질권을 설정하고 그 사실을 환매권자에게 확정일자 있는 통지 또는 승낙(승낙서에 확정일자를 받을 것)을 받아 두는 것이 적절할 것으로 생각된다. 환매대금반환청구권에 대한 질권설정이 필요한 이유는, 물상대위권을 행사하기 전에 환매의무자에게 환매대금이 지급될 수 있다는 점, 근저당권설정자가 환매대금반환청구권을 제3자에게 양도 또는 질권설정을 할 수 있다는 점, 환매권도 양도가 가능하므로 환매권리가 제3자에게 양도될 수 있다는 점 등을 고려하여 이에 대비하기 위함이다.

2. 그 부동산의 담보가격 산정에 각별한 주의가 필요하다.

환매특약 등기가 되어 있는 부동산의 가격은, 환매권자가 환매권을 행사하게 되면 환매의무자가 반환받게 될 환매대금(등기부상 기재된 금액)으로 보아야 하고, 환매권을 행사하지 않는다고 한다면 감정가격으로 보아야 할 것이다. 그러므로 환매특약 등기가 되어 있는 부동산을 담보로 취득할 때에는 환매대금과 감정가액 중 적은금액을 기준으로 담보가치로 산정한 후, 내규에서 정하는 담보비율을 적용하여 담보가격을 산정하는 것이 타당하다고 생각한다.

## 9. 전세권을 목적으로 하는 근저당권설정과 그 효력

(상 황)

a. D은행 Y지점은 甲으로부터 대출 신청을 받았다. 그런데 甲은 물적담보를 제공할 여력이 없고, 다만 乙에 대하여 전세권을 가지고 있다.

b. 甲이 乙에 대하여 가지는 전세권의 내용은 다음과 같다.
   (1) 전세권의 목적물 : 주택(대지, 건물)
   (2) 임대인 겸 전세권설정자 : 乙
   (3) 전세보증금 : 100백만원
   (4) 전세권의 존속기간 : 2008. 5. 1.~2010. 4. 30.

### (1) 전세권을 대상으로 하는 근저당권설정등기 방법

**전세권을 대상으로 하는 근저당권설정등기를 하고자 할 때 그 방법은?**

전세권을 대상으로 하는 근저당권설정의 당사자는 전세권자와 전세권자의 채권자가 된다.[1] 따라서 Y지점이 甲이 乙에 대하여 가지는 전세권에 대하여 근저당권을 설정하고자 하는 경우에는 전세권자인 甲(근저당권설정자)과 채권자인 Y지점(근저당권자)이 전세권을 목적으로 하는 근저당권설정계약을 체결하고 당해 부동산 소재지를 관할하는 등기소에 근저당권설정등기를 신청[2]하면 된다. 다만, 채무자가 채무불이행시 전세권설정자로부터 전세금을 안전하게 반환받으려면 전세권을 대상으로 하는 근저당권설정등기 이 외에 전세금반환청구채권에 대하여 질권설정계약을 체결하고 이에 대한 임대인(전세권설정자)의 승낙 및 그 승낙서에 확정일자(확정일자를 받는 이유는 장래 제3자에게 대항하기 위한 요건이다)를 받아 두어야만 할 것이다. 그 이유는 다음 사례에서 설명하고자 한다.

소유권 이외의 물권을 대상 목적물로 하는 저당제도를 권리저당이라고 하며, 현행 민법상 권리저당의 목적물이 되는 것으로는 지상권과 전세권이 있다.

전세권이라 함은 전세금을 지급하고 타인의 부동산을 점유하여 그 부동산의 용도에 따

1) 전세권의 존속기간이 만료된 경우에는 전세권이 소멸하므로 비록 그 소멸로 인한 법률관계가 아직 종료되지 않았다고 하더라도 저당권을 설정할 수 없다(대법원 1995. 9. 18. 선고 95마684 판결).

2) 이 경우 등기의 목적은 '전세권의 근저당권설정'이라고 기재된다.

라 사용·수익하며, 그 부동산 전부에 대하여 후순위권리자 기타 채권자보다 전세금의 우선변제를 받을 권리[3]가 있으며, 전세권설정자가 전세금의 반환을 지체한 때에는 전세권자는 민사집행법의 정한 바에 의하여 전세권의 목적물의 경매를 청구할 수 있다.[4]

이처럼 전세권 제도의 기능은 목적 부동산을 사용·수익하는 용익물권성에 있는 것으로 보아야 할 것이지만 그보다 더 중요한 기능은 전세금 반환의 확보를 위한 담보물권으로서의 역할을 한다는 점이다.

전세권의 목적물은 부동산(토지 및 건물)이다. 다만, 농경지는 전세권의 목적이 될 수 없다. 부동산은 반드시 1필의 토지 또는 1동의 건물이어야 하는 것은 아니며, 1필의 토지 또는 1동의 건물의 일부라도 무방하다. 다만, 전세권의 목적이 토지 또는 건물의 일부인 때에는 지적도[5] 또는 건물의 도면을 첨부하고 그 목적인 부분을 표시하여야 한다(부동산등기규칙 제62조 제1항).

전세권은 타인의 부동산을 사용하는 물권이므로 다른 공유자의 동의를 받는다 하더라도 일부 공유자의 지분에 대하여는 전세권설정등기를 할 수 없다. 따라서 공유부동산의 경우에는 등기부상 공유자 전원이 등기의무자가 되어 전세권설정등기를 신청하여야 하고, 공유자 중 일부의 승낙서를 첨부하는 형식으로는 등기 할 수 없다.

한편 민법 제371조에 의하면, 지상권 또는 전세권을 목적으로 저당권을 설정한 자(설정자로부터 승계한 자를 포함한다)는 저당권자의 동의 없이 지상권 또는 전세권을 소멸하게 하는 행위를 하지 못한다고 규정하고 있는데, 동 조항은 저당권설정자인 전세권자가 임의로 전세권을 소멸시키지 못하도록 함으로써 저당권자를 보호하려는 취지에서 마련된 조항이다.

여기서 전세권을 소멸하게 하는 행위란, 전세권의 포기 또는 전세권설정계약의 합의해제나 해지 등과 같이 저당권설정자가 그 의사에 기하여 적극적으로 전세권을 소멸시키는 행위를 말한다. 따라서 전세권이 존속기간의 만료, 목적물의 멸실, 소멸시효의 완성, 전세권자의 채무불이행에 따른 전세권설정자의 해제(또는 해지) 등과 같이 저당권설정자의 의사에 기하지 않고 소멸되는 경우는 여기에서의 전세권 소멸행위에 포함되지 않는다는 점에 유의하여야 하며, 이러한 문제를 해소하기 위해서는 전세권자가 전세권설정자에 대하여 가지는 전세금반환청구채권에 대하여 질권설정계약을 체결하고 이에 대한 임대인

3) 민법 제303조(전세권의 내용).

4) 민법 제318조(전세권자의 경매청구권).

5) 1필의 토지의 특정 일부에 대한 전세권설정등기 신청서에 첨부되는 지적도는 전세권의 목적인 토지부분을 특정할 수 있을 정도의 것이면 되고, 반드시 측량성과에 따라 정밀하게 작성된 것일 필요는 없다(1998. 12. 15. 등기선례 V-412).

(전세권설정자)의 승낙 및 그 승낙서에 확정일자를 받아 두어야 할 것이다.

전세권을 목적으로 하는 근저당권[6]을 설정하는 방법은 토지와 건물을 대상으로 하는 근저당권설정의 경우와 동일하다. 다만, 그 대상목적물이 특정 부동산 자체가 아니라 부동산 용익권이라는 점에 차이가 있을 뿐이다. 그 결과 전세권의 존속기간이 만료되면 전세권도 소멸하고 존속기간에 대한 변경등기가 선행되지 아니하면 전세권을 대상으로 하는 근저당권설정등기를 할 수 없다.[7]

### (2) 전세권의 존속기간 변경등기를 하고자 할 경우 전세권자가 고려하여야 할 사항

**상기 전세권의 존속기간이 만료되어 존속기간에 대한 변경등기를 하고자 할 경우, 전세권자가 고려하여야 할 사항은?**

전세권의 존속기간 연장을 목적으로 하는 변경등기를 부기등기[8]가 아닌 주등기(독립등기)[9] 방식으로 신청하게 되면 그 전세권의 순위가 후순위 근저당권자 등 당해 부동산의 등기상 이해관계인보다 후순위로 밀려나게 되어 부동산의 가치 여하에 따라서는 전세금을 반환받지 못하는 경우가 발생할 수 있다는 점에 유의하여 전세권 존속기간에 대한 변경등기 여부를 결정하여야 할 것이다.

부동산등기법 제63조(권리변경 등기의 신청)에 의하면, 권리변경의 등기에 관하여 등기상 이해관계 있는 제3자가 있는 경우에는 신청서에 그 승낙서 또는 이에 대항할 수 있는 재판의 사본을 첨부한 때에 한하여 부기에 의하여 그 등기를 한다고 정하고 있다.

여기서 '등기상 이해관계 있는 제3자'라 함은 기존 등기에 존재하는 착오 또는 오류를 바로 잡는 경정등기를 허용함으로써 손해를 입게 될 위험성이 있는 등기상의 권리자를 의미하고, 그와 같은 손해를 입게 될 위험성은 등기의 형식에 의하여 판단하고 실질적으

6) 전세권을 대상으로 하는 근저당권을 '전세권부 근저당권'이라 한다.

7) 전세권의 존속기간이 만료된 경우에는 전세권이 소멸하므로 비록 그 소멸로 인한 법률관계가 아직 종료되지 않았다고 하더라도 저당권을 설정할 수 없다(대법원 1995. 9. 18. 선고 95마684 판결).

8) 부기등기라 함은 기존의 등기의 순위번호(갑구 및 을구)에 이어지는 독립된 번호를 가지지 아니하고, 기존의 어떤 등기(주등기)의 번호를 그대로 사용하여 그 번호의 아래에 '부기 0호'라는 번호 기재를 붙여서 행하여지는 등기를 말한다.

9) 주등기라 함은 기존의 등기의 표시번호(표제부) 또는 순위번호(갑구 및 을구) 에 이어지는 독립한 번호를 붙여서 행하여지는 등기를 말하며 독립등기라고도 한다.

로 손해를 입을 염려가 있는지 여부는 고려의 대상이 되지 아니한다.[10] 그러므로 전세권자가 전세권의 존속기간 연장을 목적으로 하는 변경등기를 하고자 할 때에는 등기상 이해관계자가 있는 자의 승낙서 또는 이에 대항 할 수 있는 재판의 등본을 첨부한 때에 한하여 부기등기(附記登記)로 할 수 있고, 첨부할 수 없는 경우에는 주등기(독립등기)의 방식으로 등기하여야 한다.[11]

문제는 서두에서 이미 언급한 바와 같이 전세권의 존속기간 연장을 목적으로 하는 변경등기를 주등기 방식으로 하게 되면, 그 전세권은 당해 부동산의 후순위 근저당권자 등 등기상 이해관계인보다 후순위로 밀려나게 됨으로써 전세 목적물의 가치 여하에 따라서는 전세금을 반환받지 못하는 경우가 발생할 수 있다는 점이다. 따라서 전세권 존속기간 변경등기를 하고자 할 경우에는 이와 같은 문제점을 충분히 검토한 후 결정하여야 할 것이다.

참고로 건물의 전세권설정자가 전세권의 존속기간 만료 전 6월부터 1월까지 사이에 전세권자에 대하여 갱신거절의 통지 또는 조건을 변경하지 아니하면 갱신하지 아니한다는 뜻의 통지를 하지 아니한 경우에는 그 기간이 만료된 때에 종전의 전세권과 동일한 조건으로 다시 전세권을 설정한 것으로 본다. 다만, 이 경우 전세권의 존속기간은 그 정함이 없는 것으로 본다(민법 제312조 제4항).

전세권의 존속기간을 정하지 않은 때에는 각 당사자는 언제든지 상대방에 대하여 전세권의 소멸을 통고할 수 있으며, 상대방이 이 통고를 받은 날로부터 6월이 지나면 전세권은 소멸한다(민법 제313조, 전세권의 소멸통고). 따라서 전세권 존속기간이 경과하였으나 존속기간 변경등기를 하지 아니한 경우 임대인 또는 동 부동산의 매수인이 전세권 소멸통고를 해 오면 이 통고를 받은 날로부터 6월 이내에 전세권 목적물을 임대인 또는 매수인에게 명도(전세금을 반환하지 않는 때에는 명도 할 의무가 없다) 하여야 하는 문제가 있다.

### (3) 전세권의 존속기간이 만료된 경우 전세권부 근저당권자가 채권보전상 특히 유의하여야 할 사항

甲의 전세권의 존속기간이 만료되었다고 가정할 경우, Y지점이 채권보전상 특히 유의하여야 할 사항은?

전세권자가 전세권설정자에 대하여 가지는 전세금반환청구채권에 대하여 질권설정계약

10) 대법원 1998. 4. 9. 자 98마40 결정, 1987. 1. 23. 자 86마784 결정.

11) 1986. 1. 24. 등기선례 I-422.

을 체결하지 않았다면, 전세권설정자가 전세권자에게 전세보증금을 반환하기 전에 전세권자가 전세권설정자에 대하여 가지는 전세금반환청구권에 대하여 물상대위권에 기한 압류 및 추심명령 등을 신청하도록 한다.

甲의 다른 채권자가 전세금반환청구권에 대하여 이미 강제집행(가압류 또는 압류)을 신청함으로써 그 절차가 진행 중인 경우에는 그 집행법원에 민사집행법 제84조(배당요구의 종기결정 및 공고)에서 정하고 있는 배당요구의 종기까지 물상대위권에 기한 배당요구를 하여야 한다.

전세권의 존속기간이 만료되면 전세권을 목적으로 하는 근저당권도 소멸되므로 근저당권을 실행할 수 없다. 따라서 전세권을 대상으로 하는 근저당권의 실행은 그 전세권의 존속기간 만료 전에만 할 수 있으며, 그 방법은 민사집행법 제264조(부동산에 대한 경매신청) 소정의 부동산 경매절차에 의하여 실행한다.[12] 다만, 이때의 매수인은 부동산이 아닌 그 부동산을 사용 수익할 수 있는 권리인 전세권을 취득할 뿐이므로 매수인이 나서기란 어려울 것으로 생각된다.

전세계약은 그 존속기간의 만료로서 종료하게 되는 것이므로 갱신계약 등 다른 사유가 없는 한 전세권은 전세권설정등기의 말소등기 없이도 당연히 소멸한다.[13] 그리고 근저당권의 목적물인 전세권이 소멸하면 전세권에 대한 근저당권도 당연히 소멸함으로 더 이상 전세권 자체에 대하여 근저당권을 실행할 수 없다. 다만, 이 경우 근저당권의 효력은 담보물권의 특성인 물상대위성(민법 제342조)에 의하여 전세권자가 전세권설정자에 대하여 갖는 전세금반환청구권에 존속한다.

그런데 문제는 전세권이 기간만료로 소멸되면 전세권설정자는 전세금반환채권에 대한 제3자의 압류 등이 없는 한 전세권자에 대하여만 전세금반환의무를 부담할 뿐 전세권부 근저당권자에 대해서는 의무를 부담하지 아니한다는 점이다. 따라서 이때에는 전세권의 소멸로 인한 전세권자가 전세권설정자에 대하여 가지는 전세금반환청구권에 대하여 전세권 근저당권자로서 물상대위권을 행사하여 채권을 회수하는 수밖에 없다. 그러므로 Y지점은 乙(임대인 겸 전세권설정자)이 甲(전세권자)에게 전세금을 반환하기 전에 물상대위권에 기한 압류 및 추심명령(또는 전부명령)을 신청, 이를 신속히 乙에게 송달시켜야 할 것이다. 만일 甲의 다른 채권자가 전세금반환청구권에 대하여 이미 강제집행(가압류 또는 압류)을 신

12) 대법원 1995. 9. 18. 선고 95마684 판결 및 법원실무제요.

13) 1990. 9. 11. 등기선례 III-577 참조, 건물 전세권의 존속기간이 만료된 경우에도 그 전세권설정등기를 말소하지 않고는 후순위로 중복하여 전세권설정등기를 신청할 수 없다(2003. 10. 3. 등기선례 VII-268).

청함으로써 그 절차가 진행 중인 때에는 그 집행법원에 민사집행법 제84조(배당요구의 종기 결정 및 공고)에서 정하고 있는 배당요구의 종기까지 물상대위권에 기한 배당요구를 하면 우선변제를 받을 수 있다. 그러나 물상대위권에 기한 압류 및 전부명령(또는 추심명령)을 신청하거나 배당요구를 하지 아니하고 일반채권자의 지위에서 전부명령을 얻거나 배당요구를 하면 그 전부명령은 무효가 되고, 일반채권자와 평등하게 배당 받을 수밖에 없다는 점을 각별히 유의하여야 한다.

**1. 물상대위권의 행사 방법** 물상대위권의 행사 방법[14]으로는 민사집행법 제273조에 의하여 담보권의 존재를 증명하는 서류(권리의 이전에 관하여 등기나 등록을 요하는 경우에는 그 등기부 또는 등록원부의 등본 또는 담보권설정계약서)를 집행법원에 제출하여 채권압류 및 전부명령(또는 추심명령)을 신청하거나, 물상대위의 객체가 되는 청구권에 대하여 이미 다른 채권자로부터 가압류나 압류가 된 때에는 그 집행법원에 민사집행법 제247조(배당요구) 제1항 및 같은 법 제84조(배당요구의 종기 결정 및 공고)에 의거, 배당요구의 종기까지 물상대위권에 기한 배당요구를 신청하는 방법으로도 행사할 수 있다.

**2. 물상대위권 행사와 관련한 판례** 민법 제370조(준용규정), 제342조(물상대위) 단서가 저당권자는 물상대위권을 행사하기 위하여 저당권설정자가 받을 금전 기타 물건의 지급 또는 인도전에 압류하여야 한다고 규정한 것은 물상대위의 목적인 채권의 특정성을 유지하여 그 효력을 보전함과 동시에 제3자에게 불측의 손해를 입히지 않으려는 데 있는 것이므로, 저당목적물의 변형물인 금전 기타 물건에 대하여 이미 제3자가 압류하여 그 금전 또는 물건이 특정된 이상 저당권자가 스스로 이를 압류하지 않고서도 물상대위권을 행사하여 일반 채권자보다 우선변제를 받을 수 있으나, 그 행사방법으로는 민사집행법 제273조(채권과 그 밖의 재산권에 대한 담보권의 실행)에 의하여 담보권의 존재를 증명하는 서류를 집행법원에 제출하여 채권압류 및 전부명령을 신청하는 것이거나 민사집행법 제247조(배당요구) 제1항에 의하여 물상대위권에 기한 배당요구를 하는 것이므로, 이러한 물상대위권의 행사에 나아가지 아니한 채 단지 수용대상토지에 대하여 담보물권의 등기가 된 것만으로는 그 보상금으로부터 우선변제를 받을 수 없고, 저당권자가 물상대위권의 행사에 나아가지 아니하여 우선변제권을 상실한 이상 다른 채권자가 그 보상금 또는 이에 관한 변제공탁금으로부터 이득을 얻었다고 하더라도 저당권자는 이를 부당이득으로서 반환청구할 수 없다.[15]

14) 물상대위권의 행사는 담보권의 실행이므로 그 행사를 하고자 할 때 별도의 집행권원을 요하지 아니한다.

15) 대법원 2002. 10. 11. 선고 2002다33137 판결.

전세권에 대하여 설정된 저당권은 민사소송법 제724(현행 민사집행법 제264조)소정의 부동산경매절차에 의하여 실행하는 것이나 전세권은 존속기간이 만료되면 전세권의 용익물권적 권능이 소멸하기 때문에 더 이상 전세권 자체에 대하여 저당권을 실행할 수 없게 되고 이러한 경우는 민법 제370조, 제342조 및 민사소송법 제733조(현행 민사집행법 제273조)에 의하여 저당권의 목적물인 전세권에 갈음하여 존속하는 것으로 볼 수 있는 전세금반환채권에 대하여 추심명령 또는 전부명령을 받거나(이 때 저당권의 존재를 증명하는 등기부등본을 집행법원에 제출하면 되고 별도의 채무명의가 필요한 것이 아니다), 제3자가 전세금반환채권에 대하여 실시한 강제집행절차에서 배당요구를 하는 등의 방법으로 자신의 권리를 행사할 수 있을 뿐이다.[16)]

물상대위권자로서의 권리행사의 방법과 시한을 제한하는 취지는 물상대위의 목적인 채권의 특정성을 유지하여 그 효력을 보전하고 평등배당을 기대한 다른 일반채권자의 신뢰를 보호하는 등 제3자에게 불측의 손해를 입히지 아니함과 동시에 집행절차의 안정과 신속을 꾀하고자 함에 있는 것이다. 따라서 담보권자가 배당요구 종기까지는 일반채권자로서 채권가압류를 하였다가 배당요구 종기가 지나고 배당실시 전에 물상대위에 기한 채권압류 및 전부명령 등을 하였다면 위 법리에 따라 담보권자로서는 우선 변제를 받을 수 없고, 일반채권자로서 다른 일반채권자와 평등배당 받을 수밖에 없는 것이다.[17)]

### (4) 전세권에 대하여 근저당권을 취득하였으나 전세권의 존속기간이 만료되고 그 전세금이 이미 양도 또는 전부명령 등에 의하여 타인에게 이전된 경우

**전세권의 존속기간이 만료되어, Y지점은 甲이 갖는 전세금반환청구권에 대하여 물상대위권에 기한 압류 및 전부명령을 신청, 乙에게 송달하였으나 전세금이 양도 또는 전부명령 등에 의하여 이미 제3자에게 이전된 경우, Y지점은 이들 채권자에 우선하여 변제를 받을 수 있겠는가?**

Y지점이 물상대위권에 기한 압류를 하기 전에 양도 또는 전부명령 등에 의하여 전세금채권이 타인에게 이미 이전된 경우라 하더라도 물상대위권에 기한 압류명령이 송달될 때까지 이들 채권자에게 전세금이 현실적으로 직접 지급되지 아니하였다면 우선 변제를 받을 수 있을 것으로 본다.[18)]

16) 대법원 1995. 9. 18. 자 95마684 결정.

17) 대법원 2000. 5. 12. 선고 2000다4272 판결.

한편 전세권설정자(임대인)가 전세권자(임차인)에 대하여 민법 제315조[19]의 손해배상채권 외에 다른 채권을 가지고 있는 경우, 상계 등으로 전세금반환청구채권에 대하여 물상대위권을 행사한 전세권부 근저당권자에게 대항할 수 있을지 의문이다. 대항할 수 있다고 한다면 사실상 전세권부 근저당권은 무의미할 것이므로 대항하지 못한다고 보는 것이 타당하다고 본다. 대법원도 같은 입장[20]을 취하고 있다.

### (5) 전세권부 근저당권 설정과 동시에 전세금반환청구권에 대하여 질권설정계약을 체결하여야 하는 이유

**甲이 乙에 대하여 가지는 전세금반환청구권에 대하여 Y지점과 甲간에 질권설정계약을 체결하고, 乙 및 제3자에 대한 대항요건을 모두 갖춘 상황에서 동 부동산이 丙에게 매매되어 소유권이 이전되었다고 가정할 경우, Y지점은 丙(신 소유자)에게 질권의 효력을 주장하여 전세금을 반환받을 수 있겠는가?**

이에 관하여 학설의 대립이 있지만 丙(부동산의 신 소유자)이 당해 부동산의 소유권을 취득하는 과정에서 전세권자인 甲과 Y지점 간에 전세금반환청구채권에 대한 질권설정계약 체결 및 대항요건 구비 사실을 몰랐다면, 丙에 대하여 질권자로서의 권리를 주장할 수 없을 것으로 판단된다. 그러나 전세권부 근저당권설정 및 질권설정계약을 체결하고 임대

18) 물상대위권자의 압류 전에 타인의 양도 또는 전부명령 등에 의하여 보상금채권이 타인에게 이전된 경우라 하더라도 보상금이 직접 지급되거나 보상금 지급청구권에 관한 강제집행절차에 있어서 배당요구 종기에 이르기 전에는 여전히 그 청구권에 대한 추급이 가능한 것이다(대법원 2000. 6. 23. 선고 98다31899 판결).

19) 전세권의 목적물의 전부 또는 일부가 전세권자의 책임 있는 사유로 인하여 멸실 된 때에는 전세권자는 그 손해를 배상할 책임이 있다. 전항의 경우에 전세권설정자는 전세권이 소멸된 후 전세금으로써 손해의 배상에 충당하고 남는 것이 있으며 반환하여야 하며, 부족이 있으면 다시 청구할 수 있다(민법 제315조, 전세권자의 손해배상책임).

20) 전세금은 그 성격에 비추어 민법 제315조에 정한 전세권설정자의 전세권자에 대한 손해배상채권 외 다른 채권까지 담보한다고 볼 수 없으므로, 전세권설정자가 전세권자에 대하여 위 손해배상채권 외에 다른 채권을 가지고 있더라도 다른 특별한 사정이 없는 한 이를 가지고 전세금반환채권에 대하여 물상대위권을 행사한 전세권저당권자에게 상계 등으로 대항할 수 없으며, 그리고 실제로는 전세권설정계약이 없으면서도 임대차계약에 기한 임차보증금 반환채권을 담보할 목적으로 임차인과 임대인 사이의 합의에 따라 임차인 명의로 전세권설정등기를 경료한 후 그 전세권에 대하여 근저당권이 설정된 경우, 설령 위 전세권설정계약만 놓고 보아 그것이 통정허위표시에 해당하여 무효라 하더라도 이로써 위 전세권설정계약에 의하여 형성된 법률관계를 토대로 별개의 법률원인에 의하여 새로운 법률상 이해관계를 갖게 된 근저당권자에 대하여는 그와 같은 사정을 알고 있었다는 등의 특별한 사정이 없는 한 그 무효를 주장할 수 없다(대법원 2008. 3. 13. 선고 2006다29372, 29389 판결).

인의 승낙을 받았다면 丙에 대하여 전세금반환을 청구할 수 있을 것으로 본다.

설문에서 丙이 질권설정 사실을 알지 못하고 전세권자인 甲에게 전세금을 반환한 때에는 채권의 준점유자에 대한 변제로서 유효하므로, Y지점은 丙에 대하여 전세금의 반환을 청구할 수 없다고 한다. 이러한 법리는 전세금반환청구채권에 대하여 질권설정계약을 체결한 후 지명채권에 대한 대항요건을 갖추었다 하더라도 완전한 채권보전책이 될 수 없다는 점을 분명히 하고 있다. 따라서 이와 같은 문제점을 다소나마 해소하려면 질권설정계약체결 당시 전세권설정자 겸 부동산 소유자(乙)로부터 '당해 부동산을 매각할 경우 甲의 전세금에 대하여 Y지점을 채권자로 하는 질권이 설정되어 있다는 사실을 매수인에게 고지하겠으며, 아울러 매수인으로 하여금 전세금반환채무를 승계하도록 하겠다.'라는 내용이 포함된 확인서를 받아두는 한편 실제로 소유자가 바뀐 때에는 신소유자로부터 '질권설정부 전세금반환채무를 전소유자로부터 승계하였다.'라는 내용의 확인서를 받아두는 것이 효과적일 것으로 판단된다. 다만, 전세권부 근저당권설정 및 질권설정계약을 체결하고 임대인의 승낙을 받았다면 굳이 확인서를 받을 필요가 없을 것이다.

### (6) 전세권을 담보로 하는 대출을 취급하고자 할 때 특히 유의하여야 할 사항

**전세권을 담보로 하는 대출을 취급하고자 할 때 특히 유의하여야 할 사항은?**

전세권을 담보로 하는 대출을 취급하고자 할 때에는 특히 다음 사항에 유의하여야 할 것이다.

1. 담보대상인 전세권의 담보가격 산정에 유의하여야 한다. 전세권을 대상으로 하는 담보가격 산정은 당해 부동산이 경매될 경우에 전세권자가 그 매각대금으로부터 우선 변제를 받을 수 있는 예상금액과 전세보증금 중 낮은 금액이하로 하여야 할 것이다. 당해 부동산의 매각가격이 전세보증금을 훨씬 초과한다 하더라도 전세권에 우선하는 권리자가 있으면 전세보증금 전액을 배당받지 못할 수도 있기 때문이다.

2. 전세권을 대상으로 하는 근저당권설정 외에 추가로 전세금반환청구채권에 대하여 질권설정계약을 체결하고 이에 대한 임대인(전세권설정자)의 승낙 및 제3자 대항요건인 확정일자를 받아 두어야 할 것이다. 전세권부 근저당권의 계약 당사자는 전세권자(임차인)와 채권자이므로 전세권설정자(임대인)를 구속할 수 없어, 전세권을 대상으로 하는 근저당권

만 설정할 경우 전세금을 반환받지 못할 수도 있기 때문이다.

예컨대 전세권의 존속기간 만료 등으로 전세권이 소멸하였으나 은행이 부주의로 이러한 사실을 알지 못하여 전세금반환청구권에 대하여 물상대위권에 기한 압류를 하지 않은 사이에 전세권설정자가 전세권자(甲)에게 전세금을 반환하게 되면 채권회수에 중대한 문제가 발생될 수 도 있기 때문이다.

# 제5절 질권 · 근저당권

## 1. 예금에 대한 질권설정과 제3자 대항요건

(상 황)

a. D은행 Y지점은 甲으로부터 차입신청을 받고 2010년 8월 3일, 본인명의 정기예금 20백만원을 담보취득하고, 마이너스 통장대출을 약정(한도 20백만원)하였다. 다만, 근질권설정계약서에 확정일자를 받지 않았다.
b. 같은 해 8월 6일, 담보 취득한 정기예금에 대하여 乙을 채권자로 하는 가압류명령(청구금액 30백만원)이 송달되었고, 송달 당시의 甲의 통장대출의 잔액은 5백만원이었다.
c. 그 후, 乙은 가압류를 본압류로 전이 및 추심명령을 얻어, 9월 14일 Y지점에 송달되었으며, 이때 甲의 통장대출 잔액은 가압류명령 접수당시 잔액보다 15백만원이 증가된 20백만원이었다.

Y지점은 甲과 질권설정계약을 체결하면서 제3자(乙) 대항요건(질권설정계약서에 확정일자)을 갖추지 못하였으므로 추심채권자(乙)로부터 지급청구가 있으면 질권설정을 이유만으로는 지급을 거절할 수 없는 것으로 본다. 다만, 가압류명령 송달 이전에 취급된 건별 대출금 잔액(5백만원)에 대해서는 이를 자동채권으로 하고, 정기예금을 수동채권으로 하는 상계[1]를 함으로써 추심채권자에게 대항할 수 있을 것으로 본다.

그러나 가압류명령 접수 이전에 취급된 통장대출 잔액(5백만원)이 전부 상환되고, 현재

1) 상계로써 예금주 또는 압류채권자 등 제3자에게 대항하려면 배달증명부 내용증명으로 상계예고통지서를 발송하여야 하며, 상계계산일은 채무자에게 상계통지가 도달한 날(약관 개정 전에는 금융기관에서 현실적으로 상계를 실행하는 날을 상계계산일로 하였으나 이 경우 채무자에게 일방적으로 불리하여 약관을 개정하게 되었다)이 된다.
은행이 채무자가 신고한 최종 주소로 서면 통지 또는 기타 서류 등을 발송한 경우, 그 도달 여부에 불문하고 보통의 우송기간이 경과한 때, 도달한 것으로 추정한다고 약정하고 있다. 그리고 보통의 우송기간이 경과한 때라 함은 발송일을 포함하여 3영업일째로 해석하고 있다. 따라서 상계기표는 상계통지서 발송일을 포함하여 제3영업일 날에 하여야 함이 원칙이다. 그러므로 은행이 사정상 상계계산일 이후에 상계기표를 하였다 하더라도 상계계산일로부터 실재 상계를 한 날 사이의 연체이자는 징구할 수 없을 것으로 본다.

통장대출 잔액 전부(20백만원)가 가압류명령 접수 이후 건별 취급된 것이라면 가압류명령 접수 당시 대출금 잔액인 5백만원에 대해서도 상계를 할 수 없을 것으로 판단된다. 지급을 금지하는 명령을 받은 제3채무자는 그 후에 취득한 채권에 의한 상계로 채권자에게 대항할 수 없기 때문이다.[2)]

만일 질권설정계약서에 확정일자를 받았더라면 乙의 지급 청구를 거절하고 정기예금 20백만원 전액을 통장대출금 상환자금으로 충당할 수 있었을 것이다.

근질권의 경우 근질권자(D은행)가 담보예금(압류채무자가 은행에 담보로 제공한 예금)에 대하여 강제집행이 개시된 사실을 알게 된 때(압류명령이 송달된 2010년 9월 14일)에 피담보채권이 확정되므로,[3)] 압류명령을 송달받을 때까지 발생된 통장대출금(20백만원)에 대해서 근질권자로서 질권을 행사하면 압류채권자에 우선하여 변제를 받을 수 있기 때문이다.

은행이 어떤 거래처에 대하여 대출금이나 신용카드사용대금 등 받을 채권과 예 · 적금 등 그 고객에게 반환하여야 할 채무를 동시에 가지고 있는 상황에서 거래처의 다른 채권자가 그 예 · 적금에 대하여 가압류나 압류명령을 신청하여 은행에 송달되거나 관할세무서로부터 체납처분압류명령이 송달된 경우, 은행이 그 예 · 적금을 채권(대출금 등)회수에 우선 충당하기 위한 방안으로는 질권 실행이나 상계가 있다.

전자(질권 실행)의 방법으로 채권을 회수하고자 하는 때에는 질권설정계약은 물론 가압류나 압류명령이 송달되기 이전에 질권자로서의 제3자 대항요건을 갖춘 경우라야만 가능하다.

우리 민법이 예금과 같은 지명채권에 대하여 질권을 취득한 자(질권자)가 제3채무자(Y지점) 및 제3자에게 대항하려면, 질권설정자(예금주 : 甲)가 민법 제349조[4)]의 규정에 의하여 제3채무자에게 질권설정의 사실을 통지하거나 제3채무자의 승낙(이를 질권자의 제3채무자에 대한 대항요건이라 한다)을 받아야 하며, 그 통지나 승낙은 확정일자 있는 증서(이를 질권자의 제3자에 대한 대항요건이라 한다)에 의하여야 한다고 규정하고 있기 때문이다.

그런데 금융기관이 자행예금(自行預金)에 대하여 질권을 취득할 경우, 그 금융기관은 질권자 겸 제3채무자의 지위를 겸하게 되는데, 이러한 경우에는 제3자에 대한 대항요건을

2) 지급을 금지하는 명령을 받은 제3채무자는 그 후에 취득한 채권에 의한 상계로 채권자에게 대항하지 못한다(민법 제498조).

3) 대법원 2009. 10. 15. 선고 2009다43621 판결.

4) 민법 제349조(지명채권에 대한 질권의 대항요건) ① 지명채권을 목적으로 한 질권의 설정은 설정자가 제450조의 규정에 의하여 제3채무자에게 질권설정의 사실을 통지하거나 제3채무자가 이를 승낙함이 아니면 이로써 제3채무자 기타 제3자에게 대항하지 못한다.

어떻게 구비하여야 할지 의문이다.

결론적으로 질권설정계약서(담보제공증서)에 확정일자를 받아 두면 제3자 대항요건을 갖춘 것으로 보며, 금융기관 실무 관행도 이와 같이 처리하고 있다. 질권설정 사실을 자기 자신에게 통지하고 자신이 수령하는 행위는 어느 모로 보나 그저 형식에 지나지 않기 때문이다.

그리고 후자(상계)의 방법으로 회수하고자 하는 경우에는 은행이 가진 채권은 적어도 가압류나 압류명령이 송달되기 이전에 발생된 것이어야만 한다. 민법 제498조(지급금지채권을 수동채권으로 하는 상계의 금지)에 지급을 금지하는 명령을 받은 제3채무자는 그 후에 취득한 채권에 의한 상계로 채권자에게 대항하지 못하는 것으로 규정하고 있기 때문이다.

은행이 자행(自行) 또는 타 금융기관의 예금을 담보 취득(근질권)하거나 또는 질권자로서의 권리를 행사하고자 하는 때에는 특히 다음 사항에 유의하여야 한다.

1. 은행이 채무자의 예금을 담보로 취득하고 있는 경우의 채권회수 방법으로는 질권을 실행하는 방법과 상계를 하는 방법이 있다. 질권설정계약을 체결하고 제3자 대항요건, 즉 질권설정계약서에 확정일자를 받은 경우에는 채무자에 대한 통지를 요하는 상계보다는 장부정리만으로 족한 질권 실행이 간편할 것으로 본다. 그러나 대항요건을 구비하지 못한 경우에는 당연히 상계를 하는 방법으로 채권을 회수하여야 할 것이다.

2. 채무자가 제3자에 대하여 가지는 채권을 담보 취득하는 때에는 질권설정계약서에 확정일자를 받을 것이 아니라, 제3채무자로부터 질권설정 승낙을 받아 그 승낙서에 확정일자를 받아야만 장래 그 채권에 대하여 이해관계가 있는 제3자에 우선하여 변제를 받을 수 있다.

3. 은행이 채권자로서 질권을 실행하였는지 아니면 상계권을 행사하였는지는 채무자(예금주)에게 상계의 의사표시[5]를 배달증명부 내용증명으로 통지한 사실이 있느냐 없느냐로 판단한다. 즉 상계 통지를 하지 않았다면 질권의 실행으로 보아야 하며, 통지를 하였

5) 상계의 의사표시 방식에는 법률상 제한이 없다. 따라서 서면이 아닌 구두로도 할 수 있다. 그러나 은행여신거래기본약관에 의하면 서면으로 하도록 특약을 하고 있으며, 또한 기한전의 채무변제 청구 등 중요한 의사표시인 경우에는 배달증명부 내용증명에 의한 경우에 한하여 도달한 것으로 약정하고 있으므로, 반드시 서면에 의한 배달증명부 내용증명으로 통지하여야 한다. 은행이 채무자에 대한 통지 등의 사본을 보존하고 또 그 발신의 사실 및 연월일을 장부 등에 명백히 기재한 때에는 발송한 것으로 추정하며, 채무자가 신고한 최종 주소지로 서면통지 또는 기타 서류 등을 발송한 경우에는 그 도달 여부에 불문하고 보통의 우송기간이 경과 한 때에 도달한 것으로 추정한다.

다면 상계권을 행사한 것으로 본다.

따라서 상계권을 행사하여 채권을 회수하고자 할 경우에는 반드시 예금주(예금주가 법인인 경우에는 그 대표자)에게 배달증명부 내용증명으로 '상계를 하겠다'는 뜻의 상계통지를 하여야 하며, 상계기표[6]는 상계통지서 발송일을 포함하여 제3영업일 날(이 날이 상계계산일이 된다) 하여야 함이 원칙이다. 그러므로 상계계산일 이후에 상계기표를 하였다 하더라도 상계계산일로부터 실재 상계를 한 날 사이의 연체이자는 징구할 수 없을 것으로 본다.

4. 금융기관 실무상 자기은행에 예치된 예금을 담보(질권)로 취득할 때에는 질권설정계약서에 확정일자를 받지 않고 있다. 굳이 질권을 행사하지 아니하더라도 상계권을 행사하여 언제든지 담보예금으로부터 우선 변제를 받을 수 있기 때문이다. 그러나 자기은행의 예금이라 하더라도 다음의 경우에는 확정일자를 받아야 할 것이다.

가. 본인명의 예금을 계속적 거래의 담보로 취득하는 경우

특정채무(예 : 본인명의 예금담보대출)에 대한 담보로서 질권을 취득할 때에는 질권설정계약서에 확정일자를 받을 필요가 없다. 이 경우에는 예금주의 다른 채권자로부터 가압류나 압류명령, 체납처분압류통지서가 송달된다 하더라도, 이들 채권자에게 상계로써 대항할 수 있기 때문이다.

그러나 계속거래(한도거래 등)에 대한 담보로서 질권을 설정할 때에는 질권설정계약서에 확정일자를 받아 두는 것이 안전하다. 질권 설정한 예금에 대하여 가압류명령(압류명령의 경우 제외)이 송달된 상황에서 은행 사정상 또는 부주의로 건별 대출이 실행될 수도 있는데, 이 경우에는 상계를 할 수 없고 질권을 실행하여야 하기 때문이다.

나. 제3자(물상보증인)의 예금을 담보로 취득하는 경우

특정 채무자를 위하여 담보만 제공하고 보증인으로 입보하지 아니하는 자를 물상보증인이라 칭한다. 물상보증인은 자신이 제공한 재산의 범위 내에서의 책임만 있을 뿐 채무를 부담하는 것은 아니다. 상계를 하기 위해서는 채권 · 채무가 서로 대립하고 있어야만 하는데, 물상보증인은 책임은 있으나 채무를 부담하지 아니하므로 채권자(은행)의 입장에서 볼 때 상계할 반대 채무가 존재하지 아니하여 상계를 할 수 없다. 따라서 제3자의 예금을 담보로 취득하면서 담보제공자를 연대보증인으로 입보시키지 아니하는 경우에는 대

---

6) 상계시 지연배상금의 계산기간은 은행의 상계통지가 채무자에게 도달한 날까지로 하되, 그 율은 기업 또는 가계자금대출 여부를 불문하고 당초 약정이율과 지연배상금을 적용하고, 수동채권인 예금은 기업대출인 경우 그 예금의 중도해지이율을, 가계대출인 경우에는 은행에서 정한 예치기간(가령 1년 만기 정기예금을 가입 후 6개월이 경과된 시점에서 상계할 경우, 6개월까지의 이자는 6개월짜리 정기예금 이율로 적용하고, 6개월 이후 상계실행일 까지의 이자는 6개월짜리 정기예금의 만기 후 이율을 적용하여 계산한다)에 따른 약정이율로 할 것을 특약하고 있다.

출의 종류에 불구하고 질권설정계약서에 확정일자를 받아두는 것이 바람직하다.

참고로 은행업감독업무시행세칙 제64조(불건전 영업행위 금지)에 의하면, 제3자 담보제공자에 대하여 연대입보를 요구하는 행위를 불건전 영업행위로 규정하고 이를 금지하고 있다. 다만, 제3자가 당해 금융기관에 예치되어 있는 예·적금 또는 금전신탁수익권을 담보로 제공하고, 연대보증의 책임을 담보제공 범위내로 제한하는 경우에는 불건전 영업행위로 보지 아니한다. 따라서 유사시 상계를 하기위해서는 제3자의 예금을 담보 취득하는 때에도 담보제공자를 연대보증인으로 입보시키는 것이 바람직하다. 다만, 근증서의 특약사항란 등에 '담보로 제공한 예금(또는 적금·금전신탁수익권을 담보)금액 범위 내에서 연대보증 책임을 진다'라는 문언을 반드시 기재하여 은행업감독업무시행세칙에서 규정하고 있는 불건전 영업행위가 되지 않도록 하여야 할 것이다.

5. 증권적 예금[7]에 대한 질권은 질권설정계약과 그 증서의 점유로 성립(민법 제350조·제351조)함으로 제3채무자의 승낙이나 제3자 대항요건을 필요로 하지 아니한다. 따라서 自行의 증권적 예금에 대해 질권을 취득하고자 할 때에는 질권설정계약을 체결하고 은행이 그 증서를 반드시 점유하여야 한다. 그리고 증권적 예금에 대하여 제3자로부터 질권설정 승낙 요청이 있는 경우 이에 응해서는 아니 된다. 증권적 예금의 질권설정은 발행금융기관의 동의나 승낙을 필요로 하지 않기 때문이다.

6. 담보 취득한 예금의 기일이 도래되어 다른 종류의 예금과목으로 갱신하고자 하는 때에는 새로운 질권설정계약서를 징구하고 확정일자를 받아야 하는 관계로 제3자 대항요건을 갖춘 일자(새로운 질권설정계약서상에 확정일자를 받은 날짜가 대항요건을 구비한 일자가 된다)가 늦어지는 문제가 있으므로 이 경우에는 우선변제권을 가진 국세나 지방세 체납여부 확인 등 채권보전에 미치는 영향을 철저히 확인할 필요가 있다. 다만, 상계로써 대항할 수 있는 경우에는 굳이 체납여부를 확인할 필요가 없을 것이다.

질권 설정한 예금의 만기일이 도래하여 기한갱신을 한 경우 계속해서 질권의 효력이 미치는지 여부는 채권의 동일성이 인정되는지 여부에 따라 판단하여야 한다는 것이 대법원의 판례의 입장이다. 즉 질권 설정된 예금이 기한도래가 되었으나 원금과 이자를 지급받지 아니하고 그대로 종목(계정과목)을 같이 하는 새로운 정기예금으로 기한갱신하는 경우에는 특별한 사정이 없는 한 신 예금과 구 예금 간에는 동일성이 있어서 구 예금에 설정된 질권은 당연히 신 예금에도 효력이 미친다.[8] 따라서 정기예금의 만기일이 도래하여

7) 증권적 예금이란 유가증권의 발행방법으로 성립하는 예금으로서 표지어음, 양도성예금증서, 무기명정기예금 등이 이에 속한다.

8) 대법원 1977. 4. 26. 선고 77다48 판결, 서울고판 1984. 5. 20. 선고 84나4044 판결.

현금지급 절차 없이 원금과 이자를 같은 종류(정기예금)의 예금으로 신규를 한 경우에는 그 예금에도 질권의 효력이 미치는 것으로 보고 있으나 다른 종류의 예금으로 바꾼 경우에는 미치지 아니하는 것으로 보고 있다.

금융기관에서 사용 중인 근질권설정계약서에는, 담보목적물에 대하여 기간연장, 기한갱신, 개서, 분할, 병합, 증액, 감액 등을 한 때에는 그 위에도 근질권의 효력이 미친다고 약정함으로써 기한갱신 한 때에도 질권의 효력이 미친다는 점을 분명히 하고 있다. 하지만 이 약정은 당사자 간에는 유효하지만 제3자에게는 효력이 없다고 본다.

7. 예금주로부터 다른 채권자를 위하여 질권설정 승낙 의뢰를 받고 승낙을 한 경우에는 예금의 기일이 도래하더라도 질권자(채권자)의 동의나 승낙 없이는 기한갱신 또는 다른 종류의 예금으로 전환[9]하지 않는 것이 불필요한 분쟁을 피하는 바람직한 업무처리라 생각된다.

8. 예금채권에 대한 질권의 효력은 그 예금의 이자에도 미친다.[10] 금융기관에서 사용 중인 근질권설정계약서에는 담보목적물의 원금, 수익권과 이에 부수하는 이자, 수익권, 특별이자, 장려금 등에도 질권의 효력이 미치는 것으로 약정하고 있다.

그러나 질권 설정 이전에 구체적으로 발생한 이자의 경우, 동 이자를 포함한다는 특별한 약정이 없는 한 질권의 효력이 미치지 않는 것으로 본다. 그러므로 예 · 적금이나 금전신탁수익권 등을 담보로 취득하는 때에는 이미 발생된 이자에 대한 담보제공 여부를 보다 명확히 할 필요가 있다.

9. 질권자는 피담보채권과 질권 설정한 채권이 모두 변제기에 도달한 때에는 자기 채권액에 대한 부분에 한해서 직접 청구하여 변제에 우선 충당할 수 있다고 규정(민법 제353조 제2항)하고 있다. 즉 질권자에게 직접청구권과 변제충당권한을 인정하되 질권자가 이를 행사하기 위해서는 피담보채권과 질권 설정된 예금이 모두 변제기에 있어야 한다.

그러나 은행 내규에는 질권자에게 예금을 지급하고자 할 때에는 예금주의 이의가 없는 경우에 한하여 지급할 수 있도록 규정하고 있으므로, 피담보채권과 질권 설정된 예금이

9) 정기예금의 기일이 도래하여 개서(기한갱신)를 한 경우, 당초의 정기예금에 설정한 질권의 효력이 개서 후의 정기예금에도 미치는지 의문이다. 이에 관하여 대법원의 입장은 예금의 동일성이 유지되는 한 개서한 예금에도 질권의 효력이 미치는 것으로 판시하고 있다. 그리고 금융기관이 사용 중인 근질권설정계약서에는 담보 예금에 대하여 기간연장, 개서, 갱신, 분할, 병합, 증액, 감액 등을 한 때에는 그 위에도 근질권의 효력이 미치는 것으로 약정하고 있다.

10) 종물은 주물의 처분에 따른다(민법 제100조, 주물, 종물).

모두 변제기에 이른 경우라 하더라도 예금주에게 질권자에게 지급하여도 이의가 없는지 여부 및 지급시 그 금액이 얼마인지를 조회(조회를 하지 아니하고 지급함으로써 예금주에게 손해가 발생된 때에는 은행에 과실 책임이 있는 것으로 보고 있다)하여 예금주의 이의가 없거나 회답이 없는 경우에만 지급하여야 할 것이다.

피담보채권의 변제기보다 질권을 설정한 예금의 만기가 먼저 도래한 경우에는 질권자는 제3채무자에 대하여 그 변제금액에 대하여 공탁을 청구할 수 있다. 이 경우 질권은 그 공탁금에 존재한다(민법 제353조 제3항). 피담보채권의 변제기가 도래되었으나 질권 설정한 예금의 만기가 도래되지 않은 경우 질권자는 예금의 중도해지를 청구할 수 없다. 다만, 질권자가 예금주로부터 중도해지 및 대리수령에 관한 위임장을 받았고 그 위임 관계의 정당성이 확인될 경우에는 중도해지 요청에 응하여도 무방할 것으로 본다.

한편 자행예금을 담보로 하여 대출을 취급한 경우로서 피담보채권의 기한의 도래 또는 기한의 이익의 상실로 말미암아 채무의 이행을 하여야 할 때에는 채권자(질권자)는 질권 설정한 예금의 기일도래 여부에 불구하고 언제든지 질권을 실행하거나 상계 등을 할 수 있도록 약정하고 있다.

10. 대리수령은 채권자와 채무자간의 추심위임계약과 이에 대한 제3무자의 승낙이라는 형식으로 한다. 즉 채무자가 제3채무자에 대하여 가지는 채권에 대한 이행청구권 및 변제수령권을 채권자에게 위임한다는 뜻의 문서를 작성하여 이에 채권자와 채무자가 연서하여 제3채무자의 승낙을 구하고, 제3채무자가 이를 승낙한다는 뜻의 문언을 기재, 서명날인을 받는 형식으로 하는데 이는 보조적 담보기능을 하고 있다.[11)]

실무상 타 금융기관에 예치된 예금에 대하여 질권을 설정하여야 할 사례는 거의 희박하지만 질권설정을 하고자 하는 경우에는 먼저 채무자와 질권설정계약을 체결, 제3채무자에게 질권설정 승낙을 의뢰하여 이의 없는 질권설정승낙서를 교부받아 이에 확정일자[12)]를 받아 두어야 한다.

아울러 제3채무자에 대하여 질권설정 승낙을 의뢰할 때에는 대리수령에 관한 승낙도 함께 의뢰하여 대리수령에 관한 승낙서[13)]를 받는 한편 채무자로부터 대리수령에 필요한

11) 오시정, 한국금융연수원 여신실무법률(中).

12) 확정일자라 함은 그 증서 또는 문서가 작성된 일자에 대하여 제3자에 대해서 완전한 증거력이 있다고 법률에서 인정하는 일자를 말한다. 우체국에서 발송하는 내용증명은 그 자체로서 확정일자로서의 효력을 가진다.

13) 대리수령에 관한 승낙서에는 ① 채무자는 제3채무자에 대하여 가지는 채권에 대한 이행청구권 및 변제수령권을 채권자(질권자)에게 위임하고 제3채무자는 이를 이의 없이 승낙한다. ② 채무자에게 기한

위임장 및 질권 설정한 예금의 수령에 필요한 서류를 미리 받아 둔다면 채무자가 기한이익을 상실할 경우 그 채권을 조기에 회수하는데 매우 편리할 것이다.

이익 상실 사유가 발생하고 채권자가 이를 입증할 수 있는 서류를 제시할 경우에는 제3채무자는 질권 설정한 예금의 만기 도래 여부에 불구하고 즉시 채권자에게 지급하기로 한다. ③ 채무자와 제3채무자는 상기 ①과 ②에서 정한 내용을 채권자의 동의 없이는 그 철회나 변경을 할 수 없다는 등의 내용이 포함되어야 할 것이다.

## 2. 입출금이 자유로운 예금에 대한 질권 취득

(상 황)

a. D은행 Y지점은 기존 거래처인 甲으로부터 50백만원 상당의 운전자금 추가 신청을 받았다.

b. 현재 甲은 담보로 제공할 만한 재산이 없으며, 다만 甲의 기업자유저축예금 계좌에 물품판매대금이 수시 입금되고 있다.

### (1) 입출금이 자유로운 예금에 대한 질권설정 가능 여부

**Y지점은 甲의 기업자유저축예금 계좌에 질권을 설정하여 관리하고자 하는데, 기업자유저축예금과 같이 입출금이 자유로운 예금 계좌에 대해서도 질권을 설정할 수 있겠는가?**

입출금이 자유로운 예금 계좌에 대해서도 질권을 설정할 수 있다. 다만, 그 관리가 용이하지 아니하고 근질권설정계약을 체결한다 하더라도 금융기관 내규상 이를 정규담보로 보지 않는다는 등의 문제가 있을 뿐이다.

입출금이 자유로운 예금이라 하여 질권설정을 금지하는 법률의 규정은 없다. 다만, 예금거래기본약관 제12조(양도 및 질권설정) 제2항에 의하면, 입출금이 자유로운 예금은 질권을 설정할 수 없다고 약정하고 있어 입출금이 자유로운 예금에 대해서는 일체 질권 설정을 할 수 없는 것이 아닌가 하는 의문을 가질 수 있다. 하지만 약관상 질권 설정을 금지하고 있다 하더라도 그것이 법령상 금지되는 것이 아니고 또한 약관의 내용과 다른 약정을 하더라도 그 내용이 사회질서에 반하지 않는 한 당사자의 합의로 약관을 배제시키고 이와 다른 약정[1]을 할 수도 있다. 따라서 입출금이 자유로운 예금에 대해서도 당사자 간의 별도 합의가 있으면 질권을 설정할 수도 있다. 다만, 입금은 언제든지 가능하지만 출금은 질권설정자(예금주)가 임의로 할 수 없도록 지급보류 등록 등 그 관리에 각별한 주의가 요구된다. 그리고 입출금이 자유로운 예금 계좌에 대하여 질권을 설정한다 하더라도 금융기관 내규상 이를 정규담보로 보지 아니하므로 견질담보로 관리할 수밖에 없을 것이다.

결론적으로 입출금이 자유로운 예금 계좌에 대하여도 질권설정은 가능하다고 본다. 다

1) 이를 개별약정이라 하며, 개별약정 우선의 원칙에 의거 약관에서 정하고 있는 내용보다 개별약정에서 정한 내용이 우선 적용된다.

만, 부득이 질권설정계약을 체결하고자 하는 경우에는 질권설정계약 이외에 예금의 인출 및 그 절차 등과 관련한 사항을 정한 추가계약서를 받아 두어야 한다. 그리고 입출금이 자유로운 예금 계좌에 대하여 타 채권자로부터 질권설정 승낙요청이 있는 경우에는 그 관리가 용이하지 아니하므로 예금거래기본약관에 질권설정을 금지하고 있음을 이유로 거절하는 것이 적절할 것으로 본다.

### (2) 질권설정 이후 입금액에 대해서도 질권의 효력이 미치는지 여부

**입출금이 자유로운 예금 계좌에 대하여 질권을 설정하고 근질권설정계약서에 확정일자를 받아 두었다면, 질권설정계약 이후에 입금된 금액에 대해서도 질권의 효력이 미치겠는가?**

입출금이 자유로운 예금 계좌에 대하여 질권설정계약을 체결하면서, 질권설정계약서상의 담보한도액 범위 내에서 장래에 입금되는 금액에 대하여도 질권의 효력이 미치는 것으로 약정하였다 하더라도 이는 당사자 사이에서만 효력이 있을 뿐 제3자(가압류, 압류채권자 등)에 대해서는 질권의 효력이 미치지 않는 것으로 보고 있다.[2)]

물적 담보로서의 효력을 가지려면 담보권 설정계약을 체결할 당시에 목적물이 존재하여 특정할 수 있어야 하고, 그 목적물이 담보제공자의 소유에 속하는 것이어야 한다. 따라서 질권설정계약 체결시점에 있어서 아직 확정되지 아니한 장래의 입금분에 대하여 설사 질권자와 질권설정자 간에 담보제공에 관한 약정을 하였다 하더라도 질권설정계약 체결시점에 질권설정의 요건인 요물성을 갖추지 못하였기 때문에 질권설정계약 체결 이후에 입금된 금액에 대해서는 질권의 효력이 미치지 않는다는 것이 유력한 통설이다. 다만, 질권 설정 당사자 간에는 당연히 효력이 있을 것으로 본다.

한편 이 경우 질권자는 질권을 실행하지 아니하고 상계권을 행사한다면 질권설정계약 이후에 입금된 금액에 대해서도 사실상 우선변제를 받는 효과를 거둘 수 있을 것으로 본다. 다만, 지급을 금지하는 명령을 받은 제3채무자는 그 후에 취득한 채권에 의한 상계로 그 명령을 신청한 채권자에게 대항할 수 없다(민법 제 495조)는 점에 각별히 유의하여야 할 것이다.

결론적으로 입출금이 자유로운 예금에 대하여 질권을 설정하면서 예금주(질권설정자)와 장래 입금되는 예금액에 대하여도 질권의 효력이 미치는 것으로 약정을 하였다 하더라도

2) 한국산업은행 금융실무법률.

은행(질권자)은 장래 입금분에 대하여 가압류 또는 압류채권자 등 제3자에게 질권으로는 대항할 수 없다. 그러므로 실무상 이와 같은 사례가 발생한 경우에는 질권을 실행할 것이 아니라 상계권을 행사하여야만 제3자에 우선하여 변제를 받는 효과를 거둘 수 있다.

## 3. 근질권의 피담보채권의 확정과 그 효력

(상 황)

a. D은행 Y지점은 甲으로부터 차입신청을 받고 2009년 8월 3일, 본인명의 정기예금 20백만원을 담보취득(근질권 설정, 근질권설정계약서에 확정일자를 받음)하고, 마이너스 통장대출을 약정(한도 20백만원) 하였다.

b. 乙(甲의 채권자)은 Y지점이 질권 취득한 정기예금에 대하여 채권압류 및 추심명령을 받아 그 명령을 9월 14일 10 : 00경 Y지점에 송달시켰으며, 이때 甲의 통장대출 잔액은 0원(대출 없음) 이었다.

c. Y지점은 압류 및 추심명령을 송달받은 다음 날(9월 15일) 마이너스통장에서 2천만원 상당의 건별 대출이 실행되었다.

d. Y지점은 乙로부터 압류예금에 대한 지급청구를 받았다. 하지만 압류명령이 송달되기 전에 이미 담보취득(근질권)하고 제3자 대항요건인 질권설정계약서에 확정일자를 받았음을 주장하며 지급을 거절하였다. 과연 Y지점의 주장은 타당한가?

근질권을 취득한 예금에 대하여 압류명령(가압류명령은 제외)이나 체납처분압류명령 이 송달되어 근질권(Y지점)자가 그 담보예금에 대하여 제3자(乙)의 강제집행(법원의 압류 또는 세무서의 체납처분압류)이 있다는 사실을 알게 된 때(압류 또는 체납처분압류명령을 송달 받은 때를 의미한다) 그 근질권의 피담보채권은 확정 된다.[1] 따라서 乙을 채권자로 하는 압류 및 추심명

1) 근질권의 목적이 된 금전채권에 대하여 근질권자가 아닌 제3자의 압류로 강제집행절차가 개시된 경우, 제3채무자가 그 절차의 전부명령이나 추심명령에 따라 전부금 또는 추심금을 제3자에게 지급하거나 채권자의 경합 등을 사유로 위 금전채권의 채권액을 법원에 공탁하게 되면 그 변제의 효과로서 위 금전채권은 소멸하고 그 결과 바로 또는 그 후의 절차진행에 따라 종국적으로 근질권도 소멸하게 되므로, 근질권자는 위 강제집행 절차에 참가하거나 아니면 근질권을 실행하는 방법으로 그 권리를 행사할 것이 요구된다.
이런 까닭에 위 강제집행절차가 개시된 때로부터 위와 같이 근질권이 소멸하게 되기까지의 어느 시점에서인가는 근질권의 피담보채권도 확정된다고 하지 않을 수 없다. 근질권자가 제3자의 압류 사실을 알고서도 채무자와 거래를 계속하여 추가로 발생시킨 채권까지 근질권의 피담보채권에 포함시킨다고 하면 그로 인하여 근질권자가 얻을 수 있는 실익은 별 다른 것이 없는 반면 제3자가 입게 되는 손해는 위 추가된 채권액만큼 확대되고 이는 사실상 채무자의 이익으로 귀속될 개연성이 높아 부당할 뿐 아니라, 경우에 따라서는 근질권자와 채무자가 그러한 점을 남용하여 제3자 등 다른 채권자의 채권 회수를 의도적으로 침해할 수 있는 여지도 제공하게 된다. 따라서 이러한 여러 사정을 적정 · 공평이란 관점에

령이 D은행 Y지점에 도달된 때(2009년, 9월 14일 10시경) 근질권에 의하여 담보되는 대출금 채권이 확정(대출 없음) 되고, 그 이후에 취급된 대출금(마이너스 통장대출 건별 실행분 20백만원)은 근질권에 의하여 담보되지 아니하므로, Y지점의 주장은 타당하지 않은 것으로 판단된다.

근질권의 피담보채권의 확정이라 함은 근질권의 확정 사유가 발생한 때 그 근질권에 의하여 담보되는 채권이 증감, 변동하는 것을 멈추고 확정시점의 채권액으로 원본이 확정되는 것을 의미한다. 근질권의 피담보채권이 확정되면 그 근질권은 특정된 채권만을 담보하는 질권(더 이상 근질권이 아닌 보통 질권으로 남게 된다)이 되고, 그 특정된 채권이 소멸하면 근질권도 소멸하여 확정 이후에 신규 대출을 취급할 경우 그 대출금은 담보되지 않는 것으로 본다.

근질권의 피담채권의 확정사유에는 근질권의 결산기가 도래된 경우, 제3자의 압류로 강제집행절차가 개시된 경우 등이 있다.

**1. 근질권의 결산기가 도래된 때** 근질권설정계약을 체결하면서 결산기에 관하여 약정을 한 경우에는 약정한 결산기가 도래된 때 그 근질권은 확정된다. 현행 표준서식 근질권설정계약서상의 결산기 유형에는 지정형, 자동확정형, 장래지정형 3가지가 있다.

지정형은 근질권자와 설정자간에 약정한 날짜에 근질권이 확정된 것으로 본다. 지정형은 금융기관 실무상으로 전혀 이용되지 않고 있다.

자동확정형은 계약일로부터 3년이 경과하고 설정자로부터 확정청구가 있으면 그 통지가 도달한 날로부터 14일이 되는 날짜에 근질권이 확정된 것으로 본다. 다만, 5년이 경과할 때까지 설정자로부터 별도의 의사표시가 없으면 계약일로부터 5년이 되는 날을 결산기로 한다. 자동확정형도 금융기관 실무상 거의 이용되지 않고 있다. 근질권설정자가 근질권설정계약 체결 후 5년이 경과할 때까지 결산기 연장에 관한 별도의 의사표시가 없으면 근질권이 확정되는 문제가 발생되기 때문이다.

장래지정형은 계약일로부터 3년이 경과하고 설정자로부터 확정청구가 있으면 그 통지가 도달한 날로부터 14일이 되는 날짜를 결산기로 한다. 실무상 대부분 장래지정형으로

---

비추어 보면, 근질권이 설정된 금전채권에 대하여 제3자의 압류로 강제집행 절차가 개시된 경우 근질권의 피담보채권은 근질권자가 위와 같은 강제집행이 개시된 사실을 알게 된 때에 확정된다고 봄이 타당하다(대법원 2009. 10. 15. 선고 2009다43621 판결).

결산기를 약정하고 있는데, 이는 설정자의 별도 의사표시가 없으면 계약일로부터 5년이 되는 날이 자동으로 결산기가 도래되는(자동확정형) 불편을 해소하기 위한 것이라 판단된다.

**2. 第3자의 강제집행절차가 개시된 때** 근질권이 설정된 예금에 대하여 제3자의 압류로 강제집행 절차가 개시된 경우, 그 근질권의 피담보채권은 근질권자가 강제집행이 개시된 사실을 알게 된 때 확정된다는 것이 대법원 판례의 태도이다.

그 논거로는 근질권자가 제3자를 채권자로 하는 압류명령을 송달받고도 채무자와 거래를 계속하여 추가로 발생시킨 채권까지 근질권의 피담보채권에 포함시킨다고 한다면, 이로 인하여 근질권자가 얻을 수 있는 실익이 별무한 반면, 압류채권자 등 제3자가 입게 되는 손해는 압류명령을 송달받고 추가로 취급한 채권액만큼 확대되고 이는 사실상 채무자의 이익으로 귀속될 개연성이 매우 높아 부당하며, 경우에 따라서는 근질권자와 채무자가 그러한 점을 남용하여 다른 채권자의 채권 회수를 의도적으로 침해할 수 있는 여지도 제공하게 된다는 점을 들고 있다.

한편 근저당권의 경우에도 제3자의 압류로 강제집행절차가 개시된 때 또는 다른 근저당권자 임의경매를 신청한 때에는 근저당권의 피담보채권의 확정사유에 해당한다. 하지만 피담보채권이 확정되는 시기는 근질권의 경우와는 달리 담보물건의 매수인이 매각대금을 완납한 때[2]로 보고 있다. 그러나 민법 개정안(제357조의11 제1항 제4호)에 의하면, 제3자

2) 당해 근저당권자는 저당부동산에 대하여 경매신청을 하지 아니하였는데 다른 채권자가 저당부동산에 대하여 경매신청을 한 경우 민사소송법 제608조 제2항, 제728조의 규정에 따라 경매신청을 하지 아니한 근저당권자의 근저당권도 경락으로 인하여 소멸하므로, 다른 채권자가 경매를 신청하여 경매절차가 개시된 때로부터 경락으로 인하여 당해 근저당권이 소멸하게 되기까지의 어느 시점에서인가는 당해 근저당권의 피담보채권도 확정된다고 하지 아니할 수 없는데, 그 중 어느 시기에 당해 근저당권의 피담보채권이 확정되는가 하는 점에 관하여 우리 민법은 아무런 규정을 두고 있지 아니한 바, 부동산 경매절차에서 경매신청기입등기 이전에 등기되어 있는 근저당권은 경락으로 인하여 소멸되는 대신에 그 근저당권자는 민사소송법 제605조가 정하는 배당요구를 하지 아니하더라도 당연히 그 순위에 따라 배당을 받을 수 있고, 이러한 까닭으로 선순위 근저당권이 설정되어 있는 부동산에 대하여 근저당권을 취득하는 거래를 하려는 사람들은 선순위 근저당권의 채권최고액 만큼의 담보가치는 이미 선순위 근저당권자에 의하여 파악되어 있는 것으로 인정하고 거래를 하는 것이 보통이므로, 담보권 실행을 위한 경매절차가 개시되었음을 선순위 근저당권자가 안 때 이후의 어떤 시점에 선순위 근저당권의 피담보채무액이 증가하더라도 그와 같이 증가한 피담보채무액이 선순위 근저당권의 채권최고액 한도 안에 있다면 경매를 신청한 후순위 근저당권자가 예측하지 못한 손해를 입게 된다고 볼 수 없는 반면, 선순위 근저당권자는 자신이 경매신청을 하지 아니하였으면서도 경락으로 인하여 근저당권을 상실하게 되는 처지에 있으므로 거래의 안전을 해치지 아니하는 한도 안에서 선순위 근저당권자가 파악한 담보가치를 최대한 활용할 수 있도록 함이 타당하다는 관점에서 보면, 후순위 근저당권자가 경매를 신청한 경우 선순위 근저당권의 피담보채권은 그 근저당권이 소멸하는 시기, 즉 경락인이 경락대금을 완납한 때에 확정된다고 보

에 의하여 저당부동산에 대한 경매절차가 개시되거나 체납처분에 의한 압류가 있는 때에는 근저당권자가 경매절차개시가 있음을 안 날로부터 2주일이 경과 한때에 확정된다고 규정하고 있다.[3] 공평과 신의칙 측면에서 볼 때 민법 개정안이 타당하다고 생각된다.

아무튼 은행이 근질권을 설정한 예금에 대하여 담보제공자(예금주)의 다른 채권자가 압류명령을 신청, 그 명령이 은행(제3채무자)에 송달된 그 때 근질권의 피담보채권이 확정되어 그 이후에 취급한 대출금에 대해서는 근질권의 효력이 미치지 아니하므로, 압류 및 추심명령(또는 전부명령) 접수 이후에는 신규 대출은 물론 특히 이미 약정되어 있는 한도거래대출의 건별대출이 실행되지 않도록 신속한 조치가 필요하다.

아야 한다.

3) 이에 관한 자세한 사항은 '근저당권의 피담보채권의 확정과 그 효력'에서 설명하고자 한다.

# 4. 근저당권의 피담보채권의 확정과 그 효력

(상 황)

a. D은행 Y지점의 甲에 대한 여신거래 현황은 다음과 같다.
   (1) 대출과목 및 금액 : 일반자금대출 30백만원
   (2) 담보물 : 본인명의 주택
   (3) 한정근담보 : (-) 65백만원
b. 그 후, 甲은 H은행으로부터 일반자금대출 20백만원을 지원받고 상기 부동산에 대하여 2순위 근저당권(채권최고액 24백만원)을 설정해 주었다.
c. 한편 甲이 대출금의 이자를 장기 연체하자 D은행은 담보물건에 대하여 임의경매를 신청, 매각개시결정등기가 되었다.
d. 그 후, 甲은 대출원리금을 전액을 자진 변제하였고 D은행은 임의경매를 취하하였다.

## (1) 근저당권자가 임의경매를 신청하였다가 취하하고 그 후 신규대출을 한 경우 근저당권에 기하여 우선변제를 받을 수 있는지 여부

D은행은 최근 甲으로부터 말소되지 않고 있는 근저당권(1순위 한정근담보 채권최고액 65백만원)을 이용하여 신규 대출 지원신청을 받았다. D은행이 신규 대출을 취급할 경우, 장래 근저당권 실행시 그 목적물의 매각대금에서 후순위 근저당권자인 H은행에 우선하여 변제를 받을 수 있겠는가?

근저당권자가 피담보채무의 불이행을 이유로 스스로 임의경매를 신청하여 법원으로부터 매각개시결정이 있은 때(매각개시결정등기가 된 때)에는 경매신청시로 소급하여 근저당권의 피담보채권이 확정되고, 근저당권이 확정되면 그 이후에 발생되는 원금채권은 그 근저당권에 의해 담보되지 아니한다.[1] 그러므로 D은행이 신규 대출을 취급할 경우, 등기부

1) 근저당권자가 그 피담보채무의 불이행을 이유로 경매신청을 한때에는 그 경매신청시에 근저당권은 확정되는 것이며, 근저당권이 확정되면 그 이후에 발생되는 원금채권은 그 근저당권에 의해 담보되지 않는다(대법원 1988. 10. 11. 선고 87다카545 판결 외 다수).
근저당권자가 피담보채무의 불이행을 이유로 경매신청을 한 경우에는 경매신청시에 근저당권의 피담보채권액이 확정되고, 그 이후부터 근저당권은 부종성을 가지게 되어 보통의 저당권과 같은 취급을 받게 된다. 기록에 의하면 소외 조합이 이 사건 토지에 관하여 인천지방법원에 임의경매신청을 하여 1989. 10. 31. 그 매각개시결정을 얻어 임의경매절차가 진행되던 중 소외인들이 위에서 본 바와 같이 위 각

상 설정 순위(1순위)가 우선함에도 불구하고 H은행보다 후순위로 취급되어 우선변제를 받을 수 없으므로 신규 대출을 취급하여서는 아니 된다. 다만, H은행 및 근저당권 목적물에 대하여 이해관계가 있는 자[2] 전원의 동의가 있거나 또는 후순위 등기권리자의 권리를 우선 시키고도 대출금 회수에 무리가 없을 정도로 담보여력이 충분한 경우에는 甲과 근저당권설정등기 유용[3]에 관한 합의서를 작성하고, 그 합의서에 확정일자를 받은 후 근저당권의 피담보채무 범위에 속하는 신규 대출을 취급하여도 무방할 것으로 판단된다.

근저당권의 피담보채권의 확정이란 근저당권의 확정 사유가 발생한 때 그 근저당권에 의하여 담보되는 채권이 증감, 변동하는 것을 멈추고 확정시점의 채권액으로 원본이 확정되는 것을 의미한다.

근저당권의 피담보채권이 확정되면 그 근저당권은 특정된 채권만을 담보하는 보통저당권으로 되고, 그 특정된 채권이 소멸하면 근저당권설정등기의 말소 여부에 불문하고 그 근저당권은 소멸한다는 것이 대법원 판례[4]의 태도이다. 따라서 확정 이후에 신규 대출을 취급할 경우 그 대출금은 그 근저당권에 의하여 담보되지 않는 것으로 본다. 다만, 여기서 담보되지 않는다는 의미는 후순위 근저당권자나 등기부상 이해관계인보다 후순위로 취급된다는 것을 뜻하는 것이지 합의가 없었다거나 유용합의가 무효가 되었다하여 근저당권설정자와 근저당권자 간에서도 절대적으로 무효가 된다는 것은 아니다.[5] 그러므로 담보 목적물의 매각대금이 충분하여 이해관계인의 채권에 우선 충당하고도 잔여분이 있다면 근저당권 확정 이후 취급한 신규 대출금에 대해서도 근저당권자로서 변제받을 수 있을 것이다.

한편 근저당권의 피담보채권의 확정사유 및 확정시기는 다음과 같다. 이는 민법의 규

대출금을 전부 변제한 것임을 알 수 있는바, 사실관계가 위와 같다면 소외 조합 명의의 위 각 근저당권은 소외 조합의 위 경매신청으로 인하여 피담보채권액이 확정되고 위 변제로 인하여 소멸한 것으로 본다(대법원 1988. 10. 27. 선고 97다26104 판결).

2) 여기서 이해관계인이라 함은 후순위 저당권자, 가압류나 압류채권자 등 등기부상의 이해관계인은 물론 주택임대차보호법상 대항력 갖춘 임차인, 상가건물임대차보호법상 대항력 갖춘 임차인 및 법정기일이 빠른 조세채권자도 포함된다.

3) 근저당권설정등기의 유용이라 함은 근저당권에 의해 담보되는 피담보채권이 변제, 대물변제, 소멸시효 완성 등으로 소멸되었으나 근저당권설정등기가 말소되지 아니하고 있는 경우 동 무효인 설정등기를 유효한 근저당권으로 활용하기로 하는 당사자 간의 합의를 말한다. 저당권설정등기의 유용은 그 유용합의가 있기 전에 등기부상의 새로운 이해관계 있는 제3자가 없는 경우에 한하여 유효하다(대법원 1974. 9. 10. 선고 74다482 판결, 1989. 10. 27. 선고 87다카425 판결).

4) 대법원 1988. 10. 11. 선고 87다카545 판결 외.

5) 오시정, 한국금융연수원 여신법률(담보관리) 기초 및 대법원 판례의 유추적용.

정이 아니라 당사자 간의 계약 또는 대법원 판례나 학설이 인정하고 있는 것들이다.

**1. 근저당권의 결산기가 도래된 때** 근저당권설정계약을 체결하면서 결산기에 관하여 약정을 한 경우에는 약정한 결산기가 도래된 때 근저당권은 확정된다. 현재 금융기관이 사용하고 있는 근저당권설정계약서상의 결산기 유형에는 지정형, 자동확정형, 장래지정형 3가지가 있다.

지정형은 근저당권자와 설정자간에 약정한 날짜에 근저당권이 확정된 것으로 본다. 하지만 금융기관 실무상으로 전혀 이용되지 않고 있다.

자동확정형은 계약일로부터 3년이 경과하고 설정자로부터 확정청구가 있으면 그 통지가 도달한 날로부터 14일이 되는 날짜에 근저당권이 확정된 것으로 본다. 다만, 5년이 경과할 때까지 설정자로부터 별도의 의사표시가 없으면 계약일로부터 5년이 되는 날을 결산기로 한다.

자동확정형의 경우에도 금융기관 실무상 거의 이용되지 않고 있다. 근저당권설정자가 근저당권설정 후 5년이 경과할 때까지 결산기 연장에 관한 별도의 의사표시가 없으면 근저당권이 확정되는 문제가 발생되기 때문이다.

장래지정형은 계약일로부터 3년이 경과하고 설정자로부터 확정청구가 있으면 그 통지가 도달한 날로부터 14일이 되는 날짜를 결산기로 한다.

실무상 대부분 장래지정형으로 결산기를 약정하고 있는데, 이는 설정자의 별도 의사표시가 없으면 계약일로부터 5년이 되는 날이 자동으로 결산기가 도래되는(자동확정형) 불편을 해소하기 위한 것이라 판단된다.

**2. 근저당권자 본인에 의한 경매 신청** 근저당권자가 스스로 경매를 신청하여 법원으로부터 매각개시결정이 있는 때에는 경매 신청시점에 소급하여 피담보채권이 확정된다.

여기서 경매 신청이라 함은 당해 근저당권에 기한 경매신청 뿐만 아니라 근저당권자가 차주 또는 당해 부동산의 소유자에 대하여 가지는 채권에 기한 강제경매의 경우도 포함된다고 한다. 하지만 근저당권자가 차주 또는 당해 부동산의 소유자에 대하여 가지는 채권에 기한 강제경매를 신청함으로써 근저당권의 피담보채권의 확정사유가 발생하였다 하더라도 그 사실을 근저당권자나 담보제공자가 스스로 밝히지 않는 한 제3자로서는 근저당권의 확정사유가 발생한 것인지를 알 수 없을 것으로 생각된다.

한편 경매신청에 의하여 피담보채권이 확정된 이상 경매절차가 종결되기 이전에 그 경매를 취하한다 하더라도 근저당권 확정의 효력에는 아무런 영향을 미치지 아니한다. 다만, 경매신청이 각하되거나 매각개시결정 전에 경매신청을 취하하면 확정되지 않는 것으로 보고 있다.

**3. 다른 채권자의 경매신청이 있는 때** 제3자가 경매신청을 함으로써 매각개시결정 등기가 된 경우 그 부동산의 모든 근저당권의 피담보채권도 확정된다는데 대하여는 논란의 여지가 없다. 다만, 근저당권의 피담보채권이 확정되는 시기가 언제인가에 관하여는 학설의 다툼이 있다.

대법원 판례는 후순위 근저당권자가 경매를 신청한 경우, 그 부동산의 선순위 근저당권의 피담보채권은 그 근저당권이 소멸하는 때, 즉 매수인이 매각대금을 완납한 때에 확정된다는 태도를 취하고 있다.[6]

대법원 판례에 따르면, 매수인이 매각대금을 완납하기 전까지는 연기나 대환은 물론 근저당의 피담보채권의 범위 내에서 신규 대출도 가능하다고 해석할 수 있다.

하지만 민법 개정안(제357조의11 제1항 제4호)에 의하면, 제3자에 의하여 저당부동산에 대한 경매절차가 개시되거나 체납처분에 의한 압류가 있는 때에는 근저당권자가 경매절차 개시가 있음을 안 날로부터 2주일이 경과한 때에 확정된다고 규정하고 있다. 공평과 신의칙 입장에서 볼 때 민법 개정안이 타당하다고 생각된다.

6) 당해 근저당권자는 저당부동산에 대하여 경매신청을 하지 아니하였는데 다른 채권자가 저당부동산에 대하여 경매신청을 한 경우 민사소송법 제608조 제2항, 제728조의 규정에 따라 경매신청을 하지 아니한 근저당권자의 근저당권도 경락으로 인하여 소멸하므로, 다른 채권자가 경매를 신청하여 경매절차가 개시된 때로부터 경락으로 인하여 당해 근저당권이 소멸하게 되기까지의 어느 시점에서인가는 당해 근저당권의 피담보채권도 확정된다고 하지 아니할 수 없는데, 그 중 어느 시기에 당해 근저당권의 피담보채권이 확정되는가 하는 점에 관하여 우리 민법은 아무런 규정을 두고 있지 아니한바, 부동산 경매절차에서 경매신청기입등기 이전에 등기되어 있는 근저당권은 경락으로 인하여 소멸되는 대신에 그 근저당권자는 민사소송법 제605조가 정하는 배당요구를 하지 아니하더라도 당연히 그 순위에 따라 배당을 받을 수 있고, 이러한 까닭으로 선순위 근저당권이 설정되어 있는 부동산에 대하여 근저당권을 취득하는 거래를 하려는 사람들은 선순위 근저당권의 채권최고액 만큼의 담보가치는 이미 선순위 근저당권자에 의하여 파악되어 있는 것으로 인정하고 거래를 하는 것이 보통이므로, 담보권 실행을 위한 경매절차가 개시되었음을 선순위 근저당권자가 안 때 이후의 어떤 시점에 선순위 근저당권의 피담보채무액이 증가하더라도 그와 같이 증가한 피담보채무액이 선순위 근저당권의 채권최고액 한도 안에 있다면 경매를 신청한 후순위 근저당권자가 예측하지 못한 손해를 입게 된다고 볼 수 없는 반면, 선순위 근저당권자는 자신이 경매신청을 하지 아니하였으면서도 경락으로 인하여 근저당권을 상실하게 되는 처지에 있으므로 거래의 안전을 해치지 아니하는 한도 안에서 선순위 근저당권자가 파악한 담보가치를 최대한 활용할 수 있도록 함이 타당하다는 관점에서 보면, 후순위 근저당권자가 경매를 신청한 경우 선순위 근저당권의 피담보채권은 그 근저당권이 소멸하는 시기, 즉 경락인이 경락대금을 완납한 때에 확정된다고 보아야 한다.

결론적으로 법원으로부터 채권계산서 제출을 최고받는 등 경매가 진행 중인 사실을 안 경우에는 신규 여신을 취급하지 않는 것이 바람직하다. 피담보채권의 확정시기에 불구하고 후순위 채권자들로부터 민원이 제기될 소지가 많기 때문이다.

**4. 근저당권자의 채권자가 채권자대위권을 행사하여 경매신청한 때** 위 '3'의 다른 채권자의 경매신청이 있는 때에 준하는 것으로 보고 있다.

**5. 체납처분압류가 있는 때** 다른 채권자가 경매신청을 한 것에 준하는 것으로 보고 있다.

**6. 물상대위권에 기한 압류를 신청한 때** 근저당권의 목적물이 멸실 또는 수용되어 소유자가 보험금청구권이나 수용보상금청구권을 가지는 경우, 근저당권자는 소유자가 받을 보험금청구권이나 수용보상금청구권에 대하여 물상대위권에 기한 압류를 할 수 있는데, 이에 의거 법원의 압류명령이 제3채무자(보험금 또는 수용보상금의 지급의무자)에게 송달된 때에는 그 압류를 신청한 때로 소급하여 근저당권의 피담보채권이 확정되는 것으로 보고 있다.[7)]

**7. 채무자 겸 담보제공자가 사망한 경우** 담보제공자가 사망한 때에는 근저당권의 피담보채권이 바로 확정되는 것은 아니며, 단지 담보물의 상속인은 저당목적물의 소유자가 사망하였음을 이유로 근저당권설정계약의 해지를 청구할 수 있는 것으로 보고 있다. 하지만 금융기관이 담보제공자의 사망 사실을 인지한 때에는 근저당권의 피담보채무의 확정여부를 떠나 일단 근저당권에 기한 거래는 중단하도록 한다. 다만, 그의 상속인으로부터 계속 거래 요청이 있는 때에는 상속인 중 1인을 채무자로 하여 근저당권의 채무자변경등기(등기원인 : 협의분할에 의한 상속)[8)]를 한 후 계속 거래를 하여도 무방하다. 그러나 상당한 기간이 지나도록 상속인의 동의를 얻지 못하여 근저당권의 채무자변경등기를 하지 못한 때에는 그 근저당권의 피담보채권이 확정된 것으로 보고 실무를 처리하여야 할 것이다.

한편 채무자의 사망은 담보제공자의 이해관계에 중대한 영향을 미치므로 근저당 부동산의 소유자가 제3자인 경우에는 채무자상속인 전원의 합의 이외에 반드시 제3자(담보제

7) 오시정, 근저당권의 이론과 실무.

8) 근저당권의 채무자가 사망한 후 공동상속인 중 그 1인만이 채무자가 되려는 경우에는 상속재산분할협의서를 첨부하여 '협의분할에 의한 상속'을 등기원인으로 하는 채무자변경의 근저당권변경등기를 근저당권자 및 근저당권설정자 또는 소유자(제3취득자, 담보목적물의 공동상속인 등)가 공동으로 신청할 수 있다. 상속재산분할협의서에는 당해 근저당권의 채무자가 변경된다는 취지가 포함되어야 한다(근저당권에 관한 등기사무처리지침 및 대법원 등기예규 제880호).

공자)의 동의를 받아야 하며, 동의를 하지 않는 경우에는 그 근저당권의 피담보채권이 확정된 것으로 보고 실무를 처리하여야 할 것이다.

**8. 근저당 채무자의 합병**(담보제공자가 제3자인 경우) 합병 후의 존속회사(또는 신설회사)와 담보제공자가 근저당거래의 존속을 합의하여 채무자변경등기(단, 채무자가 존속회사인 경우에는 변경등기를 요하지 아니한다)를 하면 확정되지 않는 것으로 본다.[9]

**9. 채무자 또는 저당 목적물의 소유자가 파산선고 받은 때** 파산선고를 받은 때에 근저당권의 피담보채권이 확정되는 것으로 보고 있으며, 파산선고가 그 절차진행 중에 취소된 때에도 역시 확정되는 것으로 보고 있다.[10]

**10. 채무자 또는 소유자의 회생절차가 개시된 때** 채무자 회생 및 파산에 관한 법률에 의한 채무자 또는 소유자의 회생절차가 개시된 때 근저당권의 피담보채권이 확정되는지에 관하여는 확정설과 불확정설이 대립하고 있으나 대법원 판례(2001. 6. 1. 99다66649)의 입장은 근저당권의 피담보채권이 확정되는 것으로 보고 있다.

### (2) 근저당권자가 임의경매를 신청하였다가 취하하고 그 후 기존 대출금을 대환한 경우 근저당권에 기하여 우선변제를 받을 수 있는지 여부

**채무자가 대출금의 연체이자를 전액 정리함으로써 경매를 취하하고 기존의 대출금을 같은 과목으로 대환을 하였다고 가정할 경우, D은행은 계속해서 1순위 근저당권자의 지위를 유지할 수 있겠는가?**

근저당권자가 피담보채무의 불이행을 이유로 근저당 목적물에 대하여 임의경매를 신청, 매각개시결정등기가 된 이후에 경매를 취하하고 그 후 동 대출금을 대환한 경우 그

9) 물상보증인이 설정한 근저당권의 채무자가 합병으로 소멸하는 경우 합병 후의 존속회사 또는 신설회사는 합병의 효과로서 채무자의 기본계약상의 지위를 승계하지만 물상보증인이 존속회사 또는 신설회사를 위하여 근저당권 설정계약을 존속시키는데 동의한 경우에 한하여 합병 후에도 기본계약에 기한 근저당거래를 계속할 수 있고, 합병 후 상당한 기간이 지나도록 그러한 동의가 없는 때에는 합병 당시를 기준으로 근저당권의 피담보채무가 확정된다고 보아야 한다, 따라서 근저당권의 피담보채무가 확정되면, 근저당권은 그 확정된 피담보채무로서 존속회사 또는 신설회사에 승계된 채무만을 담보하게 되므로 합병 후 기본계약에 의하여 발생한 존속회사 또는 신설회사의 채무는 근저당권에 의하여 더 이상 담보되지 아니한다. 이러한 법리는 채무자의 합병 전에 물상보증인으로부터 저당목적물의 소유권을 취득한 제3자가 있는 경우에도 마찬가지로 적용된다.

10) 오시정, 근저당권의 이론과 실무.

대출금에 대하여 근저당권의 효력이 미치는지 여부에 관한 대법원의 판례가 없다.

저자의 소견으로는 근저당권의 효력이 미치지 아니하여, D은행은 후순위 근저당권자인 H은행에 우선 변제를 받을 수 없을 것으로 생각된다. 그 이유는 아래에서 설명하고자 한다.

대법원[11]은 근저당권자가 피담보채무의 불이행을 이유로 경매신청을 하여 매각개시결정등기가 되면 경매신청 시점에 근저당권의 피담보채무가 확정되어, 보통저당권이 되는 것이므로 경매를 취하한다 하더라도 피담보채무가 확정된 근저당권이 다시 근저당권으로 부활하지 않는다는 태도를 취하고 있다.

그런데 문제는 근저당권의 피담보채권이 확정되면 그 근저당권은 보통저당권과 같은 취급을 받게 된다거나 또는 보통저당권화 한다거나 다시 근저당권으로 부활하지 않는다고 함은 과연 어떤 의미를 지니고 있느냐는 것이다.

현재 금융기관이 표준으로 사용하고 있는 근저당권설정계약서에 기재된 담보종류에 다른 책임범위를 보면, 크게 특정채무담보와 근담보로 구분하고, 근담보는 다시 특정근담보, 한정근담보, 포괄근담보 등 3가지로 구분하고 있다. 대법원 판례가 근저당권이 확정되면 그 근저당권은 보통저당권으로서의 취급을 받는다고 한 점으로 미루어 볼 때 일단 근담보로서의 효력은 상실한 것으로 해석할 수 있으므로, 기존의 근저당권은 특정채무담보를 의미하는 것이라는 생각이 든다.

특정채무담보의 피담보채무 범위는, 채권자에 대하여 부담하는 특정된 채무만을 담보하는 것으로 그 채무가 연기, 재 취급 또는 다른 여신으로 대환된 때에는 담보하지 않는 것으로 약정하고 있다. 그러므로 Y지점으로서는 대법원 판례가 확립될 때까지는 대환은 물론 기간연장을 한 경우에도 후순위 근저당권자인 H은행에 우선하여 변제를 받지 못하는 것으로 보고 실무를 처리하는 것[12]이 안전할 것으로 판단된다.

이미 앞에서 언급한 바와 같이 근저당권자가 근저당권의 목적물에 대하여 임의경매를 신청하고 매각개시결정등기가 된 이후에 이를 취하할 경우, 그 근저당권의 피담보채무의 범위가 문제되지만 이에 관한 대법원 판례가 없는 현재 상황으로서는 대환은 물론 기간연장을 하는 것도 부담스러울 수밖에 없으므로 임의경매 신청후 연체 정리 등을 이유로 경매를 취하하고자 할 때에는 특히 다음 사항에 유의하여야 할 것이다.

11) 대법원 1988. 10. 27. 선고 97다26104 판결.

12) 한국금융연수원 여신실무법률(上) 제5장 '대출채권의 변동'에서도 같은 취지로 해석하고 있다.

**1. 담보 목적물에 이해관계인이 없는 경우** 경매 취하 시점 현재, 담보 목적물에 이해관계인이 전혀 없거나, 있다 하더라도 이들의 채권을 우선변제하고도 담보여력이 충분한 때에는 즉시 근저당권 유용합의를 하고 합의서에 확정일자를 받아 두도록 한다.

이렇게 처리하면 다시 완전한 근저당권으로 부활하여, 장래 기간연장, 대환은 물론 그 근저당권의 피담보채무 범위에 속하는 신규 대출 취급도 가능하다.

**2. 담보 목적물에 이해관계인이 있는 경우** 경매 취하 시점 현재, 담보 목적물에 이해관계인이 존재하고 있다면 근저당권의 확정으로 인하여 기존의 근저당권이 후순위로 밀려날 위험이 상존하고 있어, 대출금 기일 도래시 차주가 변제를 하지 아니하고 기간연장이나 대환을 요청할 경우 복잡한 문제가 야기될 수도 있다. 따라서 이 경우에는 채무관계인으로부터 경매 취하 요청관련 확인서[13]를 받아 두는 것이 장래 불필요한 분쟁을 예방하는 안전한 업무처리라 사료된다.

**3. 한도거래대출의 경우 건별대출 실행 금지** 한도거래대출(통장대출, 당좌대출, 할인어음, 무역금융 등)의 경우 경매를 취하하게 되면 당초 약정기한 이내이고 그 한도잔액이 있다 하더라도 경매 취하 이후에 발생된 건별 대출은 기존 근저당권에 의해 담보되지 아니한다. 따라서 후순위 근저당권자의 동의가 있거나, 후순위 근저당권자의 채권을 담보하고도 한도거래대출을 회수할 정도의 담보 여력이 있는 경우(이 경우에도 즉시 유용합의 및 합의서에 확정일자를 받아 두어야 한다)가 아닌 한 건별 취급을 하여서는 아니 된다.

**4. 장래 예상되는 선순위 채권 파악 철저** 경매신청 당시에는 근로기준법과 퇴직급여보장법상의 우선변제대상 종업원 임금채권, 주택임대차보호법상의 대항력 갖춘 임차인과 같은 근저당권에 우선하는 채권이 존재하지 않았으나 경매를 취하한 이후에 차주의 신용이 악화되어 또다시 경매를 신청하여야 할 경우 근저당권에 우선하는 채권이 발생(근저당권에 우선하는 채권인지 여부는 근저당권설정등기일자가 아니라 유용합의서에 확정일자를 받은 날짜를 기준으로 판단하여야 한다)할 수 있으므로 담보가격이 충분하여 채권전액 회수가 확실시되는 경우가 아니한 경매비용 및 연체이자는 물론 일정금액 이상의 내입을 하는 조건으로 하여 경매를 취하하는 것이 안전하다.

**5. 경매 취하 사실 관리 철저** 후순위 근저당권자가 존재하는 담보물을 경매신청 후 취하할 경우에는 근저당권설정계약서 등 대출관계 서류에다, 경매신청 후 취하한 사실을 명확히 표시하여 착오에 의한 대환 또는 신규 대출을 취급하는 사례가 없도

13) 확인서에는 신규 대출은 물론 기간연장이나 대환을 할 수 없다는 사실을 알고 있으며, 대출금의 기한 도래시는 반드시 상환하겠다는 내용이 포함되어야 할 것이다.

록 각별히 유의하여야 할 것이다.

### (3) 주채무자가 제공한 담보물에 대하여 임의경매를 신청한 경우 물상보증인에 대한 근저당권의 피담보채권의 확정시기

**Y지점이 주채무자(甲) 소유의 부동산과 제3자(물상보증인) 소유의 부동산을 공동담보로 취득한 상황에서 주채무자의 담보물에 대하여 임의경매를 신청, 매각개시결정등기가 되었다고 가정할 경우, 물상보증인에 대한 근저당권의 피담보채무도 확정되는지 여부 및 확정된다면 그 시기는?**

주채무자(甲)의 담보물에 대하여 임의경매를 신청, 매각개시결정이 있으면 그 임의경매를 신청한 때에 물상보증인에 대한 근저당권의 피담보채무도 확정된다는 것이 대법원 판례[14]의 입장이다.

민법 제2조(신의성실)에 의하면, 권리의 행사와 의무의 이행은 신의에 좇아 성실히 하여야 한다고 규정하고 있다. 주채무자가 변제능력을 상실, 그가 제공한 담보물에 대하여 임의경매를 신청하면서 물상보증인 제공한 근저당권의 피담보채권은 확정되지 않은 것으로 본다면 이는 민법의 기본원칙이라 할 수 있는 신의칙에 명백히 반하는 행위가 될 것이므로 대법원 판례의 태도는 당연한 것으로 생각된다. 따라서 주채무자(甲) 소유 부동산에 대하여 경매를 신청, 매각개시결정이 난 이상 그 경매 취하에도 불구하고 물상보증인에 대한 근저당권의 피담보채권도 경매를 신청한 때 확정되므로, 그 이후 근저당권 유용에 관한 합의[15] 없이 대출을 취급하게 되면 이는 피담보채무 범위에 속하지 아니하여 물상보증인의 이의가 있으면 무담보 채권으로 남을 수밖에 없을 것이다.

14) 채권자가 물상보증인 소유 토지와 공동담보로 주채무자 소유 토지에 1번 근저당권을 취득한 후 이와 별도로 주채무자 소유 토지에 2번 근저당권을 취득한 사안에서 물상보증인에 대한 근저당권의 피담보채권의 발생 원인인 어음거래약정이 그 결산기가 정하여져 있지 않고 물상보증인의 토지에 대하여 아직 경매신청이 되지 않았더라도 먼저 주채무자의 토지에 대하여 피담보채무의 불이행을 이유로 근저당권이 실행된 이상 채권자와 물상보증인 사이의 근저당권 설정계약의 원인관계인 어음거래약정에 기한 거래는 그로써 종료되고 그 경매신청시에 그 피담보채권이 확정된다(대법원 1996. 3. 8. 선고 95다36596 판결).

15) 이 경우 반드시 물상보증인의 동의를 받아야 할 것이다.

### (4) 후순위 근저당권자가 임의경매를 신청한 경우 그 부동산의 선순위 근저당권의 피담보채권이 확정되는 시기

**후순위 근저당권자인 H은행에서 임의경매를 신청하였다고 가정할 경우, 선순위 근저당권자인 D은행의 甲에 대한 근저당권 피담보채권의 확정되는 시기는?**

후순위 근저당권자(H은행)가 경매를 신청한 경우, 선순위 근저당권자(D은행)의 피담보채권은 당해 경매사건에서 매수인이 매각대금을 완납한 때 확정된다.[16] 다만, 민법 개정안(제357조의11 제1항 제4호)에 의하면, 제3자에 의하여 저당부동산에 대한 경매절차가 개시되거나 체납처분에 의한 압류가 있는 때에는 근저당권자가 경매절차개시가 있음을 안 날로부터 2주일이 경과한 때에 확정된다고 규정하고 있다.

하지만 이미 경매가 진행 중인 사실을 알면서도 신규 대출을 취급할 경우, 근저당권의 피담보채권의 확정 시기에도 불구하고 담보물건에 대해 경매신청이 될 정도로 신용이 악화된 채무자에게 추가 여신을 취급함으로써 결과적으로 후순위 권리자의 배당액이 감소되어 손해를 입게 되면 대법원의 태도나 관련 법리에도 불구하고 공연한 민원이 야기될 수 있으므로 경매가 진행 중인 사실을 안 때에는 특별한 사정이 없는 한 신규 여신을 취급하지 않는 것이 바람직 할 것으로 본다.

한편 경매를 신청한 H은행에서 매각개시결정등기가 된 이후에 경매를 취하하였다 하더라도 근저당권자가 스스로 신청하고 취소하는 때와는 달리 선순위 근저당권자(D은행)의 피담보채권은 확정되지 아니한다. H은행의 경매신청은 D은행의 의사에 기한 것이 아니기 때문이다.

참고로 대법원은 근질권이 설정된 예금에 대하여 제3자의 압류로 강제집행절차가 개시된 경우, 그 근질권의 피담보채권은 근질권자가 강제집행이 개시된 사실을 알게 된 때(압류 또는 체납처분압류명령을 송달받은 때를 의미한다)에 확정 된다[17]는 태도를 취하고 있어, 근질권자나 근저당권자 이외의 제3자에 의하여 압류 또는 경매신청시 피담보채권이 확정되는 시기가 근질권의 경우와 근저당권의 경우가 서로 다르므로 주의를 요한다.

16) 대법원 1999. 9. 21. 선고 99다26085 판결.

17) 대법원 2009. 10. 15. 선고 2009다43621 판결.

### (5) 대출금 완제 후 1년이 경과한 경우 근저당권의 피담보채권이 확정되는지 여부

**채무자(甲)가 성실히 거래를 해오던 중 본인이 스스로 대출금 전액을 변제하고, 그로부터 약 1년이 경과한 시점에서 그 근저당권에 기한 대출신청이 있다고 가정할 경우, Y지점의 실무처리는?**

근저당권의 피담보채무를 전액 변제하고 1년이 경과한 사실 이외에 근저당권의 피담보채권이 확정되었다고 볼 만한 다른 특별한 사정이 없다면 근저당권으로서의 효력에 전혀 문제가 없을 것으로 본다. 따라서 근저당권 목적물의 등기부상 이해관계인의 동의 여부에 불문하고 근저당권의 피담보채무 범위 내[18]에 속하는 대출 신청을 접수하고 취급하여도 무방할 것으로 본다.

채무를 변제하고 장시간이 지났다는 이유만으로 근저당권의 효력이 소멸된 것으로 해석한다면 이는 보통저당권의 문제점을 해소하기 위해 고안된 근저당권의 특성을 제대로 이해하지 못한 판단이라 생각된다.

근저당권이란 계속적인 거래관계로부터 발생하는 다수의 불특정 한 채권을 장래의 결산기에 일정한 한도액까지 담보하는 것을 목적으로 하는 것이므로 일시적으로 담보할 채권이 없다 하더라도 그 후에 다시 담보할 채권이 발생하면 그 채권을 담보하는 것이기 때문에 근저당권에 의하여 담보되고 있는 채권이 일시적으로 모두 소멸하였다 하여 바로 근저당거래가 종료되는 것은 아니다. 즉 근저당권에 의하여 담보되고 있는 채권이 모두 소멸한 것만으로 바로 근저당거래가 종료되고 그 근저당권이 확정되는 것은 아니다. 바로 이러한 점이 저당권[19]과의 가장 큰 차이점이라 할 것이다.

현재 각 금융기관이 채무자 및 근저당권설정자와 근저당권설정계약을 체결할 때 근저당권의 결산기는 근저당권설정자가 결정하도록 하고 있지만 실제로는 장래지정형을 선택하게 하고 있는 실정이다.

장래지정형이라 함은 근저당권설정계약일로부터 3년이 경과하면 설정자는 서면통지에 의하여 근저당권의 결산기를 지정할 수 있기로 하되, 그 결산기는 통지도달일부터 14일

18) 근저당권설정계약서상의 피담보채무 범위는 근저당권변경계약을 통하여 변경할 수 있다. 그러나 등기할 사항은 아니므로 변경등기를 요하지 아니한다.

19) 보통저당권은 그 피담보채권이 변제 기타의 이유에 의하여 소멸한 때에는 그 저당권도 소멸(이를 담보물권의 부종성이라 한다)하지만, 근저당권의 경우 개개의 채권이 변제 기타의 이유에 의하여 소멸하더라도 근저당권 자체는 소멸하지 않고 장래 피담보채권의 범위에 속하는 채권이 새롭게 발생하면 계속하여 근저당권에 의하여 담보된다.

이후가 되어야 하며, 이에 미달하는 때에는 통지도달일부터 14일이 되는 날을 결산기로 하는 것을 말한다. 다만, 근저당권 결산기를 장래지정형으로 하였다 하더라도 채무자 또는 근저당권설정자가 그 근저당권에 의하여 담보되는 피담보채무를 전액 변제하고 근저당권의 말소를 요구하는 때에는 특별한 사정이 있지 않는 한 각 금융기관은 언제든지 이에 응하고 있다.

이처럼 근저당권의 결산기를 장래지정형으로 선택하게 하고 있는 이유는 보통저당권과는 다른 근저당권의 특성을 최대한 활용, 채무자와 근저당권설정자 등의 편의를 고려한 것이라 해도 과언이 아닐 것이다.

그런데 학설은 피담보채무가 모두 상환되어 담보할 채무가 없는 경우 근저당거래가 종료되는 것인지의 여부는 근저당거래의 당사자가 무슨 사유로 근저당권설정등기를 말소하지 않고 있었는가를 보고 판단하여야 한다는 견해를 취하고 있다.

예컨대, 근저당권설정등기의 말소를 하지 않은 것이 향후 근저당거래를 계속하기 위한 것이라면 근저당권은 아직 유효하게 존속되어 있는 것이므로 그 이후 취급한 대출금도 제1순위로 담보할 수 있으나, 근저당거래를 계속할 의사가 없이 단지 근저당권설정등기의 말소를 게을리하고 있는 것이라면 그 근저당권은 이미 실효된 것이므로 우선변제를 받지 못하는 것으로 보고 있다.

문제는 구체적인 사안에서 당사자의 의사가 어느 쪽에 있었던 것으로 판단할 것인가 하는 점이다.

이에 대하여 학설은 그 성질상 개별 사안마다 채무가 완제된 이후 추가대출이 이루어지기까지의 제반사정을 종합적으로 고려하여 제3자의 입장에서 객관적으로 판단하여야 한다는 입장을 취하고 있다.

가령 근저당거래의 당사자가 채무가 완제되었음에도 불구하고 근저당권으로서의 효력이 그대로 살아있다는 확인서를 작성하여 확정일자를 받아 둔 경우(실무상 이와 같은 예는 사실상 볼 수 없을 것이다)나, 금융기관 내규에 채무가 완제된 후 일정기간까지는 근저당권설정자의 요청이 없는 한 근저당거래가 종료되지 않는 것으로 정하여 그에 따라 실무처리하고 있는 경우에는 아직 근저당거래가 종료되지 않은 것으로 볼 수 있고, 근저당권설정자가 근저당권의 말소등기를 청구하였으나 비용을 내지 않아 말소신청을 하지 않고 있었던 경우와 근저당권자가 근저당권설정계약서에 완제 등의 표시를 하여 언제라도 말소등기에 응할 준비를 갖추어 두고 있었던 경우는 근저당거래가 종료된 것으로 보고 있다.

한편 대출금 완제와 관련 근저당권의 피담보채권의 확정 문제는 근저당권자, 채무자와 근저당권설정자의 의사에 달려있을 뿐 제3자로서는 채무자나 설정자가 악용하지 않는 한 이를 확인할 수 없다. 근저당권의 피담보채권이 확정되었는지의 여부는 확정으로 인하여 이득을 보는 자가 그 확정 사실을 입증하여야 할 것이다.

# 5. 근저당권설정등기의 유용과 그 유의사항

(상 황)

a. D은행 Y지점은 甲으로부터 아직까지 말소되지 않고 있는 근저당권에 기한 차입신청을 받았다.

b. 그런데 근저당권설정계약서 등 관련서류를 확인한 결과 동 근저당권은 이미 피담보채권이 확정된 것으로 확인되었다.

## (1) 근저당권설정등기 유용의 의의

### 근저당권설정등기의 유용이란?

근저당권설정등기의 유용이라 함은 근저당권설정등기가 처음부터 무효이거나 담보할 채권이 변제 등으로 소멸하여 이미 실효된 근저당권의 설정등기가 말소되지 아니하고 그대로 남아있는 경우에 근저당권자와 채무자(담보제공자가 제3자인 경우 동의를 받아야 한다)간의 근저당권설정등기의 유용에 관한 합의(계약)로 무효 또는 실효된 근저당권의 효력을 유효하게 회복시키는 절차를 의미한다.

근저당권은 채권자와 채무자 간의 일정기간 동안 계속적인 거래관계로부터 발생하는 증감 변동할 불특정채권을 결산기에 일정 한도액(이를 '채권최고액'이라한다) 까지 담보하는 약정 담보물권으로, 보통저당권과는 달리 부종성이 많이 완화되어 있다. 그러므로 근저당권에 의하여 담보되고 있는 채권이 일시적으로 모두 소멸하였다 하여, 바로 근저당 거래가 종료되고 그 근저당권의 효력이 실효되는 것은 아니다. 따라서 근저당권에 의하여 담보되는 대출금 전액을 완제한 후 상당히 오랜 기간이 경과한 경우에는 근저당권이 말소되지 않고 있는 구체적인 이유가 무엇인지를 확인하여 근저당권의 피담보채권이 이미 확정되었다고 볼 만한 사정이 없다면 유용 절차 없이 여신을 취급하여도 무방[1]할 것으로 본다.

1) 이에 관한 사항은 '근저당권의 피담보채권의 확정과 그 효력'에서 자세히 설명하고자 한다.

### (2) 근저당권설정등기 유용 요건

**근저당권설정등기의 유용으로 그 근저당권 목적물에 대하여 이해관계 있는 제3자에게 대항하기 위해서는 어떠한 요건을 갖추어야 하는가?**

근저당권자와 채무자(담보제공자가 제3자인 경우 동의 요함)간의 근저당권설정등기의 유용에 관한 합의가 유효하려면 다음과 같은 요건을 갖추어야 한다.

1. 근저당권설정등기의 유용은 그 설정등기를 유용하기로 하는 합의가 이루어지기 전에 '등기상 이해관계 있는 자'가 없어야 한다. 따라서 등기상 이해관계 있는 제3자가 있는 때에는 이들 전원의 동의를 받아야만 완전한 효력이 발생한다.

여기서 등기상 이해관계 있는 자라 함은 그 목적물에 대하여 가압류 및 압류채권자, 근저당권자, 가등기 권리자는 물론 주택임대차보호법상 대항력 갖춘 주택임차인, 상가건물임대차보호법상 대항력 갖춘 상가건물임차인과 법정기일이 빠른 조세 채권자도 포함된다.

근저당권설정등기의 유용을 하고자 할 때, 등기상 이해관계 있는 자 들의 동의를 받도록 한 이유가 무엇인지 의문이다.

부동산등기법 제63조(권리변경등기의 신청)에 의하면, 권리변경 등기에 관하여 등기상 이해관계 있는 제3자가 있는 경우에는, 신청서에 그 승낙서 또는 이에 대항할 수 있는 재판의 등본을 첨부하였을 때에만 부기에 의하여 그 등기를 한다고 규정하고 있다.

그런데 근저당권설정등기의 유용은 등기할 사항이 아니다. 따라서 동 법규와는 무관하다는 생각을 할 수 있을 것이다. 하지만 근저당권설정등기의 유용과 그 효력에 관한 사건에서 대법원은, 실질관계의 소멸로 무효로 된 등기의 유용은, 그 등기를 유용하기로 하는 합의가 이루어지기 전에 등기상 이해관계가 있는 제3자가 생기지 않은 경우에 한하여 허용된다고 판결[2]을 하였다. 이를 반대해석하면, 등기상 이해관계가 있는 제3자가 존재한다 하더라도 이들의 동의를 받으면 근저당권설정등기에 관한 유용 합의가 유효하다고 할 수 있다. 근저당권설정등기 유용이 없었다면 재산상의 손실을 입지 않았을 제3자의 입장을 생각할 때 판례의 태도는 타당하다고 생각한다.

생각건대, 순위승진의 원칙을 택하고 있는 우리나라 부동산등기 제도의 특징을 고려할 때, 이들의 동의를 받는다는 것은 사실상 기대하기 어려운 일이므로 근저당권설정등기의 유용에 관한 합의는 등기상 이해관계가 있는 제3자가 존재하지 않을 때 가능하다고 본다.

2) 대법원 1989. 10. 27. 선고 87다카425 판결.

한편 등기상 이해관계가 있는 제3자의 동의를 받지 아니하고, 유용 합의를 한 경우 그 효력은 당사자 간에는 유효하다고 본다. 따라서 그 부동산의 선순위 채권자가 배당을 받고 남는 여력이 있을 때에는 유용 합의를 한 근저당권자도 근저당권자의 지위에서 배당을 받을 수 있을 것으로 본다.

2. 근저당권설정등기 유용에 관한 합의서(아래 참조)를 작성하고, 그 합의서에 확정일자를 받아두어야 한다.

근저당권설정등기의 유용은 등기할 사항이 아니며, 당사자 간의 합의만으로 효력이 발생한다. 그러나 실무상으로는 장래 유용이 있었음을 쉽게 입증할 목적으로 유용합의서를 작성하고 있다. 유용합의서에는 유용하고자 하는 근저당권의 표시(접수번호, 접수일자, 채권최고액, 채무자, 설정자, 근저당권자 등)와 부동산(근저당권 목적물)의 표시 및 근저당권 유용 합의에 관한 문언과 이해관계인의 동의에 관한 내용을 표시하고, 이에 채무자, 담보제공자, 근저당권자, 기타 이해관계인이 서명날인을 하면 된다. 그리고 유용합의서에는 반드시 확정일자를 받아두어야 하는데 그 이유는 유용에 관한 합의가 그 날짜에 분명하게 있었다는 것을 객관적으로 증명하여, 이해관계 있는 제3자에게 대항하기 위한 것이다. 예컨대 유용 후 장래 근저당권 목적물에 근저당권자와 조세 채권자 간에 경합이 있을 경우, 그 우선순위는 유용합의서상의 확정일자와 조세채권의 법정기일을 기준으로 판단하여야 한다.

### (3) 근저당권설정등기 유용이 필요한 경우

**금융기관 실무상 근저당권설정등기의 유용이 필요한 경우는 어떤 때인가?**

금융기관 실무상 근저당권설정등기의 유용에 관한 문제가 대두하는 때는 다음의 경우이다.

1. 근저당권의 피담보채권의 확정 사유가 발생되어 그 근저당권이 특정의 채권만을 담보하게 된 상태에서 다시 유효한 근저당권으로서의 효력을 부활시키고자 할 경우이다.

2. 근저당권의 피담보채권이 확정된 후 그 확정된 피담보채권이 완제되어, 그 근저당권이 실질적으로는 완전히 소멸된 상황에서 그 실효된 근저당권을 다시 유효한 근저당권으로서의 효력을 부활시키고자 할 경우이다.[3]

등기의 유용성을 인정하지 않는다면 기존의 근저당권설정등기를 말소하고 새로이 등기

3) 오시정, 한국금융연수원 여신법률기초(담보관리) 제2권.

를 해야 하기 때문에 비경제적이고 또한 비효율적이다. 앞에서 언급한 바와 같이 판례와 학설은 등기의 유용이 다른 제3자에게 불이익을 주지 않는 한도에서 경제 및 거래의 안전을 위하여, 등기의 유용을 인정하고 있다.

■ 근저당권설정등기 유용합의서(例)

### 근저당권설정등기 유용합의서

근저당권설정자인 甲과 근저당권자인 D은행은 다음과 같이 근저당권설정등기의 유용에 합의 한다.4)

**제1조 근저당권설정등기의 유용**

甲과 D은행은 다음 표시의 근저당권이 앞으로의 계속거래에도 그 효력이 미치는 것으로 이의 없이 합의하며, 이를 분명히 하고자 서명날인한다.

1. 근저당권의 표시
   대구지방법원 접수번호 제10호(2001. 10. 31.), 채권최고액 120백만원
   채무자 : 甲
   설정자 : 甲
   근저당권자 : D은행(취급지점 Y지점)

2. 부동산의 표시
   대구광역시 남구 봉덕 3동 1234번지
   대지 303㎡
   위 지상 벽돌조 슬라브지붕 2층 단독주택 1층 90㎡, 2층 70㎡

**제2조 이해관계인의 동의**

제1조 부동산상의 이해관계인인 본인은 제1조의 근저당권설정등기의 유용에 동의하며, 근저당권자가 그 순위를 유지하는 것에 대하여 일체의 이의를 제기하지 않는다.

2009. 10. 12.

채무자 : 甲(주민번호 : ) (인)
설정자 : 甲(주민번호 : ) (인)
근저당권자 : D은행 Y지점 지배인 乙 (직인)
이해관계인 : 丙(주민번호 : ) (인)

---

4) 근저당권설정등기 유용합의서에는 반드시 확정일자를 받아두어야 한다.

## 6. 부동산 등기부상 권리의 우선순위

(상 황)

a. X 부동산 등기부의 등기 내용은 다음과 같다.

(1) 甲區에 관한 사항

① 소유권이전 가등기 : 2005. 6. 1. 접수. 접수번호 20호, 순위번호 2번

② 소유권이전 본등기 : 2006. 8. 1. 접수. 접수번호 50호, 순위번호 2번

③ 가압류 : 2005. 8. 3. 접수. 접수번호 30호, 순위번호 3번

(2) 乙區에 관한 사항

④ 근저당권설정등기 : 2005. 3. 6. 접수. 접수번호 10호, 순위번호 1번

⑤ 근저당권설정등기 : 2005. 8. 3. 접수. 접수번호 40호, 순위번호 2번

b. 이 경우 각 등기 상호간의 우선순위는?

위 부동산의 권리관계[1]를 표로 정리하면 다음과 같다.

(부동산등기부 甲區의 권리관계)

| 순위번호 | 등 기 목 적 | 접 수 | 등기원인 | 기타사항 |
|---|---|---|---|---|
| 2 | ① 소유권이전 청구권가등기 | 2005년 6월 1일 제20호 | (생략) | (생략) |
| | ② 소유권이전 | 2006년 8월 1일 제50호 | (생략) | (생략) |
| 3 | ③ 가압류 | 2005년 8월 3일 제30호 | (생략) | (생략) |

(부동산등기부 乙區의 권리관계)

| 순위번호 | 등 기 목 적 | 접 수 | 등기원인 | 기타사항 |
|---|---|---|---|---|
| 1 | ④근저당권설정 | 2005년 3월 6일 제10호 | (생략) | (생략) |
| 2 | ⑤근저당권설정 | 2005년 8월 3일 제40호 | (생략) | (생략) |

동일한 부동산에 관하여 등기한 권리의 순위는 법률에 다른 규정이 없는 때에는 등기

1) 유석주, 부동산등기법 제1장 제1절.

의 전후에 의하며, 등기의 전후는 같은 구에서 이루어진 등기에 대하여는 순위번호에 의하고, 다른 구 사이(갑구와 을구 사이)에서는 접수번호에 의한다.[2)]

가등기[3)]에 기한 본등기를 한 때에는 그 본등기의 순위는 가등기의 순위에 의한다.[4)] 여기서 '본등기의 순위는 가등기의 순위'에 의한다 함은 물권변동의 효력이 발생하는 시기 자체가 가등기를 할 때로 소급한다는 것이 아니라, 단지 본등기의 순위가 가등기의 순위로 소급한다는 것을 의미할 뿐이다. 따라서 가등기에 기한 본등기의 물권변동의 효력은 어디까지나 본등기를 한 때에 발생하게 된다.

부기등기[5)]의 순위는 주등기[6)]의 순위에 의한다. 다만, 부기등기의 상호간의 순위는 그 전후에 의한다.

말소회복등기의 경우에는 종전의 등기와 동일한 순위와 효력을 보유한다는 것이 판례의 태도이다. 그리고 멸실회복등기는 종전의 순위를 보유한다.

부동산등기법에서 정하는 부동산에 관한 등기한 권리의 순위에 의하면 X부동산에 대하여 이루어진 등기의 우선순위는 다음과 같다.

1. 접수번호가 가장 빠른 을구의 ④번 근저당권설정등기가 갑구의 ①번(소유권이전청구권 가등기) 및 ②번(가등기에 기한 본등기)의 등기에 우선한다.

2. 갑구 ①번의 소유권이전청구권 가등기와 ②번의 가등기에 기한 본등기는 ③번의 가압류등기와 을구 ⑤번의 근저당권설정등기에 우선한다. 가등기에 기하여 본등기를 하면 그 본등기의 순위는 가등기의 순위에 의하기 때문이다.

3. 갑구 ③번의 가압류등기는 을구 ⑤번의 근저당권설정등기보다 빨리 등기를 하였

2) 부동산등기법 제5조(등기한 권리의 순위) 제1항 및 제2항.

3) 가등기라 함은 본등기 요건이 갖추어져 있지 못한 경우 장래의 본등기에 대비하여 미리 순위보존을 위하여 행하는 예비등기를 말한다. 가등기를 한 때에는 미리 그 아래에 본등기를 할 수 있는 여백을 남겨두었다가 가등기에 기한 본등기는 그 여백에 하도록 하고 있다. 다만, 전산등기부는 가등기의 여백에 관한 규정을 적용하지 아니한다.

4) 부동산등기법 제6조(부기등기와 가등기의 순위) 제2항.

5) 부기등기라 함은 기존의 등기의 순위번호(갑구 및 을구)에 이어지는 독립된 번호를 가지지 아니하고, 기존의 어떤 등기(주등기)의 번호를 그대로 사용하여 그 번호의 아래에 '부기 0호'라는 번호 기재를 붙여서 행하여지는 등기를 말한다.

6) 주등기라 함은 기존의 등기의 표시번호(표제부) 또는 순위번호(갑구 및 을구) 에 이어지는 독립한 번호를 붙여서 행하여지는 등기를 말하며, 독립등기라고도 한다.

지만 가압류채권자는 우선변제권이 없는 일반채권자에 불과하여 근저당권자와의 관계에 있어서는 등기순위에 의한 보호를 받지 못한다. 따라서 접수번호가 근저당권자보다 빠름에도 불구하고 양자는 같은 순위로 처리되기 때문에 X부동산이 매각될 경우 그 매각대금에서 각자의 실 채권액에 비례하여 안분배당을 받게 될 것으로 본다.

한편 우리나라의 부동산등기법은 순위승진의 원칙을 채택하고 있다. 여기서 순위승진의 원칙이라 함은 예컨대 순위번호 (一)번 근저당권이 있고, 후순위로 (二)번 근저당권이 있는 상태에서 (一)번 근저당권이 소멸하여 말소되면, (二)번 근저당권은 형식적으로 (二)번이나 실질적으로는 그 순위가 (一)번으로 승진하는 것을 말한다. 참고로 부동산등기제도의 주요 내용은 다음과 같다.

**1. 부동산등기의 의의** 부동산등기라 함은 국가기관인 등기관이 부동산등기부라는 공적장부에 부동산의 표시에 관한 사항(소재 · 지번 · 지목 · 면적 등), 그에 관한 일정한 권리관계(소유권이전 · 근저당권설정 등)를 기재하는 것 또는 기재 그 자체를 말한다. 전산정보처리조직에 의하여 등기사무를 처리하는 경우에는 등기사항(부동산의 표시에 관한 사항 또는 그에 관한 일정한 권리관계)이 기록된 보조기억장치(자기디스크, 자기테이프 등)를 등기부로 본다. 따라서 이 경우에는 등기관이 위의 보조기억장치에 등기사항을 기록하는 것 또는 기록 그 자체를 등기라고 한다.

**2. 부동산등기의 기능** 소유권, 전세권, 근저당권 등 부동산 물권은 제3자에게 미치는 영향이 매우 크기 때문에, 거래의 안전과 신속을 보호하기 위하여 부동산에 관한 일정한 권리관계를 외부의 제3자가 명확히 알 수 있도록 등기(등기번호, 표시번호, 등기관의 날인 또는 신등기 용지에의 이기 등과 같이 단순한 절차적 기재에 지나지 않는 것은 등기라고 하지 않는다)라는 방법으로 공시하여야 한다(이를 '공시의 원칙'이라 한다).

등기관이 등기의 신청을 수리하고 나아가 등기필증(등기를 완료하였다는 증명서)까지 교부하였다 하더라도 등기관의 고의 또는 과실로 등기부에 등기사항을 기재하지 않은 때에는 유효한 등기가 있다고 할 수 없다. 반면에 부동산의 표시에 관한 사항 또는 그에 관한 일정한 권리관계가 등기부에 기재되어 있는 한, 비록 등기관의 날인이 누락되었더라도 등기는 있는 것이 된다.

**3. 부동산등기 제도의 특징**

가. 물적 편성주의(1부동산 1등기용지의 원칙)

등기부를 편성하는 방법에는 부동산, 소유자 등을 기준으로 하여 물적 편성주의, 인적 편성주의 및 연대적 편성주의의 세 가지가 있다. 이 가운데서 우리나라는 1필의 토지 또는 1동의 건물에 대하여 1등기용지를 사용하는 물적 편성주의를 취하고 있다.

나. 공동신청 주의

등기는 등기의 진정성을 보장하기 위하여 등기권리자(예 : 근저당권)와 등기의무자(예 : 근저당권설정자)가 공동으로 신청하는 것을 원칙으로 한다. 다만, 예외적으로 등기의 진정성을 보장할 수 있는 경우(예 : 판결에 의한 등기)와 등기의무자가 존재하지 않는 경우(예 : 상속으로 인한 등기)에는 등기권리자 또는 등기의무자가 단독으로 등기를 신청할 수 있다.

다. 형식적 심사주의

등기관이 부동산의 표시에 관한 사항 또는 그에 관한 일정한 권리관계를 부동산등기부에 기재하고자 할 때에는 부동산등기법이 규정하는 절차상의 적법성 여부(서면첨부 여부, 기재사항 여부)만을 심사하여 이를 부동산등기부에 기재함을 원칙으로 하고 있는데 이를 형식적 심사주의라 한다. 다만, 집합건물 내지 공동주택과 같은 구분소유 건물의 등기신청에 있어서는 등기관은 필요하다고 인정할 때에는 그 건물의 표시에 관한 사항을 조사(독립성 및 이용상의 독립성 여부)할 수 있는 사실조사권(이를 '실질적 심사주의'라 한다)이 인정되어 있다.

라. 성립요건 주의

소유권이전 또는 근저당권설정 등 부동산물권의 변동은 당사자 사이의 의사표시(예 : 소유권이전의 합의 또는 근저당권설정계약)만으로는 일어나지 않고, 반드시 등기라는 공시방법까지 갖추어야만 비로소 물권변동의 효과가 발생한다. 이를 성립요건 주의라 한다.

마. 공신의 원칙 불인정

공신의 원칙이라 함은 등기 또는 점유와 같은 공시방법을 신뢰하여 거래가 이루어진 경우에 비록 그 공시방법이 진실한 권리관계와 일치하지 않더라도 그 공시된 권리관계를 진실한 권리관계를 다루어서 거래자의 신뢰를 보호하여야 한다는 원칙을 말한다.

우리 민법은 동산에 관하여는 점유에 공신력을 인정하고 있으나, 부동산에 관하여는 등기에 공신력을 인정하고 있지 않다. 부동산등기에 공신력을 인정하면 거래의 안전과 신속은 보호되지만, 그 반면에 진정한 권리자는 그의 권리(기득권)를 잃게 된다.

**4. 부동산등기의 대상** 부동산등기법상 등기의 대상이 되는 것은 부동산(토지 및 그 정착물) 가운데서 사권의 목적, 즉 거래의 대상이 되는 토지 및 건물에 한한다. 따라서 하천부지, 공유수면 하의 토지 등은 등기의 대상이 되지 못한다. 그러나 도로부지, 공원부지 등은 사인(私人)이 비록 그 재산권 행사에 공법상의 제한을 받고 있더라도 등기

능력이 인정된다.

1필의 토지의 일부는 원칙적으로 양도나 담보물권의 설정 또는 시효로 그 소유권을 취득하지 못한다. 다만, 지상권, 지역권, 전세권과 같은 용익물권의 경우에는 1필의 토지의 일부에도 설정할 수 있다.

건물은 토지의 정착물이지만 토지로부터 완전히 독립한 별개의 부동산이다. 1동의 건물의 일부도 토지의 경우와 마찬가지로 양도나 담보물권의 설정 또는 시효로 그 소유권을 취득할 수 없는 것이 원칙이다. 다만 전세권만은 1동의 건물의 일부에도 설정할 수 있다. 특히 집합건물의 소유 및 관리에 관한 법률은 1동의 건물의 일부가 독립하여 구분소유권의 객체가 될 수 있음을 규정하고 있다.

한편 등기의 대상이 되는 권리로는 부동산 물권(소유권, 지상권, 지역권, 전세권, 저당권), 부동산임차권, 부동산환매권, 권리질권,[7] 가등기(보전가등기 및 담보가등기)가 있으며, 등기의 대상이 되지 않는 권리로는 점유권, 유치권, 질권, 분묘기지권[8] 등이 있다.

**5. 부동산 물권변동의 효력** 민법 제186조(부동산 물권변동의 효력)에는 부동산에 관한 법률행위로 인한 물권의 득실변경은 등기를 하여야 그 효력이 생긴다고 규정하고 있다. 따라서 법률행위에 의한 부동산 물권의 변동은 반드시 등기를 하여야만 실체법상 물권변동의 효력이 발생한다. 다만, 상속, 공용징수, 판결, 경매 기타 법률의 규정에 의한 부동산에 관한 물권의 취득(변동)은 등기를 요하지 않는다. 그러나 등기를 하지 않으면 이를 처분하지 못한다(민법 제187조, 등기를 요하지 아니하는 부동산 물권취득).

가. 상 속

피상속인이 소유하던 부동산은 그의 사망과 동시에 등기 여부와 상관없이 당연히 상속인에게 소유권이 이전한다. 물권변동의 효력발생 시기는 피상속인이 사망(상속의 개시)한 때가 된다.

상속인이 자기명의로 상속에 의한 등기를 하지 않고 상속부동산을 타인(양수인)에게 양도한 경우, 그리고 피상속인이 자기소유의 부동산을 처분하기 위하여 물권행위만 하고 등기를 하지 않은 상태에서 사망한 경우로서, 상속인이 당해 부동산에 관하여 같은 내용

7) 권리질권이라 함은 예금, 주식 등과 같은 재산권을 목적으로 하는 질권을 말한다. 권리질권 가운데서 저당권부 권리질권만이 등기능력을 갖는다. 따라서 저당권설정등기(주등기)에 질권의 부기등기를 하여야만 질권의 효력이 저당권에도 미치게 된다.

8) 분묘기지권이라 함은 타인의 토지에 분묘를 설치한 자가 그 분묘를 소유하기 위하여 타인의 토지를 사용할 수 있는 권리를 말한다.

의 처분을 하려고 할 때에는 자기명의로 상속에 의한 등기를 하지 않고 직접 피상속인으로부터 타인(양수인)에게 소유권이전등기(중간생략등기)를 할 수 있다.

나. 공용징수(공용수용)

공용징수라 함은 도로의 개설 사업 등 특정한 공익사업을 위하여 타인의 재산권에 대한 손실보상금을 지급하고 법률의 규정에 의하여 강제적으로 취득(원시취득)하는 것을 말한다.

공용징수의 경우 물권변동의 효력발생 시기는 협의수용의 경우에는 협의에서 정하여진 시기, 재결수용의 경우에는 수용의 시기(손실보상금의 지급 또는 공탁)가 된다.

다. 판 결

판결의 종류에는 확인판결, 이행판결, 형성판결이 있으나 민법 제187조(등기를 요하지 아니하는 부동산 물권취득)에서 말하는 판결은 형성판결[9]에 한한다. 형성판결을 얻은 경우 물권변동의 효력발생 시기는 판결이 확정된 때이다.

라. 경 매

경매라 함은 구두(口頭)로 하는 경쟁체결의 방법에 의한 매매를 말한다. 경매에는 국가기관이 하는 공경매(公競賣)와 사인(私人)이 하는 사경매(私競賣)로 구분되며, 민법 제187조에서 말하는 경매는 국가기관이 행하는 공경매 만을 의미한다. 공경매는 다시 민사집행법에 의한 강제경매와 담보권실행을 위한 임의경매 및 국세징수법에 의한 공매 등으로 나누어진다. 경매의 경우 물권변동의 효력발생시기 매수인(경락인)이 매각대금을 완납한 때이다.

라. 기타 법률의 규정

기타 법률의 규정에 의한 물권변동으로는 신축건물의 소유권취득(판례), 법정지상권의 취득, 존속기간의 만료로 인한 용익물권(지상권, 시역권, 전세권)의 소멸, 피담보채권의 소멸로 인한 저당권의 소멸, 법정대위에 의한 저당권의 이전, 혼동으로 인한 물권의 소멸, 원인 행위의 무효, 취소 또는 해제로 인한 물권의 복귀(판례), 목적부동산의 멸실로 인한 물권의 소멸 등이 있다.

**6. 등기의 효력** 등기의 일반적 효력으로는 권리 변동적 효력, 순위 확정적 효력, 대항적 효력, 점유적, 추정적 효력 등이 있다.[10]

9) 형성판결이라 함은 공유물분할 판결 또는 상속재산분할 판결과 같이 법률관계의 발생, 변경, 소멸을 일어나게 하는 판결을 말한다.

10) 유석주, 부동산등기법.

가. 권리 변동적 효력(물권변동적 효력)

물권행위와 그에 부합하는 등기(예 : 소유권이전의 합의+소유권이전 등기)가 있으면 부동산에 관한 물권변동의 효력이 발생(물권변동의 효력이 발생하는 시기는 등기를 신청한 때가 아니라, 실제로 등기부에 기재한 때이다) 하는데 이를 권리 변동적 효력이라 한다. 이는 등기의 효력 중에서 가장 기본적이고 또한 중요한 효력이다.

나. 순위 확정적 효력

동일한 부동산의 위에 설정된 수개의 권리 상호간의 순위관계는 법률에 다른 규정이 없는 한, 등기의 선·후에 의하여 정하여진다. 등기의 선·후는 등기용지 중 같은 구 사이에서는 순위번호에 의하고, 다른 구 사이에서는 접수번호에 의한다.

부기등기의 순위는 주등기의 순위에 의한다. 그러나 부기등기와 부기등기 상호간의 순위는 그 선·후(부기호수)에 의한다.

가등기에 기한 본등기의 순위는 가등기의 순위에 의한다. 그러나 실제로 물권변동의 효력이 발생하는 시기는 어디까지나 본등기를 한 때부터이다.

다. 대항적 효력

부동산임차권, 부동산환매권 등은 등기를 하지 아니하면 당사자 사이에서만 효력이 발생(채권적 효력)하나, 이를 등기한 때에는 당사자 이외의 제3자(예 : 매수인)에 대하여도 대항할 수 있는데 이를 등기의 대항적 효력이라 한다.

라. 점유적 효력

민법 제245조 제2항에는 부동산의 소유자로 등기되어 있는 자가 10년간 소유의 의사를 가지고 평온·공연 및 선의·무과실로 목적부동산을 점유한 때에는 그 소유권을 취득한다(등기부 취득시효)고 규정하고 있다. 따라서 등기부 취득시효에 있어서는 등기가 마치 동산물권의 점유취득시효에 있어서의 점유와 같은 효력을 갖는다고 할 수 있다.

마. 추정적 효력

어떤 권리에 대하여 등기가 되어 있으면 그에 대응하는 실체적 권리관계가 존재하는 것으로 추정된다는 것이 통설 및 판례의 태도이다. 이를 등기의 추정적 효력이라 한다. 다만, 추정의 효과는 등기부상의 권리자가 일단 정당한 것으로 취급된다는 소극적인 것에 지나지 않는다. 따라서 당사자는 반증에 의하여 그 결과를 뒤집을 수 있다. 이 경우에 그 입증책임은 이를 주장하는 자(권리자의 상대방)에게 있다는 것이 판례의 태도이다.

부동산 물권을 취득하고자 하는 자는 등기부를 조사하는 것이 일반적 관행에 속한다. 따라서 부동산 등기부상의 권리자가 아닌 다른 자와 물권거래를 하여 손해를 입은 경우 비록 그 자가 선의이더라도 과실이 있는 것으로 추정하는데, 이는 등기의 추정적 효력에 근거한다.

**7. 관할을 위반한 등기의 효력** 등기는 부동산의 소재지를 관할하는 등기소에서 하여야 하며, 관할을 위반한 등기는 무효이다. 정당한 관할권을 가지는 등기소로 사건을 이송(등기신청서류)하지 아니한다. 무효의 등기는 등기관이 일정한 절차를 밟아 직권으로 말소하게 된다.

# 7. 근저당권과 다른 권리와의 우열 관계

(상 황)

D은행 Y지점이 담보(근저당권)로 취득한 부동산 물건에 대하여 타 채권자와의 권리가 경합하고 있다.

## (1) 근저당권자와 가압류채권자 상호간의 우열

**동일한 부동산에 근저당권자와 가압류채권자의 권리가 서로 충돌하는 경우 그 우열 관계는?**

하나의 부동산에 근저당권자와 가압류채권자의 권리가 서로 충돌하는 경우 그 우열관계는 다음과 같다.

**1. 근저당권설정등기 일자가 가압류등기 일자보다 빠른 경우** 근저당권은 민법에서 정하는 물권으로서 근저당권자는 채무자 또는 제3자가 점유를 이전하지 아니하고 채무의 담보로 제공한 부동산의 매각대금에서 다른 채권자보다 우선하여 변제를 받을 권리를 갖는다.[1] 그러나 가압류(또는 압류)채권자는 일반채권자에 불과하여 우선변제권을 가지지 아니한다. 따라서 근저당권설정등기가 가압류등기보다 먼저 등기된 경우에는 당연히 근저당권자가 가압류채권자에 우선한다. 다만, 가압류채권자는 근저당권자가 우선변제를 받고 남는 잔액에 대하여 일반채권자의 자격으로 배당을 받게 된다.

**2. 근저당권설정등기 일자가 가압류등기 일자보다 늦는 경우** 이 경우에는 근저당권자와 가압류채권자는 동순위가 된다. 따라서 양자는 실채권액에 비례하여 안분배당을 받게 된다.

그러나 이러한 법리에도 불구하고 가압류채권자로부터 공연한 민원이 발생할 소지가 있으므로, 특별한 사정이 없는 한 선행된 가압류등기를 말소하고 근저당권을 설정하는 것이 금융기관의 일반적인 업무처리 관행이다.

1) 민법 제356조(저당권의 내용).

### (2) 근저당권자와 대항력 갖춘 주택임차인 상호간의 우열

**근저당권자와 주택임대차보호법상의 대항력 갖춘 임차인의 권리가 서로 충돌하는 경우 그 우열 관계는?**

하나의 부동산에 근저당권자와 주택임대차보호법상의 대항력 갖춘 임차인 상호간의 우열 관계는 다음과 같다.

**1. 근저당권자와 보증금이 일정금액 이하인 임차인과의 관계** 아래 요건을 모두 갖춘 주택임차인은 그 주택 매각시 임차보증금 중 일정액(아래 별표 참조)에 한하여 항상 근저당권자에 우선하여 변제를 받게 된다.

가. 최우선변제를 받기 위한 임차인의 요건

(1) 당해 주택에 대한 경매신청의 등기(매각개시결정 기입등기) 전까지 주택의 인도와 주민등록(이를 대항력이라 한다)을 마쳤을 것.[2)]

(2) 대항력을 배당요구의 종기(배당요구의 종기가 연장된 때에는 그 연장된 때까지)까지 유지하고 있을 것.

(3) 보증금이 주택임대차보호법시행령에서 정하는 일정금액 이하일 것.

동일주택에 여러 순위의 근저당권이 설정된 경우에, 보증금이 일정금액 이하에 해당되는지 여부는 각 근저당권의 설정일자를 기준으로 판단한다. 임차보증금이 증액 또는 감액된 경우에는 경매신청등기 전일의 임차보증금액을 기준으로 판단한다.

(4) 배당요구의 종기(첫 매각기일 이전의 날로 법원이 정한 날짜)까지 반드시 배당요구를 할 것. 만일, 배당요구의 종기까지 배당요구를 하지 아니하여 자신이 배당받아야 할 금액이 후순위권리자에게 배당되었나 하더라도 임차인은 그 배당받은 자를 상대로 부당이득반환을 청구할 수 없다(대법원 1997. 7. 25. 선고 96다10263 판결).

나. 최우선변제를 받을 수 있는 범위

(1) 주택임대차보호법시행령에서 정하고 있는 보증금 중 일정액에 한한다. 단, 최우선변제를 받을 임차인이 수인인 경우에는 대지가액을 포함한 주택가액(매각대금+배당기일까

2) 임차인이 주택의 인도와 주민등록을 마친 때에는 그 익일부터 제3자에 대하여 효력이 생긴다(주택임대차보호법 제3조 제1항). 따라서 주택인도일자가 11월 9일이고, 주민등록 전입신고를 11월 10일하였다고 가정하면, 11월 11일 오전 0시부터 대항력을 취득한다.

지의 매수보증금에 대한 이자+몰수된 입찰보증금-집행비용)의 1/2 범위 내에서 우선 변제를 받게 된다.

(2) 대지와 주택의 소유자가 다르거나 나대지 위에 근저당권이 설정된 후에 건물이 축조된 경우에는 대지를 제외한 주택가격의 1/2 범위 내에서만 우선 변제를 받게 된다.

(3) 주택임차인이 2인 이상이고 이들이 최우선변제를 받을 금액의 합계액이 주택가액의 1/2을 초과하는 경우, 각 임차인에 대한 최우선변제 금액은 각 임차인의 보증금 중 일정액에 비례(특정 임차인의 보증금 중 일정액 / 각 임차인의 보증금 중 일정액의 합산액)하여 안분배당을 받게 된다.

**2. 근저당권자와 임대차계약서에 확정일자 있는 임차인과의 관계** 아래 요건을 모두 갖춘 주택임차인은 보증금 전액을 그 부동산의 후순위권리자(근저당권자 등)보다 우선하여 변제 받을 권리를 가진다.

가. 우선변제를 받을 수 있는 임차인의 요건

(1) 당해 주택에 대한 경매신청의 등기(매각개시결정등기) 전까지 주택의 인도와 주민등록을 마쳤을 것.

(2) 임대차계약서(임차보증금에 대한 제한 사항 없음)에 확정일자를 받을 것.

(3) 배당요구의 종기(첫 매각기일 이전의 날로 법원이 정한 날짜)까지 반드시 배당요구를 할 것.[3)]

나. 근저당권자와의 우열 판단 기준

(1) 주택의 인도 및 주민등록을 마친 날짜와 계약서에 확정일자를 받은 날짜가 같은 경우에는 그 다음 날 0시에, 그리고 주택의 인도 및 주민등록을 한 날의 이후에 확정일자를 받은 경우에는 확정일자를 받은 그 날짜에 담보권을 취득한 것(채권의 물권화)으로 보고, 그 날짜와 근저당권설정등기 일자를 비교하여 우열 여부를 판단한다.

(2) 임차인이 대항력(주택인도+주민등록전입신고+확정일자)을 갖춘 일자와 근자당권설정등기 일자가 같은 경우에는 채권액에 안분하여 배당을 받게 된다.

다. 우선변제를 받을 수 있는 범위

3) 배당요구의 종기까지 배당요구를 하지 아니하여 자신이 배당받아야 할 금액이 후순위권리자에게 배당되었다 하더라도 임차인은 그 배당받은 자를 상대로 부당이득반환을 청구할 수 없다(대법원 1997. 7. 25. 선고 96다10263 판결).

(1) 등기부상 순위에 의거 우선변제를 받을 금액이 결정된다. 주택가격 1/2에 구애받지 아니하며 임차보증금 범위 내에서 순위에 의한 배당을 받게 된다.

(2) 임차보증금이 증액된 경우, 그 증액된 보증금은 증액 이전의 근저당권자에 우선하지 못한다.

(3) 보증금이 일정금액 이하인 임차인(최우선변제권자)이 대항력을 갖추고 임대차계약서에 확정일자를 받은 경우에는 보증금 중 일정액을 근저당권자에 우선하여 변제를 받고, 나머지 보증금은 순위에 의한 우선변제를 받게 된다.

### 우선변제를 받을 임차인 및 보증금 중 일정액의 범위 (주택임대차보호법)

(2010. 7. 27. 현재)

| 근저당권 등기일자 | 우선변제를 받을 임차인의 범위 | 최우선변제대상 금액 (보증금 중 일정액) |
|---|---|---|
| 83. 12. 31. 이전 | 없 음 | 없 음 |
| 84. 1. 1.~ 87. 11. 30. | 서울, 광역시 : 3백만원 이하 | 없 음 |
| | 그 밖의 지역 : 2백만원 이하 | 2백만원 |
| 87. 12. 1.~ 90. 2. 18. | 서울, 광역시 : 5백만원 이하 | 5백만원 |
| | 그 밖의 지역 : 4백만원 이하 | 4백만원 |
| 90. 2. 19.~ 95. 10. 18. | 서울, 광역시 : 20백만원 이하 | 7백만원 |
| | 그 밖의 지역 : 15백만원 이하 | 5백만원 |
| 95. 10. 19.~ 01. 9. 14. | 서울, 광역시 : 30백만원 이하 | 12백만원 |
| | 그 밖의 지역 : 20백만원 이하 | 8백만원 |
| 01. 9. 15.~ 08. 8. 21. | 수도권 중 과밀억제권역 : 40백만원 이하 | 16백만원 |
| | 광역시(군지역과 인천광역시 제외) : 35백만원 이하 | 14백만원 |
| | 그 밖의 지역 : 30백만원 이하 | 12백만원 |
| 08. 8. 22.~ 2010. 7. 26 | 수도권 중 과밀억제권역 : 60백만원 이하 | 20백만원 |
| | 광역시(군지역과 인천광역시 제외) : 50백만원 이하 | 17백만원 |
| | 그 밖의 지역 : 40백만원 이하 | 14백만원 |
| 2010. 7. 26. 이후 | 서울특별시 : 75백만원 이하 | 25백만원 |
| | 수도권정비계획법에 따른 과밀억제권역 (서울특별시 제외) : 65백만원 이하 | 22백만원 |
| | 광역시(과밀억제권역에 포함된 지역 및 군지역 제외) 및 안산시, 용산시, 김포시 광주시 : 55백만원 이하 | 19백만원 |
| | 그 밖의 지역 : 40백만원 이하 | 14백만원 |

(주 1) 임차인은 매각개시결정 기입등기 전까지 주택의 인도 및 주민등록 전입신고(이를 대항력이

라 한다)의 두 가지 요건을 모두 갖추고 배당요구의 종기까지 그 대항력을 유지하여야 하며, 만일 배당요구의 종기가 연기된 경우에는 연기된 배당요구의 종기까지 유지하여야 한다.

(주 2) 근저당권자와의 관계에서는 설정일자 기준으로 임차인의 범위 및 우선변제금액을 판단하며, 최우선변제를 받을 임차인 및 보증금 중 일정액의 범위와 기준은 주택가격(대지의 가격을 포함한다)의 1/2의 범위 안에서 대통령령으로 정한다(주택임대차보호법 제8조 제3항).

(주 3) 최우선변제를 받을 임차인이 다수인 관계로 보증금 중 일정액의 합계액이 주택가격의 1/2을 초과할 경우에는 각 임차인의 보증금 중 일정액의 비율에 따라 안분한 금액에 대해서만 우선변제를 받게 된다(주택임대차보호법 시행령 제3조 제2항).

(주 4) 최우선변제를 받을 임차인이 다수인 관계로 보증금 중 일정액의 합계액이 주택가격의 1/2을 초과할 경우에는 각 임차인의 보증금 중 일정액의 비율에 따라 안분한 금액에 대해서만 우선변제를 받게 된다.

### (3) 근저당권자와 대항력 갖춘 상가건물임차인 상호간의 우열

**근저당권자와 상가건물임대차보호법상의 대항력 갖춘 임차인의 권리가 서로 충돌하는 경우 그 우열 관계는?**

**1. 근저당권자와 보증금이 일정금액 이하인 임차인과의 관계** 아래 요건을 모두 갖춘 상가건물임차인은 경매시 임차보증금 중 일정액(아래 별표 참조)에 한하여 근저당권자보다 우선하여 변제를 받게 된다.

가. 최우선변제를 받기 위한 임차인의 요건

(1) 당해 상가건물에 대한 경매신청의 등기(매각개시결정등기) 전까지 건물의 인도와 사업자등록(이를 대항력이라 한다)을 마쳤을 것.[4)]

(2) 대항력을 배당요구의 종기(배당요구의 종기가 연장된 때에는 그 연장된 때까지)까지 유지하고 있을 것.

(3) 임차보증금(월세를 보증금으로 환산한 금액 포함)이 상가건물임대차보호법 시행령에서 정하는 일정금액 이하일 것. 다만, 임차보증금이 동법 시행령에서 정하는 보증금의 범위(아래 별표 참조)에 속하는지 여부를 판단할 때에는 보증금 이외에 차임(월세)을 보증금으로

4) 사업자등록은 사업자등록을 신청한 때 이루어 진 것으로 본다(상가건물임대차보호법 제3조 제1항). 건물의 인도와 사업자등록을 신청한 때에는 양자 중 늦은 날짜의 그 다음 날부터 대항력을 취득한다. 따라서 건물의 인도일자가 11월 9일이고, 사업자등록 신청을 11월 10일하였다고 가정하면, 11월 11일 오전 0시부터 대항력을 취득한다.

환산한 금액(월세×100)도 포함된다.

(4) 배당요구의 종기(첫 매각기일 이전의 날로 법원이 정한 날짜)까지 반드시 배당요구를 할 것. 만일, 배당요구의 종기까지 배당요구를 하지 아니하여 자신이 배당받아야 할 금액이 후순위권리자에게 배당되었다 하더라도 임차인은 그 배당받은 자를 상대로 부당이득반환을 청구할 수 없다(대법원 1997. 7. 25. 선고 96다10263 판결).

나. 최우선변제를 받을 수 있는 범위

(1) 상가건물임대차보호법 시행령에서 정하고 있는 보증금 중 일정액에 한하여 우선변제를 받게 된다. 그러나 최우선변제를 받을 임차인이 수인인 경우에는 대지가액을 포함한 상가건물가액(대지가액 포함)의 1/3[5] 범위 내에서 우선 변제를 받게 된다.

(2) 기타 사항은 주택임대차보호법의 내용과 동일하다.

**우선변제를 받을 임차인 및 보증금 중 일정액의 범위**
**(상가임대차보호법)**

(2010. 7. 27. 현재)

| 근저당권 등기일자 | 우선변제를 받을 임차인의 범위 | 최우선변제대상 금액 (보증금 중 일정액) |
|---|---|---|
| 02. 10. 31. 이전 | 없 음 | 없 음 |
| 02. 11. 1.~ 2010. 7. 26. | 서울특별시 : 45백만원 이하 | 1,350만원 |
| | 서울특별시를 제외한 수도권 중 과밀억제권역 : 39백만원 이하 | 1,170만원 |
| | 군지역 및 인천광역시를 제외한 광역시 : 30백만원 이하 | 900만원 |
| | 그 밖의 지역 : 25백만원 이하 | 750만원 |
| 2010. 7. 26. 이후 | 서울특별시 : 50백만원 이하 | 1,500만원 |
| | 수도권정비계획법에 따른 과밀억제권역 (서울특별시 제외) : 45백만원 이하 | 1,350만원 |
| | 광역시(과밀억제권역에 포함된 지역 및 군지역 제외), 안산시, 용인시, 김포시, 광주시 : 30백만원 이하 | 900백만원 |
| | 그 밖의 지역 : 25백만원 이하 | 750만원 |

(주 1) 이 법은 2002. 11. 1.부터 시행한다. 따라서 이법 시행일 이전에 근저당권을 설정한 경우에는 이 법이 적용되지 아니한다.
(주 2) 근저당권자와의 관계에서는 설정일자 기준으로 임차인의 범위 및 우선변제금액을 판단하며, 소액보증금 산정시는 보증금 외에 차임(월세)을 보증금으로 환산(월세×100)한 금액도 포

5) 주택임대차보호법상의 주택임차인의 경우에는 대지가액을 포함한 주택가격의 1/2 범위 내에서 우선변제를 받게 된다.

함된다.

(주 3) 최우선변제를 받을 임차인 및 보증금 중 일정액의 범위와 기준은 상가가격(대지의 가격을 포함한다)의 1/3의 범위 안에서 대통령령으로 정한다(상가건물임대차보호법 제14조 제3항).

(주 4) 최우선변제를 받을 임차인이 다수인 관계로 보증금 중 일정액의 합계액이 상가가격의 1/3을 초과할 경우에는 각 임차인의 보증금 중 일정액의 비율에 따라 안분한 금액에 대해서만 우선변제를 받게 된다(상가건물임대차보호법 시행령 제7조 제3항).

**2. 근저당권자와 임대차계약서에 확정일자 있는 임차인과의 관계** 아래 요건을 모두 갖춘 상가건물임차인은 그 부동산의 후순위권리자(근저당권자 등)보다 우선하여 임차보증금을 변제받을 권리를 가진다.

가. 우선변제를 받을 수 있는 임차인의 요건

(1) 당해 상가건물에 대한 경매신청의 등기(매각개시결정등기) 전까지 건물의 인도와 사업자등록 신청을 할 것.

(2) 임대차계약서에 확정일자[6]를 받았을 것.

(3) 임차보증금과 차임 환산액(월세×100)을 합산한 금액이 법 시행령 제2조에서 정한 지역별 보증금액의 범위(아래 별표 참조)를 초과하지 아니할 것.[7]

(4) 배당요구의 종기(첫 매각기일 이전의 날로 법원이 정한 날짜)까지 반드시 배당요구를 할 것. 만일, 배당요구의 종기까지 배당요구를 하지 아니하여 자신이 배당받아야 할 금액이 후순위권리자에게 배당되었다 하더라도 임차인은 그 배당받은 자를 상대로 부당이득반환을 청구할 수 없다(대법원 1997. 7. 25. 선고 96다10263 판결).

나. 근저당권자와의 우열 판단 기준

(1) 상가 건물의 인도 및 사업자등록 신청을 한 날짜와 계약서에 확정일자를 받은 날짜가 같은 경우에는 그 다음 날, 건물의 인도 및 사업자등록 신청을 하고 그 이후에 확정일자를 받은 경우에는 확정일자를 받은 그 날짜에 담보권을 취득한 것(채권의 물권화)으로 보고, 그 날짜와 근저당권설정등기 일자를 비교하여 우열 여부를 판단한다.

6) 확정일자를 부여하는 곳은 상가건물 소재지를 관할하는 세무서장이다. 확정일자를 신청하면 법 적용대상의 임대보증금액인지를 확인한 후 그 원본에 확정일자 번호기재를 하고 관인을 날인한다. 그 다음 계약서 사본을 복사하여 원본과 사본에 간인한 후 신청인에게 계약서 원본을 교부한다.

7) 임차인이 상가임대차계약서에 확정일자를 받았다 하더라도 임차보증금(월세를 보증금으로 환산금액 포함한 임차보증금)이 동법 시행령 제2조에서 정한 지역별 보증금액의 범위를 초과할 경우에는 이 법의 보호를 받을 수 없다.

(2) 상가임차인이 대항력(상가건물인도+사업자등록신청+확정일자)을 갖춘 일자와 근자당권 설정등기 일자가 같은 경우에는 채권액에 안분하여 배당을 받게 된다.

다. 우선변제를 받을 수 있는 범위

(1) 등기부상 순위에 의거 우선변제를 받을 금액이 결정된다. 상가가격의 1/3에 구애 받지 아니하며, 임차보증금 범위 내에서 순위에 의한 배당을 받게 된다.

(2) 임차보증금이 증액된 경우, 그 증액된 보증금은 증액 이전의 근저당권자에 우선하지 못한다.

(3) 보증금이 일정금액 이하인 임차인(최우선변제권자)이 대항력을 갖추고 임대차계약서에 확정일자를 받은 경우에는 보증금 중 일정액을 근저당권자에 우선하여 변제를 받고, 나머지 보증금은 순위에 의한 우선변제를 받게 된다.

**확정일자를 받을 경우 보호를 받을 수 있는 지역별 임차보증금의 범위**
**(상가임대차보호법)**

(2010. 7. 27. 현재)

| 근저당권 등기일자 | 각 지역별 구분 | 임차보증금의 범위(시행령 제2조) |
|---|---|---|
| 08. 8. 21.까지 | 서울특별시 | 240백만원 이하 |
| | 서울특별시를 제외한 수도과밀억제권역 | 190백만원 이하 |
| | 군지역 및 인천광역시를 제외한 광역시 | 150백만원 이하 |
| | 그 밖의 지역 | 140백만원 이하 |
| 08. 8. 22.~ 2010. 7. 26. | 서울특별시 | 260백만원 이하 |
| | 서울특별시를 제외한 수도권 중 과밀억제권역 | 210백만원 이하 |
| | 군지역 및 인천광역시를 제외한 광역시 | 160백만원 이하 |
| | 그 밖의 지역 | 150백만원 이하 |
| 2010. 7. 26. 이후 | 서울특별시 | 300백만원 이하 |
| | 수도권정비계획법에 따른 과밀억제권역(서울특별시 제외) | 250백만원 이하 |
| | 광역시(과밀억제권역에 포함된 지역 및 군지역 제외), 안산시, 용인시, 김포시, 광주시 | 180백만원 이하 |
| | 그 밖의 지역 | 150백만원 이하 |

(주 1) 임차보증금 및 차임이 있는 경우 이를 환산(월세×100)한 금액의 합계가 상기 보증금의 범

위를 초과할 경우에는 임대차계약서에 확정일자를 받더라도 우선 변제를 받을 수 없다.

### (4) 근저당권자와 국세 · 지방세 상호간의 우열

**근저당권자와 국세(또는 지방세)와의 권리가 서로 충돌하는 경우 그 우열 관계는?**

**1. 근저당권자와 국세(또는 지방세) 중 당해세와의 관계** 당해세란 그 재산에 대하여 부과된 국세(또는 지방세[8])와 그 가산금을 의미하며, 최우선변제대상 임금채권 및 최우선변제대상 보증금 중 일정액을 제외한 전세권, 질권 또는 저당권에 의하여 담보되는 채권보다 우선한다(국세기본법 제35조 제1항 제3호).

2005. 1. 5. 현재 국세 중 상속세, 증여세[9] 및 종합부동산세가 당해세에 해당되며(국세기본법 제35조 제5항), 지방세의 경우 재산세, 자동차세, 도시계획세(지방세법 개정으로 2011년부터 도시계획세가 재산세에 통합된다), 공동시설세 및 재산세와 자동차세에 부과된 지방교육세가 이에 해당한다(지방세법시행령 제14조의4).

종전에는 국세 중 재평가세, 지방세 중 취득세,[10] 등록세(지방세법 개정으로 2011년부터는 등록세가 취득세에 통합된다), 면허세를 당해세로 규정하고 있었으나 당해세가 아니라는 헌법재판소의 결정에 따라 관련 규정들이 개정됨으로써 현재는 당해세에서 제외되었다. 따라서 실무상 이러한 세목들이 당해세로 보고 근저당권에 우선하여 배당되는 것으로 배당표가 작성되어 있는 경우에는 배당이의 제기를 하여야 할 것이다.

그런데 지방세 중 취득세는 실질적으로 당해세의 구실을 할 것으로 판단되므로 주의가

---

8) 지방세의 경우 1996. 1. 1.부터 시행된 지방세법의 당해세 우선조항에 따라 근저당권의 목적물에 대하여 부과된 재산세 및 종합토지세의 법정기일(납세고지서 발송일)이 위 개정된 지방세법 시행 후라고 하더라도 그 이전에 설정된 근저당권의 피담보채권에 대해서는 우선할 수 없다(대법원 1999. 3. 12. 선고 98다59125 판결).

9) 대법원은 증여세의 경우 재산의 취득자금을 증여 받은 것으로 추정하여 그 재산의 취득자금에 대하여 부과하는 것이어서 국세기본법상의 그 매각재산 자체에 대하여 부과된 국세 · 가산금이라고 할 수 없으므로 법정기일 전에 설정된 근저당권에 의하여 담보된 채권에 우선하지 못한다(대법원 1996. 3. 12. 선고 95다47831 판결)고 판시한 바 있다. 그러나 동 판결에도 불구하고 개정된 국세기본법 제35조 제5항에는 당해세로 규정하고 있다.

10) 지방세 중에서 취득세, 등록세, 면허세에 대하여는 당해세 우선의 원칙을 적용할 수 없고 재산세 및 자동차세와 같이 어떤 사람이 당해 재산을 소유하고 있다는 사실 그 자체에 담세력을 인정하여 부과하는 소위 강학상의 재산세에 한해서만 당해세 우선의 원칙을 적용할 수 있다(헌법재판소 1994. 8. 31. 자 91헌가1 결정).

요구된다.

즉 취득세는 그 신고일이 법정기일이 되며, 신고를 하지 않은 경우에는 납세고지서 발송일이 법정기일이 되는데, 실무상 소유권 이전등기를 하려면 반드시 등록세를 납부하여야 하고, 등록세 납부시 부동산 취득신고를 하고 있어 소유권 이전등기를 하기 위해 등록세를 납부하는 그 날이 신고일이 될 소지가 많다.

결론적으로 부동산의 소유권 이전과 동시에 은행이 근저당권을 설정하게 되면 동 부동산에 부과되는 취득세의 법정기일이 근저당권설정등기 일자와 같게 되어 항상 근저당권에 우선하여 변제를 받게 된다. 따라서 실무상 소유권이전과 동시에 근저당권을 설정하고자 하는 때에는 당해 부동산 취득세는 근저당권에 우선할 수 있다는 사실을 인식하고 이에 대한 적절한 조치가 따라야 할 것이다.

당해세로 인한 피해를 예방하려면 담보취득 대상 부동산의 소유권 취득원인이 상속 또는 증여로 되어 있는 경우 당해 상속세나 증여세의 납부 여부를 반드시 확인하는 습관을 가져야 할 것이다.

**2. 근저당권자와 기타 국세(또는 지방세)와의 관계** 국세 · 가산금 또는 체납처분비는 다른 공과금이나 그 밖의 채권에 우선하여 징수한다. 다만, 국세 또는 가산금의 법정기일 전에 전세권, 질권 또는 저당권 설정을 등기하거나 등록한 사실이 대통령령으로 정하는 바에 따라 증명되는 재산을 매각할 때 그 매각금액 중에서 국세 또는 가산금(그 재산에 대하여 부과된 국세와 가산금은 제외한다)을 징수하는 경우의 그 전세권, 질권 또는 저당권에 의하여 담보된 채권에 대해서는 그러하지 아니하다(국세기본법 제35조 제1항, 지방세법 제31조 제1항). 이를 조세우선의 원칙이라 한다.

한편 저당권 설정등기 일자와 국세(또는 지방세) 또는 가산금의 법정기일이 같은 때에는 국세가 우선한다.

### (5) 근저당권자와 임금채권자 상호간의 우열

**근저당권자와 임금채권자의 권리가 서로 충돌하는 경우 그 우열 관계는?**

최우선변제대상 임금채권인 최종 3월분의 임금, 재해보상금(근로기준법 제38조 제2항) 및 최종 3년간의 퇴직금(근로자퇴직급여보장법 제11조 제2항) 채권은, 사용자의 총재산에 대하여 저당권, 질권에 의하여 담보된 채권이나 조세, 공과금 및 다른 채권에 우선한다. 그러나 기타의 임금채권은 저당권(또는 질권)에 우선하지 아니한다.

여기서 '사용자의 총재산'이라 함은 근로계약의 당사자로서 임금채무를 1차적으로 부담하는 사업주인 사용자의 총재산을 의미하는 것으로 보고 있다. 그러므로 채무자가 주식회사이고 담보물의 소유자가 그 법인의 대표이사 등 개인인 경우에는 그 담보부동산에 대해서는 임금채권 우선변제 규정이 적용되지 아니한다.

## 8. 공익사업을 위한 담보물의 수용과 물상대위권의 행사

(상 황)

a. 차주 甲이 담보로 제공한 토지와 건물에 대하여 공익사업을 위한 토지 등의 취득 및 보상에 관한 법률(이하 공익사업법 이라 한다)에 의거 토지수용위원회의 수용재결이 있었다.

b. 한편 동 담보 부동산에 대한 권리관계는 다음과 같다.

(1) 1순위 근저당권자 : X

(2) 2순위 근저당권자 : Y

(3) 3순위 근지당권자 : Z

### (1) 근저당 목적물의 수용과 그 보상금에 대한 근저당권자 상호간의 우선순위

甲이 사업시행자로부터 받게 되는 토지수용 보상금에 대한 근저당권자 X, Y, Z 상호간의 우선순위는?

담보물권의 목적물이 멸실, 훼손 또는 공용징수로 인하여 그 목적물의 소유자가 그에 갈음하여 보험금이나 손해배상금 또는 보상금 등의 금전이나 기타의 물건을 받을 청구권을 취득하게 되는 경우에 담보권자의 담보권이 목적물 소유자가 받게 될 보험금·손해배상금·보상금 위에 존속(다만, 그 지급 또는 인도전에 반드시 압류를 하여야만 한다)하게 되는 성질을 담보물권의 물상대위성[1]이라 한다.

민법은 동산질권에 관하여 물상대위성을 인정하고 있으며, 권리질권과 저당권에도 이를 준용하도록 규정하고 있다.

담보로 취득한 토지 등이 공익사업법에 의거 토지수용위원회의 수용재결이 나게 되면, 사업시행자는 토지 또는 물건을 수용한 날에 그 소유권을 원시취득하며 그 토지에 관한 다른 권리는 모두 소멸한다.[2]

수용되는 토지 등에 대하여 이미 근저당권이 설정되어 있거나 가압류가 집행되어 있어

---

1) 질권은 질물의 멸실, 훼손 또는 공용징수로 인하여 질권설정자가 받을 금전 기타 물건에 대하여도 이를 행사할 수 있다. 이 경우에는 지급 또는 인도전에 압류하여야 한다(민법 제342조, 물상대위).

2) 공익사업법 제45조(권리의 취득, 소멸 및 제한) 제1항.

도 토지의 수용으로 기업자가 그 소유권을 원시취득함으로써 근저당권의 효력이나 가압류의 효력은 모두 소멸되는 것이고 토지 등에 대한 근저당권이나 가압류가 그 수용보상금청구권에 당연히 전이되어 그 효력이 미치게 된다고 볼 수는 없다.[3] 보상금에 대하여 근저당권의 효력이 미치도록 하기 위해서는 그 보상금이 소유자 등에게 지급되기 전에 물상대위권에 기한 압류를 하여야만 한다. 따라서 甲이 사업시행자로부터 받게 될 보상금에 대한 근저당권자 X, Y, Z 상호간의 우선순위는 다음과 같이 그 상황에 따라 다르다.

1. 근저당권자 X, Y, Z 모두가 甲이 사업시행자로부터 받게 될 보상금에 대하여 물상대위권에 기한 압류[4]를 한 경우, 그 우선순위는 압류의 선후가 아니라 근저당권 설정일자의 선후에 따라 우선순위가 결정된다.

2. Z만 물상대위권에 기한 압류를 하고, X와 Y는 물상대위권에 기한 압류도 아니하고 또한 물상대위권에 기한 배당요구도 하지 않았다고 가정한다면 근저당권의 설정일자에 불구하고, Z가 우선변제권을 갖게 된다.

3. X, Y, Z가 모두 물상대위권에 기한 압류가 아닌 일반채권자로서 민사집행법에 기한 압류를 하였다면 X, Y, Z는 각자의 실 채권액에 비례하여 배당을 받게 된다.

결론적으로 담보물이 공익사업법에 의거 토지수용위원회의 수용재결이 난 경우 근저당권자로서 우선 변제를 받기 위해서는 토지 등에 대한 보상금이 소유자(甲)에게 지급되기 전에 반드시 물상대위권에 기한 채권압류 및 전부명령(또는 추심명령)을 신청하여야 한다.

물상대위의 객체(보상금)가 되는 청구권에 대하여 이미 다른 채권자가 가압류나 압류를 한 때에는 근저당권자인 은행은 그 집행법원에 민사집행법 제247조(배당요구) 제1항 및 같은 법 제84조(배당요구의 종기 결정 및 공고)에 의거, 배당요구의 종기까지 물상대위권에 기한 배당요구를 하여도 무방하다.

물상대위권에 기한 압류 및 추심명령(또는 전부명령)을 신청하면, 담보권자의 채권액은 신청시의 청구채권으로 확정되어 근저당권 채권최고액에 불구하고 청구채권에 한해서 우선 배당을 받게 되므로 물상대위권에 기한 채권압류 및 추심명령을 신청하고자 하는 때에는 특히 청구채권 산정에 각별한 주의가 요구된다.

아울러 물상대위권에 기하여 근저당권 채권최고액까지 우선변제를 받고도 부족채권이

3) 대법원 2000. 7. 4. 선고 98다6296 판결.

4) 물상대위권에 기한 압류라 함은 일반채권자의 자격으로서가 아니라 민사집행법 제273조에 의하여 담보권의 존재를 증명하는 등기부등본 등의 서류를 집행법원에 제출하여 압류를 하는 것을 의미한다.

발생하고 담보물의 보상가액이 채권최고액을 초과할 것으로 판단되는 경우에는 물상대위권에 기한 압류 및 추심명령 신청과 동시에 추가로 일반채권자로서 가압류명령(집행권원이 있는 경우에는 압류 및 추심명령)을 신청하는 등 부족채권 회수에 만전을 기하여야 할 것이다.

■ 참고사항

1. **공익사업법 제15조(보상계획의 열람 등)** ① 사업시행자는 제14조에 따라 토지조서 및 물건조서를 작성한 때에는 공익사업의 개요, 토지조서 및 물건조서의 내용과 보상의 시기·방법 및 절차 등을 기재한 보상계획을 전국을 보급지역으로 하는 일간신문에 공고하고, 토지소유자 및 관계인에게 각각 통지하여야 하며, 제2항 단서에 따라 열람을 의뢰하는 사업시행자를 제외하고는 특별자치도지사, 시장·군수 또는 구청장에게도 통지하여야 한다. 다만, 토지소유자 및 관계인이 20인 이하인 경우에는 공고를 생략할 수 있다.

② 사업시행자는 제1항에 따른 공고 또는 통지를 한 때에는 그 내용을 14일 이상 일반인이 열람할 수 있도록 하여야 한다. 다만, 사업지역이 2 이상의 시·군 또는 구에 걸쳐 있거나 사업시행자가 행정청이 아닌 경우에는 해당 특별자치도지사, 시장·군수 또는 구청장에게도 그 사본을 송부하여 열람을 의뢰하여야 한다.

③ 제1항의 규정에 따라 공고 또는 통지된 토지조서 및 물건조서의 내용에 대하여 이의가 있는 토지소유자 또는 관계인은 제2항의 규정에 의한 열람기간 이내에 사업시행자에게 서면으로 이의를 제기할 수 있다.

④ 사업시행자는 해당 토지조서 및 물건조서에 제3항의 규정에 따라 제기된 이의를 부기하고 그 이의가 이유 있다고 인정하는 때에는 적절한 조치를 하여야 한다.

2. **공익사업법 제16조(협의)** 사업시행자는 토지 등에 대한 보상에 관하여 토지소유자 및 관계인과 성실하게 협의하여야 하며, 협의의 절차 및 방법 등 협의에 관하여 필요한 사항은 대통령령으로 정한다.

3. **공익사업법시행령 제8조(협의의 절차 및 방법 등)** ① 사업시행자는 법 제16조의 규정에 의한 협의를 하고자 하는 때에는 국토해양부령이 정하는 보상협의요청서에 다음 각 호의 사항을 기재하여 토지소유자 및 관계인에게 통지하여야 한다. 다만, 토지소유자 및 관계인을 알 수 없거나 그 주소·거소 그 밖에 통지할 장소를 알 수 없는 때에는 제2항의 규정에 의한 공고로써 통지에 갈음할 수 있다.

4. **공익사업법 제22조(사업인정의 고시)** ① 국토해양부장관은 제20조의 규정에 의한 사업인정을 한 때에는 지체 없이 그 뜻을 사업시행자, 토지소유자 및 관계인, 관계 시·도지사에게 통지하고 사업시행자의 성명 또는 명칭·사업의 종류·사업지역 및 수용 또는 사용할 토지의 세목을 관보에 고시하여야 한다.

② 제1항에 따라 사업인정의 사실을 통지받은 시 · 도지사(특별자치도지사를 제외한다)는 관계 시장 · 군수 및 구청장에게 이를 통지하여야 한다.

③ 사업인정은 제1항의 규정에 따라 고시한 날부터 그 효력을 발생한다.

**5. 공익사업법 제40조(보상금의 지급 또는 공탁)** ① 사업시행자는 제38조 또는 제39조의 규정에 의한 사용의 경우를 제외하고는 수용 또는 사용의 개시일(토지수용위원회가 재결로서 결정한 수용 또는 사용을 개시하는 날을 말한다)까지 관할 토지수용위원회가 재결한 보상금을 지급하여야 한다.

② 사업시행자는 다음 각 호의 1에 해당하는 때에는 수용 또는 사용의 개시일까지 수용 또는 사용하고자 하는 토지 등의 소재지의 공탁소에 보상금을 공탁할 수 있다.

1. 보상금을 받을 자가 그 수령을 거부하거나 보상금을 수령할 수 없는 때
2. 사업시행자의 과실 없이 보상금을 받을 자를 알 수 없는 때
3. 관할 토지수용위원회가 재결한 보상금에 대하여 사업시행자의 불복이 있는 때
4. 압류 또는 가압류에 의하여 보상금의 지급이 금지된 때

③ 사업인정고시가 있은 후 권리의 변동이 있는 때에는 그 권리를 승계한 자가 제1항의 규정에 의한 보상금 또는 제2항의 규정에 의한 공탁금을 수령한다.

④ 사업시행자는 제2항 제3호의 경우 보상금을 받을 자에게 자기가 산정한 보상금을 지급하고 그 금액과 토지수용위원회가 재결한 보상금과의 차액을 공탁하여야 한다. 이 경우 보상금을 받을 자는 그 불복의 절차가 종결될 때까지 공탁된 보상금을 수령할 수 없다.

**6. 공익사업법 제47조(담보물권과 보상금)** 담보물권의 목적물이 수용 또는 사용된 경우 당해 담보물권은 그 목적물의 수용 또는 사용으로 인하여 채무자가 받을 보상금에 대하여 행사할 수 있다. 다만, 그 지급전에 이를 압류하여야 한다.

### (2) 토지수용보상금에 압류 및 전부명령을 받은 일반 채권자와 그 부동산에 근저당권을 취득한 자 상호간의 우선순위

**甲이 받게 될 보상금에 대하여 甲의 다른 일반채권자(A)가 압류 및 전부명령을 신청하고 그 후 근저당권자인 X, Y, Z가 물상대위권에 기한 압류가 아니라 일반채권자로서 민사집행법에 기한 압류 및 전부명령을 신청하였다고 가정한다면, A와 X, Y, Z 상호간의 우선순위는?**

사업시행자가 A에게 보상금을 지급하기 전까지 근저당권자(X, Y, Z)가 물상대위권에 기한 압류 및 전부명령을 사업시행자에게 송달시키지 않는 한 A가 근저당권자에 우선할 것으로 본다. 일반채권자가 신청한 압류 및 전부명령이 사업시행자에게 송달됨으로써 보

상금은 전부채권자(A)에게 독점적으로 이전되고, 그 후 송달된 가압류, 압류 및 전부명령, 추심명령은 모두 무효가 되기 때문이다.

한편 위 사안에서 A가 전부명령이 아닌 추심명령을 송달시키고, 근저당권자(X, Y, Z)가 물상대위권에 기한 압류가 아니라 일반채권자의 자격으로 민사집행법에 기한 압류 및 전부명령을 신청하였다면 근저당권자의 전부명령은 선행된 A의 압류와 경합되어 무효가 되지만 압류부분은 유효하므로, 결국 A와 근저당권자 X, Y, Z는 일반적인 압류경합시의 예에 따라 각 채권액에 비례하여 평등하게 배당 받게 될 것이다.

### (3) 보상금이 양도된 경우에도 근저당권자가 물상대위권을 행사할 수 있는지 여부

**토지수용으로 받게 될 보상금을 甲이 이미 자신의 일반채권자에게 양도한 경우에도 근저당권자는 물상대위권을 행사할 수 있겠는가?**

보상금이 현실적으로 지급되지 아니한 이상 물상대위권을 행사할 수 있을 것으로 본다.

담보권자는 공익사업법 제22조(사업인정의 고시) 소정의 사업인정의 고시가 있으면, 수용대상토지에 대한 손실보상금의 지급이 확실시되므로 토지수용의 재결 이전 단계에서도 물상대위권의 행사로서 피수용자의 사업시행자에 대한 손실보상금 채권을 압류 및 전부받을 수 있어, 설사 그 압류 전에 양도 또는 전부명령 등에 의하여 보상금 채권이 타인에게 이전된 경우라 하더라도 보상금이 직접 지급되거나 보상금지급청구권에 관한 강제집행절차에 있어서 배당요구의 종기에 이르기 전에는 그 청구권에 대한 추급이 가능하다고 한다.

대법원 판례[5]도 같은 입장을 취하고 있다. 따라서 토지 등에 대한 보상금을 소유자(甲)가 이미 제3자에게 양도하였다 하더라도 보상금을 양수인에게 현실적으로 지급하지 아니한 이상 근저당권자는 물상대위권을 행사할 수 있을 것으로 본다.

---

5) 물상대위권자의 압류 전에 타인의 양도 또는 전부명령 등에 의하여 보상금채권이 타인에게 이전된 경우라 하더라도 보상금이 직접 지급되거나 보상금 지급청구권에 관한 강제집행 절차에 있어서 배당요구 종기에 이르기 전에는 여전히 그 청구권에 대한 추급이 가능한 것이다(대법원 2000. 6. 23. 선고 98다31899 판결).

### (4) 근저당권설정자가 이미 보상금을 수령하였다면 근저당권자는 사업시행자에 대하여 손해배상청구를 할 수 있는지 여부

**甲이 이미 보상금을 수령하였다면, 근저당권자는 사업시행자에게 공익사업법 제16조(협의) 위반을 이유로 손해배상을 청구할 수 있겠는가?**

사업시행자로부터 수용재결에 따른 협의를 위한 통지를 받지 않았다 하더라도 근저당권자는 어떠한 경위로든지 수용보상금이 토지소유자에 의하여 출급되어 그 일반재산에 혼입되기 전에 물상대위권을 행사할 수 있는 충분한 시간적 간격을 두고 토지가 수용된 사실을 알게 되었음에도 불구하고 물상대위권을 행사하여 토지소유자의 공탁금출급청구권을 압류하지 아니함으로써 우선 변제를 받을 수 없었다면 근저당권자는 사업시행자에게 그 손해배상을 청구할 수 없는 것으로 본다.

토지 등이 공익목적의 수용재결이 있는 경우, 사업시행자는 공익사업법 제16조(협의) 및 법 시행령 제8조(협의의 절차 및 방법 등) 제1항에 의거 근저당권자 등 토지관계인에게 보상 등에 관한 사항을 협의하기 위한 통지를 하여야 한다.

그런데 만일 사업시행자가 통지를 하지 아니함으로 인하여 토지소유자가 보상금 전액을 수령, 소비한 경우 근저당권자는 사업시행자에게 통지의무 위반을 이유로 손해배상을 청구할 수 있는지 의문이다.

이에 관한 대법원 판례[6]는 사업시행자가 통지 의무를 이행하지 아니함으로써 근저당권자가 보상금으로부터 변제를 받을 수 없었다 하여 무조건 사업시행자에게 책임이 있는 것은 아니며, 근저당권자가 어떠한 경위로든지 수용보상금이 토지소유자에 의하여 출급되어 그 일반재산에 혼입되기 전에 물상대위권을 행사할 수 있는 충분한 시간적 간격을 두고 토지가 수용된 사실을 알게 되었음에도 불구하고 물상대위권을 행사하여 토지소유자의 공탁금출급청구권을 압류하지 아니함으로써 우선 변제를 받을 수 없게 된 경우 근저당권자는 사업시행자에게 그 손해배상을 청구할 수 없다는 태도를 취하고 있다.

6) …기업자가 수용할 토지의 근저당권자에게 규정에 의한 협의나 통지를 하지 아니 하였다면 이는 위법하다고 할 것이나, 근저당권자가 어떠한 경위로든지 수용보상금이 토지소유자에 의하여 출급되어 그 일반재산에 혼입되기 전에 물상대위권을 행사할 수 있는 충분한 시간적 간격을 두고 토지가 수용된 사실을 알게 되었음에도 불구하고 물상대위권을 행사하여 토지소유자의 공탁금출급청구권을 압류하지 아니함으로써 우선 변제를 받을 수 없게 된 경우 근저당권자는 기업자에게 그 손해배상을 청구할 수 없다(대법원 2001다78553).

# 9. 담보물건에 대한 보험가입 및 질권설정이 필요한 이유

(상 황)

a. D은행 Y지점은 甲에게 대출을 하면서 X부동산(대지, 건물)에 대하여 근저당권을 취득하였다.
b. 한편 乙은 X부동산 건물에 화재가 발생할 경우에 대비하여, 甲으로 하여금 화재보험을 가입하게 하는 한편 甲이 보험회사에 대하여 가지는 보험금청구권에 질권을 취득하고 채무자(보험회사) 및 제3자 대항요건을 갖추었다.
c. 그 후 X부동산은 화재로 진소하였다.

## (1) 근저당권자와 보험금청구권에 질권을 취득한 자 상호간의 우열

**甲이 보험회사에 대하여 가지는 보험금청구권에 대하여 근저당권자인 Y지점과 보험금청구권에 대하여 질권을 취득한 乙 중 어느 쪽이 우선 하겠는가?**

설문의 경우 근저당권자의 근저당권설정 등기일자와 질권자가 제3자 대항요건을 갖춘 일자를 비교하여 그 선후에 의하여 우선순위가 결정된다.[1] 따라서 보험금에 대하여 Y지점이 우선할 것으로 본다. 다만, Y지점이 질권자에 우선하여 보험금을 수령하려면 보험회사에서 보험금을 질권자(乙)나 보험가입자(甲)에게 지급하기 전에 물상대위권에 기하여 압류를 하여야 한다.[2]

담보물권의 목적물이 멸실, 훼손 또는 공용징수로 인하여 그 목적물의 소유자가 그에 갈음하여 보험금이나 손해배상금 또는 보상금 등의 금전이나 기타의 물건을 받을 청구권을 취득하게 되는 경우에 담보권자의 담보권이 목적물 소유자가 받게 될 보험금 · 손해배상금 · 보상금 위에 존속(다만, 지급 또는 인도전에 반드시 압류를 하여야만 한다)하게 되는 성질을 담보물권의 물상대위성[3]이라 한다.

1) 질권자가 제3자 대항요건을 갖춘 일자와 물상대위권에 기한 압류일자의 선후에 의하여 우선순위를 결정하여야 한다는 견해(한국산업은행 금융실무법률)도 있다.

2) 오시정, 한국금융연수원 여신실무법률(中).

3) 질권은 질물의 멸실, 훼손 또는 공용징수로 인하여 질권설정자가 받을 금전 기타 물건에 대하여도 이를 행사할 수 있다. 이 경우에는 지급 또는 인도전에 압류하여야 한다(민법 제342조, 물상대위).

민법은 동산질권에 관하여 물상대위성을 인정하고 있으며 권리질권과 저당권에도 이를 준용하도록 규정하고 있다. 따라서 설문의 경우 담보물권의 특성인 물상대위성에 의거, Y지점이 취득한 근저당권의 등기일자와 乙이 질권자로서의 제3자 대항요건을 갖춘 일자를 비교하여 그 전후에 의하여 우선순위가 결정되는 것으로 보아야 할 것이므로, Y지점이 보험금에 대하여 우선권을 가지게 될 것이다. 다만, Y지점이 질권자에 우선하여 보험금을 수령하려면 보험회사에서 보험금을 질권자(乙)나 보험가입자(甲)에게 지급하기 전에 반드시 물상대위권에 기하여 압류를 하여야만 한다.

보험금에 대하여 이미 다른 채권자로부터 가압류 또는 압류가 된 때에는 그 집행법원에 민사집행법 제247조(배당요구) 제1항 및 같은 법 제84조(배당요구의 종기 결정 및 공고)에 의거, 배당요구의 종기까지 물상대위권에 기한 배당요구를 신청하는 방법으로 우선변제를 받을 수 있다. 물상대위권에 기한 압류나 배당요구를 하지 아니하고 일반채권자의 지위에서 압류나 배당요구를 하면 질권자(乙)에게 대항할 수 없다는 점을 각별히 유의하여야 한다.

그런데 문제는 근저당권자(Y지점)로서는 甲이 화재보험에 가입하였는지 여부는 물론이거니와 화재 발생 사실도 파악하기 어려워 보험금이 지급되기 전에 물상대위권에 기한 압류를 한다는 것은 기대하기 어렵다. 이와 같은 문제점을 해소하고 완전한 채권보전을 위해서는 근저당권설정과 동시에 근저당권설정자로 하여금 화재보험에 가입하게 한 후 그 보험금청구권에 대하여 질권을 설정하는 수밖에 없다.

담보물건의 화재보험가입 및 질권설정과 관련하여 실무상 특히 유의하여야 할 사항으로는 다음과 같은 것이 있다.

1. 금융기관의 여신 내규에는 여신의 담보물건으로서 동산(유체동산, 자동차, 건설기계, 선박, 항공기 등)이나 부동산 중 이재의 대상이 되는 물건(건물, 공작물) 및 공장 또는 광업재단에 대하여는 화재보험(또는 운송보험, 해상보험)에 가입하도록 규정하고 있다. 그리고 견질담보나 주담보에 영향을 미치는 첨담보에 대하여도 채권보전에 필요한 경우에는 보험에 가입하도록 하고 있다. 다만, 요부보금액이 일정금액(통상 5천만원 이하)이하이거나 담보물건이 아파트인 경우에는 고객의 비용부담을 최소화하고자 보험가입을 생략 수 있는 규정을 두고 있다.

여기서 요부보금액이라 함은 보험가입금액을 말하며, 여신금액에서 비이재 담보물건[4]

4) 비이재 담보물건이라 함은 화재가 발생하더라도 손실이 없는 담보물로서 부동산 중 대지의 담보가격 및 유가증권, 채권, 보증서 등의 담보가격을 의미한다.

의 담보가격을 공제한 잔액에다 부보율[5]을 곱한 금액으로 하되 불필요한 비용지출을 방지하고자 요부보금액은 보험목적물의 감정가격을 초과할 수 없도록 하고 있다.

2. 보험금청구권에 대한 채권보전 방법으로는 피보험자를 금융기관으로 하는 방법과 보험금청구권에 대하여 질권설정을 하는 방법이 있는데 금융기관 실무상으로는 특별한 사정이 없는 한 후자의 방법으로 처리하도록 규정하고 있다.

보험금청구권에 대하여 질권설정을 하는 방법은 차주와 질권설정계약을 체결하고, 여신실행 전에 피보험자(차주)와 금융기관이 연서로 보험회사에 질권설정승낙의뢰서에 의한 질권설정 승낙을 받고 보험증권에 그 뜻을 기재[6]하는 한편 그 승낙서(보험증권)에 확정일자를 받아야 한다.

그런데 실무상 차주로부터 질권설정계약서를 받지 않고 있는데 그 이유는 계약은 당사자 간의 서로 대립하는 두 개의 의사표시가 합치(객관적 의사의 합치)함으로써 성립하고, 계약서의 작성은 그 계약의 성립요건이 아니기 때문으로 판단된다. 그럼에도 채권의 담보로 질권설정을 할 때 질권설정계약서를 받고 있는 것은 장래 그 증거를 분명히 하고자 함이다. 하지만 화재보험의 경우 보험금청구권에 대한 질권설정의 대항요건(보험회사의 승낙과 그 승낙서 상의 확정일자)을 갖추고 그 증거도 확실하므로 굳이 차주로부터 질권설정계약서를 받을 필요는 없다고 생각한다.

3. 간혹 실무상 보험료를 월납하는 차주가 있는데 이 경우에는 월납관리대장을 작성, 매달 보험료 체납여부를 철저히 확인하여 화재발생시 보험금을 수령하지 못하는 사례가 없도록 하여야 할 것이다. 그리고 보험계약은 채무를 완제할 때까지 계속되어야 하며, 만일 채무자(또는 피보험자)가 보험계약 계속의 절차를 밟지 아니하여 채권보전상 부득이하다고 판단되면 금융기관이 가지급금으로 보험료를 대지급하고 그 뜻을 즉시 통지하는 한편 대지급한 보험료와 그 지연배상금을 신속히 회수하여야 할 것이다.

4. 보험계약 체결시 보험목적물을 주택으로 하여 계약이 체결되었으나 실제로는 공장, 작업장, 사무실, 음식점, 다방 등 주택과 위험등급이 다른 용도로 사용하였거나, 작업장이나 사무실, 음식점, 다방 등으로 계약이 체결되었으나 공장 등 위험등급이 다른 용도로 사용하였을 경우 또는 동산의 경우 수용건물, 구조, 평수 등이 불분명한 경우에는 보

5) 부보율은 차주의 경쟁력, 신용상태 등에 따라 100%에서 120%로 차등 적용하고 있으며 통상 120%를 적용하고 있다.

6) 통상 보험증권상에 '본 계약의 보험목적물은 하기 질권자에게 채무의 담보로 제공하였으므로 보험금 지급시에는 아래의 금액(요부보금액)을 한도로 질권자에게 직접지급하기로 합니다.'라고 기재하고 있다.

험사고가 발생되더라도 보험의 혜택을 받지 못하므로 보험목적물의 용도에 맞게 보험계약이 체결되었는지 여부를 철저히 확인하여야 할 것이다.

### (2) 근저당권 목적물에 화재발생시 보험금 수령을 위한 조치사항

**보험회사로부터 화재보험금을 수령하기 위하여 근저당권자(Y지점)가 취하여야 할 조치는?**

보험금이 질권자 또는 피보험자에게 지급되기 전에 물상대위권에 기한 압류와 동시에 추심명령(또는 전부명령)을 신청, 그 명령이 보험회사에 송달되게 한 후 보험금을 수령하여 대출금 변제에 충당하여야 할 것이다.

물상대위권의 행사는 담보권의 실행이므로 이를 행사함에 있어 별도의 집행권원을 요하지 아니하므로, 민사집행법 제273조(채권과 그 밖의 재산권에 대한 담보권의 실행)에 의거 담보권의 존재를 증명하는 서류[7]를 집행법원에 제출하여 채권압류 및 추심명령(또는 전부명령)을 신청하는 방법으로 한다. 보험금에 대하여 이미 다른 채권자로부터 가압류 또는 압류가 된 때에는 그 집행법원에 민사집행법 제247조(배당요구) 제1항 및 같은 법 제84조(배당요구의 종기 결정 및 공고)에 의거, 배당요구의 종기까지 배당요구[8]를 하는 방법으로 물상대위권을 행사할 수도 있다.

한편 물상대위권에 기한 압류명령이 보험회사에 송달되기 전에 다른 채권자가 이미 보험회사로부터 보험금을 지급받은 경우라도 아직 배당절차가 종료되지 않았다면 배당요구의 종기(압류 및 추심채권자가 법원에 추심신고를 하기 전)까지 배당요구를 하는 방식으로 물상대위권을 행사할 수 있다. 하지만 이는 어디까지나 이론적인 이야기일 뿐 보험금이 지급되었다면 사실상 우선변제를 받기가 어려울 것으로 생각된다.

---

7) 근저당권자로서 물상대위권에 기한 압류를 할 때 담보권의 존재를 증명하는 서류로는 근저당권설정계약서 사본 및 부동산 등기부등본이면 족하다.

8) 반드시 물상대위권에 기한 배당 요구를 하여야만 우선변제를 받을 수 있다.

# 제6절 신용보증서 · 양도담보

## 1. 신용보증서 담보대출 취급시 유의사항

(상 황)

a. D은행 Y지점은 甲에게 신용보증기금에서 발급하는 보증서를 담보로 대출을 취급하고자 한다.
b. 신용보증서 약관의 주요 내용 등 신용보증서를 담보로 하는 대출을 취급하고자 할 때 여신담당자로서 특별히 유의하여야 할 사항은?

신용보증기금 등 보증기금에서 발급한 신용보증서[1]를 담보로 대출을 한 경우에는 채무자가 변제능력을 상실하더라도 일정금액을 보증기금으로부터 대위변제를 받을 수 있어 신용보증서 담보는 금융기관이 가장 선호하는 담보 중의 하나이다.

하지만 이를 지나치게 과신한 나머지 신용보증서 약관에서 정하고 있는 사항을 위반할 경우, 그것이 면책사유에 해당되면 대위변제를 받을 수 없게 되고 그 책임은 대출취급 관계자에게 고스란히 전가될 수밖에 없으므로 신중한 업무처리가 요구된다.

신용보증서 약관의 주요 내용 등 신용보증서를 담보로 하는 대출을 취급하고자 할 때에는 특히 다음과 같은 사항에 유의하여야 한다.

1. 금융기관이 차주(신용보증의뢰인)에게 발급하는 거래상황확인서의 내용은 정확하여야 한다. 신용보증서 발급의 기본조건에 해당된다고 볼 수 있는 거래상황확인서의 내용에 오류가 있고, 그 오류가 없었다면 신용보증서를 발급하지 않았을 경우에는 신용보증계약의 취소사유가 된다는 것이 대법원 판례[2]의 태도이다. 따라서 거래상황확인서를 발

1) 신용보증기금의 신용보증은 민법상의 보증이 아니라 신용보증기금법이라는 특별법에 의한 보증이다.

2) 금융기관이 신용보증기금에게 연체가 발생하여 신용보증 제한 대상이 되는 기업에 대한 거래상황확인서를 발급함에 있어서 아무런 연체가 없는 것처럼 기재함으로써 위 기금이 신용보증을 하게 된 경우, 신용보증행위의 중요부분에 관한 동기의 착오로서 기금은 신용보증계약을 취소할 수 있다(대법원 1992. 2. 25. 선고 91다34819 판결). 신용보증기금이 대출은행이 발행한 금융거래확인서를 믿고 신용보증서를 발급했는데 사실은 연체대출금이 있었다는 등의 사정이 있으면 법률행위의 내용의 중요부분에 착오가 있다고 보아 신용보증계약을 취소할 수 있다(대법원 1996. 7. 26. 선고 94다25964 판결).

급하는 때에는 그 내용이 정확한지를 보다 철저히 확인하여야 한다.

2. 신용보증서를 발급 받기 전에는 대출을 실행하여서는 아니 된다.

3. 신용보증서를 은행이 점유하였다 하더라도 약관에서 명시한 신용보증사고가 발생한 후에 보증부대출을 실행하거나 또는 근보증 방식의 경우 보증기한이 종료되지 않았다 하더라도 신용보증사고 발생 후에 건별대출을 실행하게 되면 면책사유에 해당된다. 따라서 신용보증서를 점유하였다 하더라도 신용보증사고에 해당되는 사항이 없는지를 반드시 대출 기표 전에 다시 확인하는 습관을 가져야 할 것이다.

4. 신용보증서에 기재된 조건, 예컨대 채권자, 채무자, 보증금액 및 보증기한, 대출과목 및 기타 특약 등에 부합하는 대출을 취급하여야 한다.[3]

특약과 관련하여 특히 유의하여야 할 사항은 신용보증기금의 보증심사 단계부터 특약조건에 대한 협의를 명확하게 하여야 하며, 그 특약을 수용할 수 없는 경우에는 대출 취급 전에 변경 요청을 하여야 한다. 그리고 신용보증서에 기재된 특약의 내용이 명확하지 아니하거나 특약 사항을 이행하는데 법률상의 문제가 있다는 등의 사정이 있는 경우에는 반드시 보증기금에 질의를 하여 서면 답변서를 받고 처리하여야 장래 불필요한 분쟁에서 벗어 날 수 있다.

5. 보증기금의 동의 없이 보증부대출금의 일부 또는 전부를 채권자의 기존채권의 상환에 충당한 때에는 면책사유에 해당한다.[4]

3) 신용보증약관에 금융기관이 신용보증서 앞면의 기재 내용과 특약사항에 위반하여 대출을 실행하였을 경우에는 신용보증기금은 보증채무 전부에 대하여 책임을 지지 않는다고 규정하고 있고, 신용보증서 앞면에는 보증금액, 피보증인, 보증기한, 보증방법, 대출과목, 특약에 관한 사항을 기재하도록 되어 있는 경우, 신용보증서 앞면에 기재되는 대출과목은 보증인이 우선 신용보증을 하기 위하여 기재된 경우와 단순히 신용보증채무의 동일성 여부를 확인하기 위하여 기재된 경우로 구분할 수 있다고 할 것이고, 대출과목이 우선 신용보증 대상으로서 기재된 경우에는 금융기관이 신용보증서의 대출과목과 달리하여 대출을 한 때에는 원칙적으로 면책약관이 그대로 적용되어 보증인은 보증 책임을 면하되, 보증인이 당초 신용보증을 함에 있어 피보증인이 대출과목을 달리하여 대출을 받은 경우에도 보증인으로부터 그 보증여부나 보증한도 등에 관하여 동일한 조건으로 보증을 받을 수 있었다고 볼 수 있는 사정이 있는 때에는 면책을 규정한 약관에도 불구하고 보증 책임을 진다고 볼 것이고, 또한 대출과목이 단순히 보증채무의 동일성 여부를 확인하기 위하여 기재된 경우에는 대출과목이 다르다고 하더라도 보증채무의 동일성이 인정되는 한 보증인은 보증 책임을 지고 면책약관은 적용되지 않는다(대법원 2001. 2. 27. 선고 99다23574 판결).

4) 신용보증부대출 대전으로 당좌대출을 일시 상환하는 것은 면책사항에 해당되지 아니하나 당좌대출의 한도를 감액하는 행위는 면책사항에 해당되는 것으로 본다.

6. 신용보증기금의 신용보증통지일 또는 전자신용보증서 송신일로부터 적어도 60일 이내에는 대출의 전부 또는 일부를 실행하여야 한다. 다만, 신용보증조건에 부합하는 시설자금대출이 분할 취급되는 경우에는 최초의 대출관련서류에 분할대출 실행이 예정되어 있고, 최초의 대출금이 신용보증통지일 또는 전자신용보증서 송신일로부터 60일 이내 실행되고, 분할대출의 기한이 최초로 실행된 대출금의 기한과 같은 때에는 60일을 초과하여 실행하여도 면책사유에 해당되지 아니함은 당연하다.

7. 근보증 방식의 경우에는 신용보증통지일 또는 전자신용보증서 송신일로부터 60일 이내에 신용보증조건에 부합되게 1건 이상의 건별대출을 실행하여야 한다. 다만, 당좌대출 등 약정한도 범위 내에서 채무자가 필요할 때 언제든지 인출할 수 대출의 경우에는 신용보증통지일 또는 전자신용보증서 송신일로부터 60일 이내에 신용보증조건에 부합되게 기본대출약정이 신규로 체결된 때에 신용보증관계가 성립된 것으로 본다.

8. 시설자금대출금이 본래의 용도대로 사용되지 않고 유용된 사실이 명확히 판명된 때에는 은행이 선량한 관리자 주의의무를 위반한 것으로 보고, 시설자금 관련 담보 취득 여부에 관계없이 그 유용된 금액만큼은 신용보증기금의 보증 책임이 처음부터 발생하지 아니한 것으로 본다.[5]

그러므로 정당한 기성고[6] 확인 및 대출금이 공급업자에게 정상적으로 지급되어 시설자금이 유용되지 않도록 각별한 주의가 요구된다.

9. 시설자금 수혜업체가 건물 신축 도중 부실화되어 공사가 중단된 때에도 은행은 특약 및 약관에 따라 담보취득을 위해 선량한 관리자로서의 주의의무를 다하여야 한다.

예컨대 건축주 명의변경으로 인해 향후 담보취득이 불가능해질 상황을 방지하기 위해서는 '건축주 명의변경 금지 가처분'신청을 하여야 하며, 이미 건축주 명의가 변경된 때에는 사해행위에 해당하므로 재차 건축주가 변경되는 것을 방지하기 위하여 '건축주 명의변경 금지 가처분'소치를 한 후 사해행위 취소의 소를 제기하여야만 한다.

그리고 채무자 소유임을 증명할 각종 서류와 동 건물이 사용승인을 받지는 못하였으나 등기할 수 있는 상태임을 소명하여 부동산 처분금지가처분(피보전권리 : 근저당권설정등기 청구권)을 신청하고, 가처분 결정 후에는 부동산등기법 제134조(미등기부동산의 처분제한의 등기)[7]

---

5) 대법원 2006. 4. 27. 선고 2003다65674 판결.

6) 기성고에 의한 대출취급 가능금액 = 사업실적(기성고)×{(대출승인금액/총 소요자금) - 기 취급된 대출금}.

7) 부동산등기법 제134조(미등기부동산의 처분제한의 등기) ① 미등기부동산에 대하여 소유권의 처분제

에 따라 등기촉탁 신청을 하는 등 소유권 보존 및 가처분 등기조치를 취하여야만 신용보증기금에 대하여 대위변제를 청구할 수 있으므로 신용보증서를 담보로 공장건물 신축자금을 대출받는 업체가 건축 도중에 부실화된 때에는 각별한 주의가 요구된다.

10. 시설자금대출과 관련한 특약(보증조건)[8]에 따른 담보취득 및 보증해지 조건을 철저히 이행하여야 한다. 그리고 특약에 따라 취득한 담보는 보증기금의 동의가 없는 한 해지하거나 은행 임의로 포기를 하여서는 아니 된다.

11. 보증기한을 연장하는 보증기금의 조건변경 통지에 의하여 신규대출 형식에 의한 대환을 취급할 경우 면책사유에 해당된다.[9] 조건변경을 하고자 할 때에는 반드시 서면에 의한 조건변경 통지를 받은 후 실행하여야 한다.

12. 근보증 방식의 경우 보증기한 동안 한 번이라도 보증한도액을 초과하여 대출을 실행하게 되면 당해 근보증이 전부 면책사유에 해당될 수 있으므로 특히 주의를 요한다.

13. 보증금액은 대출예정금액에 보증비율을 곱한 금액으로 하며, 만일 보증서상의 대출예정금액 이하로 대출을 취급하였다 하여 바로 면책사유에 해당되는 것은 아니다. 다만, 보증금액은 보증부대출금액에 보증비율을 곱하여 산출한 금액으로 자동 축소된다.

14. 보증사고가 발생한 경우 보증사고 통지기한을 준수하여야만 완전한 대위변제를 받을 수 있다. 통지기한내 통지를 하지 아니하면 통지를 하였더라면 피할 수 있었던 해당액만큼은 기금에 대위변제를 청구할 수 없다.

15. 신용보증사고 발생 후 기금의 동의 없이 보증부대출에 관련된 물적 또는 인적담보를 해지하거나 신용보증사고 발생 전이라도 기금이 보존을 요청한 담보를 해지할 경우

한의 등기촉탁에 의하여 등기를 할 때에는 등기용지 중 등기번호란에 번호를 적고, 사항란에 다음 각 호의 사항을 적어야 한다.

1. 소유자의 성명 또는 명칭
2. 주소 또는 사무소 소재지
3. 처분제한의 등기를 명하는 재판에 의하여 소유권의 등기를 한다는 뜻.

8) 시설자금대출과 관련한 특약사항의 대표적인 예로는 '당해 시설 준공 즉시 주담보 취득하여 본 보증 우선 해지할 것' 등이 있다.

9) 신용보증약관상 채권자는 신용보증조건의 변경통지에 의하여 신규대출에 의한 대환 취급을 할 수 없으며 이에 위반하였을 때에는 신용보증인은 면책된다고 규정하고 있는 경우, 그 취지는 일단 신규대출 형식에 의한 대환 처리를 한 때에는 그 대환의 성질이 준소비대차로서 그 후에 남게 되는 채무가 기존 채무와 동일성을 유지하는 경우에도 신용보증인의 보증 책임이 면책된다는 뜻이라고 보아야 한다(대법원 1988. 9. 27. 선고 88다카2080 판결, 1998. 2. 27. 선고 97다16077 판결).

면책사유에 해당된다.[10)]

16. 차주로부터 대출금을 회수할 때 신용보증서 담보대출과 일반대출이 상존하고 있는 경우 신용보증약관에서 정한 회수충당 순서를 반드시 준수하여야 한다.

17. 보증기금으로부터 대위변제를 받고 특약에 따라 취득한 담보물권의 일부 또는 전부의 이전 및 보증부대출 관련 유가증권의 양도 등의 의무를 반드시 이행하여야 한다.

18. 어음할인 방식으로 취급한 경우로서 신용보증기금의 보증채무 이행이 있는 경우에는 당해 어음의 어음상의 권리를 유효하게 보전[11)]하여 보증기금에 교부하여야 할 의무를 부담하며, 이를 위반하면 면책사유에 해당된다.

10) 신용보증약관상 신용보증사고 발생 후 기금의 동의 없이 보증부대출에 관련된 물적, 인적담보를 해지하였을 때를 보증인 면책사유의 하나로 규정하고 있는 경우, 여기서 담보의 해지란 담보계약의 해지뿐만 아니라 보증인이 보증채무를 이행하였더라면 취득할 수 있었던 담보를 감소, 상실시키는 모든 행위를 포함한다고 봄이 상당하다(대법원 1996. 12. 6. 선고 96다35774 판결).

11) 어음상의 권리를 유효하게 보전한다 함은 어음의 수취인 란이나 발행일자 등 어음요건을 완전히 구비하여 지급제시기간 이내에 지급제시한 것을 의미한다.

## 2. 할인어음 소구권보전 의무 위반과 보증기금의 면책 여부

(상 황)

a. X은행 Y지점은 A사와 신용보증기금(이하 '기금'이라 한다)이 발급한 신용보증서를 담보로 할인어음 한도거래약정을 체결하였다.
b. Y지점은 A사로부터 건별 할인어음 취급 신청을 받고, 수취인란이 백지로 된 약속어음(乙발행→丙→A사→D은행에 각각 배서 양도)을 할인해 주었다.
c. 그 후, 어음의 지급기일이 도래되어 지급제시기일에 지급제시(수취인란 미보충)를 하였으나 예금부족으로 부도처리되었고, A사도 이미 할인어음을 환매할 능력을 상실하였다.
d. Y지점은 신용보증기금에 대하여 보증채무 이행을 청구하였다.

### (1) 할인어음의 소구권보전 의무를 위반한 경우 보증기금의 면책 여부

Y지점이 기금에 대하여 보증채무 이행을 청구하자, 기금은 수취인 란을 보충하지 아니하고 백지인 상태로 지급제시를 함으로 인하여 어음배서인(丙)에 대한 소구권이 상실되었다고 주장하며, 할인어음금 전액에 대하여 면책을 주장하고 있다. 과연 기금의 주장은 정당한가?

Y지점이 신용보증서를 담보로 하여 취급한 할인어음에 대하여 적법한 지급제시를 하지 아니함으로써 소구의무자(丙)에 대한 소구권을 상실하고, 그 결과 어음상의 권리를 유효하게 보전하지 못하게 되었다면, 이는 신용보증약관(이하 '약관'이라 한다)에서 정하고 있는 면책사유에 해당되므로 기금의 주장은 정당하다고 본다. 다만, 기금의 면책범위는 丙에 대한 소구권을 상실하지 않았다면 대위변제를 하지 않아도 될 금액, 즉 소구의무를 면한 자(丙)가 가지고 있었던 변제자력(丙의 변제 자력에 관한 입증책임은 할인은행에서 져야 할 것이다) 범위 내이므로 그 범위 내에서만 면책될 것으로 본다.

은행이 신용보증서를 담보로 차주(할인의뢰인)에게 어음을 할인해 주었으나 적법한 지급제시를 하지 아니함으로써 그 어음상의 소구의무자(丙)에 대한 소구권을 상실한 경우, 기금은 이를 이유로 할인은행에 대하여 보증채무 이행을 거절할 수 있는지 의문이다.

결론적으로 이 경우 신용보증약관에서 정하고 있는 내용을 확인하여 그 정하는 바에 따라야 할 것이며, 약관에 별도 정함이 없는 사항에 대해서는 민법의 규정에 따라야 할 문제라고 본다. 신용보증약관 및 민법에서 규정하는 관련 법규의 내용은 다음과 같다.

1. 채권자는 보증부대출이 어음할인방식으로 실행된 경우에는 어음만기에 어음요건을 완비하여 지급제시함으로써 그 어음상의 권리를 유효하게 보전하여 보증채무를 이행받는 즉시 기금에게 당해 어음을 배서하여 교부하여야 하며, 이를 위반한 때에는 보증채무의 전부 또는 일부에 대하여 책임을 지지 아니한다.[1]

민법 제481조(변제자의 법정대위)의 규정에 의하여 대위할 자가 있는 경우에, 채권자의 고의나 과실로 담보가 상실되거나 감소된 때에는 대위할 자는 그 상실 또는 감소로 인하여 상환을 받을 수 없는 한도에서 그 책임을 면한다.[2]

2. 어음의 만기에 지급되지 아니하는 때에는 그 소지인은 배서인, 발행인 기타의 어음채무자에 대하여 소구권을 행사할 수 있다.[3]

어음소지인이 배서인, 발행인(발행인은 환어음에 한함), 기타 어음채무자에 대하여 소구권을 행사하기 위해서는 어음 · 수표소지인이 지급제시기간 내에 적법한 지급제시를 하였으나 그 지급이 거절되고(어음법 제43조 · 제77조 제1항, 수표법 제39조), 지급제시기간 내에 지급거절증서를 작성[4]하여야 한다(어음법 제44조 · 제77조 제1항, 수표법 제42조 제1항). 다만, 수표의 경우는 어음교환소의 부도선언으로써 지급거절증서의 작성에 갈음할 수 있다(수표법 제39조).

어음소지인이 배서인 등에게 소구권을 행사하기 위해서는 이처럼 지급제시가 적법하여야 하는데 수취인이나 발행일을 보충하지 아니하고 백지인 채로 지급제시한 경우에는 적법한 지급제시라 할 수 없다. 그러므로 지급제시기간 내에 백지를 보충하여 다시 지급제시를 하지 않는 한 소구권을 상실한다.

3. 보증부대출인 할인어음의 발행인 또는 인수인이 어음교환소로부터 거래정지처분을 받은 사실을 인지한 이후 보증부대출과 관련된 담보의 전부 또는 일부를 해지하거나 포기하는 행위를 하고자 할 때에는 기금의 동의를 받아야 하며, 이를 위반한 때에는 보증채무의 전부 또는 일부에 대하여 책임을 지지 아니한다.

1) 신용보증서 약관 제14조 등.

2) 민법 제485조(채권자의 담보상실, 감소행위와 법정대위자의 면책).

3) 어음법 제43조(소구의 실질적 요건).

4) 지급거절증서 작성이 면제되어 있는 때에는 이를 작성하지 않아도 된다. 어음의 경우에는 어음 뒷면 배서란에 지급거절증서 작성 면제라는 문언이 인쇄되어 있고, 자기앞수표의 경우 수표앞면에 역시 거절증서 작성 면제 문언이 기재되어 있으며, 당좌수표와 가계수표의 경우는 어음교환소의 부도선언으로써 지급거절증서의 작성에 갈음할 수 있다.

여기서의 '담보의 전부 또는 일부 해지'라 함은 담보계약의 해지뿐만 아니라 기금이 보증채무를 이행했더라면 취득할 수 있었던 담보를 감소시키거나 상실시키는 모든 행위를 포함한다는 것이 대법원 판례[5]의 태도이다.

약관과 민법에서 정하고 있는 내용 및 대법원 판례를 종합하면, 할인은행(Y지점)이 할인 취급한 어음을 지급제시기간 내에 적법한 지급제시를 하지 아니하여, 그 어음의 소구의무자(丙)에 대한 소구권을 상실하였다면, 이는 신용보증약관의 면책사유에 해당한다. 다만, 그 면책범위는 소구권이 상실될 당시 소구의무자가 가지고 있었던 변제자력 범위 내로 보아야 한다.

위 사례에서 보는 바와 같이 은행이 할인어음의 담보로 신용보증서를 확보하고 있음에도 어음에 관한 법률지식 부족으로 면책 당할 처지에 놓이고 말았다. 따라서 할인어음을 취급할 때는 할인의뢰인으로 하여금 백지 부분(특히 수취인과 발행일자 부분)을 보충하게 하여야 하며, 만일 백지가 보충되지 아니한 어음을 할인한 경우에는 은행이 이를 반드시 보충(할인을 통하여 어음을 정당하게 양도받은 은행은 당연히 백지를 보충할 권한이 있다)한 후 지급제시하여야 할 것이다.

### (2) 할인어음의 수취인란과 발행일자를 보충하고자 할 때 그 방법

**Y지점 직원이 할인어음의 수취인란과 발행일자를 보충하고자 한다면 그 방법은?**

실무상 백지를 보충하고자 할 경우 수취인란은 제1배서인의 명칭을 기재하면 된다. 그리고 발행일자를 보충하고자 할 때에는 어음의 지급기일보다 빠르거나 적어도 같은 날짜로 보충하여야 한다.

발행일자를 지급기일보다 후일의 날짜로 기재하게 되면, 정상적인 발행인지를 확신할 수가 없어 어음교환소 규약상 부도반환 사유(형식불비 중 발행일자 오기)가 될 뿐만 아니라 이러한 어음은 무효가 된다(대법원 2000. 4. 25. 선고 98다59682 판결)는 점을 간과하여서는 아니 될 것이다.

5) 대법원 2002. 8. 23. 선고 2001다38296 판결.

# 3. 양도담보의 성립과 그 법률관계

(상 황)

a. D은행 Y지점은 A주식회사(이하 'A사'라 한다)에 대한 대출금 채권의 담보로, 동사 소유의 기계에 대하여 점유개정 방법에 의한 양도담보계약을 체결하고 그 계약서에 확정일자를 받았다.
b. 그런데 A사는 동 기계를 이러한 사실을 전혀 모르는 X에게 양도담보로 제공하는 한편 채무를 이행하지 아니 할 경우 즉시 강제집행을 수락하는 내용의 '양도담보부 금전소비대차계약 공정증서'를 작성해 주었다.
c. A사는 X에 대한 채무를 이행하지 않았고, X는 양도담보부 금전소비대차계약 공정증서에 기하여 강제집행을 신청하였다.

## (1) 양도담보의 의의

**양도담보란 무엇인가?**

양도담보란 채권자가 채권담보의 목적으로 채무자 또는 제3자로부터 특정한 물건이나 소유권을 이전받은 후, 장래 채무자가 채무를 이행하는 경우에는 그 목적물을 채무자(또는 제3자)에게 반환하고, 채무를 이행하지 않는 경우에는 그 목적물로부터 우선변제를 받을 수 있는 담보를 말하며, 민법에는 이에 관한 규정이 전혀 없지만 판례가 인정하는 관습상의 담보권이라 할 수 있다. 이처럼 양도담보는 담보제공자가 자신의 물건이나 재산권의 소유권을 채권자에게 이전하는 형식을 취하고 있지만 그 실질적인 목적은 담보라는 점, 그리고 질권과는 달리, 담보 제공 후에도 담보제공자가 그 양도담보 목적물을 계속 점유하여 사용 또는 수익 할 수 있다는 점이 양도담보의 특징이다.

## (2) 양도담보와 질권의 차이

**채권자의 입장에서 볼 때 양도담보권과 질권의 주요 차이점은?**

채권자가 유체동산에 대하여 담보를 취득하는 방법으로는 판례가 인정하는 양도담보 제도와 민법상의 담보물권인 질권이 있으며, 양자의 주된 차이점은 다음과 같다.

1. 질권의 경우 점유개정에 의한 담보취득은 할 수 없다. 그러나 양도담보의 경우에는 가능하다. 따라서 질권설정자는 담보제공 후 그 목적물을 점유하여 사용·수익을 할 수 없지만, 양도담보권설정자의 경우에는 계속 점유하여 사용·수익할 수 있다.

2. 질권의 경우 그 목적물에 대하여 후순위의 질권 설정도 가능하다. 하지만 양도담보의 경우에는 후순위의 양도담보를 설정할 수 없다. 양도담보 목적물의 소유권이 이미 양도담보권자에게 있기 때문이다.

3. 질권의 경우 질권자가 그 목적물을 계속 점유하고 있으므로 질권설정자에 의한 무단처분 사례를 예방할 수 있지만 반면에 담보물 보관에 어려움이 많다. 양도담보의 경우에는 통상 그 목적물을 양도담보권설정자가 계속 점유하고 있는 관계로 채권자의 입장에서 볼 때 보관의 문제는 없지만 양도담보권설정자의 무단처분의 우려가 항상 존재한다.

4. 질권자는 질권설정자의 다른 채권자(국세 등 질권에 우선하는 채권자의 경우 제외)가 질권의 목적물에 대하여 압류를 하더라도, 유치적 효력에 기하여 압류권자에 대항할 수 있다.

반면에 양도담보권자는 목적물을 자신이 점유를 하지 않는 한 제3자 이의의 소에 의해서만 타 채권자의 압류를 저지할 수 있다.

5. 질권을 실행하려면 질물을 민사집행법에 의거 매각하여야 하며, 임의처분은 별도 약정이 있는 경우에 한하여 가능하다. 반면에 양도담보의 경우에는 별도 약정이 없어도 양도담보권자 임의로 처분할 수 있다. 특히 양도담보권자는 설정자에게 양도담보 실행 통지 및 청산절차를 거쳐 양도담보 목적물의 소유권을 취득할 수도 있다.[1]

6. 질권 실행의 경우에는 질권설정자에 대한 다른 채권자가 배당에 참가할 수 있다. 그러나 양도담보권 실행의 경우에는 다른 채권자는 배당에 참가할 수 없다.

### (3) 유체동산에 대한 양도담보 설정 방법

**유체동산에 대한 양도담보 취득 방법은?**

양도담보권의 설정은 양도담보에 관한 당사자 간의 합의 및 그 목적물의 소유권을 채

1) 김형배, 민법학강의.

권자 앞으로 이전함으로써 성립한다. 그런데 유체동산이 양도담보의 목적물인 경우 질권의 경우와는 달리 양도담보설정자가 그 목적물의 소유권을 채권자에게 양도한 후에도 자신이 직접점유하고 양도담보권자는 단지 간접점유를 하는, 이른 바 점유개정에 의한 인도도 가능하다는 것은 이미 앞에서 언급한 바 있다.

금융기관 실무상 공장근저당권의 목적물로 할 수 없는 기계와 같은 유체동산을 담보취득하고자 할 때에는 양도담보 제도를 이용하고 있으며, 양도담보권의 설정은 양도담보계약서(계약서에는 담보물의 표시와 그 목적물의 소유권을 채권자에게 양도하고 인도를 마쳤다는 내용이 포함되어 있다)를 작성하고, 그 목적물은 담보제공자가 계속 점유하여 사용하도록 하고 있다.

한편 양도담보계약서를 작성할 때 양도담보 목적물 목록 기재란에 반드시 목적물을 명확히 기재하여야 함에도 불구하고 백지 상태로 두는 경우를 종종 볼 수 있는데 이는 시정되어야 할 것이다. 목적물의 내용이 많아 기재란이 부족한 경우에는 '별지 목록 참조'라 표시하고 목록은 계약서에 첨부하여 채권자와 채무자가 간인하는 것이 명확한 업무처리이다.

양도담보계약서에는 반드시 확정일자를 받아두어야 한다. 여기서의 확정일자는 제3자 대항요건은 아니지만, 양도담보물에 대하여 제3자와 분쟁이 있을 때 양도담보계약서에 받아 둔 확정일자는 그 날짜에 유효한 양도담보계약이 있었음을 입증하는 근거가 되므로 실질적으로는 대항력의 구실을 하고 있다고 생각된다.

### (4) 타인 소유의 기계를 양도담보로 취득한 경우 그 효력

**점유개정에 의한 양도담보로 취득한 목적물(기계)이 양도담보권설정자의 소유가 아니라 타인의 소유로 판명되었다면, 그 양도담보 계약의 효력은?**

점유개정에 의한 양도담보 목적물이 타인의 소유로 판명되었다면, 설사 양도담보권자가 선의로 양도담보로 취득하였다 하더라도 그 목적물에 대해서는 양도담보권의 효력이 미치지 않는 다는 것이 통설 및 대법원 판례의 태도이다.

동산 물권변동에는 부동산 물권변동의 경우와 달리 공신의 원칙[2)]이 적용되므로 원칙적으로 동산의 선의취득을 인정하고 있지만, 점유개정(목적물의 소유권은 양수인에게 이전하되 그 목적물을 양도인이 계속 점유하는 방식에 의한 인도)에 의한 선의취득을 인정하지 않기 때문이

2) 공신의 원칙이라 함은 공시방법을 갖춘 경우 비록 그 표상이 진실한 권리관계와 일치하지 않는다 할지라도 그 표상을 신뢰하고 물권거래를 한 자를 보호하여야 한다는 원칙을 말한다.

다.

그러므로 기계 등 동산에 대하여 점유개정에 의한 양도담보계약을 체결하고자 하는 때에는 그 목적물이 양도담보설정자의 소유가 맞는지를 철저히 확인하여야 한다.

### (5) 이중으로 양도담보계약을 체결한 경우 나중에 체결된 양도담보계약의 효력

**Y지점이 양도담보 취득한 기계에 대하여 또다시 양도담보계약을 체결한 X는 유효한 양도담보권을 행사할 수 있겠는가?**

Y지점과 A사 간에 체결한 양도담보계약이 유효한 이상, 그 후에 X와 A사 간에 체결된 양도담보계약의 효력은 설령 X가 선의였다 하더라도 무효라고 보아야 한다. 현실의 인도가 아닌 점유개정방법에 의한 동산의 선의취득이 인정되지 않기 때문이다.

대법원 판례[3]도 하나의 양도담보 목적물에 대하여 이중으로 양도담보계약이 체결된 경우 유효한 양도담보계약[4]을 먼저 체결한 자가 그 양도담보물의 소유권을 취득한다는 태도를 취하고 있다.

### (6) 양도담보 목적물에 대하여 다른 채권자가 강제집행을 신청한 경우 그 대응 방안

**양도담보 목적물(기계)에 대하여 A사의 다른 채권자가 민사집행법에 의한 유체동산 강제집행을 신청한 경우, 양도담보권자로서 Y지점이 취하여야 할 적절한 대응 방안은?**

3) 금전채무를 담보하기 위하여 채무자가 그 소유의 동산을 채권자에게 양도하되 점유개정의 방법으로 인도하고 채무자가 이를 계속 점유하기로 한 경우에는 특별한 사정이 없는 한 동산의 소유권은 신탁적으로 이전됨에 불과하여 채권자와 채무자 사이의 대내적 관계에서 채무자는 소유권을 보유하나 대외적인 관계에 있어서 채무자는 동산의 소유권을 이미 채권자에게 양도한 무권리자가 되는 것이어서 채무자가 다시 다른 채권자와의 사이에 양도담보설정계약을 체결하고 점유개정의 방법으로 인도를 하더라도 현실의 인도가 아닌 점유개정으로는 선의취득이 인정되지 아니하므로 나중에 설정계약을 체결한 채권자는 양도담보권을 취득할 수 없다(대법원 2004. 6. 25. 선고 2004도1751 판결).

4) 유효한 양도담보계약 체결의 입증은, 양도담보 목적물이 등기나 등록을 공시방법으로 하는 물건이나 재산권인 경우에는 등기부 등본이나 등록부 등본으로 입증하면 되고, 기계 등 등기나 등록을 공시방법으로 하지 않는 물건이나 재산권인 경우에는 공증인의 증명, 공부 또는 금융기관의 장부상의 증명으로서 세무서장이 인정하는 것(국세기본법시행령 제18조 제2항, 지방세법시행령 제15조) 중 하나로 입증하여야 할 것이다.

양도담보로 취득한 목적물에 대하여 타 채권자에 의하여 강제집행 절차가 진행 중인 경우, 양도담보권자로서는 다음과 같이 대응하는 것이 적절할 것으로 판단된다.[5)]

1. 집행관에게 압류의 취소를 요청하도록 한다.

양도담보 목적물의 소유권은 이미 Y지점이 양도받았으므로, 채무자 소유가 아닌 물건(기계)에 대하여 진행되는 강제집행은 부당하다. 따라서 강제집행 목적물이 채무자(A사)의 소유가 아니라 양도담보권자의 소유물임을 증명하는 서류(양도담보설정계약서 등)를 집행관에게 제시하여 압류의 취소를 요청한다.

2. 제3자 이의의 소[6)]를 제기하도록 한다.

집행관이 압류취소 신청을 받아들이지 않고 강제집행을 계속 속행한다면, 강제집행을 실시하는 곳(강제집행이 진행 중인 기계의 소재지를 관할하는 곳)을 관할하는 지방법원에다 강제집행 목적물이 양도담보로 양도받은 물건임을 청구원인으로 하는 제3자 이의의 소를 제기하도록 한다.

3. 강제집행 정지명령 또는 강제집행 취소명령을 신청, 신속히 그 명령서 정본을 집행관에게 제시[7)]하도록 한다. 제3자 이의의 소를 제기하였다 하여 속행 중이던 강제집행 절차가 정지되거나 취소되는 것은 아니다. 그리하여 제3자 이의의 소 제기 도중에 강제집행 절차가 계속되어 그 절차가 종료되어 버린다면 소송을 제기한 실익이 없어질 뿐만 아니라 소송 자체도 기각되고 만다. 따라서 이와 같은 문제를 해소하려면 제3자 이의의 소 제기와 동시에 강제집행 정지명령 또는 취소명령을 신청하여, 이를 인용하는 집행법원의 명령서 정본을 집행관에게 제시하여 강제집행을 정지시켜야 한다.

4. 양도담보물에 대한 점유를 확보한다.

동일한 동산에 대하여 점유개정의 방식에 의거 이중으로 양도담보계약이 체결된 경우, 원래의 양도담보권자(Y지점)는 뒤의 양도담보권자(X)에 대하여 배타적으로 자기의 담보권을 주장할 수 있으므로, 뒤의 양도담보권자가 양도담보의 목적물을 처분함으로써 원래의 양도담보권자로 하여금 양도담보권을 실행할 수 없도록 하는 행위는 이중 양도담보설정 행위가 횡령죄나 배임죄를 구성하는지 여부나, 뒤의 양도담보권자가 이중 양도담보설정

5) 오시정, 한국금융연수원 여신실무법률(中).

6) 제3자 이의의 소라 함은 제3자가 강제집행의 목적물에 대하여 소유권이 있다고 주장하거나 목적물의 양도 또는 인도를 막을 수 있는 권리가 있음을 주장하여 강제집행의 배제를 구하는 소송을 말하며, 강제집행을 실시하는 곳을 관할하는 지방법원이 관할법원이 된다(민사집행법 제48조).

7) 강제집행 정지결정이 있으면 결정즉시로 당연히 집행정지의 효력이 있는 것이 아니고 그 결정 정본을 집행기관에 제출함으로써 정지의 효력이 발생하는 것이다(대법원 1966. 8. 12. 선고 65마1059 판결).

행위에 적극적으로 가담하였는지 여부와 관계없이 원래의 양도담보권자의 양도담보권을 침해하는 위법한 행위이라는 것이 대법원 판례[8]의 태도이다. 따라서 X가 강제집행을 하는 때에는 이러한 법리를 활용하여 X를 압박한다면 문제해결에 도움이 될 것으로 생각한다.

### (7) 양도담보권자는 양도담보 목적물에 대하여 다른 채권자가 신청한 강제집행의 배당절차에 참가하여 우선변제를 받을 수 있는지 여부

**Y지점(양도담보권자)은 X가 신청한 강제집행의 배당절차에 참가하여, X 및 다른 채권자에 우선하여 변제를 받을 수 있겠는가?**

양도담보권자가 양도담보계약을 체결할 때 양도담보부 금전소비대차 공정증서(집행증서라 한다)를 받아두었거나 공정증서를 작성하지 않았다 하더라도 이미 집행권원(채무명의)[9]이 있다면, X가 신청한 강제집행 목적물에 대하여 이중 압류를 신청하는 방법으로 배당절차에 참가하여 X는 물론 다른 모든 채권자에 우선하여 변제를 받을 수 있다는 것이 대법원 판례[10]의 태도이다. 양도담보권자의 이중압류는 양도담보권의 실행으로 간주하기 때문이다.

그러나 이중압류가 아닌 단순한 배당요구(유체동산에 대한 강제집행 절차의 경우, 우선변제청구권이 없는 일반채권자의 경우에는 집행권원이 있다하더라도 배당요구의 방법으로는 배당을 받을 수 없고, 반드시 이중경매를 신청하는 방법으로 배당에 참가하여야만 배당을 받을 수 있다)를 한다거나 양도담보권자로서의 지위가 아닌 일반채권자(양도담보권자는 민사집행법 제217조에서 규정하는 우선변제청구권이 있는 채권자로 보지 아니한다)의 지위로서 이중압류를 하여서는 다른 모든 채권자들과 평등

8) 대법원 2000. 6. 23. 선고 99다65066 판결.

9) 집행권원(채무명의)이라 함은 국가의 강제력에 의하여 실현될 청구권의 존재와 범위를 표시하고 또한 집행력이 부여된 공정증서를 말한다. 집행권원의 종류에는 확정된 종국판결과 가집행선고 있는 종국판결(민사집행법 제24조), 외국법원의 판결에 대한 집행판결(민사집행법 제26조), 항고로만 불복을 신청할 수 있는 재판(결정 또는 명령, 확정된 지급명령), 채무자의 집행수락을 기재한 공정증서인 집행증서, 확정판결과 동일한 효력을 가지는 조서(재판상의 화해조서, 청구의 인낙조서, 가사 조정조서, 민사 조정조서), 채권표(파산법 제259조), 정리채권자표와 정리담보권자표(회사정리법 제245조 · 제282조), 검사의 집행명령, 확정된 가사심판(가사소송법 제41조), 중재판정에 대한 집행판결(중재법 제37조), 국가배상법에 의한 배상심의 회의 배상결정에 신청인이 동의한 경우 등이 있다.

10) 집행증서를 소지한 동산양도담보권자는 그 집행증서에 의한 담보목적물에 대한 이중 압류의 방법으로 배당절차에 참가하여, 선행한 동산압류에 의하여 압류가 경합된 양도담보권설정자의 일반채권자에 우선하여 배당을 받을 수도 있다(대법원 2004. 12. 24. 선고 2004다45943 판결).

하게 채권액에 비례하여 배당을 받게 될 뿐, 양도담보권자로서의 우선배당을 받을 수 없다.[11] 이 경우에는 양도담보권자로서의 지위를 포기하고 일반채권자의 지위에서 경매절차에 참가한 것으로 보기 때문이다.

### (8) 양도담보 목적물이 제3자의 신청에 의하여 강제 매각되고 배당이 이루어진 경우 양도담보권자의 대응 방안

**이미 강제집행이 종료되고 매각대금에 대하여 배당이 이루어진 경우, 집행채권자(X)와 매수인(경락인)에 대한 Y지점의 대응 방안은?**

양도담보 목적물이 제3자의 신청에 의하여 강제 매각되어 배당이 이루어진 경우 양도담보권자는 다음과 같이 대응하는 것이 적절하다.[12]

**1. 집행채권자에 대한 대응 방안** 집행채권자를 상대로 부당이득반환을 청구하도록 한다. 만일 양도담보 목적물임을 알았거나 중대한 과실로 모르고서 강제집행을 신청한 것으로 확인되면, 이를 입증하여 불법행위에 대한 손해배상을 청구하도록 한다.

양도담보권설정자의 일반채권자가 양도담보 목적물을 강제집행을 하여 그 매각대금으로부터 배당을 받았다면, 그의 선의 또는 악의 여부를 불문하고 법률상 원인 없이 부당이득을 얻은 것이 되어 양도담보권자에게 반환하여야 한다. 이 때 집행채권자가 반환하여야 할 부당이득의 범위는 그가 선의 또는 악의인가에 따라 다르다.

즉 집행채권자가 양도담보물임을 모르고 강제집행을 한 경우(선의)에는 배당받은 이익이 현존하는 한도[13]에서 반환을 하여야 하지만, 양도담보물임을 알고서(악의) 강제집행을 신청하였다면 이는 명백한 불법행위이므로 배당받은 금액에다 이자를 붙여서 반환하여야 하고, 이로 인해 양도담보권자가 손해를 입었다면 그 손해에 대해서도 배상을 하여야 한다.

---

11) 다른 채권자의 신청에 의하여 진행되는 담보목적물에 대한 강제집행절차에서 양도담보권자로서의 지위를 포기하고 일반채권자로서 배당절차에 참가하였다면 다른 채권자들과 평등하게 자신의 채권액에 비례하여 그 매각대금에서 배당을 받을 수 있을 뿐, 더 이상 양도담보권을 주장하여 자신에게 우선적인 배당을 구할 수는 없다(대법원 1990. 3. 27. 선고 90다카1240 판결).

12) 오시정, 한국금융연수원 여신실무법률(中).

13) 현존이익의 한도를 결정하는 표준이 되는 시기는 양도담보권자가 부당이득 반환 청구의 소를 제기한 때라는 견해가 유력하다(오시정, 한국금융연수원 여신실무법률 담보 편).

그런데 양도담보권자가 양도담보물에 대하여 강제집행이 진행되고 있음을 알았거나 알 수 있었음에도 불구하고, 제3자 이의의 소나 다른 방법으로 강제집행의 정지 또는 취소를 구하지 않았다면 그 배상청구에 대하여 집행채권자로부터의 과실상계의 항변을 받을 수 있다고 하니 실무상 각별한 주의가 필요하다.

**2. 매수인에 대한 대응 방안** 매수인이 양도담보권자(Y지점)의 소유물이라는 사실을 알고서(악의) 매수하였다면, 양도담보채권자는 매수인의 악의를 입증하여 목적물의 반환을 청구할 수 있지만, 양도담보권자의 소유물이라는 사실을 모르고(선의) 매수하였다면 반환을 청구할 수 없다는 것이 통설 및 대법원 판례[14]의 태도이다. 따라서 Y지점으로서는 매수인의 악의를 입증하여 양도담보 목적물의 반환을 청구하여야 할 것이지만, 매수인의 악의를 입증한다는 것은 현실적으로 매우 어려울 것으로 판단된다.

**3. 집행관에 대한 대응 방안** 집행관에게는 유체동산 강제집행 신청에 관한 실체법상의 적법성 여부를 심사할 권한이 부여되어 있지 않기 때문에, 집행관의 선의나 악의 여부에 불문하고 양도담보권자는 그에게 손해배상을 청구할 수 없다고 한다.

### (9) 양도담보제공자가 양도담보 목적물을 제3자에게 매도한 경우 매수인에 대하여 그 반환을 청구할 수 있는지 여부

**A사(양도담보권설정자)가 Y지점의 동의 없이 양도담보물(기계)을 제3자에게 매도를 하였다면, Y지점은 매수인에 대하여 그 반환을 청구할 수 있겠는가?**

매수인이 양도담보 목적물을 선의로 양도받아 점유하고 있는 경우에는 그 목적물에 대하여 양도담보권의 효력이 미치지 아니한다. 따라서 이 경우에는 양도담보권자라 하더라도 매수인에게 그 반환을 청구할 수 없을 것이다.

반면에 현실의 인도가 아닌 점유개정 방법에 의하여 인도받은 경우에는 동산의 선의취득이 인정되지 아니한다. 따라서 기계를 양도담보권설정자가 계속 점유하고 있다거나 또는 매수인이 양도담보로 제공된 사실을 알고서 매수(악의)하였다면 양도담보권자(Y지점)는 이를 입증하여 매수인에 대하여 그 반환을 청구할 수 있을 것으로 본다.

---

14) 채무자 이외의 자의 소유에 속하는 동산을 경매한 경우에도 경매절차에서 그 동산을 경락받아 경락대금을 납부하고 이를 인도받은 경락인은 특별한 사정이 없는 한 소유권을 선의취득한다(대법원 1998. 3. 27. 선고 97다32680 판결).

참고로 양도담보권자가 변제기가 도래되기 전에 양도담보물을 제3자에게 임의처분을 한 경우, 그 매수인은 소유권을 완전하게 취득할 수 있는지 의문이다.

이에 대하여 양도담보권자가 양도담보 목적물에 대하여 가지는 권리를 신탁적양도설[15]로 본다는 견해에 따르면, 양도담보권자로부터 목적물을 취득한 제3자는 그의 선의 또는 악의 여부에 불문하고 완전한 소유권을 취득한다고 한다. 반면에 담보물권설[16]로 본다는 견해에 따르면, 제3자가 선의 취득한 경우에 한하여 완전한 소유권을 취득한다고 한다.

대법원 판례는 부동산양도담보에 대하여는 담보물권설을, 동산양도담보에 대하여는 신탁적양도설의 입장을 취하고 있다. 따라서 양도담보권자로부터 목적물을 취득한 제3자는 그의 선의 또는 악의 여부에 불문하고 완전한 소유권을 취득할 것으로 본다.

한편 양도담보권자가 채무자의 승낙 없이 피담보채무의 변제기 도래 전에 양도담보의 목적물을 제3자에게 매각처분하였다면 담보제공자인 채무자에 대한 불법행위가 성립한다는 것이 대법원의 판례(1978. 3. 14. 선고 77다2341)의 태도이다.

### (10) 양도담보계약 체결시 강제집행을 수락하는 공정증서를 받아두는 이유

**채권자가 동산(기계)을 목적으로 하는 양도담보부 금전소비대차계약 체결과 더불어 채무불이행시 강제집행을 수락하는 공정증서를 받아두는 주된 이유는?**

채권자가 채무자와 동산(기계)을 목적으로 하는 양도담보부 금전소비대차계약과 동시에 채무불이행시 강제집행을 수락하는 공정증서를 받아두었다면, 양도담보 목적물을 양도담보제공자 점유 하에 두고서도 위 공정증서를 집행권원으로 하여 민사집행법에 기한 유체동산 강제경매(양도담보계약을 통하여 이미 소유권을 양도받아 자신의 소유물이 된 물건에 대하여 민사집행법상의 경매절차로 매각한다는 것이 이론상 모순이 아닐 수 없지만, 여기서의 강제집행은 일반채권자의 지위에서 하는 강제집행이 아니라 양도담보권의 실행으로 보고 이를 허용하고 있는 실정이다)를 신청, 양도담보 목적물의 매각대금으로부터 우선변제를 받을 수 있어 양도담보권의 실행 절차가 매우 간편하기 때문이다.

15) 신탁적양도설이라 함은 양도담보계약을 일종의 신탁행위로서 채권담보의 목적으로 담보목적물의 소유권을 채권자에게 이전하여 채권자로 하여금 그 담보목적의 범위 내에서만 소유권을 행사할 수 있다는 견해로, 양도담보권자는 제3자에 대한의 관계에서는 완전한 소유권자의 지위에 있는 것으로 보고 있다.

16) 담보물권설이라 함은 채권자가 신탁적양도설에서와 같은 진정한 의미의 소유권을 취득하는 것이 아니라 양도담보권이라는 특수한 담보물권을 취득할 뿐이며 소유권은 여전히 양도담보의 설정자에게 있다고 보는 견해이다.

양도담보권자가 임의처분 형식으로 양도담보권을 실행하고자 할 때, 반드시 양도담보 목적물을 설정자로부터 인도받아 점유를 하고 있어야만 하는 것은 아니다. 다만, 양도담보 목적물을 설정자의 점유 하에 두고 매각을 하는 경우에는 설정자가 매각에 반대하며 목적물의 인도를 적극 거부(실무상 이와 같은 사례는 흔치 않다)하게 되면, 매각가격이 크게 하락할 우려가 있고 설사 매각이 된다 하더라도 매수인에게 인도가 용이하지 않다는 문제가 있다.

이와 같은 상황에 처한 경우에는 먼저 설정자에게 기한이익상실 통지를 하여 설정자로 하여금 양도담보 목적물에 대한 합법적인 점유권한을 박탈하는 한편 제3자의 선의 취득을 방지하기 위해 점유이전금지가처분을 신청한 후, 양도담보물 인도청구소송을 제기하여 승소판결을 받아 그 판결을 집행하여 양도담보물을 인도받는 수밖에 없는데 이러한 절차는 매우 복잡하고 번거롭다.

양도담보부 금전소비대차계약 공정증서는 양도담보공정증서와 금전소비대차공정증서를 합한 것으로 볼 수 있다. 그런데 집행권원이 되는 공정증서는 그 청구권의 내용이 일정한 금액의 지급이나 대체물 또는 유가증권의 일정한 수량의 급여이어야 하므로(민사집행법 제56조 제4호), 공정증서의 내용 중 민사집행법상 강제집행을 위한 집행권원이 될 수 있는 것은 금전소비대차공정증서 밖에 없다. 따라서 양도담보 취득과 관련하여 공정증서를 작성하고자 한다면 반드시 양도담보부 금전소비대차계약 공정증서를 작성하여야만 그 실효를 거둘 수 있을 것으로 본다.

### (11) 양도담보권의 실행방법

**Y지점(양도담보권자)이 양도담보 목적물의 환가대금으로부터 채권을 회수하고자 할 때, 양도담보권의 실행방법은?**

양도담보권의 실행방법으로는 법정절차(양도담보계약을 통하여 이미 소유권을 양도받아 자신의 소유물이 된 물건에 대하여 민사집행법상의 경매절차로 매각한다는 것이 이론상 모순이 아닐 수 없지만, 여기서의 강제집행은 일반채권자의 지위에서 하는 강제집행이 아니라 양도담보권의 실행으로 보고 이를 허용하고 있는 실정이다)에 의한 방법과 임의처분(처분청산, 또는 귀속청산)이 있는데, 어떤 방법으로 양도담보권을 실행할 것인가는 먼저 당사자의 약정 내용에 따라야 하며, 약정이 없는 경우에는 양도담보권자가 임의로 선택할 수 있다.

은행이 사용하고 있는 양도담보계약서 제8조(담보목적물의 처분)에 의하면, 담보목적물을 법정절차에 의하여 처분하기 곤란하거나 법정절차에 의하여 처분할 경우 채권보전에 지장을 초래할 상당한 사유가 있다고 인정되는 때에는, 채권자는 일반적으로 인정되는 시기, 방법, 가격 등에 의하여 담보목적물을 처분하고 그 매각대금으로 채무의 변제에 충당하거나 채무의 전부 또는 일부의 변제에 갈음하여 담보목적물을 취득하는 것으로 약정하고 있다. 따라서 Y지점이 양도담보 목적물을 처분하고자 할 때에는 먼저 법정절차(민사집행법상의 유체동산 강제집행)에 의하여야 하고, 법정절차에 의하여 처분하기가 곤란하거나 법정절차에 의할 경우 채권보전에 지장을 초래할 상당한 사유가 있다고 인정되는 때에는 임의처분(처분청산 또는 귀속청산[17])을 하는 형식으로 양도담보권을 실행하여야 할 것으로 본다.

**1. 법정절차에 의한 매각** 양도담보권자는 근저당권자와는 달리 담보권자임에도 불구하고 집행권원이 있어야만 양도담보 목적물에 대하여 민사집행법상의 유체동산 강제집행을 신청할 수 있다고 한다. 따라서 양도담보 목적물에 대하여 법정절차에 의거 매각을 하려면 집행권원이 필요하지만 이를 얻기까지는 많은 시간을 필요하므로 담보물 관리에 세심한 주의가 필요하다.

양도담보물의 법정절차에 의한 매각은 양도담보권자가 강제집행 목적물이 소재하는 지방법원의 집행관에게 유체동산 강제집행을 신청하면, 집행관이 그 목적물을 압류를 한 후, 입찰 또는 호가경매의 방법으로 매각을 하여 그 매각대금으로부터 양도담보권자의 지위에서 우선변제를 받게 된다.

**2. 임의처분에 의한 매각** 은행의 경우 양도담보 목적물을 임의처분하려면, 법정절차에 의하여 처분하기가 곤란하거나 법정절차에 의할 경우보다 매가가격이 높고(양도담보계약서 제8조, 담보목적물의 처분), 양도담보설정자로부터 목적물을 용이하게 인도받을 수 있는 경우라야 한다.

은행 실무상으로는 임의처분을 하는 경우가 대부분인데, 그 이유는 집행권원 없이도 처분이 가능하고, 매각가격도 법정절차에 의하는 것보다 비교적 높기 때문이다.

은행이 양도담보 목적물을 임의처분하고자 할 때에는 특히 다음 사항에 유의하여야

17) 처분청산이라 함은 담보물을 제3자에게 매각, 피담보채권의 변제에 충당하고 남는 잔액을 설정자에게 반환하는 방식을 의미한다. 귀속청산이라 함은 담보물을 평가, 피담보채권을 초과하는 금액을 설정자에게 반환함으로써 양도담보 목적물이 확정적으로 양도담보권자에게 귀속시키는 방식을 의미한다. 현재 은행이 사용 중인 양도담보계약서상 양도담보권의 실행방법으로는 처분청산 또는 귀속청산 모두가 가능한 것으로 약정하고 있지만, 실무상 처분청산 방식을 택하고 있다.

한다.

가. 담보물의 임의처분에 착수하기 10일전까지는 임의처분을 한다는 내용을 배달증명부 내용증명으로 설정자에게 도달시켜야 한다(양도담보계약서 제8조, 담보목적물의 처분).

나. 담보물의 평가방법 및 매각절차가 객관적이고 합리적이어야 한다. 은행이 약정 내용에 따라 양도담보물을 임의처분 하고자 하는 경우에는 선량한 관리자로서의 주의의무를 지게 되며, 만일 이를 소홀히 함으로써 채무자가 손해를 입게 된 때에는 이를 배상하여야 하기 때문이다. 이를 위해서는 품의서를 작성 보관하는 것이 바람직하다.

다. 채권회수 후 여력이 있으면 반드시 설정자에게 반환하여야 한다. 양도담보권자의 양도담보권 실행절차에는 양도담보설정자의 다른 채권자가 배당에 참가 할 수 없기 때문이다.

### (12) 양도담보권을 실행하는 경우 다른 일반채권자가 배당요구를 할 수 있는지 여부

**양도담보권자가 양도담보권을 실행(경매 또는 임의처분)하는 경우, 양도담보설정자에 대한 다른 채권자는 그 양도담보권 실행(경매 또는 임의처분) 절차에 참가하여 배당을 받을 수 있겠는가?**

양도담보권자가 양도담보권을 실행(강제경매 또는 임의처분)하는 경우, 양도담보설정자의 다른 채권자는 배당에 참가할 수 없다. 따라서 양도담보권자가 양도담보 목적물의 처분대금으로부터 우선변제를 받고 남는 잔액이 있다 하더라도 이를 다른 채권자에게 배당하여서는 아니 되고 양도담보설정자에게 반환하여야 할 것이다.

### (13) 양도담보 목적물의 매각대금에 대하여 국세와 양도담보권자 상호간의 우열

**양도담보 목적물의 매각대금에 대한 국세(또는 지방세)와 양도담보권자 상호간의 우열 관계는?**

양도담보설정계약 체결일자와 국세(또는 지방세)의 법정기일을 비교하여 그 선후에 의하여 우선순위가 결정된다.[18] 따라서 양도담보설정계약 일자가 국세(또는 지방세)의 법정기일보다 빠른 경우에는 양도담보물로부터 설정자의 체납조세를 징수할 수 없다.

설사 국세의 법정기일이 양도담보설정계약 일자와 같거나 빠르다 하더라도 양도담보 목적물로부터 설정자의 체납조세를 곧 바로 징수할 수 있는 것은 아니다. 이 경우에는 먼저, 설정자(납세자)의 다른 재산에 대하여 체납처분 집행하여 회수하고, 부족한 금액에 대해서는 양도담보권자에게 제2차적인 물적 납세의무[19]를 고지하여 납부토록하고, 그 납부가 없는 경우에 비로소 양도담보 목적물로부터 설정자의 체납조세를 징수할 수 있다(국세기본법 제42조 제1항, 국세징수법 제13조, 지방세법 제36조 제1항).

문제는 국세의 법정기일 전에 이미 양도담보설정계약이 체결되었다는 사실을 양도담보권자가 입증하여야 하는데, 그 증명은 양도담보 목적물이 등기나 등록을 공시방법으로 하는 물건이나 재산권인 경우에는 등기부등본이나 등록부 등본으로 입증하면 되고, 그 이외의 물건(예컨대 기계 등)이나 재산권인 경우에는 공증인의 증명, 공부 또는 금융기관의 장부상의 증명으로서 세무서장이 인정하는 것(국세기본법시행령 제18조 제2항, 지방세법시행령 제15조) 중 하나로 입증하면 된다.

은행이 양도담보계약서에 확정일자를 받았다면 이를 입증자료로 제시하면 된다.

### (14) 양도담보 목적물의 매각대금에 대하여 임금채권자와 양도담보권자 상호간의 우열

**양도담보 목적물의 매각대금에 대한 최우선변제권을 가진 임금채권자와 양도담보권자 상호간의 우열 관계는?**

양도담보권자는 양도담보목적물의 매각대금에 대하여 최우선변제권을 가지는 임금(최종 3월분의 임금, 최종 3년간의 퇴직금 및 재해보상금)채권자보다 항상 우선한다.

최우선변제권을 가지는 임금채권자는 사용자의 총재산에 대하여 근저당권자나 다른 일반 채권자에 우선하여 변제를 받을 권리를 갖는다. 그런데 사용자가 양도담보로 제공한 재산은 그 소유권이 이미 양도담보권자에게 이전되었으므로, 비록 최우선변제권을 가진 임금채권자라 하더라도 양도담보물의 매각대금에서 우선변제를 받을 수 없다.

18) 국세기본법 제42조 제1항 단서 및 지방세법 제36조 제1항 단서.

19) 물적납세의무란 양도담보 목적물의 가액을 한도로 하여 양도담보권자에게 부과하는 납세의무를 말한다.

국민건강보험료 채권, 국민연금보험료 채권, 고용보험료 및 산업재해 보상보험료 채권의 경우에도 같은 법리에 따라 양도담보권자에 우선할 수 없을 것으로 본다.

### (15) 양도담보 취득과 관련하여 실무상 유의사항

**양도담보 취득과 관련하여 실무상 특히 유의하여야 할 사항은?**

양도담보를 취득하는 때에는 특히 다음 사항에 유의하여야 한다.

1. 설정자가 양도담보 목적물의 진정한 권리자(소유자), 즉 타처에 담보로 제공된 물건은 아닌지 또는 소유권 보부 매매약정이 체결되어 있는 물건이거나 리스물건은 아닌지를 철저히 확인하여야 한다. 양도담보 목적물이 제3자 소유로 판명되었다면 설령 채권자가 선의였다 하더라도 양도담보권의 효력이 미치지 아니하기 때문이다.

2. 양도담보 목적물은 양도담보로 제공되었다는 사실을 제3자가 쉽게 인지할 수 있도록 표식을 해 두는 것이 바람직하다. 이는 양도담보물의 선의취득자를 방지하기 위함이다.

3. 유동 집합물을 양도담보로 취득하고자 하는 경우에는 목적물의 종류, 소재지(장소), 수량 또는 중량 등을 명시하여 집합물을 특정시켜야 하며, 양도담보계약서상에 '양도담보 목적물의 천연과실에 대하여도 양도담보의 효력이 미친다(이와 같은 약정이 없으면 천연과실에 대해서는 양도담보권의 효력이 미치지 않는 것으로 본다).[20]'라는 문구를 명시하는 한편 유동집합동산에 대한 제3자의 선의취득을 방지하기 위해서 목적물 등에 양도담보 표식이나 표찰을 해 두어야 할 것이다.

4. 양도담보 목적물을 임의처분하여야 하는 경우에는 임의처분에 착수하기 10일전까지 설정자에게 임의처분 예정사실을 배달증명부 내용증명으로 도달시키는 한편 처분 방법이나 매각가격을 산정할 때에는 선량한 관리자로서의 주의의무를 다하여 불필요한 분쟁이 발생되지 않도록 하여야 한다.

20) 돼지를 양도담보의 목적물로 하여 소유권을 양도하되 점유개정의 방법으로 양도담보권설정자가 계속 점유 관리하면서 무상으로 사용. 수익하기로 약정한 경우, 양도담보 목적물로서 원물인 돼지가 출산한 새끼돼지는 천연과실에 해당하고, 그 천연과실의 수취권은 원물인 돼지의 사용. 수익권을 가지는 양도담보권설정자에게 귀속되므로, 다른 특별한 약정이 없는 한 천연과실인 새끼돼지에 대하여는 양도담보의 효력이 미치지 않는다(대법원 1996. 9. 10. 선고 96다25463 판결).

5. 채무자(또는 양도담보제공자)가 파산한 때에는 양도담보 목적물이 무단 반출 또는 선의의 제3자에게 매각되는 일이 없도록 담보물 관리를 위한 적절한 조치를 취하여야 하며, 필요시는 처분금지가처분 또는 점유이전금지가처분을 신청하도록 한다.

6. 공장근저당권이 설정된 선반기계 등을 이중담보로 제공하기 위하여 이를 다른 장소로 옮긴 경우, 이는 공장근저당권의 행사가 방해될 우려가 있는 행위로서 권리행사방해죄에 해당한다.[21] 또한 리스물건이나 이미 제3자에게 양도담보로 제공된 기계를 은행에 또다시 담보로 제공하고 대출을 받았다면 이는 형법상 사기죄를 구성하는 것으로 보고 있으므로, 유사 사례가 발생한 때에는 이러한 법리를 적극 활용하도록 한다.

21) 대법원 1994. 9. 27. 선고 94도1439 판결.

# 제7절 주택임대차보호법 · 상가건물임대차보호법

## 1. 주택임대차보호법과 여신운용에 미치는 영향

(상 황)

D은행 Y지점은 甲으로부터 주택을 담보로 하는 차입신청을 받고, 주택임대차보호법의 주요 내용과 담보물에 미치는 영향을 검토하고 있다.

**주택임대차보호법**(이하 '법'이라 한다)은 국민의 주거안정을 목적으로 제정된 법률이나 금융기관의 여신운용에 중대한 영향을 미치므로 여신업무를 담당하는 금융기관 직원이라면 이 법을 정확히 이해하여야 한다. 이 법의 **주요 내용**은 다음과 같다.

**1. 제정목적** 이 법은 국민(재외국민, 외국국적동포 및 외국인을 포함한다)의 주거생활 안정을 보장할 목적으로 제정된 특별법이다. 따라서 민법의 내용과 상충하는 경우에는 이 법이 우선 적용된다.

**2. 적용범위**

가. 적용대상 건물

이 법의 적용을 받을 수 있는 건물은 국민의 주거생활을 목적으로 하여 축조된 주거용 건물에 한한다(법 제2조, 적용범위). 주거용 건물인지 여부는 건축물관리대장 등 공부상의 표시만을 기준으로 하는 것이 아니라 실제 용도에 따라 판단하여야 하며, 특히 관한청의 허가를 받지 아니하고 건축한 무허가 건물이나 건축허가를 받았으나 사용승인을 받지 못한 건물도 적용이 된다. 그리고 주거용 건물의 일부가 비주거용으로 사용되는 경우에도 적용된다. 그러나 비주거용 건물의 일부가 주거용으로 사용되는 경우에는 이 법의 적용을 받을 수 없다.

이 법의 적용이 되는 대상물에 해당되는지 여부에 관한 판단기준을 정리하면 다음과 같다.

(1) 주거용 건물에 해당하는 이상 미등기 건물[1] 이나 무허가 건물, 가건물, 용도변경

1) 건물이 미등기인 관계로 그 건물에 대하여 아직 소유권이전등기를 경료하지는 못하였지만 그 건물에

된 건물도 모두 적용 대상이다.

(2) 공부상의 용도나 구조 등에 불구하고 실제 용도가 주거용 건물인가 아닌가에 따라 적용 여부가 결정된다.[2] 따라서 공부상 공장 또는 사무실용 건물로 기재되어 있다 하더라도 그 구조를 주거용으로 변경하여 임대차계약이 체결되었다면 이 법이 적용된다.

(3) 주거용 건물에 해당되는지의 판단시점은 임대차계약 체결시점을 기준으로 한다. 따라서 비주거용 건물을 임차인이 임대인의 승낙 없이 주거용으로 개조한 경우에는 이 법이 적용되지 아니한다.

(4) 상가, 오피스텔 그리고 콘도는 원칙적으로 주거용 건물로 보지 아니한다.

나. 보호대상 임차인의 구분

이 법은 자연인인 서민들의 주거 안정을 보호하기 위하여 제정되었으므로 임차인이 법인인 경우에는 이 법의 보호를 받을 수 없다.[3] 다만, 법인(대한주택공사 및 지방공기업법 제49조에 따라 주택사업을 목적으로 설립된 지방공사)이 국민주택기금을 재원으로 하여 저소득층의 무주택자에게 주거생활안정을 목적으로 전세임대주택을 지원하는 경우에는 그 법인에게도 대항력 및 우선변제권을 부여한다.[4] 이 법이 보호하고자 하는 임차인의 유형은 다음과

대하여 사실상 소유자로서의 권리를 행사하고 있는 자는 전소유자로부터 이 건물의 일부를 임차한 자에 대한 관계에서는 사실상 소유자가 주택임대차보호법 제3조 제2항 소정의 주택의 양수인으로서 임대인의 지위를 승계하였다고 볼 수 있다(대법원 1987. 3. 24. 선고 86다카164 판결 등). 미등기 주택의 임차인이 임차주택 대지의 환가대금에 대하여 주택임대차보호법상 우선변제권을 행사할 수 있다(대법원 2007. 6. 21. 선고 2004다26133 판결).

2) 주거용 건물에 해당하는지 여부는 임대차 목적물의 공부상의 표시만을 기준으로 할 것이 아니라 실제 용도에 따라서 정하여야 하고, 또 건물의 일부가 임대차의 목적이 되어 주거용과 비주거용으로 겸용되는 경우에는 구체적인 경우에 따라 그 임대차의 목적, 전체 건물과 임대차목적물의 구조와 형태 및 임차인의 임대차목적물의 이용관계 그리고 임차인이 그 곳에서 일상생활을 영위하고 있는지 여부 등을 고려하여 합목적적으로 결정하여야 한다(대법원 1996. 3. 12. 선고 95다51953 판결).
1층이 공부상 소매점으로 표시되어 있으나 실제 그 면적의 절반은 방 2칸, 나머지 절반은 소매점으로 되어 있고, 임차인이 가족과 함께 거주하면서 음식영업점을 하며 방은 영업할 때에는 손님을 받고, 그 이에는 주거용으로 사용하여 왔다면 동 건물은 주택임대차보호법상의 주거용 건물에 해당한다(대법원 1996. 5. 31. 선고 96다5971 판결).

3) 주택임대차보호법은 자연인인 서민들의 주거생활의 안정을 보호하려는 것이어서 법인은 대상에 포함되지 않는다(대법원 1997. 7. 11. 선고 96다7236 판결). 외국인의 경우 출입국관리법 제31조 및 제36조 규정에 의한 외국인등록을 하게 되면 동 법의 적용을 받아 보호받을 수 있다.

4) 주택임대차보호법이 개정됨에 따라 2007. 11. 4.부터, 국민주택기금을 재원으로 하여 저소득층의 무주택자에게 주거생활안정을 목적으로 전세주택을 지원하는 법인이 주택을 임차한 후 지방자치단체의 장 또는 해당 법인이 선정한 입주자가 그 주택의 인도 및 주민등록을 마친 때에는 그 법인이 이 법의 보호를 받을 수 있다.

같다.

(1) 소액임차인 : 임차보증금이 이 법 시행령 제4조(우선변제를 받을 임차인의 범위)에서 정하는 일정금액 이하인 임차인

(2) 확정일자 있는 임차인 : 임차보증금액에 불구하고 임대차계약서에 확정일자를 받은 임차인

다. 보증금 중 일정액의 범위 및 우선변제를 받을 임차인의 범위

우선변제를 받을 임차인의 범위 및 보증금 중 일정액의 범위(법 시행령 제3조 및 제4조)는 아래와 같다.

**우선변제를 받을 임차인 및 보증금 중 일정액의 범위**
**(주택임대차보호법)**

(2010. 7. 27. 현재)

| 근저당권 등기일자 | 우선변제를 받을 임차인의 범위 | 우선변제대상 금액 (보증금 중 일정액의 범위) |
|---|---|---|
| 83. 12. 31. 이전 | 없음 | 없 음 |
| 84. 1. 1.~ 87. 11. 30. | 서울, 광역시 : 3백만원 이하 | 없 음 |
| | 그 밖의 지역 : 2백만원 이하 | 2백만원 |
| 87. 12. 1.~ 90. 2. 18. | 서울, 광역시 : 5백만원 이하 | 5백만원 |
| | 그 밖의 지역 : 4백만원 이하 | 4백만원 |
| 90. 2. 19.~ 95. 10. 18. | 서울, 광역시 : 20백만원 이하 | 7백만원 |
| | 그 밖의 지역 : 15백만원 이하 | 5백만원 |
| 95. 10. 19.~ 01. 9. 14. | 서울, 광역시 : 30백만원 이하 | 12백만원 |
| | 그 밖의 지역 : 20백만원 이하 | 8백만원 |
| 01. 9. 15.~ 08. 8. 21. | 수도권 중 과밀억제권역 : 40백만원 이하 | 16백만원 |
| | 광역시(군지역과 인천광역시 제외) : 35백만원 이하 | 14백만원 |
| | 그 밖의 지역 : 30백만원 이하 | 12백만원 |
| 08. 8. 22.~ 2010. 7. 26. | 수도권 중 과밀억제권역 : 60백만원 이하 | 20백만원 |
| | 광역시(군지역과 인천광역시 제외) : 50백만원 이하 | 17백만원 |
| | 그 밖의 지역 : 40백만원 이하 | 14백만원 |
| 2010. 7. 26. 이후 | 서울특별시 : 75백만원 이하 | 25백만원 |
| | 수도권정비계획법에 따른 과밀억제권역 (서울특별시 제외) : 65백만원 이하 | 22백만원 |
| | 광역시(과밀억제권역에 포함된 지역 및 군지역 제외) 및 안산시, 용산시, 김포시, 광주시 : 55백만원 이하 | 19백만원 |
| | 그 밖의 지역 : 40백만원 이하 | 14백만원 |

(주 1) 이 법은 1984. 1. 1.부터 시행한다. 따라서 이법 시행일 이전에 근저당권을 설정한 경우에는 이 법이 적용되지 아니한다.

(주 2) 근저당권자와의 관계에서는 근저당권설정등기일자를 기준으로 우선변제를 받을 임차인의 범위 및 우선변제금액을 판단한다.

(주 3) 최우선변제를 받을 임차인 및 보증금 중 일정액의 범위와 기준은 주택가격(대지의 가격을 포함한다)의 1/2의 범위 안에서 대통령령으로 정한다(법 제8조 제3항).

(주 4) 최우선변제를 받을 임차인이 다수인 관계로 보증금 중 일정액의 합계액이 주택가격의 1/2을 초과할 경우에는 각 임차인의 보증금 중 일정액의 비율에 따라 안분한 금액(산식＝주택가격의 1/2×특정 임차인의 보증금 중 일정액÷각 임차인의 보증금 중 일정액의 합계)에 대해서만 우선변제를 받게 된다(법 시행령 제3조 제2항).

### 3. 제3자에 대한 대항력(취득요건, 취득시기와 존속요건) 등

<u>내항력의 취득요건 및 취득시기와 그 존속요건</u>

| 구 분 | 보 호 대 상 임 차 인 의 유 형 | |
|---|---|---|
| | 소 액 임 차 인 | 확 정 일 자 있 는 임 차 인 |
| 1. 임차보증금 제한 여부 | 임차보증금이 각 권역별에서 정하는 금액 이하이어야 한다(시행령 제4조). | 임차보증금액에 대한 별도의 제한이 없다. |
| 2. 대항력의 취득요건 | 경매신청의 등기(매각개시결정등기) 전까지 주택의 인도 및 주민등록을 마쳤을 것. | 경매신청의 등기(매각개시결정등기) 전까지 주택의 인도 및 주민등록을 마치고, 임대차계약서에 확정일자를 받을 것. |
| 3. 대항력의 취득시기 | 주택의 인도 및 주민등록의 2가지 요건을 모두 갖춘 때에는 2가지 요건 중 늦은 날의 다음 날 오전 0시부터 대항력을 취득한다. | －주택의 인도 및 주민등록 일자보다 임대차계약서에 확정일자를 받은 날이 늦은 경우에는 확정일자를 받은 날짜에 대항력을 취득한다.<br><br>－임대차계약서에 확정일자를 받은 날짜가 주택의 인도 및 주민등록을 마친 날짜와 같거나 빠른 경우 에는 주택의 인도 및 주민등록의 2가지 요건 중 늦은 날의 다음날 오전 0시부터 대항력을 취득한다. |
| 4. 대항력의 종기 및 존속기간 | 가. 종 기<br>대항력은 그 주택에 대한 경매신청의 등기(매각개시결정등기)가 있기 전까지 갖추어야 한다. | 가. 종 기<br>대항력은 그 주택에 대한 경매신청의 등기(매각개시결정등기)가 있기 전까지 갖추어야 한다. 다만, 임대차계약서의 확정일자는 배당요구의 종기까지만 갖추면 순위에 의한 배당을 요구할 수 있다. |

<table>
<tr><th rowspan="2">구 분</th><th colspan="2">보 호 대 상 임 차 인 의 유 형</th></tr>
<tr><th>소 액 임 차 인</th><th>확정일자 있는 임차인</th></tr>
<tr><td>4. 대항력의 종기 및 존속기간</td><td>나. 존속기간<br>대항력은 배당요구의 종기까지(배당요구의 종기가 연기된 경우에는 연기된 배당요구의 종기까지) 유지되어야 한다.<br>임차인의 입장에서는 임차권등기를 하지 않는 한 매수인이 매각대금을 완납할 때까지 대항력을 유지하는 것이 안전하다.</td><td>나. 존속기간<br>좌와 동일함.</td></tr>
<tr><td rowspan="2">5. 대항력을 갖춘 임차인의 권리</td><td>가. 주택의 양수인에 대한 효력<br>대항력을 갖춘 임차인은 그 주택의 양수인에 대하여 임대차관계의 존속을 주장, 임대차 계약기간까지 계속 거주할 수 있고, 계약이 만료되면 임차보증금을 반환 받을 권리를 갖는다.<br>이 때 건물의 양도인은 임차인에 대한 보증금반환 채무를 면하게 된다.</td><td>가. 주택의 양수인에 대한 효력<br>좌와 동일함.</td></tr>
<tr><td>나. 매수인(경락인)에 대한 효력<br>(1) 임차인이 최선순위 저당권자(가압류, 압류 포함)보다 앞서 대항력을 갖춘 경우<br><br>① 임대차관계의 존속을 주장, 계속 거주한 후 계약기간 만료시에 보증금을 반환받고 명도하거나,<br><br>② 경매절차 참가하여 보증금 중 일정액에 대하여 최우선배당을 요구할 권리(만일 매각대금 부족으로 보증금전액을 배당받을 수 없었던 때에는 매수인에게 대항하여 잔여보증금을 반환받을 때까지 임대차관계의 존속을 주장할 수 있다)가 있으므로 ①과 ② 중 택일하여 행사할 수 있다.<br><br>(2) 임차인이 최선순위 저당권자(가압류, 압류 포함)보다 후에 대항력을 갖춘 경우<br><br>매각으로 인해 임대차관계는 소멸하므로 매수인에게 대항할 수 없고, 오직 경매절차에 참가하여 '권리신고 겸 배당요구신고서'를 제출하여 보증금 중일정액에 한하여 우선 배당을 받을 권리밖에 없다.</td><td>나. 매수인(경락인)에 대한 효력<br>(1) 좌와 동일<br><br>① 좌와 동일<br><br>② 경매절차에 참가하여 임차보증금 전액에 대하여 우선배당요구 할 권리(만일 매각대금 부족으로 보증금 전액을 배당받을 수 없었던 때에는 매수인에게 대항하여 잔여보증금을 반환받을 때까지 임대차관계의 존속을 주장할 수 있다)가 있으므로 ①과 ② 중 택일하여 행사할 수 있다.<br><br>(2) 좌와 동일<br><br>매각으로 인해 임대차관계는 소멸하므로 매수인에게 대항할 수 없고 오직 경매절차에 참가하여 '권리신고겸 배당요구 신청서'를 제출하여 후순위 담보권자나 기타 일반 채권자에 우선하여 임차보증금을 배당 받을 권리 밖에 없다.</td></tr>
</table>

**4. 임차권등기명령 신청 제도** 임차권등기명령 신청 제도는 대항요건을 유지(배당요구의 종기까지 주택의 인도 및 주민등록신고 상태 유지)하지 않을 경우 대항력의 효력을 상실하는 문제점을 해소하고자 도입된 제도이다.

임차권등기명령 신청은 임대차가 종료하였음에도 불구하고 임차보증금을 반환받지 못한 때에 한하여 임차인이 신청할 수 있다. 임대차가 종료된 이상 임차주택에 대한 점유를 상실하거나 주민등록을 전출하여 대항력을 상실한 경우에도 보증금을 반환받지 못하고 있는 한 임차권등기명령을 신청할 수 있다. 다만, 이 경우에는 그 등기시점을 기준으로 대항력 및 우선변제권을 취득한 것으로 본다(법 제3조의3 제5항).

임차권등기명령 신청은 임대차계약서, 주민등록 등본, 임대차의 목적이 주택의 일부인 경우에는 그 도면 등을 첨부, 임차주택의 소재지를 관할하는 지방법원, 지원, 시·군법원에 임차인이 단독으로 신청할 수 있다.

임차권등기명령의 효력은 판결에 의한 때에는 선고를 한 때, 결정에 의한 때에는 상당한 방법으로 임대인에게 고지를 한 때에 발생한다(임차권등기명령절차에 관한 규칙 제4조). 따라서 주택임차권 등기명령을 신청한 후 바로 다른 곳으로 이사하거나 전출하여서는 아니 되고, 그 이전에 주택 임차권등기가 되어 있는지 여부를 반드시 확인하여야 할 것이다.

임차권등기가 경료되면 주거 이전 또는 주민등록 이전을 하더라도 대항력의 효력을 상실하지 아니한다(법 제3조의3 제5항). 임차권등기가 경료된 주택을 그 이후에 임차한 임차인은 이 법 제8조(보증금 중 일정액의 보호)의 규정에 의한 우선 변제를 받을 권리가 없다(법 제3조의3 제6항). 다만, 대항력과 확정일자의 2가지 요건을 모두 갖추고 있다면 그 순위에 따른 우선변제권을 행사할 수 있을 뿐이다.

**5. 임대차 기간 등**

가. 주택임대차의 최소기간

임대차의 존속기간을 정하지 않았거나 2년 미만으로 정한 경우 그 기간은 2년으로 본다. 다만, 2년 미만의 임대차를 약정한 경우 임대인은 그 약정의 유효함을 주장할 수 없지만 임차인은 이를 주장할 수 있다(법 제4조 제1항).

나. 계약의 갱신

계약의 갱신의 통지는 임대인의 경우 임대차기간 만료 전 6월부터 1월까지, 임차인의 경우 임대차기간 만료 전 1월까지 하여야 한다(법 제6조 제1항). 통지기한내 통지하지 아니하면 묵시적 계약 갱신이 된 것으로 본다.

다. 묵시적 계약의 갱신의 효력

묵시적 갱신의 경우 종전 임대차와 동일한 조건으로 다시 임대한 것으로 보며, 이 경우에 임대차의 존속기간은 2년으로 본다(법 제6조 제2항). 이 경우 임차인은 언제든지 임대인에 대하여 계약해지를 통고할 수 있고 임대인이 그 통고를 받은 날부터 3월이 경과하면 그 효력이 발생한다(법 제6조의2).

### 6. 차임 등의 증액청구의 기준 등

가. 임대인의 증액청구권

증액 최고한도는 약정한 차임의 5% 이내에서 허용하되, 임대차계약 또는 약정한 차임 등의 증액이 있은 후 1년 이내에는 하지 못한다(법 시행령 제2조).

나. 임차인의 감액청구권

이 법에서는 전혀 명문의 규정이 없고 다만, 전세보증금시세의 증감정도가 당초 약정금액의 20% 이상인 동시에 전세잔여기간이 6개월 이상인 경우에 한하여 증감청구권을 받아들일 수 있다는 하급심의 판례[5]가 있다. 따라서 당사자 간의 합의가 안 된다면 법원의 민사조정을 통하여 해결할 수밖에 없을 것으로 판단된다.

다. 재계약시 보증금 증액제한 규정의 적용 여부

차임 등의 증감청구권은 임대차의 존속 중에만 한하여 적용되고 재계약의 경우 보증금 증액제한 규정이 적용되지 아니한다는 것이 대법원의 판례의 태도이다.

**7. 기타 참고사항** 대항력의 취득요건(주택의 인도와 주민등록)을 배당요구의 종기까지 계속하여 구비하고 있어야 하며, 도중에 주택을 타인에게 인도하거나 주민등록을 옮긴 사실이 밝혀지면 우선변제권을 상실하여 배당에서 제외된다.[6] 다만, 임차인이 가족과 함께 임차주택에 대한 점유를 계속하면서 가족의 주민등록은 그대로 둔 채 임차인만 주민등록을 일시 다른 곳으로 옮긴 경우에는 전체적, 종국적으로 주민등록의 이탈이라고 볼 수 없어 제3자에 대한 대항력을 상실하지 아니하는 것으로 보고 있다.[7]

법 제3조의3(임차권등기명령)에 의거, 임차권등기를 마친 경우에는 대항력의 취득요건을 상실하더라도 임차인이 이미 취득한 대항력이나 우선변제권은 상실하지 아니하고 그대로 유지된다.

5) 서울지법동부지원 1998. 12. 11. 선고 98가합19419 판결.

6) 대법원 1997. 10. 10. 선고 95다44597 판결.

7) 대법원 1989. 1. 17. 선고 88다카143 판결.

임차인이 임대인의 동의를 얻어 적법하게 임차권을 양도하거나 전대하여 양수인이나 전차인이 임차인의 주민등록 퇴거일로부터 주민등록법상의 전입신고를 하고 주택을 인도받아 점유를 계속하고 있는 경우에는 원래의 임차인이 갖는 임차권의 대항력은 소멸하지 아니하고 동일성을 유지한 채로 존속한다.

한편 대항력을 갖춘 임차인이 그 후 전세권설정등기까지 경료한 경우로써 만일 전세권에 앞선 저당권의 실행으로 전세권설정등기가 말소되더라도 보증금의 우선 변제를 받을 수 있다.

보증금 중 일정액이나 확정일자부 임차보증금의 배당을 받고자 하는 임차인은 배당요구의 종기까지 집행법원에 적법하게 권리신고와 배당요구 신청을 하여야 한다. 임차인이 배당요구의 종기까지 적법한 배당요구를 신청하지 아니한 경우에는 비록 실체법상 우선변제권이 있는 주택임차인이라 하더라도 매각대금으로부터 배당을 받을 수 없다.[8]

주택임대차보호법에 의하여 우선변제청구권이 인정되는 임대차보증금 반환채권은 현행법상 배당요구가 필요한 배당요구채권에 해당한다. 이러한 배당요구채권자가 적법한 배당요구를 하지 아니하여 그를 배당에서 제외하는 것으로 배당표가 작성, 확정되고 그 확정된 배당표에 따라 배당이 실시되었다면 그가 적법한 배당요구를 한 경우에 배당받을 수 있었던 금액 상당의 금원이 후순위채권자에게 배당되었다고 하여 이를 법률상 원인이 없는 것이라고 할 수 없다.[9]

주택임대차보호법 관련 금융기관 여신업무 취급시는 특히 다음 사항에 유의하여야 한다.

### 1. 주택 담보취득과 관련한 유의사항

가. 주택을 담보로 취득코자 할 때에는 후일에 저당권의 실행에 따른 경매 과정에서 매각대금에서 우선 배당받게 될 임차인이 있는지를 사전에 정확히 파악하여야 하며, 이를 위해서는 관할 동사무소에 '당해 주택에 전입신고 된 모든 세대의 주민등록의 열람 및 등 · 초본의 교부신청'을 하여 대항력을 갖춘 임차인의 존재여부를 확인하여야 한다.

8) 대법원 1998. 10. 13. 선고 98다12379 판결.

9) 대법원 1998. 10. 13. 선고 98다12379 판결 부당이득금. 당초 대법원은 소액임차인이 배당받은 후순위채권자에게 부당이득반환 청구를 할 수 있는 것으로 판시하였으나 본 판결에서 부당이득반환 청구를 할 수 없다고 태도를 변경하였다.

나. 임차권등기명령의 집행에 의한 임차권등기가 경료되면 임차인은 이 법 제3조(대항력 등) 제1항의 규정에 의한 대항력 및 제3조의2(보증금의 회수) 제2항의 규정에 의한 우선변제권을 취득하게 되고, 임차인이 임차권등기 이전에 이미 대항력 또는 우선 변제권을 취득한 경우에는 그 대항력 또는 우선변제권은 그대로 유지되며, 임차권등기 이후에는 제3조 제1항의 대항요건을 상실하더라도 이미 취득한 대항력 또는 우선변제권을 상실하지 아니하므로 관할 동사무소에 주민등록이 없다 하더라도 등기부에 임차권을 등기한 임차인이 있는지 여부도 확인하여야 한다.

다. 은행직원이 담보물건에 대한 임대차 현장조사를 할 때, 임차인이 임대차계약 없음을 확인해준 사실이 있거나 또는 보증금 없이 무상으로 거주중인 확인서를 발급해 준 사실이 있으면서 동 부동산 매각시 보증금 중 일정액의 배당을 요구하거나 전세금반환을 내세워 그 명도를 거부하는 행위는 '금 반언 내지 신의칙'에 명백히 반하는 행위로써 동 임차인은 주택임대차보호법상의 보호대상이 아니라는 것이 대법원 판례[10]이므로 실무상 판례의 취지를 적절히 활용하여야 할 것이다. 그러나 담보부동산 매각 당시 무상거주 또는 임대차계약 없이 거주중인 자가 있을 경우 매수인의 입장에서 볼 때 향후 명도문제 등이 야기될 수 있음을 우려, 입찰가 산정에 영향을 주게 되고 그 결과 매각가격이 하락, 채권보전에 지장을 초래할 수 있으므로 유사 시례가 발생한 때에는 확인서 징구는 물론 매각가격 하락요인을 고려한 담보가치를 파악하여야 할 것으로 본다.

### 2. 주택 담보물건에 대한 경매와 관련한 유의사항

가. 담보권의 실행 등을 위한 경매사건의 배당단계에서는 임차인의 배당요구 내역을 미리 조사하여 배당 요구한 임차인이 채무자나 소유자의 가족 등 가장 임차인이 아닌지 여부를 확인한다.

나. 수인의 임차인이 소액임차인으로서 배당요구를 하였을 때에는 그들이 가정공동생활을 하는 자가 아닌지 여부를 확인한다. 하나의 주택에 임차인이 2인 이상이고, 이들이 그 주택에서 가정공동생활을 하는 경우에는 이들을 1인의 임차인으로 보아 이들의 보증금을 합산(법 시행령 제3조 제4항)한 금액이 지역별 소액보증금 범위에 해당될 경우에 한하여 보호를 받을 수 있기 때문이다.

다. 임차권등기명령의 집행에 의한 임차권등기가 경료된 주택(임대차의 목적이 주택의 일부분인 경우에는 해당 부분에 한한다)을 그 이후에 임차한 임차인은 보증금 중 일정액의 우선 변제를 받을 권리가 없으므로, 혹 이중으로 우선배당이 이루어지는 사례가 없도록 확인할

10) 대법원 1987. 11. 24. 선고 87다카1708 판결, 1987. 5. 12. 선고 86다카2788 판결.

필요가 있다.

라. 집행법원으로부터 임차보증금을 배당받으려면 경매신청의 등기(매각개시결정등기) 전날까지 대항력의 취득요건을 갖추어야 하고 그 요건은 배당요구의 종기까지 계속 유지되어야 하므로[11] 임차인이 배당요구의 종기까지 주민등록을 계속 유지하고 있는지 여부와 점유의 계속 여부를 확인한다.

11) 주택임대차의 대항력 요건의 존속기한인 경락기일의 의미
공시방법이 없는 주택임대차에 있어서 임차인이 주택임대차보호법에 의한 대항력과 우선변제권을 인정받기 위한 주택의 인도와 주민등록이라는 요건은 그 대항력 및 우선변제권의 취득시에 만 구비하면 족한 것이 아니고 경매절차의 배당요구의 종기인 경락기일까지 계속 존속하고 있어야 하는데(대법원 1997. 10. 10. 선고 95다44597 판결), 처음의 경락허가결정이 취소되어 신경매를 하였거나 경락허가결정의 확정 후 최고가매수인이 경락대금을 납부하지 아니하여 재경매를 한 경우에 있어서, 배당요구의 종기인 경락기일이라 함은 배당금의 기초가 되는 경락대금을 납부한 경락인에 대하여 경락허가결정을 한 마지막 경락기일을 말한다고 보아야 한다. 동일한 임차주택에 대하여 대항력을 가진 임차인이 중복하여 나타나거나 가장 임차인이 나타남으로 말미암아 경매절차의 다른 이해관계인들에게 피해를 주거나 경매절차의 진행을 방해하는 것을 방지하여야 할 필요성은 배당요구가 있을 수 있는 최종 시한인 마지막 경락기일까지 존재하는 것이기 때문이다(대법원 2002. 8. 13. 선고 2000다61466 판결).

## 전세권과 주택임대차계약서에 확정일자를 받은 임차권의 차이점

| 구 분 | 전세권(민법상의 물권) | 확정일자를 받은 임차권(준물권) |
|---|---|---|
| 1. 요 건 | 전세권 설정등기를 하여야 하며, 등기된 이상 주택의 인도 및 주민등록 여부와는 무관하다. | 임대차계약서에 확정일자를 받고, 경매신청의 등기(매각개시결정등기) 전까지 주택의 인도 및 주민등록을 하고, 이를 배당요구의 종기까지 계속 유지하여야한다. |
| 2. 경매 신청권 | 전세권의 존속기간이 만료 또는 존속기간을 정하지 아니한 전세권의 경우 전세권자가 그 소멸의 통고를 한 날로부터 6월이 경과하였음에도 임대인이 전세금의 반환을 지체한 때에는 임의경매를 신청할 권리가 있다. | 임차보증금 반환청구소송을 제기, 승소하여 확정판결을 받아야 만 강제경매를 신청할 수 있다. |
| 3. 배당 요구 | 별도의 배당요구가 필요 없다. | 배당요구의 종기까지 집행법원에 반드시 권리신고 및 배당요구를 하여야 한다. |
| 4. 우선 변제의 효력이 미치는 범위 | 건물 및 대지를 포함한 낙찰가 총액에 대하여 후순위권리자 또는 기타 채권자보다 우선변제를 받을 수 있다.<br><br>건물의 일부에 대하여만 전세권을 설정한 경우에는 그 건물전체의 매각가격에서 우선변제를 받을 수 있지만 대지가격에 대하여는 우선변제의 효력이 미치지 아니한다. 다만, 아파트, 다세대, 구분상가 등 집합건물에 등기된 전세권은 그 대지부분의 매각대금으로부터도 우선변제를 받을 수 있다. | 건물 및 대지를 포함한 낙찰가 총액에 대하여 후순위 권리자 또는 기타 채권자보다 우선하여 변제를 받을 수 있다. |
| 5. 기 타 | 저당권이나 압류(가압류)등기 이후에 등기한 전세권은 매각으로 소멸한다.<br>그러나 최선순위 저당권이나 압류(가압류)등기보다 앞서 전세권을 설정한 전세권자는 배당요구의 종기까지 배당요구를 할 수 있고, 배당요구를 하지 아니하면 매수인이 이를 인수하여야 한다.<br><br>전세권설정 등기행위로써 처분을 금지하지 아니한 이상 전세권설정자의 동의 없이도 전전세, 양도, 임대, 담보제공 등이 가능하다. | 최선순위 저당권자보다 앞서 대항력을 갖추고 있는 경우에는 임대차 잔여기간에 관계없이 순위에 따라 배당을 받거나(임차 보증금전액을 배당받지 못한 경우 그 잔액을 반환받을 때까지 주택의 명도를 거절하고, 계속 주거하는 등 매수인에게 대항할 수 있음) 또는 임대차 계약기간까지 계속 거주할 권리가 있다.<br><br>임대인의 동의 없이는 권리를 양도하거나 전대할 수 없다. |

## 2. 상가건물임대차보호법과 여신운용에 미치는 영향

(상 황)

D은행 Y지점은 甲으로부터 상가건물을 담보로 하는 차입신청을 받고, 상가건물임대차보호법(이하 '이 법'이라 한다)의 주요 내용과 담보물에 미치는 영향을 검토하고 있다.

**상가건물임대차보호법**은 상가건물의 임대차에서 일반적으로 경제적, 사회적 약자의 위치에 있다고 할 수 있는 영세 상인을 보호할 목적으로 2001. 12. 29. 법률 제6542호로 제정되어, 2002. 11. 1.부터 시행되고 있으며, 그 기본구조는 주택임대차보호법과 유사하다. 다만, 우선변제를 받을 보증금 중 일정액의 범위가 주택임대차보호법의 경우 주택 가격(대지 및 건물가격)의 1/2이나 상가건물임대차보호법에서는 상가건물 가격(대지 및 건물가격)의 1/3범위 내에서 보호된다는 점과 주거용 건물을 임차하고 임대차계약서에 확정일자를 받은 임차인은 임차보증금액에 관계없이 당해 주택의 경매 또는 공매시 환가대금에서 후순위권리자나 다른 채권자에 우선하여 보증금을 변제받을 권리가 있지만 상가건물을 임차한 자는 임대차계약서에 확정일자를 받더라도 환산보증금이 대통령령이 정하는 보증금액을 초과할 경우에는 우선 변제를 받을 수 없다는 점이 양자의 주된 차이점이라 할 수 있다.

이 법은 주택임대차보호법과 더불어 금융기관의 여신운용에 직접적인 영향을 미치므로 여신업무를 담당하는 직원이라면 이 법에 대한 정확한 이해가 필요하며, 그 **주요 내용**은 다음과 같다.

**1. 제정목적 등** 이 법은 상가건물 임대차에 관하여 민법에 대한 특례를 규정함으로써 상인들의 경제생활의 안정을 보장함을 목적으로 제정되었다. 따라서 상법 제5조(의제상인) 제2항에 의하면, 회사는 상행위를 하지 아니하더라도 상인으로 본다고 정하고 있으므로, 주택임대차보호법과는 달리 법인의 경우에도 이 법에서 정하는 대항력을 갖춘 때에는 보호를 받을 수 있다. 그러나 종교, 자선단체 및 친목모임 사무실, 동창회 사무실 등 비영리단체의 건물임대차에는 적용되지 아니한다. 이 법은 민법에 대한 특례법으로 민법에 우선하여 적용된다.

**2. 적용범위**

가. 대상건물

상가건물임대차보호법이 적용되는 대상목적물은 부가가치세법 제5조, 소득세법 제168조 또는 법인세법 제111조의 규정에 의한 사업자등록을 신청할 수 있는 상가건물에 한정된다. 다만, 일시사용을 위한 임대차가 명백한 경우에는 적용되지 아니한다. 이 법의 적용이 되는 대상물에 해당되는지 여부에 관한 판단기준을 정리하면 다음과 같다.

(1) 미등기 건물이나 무허가 건물이라도 상가건물인 이상 적용된다.

(2) 공부상의 용도나 구조 등에 불구하고 실제용도가 상가(영업용)건물인가 아닌가에 따라 적용 여부를 판단한다.

(3) 등기부상 용도가 주택이라 하더라도 임대인이 점포로 개조, 임대하였거나 임차인이 소유자의 승낙(승낙 없이 임차인이 임의로 개조한 경우에는 제외한다)을 받아 개조하여 영업을 하고 있다면 이 법의 적용이 되는 대상물에 해당한다.

(4) 임차건물의 주요부분이 영업용으로 사용되고 일부가 비영업용으로 사용되는 경우에는 그 건물 전부에 대하여 이 법의 적용을 받을 수 있다. 그러나 건물의 주요부분이 비영업용으로 사용되고 일부만이 영업용으로 사용되는 경우에는 이 법이 적용되지 않는 것으로 본다.

(5) 건물의 주요부분이 영업용인지 비영업용인지를 판단함에 있어서는 획일적으로 그 기준을 정할 수 없고 구체적인 개별 사안에 따라 그 임차인의 목적, 전체 건물과 임대차 목적물의 구조와 형태 및 임차인의 임대차목적물의 이용관계 그리고 임차인이 그곳에서 일상생활을 영위하는지 여부 등을 아울러 고려하여 합목적적으로 결정한다.

나. 보호대상 임차인의 구분

이 법이 보호하고자 하는 임차인의 유형은 다음과 같다.

(1) 소액임차인 : 임차보증금(차임이 있는 경우 이를 환산한 금액[12] 포함)이 이법 시행령 제6조(우선변제를 받을 임차인의 범위)에서 정하고 있는 일정금액 이하인 임차인.

(2) 확정일자 있는 임차인 : 임차보증금(차임이 있는 경우 이를 환산한 금액 포함)이 이 법 시행령 제2조(적용범위)에서 정하고 있는 금액 이하로 임대차계약을 체결하고, 임대차계약서에 확정일자를 받은 임차인.

다. 우선변제를 받을 임차인 및 보증금의 범위 등

12) 차임을 보증금으로 환산한 금액이라 함은 월세×100한 금액을 말한다.

우선변제를 받을 임차인의 범위 및 보증금 중 일정액의 범위(법 시행령 제6조 및 제7조)와 확정일자를 받을 경우 보호를 받을 수 있는 지역별 임차인의 범위(법 시행령 제2조, 적용범위)는 아래와 같다.

**우선변제를 받을 임차인 및 보증금 중 일정액의 범위**
**(상가건물임대차보호법)**

(2010. 7. 27. 현재)

| 근저당권 등기일자 | 우선변제를 받을 임차인의 범위 | 최우선변제대상 금액 (보증금 중 일정액의 범위) |
|---|---|---|
| 02. 10. 31. 이전 | 없 음 | 없 음 |
| 02. 11. 1.~ 2010. 7. 26. | 서울특별시 : 45백만원 이하 | 1,350만원 |
| | 서울특별시를 제외한 수도권 중 과밀억제권역 : 39백만원 이하 | 1,170만원 |
| | 군지역 및 인천광역시를 제외한 광역시 : 30백만원 이하 | 900만원 |
| | 그 밖의 지역 : 25백만원 이하 | 750만원 |
| 2010. 7. 26. 이후 | 서울특별시 : 50백만원 이하 | 1,500만원 |
| | 수도권정비계획법에 따른 과밀억제권역 (서울특별시 제외) : 45백만원 이하 | 1,350만원 |
| | 광역시(과밀억제권역에 포함된 지역 및 군지역 제외), 안산시, 용인시, 김포시, 광주시 : 30백만원 이하 | 900백만원 |
| | 그 밖의 지역 : 25백만원 이하 | 750만원 |

(주 1) 이 법은 2002. 11. 1.부터 시행한다. 따라서 이법 시행일 이전에 근저당권을 설정한 경우에는 이 법이 적용되지 아니한다.

(주 2) 근지당권자와의 관계에서는 근저당권설정등기일자 기준으로 우선변제를 받을 임차인의 범위 및 우선변제대상 금액을 판단한다.

(주 3) 임차보증금에는 차임(월세)을 보증금으로 환산(월세 × 100)한 금액도 포함된다.

(주 4) 우선변제를 받을 임차인 및 보증금 중 일정액의 범위는 상가가격(대지의 가격을 포함한다)의 1/3의 범위 안에서 대통령령으로 정한다(법 제14조 제3항).

(주 5) 최우선변제를 받을 임차인이 다수인 관계로 보증금 중 일정액의 합계액이 상가가격의 1/3을 초과할 경우에는 각 임차인의 보증금 중 일정액의 비율에 따라 안분한 금액(산식 = 상가건물가격의 1/3 × 특정 임차인의 보증금 중 일정액 ÷ 각 임차인의 보증금 중 일정액의 합계)에 대해서만 우선변제를 받게 된다(법 시행령 제7조 제3항).

**확정일자를 받을 경우 보호를 받을 수 있는 지역별 임차보증금의 범위**

(2010. 7. 27. 현재)

| 근저당권 설정일자 | 각 지역별 구분 | 임차보증금의 범위(시행령 제2조) |
|---|---|---|
| 08. 8. 21. 까지 | 서울특별시 | 240백만원 이하 |
| | 서울특별시를 제외한 수도과밀억제권역 | 190백만원 이하 |
| | 군지역 및 인천광역시를 제외한 광역시 | 150백만원 이하 |
| | 그 밖의 지역 | 140백만원 이하 |
| 08. 8. 22.~ 2010. 7. 26. | 서울특별시 | 260백만원 이하 |
| | 서울특별시를 제외한 수도권 중 과밀억제권역 | 210백만원 이하 |
| | 군지역 및 인천광역시를 제외한 광역시 | 160백만원 이하 |
| | 그 밖의 지역 | 150백만원 이하 |
| 2010. 7. 26. 이후 | 서울특별시 | 300백민원 이하 |
| | 수도권정비계획법에 따른 과밀억제권역(서울특별시 제외) | 250백만원 이하 |
| | 광역시(과밀억제권역에 포함된 지역 및 군지역 제외), 안산시, 용인시, 김포시, 광주시 | 180백만원 이하 |
| | 그 밖의 지역 | 150백만원 이하 |

(주 1) 임차보증금 외에 차임이 있는 경우에는 임차보증금에다 차임을 보증금으로 환산(월세×100)한 금액의 합계가 상기 보증금의 범위를 초과할 경우에는 임대차계약서에 확정일자를 받더라도 우선 변제를 받을 수 없다.

라. 적용대상 임대차계약

이 법은 2002년 11월 1일 후 체결되거나 갱신된 임대차부터 적용한다(부칙 제1조). 다만, 법 제3조(대항력), 제5조(우선변제권) 및 제14조(보증금 중 일정액의 보호)의 규정은 이 법 시행 당시 존속중인 임대차에 대하여도 이를 적용하되, 이 법 시행 전에 물권을 취득한 제3자에 대하여는 그 효력이 없다(부칙 제2조).

### 3. 제3자에 대한 대항력(취득요건, 취득시기와 존속요건) 등

**대항력의 취득요건 및 취득시기와 그 존속요건**

| 구 분 | 보호대상 임차인의 유형 | |
|---|---|---|
| | 소액임차인 | 확정일자 있는 임차인 |
| 1. 임차보증금 제한 여부 | 임차보증금과 차임을 보증금으로 환산한 금액의 합계가 이 법 시행령 제6조(우선변제를 받을 임차인의 범위)에서 정하는 금액 이하이어야 한다. | 임차보증금과 차입을 보증금으로 환산한 금액의 합계가 이 법 시행령 제2조(적용범위)에서 정하는 금액 이하이어야 한다. |
| 2. 대항력의 취득요건 | 경매신청의 등기(매각개시결정등기) 전까지 건물의 인도 및 사업자등록 신청을 하였을 것. | 경매신청의 등기(매각개시결정등기) 전까지 건물의 인도 및 사업자등록 신청을 하고, 임대차계약서에 확정일자를 받을 것. |
| 3. 대항력의 취득시기 | 건물의 인도 및 사업자등록 신청의 2가지 요건을 모두 갖춘 때에는 2가지요건 중 늦은 날의 다음 날 오전 0시부터 대항력을 취득한다. | - 건물의 인도 및 사업자등록 신청일자 보다 임대차계약서에 확정일자를 받은 날이 늦은 경우에는 확정일자를 받은 날짜에 대항력을 취득한다.<br><br>- 임대차계약서에 확정일자를 받은 날짜가 건물의 인도 및 사업자등록 신청을 마친 날짜와 같거나 빠른 경우에는 건물의 인도 및 사업자등록 신청의 2가지 요건 중 늦은 날의 다음 날 오전 0시부터 대항력을 취득한다. |
| 4. 대항력의 종기 및 존속기간 | 가. 종 기<br>대항력은 그 건물에 대한 경매신청의 등기(매각개시결정등기)가 있기 전까지 갖추어야 한다. | 가. 종 기<br>대항력은 그 건물에 대한 경매신청의 등기(매각개시결정등기)가 있기 전까지 갖추어야 한다. 다만, 임대차계약시의 확정일자는 배당요구의 종기까지만 갖추면 순위에 의한 배당을 요구할 수 있다. |
| | 나. 존속기간<br>대항력은 배당요구의 종기까지(배당요구의 종기가 연기된 경우에는 연기된 배당요구의 종기까지) 유지되어야 한다. 임차인의 입장에서는 임차권등기를 하지 않는 한 매수인이 매각대금을 완납할 때까지 대항력을 유지하는 것이 안전하다. | 나. 존속기간<br>좌와 동일함. |

| 구 분 | 보 호 대 상 임 차 인 의 유 형 | |
|---|---|---|
| | 소 액 임 차 인 | 확정일자 있는 임차인 |
| 5. 대항력을 갖춘 임차인의 권리 | 가. 건물의 양수인에 대한 효력<br>대항력을 갖춘 임차인은 그 건물의 양수인에 대하여 임대차관계의 존속을 주장, 임대차 계약기간까지 계속 거주할 수 있고, 계약이 만료되면 임차보증금을 반환받을 권리를 갖는다. 이 때 건물의 양도인은 임차인에 대한보증금반환 채무를 면하게 된다. | 가. 건물의 양수인에 대한 효력<br>좌와 동일함. |
| | 나. 매수인(경락인)에 대한 효력<br>(1) 임차인이 최선순위 저당권자(가압류, 압류 포함)보다 앞서 대항력을 갖춘 경우<br><br>① 임대차관계의 존속을 주장, 계속 거주한 후 계약기간 만료시에 보증금을 반환받고 명도하거나,<br><br>② 경매절차 참가하여 보증금 중 일정액에 대하여 최우선배당을 요구할 권리(만일 매각대금 부족으로 보증금 전액을 배당받을 수 없었던 때에는 매수인에게 대항하여 잔여보증금을 반환받을 때까지 임대차관계의 존속을 주장할 수 있다)가 있으므로 ①과 ② 중 택일하여 행사할 수 있다.<br><br>(2) 임차인이 최선순위 저당권자(가압류, 압류 포함)보다 후에 대항력을 취득한 경우<br><br>매각으로 인해 임대차관계는 소멸하므로 매수인에게 대항할 수 없고, 오직 경매절차에 참가하여 '권리신고겸 배당요구신고서'를 제출하여 보증금 중일정액에 한하여 우선 배당을 받을 권리 밖에 없다. | 나. 매수인(경락인)에 대한 효력<br>(1) 좌와 동일<br><br>① 좌와 동일<br><br>② 경매절차에 참가하여 임차보증금 전액에 대하여 우선배당요구할 권리(만일 매각대금 부족으로 보증금 전액을 배당받을 수 없었던 때에는 매수인에게 대항하여 잔여보증금을 반환받을 때까지 임대차관계의 존속을 주장할 수 있다)가 있으므로 ①과 ② 중 택일하여 행사할 수 있다.<br><br>(2) 좌와 동일<br><br>매각으로 인해 임대차관계는 소멸하므로 매수인에게 대항할 수 없고 오직 경매절차에 참가하여 '권리신고겸 배당요구 신청서'를 제출하여 후순위 담보권자나 기타 일반 채권자에 우선하여 임차보증금을 배당받을 권리 밖에 없다. |

**4. 등록사항 등의 열람 및 제공** 건물의 임대차에 이해관계가 있는 자는 건

물의 소재지 관할 세무서장에게 다음 각 호[13]의 사항의 열람 또는 제공을 요청할 수 있으며, 이 때 관할 세무서장은 정당한 사유 없이 이를 거부할 수 없다(법 제4조 제1항). 상가건물의 임대차에 이해관계가 있는 자는 법 제4조 제1항의 규정에 의하여 등록사항 등의 열람 또는 제공을 요청하는 때에는 별지 제1호 서식에 의한 요청서에 이해관계가 있는 자임을 입증할 수 있는 서류를 첨부하여 당해 건물의 소재지를 관할하는 세무서장에게 제출하여야 한다.[14]

**5. 임차권등기명령 신청 제도** 임대차가 종료되었으나 보증금을 반환받지 못한 임차인은 임차건물의 소재지를 관할하는 지방법원, 지방법원 지원 또는 시, 군 법원에 임차권등기명령을 신청할 수 있다(법 제6조).

임차권등기 이 후에는 이 법 제3조(대항력 등) 제1항의 대항요건을 상실하더라도 이미 취득한 대항력 또는 우선변제권을 상실하지 아니한다(법 제6조 제5항). 따라서 임차권등기명령의 집행에 의한 임차권등기가 경료된 건물(임대차의 목적이 건물의 일부분인 경우에는 해당부분에 한한다)을 그 이 후에 임차한 임차인은 이 법 제14조(보증금중 일정액의 보호)의 규정에 의한 우선변제를 받을 권리가 없다(법 제6조 제6항).

임차권등기명령의 효력은 판결에 의한 때에는 선고를 한 때, 결정에 의한 때에는 상당한 방법으로 임대인에게 고지를 한 때에 발생한다(임차권등기명령절차에 관한 규칙 제4조). 따라서 임차권등기명령을 신청한 후 바로 다른 곳으로 사업장을 이전하여서는 아니 되고, 그 이전에 임차권등기가 되어 있는지 여부를 반드시 확인하여야 할 것이다.

임차권등기가 경료되면 사업장을 이전하더라도 대항력의 효력을 상실하지 아니한다. 임차권등기가 경료된 상가건물을 그 이후에 임차한 임차인은 이 법 제14조(보증금 중 일정

---

13) 상가건물임대차보호법 제4조(등록사항 등의 열람 · 제공).

① 건물의 임대자에 이해관계가 있는 자는 건물의 소재지 관할 세무서장에게 다음 각 호의 사항의 열람 또는 제공을 요청할 수 있다. 이때 관할 세무서장은 정당한 사유 없이 이를 거부할 수 없다.

1. 임대인 · 임차인의 성명, 주소, 주민등록번호(임대인 · 임차인이 법인이거나 법인 아닌 단체인 경우에는 법인명 또는 단체명, 대표자, 법인등록번호, 본점 · 사업장 소재지).
2. 건물의 소재지, 임대차 목적물 및 면적.
3. 사업자등록 신청일.
4. 사업자등록 신청일 당시의 보증금 및 차임, 임대차기간.
5. 임대차계약서상의 확정일자를 받은 날.
6. 임대차계약이 변경되거나 갱신된 경우에는 변경 · 갱신된 날짜, 보증금 및 차임, 임대차기간, 새로운 확정일자를 받은 날.
7. 그 밖에 대통령령으로 정하는 사항.

14) 상가건물임대차보호법시행령 제3조 제1항.

액의 보호)의 규정에 의한 우선변제를 받을 권리가 없다. 다만, 대항력과 확정일자의 2가지 요건을 모두 갖추고 있다면 그 순위에 따른 우선변제권을 행사할 수 있을 뿐이다.

### 6. 임대차 기간 등

가. 임대차기간의 최소기간

임대차 존속기간의 정함이 없거나 기간을 1년 미만으로 정한 임대차는 그 기간을 1년으로 본다. 다만, 임차인은 1년 미만으로 정한 기간이 유효함을 주장할 수 있다(법 제9조 제1항).

나. 계약의 갱신

임대인은 임차인이 임대차기간 만료 전 6월부터 1월까지 사이에 행하는 계약갱신 요구에 대하여 정당한 사유 없이 이를 거절하지 못한다.

임대인이 임대차기간 만료 전 6월부터 1월까지의 기간 내에 임차인에 대하여 갱신거절의 통지 또는 조건의 변경에 대한 통지를 하지 아니한 경우에는 그 기간이 만료된 때에 전임대차와 동일한 조건으로 다시 임대차한 것으로 본다. 이 경우에 임대차의 존속기간은 1년으로 본다(법 제10조 제4항). 이 경우 임차인은 언제든지 임대인에 대하여 계약해지의 통고를 할 수 있고, 임대인이 그 통고를 받은 날로부터 3월이 경과하면 그 효력이 발생한다(법 제10조 제5항).

다. 계약갱신 요구권의 최장기간

임차인의 계약갱신 요구권은 최초의 임대차 기간을 포함한 전체 임대차 기간이 5년을 초과하지 않는 범위 내에서만 행사할 수 있다(법 제10조 제2항).

**7. 차임 등의 증감청구권** 차임 또는 보증금이 경제사정의 변동으로 인하여 상당하지 아니하게 된 때에는 임대인은 약정한 차임의 12% 이내에서 허용하되, 임대차계약 또는 증액이 있은 후 1년 이내에는 증액을 청구할 수 없다.

차임 또는 보증금이 경제사정의 변동으로 인하여 상당하지 아니하게 된 때에는 임차인은 차임의 감액을 청구할 수 있다(법 제11조 제1항).

한편 상가건물임대차보호법은 그 적용 범위가 주택임대차보호법보다 광범위하고 건물공간의 분할이 간편하며 그 비용이 저렴하여 주택임대차보다 가장 임차인 문제 등 법 악용 소지가 훨씬 크므로 상가를 담보로 여신을 실행하고자 할 때에는 특히 다음 사항에 유의하여야 한다.

1. 이 법 시행일이 2002. 11. 1.이므로, 이전에 근저당권을 설정한 경우에는 이 법의

적용을 받지 아니한다. 따라서 관련 대출금의 연기 또는 대환할 때에도 우선변제보증금이나 최우선변제보증금을 공제할 필요가 없다.

2. 이 법 시행일 전에 대지 부분에 근저당권을 설정하고 시행일 이후 준공된 건물부분을 목록추가 방식으로 공동담보로 취득한 경우 당해 건물부분에 대해서는 이 법의 적용을 받게 된다.

3. 주상복합건물의 경우에는 대지 및 건물가격을 주택과 상가부분으로 구분(감정서에 구분되어 있는 경우는 그에 따르고 그렇지 않은 경우에는 면적비율에 따라 안분 배분)하여 우선변제 대상 보증금을 공제하여야 한다. 따라서 주택의 경우에는 주택가격의 1/2범위 내에서, 상가의 경우에는 상가가격의 1/3범위 내에서 소액보증금을 공제하여야 할 것이다.

4. 은행 근저당권 설정 당시 나대지 위에 건축이 진행되고 있거나 무허가 건축물 등이 설치되어 있는 경우에는 나대지 가격의 1/3을 소액보증금으로 공제하여야 할 것이다.

5. 상가건물은 주택과는 달리 적은 비용으로 분할이 용이하여 향후 최우선변제대상 소액임차인이 증가될 소지가 많으므로 현재의 임차상황은 물론 미래의 임차 가능성 등을 고려하여 담보가치 파악에 철저를 기하여야 할 것이다.

6. 상가 임대차현황을 조사하기 위해 관할 세무서로부터 '등록사항 등의 현황서'를 발급받고자 할 때에는 이 법상의 대항력 취득시기를 감안할 때 원칙적으로 대출실행일 당일자로 발급받아 확인하는 것이 안전하다.

# 제8절 면책적 채무인수 · 계약인수

## 1. 면책적 채무인수 계약의 체결과 그 효과

(상 황)

a. D은행 Y지점은 甲에게 주택을 담보(담보제공자 乙, 한정근담보 1순위, 채권최고액 130백만원)로 운전자금 100백만원을 지원하였다.
b. 최근 甲은 영업부진으로 변제능력을 상실한 것으로 판단되고 연락도 전혀 되지 않아, Y지점은 부득이 동 담보물에 대한 임의경매를 신청, 매각개시결정등기가 되었다.
c. 그런데 담보제공자인 乙은 연체이자와 경매비용 등을 자신이 상환하겠으니 경매를 취하하고, 채무자 변경을 요청하고 있다.
d. Y지점은 면책적 채무인수 계약에 의한 채무자 변경을 검토하고 있다.

### (1) 면책적 채무인수의 의의

**면책적 채무인수 계약이란?**

면책적 채무인수 계약이라 함은 채무의 동일성을 유지한 가운데 원채무자(甲)는 종래의 채무관계에서 완전히 탈퇴하고, 그 채무를 제3자(채무인수인 : 乙)에게 이전하는 것을 목적으로 하는 채무자 변경 계약의 한 형태를 말한다.

금융기관 실무상 면책적 채무인수 계약은 근저당권의 거래가 종료되어 근저당권의 피담보채권이 확정되어 있는 근저당권의 목적물(담보물)을 매수한 자가 매도인 (또는 제3자)이 가지고 있던 채무를 인수하는 동시에 그 근저당권의 채무자를 자신으로 변경하여 인수채무의 변제기까지 거래를 하고자 할 때 이용할 수 있는 제도이다.

채무자를 변경하는 방법으로는 민법에서 규정하는 갱개와 채무인수가 있고, 학설과 판례가 인정하는 계약인수가 있다. 갱개란 당사자가 채무의 중요부분[1]을 변경함으로써 신

1) 채무의 중요부분이란 채권자, 채무자 등 그 채무의 동일성을 결정하는 요소를 말한다.

채무를 성립시키는 동시에 구 채무를 소멸하게 하는 계약을 말한다.[2] 갱개에 의한 채무자 변경은 채무자 변경 후 채무의 동일성이 인정되지 않는다는 점에서 채무인수와 차이가 있으며, 금융기관 실무에서는 전혀 이용되지 않고 있다.

채무인수와 계약인수의 주된 차이점은 전자는 종전 채무자의 권리는 이전되지 아니하고 이미 발생되어 있는 개별 채무만 이전되는데 반하여, 후자의 경우에는 계약당사자의 지위와 분리될 수 없는 모든 권리(일신상의 권리는 제외 한다)와 의무를 포괄적으로 계약인수인에게 이전된다는 점이다.

면책적적 채무인수는 채무의 이전을 목적으로 하는 계약이다. 따라서 면책적 채무인수 계약을 체결하기 위해서는 유효한 채무가 반드시 현존하고 있어야 하며, 그 채무는 양도가 가능한 것이어야 한다.

### (2) 면책적 채무인수 계약의 당사자

**현재 원채무자(甲)와 연락이 되지 않는 상황이다. 그렇다면 원채무자를 제외하고 채권자(D은행)와 채무인수인(乙) 간에 채무자 변경계약을 체결하여도 무방하겠는가?**

금융기관 실무상 면책적 채무인수 계약의 당사자를 채권자, 채무자, 채무인수인을 원칙으로 하고 있다. 다만, 보증인이나 담보제공자가 있는 경우에는 이들을 반드시 계약의 당사자로 참여시키거나 동의를 받고 있다. 채무자의 신용상태, 경제력, 상환능력 등에 따라 보증인이나 담보제공자가 장래 실질적으로 부담할 채무금액이 크게 달라질 수 있기 때문이다.

그런데 위 사례에서 보는 바와 같이 원채무자가 행방이 묘연하여 연락이 되지 않는 경우, 과연 채권자(D은행)와 채무인수인(乙)과의 2면 계약만으로도 채무자 변경계약을 체결할 수 있을지 의문이다.

결론적으로 가능하다고 본다. 이해관계 있는 제3자는 채무자의 동의 없이도 채무인수를 할 수 있고, 담보제공자는 이해관계인에 해당하기 때문이다. 또한 근저당권의 채무자 변경은 근저당권자와 근저당권설정자 간의 계약일 뿐 채무자는 그 계약의 당사자가 아니기 때문이다. 따라서 사례의 경우 원채무자를 제외하고 채권자와 채무인수인 간에 면책적 채무인수 계약을 체결하고 근저당권의 채무자 변경등기를 신청할 수 있을 뿐만 아니

2) 민법 제500조(갱개의 요건, 효과).

라 이 경우 채권보전에 아무런 장애가 되지 않을 것으로 본다.

### (3) 면책적 채무인수계약 체결시 연대보증인과 담보제공자에게 미치는 영향

**면책적 채무인수 계약을 체결한 경우, 원채무자와 채무인수인 그리고 기존 대출금의 연대보증인 및 담보제공자에게 미치는 영향은?**

면책적 채무인수 계약이 체결된 경우, 원채무자와 채무인수인 그리고 연대보증인과 담보제공자의 책임 및 그 범위는 다음과 같다.

**1. 원채무자의 경우** 원채무자(甲)는 종래의 채무관계에서 완전히 탈퇴하므로 기존 채무에 대한 변제 의무를 부담하지 아니한다. 따라서 채권자는 채무인수인이 그 채무를 변제할 능력이 없다 하더라도 원채무자에게는 채무이행을 청구할 수 없다.

**2. 채무인수인의 경우** 채무인수인은 원채무자로부터 인수한 대출금의 원금 및 그 채무로부터 이미 발생한 약정이자, 지연배상금, 부대비용은 물론 채무인수 계약 체결 이후 원금채권으로부터 발생한 약정이자 및 지연배상금에 대해서도 변제할 의무를 부담한다.

**3. 연대보증인 및 담보제공자의 경우** 전 채무자의 채무에 대한 보증이나 제3자가 제공한 담보는 채무인수로 인하여 소멸한다.[3] 채무자의 상환능력 여부에 따라 보증인이나 담보제공자의 채무 부담 정도가 크게 달라질 수 있기 때문이다. 그러나 보증인이나 제3자(담보제공자를 의미한다)가 채무인수에 동의한 경우에는 소멸하지 아니하고 채무인수인을 위하여 계속 존속한다.

### (4) 면책적 채무인수 계약에 의한 채무자 변경시 유의사항

**Y지점은 면책적 채무인수 방식에 의거 채무자를 乙로 변경하고, 근저당권의 채무자변경등기(등기원인 : 확정채무의 면책적 인수)를 하고자 한다. 이 경우 특히 유의하여야 할 사항은?**

면책적 채무인수 계약에 의한 채무자 변경 및 근저당권의 채무자 변경등기를 신청하고자 하는 경우에는 특히 다음 사항에 유의하여야 한다.

---

3) 민법 제459조(채무인수와 보증, 담보의 소멸).

1. 채무인수인은 은행 내규에서 정한 여신 부적격자가 아니어야 한다.

2. 근저당권의 채무자 변경등기 신청을 할 때 그 등기원인은 '확정채무의 면책적 인수'로 하여야 한다.

3. 근저당권의 피담보채권의 범위가 축소된다는 점에 각별히 유의하여야 한다.

근저당권에 관한 등기사무처리 지침(대법원 등기예규 제880호)에 의하면, 확정채무의 면책적 인수를 원인으로 하는 근저당권의 채무자변경등기는 그 근저당권의 피담보채무가 확정된 상태에서 근저당권의 채무자를 변경하고자 할 때 이용할 수 있는 제도라고 설명하고 있다. 따라서 근저당권의 피담보채권이 확정되기 전에 제3자가 면책적 채무인수를 한 경우 인수된 채무는 그 근저당권에 의하여 담보되지 아니한다.[4)]

사례에서 보는 바와 같이 근저당권자가 임의경매를 신청하는 것은 근저당권의 피담보채권의 확정 사유에 해당한다. 즉 근저당권자가 피담보채무의 불이행을 이유로 스스로 임의경매를 신청하여 법원으로부터 매각개시결정이 있는 때에는 경매신청시로 소급하여 근저당권의 피담보채권이 확정되고, 설령 그 이후에 경매가 취하되었다 하더라도 마찬가지이다(대법원 1988. 10. 11. 선고 87다카545 판결 외).

그리고 근저당권의 피담보채권이 확정되면, 그 근저당권은 특정된 채권만을 담보하는 보통저당권으로 되고, 특정된 채권이 소멸하면 근저당권설정등기의 말소 여부에 불문하고 근저당권은 소멸한다는 것이 대법원 판례[5)]의 태도이다.

결론적으로 근저당권의 거래가 종료되어 근저당권의 피담보채권이 확정되면 근저당권(형식은 근저당권이나 실질은 저당권이다)의 피담보채권의 범위가 달라진다. 예컨대 계약 체결 이후 채무인수인 앞으로 신규 취급한 대출금에 대해서는 그 근저당권에 의하여 담보되지 아니한다. 대법원 판례도 같은 입장을 취하고 있다. 다만, 여기서 담보되지 않는다는 의미는 후순위 근저당권자나 등기부상 이해관계인보다 후순위로 취급된다는 것을 뜻하므로 담보제공자의 동의를 받아 취급하였다면 담보제공자의 관계에서는 유효한 것으로 보고 있다.

그리고 인수채무의 변제기가 도래하여 기한연장 또는 동일한 과목으로 대환을 한 경우에도 그 근저당권에 의하여 담보되는지 여부가 명확하지 않다.

이에 대한 판례도 아직 없다. 하지만 근저당권설정계약서에서 정하고 있는 담보종류(담

4) 대법원 2000. 12. 26. 선고 2000다54451 판결.

5) 대법원 1988. 10. 11. 선고 87다카545 판결 외.

보종류는 크게 특정채무담보와 근담보로 구분하며, 근담보는 다시 특정근담보, 한정근담보, 포괄근담보로 구분하고 있다)에 따른 책임범위를 고려하면, 근저당권의 효력이 미치지 아니하여 우선변제를 받을 수 없는 것으로 해석될 여지가 많으므로 보수적으로 판단할 수밖에 없을 것으로 생각된다. 이러한 문제점을 고려할 때 면책적 채무인수 계약을 체결할 때에는 채무인수인으로부터 별도의 확인서[6]를 받아 두는 것이 안전할 것으로 생각한다.

- '확정채무의 면책적 인수'를 등기원인으로 하는 근저당권 채무자변경등기를 할 경우 등기부상 기재(例)

–확정채무의 면책적 인수–

| | |
|---|---|
| 6 부 기<br>1 호 | 6번 근저당권 변경<br>접 수 2002년 9월 30일 제1012호<br>원 인 2002년 9월 10일 확정채무의 면책적 인수<br>채무자 김 ○ ○<br>591012-1089723<br>대구 남구 봉덕동 산 31 |

(주) 변경전의 채무자 표시를 주말한다.

6) 확인서에는 신규 대출은 물론 대환 또는 기한연장을 할 수 없다는 사실을 분명히 알고 있으며, 대출금의 기한이 도래한 때에는 반드시 상환하겠다는 내용이 포함되어야 할 것이다. 이에 관한 자세한 사항은 '근저당권의 피담보채권의 확정과 그 효력'을 참고하기 바란다.

## 2. 계약인수 계약의 체결과 그 효과

(상 황)

a. D은행 Y지점은 甲에게 그의 주택을 담보(한정근담보, 1순위 채권최고액 130백만원)로 운전자금 100백만원을 지원하였다.
b. 최근 甲은 그 주택을 乙에게 매도하고 이미 소유권을 이전해 주었으며, 현소유자인 乙(매수인)은 甲의 대출금을 자신이 인수하여 계속적인 거래를 희망하고 있다.
c. Y지점은 근저당권의 기초가 되는 기본계약상의 채무자(甲) 지위의 전부를 乙이 포괄적으로 승계하도록 하고, 근저당권의 채무자변경등기를 신청하는 방안을 고려하고 있다.

### (1) 계약인수 계약의 의의

#### 계약인수 계약이란?

계약인수 계약이란 원채무자(甲)와 채권자(Y지점) 간에 체결된 기본계약상의 채무자 지위를 포괄적으로 제3자(乙 : 계약인수인이라 한다)에게 이전하여 원채무자는 그 계약관계에서 완전히 탈퇴하고, 제3자가 그 지위를 승계하는 것을 목적으로 하는 계약으로 민법에서는 그 정함이 없으나 대법원 등기예규 및 판례[1]가 인정하는 채무자 변경방법 중 하나이다.

채무자를 변경하는 방식으로는 민법에서 규정하는 경개와 채무인수가 있고, 학설과 판례가 인정하는 계약인수가 있다. 경개란 당사자가 채무의 중요부분[2]을 변경함으로써 신채무를 성립시키는 동시에 구 채무를 소멸하게 하는 계약을 말한다.[3] 경개에 의한 채무자변경은 채무자 변경에도 불구하고 채무의 동일성이 인정되지 않는다는 점에서 채무인수와 차이가 있으며, 금융기관 실무에서는 전혀 이용되지 않고 있다.

채무인수와 계약인수의 주된 차이점은 전자는 종전 채무자의 권리는 이전되지 아니하고 이미 발생되어 있는 개별 채무만 이전되는데 반하여, 후자의 경우에는 계약당사자의

1) 이른바 계약상의 지위의 양도, 양수 계약인수 또는 계약가입 등은 민법상 명문의 규정이 없다고 하더라도 그 같은 계약이 인정되어야 할 것임은 계약자유, 사법자치의 원칙에 비추어 당연하다(대법원 1982. 10. 26. 선고 82다카508 판결).

2) 채무의 중요부분이란 채권자, 채무자 등 그 채무의 동일성을 결정하는 요소를 말한다.

3) 민법 제500조(경개의 요건, 효과).

지위와 분리될 수 없는 모든 권리(일신상의 권리는 제외 한다)와 의무를 포괄적으로 인수인에게 이전된다는 점이다.

대법원 등기예규(근저당권에 관한 등기사무처리지침)에 의하면, 근저당권의 피담보채권이 확정되기 전에 근저당권의 기초가 되는 기본계약상의 지위의 전부를 제3자가 계약에 의하여 인수한 경우, 근저당권자는 '계약인수'를 등기원인으로 하여 채무자변경을 내용으로 하는 근저당권자 변경등기를 신청할 수 있다고 정하고 있다.

금융기관 실무상 계약인수는 담보물건의 매수자가 피담보채무를 인수하여 계속거래하고자 하는 경우, 기존의 채무자가 영업을 양도함에 따라 그 영업양수인이 채무를 인수하여 계속거래하고자 하는 경우, 그리고 개인 기업이 법인으로 전환할 때 그 신설법인이 채무를 인수하여 계속거래를 하고자 할 때 주로 이용되고 있다.

한편 계약인수는 근저당권의 채무자 지위이전을 목적으로 하는 계약이므로 인수할 채무가 현존하지 않아도 무방하다.[4] 그러나 일부 금융기관의 여신 내규에는 현재 근저당권이 유효하게 존재하더라도 구체적인 채무가 없는 경우(대출금이 완제되어 채무액이 '0'인 상태)에는 근저당권의 채무자변경을 허용하지 않고 있어 제도의 개선이 필요하다고 본다.

■ '계약인수'를 등기원인으로 하는 근저당권 채무자변경등기를 할 경우 등기부상 기재(例)

– 계약인수(제3자가 기본계약 전부를 인수하는 경우) –

| | |
|---|---|
| 6 부 기<br>1 호 | 6번 근저당권 변경<br>접 수 2002년 9월 30일 제1012호<br>원 인 2002년 9월 10일 계약인수<br>채무자 김 ○ ○<br>591012-1089723<br>대구 남구 봉덕동 산 31 |

(주) 변경전의 채무자 표시를 주말한다.

### (2) 계약인수 계약의 당사자

**계약인수 계약의 당사자는 누구인가?**

계약인수는 채권자, 채무자, 계약인수인에 의한 3면 계약으로도 가능하다. 하지만 계약

4) 한국금융연수원 여신법률(채권계약) 기초.

인수 방식에 의거 채무자를 변경하는 경우 원채무자는 채무자의 지위에서 완전히 탈퇴하고 새로운 채무자가 채무를 부담함에 따라 신 채무자(계약인수인)의 신용상태, 경제력, 상환능력의 정도에 따라 보증인과 담보제공자에게 미치는 영향이 크다. 따라서 보증인이나 담보제공자가 있는 경우에는 반드시 이들을 계약당사자에 포함시켜야 할 것이다.

금융기관 실무상 계약인수 계약의 당사자는 채권자, 채무자, 계약인수인, 근저당권설정자(담보제공자)로 하고, 보증인이 있는 경우에는 이들을 계약의 당사자로 참여시키고 있다.

### (3) 계약인수 방식에 의한 채무자변경시 연대보증인과 담보제공자에게 미치는 영향

**계약인수 방식으로 채무자를 변경한 경우 원채무자와 계약인수인 그리고 기존 대출금의 연대보증인 및 담보제공자에게 미치는 영향은?**

계약인수 방식에 의거 채무자를 변경한 경우 원채무자와 계약인수인, 그리고 연대보증인과 담보제공자의 책임 및 그 범위는 다음과 같다.

**1. 원채무자의 경우** 원채무자는 원약정서의 대출금 계약관계에서 완전히 탈퇴하고, 채무를 완전히 면한다.

**2. 계약인수인의 경우** 계약인수인은 원채무자의 계약상의 지위를 포괄적으로 이전받게 된다. 따라서 인수 당시의 채무 원금, 이미 발생한 약정이자, 지연배상금, 부대비용과 계약인수 이후 발생한 약정이자, 지연배상금, 신규 채무에 대하여 변제책임을 부담한다.

계약인수인은 원채무자가 가지고 있었던 항변사유로 채권자에게 대항할 수 있다(민법 제458조). 그러나 원채무자가 은행에 대하여 가지는 채권을 수동채권으로 하는 상계를 주장할 수 없다. 계약인수인은 원채무자가 가지고 있는 채권을 처분할 권한이 없기 때문이다.[5]

**3. 연대보증인 및 담보제공자의 경우** 전 채무자의 채무에 대한 보증이나 제3자가 제공한 담보는 채무인수로 인하여 소멸한다.[6] 채무자의 상환능력 여부에 따라

5) 한상문, 한국금융연수원 여신실무법률(上).

6) 민법 제459조(채무인수와 보증, 담보의 소멸).

보증인이나 담보제공자의 채무 부담 정도가 크게 달라질 수 있기 때문이다. 그러나 보증인이나 제3자(담보제공자를 의미함)가 채무인수에 동의한 경우에는 소멸하지 아니하고 채무인수인을 위하여 계속 존속한다.

다만, 문제는 연대보증인이 채무인수에 동의한 경우 계약인수인 앞으로 신규 취급하는 대출금에 대하여도 보증 책임을 부담하는지 의문이다. 필자의 소견으로는 신규 취급한 대출금이 채무인수전 체결한 근보증서의 피보증채무 범위에 속하는 한 보증 책임을 져야 할 것으로 생각된다. 그러나 계약인수인 앞으로 신규 대출을 취급할 때에는 별도의 연대보증계약을 체결하는 것이 민원 예방을 위한 적절한 업무처리라 생각한다. 금융기관의 실무 관행도 별도의 근보증서를 받고 있는 실정이다.

### (4) 계약인수 계약 체결 후 근저당권의 피담보채권의 범위

**계약인수 계약에 의거 근저당권의 채무자변경등기(등기원인 : 계약인수)를 한 경우, 인수 후의 근저당권에 의하여 담보되는 피담보채권의 범위는?**

근저당권의 채무자의 지위를 전부 인수한 경우 인수후의 근저당권에 의하여 담보되는 채무의 대상이 무엇인지에 관하여는 학설의 대립이 있다.

그러나 현재 금융기관이 사용 중인 근저당권변경계약서(계약인수용) 제2조(피담보채무의 범위)의 내용을 해석하면, 계약인수인이 인수한 약정서로 인하여 현재 또는 장래에 부담할 모든 채무 중 원래의 근저당권설정계약에서 정한 피담보채무 범위 내에 속하는 채무 및 원근저당설정계약서에서 정한 피담보채무의 범위에 속하는 종류의 거래로 말미암아 계약인수인이 채권자에 대하여 장래에 부담하는 모든 채무로 보아야 할 것이다.

### (5) 채무자변경 요청이 있는 경우 유의사항

**채무자 또는 제3자로부터 채무자변경 요청이 있는 경우, 실무상 유의하여야 할 사항은?**

채무자 또는 제3채무자로부터 채무자변경 요청이 있는 때에는 특히 다음사항에 유의하여야 한다.

1. 연대보증인 또는 물상보증인(담보제공자)이 있는 경우에는 이들을 반드시 계약의 당

사자로 참여시키거나 동의를 받아야 한다(단, 중첩적 채무인수의 경우 제외). 실무상으로는 이들을 계약당사자에 포함시켜 서명날인을 하도록 하는 것이 간편하다.

2. 외부기관 차입금 등 대출과목에 따라서는 채무자변경을 허용하지 않거나 대외 기관의 허가를 받아야 하는 경우가 있으니 이를 사전에 점검하여야 한다. 특히 지급보증서나 신용보증서담보 대출인 경우에는 계약체결 시점에서 채무양수인을 채무자로 하는 보증서를 교체하여야 함으로 보증기관과 사전에 충분한 협의가 필요하다.

3. 근저당권의 채무자변경등기를 할 때 '등기원인'을 무엇으로 하느냐에 따라 그 근저당권에 의하여 담보되는 피담보채무 범위가 달라진다는 점에 각별히 유의하여야 한다.

근저당권의 피담보채권이 확정되지 아니한 상황에서 종전의 채무자가 계약관계에서 완전히 탈퇴하고 제3자가 그 지위를 승계하여 근저당권의 채무자변경등기를 하고자 하는 때에는 등기원인을 '계약인수'로 하여야만 기한연장이나 대환은 물론 근저당권의 피담보채무 범위 내에서 신규대출도 가능하다.

만일 '확정채무의 면책적 인수'를 등기원인으로 하여 근저당권의 채무자변경등기를 하게 되면, 그 근저당권은 근저당권으로서의 효력을 상실하고 보통저당권화한 것으로 보아야 할 것이다. 따라서 채무인수 계약 이후 신규 취급한 여신은 물론이고 자칫 기존 대출금의 대환이나 기한연장을 한 경우에도 그 근저당권에 의하여 우선 변제를 받지 못할 수도 있다. 일부 금융기관 내규에는 채무의 동일성을 유지하는 기한연장의 경우에는 근저당권에 의하여 담보되는 것으로 규정하고 있는데, 이에 관하여 긍정설과 부정설이 대립하고 있을 뿐만 아니라 판례도 없어 신중한 업무처리가 요구된다.

4. 계약인수 또는 중첩적 계약인수의 경우에는 현재 채무가 전혀 없는 상황에서도 채무자변경등기가 가능하다. 그러나 면책적 채무인수나 중첩적 채무인수의 경우에는 현존하는 채무가 없는 상황에서 채무자 변경등기를 할 수 없다. 전자(계약인수)의 경우는 채무자의 지위 이전을 목적으로 하는 계약이고, 후자의 경우는 채무의 이전을 목적으로 하는 계약이기 때문이다.

근저당권은 저당권과는 달리 채권자와 채무자 간의 계속적인 거래관계로부터 발생하는 장래의 불특정채권액을 채권최고액까지 담보하는 것으로서 근저당권에 의하여 담보되는 채무가 일시적으로 0(零)이 되었다 하여 그 근저당권이 바로 소멸하는 것은 아니다. 따라서 근저당권의 피담보채권이 확정되었다고 할 만한 사유가 없는 한 근저당권에 의하여 담보되는 채무가 현재 존재하지 않는다 하더라도 계약인수 또는 중첩적 계약인수 방식에 의한 채무자 변경이 가능하며, 이 경우 근저당권변경계약서(계약인수용) 제1조의 약정서상의 채무 표시 란에는 '공란'으로 두면 된다.[7)]

그럼에도 불구하고 일부 금융기관의 내규에 의하면, 전자(계약인수나 중첩적 계약인수)에 의한 경우라 하더라도 현존하는 구체적인 채무가 없는 때(대출금이 완제되어 채무액이 '0'인 상태)에는 설사 근저당권의 피담보채권이 확정되지 아니하고 유효하게 존재한다 하더라도 채무자변경을 금지하고 있는 실정이다.

은행의 내규상 현존하는 채무가 없는 상태에서는 근저당권의 채무자변경을 허용하지 않는다면 종전 채무자 명의로 신규 대출을 취급한 후 채무자변경을 하는 우회적인 방법을 생각할 수 있는데 이는 어디로 보나 바람직한 업무처리라 할 수 없으므로 제도의 개선이 있어야 한다고 생각된다.

5. 한도거래여신은 그 특성상 면책적 채무인수 방식으로는 채무자변경을 할 수 없고, 계약인수 방식에 의해서만 가능하다.

6. 여신거래약정서를 제외한 근질권설정계약서, 양도담보계약서는 새로 받도록 한다.

면책적 채무인수, 중첩적 채무인수, 계약인수, 중첩적 계약인수 중 어느 방식이던 여신거래약정서는 별도로 받을 필요가 없다. 다만, 예・적・부금, 유가증권, 동산 등을 담보로 하는 경우에는 계약체결 시점에서 채무인수인을 채무자로 하는 근질권설정계약서 또는 양도담보계약서를 다시 받도록한다.

7. 대법원 등기예규(제880호)에는, 근저당권에 있어서 채무인수를 원인으로 하는 채무자변경등기는 근저당권의 피담보채권이 확정된 때에만 허용하고 있다. 따라서 면책적 채무인수 또는 중첩적 채무인수 계약을 체결하고 근저당권의 채무자변경등기를 신청하고자 할 때에는 장래 채무관계자와 불필요한 분쟁을 예방하기 위해서는 채무인수인으로부터 확인서[8)]를 받아 두는 것이 적절하다. 물론 채무인수 후 그 근저당권에 후순위 이해관계인이 존재하지 않는 경우에는 근저당권을 유용할 수도 있으며, 유용 후에는 기존 대출의 기간연장 또는 같은 종류로의 대환 취급은 물론 그 근저당권의 피담보채무 범위 내에서 신규 취급도 가능할 것이다.

8. 차주가 담보 제공한 물건을 제3자에게 매도하고, 관련 대출금은 매수인이 변제하기로 하였다는 통지를 받은 때에는 신용정보등록에 유의하여야 한다.

---

7) 오시정, 한국금융연수원 여신실무법률(中).

8) 확인서에는 신규 대출은 물론 대환 또는 기한연장을 할 수 없다는 사실을 분명히 알고 있으며, 대출금의 기한이 도래한 때에는 반드시 상환하겠다는 내용이 포함되어야 할 것이다.

실무상 차주가 담보주택을 제3자에게 매도하고 관련 대출금은 매수인이 변제한다는 사실을 은행에 통지하였음에도 불구하고, 은행에서는 업무처리 절차의 번거로움을 이유로 채무인수 절차 없이 이를 묵시적으로 승인하는 경우가 있는데 이러한 업무처리는 대출금이 연체될 경우 신용정보 불량등록 문제로 채무자와 분쟁이 발생될 수 있으므로 주의를 요한다.

본인소유 부동산을 담보로 제공하고 대출을 받은 거래처가 동 부동산을 제3자에게 양도하고 은행에 채무인계 절차를 취하지 아니한 상태에서 매수인이 대출원리금 상환을 지체함으로써 매도인이 신용불량자로 등록되었다면, 은행은 매도인으로부터 등기부등본 및 매수인이 대출금을 상환하기로 약정하고 양도되었음을 증명할 수 있는 서류(매매계약서 등)를 확인, 그 사실이 틀림없는 때에는 매도인에 대한 신용불량정보를 삭제[9]할 수 있으므로, 유사시 실무에 적절히 활용하여야 할 것이다. 그러나 담보가 일부 부족하여 보증서를 발급받고 취급한 주택보증대출의 경우에는 매도인에 대한 신용불량정보를 삭제할 수 없다.

9) 본인소유 부동산을 담보로 한 가계자금대출로서 동 부동산의 소유권이전에 따른 채무인계절차 미필로 신용불량정보 등록대상이 된 매도인은 신용불량정보 등록대상에서 제외할 수 있다(신용정보관리규약 제28조, 신용불량정보의 관리특례).

# 제9절 상계 · 담보권 실행 · 강제집행

## 1. 상계의 의의 및 상계와 관련한 법률문제

(상 황)

a. D은행 Y지점은 A주식회사(이하 'A사'라 한다) 대표이사 甲에 대하여 대출금 채권을 가지고 있다.
b. 그런데 관할법원으로부터 A사의 정기예금 20백만원에 대하여, 乙을 집행채권자로 하는 압류 및 추심명령(청구금액 20백만원)이 송달되었다.
c. Y지점이 A사로부터 확보한 담보는 전혀 없다.

### (1) 상계의 의의

민법에서 규정하는 상계의 의의?

상계(相計)란 채권자와 채무자가 서로 같은 종류의 채권과 채무를 가지고 있는 경우에 그 채권과 채무를 대등액에서 소멸시키고자 하는 어느 한 당사자의 일방적 의사표시를 말한다. 상계의 의사표시를 하는 자가 그 상대방에 대하여 가지는 채권을 자동채권, 그 상대방에 대하여 부담하고 있는 채무를 수동채권이라 한다.

은행의 입장에서 볼 때 상계는 강력한 담보적 기능을 하고 있다는데 큰 의미를 가진다.

### (2) 대출금을 자동채권으로 하고 예금을 수동채권으로 하는 상계

Y지점은 A사에 대한 대출금 채권과, A사에 대한 예금반환 채무를 서로 상계하고자 한다. 가능하겠는가?

같은 종류(양 채권이 모두 금전채권이다)의 양 채권이 서로 대립하고 있고, 상계를 할 수 없는 특별한 사정이 있는 것도 아니므로 대출금 채권을 자동채권으로 하고 정기예금 채무를 수동채권으로 하여 상계가 가능하다.

은행이 채무자에 대하여 가지는 채권을 가지고 그 채무자에 대하여 부담하는 채무와 상계를 할 수 있는지 여부는 다음 사항을 참작하여 판단하여야 한다.

1. 수동채권은 법률상 압류금지채권이 아니어야 한다.

실무상 압류금지채권이 문제가 되는 것은 국민기초생활보장법 제36조[1]에서 규정하는 수급자에게 지급된 급여가 그의 예금계좌로 입금된 경우이다.

국민기초생활보장법에 의거 시장, 군수 또는 구청장으로부터 생활보조금의 명목으로 수급자의 예금계좌에 입금한 금액은 실질적으로는 압류금지채권에 해당됨으로 은행이 이를 수동채권으로 하는 상계는 하지 않는 것이 바람직하다.

예금주의 다른 채권자가 예금계좌에 가압류(압류)를 하고, 그 예금계좌에 국민기초생활보장법상의 수급급여가 입금된 경우, 비록 그 수급급여가 압류금지채권임이 틀림없다 하더라도 제3채무자(은행) 임의로 예금주에게 지급할 수 없다. 이 경우에는 가압류(압류)채권자에게 압류금지채권임을 안내하여 동 금액을 예금주에게 지급해도 좋다는 서면동의를 받은 후 예금주에게 지급하는 것이 바람직하다.

가압류(압류)채권자가 동의를 하지 않는 경우에는 수급자에게 생계급여 수령계좌 변경신청을 조언하여 더 이상 압류된 계좌로 입금되지 않도록 유도하고, 이미 압류된 금액에 대해서는 집행법원에 가압류(압류)명령의 일부 취소를 신청(민사집행법 제246조 제2항), 압류금지채권을 이유로 그 취소를 구하는 길이 있음을 조언하도록 한다.

2. 자동채권은 지급금지 명령(가압류, 압류, 체납처분압류 등)을 받은 이후에 취득한 채권이 아니어야 한다. 우리 민법은 지급금지채권을 수동채권으로 하는 상계는 금지하고 있기 때문이다.[2]

3. 은행에서 양도 또는 질권설정 승낙을 한 예금을 수동채권으로 하는 상계는 할 수 없음이 당연하다. 따라서 예금의 양도 또는 질권설정 승낙 요청이 있는 때에는 대출금이나 신용카드이용대금을 회수하는데 문제가 없는지 면밀히 검토하여야 할 것이다.

4. 채무자에게 가압류 등 지급금지 명령이 송달되지 않은 다른 예금이 충분한 경우

1) 수급자에게 지급된 수급품과 이를 받을 권리는 압류할 수 없다(국민기초생활보장법 제36조).

2) 지급을 금지하는 명령을 받은 제삼채무자는 그 후에 취득한 채권에 의한 상계로 그 명령을 신청한 채권자에게 대항하지 못한다(민법 제498조, 지급금지채권을 수동채권으로 하는 상계의 금지).

에는 지급금지 명령이 송달된 예금을 수동채권으로 하는 상계는 할 수 없다. 이와 같은 상계는 상계의 남용으로 무효가 된다.

5. 담보권의 실행이 용이한 담보를 충분히 확보하고 있는 경우에는 지급금지 명령을 받은 채무자의 예금을 수동채권으로 하는 상계는 할 수 없다. 이와 같은 상계는 역시 상계의 남용으로 무효가 된다.

6. 물상보증인의 예금을 수동채권으로 하는 상계는 할 수 없다. 상계를 하려면 당사자 사이에 양 채권이 서로 대립하고 있어야 한다. 그런데 채무자를 위하여 물적담보를 제공한 물상보증인은 채권자에 대하여 자신이 담보로 제공한 목적물의 가격을 한도로 하여 물적담보 책임만 질 뿐, 채무를 부담하지 않기 때문이다.

7. 어음・수표의 사고신고담보금을 수동채권으로 하는 상계는 그 사고신고담보금의 진정한 권리자가 확정된 때에 한하여 할 수 있다.

8. 자동채권과 수동채권의 변제기 도래 여부와는 무관하게 상계할 수 있다. 상계를 하기 위해서는 반드시 채권의 변제기가 도래하여야 하는지 여부에 대해서는 상계적상설,[3] 제한설,[4] 무제한설[5] 등 학설이 대립하고 있다. 그러나 은행은 채무자의 제예치금 기타 채무자가 은행에 대하여 가지는 채권에 대하여 가압류, 압류, 체납처분압류통지서가 발송된 때 또는 기타의 방법에 의하여 강제집행 개시나 체납처분 착수가 있는 때에는 당연히 은행에 대한 모든 채무의 기한의 이익을 상실하여 곧 변제하기로 한다고 약정(은행여신거래기본약관 제7조, 기한전의 채무변제의무)하여, 채무자의 예금에 지급금지 명령이 발송되면 대출금 채권의 기한이익을 상시시켜 곧 변제기가 도래된 것으로 하고, 수동채권이 되는 예금에 대해서는 은행이 기한이익을 포기함으로써 변제기가 도래된 것으로 하여, 언제나 상계적상에 놓이게 된다.

---

3) 상계적상설이란 가압류 당시에 자동채권은 물론 수동채권의 변제기가 도래되어 있어야만 상계를 할 수 있다는 주장이다. 과거의 통설이나 판례는 상계적상설을 지지하고 있었다. 그러나 상계의 담보적 기능을 중시하는 현재에 있어서는 이를 지지하는 학설이나 판례는 없다.

4) 자동채권의 변제기가 수동채권의 변제기보다 먼저 도래하거나 최소한 동시에 도래할 때에만 상계할 수 있다는 주장으로, 현재 대법원 판례(1989. 9. 12. 선고 88다카25120 판결)는 제한설을 취하고 있다.

5) 자동채권이 압류 이전에 발생한 이상, 자동채권과 수동채권의 변제기 도래 여부나 그 선후에 불문하고 언제든지 상계로써 압류채권자에게 대항할 수 있다는 주장이다. 국내 금융기관 실무는 은행여신거래기본약관 등을 이유로 무제한설에 입각하여 상계를 하고 있는 실정이다.

### (3) 상계를 하고자 할 때 반드시 상계통지를 하여야 하는지 여부

**Y지점이 상계를 하려면, 상계기표를 하기에 앞서 상대방에게 상계통지를 반드시 하여야 하는가?**

상계를 하려면 상대방에게 그 의사표시를 하여야 한다. 다만, 당사자 간에 통지 없이 상계를 하기로 하는 특약이 있으면 통지를 하지 않아도 무방하다. 그런데 은행의 경우에는 배달증명부 내용증명으로 상계통지를 하기로 약정(은행여신거래기본약관 제10조 및 제18조) 하고 있으므로 반드시 상계통지를 하여야 하며, 그 의사통지가 상대방에 도달되지 아니하면 상계의 효력이 없다.

은행이 상대방으로부터 상계통지서의 사본에 수령인을 받으면, 상계의 의사표시가 발송 및 도달된 것으로 보는 것은 당연하다. 그리고 은행이 채무자가 신고한 최종 주소로 상계통지서를 발송한 경우, 보통의 우송기간이 경과한 때에 도달한 것으로 추정한다.[6]

상계의 의사표시는 상대방이 자동채권(대출금채권)과 수동채권(예금채권)을 인식할 수 있을 정도로 표시하면 족하지만 실무상으로는 상계할 채권과 채무의 종류, 발생일자, 원금, 이자, 지연이자, 그 계산 기간, 적용이율 등을 명시하는 것이 바람직하다.

상계통지를 할 때 특히 유의하여야 할 사항은 그 내용이 '상계하고자 한다(상계 하겠다)'가 되어야 하지, '상계 하였다'로 하여서는 아니 된다는 점이다. 상계는 통지로써 그 효력이 발생하므로 상계 하였다는 것은 이미 환급 충당한 사실을 통지하는 것일 뿐 상계통지가 될 수 없기 때문이다.

### (4) 상계통지의 상대방

**Y지점이 상계를 하고자 할 경우, 상계통지는 누구에게 하여야 하는가?**

수동채권의 예금주가 법인인 경우에는 그 대표자(甲)에게 통지하여야 한다. 다만, 법률상 의무는 아니지만 압류채권자(乙)에게도 참고사항으로 통지하여, 추심을 위한 공연한 노력과 시간을 낭비하지 않도록 하는 것이 신의칙에 부합하는 업무처리라 생각한다.

은행 실무상 발생할 수 있는 각 사례별 상계통지의 상대방은 다음과 같다.

---

6) 기업용 은행여신거래기본약관 제18조 제1항 및 가계용 은행여신거래기본약관 제17조 제1항.

**1. 법인의 예금** 법인의 대표자에게 상계통지를 하여야 한다. 대표자가 수인인 경우에는 그 중 어느 한 대표자에게만 통지하면 족하다. 공동대표이사라 하더라도 의사표시의 수령은 공동대표이사 중 누구나 할 수 있기 때문이다.

**2. 가압류 또는 압류 및 추심명령이 송달된 예금** 그 예금주에게 상계통지를 하여야 한다. 다만, 가압류 또는 압류채권자에게도 통지하는 것이 바람직하다.

가압류 또는 압류채권자에 대한 통지는 법적인 의무에 의한 것이 아니라 이들 채권자들이 실질적으로 추심할 금액이 없음에도 불구하고 이를 회수하기 위해 많은 노력과 비용을 소모하지 않도록 하고자 하는 은행의 호의적인 업무처리이다.

참고로 일부 금융기관의 내규에는 가압류나 압류명령이 송달되었으나 예금주의 성명과 예금의 표시가 불일치하거나, 가압류(압류)할 예금계좌가 없거나 또는 기타 명령에 응할 수 없는 사정(예 : 상계 등)이 있는 때에는 그 뜻을 집행법원에 통지하도록 규정하고 있다.

**3. 압류 및 전부명령이 송달된 예금** 전부명령이 확정되기 전에 상계를 하고자 할 때에는 집행채무자(당초 예금주)에게, 확정된 후에 상계를 하고자 할 때에는 집행채권자(전부채권자)에게 통지하여야 한다. 그러나 예금주와 전부채권자 모두에게 통지하는 것이 바람직하다.

**4. 연대보증인의 예금** 연대보증인과 채무자에게 통지하도록 한다. 은행여신거래기본약관 제10조 제4항에 의하면, 연대보증인의 제 예치금을 수동채권으로 하여 상계를 하고자 할 목적으로 그의 예금계좌에 일시적인 지급정지 조치를 취한 경우에는 그 사실을 지체 없이 연대보증인에게 통지하여야 한다고 약정하고 있다. 본 약 정 내용은 채권자인 은행에게는 지나치게 불리하다고 본다. 지급정지를 한 사실을 보증인에게 통지하면, 동 계좌에 더 이상 입금이 될 여지가 희박하여 지급정지 조치를 취한 소정의 목적을 기대하기 어려울 것으로 보기 때문이다.

문제는 은행이 지급보류 통지를 지체한 사이에 당해 계좌에 추가적으로 입금된 금액에 대하여 연대보증인이 통지 지체를 이유로 반환을 요구할 경우, 은행은 이에 응하여야만 하는가이다.

이와 같은 문제가 현실적으로 발생되면 금융분쟁조정결정이나 또는 소송 결과에 따라야 할 것이지만 민원 측면에서 보면 보증인에게 반환하지 않을 수 없을 것으로 판단된다.

생각건대, 보증인의 예금계좌에 실익이 있는 예금이 예치되어 있지 않는 경우에는 지급정지를 하지 않는 것이 오히려 현명한 업무처리가 아닌가 생각해 본다. 어쨌든 이익상실 사유 발생 등으로 연대보증인의 예금계좌에 지급정지 조치를 취한 때에는 이를 지체 없이 통지하여야 한다는 점을 간과하여서는 아니 된다.

**5. 양도통지(또는 질권설정) 승낙 요청을 받은 예금** 양도승낙을 하지 않은 상황이므로 양도인(또는 질권설정자=예금주)에게 통지하여야 한다. 다만, 참고사항으로 양수인(또는 질권자)에게도 통지하는 것이 바람직하다.

**6. 회사정리절차가 진행 중인 회사의 예금** 재산관리인에게 통지하도록 한다. 파산절차가 진행 중인 회사의 예금인 경우에는 파산관재인에게 통지하여야 한다.

**7. 개인회생절차의 개시결정 있는 자의 예금** 원칙적으로 회생채무자(예금주)에게 통지하여야 한다. 다만, 관리인이 있는 때에는 그 관리인에게 통지하여야 한다.[7]

## (5) 상계 계산기간

**Y지점이 상계기표를 하는 경우, 상계 계산기간은 언제까지로 하여야 하는가?**

상계 계산기간을 언제까지로 할 것인가는 당사자 간의 약정 내용에 따라야 한다. 그러므로 은행이 상계를 할 때 채권 · 채무의 이자 등과 지연배상금의 계산기간은 은행의 상계통지가 채무자에게 도달한 날 까지(가계용 은행여신거래기본약관 제10조 제4항, 기업용 은행여신거래기본약관 제10조 제5항)로 하여야 할 것이다.

그런데 '은행의 상계통지가 채무자에게 도달한 날'이란 언제를 말하는지 의문이다. 기업용 약관 제18조 제1항(가계용 약관 제17조 제2항)에 의하면, 은행이 채무자가 신고한 최종주소로 서면 통지 또는 기타 서류 등을 발송한 경우, 보통의 우송기간이 경과한 때 도달한 것으로 추정한다고 약정하고 있다.

그렇다면 보통의 우송기간이란 얼마로 보아야 할 것인가. 요즈음 우편 도달기간을 고려, 우편 발송일을 포함하여 3일로 본다는 것이 통설이다. 결론적으로 은행이 상계기표를 하는 경우, 상계 계산기간은 특별한 사정이 없는 한 상계통지서를 배달증명부 내용증명으로 발송한 날로부터 2영업일이 경과한 날, 즉 상계통지서 발송일을 포함하여 제3영업일 날까지로 하여야 할 것으로 본다.

7) 오시정, 한국금융연수원 여신실무법률(下).

상계를 할 수 있음에도 불구하고 합리적인 이유 없이 상계를 지체함으로 인해 증가된 이자(지연배상금)에 대해서는 채무자에게 청구할 수 없는 것으로 보아야 할 것이며, 상계를 할 수 있음에도 불구하고 합리적인 이유 없이 상계를 지체함으로써, 상대방 등 이해관계인에게 상계를 하지 않을 것이라는 관념을 심어 준 이후에 상계를 하는 것은 신의칙 위반에 의한 상계권의 남용으로 무효가 될 수 있으므로 실무상 각별한 주의가 필요하다.

한편 회사정리절차가 진행 중인 경우에는 정리채권과 정리담보권의 신고기간 만료 후에는 상계를 할 수 없으므로(구 회사정리법 제162조), 동 기간 만료 전에 반드시 상계를 하여야 하며, 회생절차개시결정이 있는 자에 대한 상계는 회생채권과 회생담보권의 신고기간 만료 전까지 하여야 한다. 그러나 개인회생절차개시결정이 있는 자에 대한 상계는 개인회생채권이 확정된 후에도 할 수 있다.

### (6) 상계를 할 때 수동채권인 예금계좌를 반드시 해지하여야 하는지 여부

**은행이 채무자의 예금을 수동채권으로 하여 상계를 할 때 그 예금계좌를 반드시 해지하여야만 하는가?**

은행이 채무자의 예금을 수동채권으로 하여 상계를 할 때, 그 예금계좌를 반드시 해지하여야 하는 것은 아니다.

수동채권인 보통예금, 저축예금, 기업자유예금, 당좌예금 등 입출금이 자유로운 예금과 상계를 할 때 그 예금계좌를 해지하지 아니하고도 상계를 할 수 있다. 매우 이례적이지만 상계 이후 장래 추가로 입금될 소지도 있으므로 신용보증기금의 대위변제 청구를 위한 경우 등 부득이한 경우가 아니라면 해지를 하지 않는 것이 오히려 유리할 수도 있다.

특히 가계당좌, 당좌예금의 경우 그 법률적 성질을 위임계약과 소비임치의 혼합계약으로 보고 있기 때문에 부득이한 사유 없이 거래처의 불리한 시기에 계약을 해지함으로써 거래처가 손해를 입은 때에는 은행이 그 손해를 배상(민법 제689조) 하여야 할 것이므로 실무적으로는 당좌거래를 해지하여야 할 만큼 신용상태 등이 악화된 경우가 아니한 해지를 하여서는 아니 될 것이다.

## 2. 근로자에 대한 임금채무를 수동채권으로 하는 상계의 효력

(상 황)
a. D은행은 종업원 甲에게 가사생활자금 용도로 20백만원(신용취급)을 대여한 바 있다.
b. 그런데 甲은 개인적인 사정으로 퇴직을 신청한 상태며, 채무과다로 상기 대출금의 회수 여부가 불확실한 상황이다.
c. 한편 D은행이 甲에게 지급하여야 할 퇴직금은 30백만원이다.

### (1) 근로자에 대한 퇴직금반환채무를 수동채권으로 하는 상계를 할 수 있는지 여부

**D은행은 甲에 대한 대출금채권과 甲에게 지급하여야 할 퇴직금채무를 서로 상계하고 그 차액에 대해서만 지급하고자 한다. 과연 D은행은 상계로써 甲에게 대항할 수 있겠는가?**

D은행과 노동조합 사이에 적법하게 체결된 단체협약의 내용 중에 사용자(D은행)의 근로자(甲)에 대한 대출원리금 등 채권 등을 공제할 수 있도록 하는 규정이 있다거나 또는 근로자가 상계에 동의 한다는 등의 사정이 있지 않는 한 근로자에 대한 임금채무를 수동채권으로 하는 사용자 측의 상계는 무효라고 보아야 할 것으로 판단된다.

근로기준법 제43조(임금 지급) 제1항에 의하면, 임금은 통화로 직접 근로자에게 그 전액을 지급하여야 한다(이를 임금 직접지급의 원칙[1])이라 한다). 다만, 법령 또는 단체협약에 특별한 규정이 있는 경우에는 임금의 일부를 공제하거나 통화 이외의 것으로 지급할 수 있다고 규정하고 있으며, 같은 법 제21조(전차금 상계의 금지)에는 사용자는 전차금이나 그 밖에 근로할 것을 조건으로 하는 전대채권과 임금을 상계하지 못한다고 규정하고 있다.

이는 사용자가 근로자에게 미리 금전을 대여하는 등의 수단으로 근로를 강제하는 것을 방지하는 한편 강제저축이나 상품구매를 강요하는 등의 방법으로 근로의 대가를 부당하게 감축, 지급하는 사례를 방지하고 임금이 확실하게 근로자 본인의 수중에 들어가게 함

1) 근로자의 친권자 또는 기타 법정대리인에게 지불하거나 근로자의 위임을 받은 임의대리인에게 지불하는 것은 근로기준법 제43조 제1항에 위반, 변제로서의 효력이 없는 것으로 보고 있다. 반면에 근로자의 희망에 의하여 지정된 은행의 요구불성 예금계좌에 입금하는 것은 본인에게 직접 지급한 것으로 본다. 다만, 근로자가 계좌입금 요청을 취소하고 직접 지급을 요구하는 경우에는 사용자로서는 이를 수용하여야 할 것으로 본다.

으로써 근로자의 생활을 보호하고자 함이 법 제정 취지이다.

이에 관한 대법원 판례[2]도 사용자가 근로자에 대하여 가지는 대출금이나 불법행위를 원인으로 한 채권으로 근로자의 임금채권과 상계를 할 수 없다. 다만, 사용자가 근로자의 동의를 얻어 근로자의 임금채권에 대하여 상계하는 경우, 그 동의가 근로자의 자유로운 의사에 터 잡아 이루어진 것이라고 인정할 만한 합리적인 이유가 객관적으로 존재하는 때에는 근로기준법 제43조 제1항 본문에 위반하지 아니한다는 태도를 취하고 있다.

아울러 적법하게 체결된 단체협약 내용 중에 사용자의 근로자에 대한 대출원리금 등 채권 등을 공제할 수 있도록 정하고 있다 하여 특별한 사정이 없는 한 이 규정이 근로기준법 제43조의 정신에 반하는 것이라고 할 수 없다(대법원 2003. 6. 27. 선고 2003다7623 판결)고 판시하였다.

대법원 판례의 입장을 정리 해 보면, 근로자 본인의 자유로운 의사에 기인한 동의가 있다거나 사용자와 노동조합 사이에 적법하게 체결된 단체협약의 내용 중에 사용자의 근로자에 대한 대출원리금 등 채권 등을 공제할 수 있도록 하는 규정이 있다면 근로자에 대한 임금채무를 수동채권으로 하는 사용자 측의 상계는 유효한 것으로 해석할 수 있다. 이를 반대해석 하면, 사용자와 노동조합 사이에 적법하게 체결된 단체협약의 내용 중에 사용자의 근로자에 대한 대출원리금 등 채권 등을 공제할 수 있도록 하는 규정도 없고 또한 근로자도 상계에 동의하지 않는다면 근로자에 대한 임금채무를 수동채권으로 하는 상계는 할 수 없다고 보아야 할 것이므로 이 경우 사용자(D은행) 측의 입장에서는 다음과 같이 처리하는 것이 적절할 것으로 생각된다.

1. 甲을 설득하여 자진변제를 받는 형식으로 처리하도록 노력한다.

2. 甲이 끝내 동의하지 않는다면 甲에게 지급하여야 할 임금채권의 1/2 범위 내에서 상계를[3] 하는 방안을 적극 검토하도록 한다. 임금채권의 1/2 상당액에 대한 상계는 무방

2) 근로기준법 제43조 제1항 본문에서 '임금은 통화로 직접 근로자에게 그 전액을 지급하여야 한다.'라고 규정하여 이른바 임금 전액지급의 원칙을 선언한 취지는 사용자가 일방적으로 임금을 공제하는 것을 금지하여 근로자에게 임금 전액을 확실하게 지급 받게 함으로써 근로자의 경제생활을 위협하는 일이 없도록 그 보호를 도모하려는 데 있으므로, 사용자가 근로자에 대하여 가지는 채권을 가지고 일방적으로 근로자의 임금채권을 상계하는 것은 금지된다고 할 것이지만 사용자가 근로자의 동의를 얻어 근로자의 임금채권에 대하여 상계하는 경우에 그 동의가 근로자의 자유로운 의사에 터 잡아 이루어진 것이라고 인정할 만한 합리적인 이유가 객관적으로 존재하는 때에는 근로기준법 제43조 제1항 본문에 위반하지 아니한다고 보아야 할 것이고, 다만 임금 전액지급의 원칙의 취지에 비추어 볼 때 그 동의가 근로자의 자유로운 의사에 기한 것이라는 판단은 엄격하고 신중하게 이루어져야 한다(대법원 2001. 10. 23. 선고 2001다25184 판결).

3) 상계는 상대방에 대한 의사표시로 한다(민법 제493조). 따라서 상계 실행 전에 반드시 상계통지서를

할 것으로 판단하는 이유는 민사집행법 제246조(압류금지채권) 제1항 제4호 및 제5호에, 급료와 연금, 봉급, 상여금, 퇴직연금 및 그 밖에 이와 비슷한 성질을 가진 급여채권 1/2[4]과 퇴직금 그 밖에 이와 비슷한 성질을 가진 급여채권의 1/2 해당액에 대해서는 압류를 금지하는 것으로 규정하고 있는데, 이를 달리 해석하면 임금채권의 1/2 상당액에 대해서는 압류가 가능하므로 근로자가 상계에 대해 이의를 제기하더라도 실익(상계를 하지 아니하고 가압류나 압류를 하게 되면 집행비용 만큼 근로자 부담이 오히려 증가하게 된다)이 없을 것으로 판단되기 때문이다.

3. 이와 같은 문제점을 근본적으로 해소하려면 단체협약 내용에 '종업원이 퇴직시는 퇴직금에서 본인명의 대출금액을 공제 후 그 잔액을 지급받기로 한다.'라는 내용을 명시하는 한편 근로자로부터 생활안정자금 등의 지원 신청이 있는 때에는 '대출금 상환 전 퇴직하는 때에는 퇴직금으로 우선 상환하기로 한다.'라는 근로자의 명백한 의사표시를 받아두는 것이 유사 분쟁예방에 도움이 될 것으로 생각된다.

■ 참고사항

**1. 급여 압류와 관련한 사항** 급여소득에는 근로계약의 기초 하에 있지 않더라도 계속적 위임관계에서 있는 주식회사의 이사의 보수, 조합에서의 조합장의 보수 등도 포함된다. 사용자는 급료 압류를 이유로 그 근로자를 해고할 수 없다.

급여에는 본봉 외에 소득세의 부과대상인 상여금 및 각종 수당도 포함되지만 교통비, 출장여비, 식비 등 급여의 성질을 갖지 않는 실비는 제외된다.

급여채권의 1/2 상당액이라 함은 급여 총액에서 법정제세금(근로 또는 퇴직 소득세, 주민세, 국민연금료, 의료보험료, 고용보험료 등)을 공제한 잔액의 1/2 을 말한다. 따라서 법령에 근거하지 아니하고 사적 계약에 기하여 공제되는 단체생명보험료나 후생비 등은 공제해서는 아니 된다.

**2. 임금채무를 수동채권으로 하는 상계에 관한 판례**

가. 일반적으로 임금은 직접 근로자에게 전액을 지급하여야 하므로 사용자가 근로자에 대하여 가지는 채권으로서 근로자의 임금채권과 상계를 하지 못하는 것이 원칙이나 계산의 착오 등으로 임금이 초과 지급되었을 때 그 행사의 시기가 초과 지급된 시기와 임금의 정산, 조정의 실질을 잃지 않을 만큼 합리적으로 밀접 되어 있고 금액과 방법이 미리 예고되는 등 근로자의 경제

배달증명부 내용증명으로 발송하여야 한다.

4) 압류가 금지되는 1개월간의 생계비 : 120만원 / 급여채권에 있어서 압류가 금지되는 최저금액 : 120만원 / 고액(600만원 초과) 급여자에 대해서는 급여의 1/2초과하여 압류할 수 있다. 따라서 고액 급여자에 대한 압류가능 금액은 300만원+[(급여/2－300만원)×1/2]이다. 이를 달리 표현하면 [150만원+(급여/4)]를 제외한 금액까지 압류할 수 있다.

생활의 안정을 해할 염려가 없는 경우나 근로자가 퇴직한 후에 그 재직 중 지급되지 아니한 임금이나 퇴직금을 청구하는 경우에는 초과 지급된 임금의 반환청구권을 자동채권으로 하여 상계하는 것은 무방하다(대법원 1993. 10. 12. 선고 93다28737 판결, 대법원 1993. 12. 28. 선고 93다38529 판결).

나. 임금은 통화로 직접 근로자에게 그 전액을 지급하여야 한다고 규정하여 임금 직접지급의 원칙을 천명하고 있으나, 그 단서에서 '법령 또는 단체협약에 특별한 규정이 있는 경우에는 임금의 일부를 공제하거나 또는 통화 이외의 것으로 지급할 수 있다'고 예외를 두고 있는 바, 단체협약은 노동조합이 사용자 또는 사용자 단체와 근로조건 기타 노사관계에서 발생하는 사항에 관하여 체결하는 협정으로서 사용자가 근로자의 집단적 의사결정 방법에 의한 동의를 얻지 아니한 채 기득 이익을 침해하는 방법으로 변경하는 것이 금지되어 있고, 체결과정에 있어서도 그 진정성과 명확성이 담보되어 있다는 점과, 개별 근로자의 자유로운 의사에 터잡아 이루어진 동의가 있는 경우 사용자는 근로자에 대한 자동채권과 근로자의 임금채권을 상계할 수 있다는 점(대법원 2001. 10. 23. 선고 2001다25184 판결) 등에 비추어 볼 때, 적법하게 체결된 단체협약이 사용자의 근로자에 대한 대출원리금 등 채권 등을 공제할 수 있도록 규정하고 있다 하여 특별한 사정이 없는 한 이것이 근로기준법 제43조의 정신에 반하는 것으로서 무효라고 볼 이유는 없다고 할 것이다(대법원 2003. 6. 27. 선고 2003다7623 판결).

다. 근로자가 받을 퇴직금은 임금의 성질을 가지는 것으로서 근로기준법 제43조에 의하여 사용자는 그 수령권자에게 직접 전액을 지급하여야 하는 것이므로 사용자가 자기 직원으로 근무하다가 사망한 근로자의 퇴직금에 대하여 사용자의 동 인에 대한 대출금채권으로 상계 충당할 수 없다(대법원 1990. 5. 8. 선고 88다카26413 판결, 대법원 1999. 7. 13 선고 99도2168 판결, 대법원 2001. 10 23. 선고 2001다25184 판결).

라. 퇴직금도 임금의 성질을 갖는 것인데 형식상으로는 은행원이 퇴직 후 퇴직금을 전액 수령하여 그 은행의 자기 예금구좌에 입금하였다가 은행원의 은행에 대한 변상판정금의 일부로 임의 변제하는 형식을 취하였으나 실제로는 은행이 퇴직금 지급전에 미리 그 은행원으로부터 받아 둔 예금청구서를 이용하여 위 금액을 인출한 것이라면 퇴직금 중 위 인출금액에 해당하는 부분은 근로기준법 제42조 제1항에 위배하여 근로자인 은행원에게 직접 지급되지 않았다고 보아야 한다(대법원 1989. 11. 24. 선고 88다카25038 판결).

마. 임금채권은 사용자가 근로자에게 직접 지급하여야 하며, 이는 근로자가 그 임금채권을 제3자에게 양도한 경우라 할지라도 그 지급에 관하여는 같은 원칙이 적용되어 사용자는 직접 근로자에게 임금을 지급하지 아니하면 안 되는 것이고, 그 결과 비록 양수인이라고 할지라도 스스로 사용자에 대하여 임금의 지급을 청구할 수 없다고 할 것이며, 그 법리는 근로자로부터 임금채권의 추심을 위임받은 자가 사용자의 집행재산에 대하여 배당을 요구하는 경우에도 그대로 적용된다(대법원 1994. 5. 10. 선고 94다6918 판결).

### (2) 종업원 임금채권에 대하여 가압류명령이 송달된 경우 사용자는 상계로서 가압류채권자에게 대항할 수 있는지 여부

**甲의 퇴직금에 대하여 다른 채권자 乙이 가압류를 신청, 그 명령(청구금액 : 30백만원 / 가압류할 채권의 표시 : 급여 및 퇴직금의 1/2)이 송달되었다면, D은행은 상계로써 乙(가압류채권자)에게 대항할 수 있겠는가?**

D은행은 급여 및 퇴직금의 1/2을 甲에게 지급하고, 나머지 1/2(15백만원)에 대하여는 甲의 대출금과 상계로써 乙(가압류채권자)에게 대항할 수 있을 것으로 생각된다.

민사집행법 제246조 제1항 제4호 및 제5호에 의하면, 근로자가 사용자에 대하여 갖는 급료, 연금, 봉급, 상여금, 퇴직연금 및 퇴직금 그 밖에 이와 비슷한 성실을 가진 급여채권의 1/2에 해당하는 금액에 대해서는 압류를 허용(공무원, 군인, 사립학교 교직원의 퇴직금에 대해서는 특별법상 압류를 금지하고 있다)하고 있다.

그런데 문제는 근로기준법 제43조(임금지급)에 의하면, 사용자가 근로자에게 지급하여야 할 임금은 근로자에게 직접 지급되어야 하며, 같은 법 제21조(전차금 상계의 금지)에는 사용자는 전차금이나 그 밖에 근로할 것을 조건으로 하는 전대채권과 임금을 상계하지 못한다고 규정하고 있어, 과연 D은행이 상계권을 행사하여 가압류채권자에게 대항할 수 있을지가 의문이다.

이에 관한 판례는 없다. 생각건대, 민사집행법상 임금채권의 1/2에 한하여 압류를 허용하고 있으므로 제3채무자인 D은행으로서는 乙을 집행채권자로 하는 가압류명령에 응하여야 할 것이지만, 제3채무자가 집행채무자(甲)에 대하여 가지는 반대채권이 있음에도 불구하고 제3자의 압류에 응하여야 한다면 이는 제3채무자에게 지나치게 불리한 결과를 초래하게 되어 형평의 원칙에 반한다 할 것이므로 이러한 경우에는 비록 임금 직접지급의 원칙에도 불구하고 상계를 허용하는 것이 합리적이라 생각된다.

그러므로 대출금이 가압류명령 송달 이전에 취급[5]된 이상, D은행은 이를 자동채권으로 하고 甲에게 지급하여야 하는 임금 중 1/2 상당액을 수동채권으로 하는 상계를 함으로써 가압류채권자에게 대항할 수 있을 것으로 본다.

5) 민법 제498조에 의하면, 지급을 금지하는 명령을 받은 제3채무자는 그 후에 취득한 채권에 의한 상계로 그 명령을 신청한 채권자에게 대항할 수 없다고 규정하고 있으므로 가압류명령을 송달받은 이후에 취득한 채권을 자동채권으로 하는 상계는 할 수 없다.

### (3) 종업원이 위규에 의한 업무처리로 회사에 손해가 발생한 경우 손해배상청구권을 자동채권으로 하고 임금채무를 수동채권으로 하는 상계를 할 수 있는지 여부

**甲이 고의로 부당(위규)하게 업무를 처리함으로써 회사에 손실을 발생시킨 사실이 있다고 가정할 경우, D은행은 그 손해배상채권을 자동채권으로 하여 甲에 대한 급여 및 퇴직금 반환채무와 상계를 할 수 있겠는가?**

甲이 부실대출[6]에 대한 책임을 스스로 인정하고 상계에 동의를 한다면 당연히 상계를 하여도 무방하겠지만 그렇지 않다면 급여 및 퇴직금의 1/2에 대하여도 상계를 할 수 없는 것으로 판단된다. 상계를 하려면 양채권(甲이 D은행에 대하여 가지는 퇴직금반환청구권과 D은행이 甲에 대하여 갖는 손해배상청구권)이 서로 대립하고 있어야 하는데, D은행이 甲에 대하여 갖는 부실대출과 관련한 손해배상청구권은 확정된 채권이 아니므로 상계할 자동채권이 존재하지 않기 때문이다.

따라서 이 경우 D은행으로서는 자신을 집행채권자로 하는 동시에 제3채무자로 하는 가압류명령을 신청, 퇴직금 등 임금의 1/2에 대해서는 지급을 거절하고, 나머지 1/2에 대하여는 甲에게 지급하는 것이 적절한 업무처리라 판단된다.

6) 미회수 불량대출금을 수동채권으로 하고 퇴직금을 자동채권으로 하는 상계는 할 수 없다(서울고법 1993. 9. 28. 선고 92나16333 판결).

## 3. 매각으로 인해 소멸하는 권리와 인수하는 권리

(상 황)

a. 근저당권자인 丙의 신청으로 임의경매가 진행 중인 부동산(대구광역시 소재 주택, 추정가격 100백만원)의 권리관계는 다음 순서와 같다.
   (1) 임차인 甲 : 임차보증금 60백만원, 주택 인도 및 주민등록 전입신고 2009.9. 20. 단, 임대차계약서에 확정일자 없음.
   (2) 근저당권자 乙 : 1순위 채권최고액 36백만원, 등기일자 2010. 5. 10. 실대출금액 30백만원.
   (3) 근저당권자 丙 : 2순위 채권최고액 36백만원, 등기일자 2010. 7. 10. 실대출금액 30백만원.

b. 2009. 9. 20. 현재 주택임대차보호법상 대구광역시의 우선변제를 받을 임차인의 범위는 임차보증금이 50백만원 이하이어야 한다.

### (1) 최선순위 근저당권에 우선하여 임대차계약을 체결한 임차인의 권리

**상기 부동산이 K에게 매각되었다면, 임차인 甲은 매수인(경락인)에게 임차권의 존속을 주장하며 대항할 수 있겠는가?**

임차인 甲은 매수인(K)에 대하여 당초 임대차 기간 동안 임차주택에 거주할 권리를 주장할 수 있고, 임대차관계 종료 후에는 임차보증금 60백만원을 수령할 때까지 임차부동산의 명도를 거절할 수 있다.

임차인 甲은 주택임대차보호법상의 우선변제를 받을 임차인의 범위(본 사례 시점의 우선변제를 받을 임차인의 범위는 임차보증금이 50백만원 이하인 경우이다)에 해당되지 아니하여 보증금 중 일정액을 타 채권자에 우선하여 배당받을 수 있는 자격이 없다. 또한 임대차계약서에 확정일자를 받지 않았으므로 순위에 의한 보호도 받을 수 없다.

하지만 甲은 최선순위 근저당권자인 乙보다도 앞서 임대차계약을 체결하고 주택의 인도 및 주민등록전입신고를 마쳤으므로 민사집행법상 '부동산상의 권리의 소멸과 인수원칙'에 따라 매수인은 임대인의 지위를 승계(인수)하여야 할 의무가 있다. 따라서 임차인

甲은 매각대금에서 배당을 요구할 권리는 없으나 임대차 기간 동안 주택의 명도를 거절할 수 있을 뿐만 아니라 임대차관계 종료 후에는 보증금반환청구권을 가지므로 보증금 60백만원을 수령할 때까지 임차권의 존속을 주장하며, 매수인(K)에게 대항할 수 있다. 한편 위 사례와 관련 참고할 사항으로는 다음과 같은 것이 있다.

1. 근저당권자(乙 또는 丙)가 근저당권을 설정한 이후에 임차인(甲)이 임차보증금을 증액한 사실이 있다면 그 증액한 금액에 대하여는 매수인에게 대항할 수 없다. 근저당권 설정 이후에 증액된 금액에 대해서도 이를 매수인이 인수하여야 한다면 근저당권자의 지위를 부당하게 침해할 우려가 있기 때문이다.

2. 임차인(甲)이 근저당권자인 乙과 丙 사이에 존재하고 있는 것으로 가정한다면 매각(경매)으로 인하여 동 임차권은 무조건 소멸(최선순위 근저당권설정등기 일자보다 그 이후에 임대차계약이 체결된 임차권은 경매로 인하여 무조건 소멸한다)하기 때문에 임차인은 매수인에게 대항할 수 없고, 오직 원소유자로부터 임차보증금을 반환받는 수밖에 없다.

3. 임차인(甲)이 전세권설정등기를 한 전세권자(물권적 채권자)라고 가정한다면 집행법원은 배당요구의 종기[1])가 결정되는 대로 이를 전세권자에게 고지하여야 하고, 고지를 받은 전세권자는 배당요구의 종기까지 배당요구를 할 수 있다. 다만, 배당요구를 한 이상 배당요구의 종기가 지난 뒤에는 이를 철회할 수 없으므로 매각으로 인해 전세권은 소멸된다. 그러나 배당요구를 하지 아니한 경우에는 매수인이 이를 인수하여야 하므로 전세권자는 임대차기간 동안 주택의 명도를 거절할 수 있고 임대차관계 종료 후에는 매수인에게 보증금반환청구권을 행사할 수 있다.

### (2) 인수부담이 있는 매각 물건의 예상 매수가격

**상기 부동산의 예상 매각가격이 1억이라 가정할 경우, 동 부동산을 매수하고자 하는 자는 최고 얼마에 입찰하겠는가?**

매각대상 부동산상의 권리의 소멸과 인수원칙에 따른 매수인의 승계(인수)의무를 고려할 때, 매수희망자는 최고 40백만원(부동산 추정가격 100 - 매수인의 인수 의무가 있는 임차보증금 60)이내에서 입찰하게 될 것으로 판단된다. 그 이유는 위 (1)의 해설내용을 참고하기 바란다.

1) 배당요구의 종기는 첫 매각기일 이전으로 하여 집행법원이 결정, 공고한다(민사집행법 제84조).

### (3) 임차인과 근저당권자 상호간의 배당 관계

**상기 부동산이 40백만원에 매각되었다고 가정할 경우, 甲과 乙 그리고 丙에 대한 배당액은 각각 얼마인가? (단, 경매비용 등은 고려하지 않기로 한다).**

임차인 甲은 배당을 요구할 수 있는 채권자가 아니므로 배당에서 제외된다. 따라서 근장권자인 乙이 30백만원(대출금채권과 채권최고액 중 적은 금액), 丙이 10백만원을 각각 배당받게 될 것으로 본다.

대항력 갖춘 임차인 또는 위 사례와 같이 최선순위 근저당권보다 우선하여 임대차계약이 체결된 임차인이 있는 주택에 대하여 근저당권을 설정할 경우에는 임차보증금을 정확히 파악(임대차계약서 사본 또는 임차인과 소유자가 연명한 임대차관계 확인서 등 징구)하여 동 주택의 담보가격 산정시 해당금액 만큼 감액평가를 하여야 하며, 특히 거래처에게 위 사례와 같은 상황에 처한 주택을 경매 참가토록 권유할 때에는 동 임차보증금에 대한 매수인의 인수 의무가 따르게 됨을 주지시켜, 이를 공제한 가격으로 입찰하도록 하여야 한다는 점에 각별히 유의하여야 한다. 이러한 내용을 설명하지 아니하고 입찰을 권유하게 되면 장래 매수인과의 분쟁을 피할 수 없을 것이다. 한편 매각으로 인해 소멸하는 권리와 매수인이 인수하는 권리는 다음과 같다.

**1. 절충주의** 우리나라 민사집행법은 소멸주의를 원칙으로 하고, 예외적으로 인수주의를 채택하는 절충주의를 취하고 있다.

**2. 소멸 또는 인수 여부**(민사집행법 제91조, 인수주의와 잉여주의 선택 등)

가. 유치권은 매수인이 무조건 인수한다.

나. 매각부동산 위의 모든 저당권은 매각으로 무조건 소멸한다.

다. 최선순위 근저당권이나 가압류 등기, 체납처분압류 등기, 매각개시결정등기보다 뒤에 등기된 지상권, 지역권, 전세권 및 등기된 임차권은 매각으로 무조건 소멸한다.

라. 최선순위 근저당권이나 가압류 등기, 체납처분압류 등기, 매각개시결정등기보다 먼저 대항력을 갖춘 주택임차인 및 상가건물임차인의 임차권은 배당요구의 종기까지 배당요구를 한 경우에는 소멸하고, 배당요구를 하지 않은 경우에는 매수인이 인수한다.

마. 최선순위 근저당권이나 가압류 등기, 체납처분압류 등기, 매각개시결정등기보다 먼저 등기된 전세권(물권)의 경우에는 배당요구의 종기까지 배당요구를 한 경우에는 소멸하

고, 배당요구를 하지 않은 경우에는 매수인이 인수한다.

바. 매각에 의하여 소멸하는 최선순위 근저당권이나 가압류 등기, 체납처분압류 등기. 매각개시결정등기보다 뒤에 등기된 처분금지가처분 등기 및 소유권이전청구보전 등기는 매각으로 소멸한다. 다만, 담보가등기의 경우에는 말소기준이 되는 권리보다 먼저 등기가 되었다 하더라도 매각으로 소멸한다.

사. 압류효력 발생(매각개시결정등기를 한 때)전의 가압류 등기 및 국세, 지방세의 체납처분에 의한 압류등기는 모두 소멸한다. 다만, 가압류 등기 이후에 제3자가 소유권을 취득하고 제3자의 채권자가 경매신청을 하여 매각된 경우에는 소멸하지하지 아니하고 매수인이 인수하여야 한다.

3. 결론적으로 '소멸 또는 인수 여부'를 다시 요약 정리하면 아래와 같다

가. 매각시 말소기준이 될 수 있는 권리

다음의 등기 중 가장 빠른 등기가 말소기준이 되는 권리가 된다.

(1) 근저당권

(2) 가압류 및 압류등기

(3) 가등기담보 등에 관한 법률상의 담보가등기(부동산등기법상 가등기 제외)[2]

(4) 매각개시결정등기

(5) 전세권

나. 매수인이 무조건 인수해야 하는 권리

다음의 사항은 말소기준과 관계없이 경락인이 무조건 인수하여야 한다.

(1) 유치권[3]

(2) 전 소유자에 대한 가압류

(3) 법정지상권[4]

(4) 말소기준권리보다 빠른 아래 권리

2) 가등기담보 등에 관한 법률상의 담보가등기는 말소기준권리가 될 수 있지만 부동산등기법상의 가등기는 말소기준권리가 되지 않는다. 따라서 부동산등기법상의 가등기가 말소기준권리보다 앞선 경우에 해당하는 때에는 매수인(경락인)이 이를 인수하여야 한다. 그런데 부동산등기법상의 가등기와 가등기담보 등에 관한 법률상의 가등기는 기재형식만으로는 양자를 구별할 수 없으므로 부동산등기권리를 분석할 때 주의가 요구된다.

3) 유치권은 법률의 규정에 의하여 당연히 성립하는 법정담보물권으로 등기부상에 나타나지 아니한다. 유치권자는 매수인에 대하여 그 피담보채권의 변제를 받을 때까지 유치하고 있는 그 목적물의 인도를 거절할 수 있을 뿐 피담보채권의 변제를 요구하거나 또는 배당요구를 할 권리는 없다.

4) 법정지상권은 법률의 규정에 의하여 당연히 성립하는 것으로 등기부상에 나타나지 아니한다.

① 가처분 등기, 순위보전 가등기, 환매특약 등기, 대항력 갖춘 주택 또는 상가 임차인의 임차권

② 주택임대차보호법 및 상가건물임대차보호법상 대항요건 및 임대차계약서에 확정일자를 받은 주택임차인의 임차권(단, 배당요구의 종기까지 배당요구를 한 경우에는 소멸한다).

③ 전세권(단, 배당요구의 종기까지 배당요구를 한 경우에는 소멸한다)

④ 지상권, 지역권

다. 매각으로 인해 무조건 소멸하는 권리

(1) 근저당권

(2) 가압류 및 압류등기(단, 전 소유자에 대한 가압류나 압류는 소멸되지 아니한다)

(3) 담보가등기

(4) 말소기준권리보다 늦은 임차권 및 가처분 등기

(5) 말소기준권리보다 늦은 지상권, 지역권, 전세권

## 4. 근저당권자가 경매신청서에 기재한 청구금액의 의미

(상 황)

a. D은행 Y지점은 甲에게 그의 부동산을 담보취득(포괄근담보, 채권최고액 300백만원)하고 일반자금대출 2건(150백만원, 50백만원)을 취급하였다.
b. 그러나 甲은 계속되는 영업부진으로 자진 변제능력을 상실하였고, Y지점은 청구채권액을 200백만원으로 하는 경매를 신청, 이미 매각개시결정등기가 된 상태다.
c. 그런데 문제는 차주의 신용카드이용대금 5백만원이 청구금액에서 누락된 사실이 발견되었으며, 그리고 같은 은행 X지점으로부터 乙명의 일반자금대출 10백만원(甲의 보증채무)에 대한 회수협조 요청이 있다.
d. 한편 담보물의 예상 매각(낙찰)가격은 약 250백만원으로 추정된다.

### (1) 신용카드사용대금도 포괄근저당권의 피담보채권의 범위에 속하는지 여부

**위 사례에서 甲이 사용한 신용카드대금도 위 근저당권에 의하여 담보되겠는가?**

甲이 사용한 신용카드대금도 근저당권(포괄근담보)의 피담보채권의 범위에 속하므로 근저당권에 의하여 담보된다.

현행 근저당권설정계약서상의 포괄근담보[1])의 피담보채무 범위(계약서 제1조 제1항, 피담보채무의 범위)에는 채무자 겸 근저당권설정자 본인이 사용한 신용카드이용대금도 포함하는 것으로 약정하고 있다. 따라서 甲이 사용한 신용카드대금에 대하여도 담보물의 매각대금으로부터 우선변제를 받을 수 있다.

그러나 담보물의 소유자가 채무자가 아니라 제3자인 경우에는 포괄근담보에도 불구하고 채무자가 사용한 신용카드 채권에 대해서는 근저당권의 효력이 미치지 않는 것으로

1) 각 은행 현행 내규에는 제3자가 담보를 제공하는 경우에는 담보제공자의 분명한 의사표시가 있는 경우를 제외하고는 포괄근담보로 운용할 수 없도록 규정하고 있다.

약정하고 있으므로 우선변제를 받을 수 없다.

### (2) 경매신청서에 근저당권의 피담보채권의 일부만을 청구금액으로 하여 경매를 신청할 경우 문제점

**Y지점은 甲의 신용카드 이용대금 5백만원 및 X지점이 보유하고 있는 甲의 보증채무 10백만원의 회수 방안으로, 추후 경매법원으로부터 채권계산서를 제출하라는 통지가 있으면 그 때 이들 채권을 추가하여 청구(추가 후 청구채권액 215백만원)하고자 한다. 과연 Y지점의 대책은 적절한가?**

임의경매를 신청한 채권자가 경매신청서에 피담보채권(215백만원) 중 그 일부(200백만원)만을 청구금액으로 기재하여 경매신청을 하였다가 배당단계에서 채권계산서에 청구금액을 확장하여 제출하는 방법으로는 청구금액을 확장할 수 없으므로 배당을 받을 수 없다는 것이 대법원 판례의 태도이다. 따라서 Y지점의 대책은 그 실효성이 없을 것으로 판단된다. 담보물의 예상 매각가격에서 경매비용 및 예상 배당기일까지의 이자채권 등을 감안하고도 신용카드이용대금 및 甲이 보증한 채무를 배당을 받을 수 있을 것으로 판단되는 경우에는 이들을 청구채권액(15백만원)으로 하여 또다시 경매(이를 이중경매라 한다)를 신청하는 것이 적절한 조치라 사료된다. 다만, 이중경매는 적어도 기 신청한 경매사건의 배당요구의 종기까지 신청하여야만 한다.

설문과 같은 사례에서 과거 대법원은 채권계산서 제출을 통하여 변제에 충당할 채권의 범위를 확장할 수 있다(대법원 1974. 11. 12. 선고 74다1445 판결)는 태도를 취한 바 있다. 그러나 그 후 태도를 변경하여, 임의경매를 신청한 채권자가 채권계산서 제출에 의하여 채권을 확장할 수 없다고 판시[2]하였다.

참고로 강제경매의 경우에는 채권의 일부를 청구금액으로 하여 경매를 신청하였다 하더라도 이중경매를 신청할 필요 없이 배당요구의 종기까지 배당요구, 즉 채권계산서를 제출할 때 청구채권을 확장하는 방법으로 할 수 있다. 이 경우 당초의 청구금액은 압류채권으로 배당을 받는 것이 되고, 확장한 채권액은 배당요구채권으로서 배당을 받는 형

2) 담보권실행 경매에서 경매채권자가 피담보채권의 일부에 대하여만 담보권을 실행하겠다는 취지로 경매신청서에 피담보채권의 원금 중 일부만을 청구금액으로 하여 경매를 신청하였을 경우에는 경매채권자의 청구금액은 그 기재된 채권액을 한도로 확정되고, 경매채권자는 채권계산서에 청구금액을 확장하여 제출하는 방법에 의하여 청구금액을 확장할 수 없다(대법원 1995. 6. 9. 선고 95다15261 판결 배당이의).

식이 된다.

채무자가 변제능력을 상실, 담보권 실행을 위한 임의경매를 신청하고자 하는 때에는 다음 사항에 유의하여야 할 것이다.

1. 경매비용을 줄일 목적으로 일부 채권만을 청구금액으로 하여 경매를 신청하는 행위는 특별한 사정이 없는 한 삼가하여야 하겠으며, 만일 아직 변제기가 도래하지 않은 보증채권이나 어음환매청구권 등이 포함되어 있는 관계로 피담보채권 포함여부를 결정하기 어려운 경우에는 이를 조건부채권으로 하여 신청하는 것이 바람직하다. 특히 매각가격이 채권최고액에 크게 미달할 것으로 예상되어 일부 채권만으로 경매를 신청하였으나 그 후 청구금액을 확장하여야 할 사유가 발생한 때에는 적어도 배당요구의 종기까지 이중경매 신청 또는 배당요구를 하여야 할 것이다.

2. 경매신청채권자에 우선하는 근저당권자의 경우에는 배당요구의 종기 전에 피담보채권을 기재한 채권계산서를 제출하였다 하더라도 그 후 배당표가 작성될 때까지 피담보채권액을 보정하는 채권계산서를 다시 제출하는 방법으로 배당요구를 할 수 있으므로(대법원 1999. 1. 26. 선고 98다21946 판결), 유사시 이를 적절히 활용하여야 할 것이다.

### (3) 배당요구의 종기까지 이중경매를 신청하지 아니하여 후순위채권자에게 배당된 경우 근저당권자는 그 후순위채권자에 대하여 부당이득반환을 청구할 수 있는지 여부

**Y지점이 배당요구의 종기 전까지 이중경매를 신청하지 아니함으로써 잔여 피담보채권액(15백만원)이 후순위 채권자에게 배당이 되었다면, 그 후순위 채권자를 상대로 부당이득반환을 청구할 수 있겠는가?**

Y지점의 업무과실로 해당금액(15백만원)이 후순위 채권자에게 배당되었다 하더라도 이를 법률상 원인 없이 이득을 본 행위라 할 수 없다.[3] 따라서 Y지점은 배당을 받은 그

3) 담보권의 실행을 위한 경매에서 신청채권자가 경매를 신청함에 있어서 경매신청서에 피담보채권 중 일부만을 청구금액으로 기재하였을 경우에는 다른 특별한 사정이 없는 한 신청채권자가 당해 경매절차에서 배당을 받을 금액이 그 기재된 채권액을 한도로 확정되고, 신청채권자가 채권계산서를 제출하는 방법에 의하여 청구금액을 확장할 수 없다고 할 것이므로, 설사 신청채권자가 경매신청서에 기재하지 아니한 다른 피담보채권을 가지고 있었다고 하더라도 청구금액을 확장한 채권계산서를 제출하는 방법으로는 피담보채권액 중 경매신청 당시의 청구금액을 초과하는 금액에 관하여는 배당에 참가할 수 없으며, 배당법원으로서는 경매신청 당시의 청구금액만을 신청채권자에게 배당하면 족하다. 따라서 근저

후순위 채권자를 상대로 부당이득 반환을 청구할 수 없다.

한편 배당표에 대한 이의신청은 구술에 의해서만 가능하고, 서면에 의한 이의신청은 허용되는 것이 아니므로 채권자가 미리 이의 신청서를 집행법원에 제출하였다고 하더라도 배당기일에 출석하지 아니하거나 출석한 경우에도 그 이의 신청서를 구술로 진술하지 않았다면 이의신청을 하지 않은 것이 되어 배당표에 대한 이의의 소를 제기할 수 없다 (대법원 1981. 1. 27. 선고 79다1846 판결).

당권자가 경매신청서에 피담보채권 중 일부만을 청구금액으로 기재하여 담보권의 실행을 위한 경매를 신청한 후 청구금액을 확장한 채권계산서를 제출하였을 뿐 달리 경락기일까지 이중경매를 신청하는 등 필요한 조치를 취하지 아니한 채 그대로 경매절차를 진행시켜 경매신청서에 기재된 청구금액을 기초로 배당표가 작성 · 확정되고 그에 따라 배당이 실시되었다면, 신청채권자가 청구하지 아니한 부분의 해당 금원이 후순위채권자들에게 배당되었다 하여 이를 법률상 원인이 없는 것이라고 볼 수는 없다(대법원 1997. 2. 28. 선고 96다495 판결).

## 5. 근저당권의 채권최고액을 초과하는 채권의 회수 방안 등

(상 황)

a. D은행 Y지점의 A주식회사(이하 'A사'라 한다)에 대한 여신거래 내역은 다음과 같다.

(1) 일반자금대출 200백만원

(2) 무역금융 300백만원

(3) 할인어음 50백만원

(4) 기타통장대출(한도거래) 150백만원

(5) 신용카드이용대금 10백만원

총 채권액 : 원금 710백만원 및 배당기일까지의 예상이자 35백만원.

(6) 담 보 : 공장(포괄근저당, 채권최고액 650백만원)

b. A사가 영업부진으로 변제능력을 상실하자, Y지점은 담보물에 대해 임의경매를 신청(청구채권액 : 650백만원, 채권최고액 범위내)하였고, 그 결과 800백만원에 매각되었다.

### (1) 근저당권의 채권최고액을 초과하는 부분의 채권 회수 방안

Y지점은 근저당권의 채권최고액을 초과하는 부분의 채권(710 + 35 - 650 = 95백만원)에 관하여 집행법원에다 별도의 배당요구 절차를 취하지 아니하고, 채권계산서를 제출할 때 채권액을 증액하고자 한다. 이 경우 증액하는 금액에 대하여 다른 일반 채권자와 같은 순위로 안분 배당을 받을 수 있겠는가?

근저당권의 채권최고액을 초과하는 채권에 대해서 배당요구의 종기까지 적법한 배당요구를 하지 아니하는 이상 배당을 받을 수 없다.

Y지점이 채권최고액을 초과하는 부분의 채권(95백만원)에 대하여 타 채권자와 같은 순위로 안분 배당을 받기 위해서는 근저당권에 기한 경매절차상의 채권계산서를 제출할 때 채권액을 증액하는 것만으로는 배당을 받을 수 없고, 별도로 민사집행법 제84조 및 제88조의 규정에 의한 적법한 배당요구를 하여야 한다.[1)]

1) 근저당권의 채권최고액을 초과하는 부분으로서 우선 변제의 효력이 미치지 않는 채권에 관하여 다른 가압류채권자와의 사이에 같은 순위로 안분 비례하여 배당하기 위해서는 근저당권에 기한 경매신청이나 채권계산서의 제출이 있는 것만으로는 안 되고, 그 채권최고액을 초과하는 채권에 관하여 별도로 민

그런데 여기서 문제는 근저당권자가 채권최고액을 초과하는 금액에 대하여 배당요구를 하려면, 집행력 있는 정본이 있거나 집행력 있는 정본이 없으면 근저당권 목적물에 배당요구의 종기까지 가압류를 하여야 하는지 의문이다.

이에 관하여 민사집행법 제88조 제1항에는, 민법, 상법 그 밖의 법률에 의하여 우선변제청구권이 있는 채권자는 그 채권에 관하여 집행력 있는 정본이 없다하더라도 경매 목적물에 대하여 별도의 가압류 없이 배당요구를 할 수 있는 것으로 규정하고 있다. 그렇다면 경매 목적물에 대하여 근저당권 채권최고액을 초과하는 채권을 가진 채권자는 과연 민법, 상법 그 밖의 법률에 의하여 우선변제청구권이 있는 채권자에 해당하는지 여부에 따라 그 결론이 달라질 것으로 본다.

이에 대하여 한국금융연수원은 근저당권 목적물에 대하여 후순위담보권자 또는 일반채권자가 배당에 참가한 경우와 배당에 참가하는 자가 전혀 없는 경우로 구분하여 배당요구 절차를 달리하여야 한다는 견해를 취하고 있다.2)

즉 전자의 경우에는 민법, 상법 그 밖의 법률에 의하여 우선변제청구권이 있는 채권자에 해당되지 않는 것으로 보고 집행력 있는 정본을 첨부하여 배당요구의 종기까지 배당요구를 하거나, 집행력 있는 정본이 없으면 가압류를 한 후 배당요구(매각개시결정등기 전에 경매부동산에 가압류 등기를 한 자는 당연히 배당요구를 한 것으로 취급되므로 별도의 배당요구를 하지 않아도 되나, 매각개시결정등기 후에 가압류 등기를 한 자는 반드시 배당요구의 종기까지 배당요구를 하여야 한다)를 하여야 할 것이지만, 후자의 경우에는 집행력 있는 정본이 없다하더라도 경매 목적물에 대하여 가압류를 하지 않고서도 배당요구가 가능한 것으로 판단하고 있다.

하지만 금융기관(근저당권자인 Y지점)로서는 다른 채권자가 배당에 참가할지 여부를 인식하기 어렵고 특히 안정적인 업무처리를 선택할 수밖에 없으므로, 근저당권의 채권최고액을 초과하여 추가로 채권회수 가능성이 있다고 판단되는 때에는, 집행력 있는 정본을 가지고 배당요구의 종기3)까지 배당요구를 하거나, 집행력 있는 정본이 없다면 가압류를 한 후 배당요구를 하여야 할 것으로 생각된다.

결론적으로 사례에서 보는 바와 같이 총 채권액이 근저당권 채권최고액을 초과하는 경우로서 근저당권의 채권최고액을 초과하여 추가로 회수할 가능성이 확실시되는 경우에는

---

사집행법 제268조, 제88조의 규정에 의한 적법한 배당요구를 하였거나 그 밖에 달리 배당을 받을 수 있는 채권으로서의 필요한 요건을 갖추고 있어야 한다(대법원 1998. 4. 10. 선고 97다28216 판결).

2) 오시정, 한국금융연수원 여신실무법률 中.

3) 배당요구의 종기는 경락(매각)기일까지로 정하고 있었으나, 민사소송법이 개정됨에 따라 2002. 7. 1.부터는 배당요구의 종기를 첫 매각기일 이전으로 정하도록 규정하고 있다(민사집행법 제84조 제1항).

집행력 있는 정본을 가지고 배당요구의 종기[4]까지 배당요구를 하거나, 집행력 있는 정본이 없다면 가압류를 한 후 배당요구를 하여 담보부동산의 여력이 있음에도 불구하고 배당에서 제외되는 사례가 없도록 각별히 유의하여야 할 것이다.

■ 참고사항

1. **배당요구** 집행력 있는 정본을 가진 채권자, 매각개시결정등기가 된 뒤에 가압류를 한 채권자, 민법, 상법 그 밖의 법률에 의하여 우선변제청구권이 있는 채권자는 배당요구를 할 수 있다(민사집행법 제88조 제1항). 배당요구에 따라 매수인이 인수하여야 할 부담이 바뀌는 경우 배당요구를 한 채권자는 배당요구의 종기가 지난 뒤에 이를 철회하지 못한다(민사집행법 제88조 제2항).

2. **배당요구의 종기결정 및 공고** 매각개시결정에 따른 압류의 효력이 생긴 때(그 매각개시결정 전에 다른 매각개시결정이 있은 경우를 제외한다)에는 집행법원은 절차에 필요한 기간을 감안하여 배당요구를 할 수 있는 종기를 첫 매각기일 이전으로 정한다(민사집행법 제84조 제1항).

3. **배당요구의 방법** 채권자가 경매목적 부동산에 관하여 가압류결정을 받은 다음 채권의 수액을 기재한 서면에 그 가압류결정을 첨부하여 경매법원에 제출하였다면 채권의 원인과 수액을 기재하여 배당을 요구하는 취지가 표시된 것으로 보아야 하고, 그 서면의 제목이 권리신고 라고만 되어있다 하더라도 마찬가지이다.[5]

즉 배당요구는 채권의 원인과 수액을 기재한 서면에 의하여 집행법원에 배당을 요구하는 취지가 표시되면 된다.

### (2) 경매신청 당시의 채권과 다른 채권으로 채권계산서를 제출하여 배당을 받을 수 있는지 여부

**담보물의 매각 전에 경매신청서에 피담보채권으로 기재한 기타통장대출 150백만원이 변제되었다고 가정할 경우, Y지점은 이미 변제받은 채권대신 그 금액 범위 내에서 다른 채권으로 채권계산서를 제출하여 근저당권에 기한 우선 배당을 받을 수 있겠는가?**

경매신청서에 피담보채권으로 기재한 대출금이 매각 전에 변제되었다면, 근저당권자인

4) 배당요구의 종기는 경락(매각)기일까지로 정하고 있었으나, 민사소송법이 개정됨에 따라 2002. 7. 1.부터는 배당요구의 종기를 첫 매각기일 이전으로 정하도록 규정하고 있다(민사집행법 제84조 제1항).

5) 대법원 1999. 2. 9. 선고 98다53547 판결.

Y지점은 변제된 대출과목 대신 동 변제금액 범위 내이고 근저당권의 피담보채권 범위 내의 다른 과목의 채권으로 채권계산서를 제출하면 근저당권에 기한 우선 배당을 받을 수 있다.

설문의 경우 대법원[6)]은 변경 후의 피담보채권액이 임의경매 신청서에 기재되어 있는 청구채권액을 초과하지 않는 범위 내에서 신청채권자는 그 청구채권을 소멸된 당초의 채권으로부터 그 다른 채권으로 교환적으로 변경하여, 그 다른 채권에 대하여 배당을 구하는 내용의 채권계산서 등을 제출하는 방법으로, 그 다른 채권에 대하여 배당을 받을 수 있다는 태도를 취하고 있으므로 실무상 유사 사례 발생시는 이를 적절히 활용하여야 할 것이다.

### (3) 근저당권자가 배당요구의 종기까지 배당요구를 하지 않을 경우 배당에서 제외되는지 여부

**부동산 매각절차 개시 전에 이미 근저당권설정등기를 한 근저당권자가 배당요구의 종기까지 적법한 배당요구를 하지 않거나 또는 채권계산서를 제출하지 아니하였다면, 그 근저당권자가 가진 채권은 배당에서 제외되는가?**

매각절차개시 전에 이미 근정당권설정등기를 한 근저당권의 채권자가 배당요구의 종기까지 적법한 배당요구를 하지 않거나 또는 채권계산서를 제출하지 아니하였다 하더라도 그 근저당권자가 당연히 배당요구를 한 것으로 처리되므로 배당에서 제외되지 아니하며, 이 경우 집행법원은 등기부등본에 기재되어 있는 채권최고액을 현존하는 채권액으로 간주하여 동 금액을 기준으로 배당표를 작성한다. 대법원 판례도 같은 태도를 취하고 있으며, 그 요지는 다음과 같다.

1. 부동산을 목적으로 하는 담보권의 실행을 위한 경매절차에서 그 개시 전의 근저당권자는 배당요구를 하지 않았더라도 당연히 배당요구를 한 것과 동일하게 취급되므로

6) 민사소송법 제728조에 의하여 담보권의 실행을 위한 경매절차에 준용되는 같은 법 제601조 제3호, 민사소송규칙 제204조 제2호 및 제4호의 규정의 입법취지, 근저당권의 특성 등에 비추어 볼 때 근저당권의 실행을 위한 경매절차에 있어서는 경매신청서에 피담보채권으로 기재한 채권이 변제 등에 의하여 소멸하였으나 당해 근저당권의 피담보채권으로서 다른 채권이 있는 경우, 신청채권자는 그 청구채권을 소멸된 당초의 채권으로부터 그 다른 채권으로 교환적으로 변경하여 그 다른 채권에 대하여 배당을 구하는 내용의 채권계산서 등을 제출하는 방법으로 그 다른 채권에 대하여 배당을 받을 수 있고, 다만 변경 후의 피담보채권액이 경매신청서에 기재되어 있는 청구채권액을 초과하는 때에는 그 초과하는 부분에 대하여는 배당을 받을 수 없다(대법원 1997. 1. 21. 선고 96다457 판결).

그러한 근저당권자가 배당요구를 하지 아니하였다 하여도 배당에서 제외하여서는 아니 된다.[7]

2. 경매절차 개시 전의 부동산 가압류권자는 배당요구를 하지 않았더라도 당연히 배당요구를 한 것과 동일하게 취급되므로 그러한 가압류권자가 채권계산서를 제출하지 않았다 하여도 배당에서 제외하여서는 아니 된다.[8]

3. 근저당권자가 배당요구의 종기까지 민사집행법 제84조 제2항[9]에 의한 채권계산서를 제출하지 않았다면 특별한 사정이 없는 한 경매법원은 등기부등본에 기재된 채권최고액을 현실의 채권액으로 보아 배당함이 상당하다고 할 것이다.[10]

한편 금융기관이 근저당권의 피담보채권을 전액 변제를 받았으나 채무자의 사정상 근저당권설정등기가 말소되지 아니한 상태에서 동 부동산에 대한 매각절차가 진행될 때, 근저당권자인 금융기관에서 피담보채권이 없다는 뜻의 채권계산서를 배당기일까지 제출하지 아니하면 집행법원은 채권최고액까지 채권이 존재하는 것으로 보고 배당표를 작성함으로써 공연히 후순위 채권자 등 이해관계인을 해하는 행위가 된다. 그리하여 해당 금융기관은 피해를 입은 후순위 채권자 등 이해관계인으로부터 배당이의의 소에 피소되거나 공연한 민원에 봉착될 여지가 매우 많다. 따라서 이와 같은 경우에는 근저당권의 피담보채권이 존재하지 아니한다는 사실을 적어도 배당기일 전까지 집행법원에 명확히 통지하는 것이 바람직하다.

반면에 후순위 채권자의 입장에서 볼 때 선순위 근저당권자가 배당기일까지 채권계산서를 제출하지 아니하고, 배당기일에 출석도 하지 않았다면 근자당권의 피담보채권이 실존하지 않을 가능성이 크므로 이 경우에는 일단 배당이의를 진술해 둔 후, 피담보채권의 존재 여부를 확인하는 것이 사후관리자로서의 적절한 업무처리라 판단된다.

7) 대법원 1996. 5. 28. 선고 95다34415 판결.

8) 대법원 1995. 7. 28. 선고 94다57718 판결.

9) 민사집행법 제84조(배당요구의 종기결정 및 공고) ② 배당요구의 종기가 정하여진 때에는 법원은 매각개시결정을 한 취지 및 배당요구의 종기를 공고하고, 제91조 제4항 단서의 전세권자 및 법원에 알려진 제88조 제1항의 채권자에게 이를 고지하여야 한다.

10) 대법원 2006. 9. 28. 선고 2004다68427 판결.

## 6. 유치권이 근저당권에 미치는 영향과 그 대응 방안

(상 황)

a. D은행 Y지점은 여신거래처인 甲회사에 대하여 공장신축자금 등 시설자금을 지원하고, 공장용지와 건물 및 기계기구에 대하여 1순위로 공장근저당권을 설정하였다.
b. 그 후, 甲회사가 영업부진으로 변제능력을 상실하였고 Y지점은 담보물에 대하여 임의경매를 신청, 1차 매각기일(최저법사가 700백만원)이 지정된 상태다.
c. 그런데 매각물건에 관한 권리관계 신고사항을 열람한 결과, 乙이라는 자가 공장신축 관련 공사대금 일부를 수령하지 못했다는 이유로 유치권 권리신고(채권액 200백만원)를 한 것이 확인 되었다.
d. 한편 Y지점의 다른 거래처 丙(동 부동산의 매수희망자)은 동 부동산을 500백만원에 매수할 의향을 가지고 있다.

### (1) 민법에서 규정하고 있는 유치권자의 권리

**민법에서 규정하고 있는 유치권자(乙)는 어떠한 권리를 갖는가?**

유치권이란 타인의 물건 또는 유가증권을 점유한 자는 그 물건이나 유가증권에 관하여 생긴 채권이 변제기에 있는 경우에는 변제를 받을 때까지 그 물건 또는 유가증권을 유치함으로써 유치한 목적물에 관해서 발생한 채권의 변제를 간접적으로 강제할 수 있는 권리를 말한다.[1)] 따라서 유치권자(乙)는 자신의 채권을 변제받을 때까지 목적물을 계속 점유[2)]하고 그 인도를 거절할 수 있으며, 목적물의 새로운 소유자인 제3자에 대하여도 행사할 수 있으며, 목적물이 매각되어도 채권액을 전액 변제받을 때까지 매수인에게 인도를 거절할 수 있다.

1) 민법 제320조(유치권의 내용).

2) 점유라고 함은 물건이 사회통념상 그 사람의 사실적 지배에 속한다고 보여 지는 객관적 관계에 있는 것을 말하고, 사실상의 지배가 있다고 하기 위해서는 반드시 물건을 물리적, 현실적으로 지배하는 것만을 의미하는 것이 아니고 물건과 사람과의 시간적, 공간적 관계와 본권관계, 타인지배의 배제가능성 등을 고려하여 사회 관념에 따라 합목적적으로 판단하여야 한다(대법원 1996. 8. 23. 선고 95다8713 판결, 2009. 9. 24. 선고 2009다39530 판결).

유치권은 타인의 물건을 점유하는 자가 그 물건에 관하여 발생한 채권만 가지고 있으면 법률의 규정(민법 제320조)에 의하여 당연히 성립하는 법정담보물권[3]으로서 동산은 물론 부동산에 대해서도 성립한다. 유치권은 목적물의 점유를 상실하면 소멸한다(민법 제328조, 점유상실과 유치권소멸). 그리고 추급성(追及性)이 없으므로 목적물의 점유를 침탈당한 경우에는 점유물반환청구권을 행사하여 그 점유를 회복하는 수밖에 없다.

유치권은 민법에서 규정하는 법정담보물권으로서 정당한 유치권자는 다음과 같은 권리를 갖는다.

1. 자신의 채권을 변제받을 때까지 목적물을 유치[4]할 수 있다. 유치권은 물권이므로 채무자에 대해서는 물론 모든 사람에게 대항할 수 있다. 그러므로 유치물이 매각 등으로 제3자에게 소유권이 이전된 때에도 새로운 소유자인 제3자에 대하여도 행사할 수 있다. 다만, 제3자에게 채무이행을 청구할 수는 없다.

2. 유치 목적물에 대하여 일반채권자 또는 담보권자에 의한 경매가 속행될 경우 그 목적물의 매수인에게 대항할 수 있는 권리를 갖는다.

여기서 '매수인에게 대항할 수 있는 권리'라 함은 유치권과 관련한 채권의 변제를 받을 때까지 유치 목적물의 인도를 거절할 수 있냐는 것을 의미하는 것이지 매수인에게 그 피담보채권의 변제를 직접 청구할 수 있다는 의미는 아니라는 것이 대법원 판례[5]의 태도이다.

3. 유치권자는 채권의 변제를 받기 위하여 유치물에 대한 경매신청권을 갖는다(민법 제322조, 경매, 간이변제충당). 다만, 유치권에 의한 경매는 유치권자의 채권을 위한 환가에 그 목적이 있는 것이므로 유치권자는 경매에 의한 배당절차에서 담보물권자와는 달리 우선변제를 받을 권리는 없다. 하지만 채무자나 매수인이 목적물을 인도받으려면 유치권자가 가진 채권을 변제하여야 하므로 실질적으로는 우선변제권이 있는 것과 같다.

4. 유치권자는 유치물로 직접 채권의 변제에 충당할 수 있다. 다만, 이를 위해서는 민법에서 규정하는 일정한 요건[6]을 갖추어야 한다.

3) 민법에서 규정하는 담보물권으로는 유치권, 질권, 저당권이 있다. 유치권은 법률의 규정에 의거 성립하는 물권이라 하여 법정담보물권이라 하며, 반면에 질권과 저당권은 당사간의 계약에 의거 성립하는 물권이라 하여 약정담보물권이라 한다.

4) 여기서 유치라 함은 목적물의 점유를 계속하면서 그 인도를 거절하는 것을 뜻한다.

5) 대법원 1996. 8. 23. 선고 95다8713 판결.

6) 정당한 이유 있는 때에는 유치권자는 감정인의 평가에 의하여 유치물로 직접변제에 충당할 것을 법

5. 유치권자는 채무자의 승낙 없이도 보존에 필요한 범위 내에서 유치물을 사용할 권한을 갖는다.

### (2) 민법에서 규정하는 유치권의 성립 요건

**민법에서 규정하는 유치권이 성립하려면 어떠한 요건을 갖추어야 하는가?**

민법에서 규정하고 있는 법정 담보물권인 유치권이 성립하기 위해서는 다음과 같은 요건을 갖추어야 한다.

1. 채권은 반드시 유치권의 목적물[7]에 관하여 발생한 것이어야 한다. 즉 채권과 유치 목적물 사이에 견연관계(牽連關係)가 있어야 한다.

2. 채권이 변제기에 있어야 한다(민법 제320조 제1항). 따라서 채권의 변제기가 도래되지 않았다면 유치권은 성립하지 아니한다.

3. 유치권자는 목적물(타인의 물건 또는 유가증권)을 계속 점유하고 있어야 한다. 따라서 점유를 상실하면 유치권은 당연히 소멸한다. 채권자와 채무자가 목적물을 공동으로 점유하는 경우에도 유치권이 성립하는 것으로 보고 있다. 특히 경매 목적물에 대하여 유치권을 주장하기 위해서는 적어도 매각개시결정등기 이전에 그 목적물을 점유하고 있어야만 한다는 것이 대법원 판례[8]의 태도이다.

4. 유치권의 발생을 배제하기로 하는 특약이 없었어야 한다. 당사자 간의 특약으로

원에 청구할 수 있다. 이 경우에는 유치권자는 미리 채무자에게 통지하여야 한다(민법 제322조 제2항).

7) 유치권의 목적이 될 수 있는 물건으로는 동산, 부동산, 유가증권이 있다. 부동산 유치권의 경우에는 등기를 요하지 아니하며, 유가증권의 경우에는 배서를 요하지 아니한나. 이는 법률의 규정에 의한 물권변동이기 때문이다(김형배, 민법학 강의).

8) 부동산 경매절차에서의 매수인은 민사집행법 제91조 제5항에 따라 유치권자에게 그 유치권으로 담보하는 채권을 변제할 책임이 있는 것이 원칙이나, 채무자 소유의 건물 등 부동산에 경매개시결정의 기입등기가 경료되어 압류의 효력이 발생한 후에 채무자가 위 부동산에 관한 공사대금 채권자에게 그 점유를 이전함으로써 그로 하여금 유치권을 취득하게 한 경우, 그와 같은 점유의 이전은 목적물의 교환가치를 감소시킬 우려가 있는 처분행위에 해당하여 민사집행법 제92조 제1항, 제83조 제4항에 따른 압류의 처분금지 효에 저촉되므로 점유자로서는 위 유치권을 내세워 그 부동산에 관한 경매절차의 매수인에게 대항할 수 없다. 그러나 이러한 법리는 경매로 인한 압류의 효력이 발생하기 전에 유치권을 취득한 경우에는 적용되지 아니하고, 유치권 취득시기가 근저당권설정 후라거나 유치권 취득 전에 설정된 근저당권에 기하여 경매절차가 개시되었다고 하여 달리 볼 것은 아니다(대법원 2009. 1. 15. 선고 2008다70763 판결).

유치권의 발생을 배제하기로 약정한 때에는 유치권이 성립하지 않는다. 유치권은 오직 채권자의 이익을 보호할 목적으로 채권담보의 수단으로서 인정된 것이기 때문이다.

### (3) 유치권 신고가 있는 물건의 예상 매수신고가격

**위 사례에서 丙(경매절차상의 매수희망자)은 경매물건을 최고 500백만원에 매수할 의향을 가지고 있다. 그렇다면 丙의 예상 매수신고가격은 얼마가 되겠는가?**

乙이 권리신고한 유치권의 성립 여부가 불분명한 상황이지만 경매물건을 매수하고자 하는 자의 입장에서는 일단 유치권이 성립하는 것으로 보고 경매절차에 임할 수밖에 없다. 따라서 丙이 동 부동산을 500백만원 이내에 매수하기를 희망한다면 예상 매수신고가격은 300백만원 이내가 될 것으로 본다. 300백만원에 최고가 매수신고인으로 확정되어 매각대금을 완납한다 하더라도 유치권자로부터 동 부동산을 인도받으려면 유치권자가 가진 채권(신고금액기준 200백만원)을 변제하여야 하기 때문이다.

경매 목적물에 대하여 제3자로부터 유치권 권리신고가 접수되면 법원경매 자료에 유치권 신고 문구가 등재된다. 이러한 물건은 경매절차에서 매수인으로 확정된다 하더라도 유치권 신고를 한 자와 분쟁이 발생할 소지가 많을 뿐만 아니라 정당한 유치권으로 인정될 경우 매수자는 유치권자가 신고한 채권액만큼 추가로 부담하여야만 경매목적물을 인도받을 수 있기 때문에 입찰 참가자들은 유치권 권리신고가 있으면 입찰을 포기하거나 수차례 유찰되었을 때 매수신고를 할 수밖에 없다.

그런데 문제는 경매 위기에 처한 소유자가 상기와 같은 현실을 악용하여 브로커 등과 공모, 제3의 인물을 내세워 허위로 유치권의 권리신고를 한 후 헐값에 낙찰을 받으려 하는 경향이 급격히 증가하고 있다는 점이다. 담보를 취득하였으나 유치권으로 인하여 담보물로서의 구실을 제대로 할 수 없으니 여신을 전문으로 하는 금융기관으로서는 참으로 난감한 일이 아닐 수 없다.

유치권 권리신고가 있는 경매물건을 매수하고자 하는 자는 스스로 권리신고된 유치권이 정당하지 않다는 것을 입증할 수 없다면 유치권 권리신고를 한 자의 채권액을 자신이 변제한다는 것을 전제로 입찰에 참가하여야 할 것이다. 그러므로 丙이 동 부동산을 500백만원 이내에 매수하려면 1차 및 2차 매각에서 계속 유찰되어, 최저매가가격이 300백만원 이하로 된 때 비로소 입찰(매수신고가격 300백만원)을 하여 최고가 매수신고자로 확정이 되면, 매각대금 납부기일까지 대금을 완납한 후, 유치권자(乙)에게 200백만원 변제하고 동 부동산을 인도 받는 형식으로 접근하여야 한다.

결론적으로 丙이 乙의 유치권 성립여부가 불분명한 상황에서 경매물건을 500백만원 이내에 매수를 하고자 한다면, 그 매수신고가격은 300백만원 이내가 될 것이다.

### (4) 유치권 권리신고가 있는 경우 근저당권자 등 경매물건의 이해관계인이 취할 수 있는 적절한 대응 방안

**담보물건에 대한 임의경매절차에서 제3자의 유치권 권리신고가 있는 경우, 근저당권자 등 경매물건의 이해관계인이 취할 수 있는 적절한 대응 방안은?**

유치권 권리신고가 있는 물건에 대한 경매사건의 경우 입찰자가 최고가 매수신고자로 낙찰되어 매각대금을 완납한다 하더라도 유치권자가 주장하는 피담보채권 전액을 변제하지 않는 한 매수인은 그 목적물을 점유, 사용할 수가 없다.

이와 같은 문제로 인하여 경매법원에 유치권이 신고된 경매물건은 2~4차례 유찰을 거듭하기 일쑤여서 소유자는 자신의 소유물이 헐값에 매각되는 불이익을 입을 수밖에 없고 그 결과 근저당권자, 대항력 있는 임차인, 일반채권자 등 매각대금에서 배당을 받을 수 있는 모든 이해관계자들이 피해를 입게 된다. 따라서 이러한 문제점을 해소하기 위해서는 금융기관으로서는 담보취득 당시 유치권 발생 소지 여부를 철저히 조사 확인하는 한편 담보물에 대한 경매절차에서 유치권 권리신고가 있는 때에는 그 진정성 여부 확인 및 유치권 철회를 위한 노력이 절실히 요구된다.

금융기관이 채권자의 자격으로 신청한 경매물건에 대하여 제3자로부터 유치권 권리신고가 있는 경우에는 다음과 같이 대응하는 것이 효과적일 것이라 생각된다.

1. 먼저 유치권 권리신고를 한 자가 민법에서 규정하는 유치권의 성립요건을 갖추었는지를 확인한다. 유치권 성립요건을 갖추지 못하였다면 유치권이 성립할 여지가 없기 때문이다.

특히 유치권자가 목적물(타인의 물건 또는 유가증권)을 점유하고 있는지를 확인하도록 한다. 점유를 상실하면 원칙적으로 유치권이 소멸하기 때문이다. 그리고 경매 목적물에 대하여 유치권을 주장하려면 적어도 매각개시결정등기 전까지 점유를 하였어야만 한다. 따라서 경매신청 전에 담보물 현장 조사를 통하여 채무자(소유자) 이외에 타 점유자가 없다면 날짜가 나타나는 사진, 주변인들의 녹취를 받아두었다가 유사시 이를 증거자료로 활용하는 것도 장래 유치권 권리신고에 대비하는 좋은 전략이다. 유치권과 관련하여 목적물의 점유를 인정한 대법원 판례[9]를 참고하기 바란다.

2. 유치권이 허위가 아닌지 또 정당하게 성립된 유치권이라 하더라도 그 채권액이 과장된 것은 아닌지를 철저히 조사하도록 한다.

허위 내지는 과장된 권리신고 여부를 적발하기 위해서는 유치권 권리신고에 첨부된 서류, 즉 계약서, 세금계산서, 영수증 등을 검토하여 경매물건에 이와 같은 공사를 한 사실이 있는지, 유치권자가 이와 같은 공사를 할 만한 능력(사업자등록일자, 사업자등록증상의 사업내용과 공사내용의 일치여부 등)이 있는지, 상식적으로 볼 때 공사 규모와 공사 대가(유치권 신고금액)가 적절한지를 확인해 볼 필요가 있다.

유치권 권리신고 남발 또는 악용하는 대표적인 사례로는, 채무자가 도피한 사실을 악용, 유치권자가 자신이 받을 채권보다 훨씬 많은 금액을 신고하는 사례, 유치권이 성립되지 않는 필요비 또는 유익비에 대한 비용상환청구를 주장하며 유치권 권리신고를 하는 사례, 공사대금 등 채권이 실재 존재하지 아니 함에도 경매물건을 저가에 매수할 목적으로 채무자(또는 소유자)와 제3자가 서로 공모하여 공사계약서 등을 허위로 작성하여 유치권 권리신고를 하는 사례이다. 실무상 유치권을 부당하게 악용하는 주체 및 유치권 권리신고의 대표적인 유형으로는 다음과 같은 것이 있다.

가. 유치권을 부당하게 악용하는 주체

채권자가 악용하는 사례이다. 이는 유치권 신고가 있는 경매물건이 상당히 저가 매각된다는 점을 이용, 유치권자가 실제보다 많은 채무액을 주장하면서 부당하게 채무자(소유자)를 압박하는 경우이다.

다음은 채무자(소유자)가 악용하는 사례이다. 이 경우는 경매물건의 소유자가 최저매각가격을 크게 하락시킨 뒤에 자신의 배우자 또는 친척명의로 저가에 매수할 목적으로 배우자나 친척명의로 허위의 유치권을 신고하는 경우이다.

나. 유치권 권리신고의 대표적인 유형

경매 실무상 유치권이 신고되는 가장 대표적인 유형으로는 임차인의 비용상환청구권을

9) 공장 신축공사 공사잔대금채권에 기한 공장 건물의 유치권자가 공장 건물의 소유 회사가 부도가 난 다음에 그 공장에 직원을 보내 그 정문 등에 유치권자가 공장을 유치·점유한다는 안내문을 게시하고 경비용역회사와 경비용역계약을 체결하여 용역경비원으로 하여금 주야 교대로 2인씩 그 공장에 대한 경비·수호를 하도록 하는 한편 공장의 건물 등에 자물쇠를 채우고 공장 출입구 정면에 대형 컨테이너로 가로막아 차량은 물론 사람들의 공장 출입을 통제하기 시작하고 그 공장이 경락된 다음에도 유치권자의 직원 10여명을 보내 그 공장 주변을 경비·수호하게 하고 있었다면, 유치권자가 그 공장을 점유하고 있었다고 볼 여지가 충분하다(대법원 1996. 8. 23. 선고 95다8713 판결).

피담보채권으로 하는 유치권 신고와 공사수급인의 공사도급비를 피담보채권으로 하는 유치권 신고의 경우이다. 각 사례별로 유치권이 남용되는 경우와 허위의 유치권을 판별하는 기준에 대해서 살펴본다.

(1) 공사수급인의 공사대금청구권을 피담보채권으로 하는 유치권 신고의 경우이다. 공사수급인은 공사대금을 피담보채권으로 하여 공사목적물에 대하여 유치권을 행사할 수 있다.[10] 실무에서는 경매물건을 신축한 건설회사나 경매물건에 대해서 공사를 한 공사수급인이 유치권을 신고하는 경우가 대부분이다.

그런데 공사대금청구권을 피담보채권으로 하는 유치권이 성립하기 위해서는 공사수급인이 그 목적물을 점유하고 있어야만 하는데 점유를 하지 아니하여 유치권이 부정되는 경우가 많나. 예건대, 아파트 경매사건에서 그 아파트를 신축한 건설회사가 유치권을 주장하나 소유권자가 거주하고 있다면 특별한 사정이 없는 한 건설회사의 점유를 인정하기 어려울 것으로 생각된다.

또한 공장 건물신축이나 기계기구 제작 설치의 경우에도 건축 또는 기계설치 도중에 차주가 파산을 하지 않는 한 공사수급인인 목적물을 점유하는 경우는 흔하지 않기 때문에 이 경우에도 유치권이 성립될 여지가 그리 높지 않다. 다만, 유치권에서의 점유는 간접점유도 포함하기 때문에 할부판매의 경우에 할부금이 완제되지 못하였다면 할부매도인의 간접점유가 인정될 여지가 많다. 리스의 경우도 마찬가지이다.

(2) 임차인의 비용상환청구권을 피담보채권으로 하는 유치권 신고의 경우이다. 임차인이 임차목적물에 대하여 필요비를 지출하였거나 유익비를 지출한 때에는 소유자에게 그 비용 상환을 청구(이를 비용상환청구권이라고 한다)할 수 있다.[11] 다만, 민법상 비용상환청구권 규정은 임의규정이므로 임대차 계약 당시에 임차인의 원상회복 의무가 규정되어 있는 경우에는 임차인이 권리를 포기한 것으로 보아 비용상환청구권이 발생하지 아니하므로 유치권도 성립하지 않는다.[12]

---

10) 민법 제320조(유치권의 내용) ① 타인의 물건 또는 유가증권을 점유한 자는 그 물건이나 유가증권에 관하여 생긴 채권이 변제기에 있는 경우에는 변제를 받을 때까지 그 물건 또는 유가증권을 유치할 권리가 있다.
② 전항의 규정은 그 점유가 불법행위로 인한 경우에 적용하지 아니한다.

11) 민법 제325조(유치권자의 상환청구권) ① 유치권자가 유치물에 관하여 필요비를 지출한 때에는 소유자에게 그 상환을 청구할 수 있다.
② 유치권자가 유치물에 관하여 유익비를 지출한 때에는 그 가액의 증가가 현존한 경우에 한하여 소유자의 선택에 좇아 그 지출한 금액이나 증가액의 상환을 청구할 수 있다. 그러나 법원은 소유자의 청구에 의하여 상당한 상환기간을 허여할 수 있다.

그리고 유익비 및 필요비는 임차목적물의 객관적인 가치의 증대나 유지에 도움이 되는 것이어야 하므로, 건물의 지붕이나 화장실 등을 수리하였을 경우에는 비용상환청구권을 주장할 수 있지만 임차인이 자신의 영업을 위해서 설치한 물건(간판, 노래방 시설 등)에 대해서는 비용상환청구권이 발생하지 아니한다.[13)]

3. 유치권 신고내용의 진정성 여부를 조사한 결과 허위로 판단되거나 실채권액보다 과다하게 신고된 경우에는 조사내용을 근거로 유치권 신고자에게 유치권 철회를 독려하는 공문을 발송하는 등 적극적으로 대응하도록 한다.

특히 허위로 유치권을 신고하거나 실 채권액보다 훨씬 더 과다한 금액을 신고한 때에는 그 신고자는 형사상 책임이 따를 수 있다. 따라서 이 경우에는 관련 법률(형법)에 의거 형사 고소하겠다는 뜻을 배달증명부 내용증명으로 발송하면 기 신고한 유치권을 자진 취하하는데 상당한 도움이 될 것으로 판단된다. 그러면 허위로 유치권을 신고하거나 실 채권액보다 훨씬 더 과다한 금액을 신고할 경우 그 신고자에게 저촉되는 관련 법규를 살펴보고자 한다.

가. 경매방해죄[14)]

허위의 유치권을 신고함으로써 경매절차에서 소유권자 등이 손해를 입은 경우 그 신고자에게 경매방해죄(형법 제315조)가 성립되는지 여부에 관하여 현재 확립된 판례는 없다. 그러나 배당을 받기 위한 목적으로 허위의 임대차를 신고를 한 경우 그 신고자에게 경매방해죄가 성립된다는 인천지방법원의 판례[15)]를 참작할 때 허위의 유치권을 신고한 자에게는 경매방해죄가 성립될 것으로 판단된다.

나. 부당이득죄[16)]

---

12) 임대차계약 체결시 임차인이 임대인의 승인 하에 임차목적물인 건물부분을 개축 또는 변조할 수 있으나 임차목적물을 임대인에게 명도할 때에는 임차인이 일체 비용을 부담하여 원상복구를 하기로 약정하였다면, 이는 임치인이 임차목적물에 지출한 각종 유익비의 상환청구권을 미리 포기하기로 한 취지의 특약이라고 봄이 상당하다(대법원 1994. 9. 30. 선고 94다20389 판결 외 다수).

13) 민법 임대인의 상환의무를 규정하고 있는 유익비란 임차인이 임차물의 객관적 가치를 증가시키기 위하여 투입한 비용을 말하는 것이므로, 임차인이 임차건물부분에서 간이음식점을 경영하기 위하여 부착시킨 시설물에 불과한 간판은 건물부분의 객관적 가치를 증가시키기 위한 것이라고 보기 어려울 뿐만 아니라, 그로 인한 가액의 증가가 현존하는 것도 아니어서 그 간판설치비를 유익비라 할 수 없다(대법원 1994. 9. 30. 선고 94다20389 판결).

14) 위계 또는 위력 기타 방법으로 경매 또는 입찰의 공정을 해한 자는 2년 이하의 징역 또는 700만원 이하의 벌금에 처한다(형법 제315조, 경매, 입찰의 방해).

15) 인천지법 부천지원 2001. 5. 18. 선고 2001고단23 판결.

유치권이 진정하게 성립하였다 하더라도 이를 기화로 실 채권액보다 훨씬 상회하는 금액을 신고한 때에는 그 유치권자는 부당이득죄가 성립될 여지가 많다. 다만, 부당이득죄가 성립하려면 유치권자가 청구하는 금액이 부당하게 큰 금액이어야 하므로 통상 약간의 과장된 청구금액만으로는 부당이득죄가 성립되지 않는 것으로 본다.

4. 유치권 신고채권액이 소액인 경우에는 근저당권자의 자격(이해관계인)으로 변제를 하거나 또는 영업을 통하여 사전 물색한 매수희망자에게는 최고가매수인으로 낙찰된 때 유치권 신고채권액을 변제함으로써 완전한 소유권을 취득할 수 있다는 점을 조언한다면 저가 매각으로 인한 피해를 줄이는데 좋은 전략이 될 것으로 생각된다.

유치권자가 수령을 거절한다면 변제공탁을 한 후 유치권부존재 확인의 소를 제기하여 유치권을 소멸시키도록 한다.

유치권은 민법에서 규정하는 법정담보물권으로서 피담보채무가 소멸하면 당연히 소멸한다. 이는 담보물권의 특성인 부종성에 기인한다. 따라서 채무자나 법률상 이해관계인이 피담보채권의 원금과 이자를 변제 또는 변제공탁을 한 때에는 유치권은 소멸하게 된다. 유치권 신고금액이 소액인 경우에는 이를 신속히 변제하고 유치권이 없는 상태에서 경매절차를 속행하는 것이 소유권자나 배당권리자 등 이해관계인에게 오히려 유리할 수 있다. 매각물건에 유치권 권리신고가 있으면 통상 매각가격이 크게 하락하기 때문이다.

유치권자가 채무자의 궁핍한 사정을 악용, 부당하게 많은 금액을 요구하면서 변제의 수령을 거절하는 때에는 피담보채권 전액을 변제공탁[17] 함으로써 유치권을 소멸시킬 수 있다. 채무자가 아닌 이해관계 있는 제3자도 변제공탁을 할 수 있다.[18]

5. 유치권 신고내용이 허위 또는 실 채권액보다 과다하게 신고된 것이 확실시 되는데도 불구하고 끝내 유치권자가 유치권을 철회하지 않는 때에는 저가에 의한 매각을 방지하기 위해, 먼저 집행법원에 매각기일 연기 신청(매각기일 연기신청은 유치권 권리신고로 인하여 채권보전에 중대한 지장이 있다고 판단되는 때에 한하여 신청할 수 있다)을 한 후 유치권 부존재확인의 소를 제기하여 승소판결을 받은 다음, 다시 매각기일 지정 요청을 하는 것이 적절

16) 민법 제349조(부당이득) ① 사람의 궁박한 상태를 이용하여 현저하게 부당한 이익을 취득한 자는 3년 이하의 징역 또는 1천만원 이하의 벌금에 처한다.
② 전항의 방법으로 제삼자로 하여금 부당한 이익을 취득하게 한 때에도 전항의 형과 같다.

17) 채권자가 변제를 받지 아니하거나 받을 수 없는 때에는 변제자는 채권자를 위하여 변제의 목적물을 공탁하여 그 채무를 면할 수 있다. 변제자가 과실없이 채권자를 알 수 없는 경우에도 같다(민법 제487조, 변제공탁의 요건, 효과).

18) 민법 제469조(제3자의 변제)의 반대해석.

할 것으로 판단된다.

### (5) 유치권을 배제시키기 위해 근저당권자가 고려할 수 있는 민사소송법상 소송 형태

**허위의 유치권을 배제시키기 위해 근저당권자(Y지점)가 고려할 수 있는 민사소송법상 소송 형태는?**

경매절차에서 경매 목적물에 제3자의 유치권 권리신고가 있으면 매각가격에 미치는 영향이 매우 크다. 따라서 근저당권자의 입장에서는 허위의 유치권을 신속히 배제시키는 조치가 필요하다. 그러면 허위로 판단되는 유치권을 효과적이고 신속히 제거하는 소송 형태에 대해서 살펴보고자 한다.

가. 유치권 부존재확인의 소

유치권 권리신고로 인하여 실질적인 손해를 받을 가능성이 있는 자(매각가격 하락으로 인하여 손해를 입게 될 소유자 또는 배당을 받을 자)는 유치권자를 피고로 하여 '유치권 부존재확인의 소'를 제기할 수 있다.

본 소송에서 원고 적격을 가진 자로는 경매신청인, 경매물건의 매각 전 소유자, 근저당권자, 권리신고 및 배당요구를 한 신청인, 매수인 등이다. 즉 경매신청인이나 권리신고 및 배당요구를 한 신청인, 근저당권자는 목적물이 정당하게 평가되어 자신이 정당하게 배당받을 수 있는 확인의 이익이, 그리고 경매물건의 매각 전 소유자에게는 정당한 매각가격을 받을 확인의 이익이 있다.

물론 매각 전 소유자는 소유권에 기한 '유치물 명도청구의 소'도 가능하나 명도청구만으로는 매각가격의 하락 사태를 막을 수 없기 때문에 유치권 부존재확인의 소를 제기하는 것이 효과적이다. 따라서 Y지점 입장에서는 유치권 부존재확인의 소를 제기하는 방안을 고려해 볼 수 있다.

나. 유치물 명도청구의 소

건물의 소유자(매각전 소유자 또는 매수인)는 소유권에 기하여 유치물의 명도를 청구할 수 있다. 유치물 명도청구의 소와 앞에서 언급한 유치권 부존재확인의 소는 원고 적격에서 차이가 있다. 즉 전자는 소유권자만이 제기할 수 있으나 후자는 배당에 이해관계에 있는 자도 원고 적격이 있다는 점이다. 실무상으로는 경매목적물의 매각 전에는 소유자를 포함한 이해관계인들이 유치권 부존재확인의 소를, 매각 후에는 매수인이 유치물 명도청구의 소를 제기하고 있는 실정이다.

### (6) 담보물건에 대한 유치권 권리신고 사례를 사전에 예방하기 위해 공장이나 기계기구 등의 담보취득시 채권자로서 특히 유의하여야 할 사항

**담보물건에 대한 유치권 권리신고 사례를 사전에 예방하기 위해 공장이나 기계기구 등의 담보취득시 채권자로서 특히 유의하여야 할 사항은?**

이미 앞에서 언급한 바와 같이 경매물건에 유치권에 관한 권리신고가 있으면 입찰 참가자들은 유치권 신고를 한 자와의 공연한 분쟁을 우려하여 입찰을 포기하거나 또는 유치권 신고채권에 대한 부담으로 수차례 유찰됨으로써 궁극적으로 그 피해는 고스란히 경매물건의 담보권자에게 전가될 수밖에 없다.

그런데 예전에는 공장물건에 대한 사례가 대다수였으나 최근에는 상가 및 아파트에 대한 신고 사례가 급증하는 등 유치권 권리신고 사례는 매년 지속적으로 증가하고 있다.

특히 신축건물 뿐만 아니라 신축 후 3~5년이 경과한 건물에 대해서도 신고하는 사례가 있어 여신을 전문으로 하는 금융기관으로서는 여간한 부담이 아니다. 이러한 문제점을 사전에 예방하기 위해서는 공장이나 기계기구 등을 담보 취득할 때 장래 유치권 발생소지를 사전에 차단하는 조치가 매우 절실하다. 이를 위해서는 공장이나 기계기구 등 담보 취득시는 특히 다음 사항에 각별히 유의하여야 할 것으로 생각된다.

1. 고객으로부터 공장신축 또는 기계기구 구입 관련 시설자금대출 신청이 있는 때에는 총 소요자금 명세, 공사대금 결제방식, 시설공급 가액의 적정 여부 등을 철저히 확인하고 의사결정을 하되, 시설공급계약서상에 유치권의 발생을 배제하기로 하는 특약조항을 두도록 권고하도록 한다. 당사자 간의 특약으로 유치권의 발생을 배제하기로 약정한 때에는 유치권이 성립하지 않기 때문이다.

2. 차주의 자기부담액을 어떻게 조달할 것인지, 그 실현 가능성이 있는지를 면밀히 검토하여야 할 것이며, 시설자금 기표대전은 차주로부터 위임을 받아 직접 시설공급업자의 계좌로 송금하고, 시설공급업자로부터 공사대금수령(완납)확인서 및 장래 유치권을 주장하지 않겠다는 확약서[19]를 받아두도록 한다.

19) 공사대금수령확인서 여백에, 공장신축건물 및 기계기구에 대하여 귀 행에서 담보로 취득한다는 사실을 잘 알고 있으며, 장래 귀 행의 담보물건에 대하여 유치권을 주장하지 않겠다는 내용을 자필로 기재하도록 하면 족하다.

특히 총 시설자금 중 은행 차입금을 제외한 차주의 자기부담분이 시설공급업자에게 전액 지급되었는지를 철저히 확인(차주로부터 무통장입금 중 등 자기부담분 지급 근거서류를 징구하여 확인)하고 그 증빙서류를 보관, 장래 유사시 유치권을 배제시키는 증거자료로 활용하여야 할 것이다.

3. 유치권 권리신고 사례는 신축건물 뿐만 아니라 신축 후 3~5년이 경과한 건물에 대해서도 발생하고 있으므로 상업용 건물 또는 공장, 기계기구 등을 담보 취득할 때에도 장래 유치권 권리신고가 있을 수 있다는 점을 염두에 두고, 현장조사를 철저히 할 필요가 있다.

4. 이미 담보로 취득한 담보물이라 하더라도 그 물건에 수리, 증축, 인테리어, 리모델링 등의 사실이 있으면 장래 유치권 발생 소지가 있으므로 현장조사를 결과 이러한 사정이 발견된 때에는 공사대금이 완납되었는지를 확인한 후 시공업자로부터 공사대금수령(완납)확인서 및 장래 유치권을 주장하지 않겠다는 별도의 확약서를 받아두도록 한다.

이와 같은 업무처리가 여의치 아니하다면 적어도 소유자로부터 공사대금완납확인서를 징구하여 장래 유치권 권리신고가 있을 때 이를 적절히 활용(사기 등 형사적 대응)하도록 한다.

5. 담보로 취득한 부동산 물건의 소유자가 그 물건을 제3자에게 임대한 사실을 발견한 때에는 임대인으로부터 장래 유치권을 주장하지 않겠다는 의미의 유치권포기확약서 등을 징구하는 한편 담보제공자가 그 부동산 전부 또는 일부를 임대하고자 하는 때에는 임대차계약서 상에 유치권을 배제특약 조항을 두도록 요구하고, 이를 거절하는 때에는 채권보전 방안을 강구하여야 할 것이다.

## 7. 상속 재산과 채무를 임의로 분할한 상속인들의 책임

(상 황)

a. D은행 Y지점과 여신거래를 하던 甲이 사망하였다. 그의 법정상속인으로는 乙(배우자)과 丙(子)이 있다.
b. 甲에 대한 대출금(일반대 20백만원)은 무보증 신용으로 취급되었다.
c. 한편 乙과 丙은 한정승인이나 상속포기를 한 사실이 없으며, 단순승인을 한 것으로 조사 되었다.

### (1) 피상속인에 대한 대출금채권을 가지고 상속인에게 청구할 수 있는지 여부

Y지점은 피상속인(甲)에 대한 대출금 채권을 가지고 그 법정상속인인 乙과 丙에게 상환청구를 할 수 있겠는가?

채무자가 사망하였으나 그 상속인이 한정승인이나 상속포기를 하지 아니하고 단순승인을 하였다면, 채권자는 각 법정상속인[1]에 대하여 민법에서 규정하는 법정상속분[2]에 상응하는 범위 내에서 채무변제를 요구할 수 있다.

단순승인을 한 공동상속인은 각자의 법정상속비율에 따라 상속 재산과 채무를 승계하기 때문이다. 따라서 Y지점은 甲의 상속인들이 실제 재산상속을 받지 않았거나 또 상속재산의 가액이 상속으로 인하여 부담하게 될 채무에 미치지 못한다 하더라도, 乙에게 12백만원(법정상속분의 3/5), 丙에게는 8백만원(법정상속분의 2/5) 상당의 채무이행을 청구할 수

1) 민법 제1000조(상속의 순위) ① 상속에 있어서는 다음 순위로 상속인이 된다.
1. 피상속인의 직계비속과 배우자. 2. 피상속인의 직계존속과 배우자.
3. 피상속인의 형제자매. 4. 피상속인의 4촌 이내의 방계혈족.
② 전항의 경우에 동순위의 상속인이 수인인 때에는 최근친을 선순위로 하고 동친 등의 상속인이 수인인 때에는 공동상속인이 된다.
민법 제1003조(배우자의 상속순위) ① 피상속인의 배우자는 제1000조 제1항 제1호와 제2호의 규정에 의한 상속인이 있는 경우에는 그 상속인과 동순위로 공동상속인이 되고 그 상속인이 없는 때에는 단독상속인이 된다.

2) 민법 제1009조(법정상속분) ① 동순위의 상속인이 수인인 때에는 그 상속분은 균분으로 한다.
② 피상속인의 배우자의 상속분은 직계비속과 공동으로 상속하는 때에는 직계비속의 상속분의 5할을 가산하고, 직계존속과 공동으로 상속하는 때에는 직계존속의 상속분의 5할을 가산한다.

있을 것이다.

우리 민법은 피상속인(사망자)이 가지고 있던 채무(이를 소극재산이라 한다)가 예금이나 부동산 등 상속재산(이를 적극재산이라 한다) 보다 많은 경우에는 상속인을 보호하기 위하여 한정승인이나 상속포기 제도를 두고 있다.

한정승인이라 함은 상속으로 인하여 취득할 재산의 한도에서 피상속인의 채무와 유증을 변제할 것을 조건으로 상속을 승인하는 것(민법 제1028조, 한정승인의 효과)을 말한다.[3] 따라서 피상속인의 채권자는 한정승인을 한 상속인이 상속받은 재산의 한도를 초과하여 강제집행을 할 수 없다.

상속포기란 상속재산에 속하는 모든 권리와 의무의 승계를 포기하는 것을 말한다. 상속인이 한정승인도 상속포기도 하지 아니하면 단순승인을 한 것으로 본다.[4] 단순승인이라 함은 상속인이 제한 없이 피상속인의 권리의무를 승계하는 것(민법 제1025조, 단순승인의 효과)을 말한다.

단순승인에 있어서 채무는, 단독상속일 때에는 그 단독상속인이 전액을 승계하고, 공동으로 상속하는 때에는 각 상속인이 민법에서 규정하는 법정상속분에 따라 분할 승계함이 원칙이다. 그러므로 피상속인의 채권자는 단순승인을 한 상속인이 상속받은 재산을 초과하여서도 강제집행을 할 수 있다. 다만, 단순승인을 한 특정상속인이 변제 자력이 있다 하더라도, 특별한 사정이 없는 한 그의 법정상속분을 초과하는 채무(대출금)의 변제를 청구할 수는 없는 것이다.

---

3) 민법 제1030조(한정승인의 방식) ① 상속인이 한정승인을 함에는 상속개시 있음을 안 날로부터 3월내에 상속재산의 목록을 첨부하여 법원에 한정승인의 신고를 하여야 한다.
② 제1019조 제3항의 규정{상속인은 상속채무가 상속재산을 초과하는 사실을 중대한 과실 없이 제1항의 기간 내에 알지 못하고 단순승인(제1026조 제1호 및 제2호의 규정에 의하여 단순승인한 것으로 보는 경우 포함)을 한 경우에는 그 사실을 안 날부터 3월내에 한정승인을 할 수 있다}에 의하여 한정승인을 한 경우 상속재산 중 이미 처분한 재산이 있는 때에는 그 목록과 가액을 함께 제출하여야 한다.

4) 민법 제1026조(법정단순승인) 다음 각 호의 사유가 있는 경우에는 상속인이 단순승인을 한 것으로 본다.

1. 상속인이 상속재산에 대한 처분행위를 한 때.
2. 상속인이 상속개시 있음을 안 날로부터 3월내에 한정승인 또는 포기를 하지 아니한 때. 다만, 상속채무가 상속재산을 초과하는 사실을 중대한 과실 없이 상속개시 있음을 안 날로부터 3월내에 알지 못하고 단순승인(제1호 및 제2호의 규정에 의하여 단순승인한 것으로 보는 경우를 포함)을 한 경우에는 그 사실을 안 날부터 3월내에 한정승인을 할 수 있다.
3. 상속인이 한정승인 또는 포기를 한 후에 상속재산을 은닉하거나 부정소비하거나 고의로 재산목록에 기입하지 아니한 때.

### (2) 상속 재산과 채무를 채권자의 동의 없이 임의로 분할한 경우 각 상속인이 부담하여야 할 채무금액

**상속인 乙과 丙은 상속채무 전액을 신용이 불량하고 무자력자인 乙이 상속하고, 반면에 타 금융기관에 예치되어 있던 피상속인 명의의 예금(15백만원)은 丙이 상속하는 것으로 협의를 하고, 이미 丙앞으로 명의를 변경하였다면, Y지점은 乙과 丙에게 각각 얼마를 청구할 수 있겠는가?**

위 사례에서 법정상속비율에 의한 각 상속인의 상속채무 부담 금액을 계산하면, 乙이 12백만원{대출금 20백만원 × 1.5/(1.5 + 1)}, 丙이 8백만원{대출금 20백만원 × 1/(1.5 + 1)}이 된다.

하지만 Y지점은 乙에게 12백만원, 丙에게는 15백만원(상속받은 예금금액)까지 변제를 청구할 수 있을 것으로 본다. 피상속인에 대한 채권자가 상속채무 분할에 동의를 하지 아니한 이상, 공동상속인들이 상속채무를 법정상속분과 다른 비율로 협의분할을 하더라도 상속채권자에게 대항할 수 없기 때문이다.

상속재산의 분할방법에 대하여 피상속인의 유언이 없었다면, 공동상속인은 언제든지 그 협의에 의하여 상속재산을 분할할 수 있다(민법 제1013조, 협의에 의한 분할).

그러나 분할의 협의대상이 될 수 있는 재산은 적극재산에 한하고, 소극재산인 채무는 분할의 대상이 되지 아니한다. 따라서 공동상속인들이 상속채무에 대하여 법정상속분과 다른 비율로 협의분할을 하더라도 상속채권자에게 대항할 수 없다. 상속채무를 상속인들 상호간에 자유롭게 분할하는 것을 허용한다면, 이를 악용하여 신용상태가 불량하고 변제능력이 없는 자에게 상속채무를 집중시키게 될 것이고, 그 결과 상속채권자는 사실상 채권을 회수할 수 없는 상황에 직면할 수 있기 때문이다.

단순승인을 한 공동상속인은 각자의 법정상속비율에 따라 상속재산과 상속채무를 부담하는 것이 원칙이다. 그런데 상속채무를 제외한 적극재산의 전부를 협의분할 방식으로 단독상속받은 자가 법정상속비율에 해당하는 채무만을 부담하게 된다면, 피상속인의 채권자는 역시 불의의 피해를 입을 수밖에 없다. 따라서 사례에서 보는 바와 같이 피상속인의 채무를 제외한 적극재산(예금전액) 전부를 특정상속인이 단독으로 상속받았다는 사실을 입증한다면, 그 특정상속인에 대해서는 민법에서 규정하는 법정상속비율을 초과하는 채무에 대해서도 변제책임을 지도록 하는 것은 당연하다고 본다.

실무상 설문과 같은 사례가 발생할 경우에는 乙과 丙에 대한 재산 조사(상속받은 재산은 물론 각 상속인 자신의 고유재산을 포함한다)를 실시하여 발견재산이 있을 경우에는, 즉시 가압류 등 책임재산에 대한 보전처분 조치를 취하여야 할 것이다.

# 8. 금전채권에 대한 강제집행 절차

(상 황)

a. D은행 Y지점의 여신거래처인 甲은 계속되는 영업부진으로 대출금의 상환능력을 상실, 현재 이자 연체 중에 있다.
b. 甲에 대한 대출금(일반대 50백만원)은 전액 무보증 신용으로 취급되었다.
c. 한편 甲은 乙에게 제품을 판매하고 받지 못한 외상매출채권이 약 2천만원정도로 추정된다.
d. Y지점은 甲이 乙에 대하여 가지는 외상매출채권을 추심하여, 대출금 상환자금에 충당하고자 한다. Y지점이 甲이 乙에 대하여 가지는 외상매출채권에 대하여 강제집행을 하려면 그 절차는?

甲이 乙에 대하여 가지는 외상매출채권은 금전채권에 속한다. 금전채권이라 함은 일정액의 금전의 인도를 목적으로 하는 채권을 말하며, 금전채권・채무에 대해서 당사자가 다수인 경우 원칙적으로 분할채권관계가 성립한다.[1] 금전채권에 대한 강제집행 절차를 간략하게 정리하면 다음과 같다.

**1. 강제집행의 의의** 좁은 의미로 강제집행이라 함은 채권자의 신청에 의하여, 집행권원[2]에 표시된 사법상의 이행청구권을 국가권력에 의하여 강제적으로 실현하는 법적절차를 말한다. 그러나 현장 실무에서는 당사자 간의 계약에 의해 성립하는 약정담보물권인 질권과 저당권의 실행까지도 포함하여 강제집행이라 부르고 있다. 여기서는 좁은 의미의 강제집행에 대하여 기술한다.

**2. 금전채권에 대한 강제집행 절차** 실무상으로 보는 금전채권에 대한 강제집행 절차는 크게 채무자에 대한 재산조사 단계, 집행보전 단계, 본안소송 단계, 강제집행 단계, 환가 및 배당 단계로 나눌 수 있다.

가. 채무자의 재산조사

(1) 재산조사 유형

1) 김형배, 민법학강의 제3편 제4절.

2) 집행권원이라 함은 국가의 강제력에 의하여 실현될 청구권의 존재와 범위를 표시하고 집행력을 부여한 공정증서를 말하며, 과거에는 채무명의라는 용어를 사용하였다.

① 채권자 본인에 의한 조사
② 신용정보회사를 통한 조사 – 조사에 따른 비용 문제 발생
③ 재산명시절차를 이용한 조사
④ 재산조회제도를 이용한 조사

(2) 조사 방법
① 주변 인물 탐문 조사
② 재무제표를 이용한 조사 등

나. 집행보전

채권자가 채무자에 대한 재산조사를 통하여 발견한 재산에 대하여 강제집행을 하기 위해서는 민사소송절차를 거쳐 집행권원을 얻어야만 한다. 그런데 민사소송을 하는 데는 많은 시일이 소요되므로 그 사이에 채무자가 책임재산을 처분하게 되면 채권자는 많은 노력과 비용을 소비하고서도 자신이 의도했던 권리를 실현할 수 없게 된다.

이러한 문제를 해소하기 우해서는 집행권원을 얻기 전에 미리 채무자의 재산이나 다툼의 대상인 계쟁물의 현상을 그대로 동결해 두었다가 장래 소송에서 승소하여 확정판결을 얻은 때에 강제집행을 용이하게 할 조치가 필요한데, 이 조치를 보전처분이라 한다.

보전처분에는 가압류(민사집행법 제276조)와 가처분(같은 법 제300조)이 있다. 가압류는 금전채권이나 금전으로 환산할 수 있는 채권의 집행을 보전하기 위하여 채무자의 재산을 현 상태로 유지시키는 것이고, 가처분은 금전채권 이외의 권리 또는 법률관계에 관한 확정판결의 집행의 보전을 위한 잠정처분이며 다툼의 대상(계쟁물)에 대한 가처분과 임시의 지위를 정하기 위한 가처분이 있다. 참고로 채무자가 제3채무자에 대하여 가지는 예금채권이나 외상매출금채권 등 금전채권에 대하여 채권자가 가압류를 하고자 할 때 그 절차는 다음과 같다.

(1) 가압류명령 신청

가압류명령이라 함은 제3채무자에게는 채무자에 대한 변제를 금지하고, 채무자에게는 채권의 처분과 영수를 금지시키는 집행법원의 명령을 말한다. 가압류 집행대상 채권이 되기 위해서는 그 채권이 채무자의 책임재산이어야 하며, 법률의 규정에 의거 양도 또는 압류가 금지된 채권이 아니어야 한다.

가압류명령의 신청은 그 신청서[3]를 작성, 소명자료(대출금 약정서, 전산출력 자료 등)를 첨부

3) 가압류신청에는 청구채권의 표시, 그 청구채권이 일정한 금액이 아닌 때에는 금전으로 환산한 금액, 가압류의 이유가 될 사실의 표시, 청구채권과 가압류의 이유는 소명하여야 한다(민사집행법 제279조, 가

하여, 채무자의 보통재판적이 있는 곳의 지방법원(부동산의 경우 가압류 할 물건이 있는 곳을 관할하는 지방법원이나 본안의 관할법원)에 신청한다. 채무자의 보통재판적이 있는 곳의 지방법원이 없는 경우에는 제3채무자(압류한 채권의 채무자)의 보통재판적이 있는 곳의 지방법원에 신청한다(민사집행법 제278조, 가압류법원).

(2) 법원의 심리

가압류신청에 대한 재판은 변론에 의한 심리와 서면심리(변론 없는 심리)가 있으나 서면심리가 주류를 이룬다. 그리고 재판은 결정으로 한다.

(3) 담보제공

채권 가압류의 경우, 채권자는 청구금액의 2/5를 현금 또는 보증보험증권으로 공탁하여야 한다. 그러나 임금 또는 예금에 대한 가압류 신청의 경우에는 1/5 이상을 반드시 현금으로 공탁하여야 하며, 보증인에 대한 임금의 경우에는 청구금액의 1/3 이상을 현금으로 공탁하여야 한다.[4] 이처럼 가압류채권자로 하여금 담보공탁금을 예치하도록 한 주된 목적은 권한 없는 자가 가압류를 함으로써 장래 가압류채무자가 입을 수 있는 피해를 보상하는데 충당하기 위한 것이라 생각한다.

(4) 가압류명령의 송달

가압류명령은 제3채무자에게 송달되고 그 후에 채무자에게 송달되며, 그 효력은 가압류명령서 정본이 제3채무자에게 송달된 때 발생한다.

다. 본안소송

본안소송을 제기・승소하여 확정판결서 정본을 받는다. 금전 그 밖에 대체물이나 유가증권의 일정 수량의 지급을 목적으로 하는 청구에 대하여는 채권자로 하여금 통상의 판결절차에 비하여 간이・신속하게 집행권원(채무명의)을 얻는 절차로서 소액사건심판절차와 독촉절차[5]가 있다.

라. 강제집행

강제집행은 집행문이 있는 판결정본(이를 집행력 있는 정본이라 한다)이 있어야 할 수 있다. 집행문이라 함은 판결정본의 끝에 '이 정본은 원고 甲 또는 피고 乙에 대한 강제집행을

압류신청).

4) 담보제공 공탁금의 기준(서울중앙지방법원 기준). 참고로 부동산 가압류의 경우에는 청구금액의 1/10을 현금 또는 보증보험증권으로 공탁하여야 하며, 유체동산 가압류의 경우에는 청구금액의 4/5를 공탁하되, 이 중 2/5는 반드시 현금으로 공탁하여야 한다.

5) 소액사건심판절차는 소액사건심판법에서 규정하고 있고, 독촉절차는 민사소송법에서 규정하고 있다.

실시하기 위하여 원고 甲 또는 피고 乙에게 준다.'라고 적은 후, 법원사무관 등이 기명날인한 것을 말한다. 집행문을 내어 달라는 신청은 구두로도 할 수 있다.

금전채권에 대한 강제집행은 집행법원의 압류명령(채권의 집행을 보전할 목적으로 먼저 가압류를 한 경우라면 그 가압류를 본 압류로 전이하는 신청을 하면 된다)에 의하여 개시한다(민사집행법 제223조, 채권의 압류명령). 채권자가 집행력 있는 정본(집행권원+집행문)을 가지고 관할법원[6]에 압류명령을 신청하면, 집행법원에서는 압류 신청서 및 첨부서류 내용을 가지고 압류의 적법성 여부를 서면 심사한다. 압류명령의 효력(제3채무자는 압류채무자에게 변제를 할 수 없고, 채무자는 채권을 처분하거나 지급을 청구할 수 없다)은 압류명령이 제3채무자에게 송달(공시송달도 가능하다)된 때 발생한다.

마. 환가 및 배당

금선채권의 환가방법에는 추심명령과 전부명령이 있다. 압류채권자(Y지점)가 압류된 채권을 제3채무자(乙)로부터 추심하기 위해서는 집행법원에 추심명령이나 전부명령 중 어느 하나를 신청하여 제3채무자에게 송달시켜야 한다. 일반적으로 압류명령을 신청할 때 추심명령 또는 전부명령 중 어느 하나를 동시에 신청(예; 압류 및 추심명령, 압류 및 전부명령)하고 있다.

(1) 추심명령

추심명령이라 함은 집행채권자가 압류된 채권에 대하여 추심신청이 있으면 이에 응하라는 집행법원의 명령을 말한다. 따라서 추심명령을 얻으면 압류채권자는 대위절차 없이 압류채권을 추심할 수 있다. 추심명령의 효력은 그 명령이 제3채무자에게 송달된 때에 발생한다.

① 추심채권자의 지위

추심채권자는 피압류채권의 추심에 관한 재판상, 재판외의 일체의 행위를 집행채무자를 대신하여 직접 자기의 이름으로 할 수 있다. 다만, 모든 채권자를 대표하여 제3채무자로부터 추심하는 자의 지위에 불과하다.

추심채권자는 피압류채권을 적당한 시기와 방법으로 추심할 의무를 부담한다. 따라서 추심을 태만히 하면 손해배상책임을 질 수도 있다.

6) 압류명령 신청은 채무자의 보통재판적(개인의 경우에는 주소, 거소, 마지막 주소 순으로, 법인의 경우에는 주된 사무소 또는 영업소 순)이 있는 곳의 지방법원에 한다. 채무자의 보통재판적이 있는 곳의 지방법원이 없는 경우에는 압류한 채권의 채무자(제3채무자)의 보통재판적이 있는 곳의 지방법원에 한다. 가압류에서 이전되는 채권 압류의 경우에는 그 가압류를 명한 법원이 있는 곳을 관할하는 지방법원이 된다(민사집행법 제224조, 집행법원).

② 제3채무자의 지위

제3채무자는 피압류 채권을 추심채권자에게 지급하거나 공탁소에 공탁함으로써 채무를 면한다. 물론 집행채무자에게 대항할 수 있었던 항변사유로 집행채권자에게 대항할 수 있다.

압류경합이라 함은 어느 채권자가 피압류 채권의 전부에 대하여 압류나 가압류 명령을 얻어 이를 제3채무자에게 송달시킨 이후에, 다른 어느 채권자가 다시 압류나 가압류명령을 얻어 제3채무자에게 송달된 상황 또는 어느 채권자가 피압류채권의 일부에 대하여 압류나 가압류명령을 얻어 이를 제3채무자에게 송달시킨 이후에 다른 채권자가 그 나머지 부분을 초과하여 다시 압류나 가압류명령을 얻어 제3채무자에게 송달된 상황을 의미한다.

압류가 경합하는 경우에는 먼저 지급을 청구하는 추심채권자에게 지급하거나, 공탁소에 공탁(이때의 공탁을 권리공탁이라 한다)을 함으로써 채무를 면한다. 그러나 압류(또는 가압류)를 한 채권자 중 어느 한 사람이 공탁을 요구한 때에는 반드시 공탁(이때의 공탁을 의무공탁이라 한다)하여야만 채무를 면할 수 있다.

③ 추심신고

제3채무자로부터 피압류 채권을 수령한 채권자는 추심한 채권액을 집행법원에 신고하여야 한다. 추심금액 중 집행비용과 받을 채권에 충당하고 남은 잔액은 채무자에게 반환한다. 그러나 추심신고 전에 다른 압류·가압류 또는 배당요구가 있었을 때에는 채권자는 추심한 금액을 바로 공탁하고 그 사유를 신고하여야 한다.

(2) 전부명령

전부명령이라 함은 제3채무자로 하여금 압류된 채권을 채무자에 대한 변제에 갈음하여 집행채권자에게 이전하라는 집행법원의 명령을 말한다. 따라서 전부명령이 있는 때에는 압류된 채권은 지급에 갈음하여 압류채권자에게 이전된다.

전부명령의 효력은 채무자가 즉시항고[7]를 하지 않은 경우에는 그 명령이 제3채무자에게 송달된 때로 소급하여 발생하며, 즉시항고가 있는 경우에는 즉시항고가 각하 또는 기각결정이 확정되었을 때, 그 명령이 제3채무자에게 송달된 때로 소급하여 발생한다.

① 전부채권자의 지위

전부명령이 확정되면 피압류 채권은 전부채권자에게 이전한다. 전부채권자는 피압류

7) 즉시항고는 전부명령이 집행채무자에게 송달된 때로부터 1주일 전까지 제기하여야 하며, 이 기간이 경과할 때까지 즉시항고가 없으면 그 전부명령은 확정된다.

채권에 대하여 독점적인 권리를 가진다.

② 제3채무자의 지위

제3채무자는 종전의 채권자인 집행채무자에게 부담하고 있던 채무를 집행채권자에 대하여 부담하게 된다. 그러나 집행채무자에게 대항할 수 있었던 항변사유로 집행채권자에게 대항할 수 있다.

③ 전부채권의 수령

채권자는 제3채무자에게 전부명령 확정증명서 제출하고 피압류 채권을 수령할 수 있다. 추심명령에서와 같은 추심신고나 공탁신고와 같은 의무가 없다.

## 9. 채권추심 업무를 할 때 금지되는 사항

(상 황)

금융기관이 부실채권추심 업무를 할 때, 특히 주의하여야 할 사항(채권 추심 관련 금지사항)은?

금융기관이 대출금이나 신용카드채권추심 업무를 행할 때에는 관계 법령에 의거 그 행위에 일정한 제한을 받는다. 즉 신용정보의 이용 및 보호에 관한 법률, 채권의 공정한 추심에 관한 법률 및 금융감독위원회의 여신전문금융업 감독 규정에 의하면, 금융기관이 부실채권추심 업무를 할 때에는 다음과 같은 행위를 금지하고 있다.

**1. 신용정보의 이용 및 보호에 관한 법률에 의한 금지사항** 채권추심업무를 행함에 있어서 다음 사항에 해당하는 방법을 사용해서는 아니 된다(법 제26조, 신용정보업자 등의 금지사항).

가. 폭행 또는 협박을 가하거나 위계 또는 위력을 사용하는 방법.

나. 채무자의 채무에 관한 사항을 정당한 사유 없이 그의 관계인(채무자의 보증인, 채무자의 친족, 채무자와 동거하거나 생계를 같이 하는 자, 채무자가 근무하는 장소에 함께 근무하는 자 등)에게 알리어 부담을 주는 방법.

다. 채무자 또는 그의 관계인에게 채무에 관한 허위사실을 알리는 방법.

라. 그 밖에 심야방문 등과 같이 채무자 또는 그의 관계인의 사생활 또는 업무의 평온을 해치는 방법.

**2. 채권의 공정한 추심에 관한 법률에 의한 금지사항** ① 채권추심자는 채권추심과 관련하여 다음 각 호의 어느 하나에 해당하는 행위를 하여서는 아니 된다(법 제9조, 폭행·협박 등의 금지).

가. 채무자 또는 관계인을 폭행·협박·체포 또는 감금하거나 그에게 위계나 위력을 사용하는 행위.

나. 정당한 사유 없이 반복적으로 또는 야간(오후 9시 이후부터 다음 날 오전 8시까지를 말한다)에 채무자나 관계인을 방문함으로써 공포심이나 불안감을 유발하여 사생활 또는 업무의

평온을 심하게 해치는 행위.

다. 정당한 사유 없이 반복적으로 또는 야간에 전화하는 등 말, 글, 음향, 영상 또는 물건을 채무자나 관계인에게 도달하게 함으로써 공포심이나 불안감을 유발하여 사생활 또는 업무의 평온을 심하게 해치는 행위.

라. 채무자 외의 사람(보증인을 포함한다)에게 채무에 관한 거짓 사실을 알리는 행위.

마. 채무자 또는 관계인에게 금전의 차용이나 그 밖의 이와 유사한 방법으로 채무의 변제자금을 마련할 것을 강요함으로써 공포심이나 불안감을 유발하여 사생활 또는 업무의 평온을 심하게 해치는 행위.

바. 채무를 변제할 법률상 의무가 없는 채무자 외의 사람에게 채무자를 대신하여 채무를 변제할 것을 반복적으로 요구함으로써 공포심이나 불안감을 유발하여 사생활 또는 업무의 평온을 심하게 해치는 행위.

② 채권추심자는 채권추심과 관련하여 채무자 또는 관계인에게 다음 각 호의 어느 하나에 해당하는 행위를 하여서는 아니 된다(같은 법 제11조, 거짓 표시의 금지 등).

가. 무효이거나 존재하지 아니한 채권을 추심하는 의사를 표시하는 행위.

나. 법원, 검찰청, 그 밖의 국가기관에 의한 행위로 오인할 수 있는 말 · 글 · 음향 · 영상 · 물건, 그 밖의 표지를 사용하는 행위.

다. 채권추심에 관한 법률적 권한이나 지위를 거짓으로 표시하는 행위.

라. 채권추심에 관한 민사상 또는 형사상 법적인 절차가 진행되고 있지 아니함에도 그러한 절차가 진행되고 있다고 거짓으로 표시하는 행위.

마. 채권추심을 위하여 다른 사람이나 단체의 명칭을 무단으로 사용하는 행위.

③ 채권추심자는 채권추심과 관련하여 다음 각 호의 어느 하나에 해당하는 행위를 하여서는 아니 된다(같은 법 제12조, 불공정한 행위의 금지).

가. 혼인, 장례 등 채무자가 채권추심에 응하기 곤란한 사정을 이용하여 채무자 또는 관계인에게 채권추심의 의사를 공개적으로 표시하는 행위.

나. 채무자의 연락두절 등 소재파악이 곤란한 경우가 아님에도 채무자의 관계인에게 채무자의 소재, 연락처 또는 소재를 알 수 있는 방법 등을 문의하는 행위.

다. 정당한 사유 없이 수화자부담전화료 등 통신비용을 채무자에게 발생하게 하는 행위.

라. 채무자 회생 및 파산에 관한 법률에 따른 회생절차, 파산절차 또는 개인회생절차에 따라 전부 또는 일부 면책되었음을 알면서 법령으로 정한 절차 외에서 반복적으로 채무변제를 요구하는 행위.

마. 엽서에 의한 채무변제 요구 등 채무자 외의 자가 채무사실을 알 수 있게 하는 행위

**3. 여신전문업감독 규정에 의한 금지사항** 신용카드업자는 채권을 추심함에 있어 다음의 행위를 하여서는 아니 된다(규정 제24조의8, 채권추심시 준수사항).

가. 폭행, 협박, 위계 또는 위력을 사용하는 행위.

나. 정당한 사유 없이 채무자의 관계인(친족, 약혼자, 동거자 등)에게 알려 부담을 주거나 대납을 요구하는 행위.

다. 채무에 관한 허위사실을 알리는 행위.

라. 신용불량자 등록시 입을 수 있는 불이익을 허위 또는 과장하여 알리는 행위.

마. 채무자가 결제능력증빙서류 등을 위조 또는 허위로 제출하여 신용카드업자를 적극적으로 기망하지 아니 하였음에도 사기죄로 고소하겠다고 위협하거나 고소하는 행위.

바. 심야(오후 9시~오전 8시)에 방문 또는 전화하는 행위.

사. 기타 비정상적인 방법으로 채권을 추심하여 채무자 또는 그의 관계인의사생활 또는 업무의 평온을 해치는 행위.

최근 각 금융기관에서는 채권추심 활동과 관련한 민원이 크게 증가하고 있으며, 그 주된 내용은 관계법령에서 규정하고 있는 '채권추심시 준수사항'을 위반하였다는 항변이다.

금융기관이 연체대출금을 조기에 정리하기 위해서는 채무자에게 강력하고 끈질긴 독촉을 함으로써 자진변제를 유도할 수밖에 없다. 그러나 상기에서 언급한 바와 같이 관계법령에서 정하고 있는 사항을 위반한 채권 추심행위를 하게 되면, 연체대출금 회수는 고사하고 오히려 낭패를 당하기 십상이다. 따라서 채권추심행위를 할 때에는 사전에 연체기간, 연체금액, 과거 연체사실 유무 및 정리실적, 차주의 직업, 주거 상황, 관련 법규에서

금지하는 사항 등을 면밀히 확인 한 후 채권 추심활동을 시작하는 것이 불필요한 민원을 방지하고, 회수 실적을 높이는 방법이 될 것으로 본다.

전화나 서면으로 독촉행위를 할 때에는 언어나 문언의 선택에 각별한 주의가 필요하다. 특히 전화 독촉을 할 때에는 최대한 감정을 자제하고, 채무자의 사정을 이해한다는 뜻과 은행이 처한 입장을 설명하고 연체정리를 당부하는 것이 오히려 효과적인 경우가 많다.

# 제10절 채권자대위권 · 채권자취소권

## 1. 채권자대위권의 요건 및 그 행사 방법

(상 황)

a. 甲의 재산으로는 그의 부친으로부터 상속받은 부동산 2억원을 포함하여 약 3억원이며, 소극재산(부채)은 2억원이다.
b. 甲의 채권자로는 A(1억), B(3천), C(7천)가 있고 모두 채권의 변제기가 이미 도래된 상태다.
c. 그런데 甲은 자신의 부친으로부터 상속받은 부동산을 아직까지 상속등기를 하지 않고 있다.

### (1) 채권자대위권의 의의 및 객체

채권자대위권의 의의 및 그 객체?

채권자가 채무자에 대한 강제집행을 보다 효과적으로 실시하기 위해 마련된 법적 제도에는 채권자취소권, 채권자대위권, 강제집행면탈죄, 재산관계명시 제도 및 채무불이행자 명부등재 제도가 있다.

채권자대위권이란 채권자가 자기의 채권을 보전하기 위하여 자신의 채무자가 가지고 있는 권리를 행사할 수 있는 권리를 말한다(민법 제404조).

금전채권의 보전을 위하여 행사하는 채권자대위권은 한편으로는 강제집행의 준비로서의 작용을 함과 동시에 다른 한편으로는 채무자의 책임재산을 보전하는 작용을 하는 점에서 그 존재 이유가 있다.[1] 즉 강제집행을 하려면 집행권원을 필요로 할 뿐 만 아니라 그 절차가 번잡하기 때문에 급속을 요하는 경우에 우선 채권자대위권을 행사하여 채무자의 재산을 보전하고 그 후에 강제집행을 함으로써 채권의 보전을 용이하게 할 수 있는 것이다.

1) 김형배, 민법학 강의.

채권자대위권의 객체는 채무자의 책임재산을 보전하기 위한 것이므로 채무자의 책임재산을 구성하는 것은 원칙적으로 모두 채권자대위권의 객체가 된다. 따라서 청구권은 물론 형성권, 채권자대위권, 채권자취소권, 등기신청권(부동산등기법 제52조, 채권자대위권에 의한 등기)도 대위의 대상이 된다. 다만, 채권의 공동담보에 적당하지 않는 채무자의 일신에 전속하는 권리(가족권, 신분권, 인격권 등)나 압류가 금지되는 채권은 당연히 채권자대위권의 객체가 될 수 없다.[2)]

## (2) 채권자대위권 행사 요건

**채권자가 채권자대위권을 행사하기 위해서는 어떠한 요건(채권자대위권의 성립요건)을 갖추어야 하는가?**

채권자가 채권자대위권을 행사하기 위해서는 다음과 같은 요건을 갖추어야 한다.

**1. 채권자의 채권이 이행기에 있을 것** 채권자가 채권자대위권을 행사하려면 자신의 채권이 이행기에 있어야 한다. 그러나 법원의 허가를 얻거나 보존행위(시효중단, 보존등기, 소송행위와 같은 재판상의 행위, 제3채무자가 파산한 경우의 채무자의 채권신고 등)를 하는 경우와 별도로 법원의 허가를 얻은 경우에는 채권의 이행기가 도래하기 전이라도 채권자대위권을 행사할 수 있다.

**2. 채무자에 대한 채권보전의 필요성이 있을 것** 채권자는 자기의 채권을 보전하기 위하여 채무자의 권리를 행사(채권자대위)할 수 있다. 채권보전에 필요하다는 것은 채권자가 채무자의 권리를 행사하지 않으면 채무자의 무자력(변제 자력이 자신의 총채무액을 변제하지 못할만큼의 채무초과 상태를 의미함)으로 채권의 만족을 얻지 못하게 될 염려가 있는 경우, 즉 총 채권자의 공동담보인 채무자의 책임재산이 총 채권자의 채권에 미달하게 될 염려가 있는 경우를 말한다.

피보전채권이 금전채권인 경우에는 원칙적으로 채무자가 무자력인 때에 한하여 채권자대위권을 행사할 수 있다. 그러나 특정채권을 보전하기 위해서는 채무자의 무자력을 필요로 하지 않는다는 것이 대법원 판례[3)]의 태도이다.

---

2) 김형배, 민법학 강의.

3) 대법원 1970. 7. 24. 선고 70다805 판결.

**3. 채무자가 스스로 그의 권리를 행사하지 않고 있는 상태일 것** 채무자가 자신의 권리를 행사하지 않고 있어야 한다. 권리를 행사하지 않고 있는 이유나 고의·과실의 유무는 묻지 아니한다. 또한 채무자가 이행지체에 빠져 있어야 하는 것도 아니고, 대위권의 행사에 앞서서 채무자에 대하여 그의 권리를 스스로 행사할 것을 최고할 필요도 없다. 그러나 채무자가 스스로 그 권리를 행사하고 있는 한 그 행사의 방법이나 결과가 좋든 나쁘든 채권자대위권은 인정되지 않는다.

### (3) 채권자대위권 행사 방법과 그 효과

**채권자가 채권자대위권을 행사하고자 할 때 그 방법과 효과는?**

**1. 채권자대위권의 행사 방법** 채권자대위권은 채권자가 채무자의 대리인으로 행사하는 것이 아니라 자기의 이름으로 행사하는 것이다. 그러나 대위권행사의 상대방은 채무자 자신이 권리를 행사하는 경우보다 불리한 처지에 놓일 수 없는 것이므로, 제3채무자는 채무자에 대한 모든 항변으로 대항할 수 있다.

대위권행사의 구체적 내용으로는 채권의 추심, 등기신청, 담보권실행, 소송제기, 강제집행 등을 들 수 있다. 대위권의 행사로서 상대방에게 금전이나 기타 물건을 청구할 때에 채권자는 채무자에게 이행하도록 청구할 수 있는 것은 물론 직접 자기에게 이행할 것을 청구할 수도 있다.

채권자가 보전행위 이외의 권리를 행사한 때에는 채무자에게 통지하여야 하며, 채무자가 통지를 받은 후에는 그 권리를 처분하여도 이로써 채권자에게 대항하지 못한다.[4)]
한편 채권자는 채무자를 대신하여 채무자의 권리를 행사하는 것이므로 그 권리의 행사에 관하여 선량한 관리자의 주의의무를 부담한다.

**2. 채권자대위권 행사의 효과** 채권자대위권의 행사는 채무자의 권리를 행사하는 것이므로 그 행사의 효과는 직접 채무자에게 귀속하고 총 채권자를 위하여 공동담보가 된다. 따라서 채권자가 스스로 채무의 목적물을 인도받은 경우라도 그것이 직접 대위채권자에 대한 채권의 변제가 될 수 없으므로 대위채권자가 자기 채권의 변제를 받으려면 다시 채권자로부터 임의변제를 받거나 별도로 강제집행절차를 취하여야 한다.

4) 민법 제405조(채권자대위권 행사의 통지).

결론적으로 위 사례의 경우, 甲의 채권자 A와 B 또는 C는 채무자를 대위하여 먼저 甲이 그의 부친으로부터 상속받은 부동산을 甲앞으로 소유권이전등기를 신청, 명의이전을 한 후 이를 처분하지 못하도록 처분금지가처분을 한 다음 집행권원을 득하여 강제집행을 신청하거나 이미 집행력 있는 정본을 소지하고 있는 경우에는 바로 동 부동산에 대한 강제경매를 신청하여 그 매각대금으로부터 채권을 회수하여야 할 것이다.

## 2. 채권자취소권의 의의 및 그 성립요건 등

(상 황)

a. D은행 Y지점의 여신거래처 甲이 파산하였다.
b. Y지점은 채무자인 甲의 재산을 조사하던 중 최근 그의 유일한 재산을 乙에게 양도된 사실이 확인되었다.

### (1) 채권자취소권의 의의

**채권자취소권의 의의?**

채권자취소권이란 채무자가 고의로 그 재산의 감소를 초래케 하는 사해행위를 한 경우에, 그의 채권자가 그 법률행위의 효력을 부인하고 감소한 재산의 원상회복을 재판상 청구할 수 있는 권리(민법 제406조)를 말한다. 즉 채권자취소권은 채무자가 채권자를 해함을 알고 재산권을 목적으로 한 법률행위를 한 경우, 채권자로 하여금 그 사해행위를 취소시키고 그 재산을 다시 채무자 앞으로 원상회복시킬 수 있도록 하기위하여 채권자에게 주어진 권리라 할 수 있다.

채권자취소권은 채권자가 취소원인을 안 날로부터 1년, 그 법률행위가 있은 날로부터 5년 이내(제척기간)에 행사하여야 한다.[1)]

### (2) 채권자취소권의 행사 요건

**채권자가 채권자취소권을 행사하기 위해서는 어떠한 요건(채권자취소권의 성립 요건)을 갖추어야 하는가?**

채권자(Y지점)가 채권자취소권을 행사하기 위해서는 다음과 같은 요건을 갖추어야만 한다.

1) 사해행위 취소청구의 소는 채권자가 취소원인을 안 날로부터 1년, 법률행위 있은 날로부터 5년 내에 제기하여야 한다(민법 제406조 제2항).

1. 채권자의 채권은 채무자의 사해행위가 있기 이전에 이미 발생되어 있고, 그 행위 당시에 유효하게 존재하고 있어야 한다. 다만, 사해행위 당시에는 채권자의 채권이 존재하고 있지 않았다 하더라도 그 사해행위 당시에 이미 채권 성립의 기초가 되는 법률관계가 발생되어 있고 가까운 장래에 그 법률관계에 터 잡아 채권이 성립되리라는 점에 대한 고도의 개연성이 있으며, 실제로 가까운 장래에 그 개연성이 현실화되어 채권이 성립된 경우에는 그 채권도 채권자취소권의 피보전채권이 될 수 있다는 것이 대법원 판례(2001. 3. 23. 선고 2000다37821 판결 외 다수)의 태도이다.

2. 채무자[2]가 재산권을 목적으로 하는 법률행위를 하고, 그 법률행위가 채권자를 해하는 것이어야 한다.

채권자를 해하는 법률행위라 함은 채무자의 재산권을 목적으로 하는 법률행위로 인하여 그의 일반재산이 감소하여 채권의 공동담보에 부족이 생기고 채권자에게 완전한 변제를 할 수 없는 것을 의미하며, 적극재산을 감소하게 하는 처분행위는 물론 소극재산을 증가하게 하는 채무부담 행위도 포함된다.

3. 채무자나 수익자(수익자라 함은 채무자의 사해행위로 인하여 직접 이득을 얻은 자를 말한다) 또는 전득자(전득자라 함은 수익자로부터 다시 사해의 목적인 물건 또는 권리를 취득한 자를 말한다)에게 악의가 있어야 한다.

여기서의 악의라 함은 채무자의 재산처분행위에 의하여 그 재산이 감소되어 채권의 공동담보에 부족이 생기거나 이미 부족상태에 있는 공동담보가 한층 더 부족하게 됨으로써 채권자의 채권을 완전하게 만족시킬 수 없게 된다는 사실을 소극적으로 인식하는 것을 의미하고, 그러한 인식은 일반채권자에 대한 관계에서 있으면 충분하고, 특정의 채권자를 해한다는 인식이 있어야 하는 것은 아니라는 것이 대법원 판례[3]의 태도이다. 다만, 다른 채권자를 해한다는 인식을 가졌다 하더라도 그 행위에 정당성이 있으면 악의로 보지 아니한다.

채무자의 사해행위에 의하여 직접 이익을 받은 수익자 또는 이 수익자를 거쳐 이익을 얻은 전득자는 그 행위 또는 전득의 당시에 채권자를 해하게 됨을 알았다면 수익자 또는 전득자의 악의로 본다. 따라서 수익자나 전득자가 사해 사실을 알지 못한 선의의 제3자일 때에는 사해행위가 성립되지 않는다.

2) 채무자인 이상 주채무자의 행위에 국한되는 것이 아니므로 연대보증인의 법률행위도 당연히 취소의 대상이 된다.

3) 대법원 1998. 5. 12. 선고 97다57320 판결.

### (3) 사해행위의 구체적인 사례

**사해행위로 볼 수 있는 구체적인 사례?**

대법원 판례에 의하면 다음 각 사례의 경우에는 특별한 사정이 없는 한 사해행위에 해당되는 것으로 보고 있다.

1. 채무자의 재산이 채무의 전부를 변제하기에 부족함에도 채무자가 그의 유일한 재산인 부동산을 무상양도하거나 특정 채권자에게 대물변제로 제공하는 행위.[4]

특정채무자에 대한 대물변제라 하더라도 그 채무의 기한이 도래되어 지급한 경우 또는 대물의 가격에 상당하는 대물변제의 경우에는 사해행위가 되지 않는 것으로 본다.[5] 다만, 채무자가 다른 채권자를 해한다는 것을 알면서 특정한 채권자와 통모하여 대물변제를 하였다면 사해행위에 해당되는 것으로 보고 있다.

2. 채무초과 상태에 있는 채무자가 그의 유일한 부동산을 기존 채권자 중의 어느 한 사람에게 채권의 담보로 제공하는 행위는 다른 특별한 사정이 없는 한 사해행위로 본다.[6]

3. 채무자가 그의 유일한 재산인 부동산에 관하여 제3자와 신탁계약을 체결한 후 그 제3자 명의로 소유권이전등기를 하는 행위.[7]

4. 채무자가 채무가 초과된 상태에서 근저당권이 설정된 자신의 부동산을 제3자에게 부당하게 저렴한 가격으로 양도하고 그 양도대금은 근저당권의 피담보채무를 인수함으로써 그 지급에 갈음하기로 약정하는 행위.[8]

채무자가 양도한 목적물에 담보권이 설정되어 있는 경우에 근저당권의 피담보채권액이 목적물의 가격을 초과하고 있는 때에는 당해 목적물의 양도는 사해행위에 해당되지 않는 것으로 본다.[9]

---

4) 대법원 1998. 5. 12. 선고 97다57320 판결.

5) 대법원 1962. 11. 15. 선고 62다634 판결.

6) 대법원 1997. 9. 9. 선고 97다10864 판결.

7) 대법원 1999. 9. 7. 선고 98다41490 판결.

8) 대법원 1996. 5. 14. 선고 95다50875 판결.

9) 대법원 1997. 9. 9. 선고 97다10864 판결.

5. 채무자가 자기의 유일한 재산을 매각하여 소비하기 쉬운 금전으로 바꾸는 행위는 특별한 사정이 없는 한 채무자의 사해행위로 추정된다.[10] 그러나 이를 매수한 자가 악의가 없었음을 입증하는 경우에는 그러하지 아니하다.

6. 이혼을 하면서 위자료 명목으로 지나치게 과다한 재산을 분여해 주는 행위.[11]

이혼의 경우에는 이혼의 진실성 및 재산분여의 상당성 여부에 따라 사해행위 해당 여부를 판단하고 있다. 따라서 가장 이혼이 아니며, 분여한 재산의 가액이 상당한 정도를 벗어나는 과대한 것이 아니라면 사해행위에 해당되지 않는 것으로 보고 있다. 그리고 설사 사해행위로서 채권자취소의 대상이 된다 하더라도 그 취소되는 범위는 그 상당성의 정도를 초과하는 부분에 한한다는 것이 대법원 판례[12]의 태도이다.

7. 상속재산의 분할협의는 상속이 개시되어 공동상속인 사이에 잠정적 공유가 된 상속재산에 대하여 그 전부 또는 일부를 각 상속인의 단독소유로 하거나 새로운 공유관계로 이행시킴으로써 상속재산의 귀속을 확정시키는 것으로 그 성질상 재산권을 목적으로 하는 법률행위이므로 사해행위취소권 행사의 대상이 될 수 있다.[13]

### (4) 사해행위 여부에 대한 입증책임

**사해행위 여부에 대하여 다툼이 있는 경우, 그 입증책임은 누구에게 있는가?**

사해행위 여부에 대한 입증책임은 채무자의 경우와 수익자(전득자 포함)의 경우가 서로 다르다.

**1. 채무자의 악의 입증** 채무자에 대해서는 채권자가 채무자에게 악의가 있었음을 입증하여야 한다.

**2. 수익자 또는 전득자의 악의 입증** 채권자가 채무자의 악의를 입증하면 수익자(乙)나 전득자도 악의가 있는 것으로 추정 된다.[14] 따라서 이 경우 수익자나 전득자

10) 대법원 1998. 4. 14. 선고 97다54420 판결.

11) 대법원 2001. 4. 27. 선고 2000다69026 판결 외 다수.

12) 대법원 2000. 7. 28. 선고 99다6180 판결.

13) 대법원 2001. 2. 9. 선고 2000다 51797 판결.

14) 채무자의 제3자에 대한 재산 양도행위가 채권자취소권의 대상이 되는 사해행위에 해당하는 경우 수익자의 악의는 추정되는 것이므로, 수익자가 그 법률행위 당시 선의이었다는 입증을 다하지 못하는 한

는 스스로 악의가 아니라 선의임을 입증하여야 한다.

### (5) 채권자취소권 행사 방법

**채권자(Y지점)가 채무자의 악의를 입증, 채권자취소권을 행사하려면 어떠한 방법으로 하여야 하는가?**

채무자(甲)와 수익자(乙)간의 재산권을 목적으로 한 법률행위가 사해행위에 해당하는 요건을 갖추었다고 판단되면, 관할법원에 사해행위 취소와 그 원상회복을 청구하는 소를 제기하는 방식으로 채권자취소권을 행사하여야 한다.

채권자취소권은 채권자 자신의 이름으로 반드시 재판상(관할법원에 소를 제기하는 것)으로만 행사할 수 있으며, 채권자가 취소원인을 안 날로부터 1년, 법률행위 있은 날로부터 5년 내에 제기하여야 한다.[15] 이처럼 민법에서 채권자취소권의 행사를 재판상으로 할 수 있도록 규정하고 있는 이유는 채권자취소권의 행사는 제3자에게 미치는 영향이 매우 커서 법원으로 하여금 그 행사의 요건이 적정한지 여부를 엄격히 판단하도록 하기 위한 것으로 생각된다.

채권자가 '취소원인을 안 날'이라 함은 단순히 채무자가 법률행위가 있었다는 사실을 아는 것만으로는 채권자가 취소원인을 알았다고 할 수 없고, 그 법률행위에 의하여 채권의 공동담보에 부족이 생기거나 이미 부족상태에 있는 공동담보가 한층 더 부족하게 되어 채권을 완전하게 만족시킬 수 없게 된다는 것을 알게 된 때를 의미한다.

이 기간은 시효기간이 아니라 제척기간이므로 그 기간을 경과하면 행사할 수 없다.[16]

채권자가 채무자의 재산 상태를 조사한 결과, 자신의 채권총액과 비교하여 채무자 소

채권자는 그 양도행위를 취소하고 원상회복을 청구할 수 있다(대법원 1988. 4. 25. 선고 87다카1380 판결).

15) 채무자가 채권자를 해함을 알고 재산권을 목적으로 한 법률행위를 한 때에는 채권자는 그 취소 및 원상회복을 법원에 청구할 수 있다(민법 제406조, 채권자취소권).

16) 민법 제406조 제2항 소정의 채권자취소권의 행사기간은 제소기간(이른바 제척기간)이므로 법원은 그 기간의 준수 여부에 관하여 직권으로 조사하여 그 기간이 도과 된 후에 제기된 채권자취소의 소는 부적법한 것으로 각하 하여야 한다. 따라서 그 기간 준수 여부에 대하여 의심이 있는 경우에는 법원이 필요한 정도에 따라 직권으로 증거조사를 할 수 있으나, 법원에 현출 된 모든 소송자료를 통하여 살펴보았을 때 그 기간이 도과되었다고 의심할 만한 사정이 발견되지 않는 경우까지 법원이 직권으로 추가적인 증거조사를 하여 기간 준수 여부를 확인하여야 할 의무는 없다(대법원 1996. 5. 14. 선고 95다50875 판결).

유의 부동산의 가액이 그에 미치지 못하는 것을 이미 파악하고 있었던 상태에서 채무자의 재산에 대하여 가압류를 하게 되었고 그 과정에서 채무자의 일부 부동산에 관하여 제3자가 가등기를 한 사실을 확인하였다면, 다른 특별한 사정이 없는 한 채권자는 그 가압류 무렵에는 채무자가 채권자를 해함을 알면서 사해행위를 한 사실을 알았다고 보아야 한다는 것이 대법원 판례의 태도이다.

특히, 채무자가 유일한 재산인 부동산을 매도한 경우 그러한 사실을 채권자가 알게 된 때에 채권자가 채무자에게 당해 부동산 이외에는 별다른 재산이 없다는 사실을 알고 있었다면 그 때 채권자는 채무자가 채권자를 해함을 알면서 사해행위를 한 사실을 알게 되었다 보아야 한다는 것이 대법원 판례(1997. 5. 9. 선고 96다2606 판결 외 다수)의 태도이므로 실무상 각별한 주의가 요구된다.

### (6) 사해행위 취소 청구의 소를 제기하고자 할 때 그 상대방

**Y지점이 채권자취소권, 즉 사해행위취소 청구의 소를 제기하고자 할 때에는 누구를 상대(피고)로 어떠한 주장을 하여야 하는가?**

채권자가 사해행위취소 청구의 소를 제기하고자 하는 경우 그 상대방(피고)은 채무자가 아니라 수익자(채무자의 사해행위로 인하여 직접 이득을 얻은 자) 또는 전득자(수익자로부터 다시 사해의 목적인 물건 또는 권리를 취득한 자)가 된다.[17)]

채무자가 사해행위를 한 경우, 채권자는 수익자 또는 전득자를 상대로 목적물 자체의 반환을 청구하여야 함이 원칙이며, 예외적으로 가액반환의 청구를 할 수 있다. 그러므로 가령 채무자(甲)의 재산이 乙(수익자)을 거쳐, 丙(전득자)에게 이전되고, 수익자 또는 전득자가 악의인 경우에는, 채권자는 수익자 또는 전득자를 선택하여 채권자취소권을 행사할 수 있다.

즉 이 경우 수익자에 대하여는 그 재산의 반환에 갈음하여 가액(소유권이전을 대가로 취득한 금액)의 반환을 청구하는 소를 제기할 수 있으며, 전득자에 대하여는 그 재산의 반환(예 : 매매계약에 기한 소유권이전등기의 말소등기절차를 이행하라)을 구하는 취지의 소를 제기할 수 있다.[18)]

17) 채권자가 채권자취소권을 행사하려면 사해행위로 인하여 이익을 받은 자(수익자)나 전득한 자를 상대로 그 법률행위의 취소를 청구하는 소송을 제기하여야 되는 것으로서, 채무자를 상대로는 그 소송을 제기할 수는 없다(대법원 1991. 8. 13. 선고 91다13717 판결).

### (7) 채권자취소권의 행사 효과

**Y지점이 사해행위취소 청구의 소를 제기하여 승소하였다고 가정할 경우, 그 재산으로부터 우선변제를 받을 수 있겠는가?**

채권자취소권의 행사 효과는 모든 채권자의 이익을 위하여 그 효력이 있다. 즉 채무자 앞으로 원상회복된 재산 또는 원상회복에 갈음하여 반환받은 가액은 채무자의 일반재산으로 회복되고, 모든 채권자를 위하여 공동담보가 되는 것이지 채권자취소권을 행사한 채권자가 그 재산으로부터 우선변제를 받는 권리를 취득하는 것은 아니므로 원상회복된 재산 또는 원상회복에 갈음하여 반환을 받은 가액으로부터 우선변제를 받을 수 없다.

한편 사해행위취소 판결의 기판력은 그 취소권을 행사한 채권자와 그 상대방인 수익자 또는 전득자와의 관계에서만 미칠 뿐 그 소송에 참가하지 아니한 채무자 또는 채무자와 수익자, 수익자와 전득자 사이의 법률관계에는 미치지 아니한다.[19)]

따라서 채무자가 그 목적물에 대한 권리를 회복, 취득하는 것은 아니므로 채권자가 변제받은 나머지는 수익자 또는 전득자의 자산으로 돌아가며, 손실을 입은 자는 채무자에게 부당이득의 반환을 청구할 수 있다. 채권자취소권과 관련 실무상 다음 사항에 유의하여야 한다.

1. 채무자가 채무를 면탈할 목적으로 자신의 유일한 부동산을 제3자에게 허위양도하였다거나 허위채무를 부담하고 근저당권을 설정하는 등 사해행위가 명백하여 그 입증이 용이하고, 소송에 따른 제비용 등을 감안하더라도 충분한 실익이 기대될 때에는 본부 관계 부서와 협의하여 적극적으로 대처한다면 불건전채권을 회수하는데 도움이 될 것으로 생각된다.

수익자 또는 전득자를 상대로 사해행위 취소 청구소송을 제기하지 않는다 하더라도 적어도 가압류나 가처분 등의 집행보전절차 정도는 취하는 것이 바람직할 것으로 본다. 가압류나 가처분을 신청하는데 소요되는 비용이 그다지 많지 않고, 가압류 또는 가처분으로 인해 그 재산의 처분이 곤란하게 되어 채무자 스스로 은행에 타협을 제기해 올 소지가 많기 때문이다. 다만, 여기서 유의하여야 할 사항은 채권자취소권은 채권자가 취소원인을 안 날로부터 1년, 그 법률행위가 있은 날로부터 5년 이내에 행사하지 아니하면 소멸한다는 점이다.

18) 김경배, 민법학 강의.

19) 대법원 1988. 2. 23. 선고 87다카1989 판결.

위 사례의 경우 채무자에 대한 재산조사를 통하여 허위양도 사실을 인식한 그 날을 취소원인을 안 날로 보아야 할 것이므로 적어도 가압류 또는 가처분 신청을 한 날로부터 1년 이내에 사해행위 취소 청구소송을 제기하지 아니하면 이를 행사할 수 없을 것이다.

2. 채무자에 대해서는 내용증명 등을 통해 강제집행면탈죄[20]로 형사 고소한다고 압박하는 것도 사태 해결에 상당한 도움이 될 것으로 본다. 다만, 고소 여부는 신중을 기하여 결정하여야 할 것이다. 고소를 해 버리면 채무자와의 관계가 악화되어 법적수단이 아니고서는 사태해결이 어렵고, 강제집행면탈죄가 성립된다 하더라도 그 처벌(3년 이하의 징역 또는 1천만원 이하의 벌금)이 미미할 뿐만 아니라 형사처벌을 받았다고 하여 허위의 가등기 또는 소유권이전등기가 원상회복되는 것도 아니며, 이를 원상회복시키기 위해서는 채권자취소권의 행사 등 별도의 민사상 조치가 따라야 한다. 결국 강제집행면탈죄로 고소하는 것은 최후의 수단으로 강구해 볼 문제라고 본다.[21]

3. 사해행위가 있었음을 입증하기 위해서는 채권자가 사해행위취소 청구소송 재판절차에서 채무자가 무자력자임을 밝혀야 하는데, 이를 위해서는 재판절차에서 관할 세무서, 시, 구, 군청 등에 채무자의 재산보유 상황에 대한 사실조회를 신청(실무상으로는 토지, 건물의 소유상황에 대한 사실조회가 거의 대부분이다)하여, 그 조회 결과를 증거로 제출하거나, 토지에 관하여는 공공기관의 개인정보에 관한 법률(現 공공기관의 정보공개에 관한 법률) 제10조 제2항에 근거하여 행정안전부(지적과 소관)에 자료 요청하여 개인별 토지소유현황 또는 재산조사결과 미등록자 현황을 증거로 제출하는 등의 방법을 이용하는 것이 용이하다고 한다.[22]

20) 강제집행면탈죄는 채무자가 강제집행을 당할 구체적인 위험이 있는 상태에서 그의 재산을 은닉, 손괴, 허위양도 또는 허위의 채무를 부담하는 행위를 한 경우에만 성립된다. 따라서 강제집행을 당할 위험이 있는 상태가 아니었거나 또 강제집행을 당할 위험이 있는 상태였다 하더라도 허위의 양도가 아닌 정당한 대가를 받고 진정하게 양도되었다면 강제집행면탈죄가 성립되지 않는다는 점에 유의하여야 한다).

21) 이정대, 여신거래 및 담보실무.

22) 이정대, 여신거래 및 담보실무.

# 제11절 약관 · 대출금지 부문 · 불공정 영업행위 금지

## 1. 일반거래약관의 계약내용 편입요건, 약관해석의 원칙 등

(상 황)

어떤 기업이나 개인이 불특정 다수의 고객을 상대로 같은 종류의 계약을 반복적으로 체결하여야 할 경우, 매 거래를 할 때마다 일일이 그 내용을 협의하는 불편을 피하기 위하여 그 계약에 적용할 계약조건을 미리 정형화한 후 계약 때 마다 공통적 · 획일적으로 적용하는 계약[1]의 조건을 일반거래약관 또는 보통거래약관이라 한다. 그 대표적인 예로는 입출금이 자유로운 예금약관, 예금거래기본약관, 은행여신거래기본약관 등이 있다.

### (1) 은행여신거래약관이 계약내용으로 편입되기 위한 요건

**예금거래기본약관 또는 은행여신거래기본약관이 특정한 계약의 내용으로 편입되기 위해서는 어떠한 요건을 갖추어야 하는가?**

예금거래기본약관 또는 은행여신거래기본약관이 특정한 계약의 내용으로 편입되기 위해서는 금융기관과 고객 간에 약관의 내용을 계약의 내용으로 하기로 하는 합의가 있어야 하며 또한 고객에게 약관의 내용을 계약의 종류에 따라 일반적으로 예상되는 방법으로 명시하여 이를 알 수 있도록 하여야 한다.

특히 약관의 내용 중 중요한 사항을 설명한 한 경우에 한하여 비로소 약관의 내용을 계약의 내용으로 삼을 수 있다. 다만, 그렇다고 하더라도 약관의 내용이 고객에게 현저히 불리하여서는 아니 된다. 따라서 이와 같은 계약에의 편입 요건을 갖추지 못한 때에는 금융기관은 당해 약관을 계약의 내용으로 주장하지 못한다. 그러나 고객이 당해 약관을 계약의 내용으로 주장하는 것은 가능하다.

1) 계약의 내용을 당사자 중 일방(금융기관)이 미리 작성해 두고 그 상대방은 그 내용대로 따를 수밖에 없는 계약의 형태를 부합계약이라 한다.

특히 문제가 되는 것은 중요내용의 설명 의무이다. 여기서 설명의 대상이 되는 중요내용이라 함은 한마디로 고객에게 중대한 영향을 미치는 사항, 즉 고객의 책임 범위에 대한 사항을 말한다고 보면 된다. 따라서 일반적, 공통적인 사항으로서 별도의 설명이 없어도 고객이 충분히 예상할 수 있는 사항에 대해서는 설명할 필요가 없다.

중요내용에 대한 설명의 정도는 구체적이고 상세하게 설명하여야 한다. 단순히 약관을 읽어 주는 것만으로는 설명이 된 것으로 보지 아니한다. 설명 여부에 대한 입증책임은 약관의 작성자에게 있다. 이와 같은 이유로 금융기관 실무상 개별약정서에 고객으로 하여금 사본 수령 및 중요내용에 대한 설명을 들었다는 뜻을 기재하게 한 후 기명날인 또는 자필 서명을 받고 있다. 장래 설명 여부와 관련 불필요한 분쟁을 예방하려면 단순히 '들었음' 또는 '숙지함'이라고 기재하게 할 것이 아니라 '사본을 확실히 수령함' 또는 '중요내용에 대하여 충분히 설명 들었음'과 같이 보다 구체적으로 기재하게 하는 것이 바람직할 것으로 판단된다.

약관의 규제에 관한 법률에서 규정하는 약관의 작성 및 설명 의무는 다음과 같다.

**1. 일반거래약관의 사회적 작용 및 약관의 규제의 필요성** 본래 계약은 둘 이상의 당사자가 의사표시의 합치에 의하여 성립되는 법률행위로서, 당사자 사이의 협상에 의하여 그 내용이 결정되는 것(이를 계약자유의 원칙이라 한다)이지만 약관은 계약의 일방 당사자가 특정 종류의 계약을 불특정다수의 상대방과 반복하여 체결할 것에 대비하여 미리 정하여 둔 계약조항을 말한다.

이러한 약관은 거래의 신속, 영업의 전문화, 거래 위험의 사전분산, 법 공백의 보충이라는 점에서 긍정적 기능을 하고 있지만 이익형평의 파괴, 면책조항의 남용, 거래조건의 은폐 등 부정적 기능을 동시에 가지고 있다. 따라서 약관의 부정적 기능의 완충 작용을 위해서는 약관을 어느 정도 통제 또는 규제할 필요성이 있는데 이러한 목적에서 약관의 규제에 관한 법률이 제정(1986. 12. 31. 법률 제3922호) 시행되고 있다. 그리고 이 법률은 강행법규의 성격을 지니고 있어 법률에 위반한 약관의 내용은 무효[2]가 된다.

**2. 약관의 규제에 관한 법률 제3조(약관의 작성 및 설명 의무)** ① 사업자는 계약체결에 있어서 고객에게 약관의 내용을 계약의 종류에 따라 일반적으로 예상되는 방법으로 명시하고, 고객이 요구할 때에는 당해 약관의 사본을 고객에게 교부하여 이를 알

2) 사법상의 무효라 함은 당사자가 의욕한 법률효과가 발생하지 않는 것을 말한다. 즉 당사자가 의욕한 법률행위의 효력이 처음부터 전혀 발생하지 않으며, 특정인의 주장을 필요로 하지 않고 시간의 경과에 의하여도 효력에 변동이 없다. 법률행위의 무효 사유로는 의사무능력, 목적의 불능, 강행법규의 위반, 반사회질서, 불공정 행위, 통정허위표시, 무권대리, 불법조건 등이 있다.

수 있도록 하여야 한다. 다만, 다른 법률의 규정에 의하여 행정관청의 인가를 받은 약관으로서 거래의 신속을 위하여 필요하다고 인정되어 대통령령이 정하는 약관에 대하여는 그러하지 아니하다.

② 사업자는 약관에 정하여져 있는 중요한 내용을 고객이 이해할 수 있도록 설명하여야 한다. 다만, 계약의 성질상 설명이 현저하게 곤란한 경우에는 그러하지 아니하다.

③ 사업자가 제1항 및 제2항의 규정에 위반하여 계약을 체결한 때에는 당해 약관을 계약의 내용으로 주장할 수 없다.

### (2) 약관해석의 원칙

**약관 내용의 해석에 있어 금융기관과 고객 간의 의견이 합치하지 아니하는 경우, 약관 해석에 적용되어야 할 원칙은?**

약관은 금융기관 일방의 단순한 제안에 불과함으로 법률의 해석방법이 아닌 법률행위의 해석방법에 따라야 한다.

약관은 통상 소비자보다 강자라고 할 수 있는 기업 쪽에서 작성하고 있는 특성을 고려, 법률행위의 해석의 일반원칙을 그대로 적용하지 아니하고 독특한 해석방법을 적용하고 있다. 대법원 판례[3]도 약관에 의한 거래에서는 그 계약의 해석을 일반적인 계약과는 달리 엄격하게 해석하여야 한다고 판시하고 있다. 약관해석의 원칙에는 다음과 같은 것이 있다.

**1. 통일적 해석의 원칙** 약관은 불특정다수의 계약관계를 정형적으로 처리하기 위한 것이므로 약관의 내용을 고객에 따라 다르게 해석하거나 영업점마다 달리 해석하여서는 아니 되며 모두 동일하게,[4] 그리고 그 문언에 따라 객관적이고 합리적으로 해석하여야 하는데 이를 약관의 통일적 해석의 원칙[5]이라 한다.

**2. 축소해석의 원칙** 약관 작성자의 이익을 위한 면책조항이나 작성자의 책

3) 대법원 2001. 3. 23. 선고 2000다71555 판결.

4) 약관은 신의성실의 원칙에 따라 공정하게 해석되어야 하며 고객에 따라 다르게 해석되어서는 아니된다(약관의 규제에 관한 법률 제5조 제1항).

5) 객관적, 합리적 해석의 원칙이라고도 한다.

임제한 조항과 같이 고객에게 부담이 되는 조항의 내용이 불명확한 경우에는 약관의 내용을 좁게 해석하여 약관의 작성자는 최소한의 책임만 면하도록 해석하여야 하는데 이를 약관의 축소해석의 원칙 또는 제한적 해석의 원칙이라 한다.

축소해석의 원칙은 약관의 작성자인 사업자가 자신에게 유리하도록 만든 약관을 그 해석조차 확대해석이나 유추해석[6]을 함으로 인해 발생될 수 있는 소비자의 피해를 사전에 방지하고자 마련된 약관 해석의 원칙이라 할 수 있다.

이 해석의 원칙이 적용되고 있는 대표적인 예로는 근담보 또는 근보증계약서를 들 수 있다. 근담보의 피담보채무 범위(근보증의 경우 피보증채무 범위)에 관하여 고객과의 분쟁이 발생하면 당사자 간의 의사가 명백하지 않는 한 고객에게 유리하게 해석되는 것이 현재 판례나 금융감독원의 금융분쟁 조정결정을 할 때의 태도이므로 실무를 할 때에는 근담보의 피담보채무 범위를 명확히 하여야 할 것이다.

**3. 작성자 불리의 원칙** 약관 조항의 내용이 불명확한 경우에는 불명확성으로 인한 위험부담을 약관 작성자가 부담하여야 한다. 즉 약관의 내용이 명백하지 아니한 경우에는 고객에게 유리하게 해석[7]하여야 하는데 이를 약관의 작성자 불리의 원칙이라 한다.

**4. 신의성실의 원칙** 약관의 내용을 해석할 때에는 어느 일방당사자의 이익에 치우쳐서 해석하여서는 아니 되며, 신의칙에 따라 공정하게 해석[8]하여야 하는데 이를 약관의 신의성실의 원칙이라 한다. 이 원칙은 비단 약관의 해석에 뿐만 아니라 일반 민법상의 의사표시의 해석 원칙이기도 하다.

**5. 개별약정 우선의 원칙** 당사자 간에 개별약정이 있었다면 약관의 내용에 불구하고 그 개별약정의 내용이 우선적용[9]되는데 이를 개별약정 우선의 원칙이라 한다.

6) 유추해석이란 어떤 사항을 규정한 법규가 없을 때에 그와 비슷한 사항을 규정한 법규를 적용하는 법의 해석방법을 말한다.

7) 약관의 뜻이 명백하지 아니한 경우에는 고객에게 유리하게 해석되어야 한다(약관의 규제에 관한 법률 제5조 제2항).

8) 약관은 신의성실의 원칙에 따라 공정하게 해석되어야 하며 고객에 따라 다르게 해석되어서는 아니된다(약관의 규제에 관한 법률 제5조 제1항).

9) 약관에서 정하고 있는 사항에 관하여 사업자와 고객이 약관의 내용과 다르게 합의한 사항이 있을 때에는 당해 합의사항은 약관에 우선한다(약관의 규제에 관한 법률 제4조). 가령 여신거래처에게 고정금리 대출을 취급하였다면 이는 은행여신거래기본약관의 정함에 대한 개별약정에 해당된다. 따라서 금융사정의 급격한 변화로 은행의 조달금리가 급등하였다 하더라도 약관보다 개별약정이 우선적용되므로

이 원칙은 약관에 의한 계약 뿐 만 아니라 모든 계약에 있어 공통적으로 적용되는 원칙이다.

개별약정의 방법은 당사자가 이를 명시적으로 하든 묵시적으로 하든 묻지 아니하며 또한 서면으로 하든 구두로 하든 묻지 않는다.[10] 영업점 실무상 근보증서, 근저당권설정계약서 등 각종 여신거래 약정서 등의 여백에 필요 사항을 기재하거나 별도의 각서[11]를 받는 경우가 있는데 이것이 개별약정에 해당된다. 개별약정을 할 때 특히 유의하여야 사항은 중요내용에 대해서는 타이핑을 피하고 반드시 고객으로 하여금 자필을 하도록 하여야 한다는 점이다.

### (3) 약관의 전부 또는 일부 조항이 무효인 경우 계약의 효력

**약관의 전부 또는 일부가 약관의 명시 · 설명 의무(약관의 규제에 관한 법률 제3조) 위반으로 계약의 내용으로 삼을 수 없거나 또는 약관 내용 중 일부가 불공정 조항에 해당되어 무효가 될 경우, 본 계약의 효력은 어떻게 되겠는가?**

약관의 작성자인 사업자가 명시나 설명 의무를 다하지 아니한 채 약관에 의한 계약을 체결한 때에는 약관을 계약의 내용으로 주장할 수 없다.[12] 그러나 고객 측에서는 당해 약관을 계약의 내용으로 주장할 수 있다. 약관의 내용이 불공정 조항[13]에 해당되면 그 조항은 무효이다.

민법은 법률행위의 일부분이 무효인 때에는 그 전부를 무효가 되는 것을 원칙으로 하

금리를 인상할 수 없다.

10) 대법원 1999. 2. 12. 선고 98다45744 판결.

11) 판례는 각서, 이행각서, 확약서, 확인서 등 그 명칭에 불구하고 그 내용이 당사자의 권리의무에 관한 사항을 정하였다면 계약과 같은 효력이 있다고 판시하고 있다. 다만, 각서의 내용이 본인의 의사를 본질적으로 제한하거나 상대방에게 일방적으로 불리한 사항 또는 강행법규의 효력규정에 반하는 내용인 때에는 계약의 내용으로 삼을 수 없어 그 전체 또는 일부가 효력이 없는 것으로 보고 있다. 각서의 효력에 관한 분쟁을 사전에 방지하려면 각서의 내용 중 특히 중요한 사항에 대하여는 타이핑과 같은 인쇄문자를 피하고 그 내용을 해당 고객으로 하여금 직접 자서하게 하고 서명을 받아야 한다는 점을 각별히 유의하여야 한다.

12) 약관의 규제에 관한 법률 제3조(약관의 작성 및 설명 의무 등).

13) 고객에 대하여 부당하게 불리한 조항, 고객이 계약의 거래형태 등 제반사정에 비추어 예상하기 어려운 조항, 계약의 목적을 달성할 수 없을 정도로 계약에 따르는 본질적 권리를 제한하는 조항은 공정을 잃은 것으로 추정된다(약관의 규제에 관한 법률 제6조 제2항).

고 있다.[14] 하지만 약관의 전부 또는 일부가 약관의 명시 · 설명 의무(약관의 규제에 관한 법률 제3조)위반으로 계약의 내용으로 삼을 수 없거나 또는 약관 내용 중 일부가 불공정 조항에 해당되어 무효가 되더라도 그 계약은 무효조항을 제외한 나머지 부분만으로 유효하게 존속하는 것이 원칙이다.[15] 다만, 유효한 부분만으로는 계약의 목적달성이 불가능하거나 일방 당사자에게 부당하게 불리한 때에는 당해 계약은 무효가 된다.

14) 법률행위의 일부분이 무효인 때에는 그 전부를 무효로 한다. 그러나 그 무효부분이 없더라도 법률행위를 하였을 것이라고 인정될 때에는 나머지 부분은 무효가 되지 아니한다(민법 제137조, 법률행위의 일부무효).

15) 약관의 규제에 관한 법률 제16조(일부 무효의 특칙).

## 2. 은행법상의 대출금지 부문

(상 황)

D은행 Y지점의 주요거래처인 A주식회사로부터 D은행 주식 매입을 위한 차입 신청을 받았다. 대출을 취급하여도 무방하겠는가?

**은행법 제38조**(금지업무)[1]에 의하면, 금융기관은 직접·간접을 불문하고 해당 은행의 주식을 담보로 하는 대출이나 해당 은행의 주식을 사게 하기 위한 대출 및 해당 은행의 임직원에 대한 대출(금융위원회가 정하는 소액대출은 제외한다)을 금지하고 있다. 그러므로 A주식회사에 대하여 대출을 취급해서는 아니 된다. 이를 위반하여 대출을 취급한 경우에는 해당 임직원에 대하여 1년 이하의 징역 또는 3천만원 이하의 벌금[2]에 처하며, 해당 은행도 3천만원 이하의 벌금을 받게 되고,[3] 경우에 따라서는 은행에 대하여 과징금이 부과[4] 될 수도 있다. 그러나 동 규정은 강행법규의 단속규정[5]으로 해석하고 있다. 따라서 이에 위

1) 은행은 다음 각 호의 어느 하나에 해당하는 업무를 하여서는 아니 된다.
  1. 다음 각 목의 증권에 대한 투자의 총 합계액이 은행의 자기자본의 100분의 100의 범위에서 대통령령으로 정하는 비율에 해당하는 금액을 초과하는 투자. 이 경우 금융위원회는 필요한 경우 같은 투자한도의 범위에서 다음 각 목의 증권에 대한 투자한도를 따로 정할 수 있다.
    가. 자본시장과 금융투자업에 관한 법률 제4조 제3항에 따른 채무증권으로서 상환기간이 3년을 초과하는 것. 다만, 국채 및 한국은행 통화안정증권, 금융산업의 구조개선에 관한 법률 제11조 제6항 제2호에 따른 채권은 제외한다.
    나. 지분증권. 다만, 금융산업의 구조개선에 관한 법률 제11조 제6항 제1호에 따른 주식은 제외
    다. 자본시장과 금융투자업에 관한 법률 제4조 제7항에 따른 파생결합증권중 대통령령으로 정하는 것.
    라. 그 밖에 자본시장과 금융투자업에 관한 법률 제4조 제2항 각 호의 증권 중 대통령령으로 정하는 증권.
  2. 대통령령으로 정하는 업무용 부동산이 아닌 부동산(저당권 등 담보권의 실행으로 취득한 부동산은 제외한다)의 소유.
  3. 자기자본의 100분의 100의 범위에서 대통령령으로 정하는 비율에 해당하는 금액을 초과하는 업무용 부동산의 소유
  4. 직접·간접을 불문하고 해당 은행의 주식을 담보로 하는 대출
  5. 직접·간접을 불문하고 해당 은행의 주식을 사게 하기 위한 대출
  6. 해당 은행의 임직원에 대한 대출(금융위원회가 정하는 소액대출은 제외한다).

2) 은행법 제68조(벌칙).

3) 다만, 법인이 그 위반행위를 방지하기 위하여 해당 업무에 관하여 상당한 주의와 감독을 게을리하지 아니한 경우에는 그러하지 아니하다(은행법 제68조의2, 양벌규정).

4) 은행법 제65조의3(과징금).

반하여 대출을 취급하더라도 여신행위의 사법상의 효력에는 영향이 없다는 것이 대법원의 판례[6]의 입장이다.

참고로 종전의 은행법에는 상품 또는 유가증권에 대한 투기를 목적으로 하는 자금의 대출, 직 · 간접을 불문하고 다른 주식회사의 발행주식의 20/100을 초과하는 주식을 담보로 하는 대출 및 직접 · 간접을 불문하고 정치자금의 대출은 금지업무에 해당하였으나 2010. 5. 17. 현재 금지업무에서 제외되었다.

한편 은행법 제38조(금지업무) 제6호에서 정하는 **'금융위원회가 정하는 소액대출'**이라 함은 다음 각 호에서 정하는 대출을 말한다.[7]

① 20백만원 이내의 일반자금대출

② 위 ①을 포함하여 50백만원 이내의 주택자금대출

③ 위 ①과 ③을 포함하여 60백만원 이내의 사고정리자금 대출. 다만, 가계당좌대출, 예 · 적 · 부금 및 수익권담보대출, 본인소유 주택을 담보로 취급된 대출금 등은 위 대출한도와는 무관하게 취급할 수 있다.

이처럼 은행법은 소속 임직원이 주 채무자 자격으로서 대출받는 것을 금지시키고 있을 뿐 제3자를 위하여 보증을 하거나 담보를 제공하는 것에 대하여는 각 금융기관의 자율적 판단에 맡기고 있다. 하지만 각 금융기관의 복무규정상 직원 소액대출의 경우 이외에는 보증 또는 담보제공 행위를 할 수 없도록 규정하고 있어 사실상 직원 이외에 제3자를 위한 보증이나 담보제공 행위를 할 수 없다고 보아야 한다.

5) 법규는 사법상 법률적 효력을 중심으로 하여 임의법규와 강행법규로 구별된다. 그리고 강행법규는 다시 효력규정과 단속규정으로 구별된다. 당사자의 의사의 합치를 통하여 어떤 법률의 규정에서 정하고 있는 내용을 배제시키고 그 법률의 내용과 다른 내용의 약정을 할 경우 당사자가 약정한 대로 효력이 발생하는 법률의 규정을 임의법규라 하고 반면에 어떤 법률의 규정에서 정하고 있는 내용을 배제시킬 수 없고 설령 법률의 내용과 다른 약정을 하였다 하더라도 법률의 규정에 반하는 그 약정이 당연히 무효가 되는 법률의 규정을 강행법규의 효력규정이라 한다. 그리고 어떤 법률의 규정에 반하여 다른 약정을 한 경우 일단 당사자가 약정대로 효력이 발생하지만 그 법률의 규정을 위반한데 대한 법적 제제를 받게 되는데 이러한 법률의 규정을 강행법규의 단속규정이라 한다.

6) 대법원 1994. 12. 28. 선고 94다28604 판결.

7) 은행업감독규정 제56조(금융기관 임직원에 대한 대출).

## 3. 금융기관의 불공정 영업행위의 금지와 그 유형

(상 황)

은행법 및 은행법 시행령 등에 의하면, 금융기관은 불공정한 영업행위를 금지하도록 규정하고 있는데 그 주요 내용으로는 어떠한 것들이 있는가?

금융감독원에서는 다음 각 호에 해당하는 영업행위(2010년 11월 18일 현재)를 불공정 영업행위로 간주하고, 금융기관으로 하여금 이러한 행위를 하지 못하도록 감시감독을 하고 있다.

1. **은행법 제52조의2(불공정 영업행위의 금지 등)** ① 은행은 공정한 금융거래 질서를 해칠 우려가 있는 다음 각 호의 어느 하나에 해당하는 행위를 하여서는 아니 된다.[1]

가. 여신거래와 관련하여 차주의 의사에 반하여 예금 가입 등을 강요하는 행위

나. 여신거래와 관련하여 차주 등에게 부당하게 담보를 요구하거나 보증을 요구하는 행위

다. 은행 또는 그 임직원이 업무와 관련하여 부당하게 편익을 요구하거나 제공받는 행위

라. 그 밖에 은행이 우월적 지위를 이용하여 은행 이용자의 권익을 부당하게 침해하는 행위

2. **은행법 시행령 제24조의4(불공정 영업행위 금지 등)** ①법 제52조의2 제1항에 따른 불공정영업행위의 구체적 내용은 다음 각 호와 같다.

가. 여신거래와 관련하여 차주의 의사에 반하여 예금, 적금 등 은행상품의 가입을 강요하는 행위

나. 여신거래와 관련하여 차주의 의사에 반하여 예금, 적금 등 은행상품의 해약 또는

1) 은행법 제52조의2를 위반한 은행에 대해서는 5천만원 이하의 과태료를 부과하며, 은행의 임원과 직원에 대해서는 1천만원 이하의 과태료를 부과한다.

인출을 제한하는 행위

다. 여신거래와 관련하여 차주 또는 제3자로부터 담보 또는 보증을 취득할 때 정당한 사유 없이 포괄근담보 또는 포괄근보증을 요구하는 행위2)

라. 여신거래와 관련하여 제3자인 담보제공자에게 연대보증을 요구하는 행위

**3. 은행업감독규정 제88조의2(부당한 담보 및 보증요구 금지 등)** ① 은행법 시행령 제24조의4 제1항 제3호에 따른 정당한 사유 없이 포괄근담보 또는 포괄근보증을 요구하는 행위는 다음 각 호의 어느 하나에 해당하는 행위를 말한다.

가. 차주 또는 제3자로부터 담보를 취득할 경우 포괄근담보를 요구하는 행위. 다만, 담보제공자에게 객관적으로 포괄근담보가 편리하다고 판단되는 경우에 한하여 포괄근담보로 운용할 수 있다.3)

나. 제3자로부터 보증을 취득할 경우 포괄근보증을 요구하는 행위. 다만, 기업의 실질적 소유주(과점주주 포함)라고 판단되는 경우에 한하여 포괄근보증으로 운용할 수 있다.

② 은행법 시행령 제24조의4 제1항 제4호와 관련하여 제3자가 해당 은행에 예치되어 있는 예 · 적금 또는 금전신탁수익권을 담보로 제공하고 연대보증의 책임을 담보제공 범위내로 제한하는 경우에는 불공정 영업행위로 보지 아니한다.4)

③ 은행법 시행령 제24조의4 제4항에 따라 다음 각 호의 어느 하나에 해당하는 행위는 령 제24조의4 제1항에 따른 불공정 영업행위로 본다.

가. 통상적인 대출담보비율을 초과하여 담보와 계열회사의 채무보증을 이중으로 요구하거나 계열회사의 중복채무보증을 요구하는 행위

2) 은행업 감독규정 제88조의2(부당한 담보 및 보증요구 금지 등) 제1항 참조.

3) 제3자 소유의 재산을 포괄근담보로 취득하고자 하는 경우에는 특약사항 란 등에 담보제공자로 하여금 '본인의 필요에 의하여 포괄근담보로 제공한다'라는 문언을 기재하게 하여, 은행법 시행령에서 규정하고 있는 불공정 영업행위에 해당되지 않도록 할 필요가 있다.

4) 단서 조항은 유사시 채권자인 금융기관으로 하여금 상계권을 행사하여 그 담보 예 · 적금 또는 금전신탁수익권으로부터 항상 우선 변제를 받을 수 있도록 하기 위하여 마련된 규정으로 생각된다.
따라서 예 · 적금 또는 금전신탁수익권을 담보로 제공받는 동시에 담보제공자를 연대보증인으로 입보하고자 하는 경우에는 근보증서의 특약사항란 등에 '담보로 제공한 예금(또는 적금 · 금전신탁수익권을 담보)금액 범위 내에서 연대보증 책임을 진다'라는 문언을 반드시 기재하게 하여, 은행법 시행령에서 규정하고 있는 불공정 영업행위에 해당되지 아니함을 분명히 하여야 할 것이다.

나. 여신취급과 관련, 백지수표를 받거나 담보용 백지어음의 보충권을 남용하는 행위

다. 여신거래처 고용임원에 대하여 연대입보를 요구하는 행위

라. 신용보증기금의 신용보증서 등 공신력 있는 금융기관의 지급보증서를 담보로 하는 여신에 대하여 연대보증인의 보증을 요구하는 행위. 다만, 부득이하여 보증하는 경우에도 연대보증인의 보증 채무는 동 지급보증서에 의하여 담보되지 아니하는 부분에 한한다는 것을 명확하게 하여야 한다.

마. 은행 또는 그 임직원이 업무와 관련하여 직접 또는 간접적으로 은행 이용자 또는 이해관계자로부터 금전, 물품, 편익 등을 부당하게 요구하거나 제공받는 행위로써 다음 각목의 어느 하나에 해당하는 것을 말한다.

(1) 은행이 제공받은 금전 등의 이익이 사회적 상규에 반하거나 공정한 업무수행을 저해하는 경우

(2) 거래상대방과 비정상적인 금융상품 거래계약체결을 통해 이루어지는 경우

**4. 은행업감독규정 제88조**(구속행위 금지) ① 은행법 시행령 제24조의4 제1항 각 호에 따른 여신거래는 다음 각 호의 어느 하나를 말한다.

가. 원화대출

나. 원화 지급보증 중 융자담보용 지급보증, 사채발행 지급보증, 상업어음 보증, 무역어음 인수

다. 특정기업에 대한 여신에 갈음하는 유가증권 매입 중 사모사채 인수, 보증어음 매입

라. 외화대출

② 은행법 시행령 제24조의4 제1항 제1호에 따른 은행상품의 가입을 강요하는 행위는 중소기업(중소기업기본법 제2조 제1항에 따른 중소기업을 말한다. 다만, 통계법에 따른 한국표준산업분류상 금융업, 보험 및 연금업, 금융 및 보험 관련 서비스업을 영위하는 기업과 주채무계열에 소속된 중소기업은 제외한다) 및 개인에 대한 여신거래와 관련하여 다음 각 호의 어느 하나에 해당하는 행위를 말한다.

가. 차주의 의사에 반하여 예금, 적금, 상호부금, 금전신탁을 수취하거나, 공제에 가입시키거나, 양도성예금증서 또는 금융채, 환매조건부채권 등 유가증권을 매각하거나, 보험,

집합투자증권을 가입하게 하는 구속행위로서 감독원장이 정하는 구체적 기준에 해당하는 행위

나. 제3자 명의를 이용하거나 여신거래영업소 이외의 다른 영업소 또는 다른 금융기관을 통하여 이루어진 거래로서 실질적으로 차주의 자금사용을 제한하는 행위

③ 은행법 시행령 제24조의4 제1항 제2호에 따른 차주의 의사에 반하여 은행상품의 해약 또는 인출을 제한하는 행위는 차주의 동의 없이 담보권을 설정하거나 정당한 사유 없이 주의 또는 사고계좌로 전산등록을 하는 방법으로 예금, 적금, 공제, 양도성예금증서 또는 금융채, 환매조건부채권 등 유가증권의 해약 또는 인출을 제한하는 행위를 말한다.

④ 제2항 및 제3항과 관련하여 은행은 차주의 여신규모 및 신용도 등을 감안하여 구속행위에 해당되는지 여부를 정기적으로 점검하는 등 구속행위를 방지할 수 있는 내부통제절차를 마련, 운영하여야 한다.

**5. 은행업감독업무 시행세칙 제67조(예금의 구속행위)** ① 은행업 감독규정 제88조 제2항 제1호에서 감독원장이 정하는 구속행위의 구체적 기준이라 함은 중소기업[5] 및 신용도가 낮은 개인[6]에 대한 여신과 관련하여 여신실행일 전후 1월 이내에 월수입금액(일시에 수취하는 경우 월수입금액으로 환산하여 적용)이 대출금액의 100분의 1을 초과하여 예·적금, 상호부금, 금전신탁, 공제, 양도성예금증서, 금융채, 환매조건부채권, 보험, 집합투자증권 등을 판매하는 것을 말한다. 다만 다음 각 호의 사실이 객관적으로 인정되는 경우는 제외한다.

가. 여신실행일 전에 수취된 예금으로서 동 예금금액 범위 내에서 예금담보대출을 취급하는 경우

나. 물품대금 결제 또는 담보물 교체를 위해 예금을 가입하는 등 금융거래상 차주에게 필요한 경우

다. 차주가 대출약정서에 의하여 대출 금리를 감면받기 위해 예금 등을 가입하거나 개인차주가 여유자금 운용목적으로 예금 등을 가입하는 경우

5) 중소기업기본법상의 중소기업을 말하며, 한국표준산업분류상 금융업, 보험 및 연금업, 금융 및 보험 관련 서비스업을 영위하는 기업과 주채무계열에 소속된 중소기업은 제외한다.

6) 은행의 신용평가 결과 신용정보의 이용 및 보호에 관한 법률 제4조에 따라 금융위의 허가를 받은 신용평가회사 기준 7등급 이하 상당의 신용등급에 해당하는 자를 말한다.

② 제1항에 해당하지 않는 행위로서 실질적으로 차주의 자금사용을 제한하거나 의사에 반하여 예금 등을 판매하는 경우에는 이를 제1항에서 정하는 구속행위로 본다.

③ 제1항의 규정에도 불구하고 여신거래처의 신용상태의 급격한 악화 등 채권보전상의 불가피한 사유로 여신거래처의 예금을 구속한 경우에는 이를 예금의 구속으로 보지 아니한다.

# 제 2 장 수신법률의 실무

# 제 1 절 금융실명거래 · 정보제공

## 1. 차명예금과 관련한 법률문제

(상 황)

a. 甲은 X은행 Y지점을 방문, 자신의 신분증과 가족관계증명서를 제시하고 배우자(乙) 명의로 정기예금(1억, 매월이자 지급식)을 하였다.
b. 예금자원은 자신(甲)의 명의로 개설된 다른 금융기관의 예금계좌에서 인출하였으며, 거래인감도 자신의 도장으로 신고하는 한편 이자는 매월 자신의 명의로 된 예금계좌로 자동이체가 되도록하였다.

### (1) 차명예금계약이 가능한지 여부

**금융실명거래 및 비밀보장에 관한 법률(이하 '실명법'이라 한다)의 시행 하에서도 예금명의자가 아닌 제3자를 예금주로 하는 예금거래계약(차명예금)이 가능한가?**

실명법 시행 하에서도 실명법 위반에 따른 행정적 제재[1]는 별론으로 하고, 예금명의인(乙)이 아닌 제3자를 예금주로 하는 소위 차명예금 계약도 가능하다. 다만, 예금명의자에 대한 실명확인 절차가 이루어지고 예금명의자를 예금주로 하여 예금거래신청서를 작성하였음에도 불구하고, 예금명의자가 아닌 제3자를 예금계약의 당사자로 하는 예금계약으로 인정받기 위해서는 그 신청서에 기재된 자와 예금계약을 체결하지 아니하고, 제3자에게 예금을 반환하기로 하는 약정이 있었음을 명확히 증명할 수 있는 구체적이고 객관적인 증거가 있어야만 한다.[2]

금융기관 직원이 행정 당국의 제재와 금융감독기관의 징계 및 향후 예금주 확정을 둘러싼 분쟁 발생 등을 감수하면서까지 장부상의 예금명의인이 아닌 제3자와 예금거래계약

1) 거래자의 실명에 의하지 아니하고 거래하는 경우 그 임직원 및 금융기관에 대하여 최고 5백만원 상당의 과태료를 부과(실명법 제7조 및 제8조)하도록 규정하고 있다.

2) 대법원 2009. 3. 19. 선고 2008다45828 전원합의체 판결.

을 체결한다는 것은 극히 이례적인 일인 만큼, 소위 차명예금 거래계약은 이론상으로는 가능하지만 실질적으로 존재하기는 어려울 것으로 생각된다.

실명법 제3조(금융실명거래) 제1항에 의하면, 금융기관은 거래자의 실지명의에 의하여 금융거래를 하여야 한다고 규정하고 있으면서도 이를 위반한 경우 그 효력에 관하여는 아무런 규정을 두지 아니하고, 단지 이를 위반한 금융기관의 해당 임직원과 금융기관에 5백만원 이하의 과태료를 부과[3]하도록 규정하고 있는 점을 고려할 때, 실명법 제3조 제1항은 강행법규[4]의 효력규정이 아니라 단속규정으로 하려는 입법자의 의도를 짐작할 수 있다.

본 조항을 강행법규의 단속규정으로 해석하는 이상, 이를 위반한 예금거래계약이 체결되었다 하더라도 그 예금계약 자체의 사법상의 효력에는 아무런 영향을 미치지 아니한다. 따라서 금융기관과 제3자 간에 예금명의인이 아닌 제3자를 예금주로 하는 소위 차명예금 거래계약도 일단 가능할 것으로 본다.

그렇다면 금융기관과 제3자 간에 예금명의자가 아닌 제3자를 예금계약의 당사자로 하는 예금거래계약이 체결된 것으로 인정되기 위해서는 과연 어떠한 요건을 충족하여야 하는가이다. 이에 관한 대법원의 입장을 정리하면 다음과 같다.

**1. 종전 대법원 판례의 태도** 금융기관과 예금의 실질적인 출연자 간에 장부상의 예금명의자에 불구하고 출연자(제3자)에게 예금을 반환하기로 하는 명시적 또는 묵시적인 약정을 한 경우에는 금융기관은 출연자와 예금계약을 체결한 것으로 판시[5]한 바 있다.

**2. 현재 대법원 전원합의체의 태도** 금융기관 직원이 예금거래신청서상의 예금명의자에 대한 실명확인 절차를 거치고 예금거래신청서에 기재하는 등 예금명의자와

3) 실명법 제7조(과태료) 및 제8조(양벌규정) 참조.

4) 법규는 사법상 법률적 효력을 중심으로 하여 임의법규와 강행법규로 구별된다. 그리고 강행법규는 다시 효력규정과 단속규정으로 구별된다. 당사자의 의사의 합치를 통하여 어떤 법률의 규정에서 정하고 있는 내용을 배제시키고 그 법률의 내용과 다른 내용의 약정을 할 경우 당사자가 약정한 대로 효력이 발생하는 법률의 규정을 임의법규라 하고 반면에 어떤 법률의 규정에서 정하고 있는 내용을 배제시킬 수 없고 설령 법률의 내용과 다른 약정을 하였다 하더라도 법률의 규정에 반하는 그 약정이 당연히 무효가 되는 법률의 규정을 강행법규의 효력규정이라 한다. 그리고 어떤 법률의 규정에 반하여 다른 약정을 한 경우 일단 당사자가 약정대로 효력이 발생하지만 그 법률의 규정을 위반한데 대한 법적 제제를 받게 되는데 이러한 법률의 규정을 강행법규의 단속규정이라 한다.

5) 대법원 2002. 5. 14. 선고 2001다75660 판결 외 다수.

예금계약을 체결할 의사를 표시하였다면, 실명확인 절차를 거쳐 작성된 예금거래신청서 등의 증명력을 번복하기에 충분할 정도의 명확한 증명력을 가진 구체적이고 객관적인 증거에 의하여 예금명의자와의 예금계약을 부정하여 예금명의자의 예금반환청구권을 배제하고, 제3자와 예금계약을 체결하여 제3자에게 예금반환청구권을 귀속시키려는 명확한 의사의 합치가 있었다고 인정되는 것으로 볼 수 없는 한 금융기관은 예금명의인자와 예금거래계약을 체결한 것으로 본다고 판시하는 한편 지금까지 이와 다르게 판결한 모든 대법원 판결들을 변경한다는 판결[6]을 하였다.

**3. 결 론** 예금거래신청서 등 장부상의 예금명의인이 아닌 제3자를 예금주로 하는 소위 차명예금 거래계약의 성립을 인정하되 그 범위를 예금거래신청서 등의 증명력을 번복하기에 충분할 정도의 명확한 증명력을 가진 구체적이고 객관적인 증거가 있는 경우로 한성하고 있다.

금융기관과 제3자 간에 예금거래신청서 등 장부상의 예금명의자가 아닌 제3자를 예금계약의 당사자로 하는 예금거래계약이 유효하게 체결된 것으로 인정된다 하더라도, 장부상의 예금명의인이 금융기관에 대하여 실명법 위반을 문제삼는다면, 법 위반에 따른 제재는 물론 감독기관의 징계를 면할 수 없을 뿐만 아니라 예금명의인에 대한 선의의 채권자가 동 예금채권에 대하여 가압류(압류)를 하게 되면 예금을 상실할 위험이 있고, 또한 예금명의인이 사망할 경우에는 상속인과의 분쟁을 피하기 어려울 것이다. 따라서 거래고객으로부터 제3자 명의의 예금거래계약 요청이 있는 경우에는 이러한 문제점을 충분히 설명하고 거절하는 것이 당연하며, 그것이 곧 고객이나 금융기관 직원 모두에게 유익한 일이라고 판단된다.

### (2) 차명으로 예금거래를 하고자 하는 이유 및 차명예금의 유형

**예금의 진정한 권리자가 굳이 차명으로 예금거래를 하고자 하는 이유와 실무상 발생할 수 있는 차명예금의 유형은?**

예금의 진정한 권리자가 굳이 차명으로 예금거래를 하고자 하는 주된 이유는 금융기관 파산시 예금보험공사(새마을금고의 경우 안전관리기금)로부터 보호를 받거나 이자소득세의 절감, 금융소득종합과세 회피, 강제집행면탈, 자금출처 은닉 등이다. 한편 대표적인 차명(타

6) 대법원 2009. 3. 19. 선고 2008다45828 판결.

인명의) 예금의 유형으로는 다음과 같은 것이 있다.

**1. 출연자와 예금명의인 상호간의 담합에 의한 차명예금** 예금의 실질적인 출연자(명의신탁자)와 예금거래신청서 등 장부상의 예금명의인(명의수탁자)이 서로 담합하여 예금명의인 앞으로 개설된 예금[7]으로, 실질적인 예금의 출연자와 통장상에 표시된 예금의 명의인이 서로 일치하지 아니하는 예금을 의미한다. 금융기관이 예금명의인과 예금계약을 체결한 이상 실명법을 위반한 것이 아니며, 실명을 확인한 예금명의인에게 예금을 반환하면 면책된다. 다만, 출연자와 예금명의인 간에 분쟁이 있는 때에는 변제공탁을 하거나 소송결과에 따라 처리하는 것이 적절할 것으로 판단된다.

**2. 타인명의 무단도용에 의한 차명예금** 금융기관 직원이 주민등록증 등 신분증 대조를 소홀히 함으로써 예금 명의인의 의사와는 전혀 무관하게 제3자에 의해 개설된 예금 또는 금융기관과 실질적인 예금의 출연자(제3자)간에 예금의 명의인이 누구이든 불문하고 출연자에게 예금을 반환하기로 하는 명확한 증명력을 가진 구체적이고 객관적인 약정 하에 개설된 예금을 의미한다. 전자에 의해 개설된 예금계좌는 범죄에 이용될 가능성이 많으므로 예금계좌 개설 업무를 처리할 때에는 각별한 주의가 요구된다.

타인명의 무단도용에 의한 차명예금 개설 행위는 실명법에 반하는 업무처리로써 금융기관 및 관계 직원은 동 법규에서 정한 제재 및 금융감독기관의 징계를 받게 될 것이다.

### (3) 차명으로 예금을 한 경우 그 예금주

**예금거래신청서 등 장부상에 기재된 예금명의자(乙)가 정기예금의 지급을 청구해 올 경우, X은행의 실무처리는?**

위 사례의 경우 X은행으로서는 예금명의인인 乙을 예금주로 보아야 할 것이므로 乙이 예금반환을 요구한다면 지급을 하여야 할 것으로 판단된다. 그러나 甲과 X은행 간에 예금거래신청서 등 장부상의 예금명의인이 아니라 甲에게 예금을 반환하기로 하는 별도의

7) …실질적인 예금의 출연자와 예금명의인 사이에 명의신탁 약정(합의차명)을 한 경우, 예금의 명의인은 출연자의 요구가 있을 경우에는 금융기관에 대한 예금반환채권을 출연자에게 양도할 의무가 있다고 보아야 할 것이어서 출연자는 명의신탁을 해지하면서 명의인에 대하여 금융기관에 대한 예금채권의 양도를 청구하고 아울러 금융기관에 대한 양도통지를 할 것을 청구할 수 있다(대법원 2001. 1. 5. 선고 2000다49091 판결). 예금명의인(명의수탁자)이 이를 무단 인출 소비하거나 또는 명의신탁자(위탁자)로부터 반환요구를 받았음에도 이를 영득할 의사로 반환을 거부하는 경우에는 횡령죄가 성립한다(대법원 2000. 8. 18. 선고 2000도1856 판결).

명확한 약정이 있고, 그 증거(구체적이고 객관적인 증거이어야 한다)가 있다면 甲을 예금계약의 당사자로 보아야 할 것이므로, 乙의 지급 요구를 거절하여야 할 것으로 본다.

금융기관과 예금계약을 체결하려는 사람이 다른 사람의 명의를 빌려 예금계약을 체결한 경우에 금융기관에 대한 관계에서 그 예금계약의 당사자, 즉 예금주가 누구인지가 문제된다. 이에 대한 대법원의 입장과 그 변화 과정을 살펴보면 다음과 같다.

**1. 실명법 시행 이전의 태도** 금융기관이 타인명의 예금이란 사실을 알았던 몰랐던 불문하고 그 예금을 실질적으로 지배하는 자(출연자)를 예금주로 보아야 한다[8]는 태도를 취하였다.

**2. 실명법 시행 이후의 태도**

가. 과거 대법원의 입장

신규개설 당시 예금거래신청서 등 장부상에 기재된 명의인을 예금주로 보는 것[9]이 원칙이지만, 출연자와 금융기관 사이에 특별한 약정, 즉 출연자와 금융기관 사이에 장부상의 명의자가 아닌 출연자 등 제3자에게 예금반환채권을 귀속시키기로 하는 명시적 또는 묵시적인 약정이 있는 경우에는 장부상의 예금명의인에도 불구하고 제3자가 예금주가 되는 것으로 판단하였다.

■ 예금통장에 기재된 자를 예금주로 본 사례

1. 사건 개요

① 甲은 A은행에서 乙명의의 장기가계금전신탁을 신규 개설함. 甲은 과거부터 乙의 자금을 관리하였고 乙의 자금으로 甲명의 예금을 하기도 하였음.

② 甲은 신규개설을 한 다음날 전화로 동 예금의 중도해지를 요청함.

③ A은행은 중도해지 후, 甲의 처(丙)에게 예금을 반환

8) 타인명의로 개설된 예금의 예금주를 누구로 보아야 하는지에 관한 학설에는 객관설과 주관설이 있다. 객관설은 통장상의 예금의 명의인에 불구하고 예금을 실질적으로 지배하는 자(출연자)를 예금주로 보아야 한다는 견해이다.

9) 주관설은 예금계약 체결 당시 은행과 출연자 간에 제3자를 예금주로 하기로 하는 명시적 또는 묵시적인 약정이 없었다면, 장부상의 예금명의인을 예금주로 보아야 한다는 견해이다.
금융기관에 예금을 하고자 하는 자는 원칙적으로 주민등록증과 인감을 가지고 나가 자기 이름으로 예금을 하여야 하고, 대리인이 본인의 주민등록증과 인감을 가지고 가서 본인의 이름으로 예금하는 것이 허용된다 하더라도 이 경우 금융기관으로서는 특별한 사정이 없는 한 주민등록증을 통하여 실명확인을 한 예금명의자를 소정의 거래자로 보아 그와 예금계약을 체결할 의도라고 보아야 한다(대법원 2000. 3. 10. 선고 99다67031 판결).

2. 사건 진행 및 판결 내용
① 乙이 A은행을 상대로 예금반환청구의 소를 제기함.
② 대법원은 甲이 乙의 자금을 오래 전부터 관리해 온 사정만으로 甲을 예금주로 볼 만한 특별한 사정이 있다고 할 수 없으므로, 乙을 예금주로 본다고 판시함.
③ A은행은 표현대리에 의한 예금의 지급이 유효함을 주장하였으나 이를 인정하지 아니하고, 원고(乙) 승소 판결함.

■ 예금을 실질적으로 지배하는 자(출연자)를 예금주로 본 사례

1. 사건 개요
① 甲은 J새마을금고에 1억원을 예치하면서, 이자소득세 절감 및 금고가 파산할 경우를 대비하여 본인과 A, B, C, D 명의로 분산하여 각각 예치하였음.

2. 사건 진행 및 판결 내용
① J새마을금고 파산
② 甲은 새마을금고를 상대로 안전기금관리규정상 예금보호규정을 들어 본인 및 A, B, C, D에게 각각 1천만원(당시 규정상 보호금액은 1인당 1천만원)을 반환해 달라는 예금반환청구의 소를 제기함.
③ 대법원은 A, B, C, D 명의로 된 예금의 실권리자를 甲으로 보고, 甲에게만 1천만원을 반환하라는 판결을 함.

■ 특별한 사정이 인정되어 출연자를 예금주로 본 사례

1. 사건 개요
① A가 K신협에서 B(A의 가족)명의로 정기예금을 예치하면서, A이외에는 원리금을 인출할 수 없으며, 이자도 A가 받기로 약정하는 한편 통장도 A가 보관하고 있었음.
② 그 후 B가 사망하였고, A가 예금반환 요청함.
③ K신협은 B를 예금주로 보고 지급을 거절함.

2. 사건 진행 및 판결 내용
① A(원고)가 신협을 상대로 예금반환청구 소송 제기
② 대법원은 A를 진정한 예금주로 판단하고 원고(A) 승소 판결.

나. 현재 대법원 전원합의체의 입장

예금명의자의 실명확인 절차가 이루어지고 예금명의자를 예금주로 하여 예금계약서를

작성하였음에도 불구하고, 예금명의자가 아닌 출연자 등을 예금계약의 당사자라고 볼 수 있으려면, 금융기관과 출연자 등과 사이에서 실명확인 절차를 거쳐 서면으로 이루어진 예금명의자와의 예금계약을 부정하여 예금명의자의 예금반환청구권을 배제하고 출연자 등과 예금계약을 체결하여 출연자 등에게 예금반환청구권을 귀속시키겠다는 명확한 의사의 합치가 있는 극히 예외적인 경우로 제한되어야 한다.

그리고 이러한 의사의 합치는 금융실명거래 및 비밀보장에 관한 법률에 따라 실명확인 절차를 거쳐 작성된 예금거래신청서 등의 증명력을 번복하기에 충분할 정도의 명확한 증명력을 가진 구체적이고 객관적인 증거에 의하여 매우 엄격하게 인정하여야 한다[10]는 입장을 취하였다.

■ 예금통장에 기재된 자를 예금주로 본 사례

1. 사건 개요
   ① 甲이 X금융기관을 방문, 자신의 신분증 및 가족관계증명서를 제시하고 乙(배우자)명의로 정기예금(42백만원) 신규 개설함.
   ② 예금자금은 다른 은행에 예치된 甲자신의 계좌에서 출금
   ③ 예금거래신청서는 甲이 작성하였으며, 자신의 도장을 거래인감으로 등록함.
   ④ 예금계좌의 비밀번호도 평소 자신이 사용하던 다른 정기예금계좌의 비밀번호와 동일하게 신고하는 한편 예금계좌의 이자도 매월 자신의 명의로 된 다른 은행 예금 계좌로 자동이체되도록 신청하였음.

2. 사건진행 및 판결내용
   ① 대법원은 종전의 입장과 같이, X금융기관과 甲 사이에 예금거래신청서 등에 기재된 예금명의자(乙)가 아닌 제3자(甲)를 예금계약의 당사자로 하기로 하는 묵시적 약정이 체결되었다고 보고 예금의 권리자를 甲이라고 판결하였음.
   ② 그러나 대법원 전원합의체에서는 'X은행이 명확히 알기 어렵거나 예금계약과는 별개인 甲과 乙사이의 내부적 법률관계에 불과한 자금 출연경위, 거래 인감 및 비밀번호의 등록 · 관리와 예금의 인출 상황 등의 사정만으로, 금융기관이 예금계약 체결 당시, 실명확인 절차와 마찬가지로 출연자 등의 인적사항을 구체적으로 확인하고, 출연자 등이 예금계약서 작성 등에 의하여 표시된 예금명의자의 의사를 배제하고 예금반환청구권을 출연자 등에게 귀속시키는 예금계약을 체결할 권한을 갖고 있다는 사정을 명확히 알았다고 인정되지 않는 한, 금융기관이 본인인 예금명의자의 대리인의 자격으로 예금계약서 등을 작성함에 불과한 출연자 등을 예금계약의 당사자로 하기로 합의하였다고 쉽게 인정할 수 없다. 그럼에도 불구하고 실명확인 절차를 거쳐 예금거래신

10) 대법원 2009. 3. 19. 선고 2008다45828 전원합의체 판결.

청서 등에 예금명의자로 기재된 자가 아닌 제3자(甲)를 예금계약의 당사자라고 판단한 것은 실명법상 예금계약 당사자의 해석 및 확정에 관한 법리의 오해가 있다. 그러므로 이 사건의 경우 예금명의자(乙)가 권리자로 보아야 한다며 대법원의 판결을 파기함.

### (4) 실명법을 위반한 금융기관과 직원의 책임

**실지명의에 의한 금융거래를 하도록 규정한 실명법 제3조(금융실명거래)에 위반하여 차명으로 예금계약을 체결한 경우, 해당 금융기관과 그 관련 직원, 그리고 차명예금의 실질적인 예금주 및 명의를 대여해 준 자는 각각 어떠한 제재를 받게 되는가?**

금융실명거래를 위반한 금융기관과 해당 직원은 재정경제부로부터 500만원 이하의 과태료 처분[11]을 받게 될 뿐만 아니라 금융감독기관으로부터 징계 처분을 받게 된다. 그러나 차명예금의 실질적인 예금주는 물론 명의를 대여해 준 자는 어떠한 제재도 받지 아니하며 단지 이자소득세와 주민세가 중과될 뿐이다.

이처럼 실명법은 금융기관과 금융기관 직원에 한하여 책임과 의무를 규율하고 있다. 따라서 차명으로 예금을 한 자(실질적인 예금주)와 명의를 대여해 준 자(통장상의 명의인)는 이 법상의 제재를 전혀 받지 아니하며, 아울러 업무상 방해죄(실명확인업무 방해)도 성립하지 않는다는 것이 대법원 판례의 태도이다. 다만, 차명으로 예금을 하였다가 실권리자 명의로 실명전환[12]을 할 때에 기 발생한 이자소득의 99/100에 해당하는 금액을 이자소득세 및 주민세 등으로 중과될 뿐이다.

실명법을 위반한 직원에 대한 과태료 처분은 주된 위반행위자는 물론 종된 위반행위자에 대해서도 부과되며, 부점장급 이상 간부가 위반 행위를 하거나 별도로 정한 특정 사항에 해당될 경우에는 해당 금융기관에 대해서도 부과될 수 있다.[13]

---

11) 금융기관은 거래자의 실지명의에 의하여 금융거래를 하여야 한다(금융실명거래 및 비밀보장에 관한 법률 제3조 제1항). 금융실명거래 및 비밀보장에 관한 법률 제3조(금융실명거래)의 규정을 위반한 금융기관의 임원 또는 직원은 5백만원 이하의 과태료에 처한다(실명법 제7조).

12) 실명에 의하지 아니하고 거래한 금융자산에서 발생하는 이자 및 배당소득에 대하여는 소득세의 원천징수세율을 90/100[특정채권에서 발생하는 이자소득의 경우에는 20/100(2001년 1월 1일 이후부터는 15/100)]으로 하며, 소득세법 제14조 제2항의 규정에 의한 종합소득과세표준의 계산에 있어서 이를 합산하지 아니한다(실명법 제5조, 비실명자산소득에 대한 차등과세).

13) 법인의 대표자나 법인 또는 개인의 대리인, 사용인 기타 종업원이 그 법인 또는 개인의 업무에 관하여 위반행위를 한 때에는 행위자를 처벌하는 외에 그 법인 또는 개인에 대하여도 각 해당 조의 벌금

금융감독기관의 관련 규정[14]에 의한 징계처분 대상자로는 행위자는 물론 추종자 및 그 업무의 처리를 실질적으로 감독[15]할 지위에 있는 자도 포함된다. 과태료 처분에 관한 자세한 내용은 다음과 같다.

**1. 주된 위반행위자** 단독으로 위반해위를 한 자, 위반행위를 지시 또는 공모한 자, 기타 위반행위에 적극 개입한 자 등은 주된 행위자로 간주한다. 주된 위반행위자에 대하여는 거래금액(위반행위의 대상이 된 금융자산의 위반행위 당시 입출금액 등의 합계)의 다과, 고의 또는 과실 여부에 따라 차등하여 과태료가 부과된다. 다만, 부주의로 인한 경우에는 1회에 한하여 면제하되, 2회 이상 적발된 경우에는 거래금액을 합산하여 엄중하게 부과한다.

**2. 종된 위반행위자** 위반 행위에 단순 가담하거나 지시를 추종한 자 등은 종된 위반행위자로 간주한다. 종된 위반행위자에 대하여는 책임의 경중에 따라 주된 위반 행위자에 대하여 부과된 금액의 20/100~50/100을 부과한다.

**3. 반복적 위반행위자** 동일인이 과태료를 부과받은 후 다시 위반행위를 한 경우에는 500만원 이내에서 정상적인 부과금액의 50/100을 추가하여 부과한다. 동일인이 과태료를 부과받은 후 당해 과태료 부과 시점의 이전의 위반행위가 추가로 적발된 경우에는 이미 부과받은 과태료 금액과 500만원의 차액 범위 내에서 부과한다.

**4. 자진보고** 위반행위자 또는 위반행위자가 소속된 점포의 부점장이 위반행위를 검사 또는 민원 제기 전에 감독기관에 보고한 경우에는 과태료의 50/100을 경감하여 부과할 수 있다.

**5. 금융기관에 대한 과태료 부과** 위반행위자가 속한 금융기관이 관련된 위반행위 등으로 동일 금융기관에서 5인 이상이 과태료를 부과받은 경우, 부점장급 이상 간부가 위반행위와 관련되어 과태료를 부과받는 경우, 중대한 위반행위가 발생하는 등 위반행위를 방지하기 위하여 상당한 주의 감독을 하지 아니하였다고 판단되는 경우에 해당되면 그 금융기관에 대하여도 500만원의 과태료를 부과한다. 다만, 금융기관이 자진보고를 하거나 외부검사 또는 민원제기 전에 자체 적발하여 조치하는 등 위반행위를 방지하기 위하여 상당한 주의, 감독을 한 경우에는 면제한다.

또는 과태료를 과한다. 다만, 법인 또는 개인이 그 위반행위를 방지하기 위하여 해당 업무에 관하여 상당한 주의와 감독을 게을리 하지 아니한 경우에는 그러하지 아니하다(실명법 제8조, 양벌규정).

14) 금융기관검사 및 제재에 관한 규정 시행세칙(별표 3).

15) 감독자에 해당되지 않는 감사통할책임자 및 부점장에 대해서는 별도의 제재가 따를 수 있다.

한편 금융실명거래와 관련 특히 다음 사항에 유의하여야 할 것이다.

1. 금융실명거래와 관련 특히 문제가 되는 것은 금융기관 직원이 주민등록증 등 신분증 대조를 소홀로 인하여 예금명의인의 의사와는 전혀 관계없이 타인이 예금계좌를 개설한 경우와 같이 직원의 과실에 의하여 차명계좌가 개설된 경우에도 금융실명제를 위반한 것으로 본다[16]는 점이다. 선량한 직원의 입장에서는 억울하다 할 수도 있겠지만 악용하는 소지를 없애기 위해서는 불가피한 결정으로 본다.

금융감독기관의 관련규정(금융기관검사및제재에관한규정시행세칙)에도 실명법 위반시의 과태료 및 제재기준을 고의와 과실로 구분하여 별도로 정하고 있는 점을 볼 때, 이 처럼 직원 과실에 의하여 차명계좌가 개설된 경우에도 과태료 처분은 물론 금융감독기관의 징계처분을 피할 수 없을 것으로 본다. 따라서 예금신규업무를 취급할 때에는 무엇보다도 본인 확인에 상당한 주의를 기울여야 할 것이다.

2. 타인의 주민등록증으로 그 주민등록증의 본인 행세를 한 자[17]는 공문서부정행사죄(형법 제230조)로, 주민등록증을 위조하여 본인 행세를 한 자[18]는 공문서위조죄(형법 제225조) 및 동 행사죄(형법 제229조)로 형사처벌을 받게 된다. 실무상 유사 사례가 발생한 때에는 동 법규를 적극 활용한다면 사태 해결에 도움이 될 것으로 생각된다.

3. 금융기관 소속 임직원이 금융실명법 위반 혐의가 있을 때에는 그 금융기관은 감독원장에게 보고하여야 한다(금융기관검사및제재에관한규정시행세칙 제5장 제67조 제1항)는 점을 유념하여야 할 것이다.

16) 금융기관이 거래상 필요한 주의를 기울여 실명확인증표와 거래자의 진위 여부 등을 확인하였으나 실명확인증표가 위조된 사실을 발견하지 못한 상태에서 그 위조된 실명확인증표에 의해 실명확인을 하고 금융거래를 한 경우는 금융실명거래 및 비밀보장에 관한 긴급재정경제명령 제3조를 위반한 것으로 보지 아니한다. 그러나 본인대조 확인 소홀 등 직원의 과실에 의하여 타인명의 예금이 개설된 경우에는 실명법을 위반한 것으로 본다(재정경제부 유권해석, 실명 46000-142, 1997. 6. 21.).

17) 대법원 2001. 4. 19. 선고 2000도1985 판결.

18) 대법원 1991. 9. 10. 선고 91도1610 판결.

### (5) 차명예금에 대한 압류 및 추심명령의 송달과 그 효력

**X은행과 甲 사이에 예금거래신청서상의 예금명의자(乙)에게 예금을 반환하지 아니하고, 甲에게 반환하기로 하는 서류상의 명백한 약정이 있는 상황에서, 동 정기예금에 대하여 법원으로부터 丙을 집행채권자로 하고, 乙을 집행채무자로 하는 압류 및 추심명령이 송달되었다면 그 효력은?**

이 경우 예금주는 甲으로 보아야 한다는 것이 대법원 판례의 태도이다. 그러나 丙이 동 예금의 진정한 예금주는 乙이 아니라 甲이라는 사실을 알았거나(악의) 중대한 과실로 알지 못하고 압류를 하였다면 그 압류 및 추심명령은 무효[19]가 되지만 선의 또는 경과실로 알지 못한 경우에는 유효한 것으로 보아야 할 것이다.

위 사례를 민법 제108조(통정허위의 의사표시)[20]에 의거 유추해석 하면, 乙명의로 개설된 예금거래계약은 통정허위표시로 무효가 되고, X은행은 甲과 예금거래계약을 체결한 것으로 보아야 할 것이다.

그런데 같은 법 제108조 제2항에 의하면. 통정허위 의사표시의 무효는 선의의 제3자에게 대항하지 못한다고 규정하고 있다. 따라서 丙을 집행채권자로 하고 乙을 집행채무자로 하여 송달된 압류 및 추심명령의 효력은 집행채권자 丙이 선의냐 악의(중대한 과실 포함)냐에 따라 달라진다. 즉 丙이 동 예금의 진정한 예금주는 乙이 아니라 甲이라는 사실을 알았거나(악의) 중대한 과실로 알지 못하고 압류를 하였다면 그 압류 및 추심명령은 무효가 되겠지만, 반대로 선의 또는 경과실로 알지 못한 경우에는 유효한 것으로 보아야 할 것이다. 여기서 丙의 악의 또는 중대한 과실에 대한 입증책임은 X은행과 甲측에 있다.

X은행이 압류 및 추심명령이 유효한 것으로 처리하게 되면 실권리자인 甲이 예금을 상실하게 되어 甲과의 분쟁 소지가 있고, 반면에 무효로 처리하게 되면 X은행이 스스로 실명법을 위반하였음을 인정하는 것이 되어 실명법 위반에 따른 책임을 피할 수 없으므로 압류 및 추심명령을 무효로 처리하든 유효로 처리하든 그 어느 경우에도 문제가 될 수밖에 없다.

19) 진정한 예금주가 乙이 아니라 甲이라는 사실을 알고서 압류하였다면, 乙을 집행채무자로 하여 송달된 압류 및 추심명령은 압류 목적물 부존재로 무효가 될 것이다.

20) 민법 제108조(통정한 허위의 의사표시) ① 상대방과 통정한 허위의 의사표시는 무효로 한다.
② 전항의 의사표시의 무효는 선의의 제삼자에게 대항하지 못한다.

결론적으로 예금의 실질적인 출연자가 타인과 합의하에 차명거래를 하려 하거나 금융기관에 타인명의 예금거래를 요청하는 때에는 실질적인 예금주가 입을 수 있는 위험을 충분히 설명하여 출연자 본인명의로 예금을 하도록 하는 것이 고객 및 직원 모두에게 유익한 업무처리라 생각된다.

## 2. 타인의 신분증을 부정사용한 자의 형사책임

(상 황)

a. D은행 Y지점 직원은 甲이라는 자로부터 예금개좌개설 요청을 받고 자유저축예금 통장을 개설해 주었다.
b. 그런데 또 다른 甲이라는 자가 방문하여 주민등록증을 제시하며, 자신은 Y지점에서 자유저축예금 통장을 개설한 사실이 없다고 주장하고 있다.
c. 사실 조사 결과, 乙이라는 자가 甲의 운전면허증을 가지고 마치 자신의 것처럼 속여 甲명의 예금통장을 개설하게 되었으며, 본인 확인 과정에 직원의 실수가 있었던 것으로 확인되었다.

### (1) 타인의 주민등록증으로 그 본인 행세를 하여 예금을 개설한 자의 형사책임

Y지점으로부터 신분증명서의 제시를 요구받고 다른 사람의 운전면허증을 자신의 것인양 속여 제시한 乙은 형법상 어떠한 처벌을 받게 되겠는가?

乙은 공문서를 부정행사한 것이 되어, 형법 제230조(공문서 등의 부정행사)에 의거 공문서부정행사죄[1]에 대한 죄책을 받게 될 것으로 본다.

운전면허증은 운전면허를 받은 사람이 운전면허시험에 합격하여 자동차의 운전이 허락된 사람임을 증명하는 공문서로서 자격증명과 동일인증명(운전면허증은 신분증명서의 하나로 인정되고 있다)의 기능을 동시에 가지고 있다. 그러므로 제3자로부터 신분확인을 위하여 신분증명서의 제시를 요구받고 다른 사람의 운전면허증을 제시한 행위는 그 사용목적에 따른 행사로서 공문서부정행사죄에 해당한다는 것이 대법원 판례[2]의 태도이다. 따라서 乙은 공문서부정행사죄로 형사처벌을 받게 될 것으로 판단된다.

주민등록증 대조 확인 소홀로 타인에 의해 예금계좌가 개설된 때에는 금융기관 직원이 실명법을 위반[3]한 것이 되어 해당 직원은 물론 추종자, 감독자 등이 재정경제부로부터

1) 공무원 또는 공무소의 문서 또는 도화를 부정행사한 자는 2년 이하의 징역이나 금고 또는 500만원 이하의 벌금에 처한다(형법 제230조, 공문서 등의 부정행사).

2) 대법원 2001. 4. 19. 선고 2000도1985 전원합의체 판결.

과태료 처분을 받을 수 있을 뿐만 아니라 금융감독원으로부터 징계[4]를 받을 수도 있고 특히 그 계좌가 범죄에 사용되면 큰 파장을 불러 올 수도 있다. 따라서 고객으로부터 예금계좌 개설이나 대출신청이 있는 때에는 본인확인을 철저히 함으로써 이러한 문제가 발생되지 않도록 하여야 할 것이지만, 이와 같은 사례가 발생한 경우에는 관련 법률을 적절히 활용, 행위자를 압박한다면 문제해결에 다소나마 도움이 될 것으로 생각된다.

### (2) 타인의 주민등록증에 자신의 사진을 붙여 실명증표로 사용한 자의 형사책임

**乙이 甲의 운전면허증의 사진을 제거하고, 자기 자신의 사진을 붙여 甲명의로 통장을 개설하였다면 어떠한 처벌을 받게 되겠는가?**

乙은 공문서 위조[5] 및 동 행사죄[6]로 형법 제225조(공문서 등의 위조 · 변조) 및 제229조(위조 등 공문서의 행사)에 의거 형사처벌을 받게 될 것으로 본다.

타인의 주민등록증에 붙어 있는 사진을 떼어내고 자기의 사진을 붙인 행위가 공문서위조죄를 구성하는지에 관하여 대법원 판례[7]는 '피고인이 행사할 목적으로 타인의 주민

3) 신분증이 정밀하게 위조되어 있어 금융기관 직원이 선량한 관리자로서의 주의의무를 다하였음에도 위조된 사실을 모르고 계좌가 개설된 때에는 실명법 위반으로 보지 않는다는 것이 재정경제부의 유권해석이다.

4) 법인의 대표자, 법인 또는 개인의 대리인, 사용인 기타 종업원이 그 법인 또는 개인의 업무에 관하여 제6조(벌칙) 또는 제7조(과태료)의 위반행위를 한 때에는 행위자를 벌하는 외에 그 법인 또는 개인에 대하여도 각 해당 조의 벌금 또는 과태료를 과한다(금융실명거래 및 비밀보장에 관한 법률 제8조, 양벌규정).

5) 행사할 목적으로 공무원 또는 공무소의 문서 또는 도화를 위조 또는 변조한 자는 10년 이하의 징역에 처한다(형법 제225조, 공문서등의 위조 · 변조).

6) 형법 제225조 내지 제228조의 벌에 의하여 만들어진 문서, 도화, 전자, 기억 등 특수모체기록, 공정증서원본, 면허증, 허가증, 등록증 또는 여권을 행사한 자는 그 각 벌에 정한 형에 처한다(형법 제229조, 위조 등 공문서의 행사).

7) 형법 제237조의2에 따라 전자복사기, 모사전송기 기타 이와 유사한 기기를 사용하여 복사한 문서의 사본도 문서원본과 동일한 의미를 가지는 문서로서 이를 다시 복사한 문서의 재사본도 문서위조죄 및 동행사죄의 객체인 문서에 해당한다 할 것이고, 진정한 문서의 사본을 전자복사기를 이용하여 복사하면서 일부 조작을 가하여 그 사본내용과 전혀 다르게 만드는 행위는 공공의 신용을 해할 우려가 있는 별개의 문서사본을 창출하는 행위로서 문서위조행위에 해당하고, 타인의 주민등록증사본의 사진란에 피고인의 사진을 붙여 복사하여 행사한 행위가 공문서위조죄 및 동행사죄에 해당한다(대법원 2000. 9. 5. 선고 2000도2855 판결, 기타 참고판결 대법원 1991. 9. 10. 선고 91도1610 판결).

등록증에 붙어 있는 사진을 떼어내고 그 자리에 피고인의 사진을 붙였다면 이는 기존 공문서의 본질적 또는 중요 부분에 변경을 가하여 새로운 증명력을 가지는 별개의 공문서를 작성한 경우에 해당하므로 공문서위조죄를 구성한다.'는 태도를 취하고 있다. 따라서 乙은 공문서 위조 및 동 행사죄가 성립되어 형사처벌을 받게 될 것으로 본다.

## 3. 어음 · 수표에 대한 정보제공 허용 범위

(상 황)

금융기관 영업점 실무상 발생하는 어음 · 수표와 관련한 정보제공의 허용범위에 관한 사항이다.

### (1) 자기앞수표 발행의뢰인에 대한 정보제공의 범위

**자기앞수표의 발행의뢰인이 정보제공을 요구하는 경우 정보제공이 가능한 범위는?**

자기앞수표 발행의뢰인은 금융거래의 명의인으로서 수표발행에 관한 금융거래정보 제공을 요구할 수 있다. 따라서 당해 수표의 발행사실과 수표 앞면에 관한 정보 및 수표 앞면 사본만 제공할 수 있다.[1] 특히 수표의 지급제시인 또는 수표를 입금한 계좌의 명의인의 인적사항 등에 관한 정보는 수표 발행의뢰인에게 제공할 수 없다는 사실을 유념하여야 한다.

참고로 금융실명거래 및 비밀보장에 관한 법률 제4조 제1항에서 규정하는 비밀보장의 대상이 되는 정보 또는 자료의 범위는 다음과 같다.

1. 금융거래 사실(특정인이 어느 금융기관, 어느 점포와 금융거래를 하고 있다는 사실) 여부.

2. 금융기관이 명의인의 금융거래 사실 또는 금융거래 내용을 기록 · 관리하고 있는 모든 장표와 전산기록 등의 원본 및 사본.

3. 금융기관이 보관하고 있는 기록으로부터 알게 된 정보. 따라서 특정 명의인의 전화번호, 주소, 근무처 등도 비밀보장의 대상이다. 다만, 순수한 대출거래, 보증, 담보내역 등에 관한 정보 및 자료(단, 예금거래와 대출거래가 함께 발생하는 당좌대출, 종합통장대출의 경우에는 비밀보장의 대상임)나 신용카드 발급, 가맹점 가입, 카드를 이용한 매출, 현금서비스, 기타 회원 및 가맹점 등에 관한 정보와 자료는 비밀보장의 대상이 되는 정보 또는 자료의 범위에는 해당되지 아니한다. 하지만 이들은 신용정보이용 및 보호에 관한 법률에 의거, 금융감독위원회의 허가를 받은 자(예 : 은행, 증권사, 보험사, 채권추심회사 등)외에는 정보제공을 할 수 없으므로 각별한 주의를 요한다.

---

1) 실명 4600-311(1998. 10. 13.), 실명 4600-431(1996. 8. 21.).

4. 당해 정보만으로는 명의인의 정보를 직접 인지할 수 없지만 다른 정보와 용이하게 결합하여 식별할 수 있는 것.

### (2) 자기앞수표 최종소지인에 대한 정보제공의 범위

**자기앞수표의 최종소지인이 정보제공을 요구하거나 동의서를 제출하는 경우 정보제공이 가능한 범위는?**

이 경우에는 당해 수표의 앞과 뒷면에 나타난 정보에 대하여 정보제공이 가능하다. 따라서 수표 앞과 뒷면의 사본을 제공할 수 있다.

### (3) 부도처리된 자기앞수표의 소지인에 대한 정보제공의 범위

**부도처리된 자기앞수표의 소지인이 사고신고인의 인적사항에 대한 정보제공을 요구하는 경우 정보제공이 가능한 범위는?**

사고신고 그 자체는 금융거래가 아니다. 따라서 자기앞수표 소지인에게 사고신고서에 기재된 내용에 대하여 정보제공이 가능하며, 전화요청에 의해서도 정보제공이 가능하다. 다만, 사고신고인과 자기앞수표 발행의뢰인이 동일인인지 여부는 알려 줄 수 없다.

한편 사고신고인에게는 수표의 지급제시인에 대한 인적사항 등에 대한 정보제공을 할 수 없다. 따라서 사고신고인이 지급제시인간의 합의를 하고자 지급은행에 인적사항을 요청하는 때에는 지급제시인(수표소지인)에게 사고신고인의 인적사항을 알려주어 지급제시인으로 하여금 사고신고인에게 연락하는 우회적인 방법을 취하여야 할 것이다.

### (4) 약속어음 발행인에 대한 정보제공의 범위

**약속어음 또는 당좌수표(가계수표)의 발행인이나 최종소지인이 정보제공을 요구하거나 동의서를 제출하는 경우 정보제공이 가능한 범위는?**

이 경우에는 당해 어음·수표의 앞과 뒷면에 나타난 정보에 대하여 정보제공이 가능하다. 따라서 어음·수표의 사본(앞·뒷면)을 제공할 수 있다.

### (5) 약속어음의 중간배서인에 대한 정보제공의 범위

**약속어음 또는 당좌수표(가계수표)의 중간배서인이 정보제공을 요구하거나 동의서를 제출하는 경우 정보제공이 가능한 범위는?**

이 경우에는 어음의 앞면 및 자신의 전자가 배서한 내용만 정보제공이 가능하다. 따라서 자신의 후자가 배서한 내용에 대해서는 정보제공을 할 수 없다. 그러나 수표의 경우에는 중간소지인에게는 전혀 정보제공을 할 수 없다는 점에 유의하여야 한다.

### (6) 부도처리된 약속어음의 소지인에 대한 정보제공의 범위

**부도가 확인된 약속어음, 당좌수표(가계수표) 소지인이 어음·수표를 제시하며, 정보제공을 요구하는 경우 정보제공 가능 범위는?**

이 경우에는 약속어음·당좌수표 발행인의 주소, 연락처, 성명, 주민등록번호 및 부도금액, 부도시기 등에 관한 정보를 제공할 수 있다.

# 제2절 미성년자 · 공동명의 예금 · 단체예금

## 1. 미성년자와의 예금거래시 유의사항

(상 황)

a. 고등학교에 재학 중인 미성년자인 甲은 D은행 Y지점에 정기예금(1천만원) 계좌를 보유하고 있다.

b. 한편 甲의 부(乙)와 모(丙)는 모두 생존하고 계신다.

### (1) 법정대리인 동의 없이 미성년자와 예금계약을 체결할 수 있는지 여부

금융기관은 법정대리인의 동의를 받지 아니하고, 미성년자와 단독으로 예금계약을 체결할 수 있겠는가?

미성년자 명의로 일반 예금계좌를 개설하고자 하는 경우(당좌예금과 같은 특수한 예금은 제외)에는 법정대리인의 동의를 받지 아니하고 미성년자 단독에 의한 예금거래계약을 체결하여도 무방할 것으로 본다.

민법은 미성년자를 행위무능력자로 규정하는 한편 미성년자가 유효한 법률행위를 하려면 법정대리인[1]의 동의를 받거나(민법 제5조 제1항), 법정대리인이 대리하여야 한다(민법 제920조, 자의 재산에 관한 친권자의 대리권)고 규정하고 있다.

그런데 예금계약의 법적성질을 요물소비임치 계약[2]으로 보고 있으므로 예금거래계약도 하나의 법률행위에 해당한다. 따라서 미성년자 명의의 예금계약이 완전 유효하기 위

1) 법정대리인이라 함은 본인의 위임을 받지 않고도 법률의 규정에 의하여 당연히 대리할 권리가 있는 자를 말한다. 미성년자에 대한 친권자가 이에 해당한다.

2) 계약 당사자 간의 합의만으로 성립하는 계약을 낙성계약이라 하며, 합의 이외에 물건의 인도나 기타의 급부를 하여야만 성립하는 계약을 요물계약이라 한다. 예금계약을 요물계약으로 볼 것인지 아니면 낙성계약으로 볼 것인지에 관하여 학설의 대립이 있다. 이에 관하여 대법원 판례는 요물계약으로 보고 있지만 학설은 낙성계약으로 보아야 한다는 견해가 지배적이다. 필자의 소견으로는 각 예금의 종류에 따라 낙성 또는 요물계약으로 보는 것이 타당할 것으로 판단된다. 다만, 예금거래기본약관 제7조(예금이 되는 시기)를 고려할 때 요물계약으로 보는 것이 금융기관에 유리할 것으로 생각한다.

해서는 법정대리인의 동의를 받아 예금거래계약을 체결하여야 함이 원칙이며, 법정대리인의 동의 없이 미성년자와 단독으로 예금거래계약을 체결한 경우에는 미성년자 본인 또는 그 법정대리인이 이를 취소할 수 있다.[3)]

그럼에도 불구하고 금융기관 실무상으로는 당좌예금과 같은 특수한 경우를 제외한 일반적인 예금거래에 한해서는 미성년자와 단독으로 예금거래계약을 체결하고 있는데 그 이유는 다음과 같다.

1. 금융기관이 법정대리인의 동의 없이 미성년자 단독에 의한 예금계좌 개설 요청에 응하고 있는 것은 이미 오래된 금융관행이다.

전국은행연합회에서 발간한 금융실명거래 업무해설집에도, 미성년자 본인이 학생증(학생증에 주민등록번호가 없는 경우에는 학생증과 주민등록등본이나 초본 또는 건강보험증 등 주민등록번호를 확인할 수 있는 서류를 함께 제시), 여권, 청소년증 등을 지참, 예금계좌 개설 신청이 있는 때에는 금융기관이 실명을 확인하고 그 사본을 보관함으로써 금융실명거래 및 비밀보장에 관한 법률 제3조에서 규정하는 금융실명거래를 이행한 것으로 본다고 명시함으로써 미성년자 단독에 의한 계좌개설이 허용됨을 명문화하고 있다.[4)]

2. 미성년자가 의뢰한 예금은 이미 그 법정대리인으로부터 처분을 허락받은 재산[5)]으로 간주, 금융기관의 입장에서는 미성년자 본인이 자유로이 처분할 수 있는 권한을 가지고 있는 것으로 보고 있다.

3. 미성년자 본인 또는 그 법정대리인이 법률행위의 하자를 이유로 예금계약을 취소한다 하더라도 금융기관에 특별한 문제가 발생되는 것은 아니라고 판단하고 있다. 즉 취소권자가 취소권[6)]을 행사하게 되면 그 예금계약은 소급하여 무효가 되고, 이 경우 금융기관은 예금계약으로 인하여 얻은 이익의 전부를 반환[7)]하여야 하지만, 예금계약이 체결

---

3) 민법 제5조(미성년자의 능력) 제2항.

4) 소년·소녀 가장은 소년·소녀임을 확인할 수 있는 주민등록등본(호주 또는 세대주가 본인으로 등재되어 있는 것)으로 그 단독으로 금융기관과 예금계약을 체결할 수 있으며, 소년·소녀 가장의 대리인(소년·소녀의 경우 후견인이 필요 없으므로 후견인이 대리하여야 하는 것은 아니다)이 예금개좌개설 신청하는 때에는 대리인의 실명 확인증표와 그 위임장 및 소년·소녀 가장임이 확인되는 주민등록등본을 받고 처리하면 된다.

5) 법정대리인이 범위를 정하여 처분을 허락한 재산은 미성년자가 임의로 처분을 할 수 있다(민법 제6조, 처분을 허락한 재산).

6) 취소할 수 있는 법률행위는 무능력자, 하자 있는 의사표시를 한 자, 그 대리인 또는 승계인에 한하여 취소할 수 있다(민법 제140조).

7) 취소한 법률행위는 처음부터 무효인 것으로 본다. 그러나 무능력자는 그 행위로 인하여 받은 이익이

되면 금융기관은 어차피 예금주에 대하여 예금을 반환할 채무를 부담한다. 따라서 설사 미성년자 본인 또는 그 법정대리인이 예금계약을 취소한다 하더라도 언제든지 예금과 그 이자를 반환하면 그만이므로 이로 인한 특별한 문제가 발생될 소지는 없는 것으로 판단하고 있다.

### (2) 미성년자 단독으로 예금지급 청구를 할 수 있는지 여부

**상기 정기예금에 대하여 甲(미성년자)의 단독에 의한 지급 청구가 있는 경우, 이에 응하여도 무방하겠는가?**

지급 청구하는 예금이 미성년자(甲)가 그 법정대리인으로부터 이미 처분을 허락받은 재산으로 볼 수 있는 용돈의 성격을 지닌 입출금이 자유로운 예금이거나 용돈 성격의 극히 소액의 거치식이나 적립식 예금에 해당되는 경우가 아닌 한, 미성년자(甲) 단독에 의한 지급 청구를 거절하고, 그의 법정대리인에게 지급을 하는 것이 안전한 업무처리라 생각된다.

미성년자 명의로 예금거래를 할 때 실무상 문제가 되는 것은 그 예금의 지급과 관련된 사항이다.

예금계약을 해지하는 것도 엄연한 하나의 법률행위이므로 미성년자가 예금계약의 해지를 요구해 올 때에는 그 법정대리인의 동의를 받거나 법정대리인과 거래를 하여야 함이 원칙이다. 미성년자로부터 예금반환(지급) 요구가 있을 때, 그 법정대리인에게 지급을 한다면 금융기관은 법적책임을 다한 것이 되겠지만 미성년자 본인에게 직접 지급을 할 경우에는 문제의 소지가 있다. 예컨대 미성년자가 은행으로부터 지급받은 금전을 도박이나 유흥비 등으로 탕진을 하고, 그의 부 또는 모가 법정대리인의 동의 없이 미성년자에게 예금을 지급함으로써 피해를 입었다고 주장하며, 미성년자가 한 법률행위(예금계약 해지 등)에 대하여 취소권을 행사할 수도 있다. 이 때 미성년자 측의 주장이 타당하다면 그 예금해지에 관한 계약은 소급하여 무효가 되어, 금융기관은 이를 원상회복을 하여야 할 것이지만 반면에 미성년자 측에서는 이익이 현존하는 한도에서 반환하면 되므로 현존하는 이익의 범위에 따라서는 이중 지급의 위험이 따를 수 있다.

결론적으로 미성년자 명의로 된 예금에 대한 지급청구가 있는 때에는 다음과 같이 처리하는 것이 적절할 것으로 판단된다.

---

현존하는 한도에서 상환할 책임이 있다(민법 제141조, 취소의 효과).

1. 용돈의 성격을 지닌 입출금이 자유로운 예금에 대한 지급 청구 또는 용돈 성격의 극히 소액의 거치식이나 적립식 예금의 경우에는 미성년자 본인에게 직접 지급하여도 무방할 것으로 본다. 이는 이미 처분을 허락받은 재산으로 볼 수 있기 때문이다.

2. 그 외의 경우에는 미성년자의 법정대리인에게 지급하는 것이 미성년자를 보호하는 동시에 불필요한 분쟁을 예방하는 안전한 업무처리라 사료된다. 다만, 이 경우 미성년자의 법정대리인인 부와 모 중 그 일방의 청구에 의해서도 지급을 할 수 있는지 여부가 의문이다. 이에 관한 사항은 다음 사례에서 설명하고자 한다.

### (3) 부와 모의 일방이 단독으로 제사고신고 또는 예금지급 청구를 할 수 있는지 여부

**미성년자인 甲의 부(乙) 또는 모(丙) 중 그 일방이 단독으로 甲의 정기예금에 대한 제사고신고 또는 중도해지를 요구한다면, Y지점은 이에 응하여도 무방하겠는가?**

공동친권자(부와 모) 중 그 1인으로부터 미성년인 子의 정기예금에 대한 제사고신고 또는 중도해지 요청이 있는 경우, Y지점은 이에 응하여도 무방할 것으로 본다. 다만, 제사고신고서 또는 정기예금 지급청구서에는 래점한 친권자로 하여금 반드시 '甲의 법정대리인(또는 친권자) 乙, 甲의 법정대리인 丙'으로 기재하게 하여야만 한다. 하지만 공동친권자 중 1인으로부터 이미 제사고신고 또는 정기예금 중도해지에 반대하는 의사표시를 받은 때에는 이와 같은 방식으로 처리할 수 없으므로, 甲의 부와 모가 모두 래점하여 공동으로 지급청구를 하지 아니하는 이상 취급할 수 없다.

아울러 공동친권자 중 그 1인으로부터 직접적인 반대 의사표시가 없었다 하더라도 래점한 친권자의 행동이 수상하다는 등 의심이 가는 경우에는 전화 등으로 다른 친권자의 의사를 확인(통화일시, 내용 등을 관련 서류에 간략히 기록)하고 취급하는 것이 선량한 관리자로서의 주의 의무를 다하는 바람직한 업무처리라 생각된다.

미성년자는 민법에서 규정하는 행위무능력자이므로 미성년자가 유효한 법률행위를 하려면 법정대리인의 동의를 받거나(민법 제5조 제1항), 법정대리인이 대리하여야 한다(민법 제920조, 자의 재산에 관한 친권자의 대리권).

친권을 행사하는 부 또는 모(양자의 경우에는 양부모)는 미성년자인 자의 법정대리인이 되고[8] 친권자가 없거나 친권자가 법률행위의 대리권 및 재산관리권을 행사할 수 없는 때[9]

에는 후견인을 두어야 하며(민법 제928조), 그 후견인[10]이 법정대리인이 된다.

다만, 후견인이 특정한 주요 재산행위[11]에 동의 또는 대리를 하고자 할 때에는 친족회의 동의를 얻어야 하며, 동의 없이 한 행위는 피후견인 또는 친족회가 취소할 수 있다(민법 제950조).

미성년인 子에 대한 친권은 부모가 혼인중인 때에는 부모가 공동으로 이를 행사한다. 그러나 부모의 의견이 일치하지 아니하는 경우에는 당사자의 청구에 의하여 가정법원이 이를 정한다. 부모의 일방이 친권을 행사할 수 없을 때에는 다른 일방이 이를 행사한다.

혼인 외의 자가 인지된 경우와 부모가 이혼하는 경우에는 부모의 협의로 친권자를 정하여야 하고, 협의할 수 없거나 협의가 이루어지지 아니하는 경우에는 가정법원이 직권으로 또는 당사자의 청구에 따라 친권자를 지정하여야 한다. 다만, 부모의 협의가 子의 복리에 반하는 경우에는 가정법원은 보정을 명하거나 직권으로 친권자를 정한다.

한편 부와 모가 협의이혼을 할 경우 이혼신고서에 친권을 행사할 자가 정해진 때에는 이를 기재하도록 하고 있으며(가족관계의 등록 등에 관한 법률 제79조 제1항), 이때 단독친권으로 하든 공동친권으로 하든 자유로이 결정할 수 있다는 것이 통설이다.

재판상 이혼의 경우에는 가정법원이 미성년자인 子의 친권을 행사할 자에 관하여 부모에게 미리 협의하도록 권고하도록 되어 있으므로 누가 친권을 행사할 자인지를 확인하기 위해서는 먼저 이혼신고서나 판결문을 징구 하여 보는 것이 필요하다. 이혼신고서나 판결문에 친권을 행사할 자가 정해져 있지 아니하고 또 당사자의 협의에 의해서 친권을 행사할 자가 정해져 있다는 증빙이 없다면 부모 쌍방이 공동친권자가 된다고 보아야 할

8) 민법 제911조(미성년자인 자의 법정대리인).

9) 부모가 공동으로 친권을 행사하는 때에는 일방이 사망하거나 친권을 상실하더라도 다른 일방이 친권을 행사하므로 후견은 개시되지 않는다. 따라서 친권자가 없거나 친권자가 대리권을 행사할 수 없는 때라 함은 단독 친권자가 사망하거나 실종선고를 받은 경우, 부와 모가 모두 금치산선고나 한정치산선고를 받아 행위무능력자가 되거나 심신상실 혹은 행방불명 기타의 사유로 사실상 친권을 행사할 수 없게 된 경우와 친권을 상실한 경우 등을 말한다.

10) 미성년자에 대하여 친권자가 없거나 친권자가 법률행위의 대리권 및 재산관리권을 행사할 수 없는 때에는 그 후견인을 두어야 하며(민법 제928조), 미성년자의 후견인이 될 수 있는 자는 먼저 친권을 행사하는 부모가 유언으로 지정한 자(지정후견인)이며, 지정한 자가 없는 때에는 직계혈족, 3촌 이내의 방계혈족의 순위로 후견인(법정후견인)이 되고, 이도 없으면 친족이나 이해관계인의 청구에 의하여 법원이 이를 선임(선임후견인)하여야 한다.

11) 미성년자 명의의 예금에 대한 비밀번호나 인감변경 및 정기예금의 지급청구 행위는 특정한 주요 재산행위에 해당되는 것으로 판단되므로 후견인 단독으로 대리할 수 없고 친족회의 동의를 받아야 할 것으로 본다.

것이다.

이혼한 부모가 재혼을 했다 하더라도 친권자임에는 변함이 없으며 그들의 협의에 의해 친권을 행사할 자가 정해지지 않았다면 여전히 쌍방이 공동친권자가 된다.

설문의 경우 甲의 부(乙)와 모(丙)가 공동으로 정기예금에 관한 제사고신고 또는 중도해지 신청을 하여야 함이 원칙이므로, Y지점이 부모 중 일방에 의한 신청을 받아 처리한 경우에는 무권대리 행위가 되어, 미성년자 본인 또는 대리행위를 하지 아니한 다른 일방은 그 법률행위(제사고신고 또는 정기예금의 중도해지 신청 행위)를 취소할 수 있다.

그런데 민법 920조의2(공동친권자의 일방이 공동명의로 한 행위의 효력)에는, 부모가 공동으로 친권을 행사하는 경우 부모의 일방이 공동명의로 자를 대리하거나 자의 법률행위에 동의한 때에는 다른 일방의 의사에 반하는 때에도 그 효력이 있다. 그러나 상대방이 악의인 때에는 그러하지 아니한다고 규정하고 있다.

본 조항은 공동친권자가 미성년인 子에 대한 친권을 행사(동의 또는 대리행위)하고자 할 때, 부와 모가 반드시 거래 상대방의 면전에서 직접 동의 또는 대리행위를 하여야 하는 것만은 아니며, 부모 중 일방만으로도 할 수 있다는 것을 의미한다.

결론적으로 부모 중 일방이 단독으로 미성년인 子를 대리하거나 동의를 하였다 하더라도 상대방(Y지점)의 악의가 없는 한 그 법률행위는 유효하다. 다만, 부모 중 그 일방에 의한 동의 또는 대리행위가 유효하려면 다음과 같은 요건을 갖추어야 한다.[12)]

1. 반드시 공동명의를 사용하여 자의 법률행위에 대리 또는 동의하여야 한다. 여기서 공동명의를 사용하여 자를 대리 또는 동의한다 함은 공동친권자 일방이 2개의 명의, 즉 하나는 자기 자신의 명의{甲의 법정대리인(또는 친권자) 乙(父)}로, 또 하나는 다른 공동친권자의 명의{甲의 법정대리인 丙(母)}로 하는 것을 의미한다.

따라서 공동명의를 사용하지 아니한 때에는 민법 제920조의2의 규정이 적용되지 아니하므로, 그 법률행위는 장래 미성년자 본인 또는 대리행위를 하지 아니한 다른 일방(母)에 의해 취소될 수 있다는 점을 유의하여야 한다.

2. 미성년자와 계약을 하는 거래 상대방(Y지점)에게 악의가 없었어야 한다. 여기서 악의라 함은 공동친권자인 부와 모 중 어느 일방이 단독으로 甲의 정기예금에 대한 제사고신고 또는 중도해지 신청을 하는데 대하여 다른 일방이 반대하며, 동의 또는 대리권을 다른 일방에게 수여하지 않았다는 것을 미성년자의 거래의 상대방이 알았거나 조금만 주

12) 오종근, 민법 제920조의2 검토.

의하면 알 수 있었음에도 이를 모른 경우(중대한 과실로 본다)를 의미한다. 따라서 부와 모 중 어느 일방에 의한 법률행위가 유효하기 위해서는 다른 일방이 동의하지 않는다는 사실을 금융기관이 몰랐고 모르는데 중대한 과실이 없었어야 한다.

한편 상대방의 악의 여부는 당해 법률행위의 무효를 주장하는 자가 입증하여야 하므로 미성년자 측에서 상대방의 악의를 입증하여야 한다.

## 2. 공동명의 예금 신청이 있는 경우 유의사항

(상 황)

D은행 Y지점은 甲과 乙로부터 예금주를 '甲과 乙' 공동명의로 하는 기업자유저축예금 계좌 개설 신청을 받았다. 공동명의 예금계좌 개설과 관련하여 Y지점이 특히 유의하여야 할 사항은?

공동명의 예금이라 함은 예금명의인이 2인 이상인 예금을 말한다. 대표적인 예로는 종중의 돈을 공동명의로 예금을 한다거나, 예금주의 사망으로 공동상속인 전원 앞으로 명의변경을 하는 경우 또는 동업자금을 공동명의로 예금을 하는 경우 등이다.

공동명의 예금은 공동예금주 상호간의 결합관계의 정도 또는 공동예금주 전원이 공동으로 지급 청구하기로 하는 별도의 공동환급특약의 존재 여부와 그 내용 등에 따라 그 법적성질이 다른 관계로,[1] 장래 복잡한 법률관계가 발생된다는 점을 우려하여 영업점 실무상 공동명의 예금 신청을 거절하는 경우도 간혹 볼 수 있다.

그러나 이러한 업무처리는 시정되어야 할 것이다. 금융기관 간 예금유치 경쟁이 얼마나 치열한 상황인가. 복잡하다는 이유로 굴러 들어온 복을 버릴 수는 없지 않는가. 조금만 주의하고 노력한다면 비교적 거액의 수신을 장기간 유치할 수 있는 것이 공동명의 예금이다.

실무상 공동명의의 예금계좌 개설 신청이 있는 때에는 특히 다음과 같은 사항이 우선 고려되어야 할 것으로 생각된다.

1. 현재 금융기관 실무상으로는 과세코드가 같은 예금자 상호간에만 공동명의 예금계좌 개설을 허용하고 있다. 따라서 개인과 법인을 공동명의로 하는 예금계좌는 개설할 수 없다.

2. 공동명의 예금을 개설하고자 하는 때에는 거래신청서 이외에 복잡한 관계를 규율할 별도의 약정서(이를 통상적으로 '○○예금 추가약정서'라 한다)를 추가로 징구하는 것이 효율적인 업무처리와 분쟁을 예방하는데 도움이 된다.

1) 오학성, 한국금융연수원 수신법률기초 제2권.

3. 공동명의 예금자 중 1인을 대표자로 지정하게 한 후 그 지정된 자의 실명번호를 등록하고, 부기명란에 다른 공동예금주에 관한 사항을 등록하도록 한다. 공동예금주 전원의 명의를 등록할 수 없는 경우에는 통장(또는 증서) 및 거래신청서 등에 수기로 기재하고, 그들의 실명증표 사본을 보관하여야 한다. 실명증표 사본은 장래 공동명의 예금계좌의 인감 및 비밀번호 등 제사고신고시 본인 여부를 확인하는데 반드시 필요하다.

4. 공동명의 예금에서 발생하는 이자소득은 대표자로 지정된 자의 개인 소득으로 간주하여 국세청에 통보된다는 사실을 명확히 주지시켜야 한다. 여기서 문제는 공동명의 예금의 이자소득으로 말미암아 그 지정된 자에게 장래 금융소득종합과세 문제가 발생될 수 있다는 점이다. 따라서 공동명의 예금 추가약정서에 납세의무자에 관한 내용을 추가하고, 그 지정된 자로 하여금 자필(납세의무자 : 甲)하도록 하는 것이 안전하다.

5. 기타 참작되어야 할 사항

가. 공동명의인 중 1인의 당좌개설을 위한 예금거래 실적 산출시 공동명의로 된 예금의 거래실적은 포함되지 않는 것으로 보고 실무를 처리하는 것이 적절할 것으로 판단된다.

나. 공동명의 예금에 대하여 공동명의인 중 1인을 압류채무자로 하는 압류 및 추심명령(또는 전부명령)이 송달된 경우 그것이 유효한지, 그리고 공동명의 예금주 중 1인에 대하여 대출금 등 채권을 가지고 있는 경우에는 이를 자동채권으로 하고 공동명의 예금주 1인의 지분을 수동채권으로 하는 상계를 할 수 있는지 여부는 그 공동명의 예금의 소유형태에 따라 결정된다.

공동명의로 된 예금의 법적성질을 무엇으로 볼 것인가에 관하여 대법원은 '동업자가 동업자금을 공동명의로 예금한 경우에는 준합유 관계(이 경우에는 공동명의 예금주 중 1인에 대한 채권을 가지고 그의 지분에 대한 압류나 상계를 허용하지 아니한다)로 보지만, 공동명의 예금채권자들 중 1인이 전부를 출연하거나 또는 각자가 분담하여 출연한 금전을 동업 이외의 특정 목적을 위하여 공동명의로 예치하고 그 목적이 달성되기 전까지는 공동명의인 중 1인이 단독으로 인출할 수 없도록 감시하고자 공동명의로 예금을 한 경우에는 준공유 관계(이 경우에는 특별한 사정이 없는 한 공동명의 예금주 중 1인에 대한 채권을 가지고 그의 지분에 대한 압류나 상계가 가능하다) 또는 공동반환특약부 분할채권 관계로 보고 있다.[2)]

압류 또는 상계와 관련한 분쟁의 소지를 없애려면 공동명의 예금의 법적성질을 명확히 하고, 신규 개설시 공동명의인 전원과 압류 및 상계에 관한 특약[3)]을 해두는 것이 바람직

2) 임승서, 한국금융연수원 수신법률기초 제2권.

할 것으로 본다.

다. 공동명의 예금의 내부적 법률관계가 준공유 관계에 있다면 공동명의인 중 1인이 사망한 경우에 그의 상속인은 사망자의 지분을 상속하게 된다. 따라서 이 경우 공동명의 예금의 지급은 상속인 전원과 다른 공동명의인 전원의 청구에 의해서만 가능하다. 그러나 준합유 또는 준총유 관계에 있다면 상속인이 은행에 대하여 피상속인 지분에 대한 반환을 청구할 수 없는 것으로 본다.

라. 공동예금 예금주 중 1인이 그 지분을 담보로 대출신청이 있거나 통장분실 재발행, 인감변경, 비밀번호 변경 등 제사고신고가 있는 때에는 공동명의 예금주 전원이 공동으로 신청하는 경우에 한하여 처리하도록 한다.

3) 공동명의 예금을 개설할 때 예금거래신청서 이외에 별도의 추가약정을 하고, 동 약정서에 '공동명의 예금주 중 1인의 지분에 가압류, 압류 및 추심명령 등이 송달된 경우에는 이를 유효한 것으로 처리하며, 다른 공동명의 예금주의 동의가 없어도 압류 및 추심채권자(또는 전부채권자)에게 지급하기로 합니다. 은행이 공동명의 예금주 중 1인에 대하여 대출금 등 채권을 가지고 있는 경우에는 이를 자동채권으로 하고 공동명의 예금주 1인의 지분을 수동채권으로 하는 상계를 할 수 있기로 한다.' 는 등의 내용을 약정한다.

■ 공동명의 예금 개설 관련 추가약정서(例)

## ○○예금 추가약정서

귀 은행과 공동명의 예금거래를 신청함에 있어 다음과 같이 추가약정[4]을 체결하며, 본 추가약정서는 예금거래기본약관 등 이미 승인한 약관이나 다른 법률의 규정에 우선하여 적용하기로 합니다.

다 음

1. 예금의 표시
   예금과목 :
   계좌번호 :

2. 추가로 약정하는 사항

가. 예금의 지급청구는 반드시 공동명의 예금주 전원의 거래인감이 날인된 지급청구서에 의해서만 지급청구를 하기로 합니다.

나. 예금통장과 위 '가'에서 정한 지급청구서의 제출이 있고, 비밀번호가 일치하는 경우에는 공동명의인 중 1인이 지급청구를 하더라도 은행은 지급을 하기로 하며, 이로 인해 발생하는 모든 문제에 대해서 은행은 일체의 책임을 지지 않기로 합니다.

다. 통장분실 재발행, 인감변경, 비밀번호 변경 등 제 사고신고는 공동명의 예금주 전원이 공동으로 신청한 경우에만 은행은 이를 접수하고 처리하기로 합니다.

라. 공동명의예금의 소유형태는 준공유 관계로 보며, 그 지분은 균등한 것으로 합니다.

마. 위 '라'에도 불구하고 공동예금주 각자는 단독에 의한 지분청구 또는 지분 양도를 하지 않기로 하며, 이를 위반한 경우 그 효력이 없는 것으로 합니다.

바. 공동명의 예금주 중 1인의 지분에 가압류, 압류 및 추심명령 등이 송달된 경우에는 이를 유효한 것으로 처리하며, 다른 공동명의 예금주의 동의가 없어도 압류 및 추심채권자(또는 전부채권자)에게 지급하기로 합니다.

사. 은행이 공동명의 예금주 중 1인에 대하여 대출금 등 채권을 가지고 있는 경우에는 이를 자동채권으로 하고 공동명의 예금주의 지분을 수동채권으로 하는 상계를 할 수 있기로

4) 본 추가약정서는 공동명의 예금의 소유형태를 준공유 관계에 있는 것으로 보고 작성하였으며, 그 내용은 단지 예시에 불과하므로 상황에 따라 삭제 또는 추가하도록 한다. 만일 동업을 위한 공동명의 예금인 경우에는 약정서의 내용은 그 법적성질에 맞는 내용으로 수정 보완되어야 할 것이다.

합니다.

아. 공동명의 예금주 중 1인이 사망하여 그의 상속인으로부터 상속예금 반환청구가 있는 경우에는 다른 공동명의 예금주의 동의가 없어도 피상속인의 지분을 상속인에게 지급할 수 있기로 합니다.

자. 위 '라'에도 불구하고 공동명의 예금에서 발생하는 이자소득은 그 전액을 甲의 개인소득으로 보고 국세청에 통보 및 원천징수 하기로 하는데 동의한다.

년 월 일

위 추가약정 내용을 잘 읽고 이해하였으며 이에 동의합니다.

공동명의 예금 신청인 甲 (인)

乙 (인)

## 3. 임의단체 예금으로 인정되기 위한 요건 등

(상 황)

a. D은행 Y지점은 고유번호나 납세번호를 부여받지 아니한 단체의 대표인 甲으로부터 정기예금 신규 신청을 받고, 甲의 개인 실명에 단체명칭(둥지회)을 부기하는 형식으로 정기예금 계좌를 개설하였다.

b. 거래인감으로는 단체의 직인으로 보이는 도장을 신고하였다. 그러나 정관 또는 조직과 운영에 관한 규약, 조직 구성원 명부, 甲이 대표자임을 입증하는 총회의사록이나 회의록 등 임의단체임을 확인할 수 있는 서류는 제출하지 않았으며, Y지점도 이를 요구하지 않았다.

### (1) 임의단체로부터 인감변경 및 통장 재발행 신청이 있는 경우

**임의단체(둥지회)의 신임 회장이라는 자(乙)가 방문, 종전 회장(甲)이 동기회에서 제명되고 자신이 회장으로 선임되었음을 주장하며, 甲(둥지회) 명으로 개설한 정기예금의 인감변경 및 통장 재발행을 요구하고 있다. Y지점은 乙의 요구에 응하여도 무방하겠는가?**

대표자 개인 실명에 단체 명칭을 부기하는 형식으로 예금계좌가 개설된 경우, 개설 당시 단체의 정관 또는 조직과 운영에 관한 규약이나 규칙, 대표자임을 입증할 수 있는 서류(총회의사록 또는 회의록), 조직 구성원 명부 등 임의단체임을 입증하는 관련 서류의 제출 없이 단지 개인의 실명확인증표[1] 사본만 제출하는 형식으로 예금계좌가 개설되었다면, 동 예금의 예금주는 부기명 형식으로 기재된 단체가 아니라 개인(甲)으로 본다는 것이 판례[2] 및 금융감독원 금융분쟁조정위원회의 태도이다.

따라서 Y지점으로서는 위와 같이 개설된 정기예금의 실질적인 예금주가 누구인지 여

1) 실명확인증표로 사용할 수 있는 것으로는 개인의 경우 주민등록증, 운전면허증, 노인복지카드(경로우대증), 청소년증, 공무원증, 장애인복지카드, 여권 등이 있으며, 법인의 경우에는 사업자등록증, 고유번호증, 사업자등록증명원이 실명확인증표로 사용되고 있다.

2) 법인격 없는 사단의 총무가 자기 개인 명의로 예금계좌를 개설하고 실명확인을 받으면서 단체의 정관 등과 대표자임을 입증할 수 있는 서류, 조직구성원의 명부를 제출하지 않고 자기 명의 아래 단체 명칭을 부기하고 단체의 직인을 인감으로 사용하였다 하더라도 이는 총무개인의 예금일 뿐 법인격 없는 사단의 예금으로 볼 수 없다(천안지원 2003. 9. 18. 선고 2003가단4866 판결).

부에 불문하고 개인 甲을 예금주로 볼 수밖에 없으므로 乙의 요구에 응하여서는 아니 된다. 다만, 동 예금이 임의단체의 예금으로 볼 만한 특별한 사정이 있고, 乙이 새로 선임된 단체의 회장이 틀림없다고 판단되는 때에는 단체의 정관이나 규약, 주민등록번호가 기재된 조직 구성원 명부, 乙이 대표자임을 확인할 수 있는 서류(총회의사록 또는 회의록), 대표자 등 재력 있는 다른 임원이 공동으로 연서한 지급보류요청서[3]를 받아 당해 예금계좌에 대하여 일시적인 지급보류 조치(甲의 단독에 의한 예금출금 사태를 방지하기 위한 목적)를 취하는 것은 무방할 것으로 판단된다. 그러나 당사자 간에 분쟁이 해결되지 아니하고 甲으로부터 예금반환 청구가 계속되는 경우에는 채권자 불확지를 이유로 변제공탁을 하거나 소송결과에 따라 처리하는 것이 가장 적절하고 안전한 업무처리라 생각된다.

고유번호나 납세번호를 부여받지 아니한 임의단체가 대표자 개인 실명에 단체명을 부기하는 형식으로 예금계좌가 개설된 경우, 그 예금의 예금주를 대표자 개인으로 볼 것인지 아니면 임의단체로 볼 것인지가 의문이다.

이에 대하여 금융감독원 금융분쟁조정위원회와 하급심 판례(천안지원)는, 예금계좌 개설 당시 단체정관 또는 조직과 운영에 관한 규약이나 규정 및 대표자를 확인할 수 있는 총회의사록이나 회의록, 조직구성원 명부 등 임의단체임을 입증할 수 있는 서류가 금융기관에 제출되었는지 여부로 판단하여야 한다는 태도를 취하고 있다.

위 사례의 경우 정기예금 신규개설 당시, 개인(甲)의 실명증표 사본만 제출되어 있고 임의단체에 관한 서류가 전혀 첨부되지 아니한 채 개설되었으므로 금융기관으로서는 그 개인(甲)을 예금주로 볼 수밖에 없다. 그러므로 임의단체의 회장이라 주장하는 乙이 인감변경 및 통장 재발행을 요구한다 하더라도 이에 응하여서는 아니 될 것으로 판단된다.

권리능력 없는 임의단체로부터 예금계좌 개설 신청이 있는 경우에는 특히 다음 사항에 유의하여 실무를 처리하는 것이 적절할 것으로 본다.

1. 각종 사교단체, 동창회, 교회, 종친회 등 임의단체의 대표자로부터 단체명의의 예금계좌 개설 문의가 있는 경우, 단체예금으로 보호받기 위해서는 단체의 정관 또는 조직과 운영에 관한 규약이나 규정, 대표자 자격을 확인할 수 있는 총회의사록 또는 회의록,

---

3) 지급보류요청서에는 '지급보류를 요청하는 사유, 예금명의인으로 부터 지급보류에 대한 이의가 있을 경우 구두나 서면통지 없이 은행 임의로 지급보류를 해제하더라도 일체의 이의를 제기하지 않겠으며, 지급보류 사유가 허위로 판명되어 결과적으로 예금주에게 손해가 발생한 때에는 민·형사상의 모든 책임을 지기로 한다.'라는 내용이 반드시 포함되어야 한다. 이는 예금의 지급정지는 가압류나 압류 등 법원의 명령이 있다거나 예금주 본인의 요청이 없는 한 할 수 없는 일이므로 甲으로부터 지급보류에 대한 이의가 있을 경우 즉시 지급보류 조치를 해제를 할 수 있도록 하기 위함이다.

조직 구성원 명부 등 임의단체임을 확인할 수 있는 서류를 신규개설 신청 당시 제출하여야 한다는 사실을 충분히 설명하되, 이와 같은 서류 제출 없이 단지 임의단체 명칭만을 부기하여 줄 것을 요청하는 고객에 대해서는 별도의 각서[4]를 받은 후 개설하는 것이 후일 불필요한 분쟁을 예방하는 바람직한 업무처리라 생각된다.

2. 권리능력 없는 사단이나 재단으로부터 예금거래 신청이 있으나 그 사단과 재단으로서의 실체가 불분명한 경우에는 대표자 개인명의(단체명을 부기 하지 아니할 것)로 거래하는 방법을 택하는 것이 분쟁을 예방하는 적절한 업무처리라 생각된다.

3. 권리능력 없는 사단 및 재단(예 : 동우회, 학회, 종친회, 친목회, 동창회 등)으로서 고유번호증 또는 납세번호증을 부여받은 단체로부터 예금계좌 개설 요청이 있는 때에는 단체 명의의 예금계좌를 개설하되 그 단체의 대표자와 거래를 하여야 하며, 단체의 고유번호증 또는 납세번호증과 대표자의 실명확인증표 사본을 보관하여야 한다.

4. 고유번호증 또는 납세번호증이 없는 기타 임의단체로서 서류가 있는 단체로부터 예금계좌 개설 요청이 있는 때에는 단체의 대표자 개인 명의로 거래를 하되, 임의단체 확인서류 원본 또는 사본과 대표자의 실명확인증표 사본을 보관하여야 하며, 예금 이자는 대표자의 개인소득과 구분되도록 하여야 한다.

5. 임의단체임을 확인할 수 있는 서류를 제출받아 개설된 임의단체 예금의 대표자가 사망 등으로 변경되었음을 이유로 대표자 변경 신청이 있는 때에는 단체의 정관이나 규약, 주민등록번호가 기재된 조직 구성원 명부, 신청인이 대표자임을 확인할 수 있는 서류(총회의사록 또는 회의록), 조직 구성원의 과반수 이상이 서명 날인한 확인서를 징구한 후 신임 회장 및 재력 있는 다른 임원 등이 연서한 손해담보각서[5]를 받아 명의변경 절차에 따라 처리하도록 한다.

6. 동창회나 종중 또는 교회 등 소위 권리능력 없는 사단 형식의 예금에 대해 그 단체 또는 특정 개인이 서로 권리자임을 주장하며 다툼이 있는 경우에는, 먼저 당사자 간에 합의를 유도하고, 합의가 어려운 경우에는 과실 없이 채권자를 알 수 없는 경우(이를 채권자불확지라 한다)로 보아 변제공탁 또는 소송결과에 따라 처리하는 것이 가장 적절하고

4) 각서에는 '임의단체 명의 예금과 관련한 유의사항에 대해 충분한 설명을 들었으며, 임의단체임을 확인할 수 있는 서류를 제출하지 않고 단지 통장에 임의단체 명칭만을 부기한 경우에는 임의단체 예금이 아니라 개인예금으로 처리됨을 알고 있다.'라는 내용이 포함되어야 할 것이다.

5) 본인은 적법하게 선임된 대표자가 틀림없고 만일 인감변경 및 통장 재발행에 의한 예금지급이 무효로 되는 때에는 이로 인해 발생하는 모든 문제에 대해 민형사상의 책임을 진다.'라는 등의 내용이 포함되어야 한다.

안전한 업무처리라 사료된다.

### (2) 임의단체 형식으로 개설된 예금에 압류 및 추심명령이 송달된 경우 그 처리

**상기 예금에 대하여 甲을 채무자로 하고, 丙을 집행채권자로 하는 압류 및 추심명령이 송달된 경우, Y지점의 적절한 실무처리 방안은?**

정기예금 신규개설 당시, 임의단체임을 확인할 수 있는 서류의 제출 없이 단지 甲의 실명증표 사본만 징구하고 개설한 이상, 동 예금은 임의단체(등지회)의 예금이 아니라 대표자 개인(甲)의 예금으로 볼 수밖에 없다. 따라서 동 예금에 대하여 甲을 채무자로 하고, 丙을 집행채권자로 하여 송달된 압류 및 추심명령은 일단 유효한 것으로 보아야 할 것이다. 다만, 甲 또는 임의단체로부터 압류와 관련하여 이의가 있는 때에는 집행채권자에게 지급을 하는 것보다는 집행공탁[6]을 하는 것이 안전하며, 만일 공탁사유가 되지 않는 경우에는 집행채권자에게 지급하는 수밖에 없을 것이다.

위 사례와는 달리, 정기예금 개설당시 甲의 실명확인증표 사본은 물론 단체의 정관 또는 조직과 운영에 관한 규약이나 규칙, 甲이 대표자임을 확인할 수 있는 총회의사록이나 회의록, 조직 구성원 명부 등 임의단체 임을 확인할 수 있는 서류를 제출받고 개설하였다면 동 예금의 예금주는 개인(甲)의 예금이 아니라 임의단체(등지회)의 예금으로 보아야 할 것이므로, 개인을 집행채무자로 하여 송달된 압류 및 추심명령은 무효라고 보고 실무를 처리하여야 할 것이다.

참고로 정기예금과 같이 거치식의 예금이 아닌 입출금이 자유로운 예금계좌인 경우로서 각 회원들로부터 정기적으로 회비가 입금되는 등 임의단체의 예금이 명확한 것으로 판단되는 경우에는 비록 임의단체임을 확인할 수 있는 서류의 제출 없이 계좌가 개설되었다 하더라도 압류 및 추심명령의 효력이 없는 것으로 보고 실무처리를 하여도 무방할 것으로 판단된다.

6) 이때의 공탁은 형식은 집행공탁이나 제3채무자인 금융기관의 입장에서 볼 때 변제공탁으로 보는 것이 타당하다.

### (3) 임의단체 형식으로 개설된 예금을 수동채권으로 하는 상계를 할 수 있는지 여부

D은행이 甲에 대하여 기한이익을 상실한 대출금 채권을 가지고 있다면, 동 정기예금과 상계할 수 있겠는가?

은행이 임의단체 형식을 취하고 있는 예금을 수동채권(반대채권)으로 하여 상계를 할 수 있는지 여부는 예금명의인의 기재 형식만으로 판단할 것이 아니라 개설 당시 임의단체임을 입증할 수 있는 서류가 은행에 제출 되었는지 여부에 따라 판단하여야 한다.

따라서 위 사례의 경우 정기예금 신규개설 당시, 임의단체임을 확인할 수 있는 서류 없이 단지 甲의 실명증표 사본만 징구하고 개설한 이상, 동 예금은 특정 단체(등지회)의 예금이 아니라 甲의 개인예금으로 보아야 할 것이므로 상계를 하여도 무방할 것으로 본다. 다만, 금융기관의 공신력을 고려할 때 비록 임의단체 관련 서류가 제출되지 않았다 하더라도 단체의 회원들이 매일 정기적으로 회비 형식으로 입금되는 등 실질적으로 단체의 예금이라고 판단되는 경우에는 상계를 하지 않는 것이 바람직한 업무처리라 판단된다.

아울러 예금계좌 개설당시, 甲의 실명증표 사본은 물론 임의단체임을 확인할 수 있는 서류를 제출받고 개설해 준 때에는 동 예금의 예금주는 甲이 아니라 특정 단체(등지회)이므로 상계를 할 수 없음은 당연하다.

# 제3절 계좌송금과 자금반환청구 · 예금의 지급과 면책

## 1. 계좌송금 및 그 취소와 관련한 법률문제

(상 황)

a. K은행 X지점(수탁은행)은 고객 甲으로부터 아래와 같이 타행 계좌송금 신청을 받았다.
   ① 송금인 : 甲   ② 수취인 : 乙
   ③ 수취인의 계좌개설 은행(재 수탁은행) : D은행 Y지점
   ④ 송금 신청금액 : 1천만원

b. 한편 X지점(수탁은행) 창구직원은, 甲이 제시한 타행환입금(송금) 신청서에 기재된 내용과 동일하게 계좌송금 거래 조작을 완료하였다.

### (1) 타행환 계좌송금의 법적 성질 및 거래 당사자

**타행환 계좌송금에 있어서 거래 당사자는 누구이며, 각 당사자 간에는 어떠한 법률관계를 가지는가?**

계좌송금이라 함은 송금인이 금융기관에 위탁하여 송금수취인의 예금계좌에 금전을 예치하는 방법의 송금방식을 말한다. 타행환 계좌송금의 거래당사자는 송금신청인(甲), 수탁은행(계좌송금 수탁을 받은 금융기관 : K은행), 재수탁은행(송금 받는 자의 예금계좌를 가진 은행 : D은행), 수취인(수령인 : 乙)이 된다.

각 거래 당사자 간의 법률관계를 살펴보면, 신청인과 수탁은행 간의 법률관계는 민법상의 위임 관계로 보며, 수탁은행과 재수탁은행 간의 법률관계 또한 위임 관계로 본다는 것이 통설이다.[1] 재수탁은행과 수령인과의 관계는 당사자 간에 이미 맺어져 있는 예금거래계약의 당사자에 불과할 뿐 타행환 계좌송금과 관련하여서는 어떠한 법률관계도 성립하지 아니한다.

1) 임성서, 한국금융연수원 수신법률기초 제4권.

결론적으로 각 당사자 간의 법률관계를 고려할 때, 타행환 계좌송금의 법적성질은 위임계약으로 보는 것이 타당할 것으로 생각된다.

### (2) 착오송금과 관련한 수탁은행 및 수취인의 책임

**송금인이 작성한 타행환입금의뢰서에 기재된 예금주의 성명과 전산원장에 나타나는 예금주의 성명이 서로 일치하지 아니함에도, 수탁은행 창구직원이 이를 간과하고 계좌송금 거래조작을 완료함으로써, 결과적으로 송금인이 의도하였던 계좌로 송금되지 아니하고 제3자의 예금계좌에 송금이 되었다고 가정할 경우, 수탁은행과 착오로 송금을 받은 제3자의 책임은?**

수탁은행 창구직원이, 송금신청인이 작성한 타행환입금의뢰서에 기재된 수취인(송금을 받을 자)의 성명과, 전산조작 결과 전산상으로 나타나는 수취인의 성명이 서로 일치 하지 않는다는 사실을 계좌송금 업무를 수행하는 과정에서 확인(인지)할 수 있었음에도 불구하고 이를 확인하지 못함으로써, 송금신청인이 의도하지 않았던 제3자의 예금계좌로 입금되었다면, 수탁은행은 선량한 관리자로서의 주의의무[2]를 다하지 못한 것이 되어, 송금신청인이 입은 손해를 배상하여야 할 것으로 판단된다.

그리고 이때 제3자는 법률상 아무런 원인 없이 송금금액 만큼 부당이득을 얻었으므로, 당연히 그 금액을 착오로 송금한 자에게 반환하여야 한다. 만일, 제3자가 자신의 계좌에 아무런 원인 없이 착오 입금된 사실을 알았거나, 또는 착오 송금인으로부터 그 반환 요청을 받고도 반환을 하지 아니하면 횡령죄(점유이탈물 횡령[3])가 성립하는 것으로 보고 있다.

횡령죄는 위탁관계에 의하여 자기가 점유하는 타인의 재물을 횡령하거나 반환을 거부함으로써 성립하는 범죄이다. 그러나 점유이탈물 횡령죄는 위탁관계를 요하지 아니하고, 신탁관계의 배반을 내용으로 하지 않는 단순한 재산범죄로서 횡령죄와는 성질이 다른 별개의 범죄라는 것이 다수설의 입장이다. 또한 판례는 타인의 점유를 이탈한 재물, 유실물, 표류물, 매장물은 단지 그 예시에 불과하다고 한다. 따라서 본 사례와 같이 착오로 인하여 송금한 금액을 횡령한 경우 점유이탈물 횡령죄를 구성한다고 한다.

2) 수임인은 위임의 본지에 따라 선량한 관리자의 주의로써 위임사무를 처리 하여야 한다(민법 제681조, 수임인의 선관의무).

3) 유실물, 표류물 또는 타인의 점유를 이탈한 재물을 횡령한 자는 1년 이하의 징역이나 300만원 이하의 벌금 또는 과료에 처한다(형법 제360조, 점유이탈물 횡령).

수탁은행으로서는 이러한 법리를 적절히 활용하여 제3자를 압박한다면 착오 송금액을 회수하는데 도움이 될 것으로 본다. 그럼에도 불구하고 끝내 반환을 하지 않는다면 수탁은행에서 이를 배상하는 수밖에 없을 것이다. 다만, 이때 수탁은행은 제3자에 대하여 구상권을 행사할 수 있을 것이다.

### (3) 수탁은행의 과실에 의한 착오송금과 그 처리방안

**수탁은행 창구직원이 계좌송금 거래를 수행하던 과정에서, 송금인이 작성한 타행환입금의뢰서의 예금주 성명과 전산원장에 나타난 예금주의 성명이 서로 일치하지 아니 함에도 이를 간과하고 계좌송금 거래 조작을 완료해 버린 경우, 수탁은행의 적절한 처리방안은?**

고객이 작성한 타행환 입금의뢰서상의 예금주 성명과 전산시스템상에 나타난 성명이 서로 일치하지 않는다는 사실을 송금 거래 당일 발견한 때에는 즉시 취소거래[4]를 하도록 한다. 그러나 거래 당일 이후에 발견한 때에는 재수탁은행에 자금반환청구를 하여야 할 것이다.

여기서의 자금청구반환이라 함은 참가기관이 결제원의 거래집계내역과 해당기관의 거래집계내역을 대사 확인하여 장애발생, 미완료거래, 입금불능거래, 취소불능거래, 수수료 및 타점권부도 등으로 인하여 결제금액에 착오가 발생하였을 경우, 해당거래의 결제자금을 청구 또는 반환 처리하는 절차를 말하며, 자금의 청구 및 반환의뢰를 받은 참가기관은 이에 협조하여야 한다(타행환공동망업무 시행세칙 제66조, 청구반환 처리의 정의 및 처리 협조).

타행환공동망업무시행세칙 제67조(청구반환의 대상거래)에 의하면, 의뢰기관(수탁은행)이 인정하는 고객의 타행환 입금의뢰서상의 단순 기재 오류 및 의뢰기관 창구직원의 오조작으로 당일 취소처리를 하지 못한 거래는 타행환송금 자금의 청구반환 대상거래에 해당하는 것으로 규정하고 있다.

자금반환청구와 관련하여 실무상 특히 유의하여야 할 사항은, 고객이 작성한 타행환 입금의뢰서상의 기재 내용대로 처리 된 때에는 범죄와 관련이 있다는 등의 특별한 사정

---

4) 취소거래란 당일의 타행환시스템 가동 중에 의뢰기관 창구에서의 오조작 등에 의하여 발생한 당초거래를 취소하는 거래를 말한다(타행환공동망업무시행세칙 제28조, 취소거래의 정의).
시행세칙 제29조(취소가능거래) ① 취소거래는 당일 발생거래 중 창구에서의 오조작 등 의뢰기관 내부 오류에 의해 발생한 거래만 취소 처리함을 원칙으로 한다.
② 전항의 취소거래는 당일 타행환업무 운용시간 내(개시 오전 7시-종료 오후 6시)에 처리하여야 하며, 동 시간 이후에는 취소처리할 수 없다.

이 없는 한 타행환 자금반환청구를 하여서는 안 된다는 점, 그리고 오류거래 등 자금반환으로 인한 참가기관(수탁은행과 재수탁은행을 말한다)간 분쟁이 발생한 경우, 궁극적인 책임은 자금청구기관(수탁은행)에 있다[5]는 점이다. 그러므로 송금인이 착오 송금 등을 이유로 자금반환청구를 한다 하더라도 계좌송금 거래가 정상적으로 처리된 이상, 이에 응할 수 없음이 원칙이다.

### (4) 수탁은행의 과실이 없음에도 착오송금을 주장하며 입금취소를 요구하는 경우 그 처리

**甲이 작성한 타행환입금신청서에 기재된 내용대로 계좌송금거래를 완료하였으나, 丙의 계좌에 입금하여야 할 것을 타행환입금(송금)신청서를 잘못 작성함으로써 乙에게 송금하게 되었다고 주장하며 입금취소를 요구할 경우, X지점(수탁은행)은 甲의 요구에 응할 수 있겠는가?**

송금의뢰인(甲)이 제시한 타행환입금(송금)신청서에 기재된 내용과 동일하게 계좌송금거래를 완료한 이상, 수취인(乙)의 동의(가압류나 압류채권자와 같이 수취인의 예금계좌에 이해관계가 있는 제3자가 있는 때에는 이들의 동의도 받아야 한다)가 없는 한 수탁은행 임의로 취소할 수 없으므로[6] 甲의 요구에 응해서는 아니 된다.

다만, 송금인의 주장에 신빙성이 있고 송금경위나 과정으로 보아 착오송금이 확실시되거나 또는 사기 등 범죄와 관련이 있다고 판단되는 때에는 송금인으로부터 지급정지요청서[7]를 징구한 다음 신속히 재 수탁은행에 지급정지를 요청하는 공문(아래 예문 참조)을 발송, 일단 송금한 금액이 인출되지 않도록 조치하되, 그 반환 문제는 송금인과 수취인간에 직접 해결하도록 하는 것이 직질할 것으로 판단된다.

계좌송금이라 함은 송금인이 금융기관에 위탁하여 송금수취인의 예금계좌에 금전을 예치하는 방법의 송금방식을 말한다. 타행환입금의뢰서에 기재된 내용과 동일하게 처리되었음에도 송금인이 취소를 요청할 경우, 수탁은행(X지점)이든 재수탁은행이든 이에 응할

5) 타행환공동망업무시행세칙 제76조(참가기관 간 분쟁처리) 제2항.

6) 타행환공동망업무시행세칙 제66조(청구반환 처리의 정의 및 처리 협조).

7) 지급정지요청서에는 수취인 또는 수탁은행으로부터 지급정지에 대한 이의가 있을 경우에는 구두 또는 서면 통지없이 수탁은행 임의로 지급정지 조치를 해제하더라도 일체 이의를 제기하지 않는다는 내용이 반드시 포함(예문 참조) 되어야 할 것이다.

수 없는데 그 이유로는 다음과 같은 것을 들 수 있다.

1. 계좌송금의 법적성질을 위임계약으로 보기 때문이다.

계좌송금의 법적성질은 위임계약으로 본다는 것이 통설이다. 따라서 송금인(위임자)과 수탁은행(수임자) 간에는 위임사무 관계에 놓이게 된다. 수임인인 수탁은행의 사무는, 위임자인 송금의뢰인이 제시한 타행환입금신청서에 기재된 내용대로 송금거래를 완료한 때 종료되므로 송금의뢰인이 착오송금 등을 이유로 취소를 요청한다 하더라도 이는 위임사무의 범위에 속하지 아니한다. 그러므로 수탁은행으로서는 이를 이행할 의무를 부담하지 아니하며 이행하여서도 아니 된다.

결론적으로 송금인이 제시한 타행환입금(송금)신청서에 기재된 내용과 동일하게 계좌송금 거래를 완료한 이상 수탁은행 또는 재수탁은행의 임의로 송금거래를 취소할 수 없음이 원칙이다.

2. 현금으로 계좌송금을 한 경우 수취인의 예금원장에 입금기록을 한 때에 예금계약이 성립되는 것으로 약정하고 있기 때문이다.

예금거래기본약관 제7조(예금의 되는 시기)에 의하면, 현금으로 계좌송금을 한 경우 수취인의 예금원장에 입금기록을 한 때에 예금계약이 성립되는 것으로 약정하고 있다.

여기서 '예금원장에 입금기록을 한 때'라 함은 수탁은행 직원이 송금거래 조작을 완료한 때를 의미하는 것으로 본다. 따라서 수탁은행 직원이 송금거래 조작을 완료한 이상 송금대전의 권한은 수취인에게 귀속되기 때문에, 수탁은행 임의로 송금거래를 취소할 수 없는 것이다.

3. 송금 후 착오를 이유로 송금인이 언제든지 취소를 할 수 있다고 한다면, 정당한 수취인이 뜻하지 않은 피해를 입을 수밖에 없어 은행 계좌송금 방식에 의한 자금수수는 사실상 그 기능을 상실할 수밖에 없을 뿐만 아니라 수취인은 채무를 면탈하기 위하여 얼마든지 악용할 소지가 있기 때문이다.

가령 물품판매자(수취인)가 물품대금이 자신의 예금통장에 입금된 사실을 확인하고 물건을 교부하였는데, 구매자(송금인)가 물품수령 후 송금을 취소하게 되면 수취인이 물품판매대금을 회수하지 못할 우려가 있고 또한 수취인의 예금계좌에 타채권자로부터 가압류나 압류명령이 송달되어 있는 때에는 취소를 함으로써 강제집행을 면할 수 있다는 점을 가정해 본다면 왜 취소를 할 수 없는지 쉽게 납득이 갈 것으로 생각된다.

4. 송금거래의 취소 또는 타행환자금반환청구로 인해 발생하는 모든 책임은 궁극적

으로 수탁은행에 귀속되기 때문이다.

타행환공동망업무시행세칙 第76조(참가기관 간 분쟁처리) 제2항에 의하면, 타행환 계좌송금 거래를 취소하거나 자금반환청구를 한 경우, 그 책임은 수탁은행에 있는 것으로 규정하고 있으므로 수취인 또는 수취인의 예금계좌에 이해관계가 있는 제3자[8]가 이의를 제기한다면 수탁은행이 원상회복의 책임을 져야 한다. 착오 송금을 한 송금인의 입장에서 보면 납득하기 어려울 수도 있다. 하지만 착오를 주장하는 송금인의 말을 신뢰하고 취소를 하였으나 수취인 또는 이해관계인이 자신의 동의 없이 취소를 한 데에 대하여 이의를 제기해 오면, 그 책임을 수탁은행이 져야 할 것이므로 송금인의 요청을 거절할 수밖에 없는 것이다.

5. 설문과 유사한 민원사항에 대하여 금융감독원 금융분쟁조정위원회에서 조정결정[9]을 하거나 합의 또는 권고를 할 때에도 일관되게 같은 입장을 취하고 있을 뿐만 아니라 대법원 판례도 역시 같은 태도를 취하고 있기 때문이다.

결론적으로 송금인은 원인관계상의 하자를 이유로 수취인에게는 항변할 수 있겠지만 수탁은행에 대하여 그 입금의 취소를 요구하거나 재수탁은행에 자금반환을 요구할 권리는 없다고 보아야 한다. 간혹 수탁은행이 수취인이나 이해관계 있는 제3자의 이의가 있을 경우 해제를 조건으로 하여 수취인 예금계좌에 대한 지급정지 조치를 취하는 경우가 있는데, 이는 어디까지나 선의의 송금인을 보호하고자 하는 금융기관의 호의적인 업무처리에 지나지 않는다.

이러한 이치는 송금인이 은행창구를 통하지 아니하고 현금자동지급기나 폰뱅킹, 인터넷뱅킹 등 전자매체에 의한 송금(계좌이체)의 경우에도 마찬가지이다.

그렇다면, 자금반환을 요청하는 송금인이 수탁은행의 주요 거래처로서 사고의 우려가 전혀 없다거나, 송금인의 주장에 신빙성이 있고 송금 경위나 과정을 보아 착오송금이 확실시되는 경우 또는 사기 등 범죄와 관련이 있다고 판단되는 경우에는 과연 어떻게 처리

8) 여기서 이해관계 있는 제3자라 함은 수취인의 예금계좌에 가압류나 압류를 한 채권자, 체납처분압류 채권자, 수취인에 대하여 기한이익을 상실한 채권을 보유하고 있는 재수탁은행 등을 말한다.

9) 타행환입금거래는 제3자 앞 계좌송금 목적으로 이용되고 있으며 이와 같이 예금주 이외의 자가 타인의 예금계좌에 입금하는 행위는 법률적으로 위임에 해당되고, 은행이 입금을 완료한 때에는 위임행위가 종료되며 이와 동시에 예금주는 예금채권을 취득한다고 보아야 하므로 입금의뢰인의 진정한 의사에 따라 송금이 이루어졌고, 은행의 전산기기에 의하여 예금주의 계좌에 입금됨으로써 예금주가 예금반환 채권을 보유하게 되는 경우에는 은행은 예금주의 동의 없이 입금을 취소할 수 없다. 그러므로 병원이 간호사인 甲의 퇴직금을 X은행에 개설된 甲의 예금계좌에 입금할 때 퇴직금을 과다 계산하여 입금을 하였다 하더라도 甲의 동의 없이 X은행 임의로 취소할 수 없다. 따라서 X은행이 甲의 동의 없이 입금을 취소한 것은 부당한 업무처리이므로 X은행은 원상회복(재 입금처리)을 하여야 한다.

하여야 할지 문제가 된다. 이 경우 수탁은행과 재수탁은행으로서는 다음과 같이 처리하는 것이 송금인과 수취인으로부터의 민원을 예방하는 적절한 업무처리라 생각된다.

**1. 수탁은행의 처리** 먼저 재수탁은행(수취인 계좌보유 지점)에 문의, 송금 금액의 인출여부를 조회하여 인출이 되지 아니한 것으로 확인된 때에는, 송금인으로부터 지급정지요청서를 징구하는 한편 가압류 등 필요한 법적조치[10]를 취하도록 안내한다.

다음은 재수탁은행에 유선으로 신속히 지급정지 협조 요청을 하고, 관련 공문을 발송한다. 다만, 자금수수 관계는 송금 당사자 간에 해결하도록 한다.[11]

재수탁은행의 협조로 수취인의 예금계좌에 대하여 지급정지 조치를 취하였으나 수취인 등 이해관계 있는 제3자의 이의가 있어, 지급정지 조치를 해제하여야 할 경우에는 동 사실을 송금인에게 통지[12]하도록 한다.

**2. 재수탁은행의 처리** 수탁은행으로부터 지급정지 요청을 받은 때[13]에는 신속히 해당금액에 대한 지급정지 조치를 취한 후 예금주에게 이 사실을 통지하도록 한다.

이때 예금주가 자금반환에 동의하는 경우에는 예금지급청구서를 받아 수탁은행으로 송금(또는 송금인의 계좌에 입금)을 하고, 예금주와 연락이 되지 않는 다면 특별한 사정이 없는 한 송금 당사자 간에 해결하도록 한다. 그러나 예금주가 정상적으로 송금을 받았다고 주장하며, 지급정지에 대한 해제를 요구할 경우에는 수탁은행에 그 뜻을 통지하고 해제를 하여야 할 것이다.

10) 지급정지는 어디까지나 편의취급 일뿐 원칙적으로 송금인은 지급정지를 요구할 권한이 없기 때문에 법적조치를 취하지 아니한 상황에서 수취인의 이의가 있으면 지급정지 조치를 해제할 수밖에 없기 때문이다.

11) 수탁은행으로서는 분명한 이유가 없는 한 재수탁은행에 대하여 자금반환청구를 하지 않는 것이 안전하다. 자금을 반환에 대한 최종책임은 수탁은행이 져야하기 때문이다.

12) 지급정지요청서에는 통지를 아니하고, 바로 지급정지 조치를 해제한다는 내용이 있지만 가급적 통지 후 해제하는 것이 적절할 것으로 본다.

13) 지급정지 요청은 일단 팩스 또는 유선으로 접수하되 반드시 공문으로 수령하여, 추후 예금주(수취인)로부터 이의가 제기될 경우 그 책임소재를 분명히 하여야 할 것이다.

### (5) 송금인에게 수취인의 인적사항에 관한 정보제공을 제공할 수 있는지 여부

**계좌송금을 한 송금인이 수취인의 인적사항에 관한 정보제공을 요구하는 경우, 수탁은행(또는 재수탁은행)은 이에 응할 수 있겠는가?**

송금인은 수취인(예금주)의 인적사항에 관한 정보제공을 요구할 권한이 없으므로 송금인이 착오송금 등을 이유로 수취인의 인적사항에 관한 정보제공을 요구하는 때에는 이를 거절하여야 한다.

반면에 수취인은 수탁은행 또는 재수탁은행에 대하여 송금인의 성명과 연락처에 관한 정보제공을 요구할 권한이 있다. 다만, 입금자원이 수표인 경우 그 수표의 발행은행이나 수표번호에 대한 정보는 제공할 수 없다. 그러므로 송금인이 수취인에 대한 인적사항을 합법적으로 인지하려면 재수탁은행을 상대로 상대방의 인적사항을 확인해 달라는 소송(정보공개청구소송)을 제기하여 법관의 제출명령 등에 의하여 인적사항을 파악하여야 하는 것이 원칙이다.

문제는 이 경우 오랜 시간을 필요로 한다는 점이다. 생각건대, 재수탁은행이 수취인에게 송금인의 성명과 연락처 등을 제공하여 수취인으로 하여금 송금인에게 연락을 하도록 유도하는 것이 금융기관 직원으로서의 본분이 아닌가 싶다.

■ 착오송금 관련 지급정지 요청서(例文)

지급정지 요청서(각서)

○○지점 귀중

아래 예금계좌에 대하여 지급정지를 요청하오니 선처하여 주시기 바랍니다.

다 음

**1. 지급정지 대상 예금**

가. 예금주 :

나. 예금과목 및 계좌번호 :

다. 지급정지 금액 :

**2. 사 유 :**

**3. 지급정지와 관련한 책임**

지급정지와 관련하여 수취인(예금주) 또는 이해관계 있는 제3자로부터 이의가 있을 경우에는 본인에게 통지없이, 귀 은행 임의로 지급정지 조치를 해제하더라도 일체 이의를 제기하지 않겠으며, 아울러 이로 인해 수취인에게 손해가 발생한 때에는 본인이 민·형사상의 모든 책임을 질 것을 확약하며, 이를 보다 분명히 하고자 각서를 제출합니다.

200 년 월 일

위 각서인

주 소 : (연락처 : )

성 명 : (인)

■ 착오송금 관련 지급정지 요청 공문(例文)

지급정지 협조요청서

1. 귀 금융기관의 무궁한 발전을 기원합니다.

2. 아래 예금계좌에 대한 지급정지를 요청하오니 협조하여 주시기 바랍니다.

다　　　음

**1. 지급정지 대상 예금**

가. 예금주 :

나. 예금과목 및 계좌번호 :

다. 지급정지 금액 :

**2. 사　유 :**

**3. 지급정지에 대한 책임**

귀 은행이 지급정지 조치를 취함으로 인해 예금주(수취인)로부터 이의가 있을 경우에는 당행이 모든 책임을 지고 해결할 것을 확약합니다.

200　년　　월　　일

□ □ 은 행　○ ○ 지점장

## 2. 착오송금된 금액을 수동채권으로 하는 상계의 효력 등

(상 황)

a. K은행(수탁은행)에 예금계좌를 가지고 있는 甲은, 현금자동지급기를 통하여 D은행(재수탁은행) 乙의 예금계좌로 3백만원을 송금하려고 하였으나, 계좌번호를 잘못 입력하여 丙의 계좌에 송금하고 말았다.
b. 그런데 丙은 D은행 Y지점에 기한이익을 상실한 연체대출금(10백만원)을 보유하고 있으며, 또한 丙의 예금계좌에는 이미 다른 채권자로부터 가압류명령(청구금액 5백만원)이 송달되어 있다.
c. 甲은 K은행에 대하여 착오 송금임을 주장하며 자금반환을 요청하였으나 거절을 당하자, D은행에 자금반환을 요구하고 있다.

### (1) 착오송금을 주장하는 송금인으로부터 자금반환 요구가 있는 경우

**D은행은 甲(송금인)의 자금반환 요구에 응할 수 있겠는가?**

수취인(丙) 및 그의 예금계좌에 대하여 이해관계가 있는 가압류채권자의 동의가 없는 한 甲의 요구에 응할 수 없다. 그리고 설령 이들 모두가 자금반환에 동의를 한다 하더라도 D은행(재수탁은행)은 수취인에 대하여 기한이익을 상실한 대출채권을 가진 자로서 자금반환 요구를 거절하고 상계권[1])을 행사할 수 있다. 다만, 착오에 의한 송금이 확실하여 수취인과 가압류채권자가 자금반환에 동의하는 경우에는 은행의 공신력 등을 고려, 상계권을 포기하고 자금반환에 협조하는 것이 바람직할 것으로 본다.

예금거래기본약관 제7조(예금이 되는 시기)에 의하면, 계좌송금 또는 계좌이체의 경우 '예금원장에 입금의 기록을 한 때'에 수취인과 예금계약이 성립된 것으로 약정하고 있으며, 사례와 같이 고객이 현금자동입출금기에 의한 계좌이체를 한 경우에는 '기기화면에 나타난 내용(계좌번호, 금액, 수취인 등)을 확인하고 확인버튼을 누른 때'에 수취인과 재수탁은행 간에 예금계약이 성립된 것으로 약정하고 있다. 따라서 재수탁은행은 수취인에게 예금을 반환할 채무를 부담할 뿐 송금인(甲)에게는 아무런 의무도 부담하지 않으므로 송금인이

1) 대출채권이 가압류명령 송달 이전에 취득된 것이어야만 상계로써 가압류채권자에게 대항할 수 있음에 유의하여야 한다.

자금반환을 요구하더라도 수취인의 동의가 없는 한 이에 응할 수 없다. 아울러 송금인은 원인관계상의 하자를 이유로 수취인에게는 항변할 수 있겠지만 이를 이유로 수탁은행이나 재수탁은행에는 항변할 수 없으므로 수탁은행에 대하여 그 입금의 취소를 요구하거나 재수탁은행에 자금반환을 요구할 수 없다.

결론적으로 설문의 경우 수취인(丙) 및 수취인의 예금계좌에 대해 이해관계가 있는 가압류채권자의 동의가 없는 한 자금반환 요구에 응할 수 없다. 그리고 설령 이들이 동의를 한다 하더라도 D은행은 수취인에 대하여 기한이익을 상실한 채권을 보유하고 있는 이해관계인으로서 자금반환 요구를 거절하고 상계를 하여도 법률상 아무런 문제가 되지 않는다. 다만, 착오에 의한 송금이 확실하여 수취인과 가압류채권자 전원이 자금반환에 동의하는 경우에는 상계권을 포기하고 자금반환에 협조하는 것이 공신력있는 은행으로서의 바람직한 업무처리라 생각된다. 하지만 가압류채권자가 동의하지 않는다면 D은행으로서는 당연히 상계권을 행사하여야 할 것으로 본다. 기한이익을 상실한 대출금채권을 가지고 상계로써 가압류채권자에 우선하여 변제받을 수 있는데, D은행이 자금반환에 동의한다 하더라도 가압류채권자가 동의하지 않는다면 송금인은 자금을 반환받을 수 없고 결과적으로 가압류채권자만 이득이 되기 때문이다. 착오송금과 관련 특히 다음 사항에 유의하여야 한다.

1. 은행이 채권보전 조치로 채무자의 예금계좌에 지급정지 등록을 한 계좌에 대해 무통송금 또는 현금자동지급기나 폰뱅킹, 인터넷 뱅킹 등 전자매체에 의한 송금(계좌이체)이 이루어지고 난 후에 송금인이 착오 등을 이유로 그 반환을 요청하는 사례가 많은데 이러한 사례는 송금인의 과실에 의한 착오송금에도 그 원인이 있겠지만 은행의 지급정지 조치로 예금인출이 불가능해지자 수취인이 송금인에게 송금취소를 요청함으로 인해 발생하는 경우도 많다.

수탁은행으로부터 자금반환 요청을 받은 경우 재수탁은행의 실무처리는 수취인의 동의[2]를 받아 반환하는 형식을 취하고 있다. 그러나 자금반환을 하여야 할 예금주(수취인)가 거래은행에 기한이익을 상실한 채무를 상환하지 아니하여 은행이 이를 회수할 목적으로 동 예금계좌에 지급정지 조치를 취한 경우라면 설사 수취인이 자금반환에 동의한다 하더라도 은행은 이에 응할 의무가 없으며, 나아가 송금액을 수동채권으로 하는 상계도 할 수 있다.

2) 실무상으로는 수취인으로부터 예금지급청구서를 받아 수탁은행 또는 송금인의 계좌에 입금하는 형식을 취하고 있다.

물론 착오송금이 확실시되고 수취인이 자금반환에 동의하는 경우에는 은행의 공신력과 도의적인 측면에서 상계권을 포기하고 반환할 수 도 있겠지만 이는 어디까지나 은행의 호의적인 업무처리일 뿐이다. 따라서 실무상 유사 사례 발생시는 송금의 정당성 여부를 철저히 조사[3]하여 반환 여부를 판단하는 것이 적절할 것으로 본다.

2. 법원으로부터 가압류나 압류명령 또는 국세청으로부터 체납처분압류 등이 송달되어 이미 압류중인 계좌에 입금된 금액에 대하여 타행 등으로부터 자금반환 요청이 있는 경우에는 수취인 및 이들 채권자 전원의 동의가 있거나 또는 압류해제에 대한 책임을 자금반환을 의뢰한 은행이 진다는 명확한 의사표시(서면으로 징구)가 없는 한 이에 응해서는 아니 될 것으로 판단된다.

### (2) 착오송금된 금액을 수동채권으로 하는 상계 가능 여부

**D은행은 丙에 대한 기한이익을 상실한 대출금채권을 자동채권으로 하고, 甲이 착오로 송금하였다고 주장하는 송금액(3백만원)을 수동채권으로 하여 상계할 수 있겠는가?**

송금금액에 대해서는 수취인(丙)이 예금반환청구권을 가지므로, D은행은 수취인 및 가압류채권자의 동의 여부에 불문하고 연체대출금을 자동채권으로 하고 수취인에 대한 예금반환채무(송금대전 3백만원)를 수동채권으로 하는 상계[4]를 할 수 있다. 다만, 본 건의 경우 송금인이 착오송금을 이유로 자금반환을 요구하고 있다는 점을 고려, 일단 예금주에게 상계통지서를 발송하되 상계기표는 송금인과 가압류채권자의 동의 여부를 지켜본 후 결정하는 것이 바람직할 것으로 본다.

그리고 착오송금이 확실하여 수취인과 가압류채권자 등 이해관계인 전원이 자금반환에 동의하는 경우에는 D은행도 상계를 포기하는 것이 공신력 있는 금융기관으로서의 바람직한 자세라고 본다.

참고로 상계를 하기 위해서는 상계적상[5]에 있어야 하는데, D은행은 채무자(丙)에 대하여 예금반환채무를 부담하는 동시에 기한이익을 상실한 대출금채권을 가지고 있으므로

3) 수취인 계좌의 입출금 내역을 조회하여 과거 당사자간에 송금한 사실이 있는지 또는 당사자간 업종의 연관성, 친인척이나 지인 관계 여부, 평소 거래관계 유무 등으로 판단할 수밖에 없다.

4) 상계로써 가압류채권자에게 대항하려면 대출금이 가압류명령 송달 이전에 취급한 것이어야 한다.

5) 양 채권이 서로 상계를 할 수 있는 상태에 있는 것을 의미한다.

상계적상에 있다고 할 수 있다. 설령 연체가 아닌 정상적인 여신이라 하더라도 채무자의 제 예치금에 가압류명령이 송달된 이상 채무자는 동 가압류명령이 발송된 때 모든 채무에 대하여 기한이익을 상실(은행여신거래기본약관 제7조 제1항)하므로[6] 역시 상계적상에 놓이게 된다. 그리고 상계는 민법상 그 시기를 특별히 제한하는 것은 아니므로 양 채권이 상계적상에 있는 한 언제라도 상계의 의사표시(상계통지)를 하고 실행할 수 있다. 다만, 그 실행이 지연되면 채무자를 해할[7] 우려가 있기 때문에 은행여신거래기본약관 제10조(은행으로부터의 상계)에서는 상계사유가 발생한 때 신속히 실행하도록 명시하고 있는데 실무상으로는 특별한 사정이 없는 한 상계사유 발생 즉시 배달증명부내용증명으로 상계통지서를 발생하고 그 발송일을 포함하여 제3영업일 날에 상계기표를 하여야 함이 원칙이다.[8]

### (3) 착오송금이 확실함에도 불구하고 상계를 한 경우 그 효력

**착오송금이 확실하고 수취인(丙)도 송금의뢰인(甲)의 착오송금에 의하여 자신의 예금계좌에 금원이 입금된 사실을 인정하며, 수취은행에 그 반환을 승낙함에도 불구하고 D은행이 丙의 대출금과 착오송금된 금액을 서로 상계를 하였다면 그 상계는 유효하겠는가?**

착오송금이 확실하고 수취인(丙)도 송금의뢰인(甲)의 착오송금에 의하여 자신의 예금계좌에 금원이 입금된 사실을 인정하며 수취은행에 그 반환을 승낙하고 있음에도 불구하고 수취은행(D은행)이 수취인에 대한 대출채권 등을 자동채권으로 하여 그의 계좌에 착오로 입금된 금원 상당의 예금채권과 상계하는 것은 송금의뢰인에 대한 관계에서 신의칙에 반하거나 상계에 관한 권리를 남용하는 것으로 무효라는 것이 대법원 판례[9]의 태도이다.

6) 담보재산이 존재하는 채무의 경우에는 채권회수에 중대한 지장에 있는 때에만 가압류를 사유로 기한의 이익을 상실한다.

7) 수동채권인 수신금리에 비해 자동채권인 대출금채권의 이자가 높기 때문에 상계적상에 있음에도 불구하고 상계실행을 지연하면 지연할수록 채무자가 불리하다.

8) 상계로써 예금주 및 제3자(압류채권자)에게 대항하려면 배달증명부 내용증명(여신거래기본약관 제18조, 통지의 효력)으로 상계예고통지서를 발송하여야 한다. 상계계산일은 약관 개정 전에는 금융기관에서 현실적으로 상계를 실행하는 날로 정하였으나 현행 개정된 약관에 의하면 채무자에게 상계통지가 도달한 날로 하기로 약정(약관 제10조 제5항)하고 있다. 그리고 약관 제18조 제1항에 은행이 채무자가 신고한 최종 주소로 서면 통지 또는 기타 서류 등을 발송한 경우, 보통의 우송기간이 경과한 때(보통의 우송기간이 경과한 때라 함은 발송일을 포함하여 3영업일째로 해석하고 있다) 도달한 것으로 추정한다고 약정하고 있으므로 상계기표는 상계통지서 발송일을 포함하여 제3영업일 날에 하여야 함이 원칙이며, 사정상 그 이후에 상계기표를 하였다 하더라도 상계계산일로부터 현실적으로 상계를 한 날 사이의 연체이자는 징구할 수 없음이 원칙이다.

본 판례는 착오송금이 확실한 경우로서 수취은행이 선의인 상태에서 수취인의 예금채권을 담보로 대출을 하여 그 자동채권을 취득한 것이라거나 그 예금채권이 이미 제3자에 의하여 압류되었다는 등의 특별한 사정이 없는 한 예금거래기본약관 제7조(예금이 되는 시기)에서 정하고 있는 계좌송금 또는 계좌이체시 예금이 성립되는 시기(예금원장에 입금의 기록을 한 때)에도 불구하고, 공익적 성격이 강한 수취은행이 송금의뢰인의 실수를 기화로 채권을 회수하는 것은 부당하다는 판단을 하고 있다. 따라서 이미 앞에서 언급한 바와 같이 착오에 의한 송금이 확실한 경우에는 은행의 공신력 등을 고려, 상계권을 포기하고 자금반환에 협조하여야 할 것이다.

9) 예금거래기본약관에 따라 송금의뢰인이 수취인의 예금계좌에 자금이체를 하여 예금원장에 입금의 기록이 된 때에는 특별한 사정이 없는 한 송금의뢰인과 수취인 사이에 자금이체의 원인인 법률관계가 존재하는지 여부에 관계없이 수취인과 수취은행 사이에는 위 입금액 상당의 예금계약이 성립하고, 수취인이 수취은행에 대하여 위 입금액 상당의 예금채권을 취득한다. 그리고 수취은행은 원칙적으로 수취인의 계좌에 입금된 금원이 송금의뢰인의 착오로 자금이체의 원인관계 없이 입금된 것인지 여부에 관하여 조사할 의무가 없으며, 수취은행이 수취인에 대한 대출채권 등을 자동채권으로 하여 수취인의 계좌에 입금된 금원 상당의 예금채권과 상계하는 것은 신의칙 위반이나 권리남용에 해당한다는 등의 특별한 사정이 없는 한 유효하다. 그러나 송금의뢰인이 착오송금임을 이유로 거래은행을 통하여 혹은 수취은행에 직접 송금액의 반환을 요청하고 수취인도 송금의뢰인의 착오송금에 의하여 수취인의 계좌에 금원이 입금된 사실을 인정하고 수취은행에 그 반환을 승낙하고 있는 경우, 수취은행이 수취인에 대한 대출채권 등을 자동채권으로 하여 수취인의 계좌에 착오로 입금된 금원 상당의 예금채권과 상계하는 것은, 수취은행이 선의인 상태에서 수취인의 예금채권을 담보로 대출을 하여 그 자동채권을 취득한 것이라거나 그 예금채권이 이미 제3자에 의하여 압류되었다는 등의 특별한 사정이 없는 한, 공공성을 지닌 자금이체시스템의 운영자가 그 이용자인 송금의뢰인의 실수를 기화로 그의 희생하에 당초 기대하지 않았던 채권회수의 이익을 취하는 행위로서 상계제도의 목적이나 기능을 일탈하고 법적으로 보호받을 만한 가치가 없으므로, 송금의뢰인에 대한 관계에서 신의칙에 반하거나 상계에 관한 권리를 남용하는 것이다(2010. 5. 27. 선고 2007다66088 판결)라는 입장을 취하고 있다.

## 3. 예금의 지급과 그 면책 기준

(상 황)

D은행 Y지점은 甲으로부터 자신의 예금이 권한 없는 자에게 지급되었으니 변상을 하라는 민원을 접수하였다.

### (1) 예금의 지급과 면책요건

**예금을 지급하였으나 결과적으로 무권리자에게 지급된 경우, 금융기관이 면책을 받을 수 있는 근거와 그 요건은 무엇인가?**

예금을 지급하였으나 결과적으로 무권리자에게 지급된 경우, 금융기관이 면책을 받을 수 있는 근거와 그 요건은 다음과 같다.

**1. 채권 준점유자에 대한 변제**(민법 제470조) 우리 민법은 채권의 준점유자에 대한 변제는 변제자가 선의이고 과실이 없는 때에 한하여 그 효력이 있다고 규정하고 있다. 따라서 금융기관 직원이 예금채권의 준점유자에 대해 지급을 한 경우에는 설령 그 자가 무권리자라 하더라도 책임을 면할 수 있다.

여기서 '채권의 준점유자'라 함은 사회통념상 다른 사람으로 하여금 채권자라고 믿게 할 만한 외관을 가진 자를 말한다. 수신거래에 있어서의 예금채권의 준점유자라 함은 예금지급청구서에 기재된 또는 pin-pad기에 입력된 비밀번호가 신고된 비밀번호와 일치하고 및 신고한 인감도장(또는 서명)과 일치하는 예금청구서와 예금통장에[1] 의하여 예금을 청구하는 자로서 의심할 만한 여지가 없는 자를 의미한다.

**2. 면책약관**(예금거래기본약관 제16조)

가. 은행은 예금지급청구서, 증권 또는 신고서 등에 찍힌 인영(또는 서명)을 신고한 인감(또는 서명감)과 육안으로 주의 깊게 비교 · 대조하여 틀림없다고 여기고, 예금지급청구서 등에 적힌 비밀번호나 PIN-Pad기를 이용하여 입력된 비밀번호가 신고 또는 등록한 것과 같아서 예금을 지급하였거나 기타 거래처가 요구하는 업무를 처리하였을 때에는 인감이나 서명의 위조 · 변조 또는 도용이나 그 밖의 다른 사고로 인하여 거래처에 손해가

1) 예금통장(또는 증서)과 신고한 인감도장을 소지한 자만을 채권의 준점유자로 보고, 무통장의 경우에는 채권 준점유자로 보지 아니한다(대법원 2002. 6. 14. 선고 2000다38992 판결).

생겨도 그 책임을 지지 않는다. 다만, 은행이 거래처의 인감이나 서명의 위조·변조 또는 도용 사실을 알았거나 알 수 있었을 때는 그러하지 아니하다.

나. 전산통신기기 등을 이용하거나 거래정보 등의 제공 및 금융거래명세 등의 통보와 관련하여 은행이 책임질 수 없는 사유로 계좌번호, 비밀번호 등의 금융정보가 새어나가 거래처에 손해가 생겨도 은행은 그 책임을 지지 않는다.

다. 은행이 주민등록증 등 실명확인증표로 주의 깊게 실명확인하거나 실명전환한 계좌는 거래처가 실명확인증표 또는 서류의 위조·변조·도용 등을 한 경우, 이로 인하여 거래처에 손해가 생겨도 은행은 그 책임을 지지 않는다.

한편 채권의 준점유자에게 변제한 이상, 설령 수령자가 무권리자라 판명되었더라도 은행은 수령인에게 부당이득반환을 청구할 수 없고 진정한 채권자만이 수령인에게 대하여 부당이득반환을 청구할 수 있다. 그러나 은행의 과실로 인해 무권리자에게 지급된 때에는 은행은 수령인에게 부당이득반환을 청구할 수 있음은 당연하다.

영업점 실무상 본인대조 확인 소홀 또는 주민등록증 등 실명확인증표의 위·변조에 의한 사고가 빈번히 발생되고 있는 실정이다. 그런데 문제는 주민등록증 등 실명확인증표의 위·변조에 의거 무권리자에게 지급된 경우, 대법원 판례[2]는 면책약관(예금거래기본약관 제16조)에도 불구하고 은행 측에 매우 불리한 판결을 내리고 있다는 점이다. 따라서 무권리자에게 지급되지 않도록 하기 위해서는 본인 대조 확인은 말할 것도 없고 실명증표의 위·변조 식별에도 철저를 기하는 수밖에 없을 것이다.

### (2) 채권 준점유자에 대한 변제의 효력에서 선의·무과실의 의미

**은행이 채권 준점유자에 대한 변제(민법 제470조)로서 유효함을 주장하기 위해서는 그 지급이 선의이며 과실이 없어야 한다고 규정하고 있는데, 여기서 선의·무과실의 의미는?**

우리 민법은 채권의 준점유자에 대한 변제는 변제자가 선의이며 과실이 없는 때에 한

2) 은행이 거래상대방의 본인 여부를 확인할 필요가 있는 경우에 담당직원으로 하여금 그 상대방이 거래명의인의 주민등록증을 소지하고 있는지 여부를 확인하는 것만으로는 부족하고 그 직무수행에 필요로 하는 충분한 주의를 다하여 주민등록증의 진정 여부 등을 확인함과 아울러 그에 부착된 사진과 실물을 대조하여야 할 것인 바, 만일 실제로 거래행위를 한 상대방이 주민등록상의 본인과 다른 사람이었음이 사후에 밝혀졌다고 한다면 특별한 사정이 없는 한 은행으로서는 위와 같은 본인확인 의무를 다하지 못한 과실이 있는 것으로 사실상 추정된다(대법원 1998. 11. 10. 선고 98다20059 판결).

하여 효력이 있다(제470조, 채권의 준점유자에 대한 변제)고 규정하고 있는데, 여기서 선의(善意)라 함은 채권의 준점유자에게 변제수령의 권한이 없음을 알지 못했다는 것만으로는 부족하며, 적극적으로 채권의 준점유자에게 수령권한이 있다고 믿은 경우를 뜻하며, 무과실(無過失)이란 채권의 준점유자라고 믿는데 대하여 과실이 없음을 의미한다.

### (3) 만기일 도래한 저축성예금을 제3자에게 지급하여도 되는지 여부

**만기가 도래한 정기적금에 대하여 예금주(甲)의 동생이란 자가 통장과 개설 당시의 도장을 제시하며 지급청구를 해온다고 가정할 경우, Y지점은 이에 응할 수 있겠는가?**

신청인이 무권리자라 의심할 만한 특별한 사정이 없는 한 지급하여도 무방할 것으로 본다.

기한을 정한 예금(정기예금, 적금 등)의 만기해지시에는 면책약관(예금거래기본약관 제16조) 및 채권 준점유자에 변제규정이 적용되는 것으로 해석하고 있다. 따라서 기한을 정한 예금이라 하더라도 인감(또는 서명)이 일치하는 예금청구서와 함께 통장을 제시하고 비밀번호를 알고 있는 경우(이 경우 신청인은 채권의 준점유자로 볼 수 있다)에는 신청인이 무권리자라고 의심할 만한 특별한 사정이 없다면 지급하여도 무방할 것으로 본다.

참고로 과거 일부 금융기관 내규에는 비밀번호가 없는 저축성예금의 경우에는 만기해지시에도 무권리자에게 지급되지 않도록 주의하여야 한다고 규정함으로써 설문의 경우 본인의 의사가 확인되지 않는 때에는 지급에 응하지 아니한 적도 있다.

# 4. 예금의 과다 지급과 회수 방안

(상 황)

D은행 Y지점 직원은 당일 마감 결과 시재가 90만원이 부족하여 그 원인을 조사한 결과, 거래처 甲에게 10만원을 지급하여야 할 것을 100만원을 지급함으로써 발생된 것으로 판명된다. 이 경우 Y지점이 취할 수 있는 적절한 대책은?

Y지점 직원은 90만원이 과다 지급된 사실을 甲에게 정중히 설명 및 사과하고 그 반환을 요청하여야 할 것으로 본다. 그러나 甲이 과다 수령한 사실을 부인하며 반환하려 하지 않는다면 '부당이득반환청구의 소'를 제기하는 수밖에 없을 것이다. 다만, 과다 지급된 사실을 은행이 입증하여야 한다.

한편 甲이 Y지점으로부터 예금을 반환받을 당시 자신이 지급 청구한 금액(10만원)보다 많다는 사실을 알고서도 이를 반환하지 아니하거나 모르고 수령하였다 하더라도 반환청구를 받고도 반환하지 아니하면 점유이탈물횡령죄[1])가 성립하는 것으로 본다. 따라서 이러한 법리를 적절히 활용한다면 과다 지급한 금액을 회수하는데 도움이 될 것으로 본다.

실무상 위와 같이 과다 지급된 사실이 발견된 경우에는 다음과 같이 처리하는 것이 그 금액을 회수하는데 효과적일 것으로 생각된다.

1. 과다 수령 사실을 고객이 인정하지 않는 한 그 입증책임 은행에 있다는 점을 간과하여서는 아니 된다. 따라서 과다 지급사실을 입증할 수 있는 근거를 최대한 확보하여야 한다.

2. 고객을 자극하지 않도록 하기 위해서는 점유이탈물횡령죄 등 형사적인 문제는 초

1) 유실물, 표류물 또는 타인의 점유를 이탈한 재물을 횡령한 자는 1년 이하의 징역이나 300만원 이하의 벌금 또는 과료에 처한다(형법 제360조, 점유이탈물횡령). 횡령죄는 위탁관계에 의하여 자기가 점유하는 타인의 재물을 횡령하거나 반환을 거부함으로써 성립하는 범죄이다. 그러나 점유이탈물횡령죄는 위탁관계를 요하지 아니하고, 신탁관계의 배반을 내용으로 하지 않는 단순한 재산범죄로서 횡령죄와는 성질이 다른 별개의 범죄라는 것이 다수설의 입장이다. 또한 판례는 타인의 점유를 이탈한 재물, 유실물, 표류물, 매장물은 단지 그 예시에 불과하다고 한다. 따라서 본 사례와 같이 착오로 인하여 예금을 과다 지급하거나 착오 송금, 타인이 놓고 간 물건, 유실한 가축 등을 횡령한 경우 점유이탈물횡령죄를 구성한다고 한다.

기단계에서는 일단 언급하지 않는 것이 좋다.

3. 전화 또는 방문을 할 때에는 고객과 대화할 내용들을 사전에 정리하도록 한다. 고객은 자신이 과다 수령한 사실을 스스로 은행에 통지하거나 반환하지 아니한데 대한 부끄러움을 가지는 것이 보편적인데 전화나 방문 상담을 할 때에는 고객으로 하여금 이러한 생각을 갖지 않도록 하는 것이 무엇보다도 중요하다. 따라서 과다 지급한 사실을 통지할 때에는 '고객님 저희지점에서 인출한 금액이 청구하신 금액과 일치하는지 아직까지 확인해 보지 않으셨지요. 죄송하지만 한번 확인하시고 전화주시면 고맙겠습니다.' 이와 같이 유화적인 표현을 쓰는 것이 적절하다.

4. 금액이 과다한 경우에는 취급자와 책임자가 함께 직접 고객을 방문하여 은행의 실수로 인해 불편과 심려를 끼친 점을 정중히 사과하고 반환을 요청한다.

5. 과오지급 금액은 가능한 당일 중 회수하되, 고객이 다음날 반환하려고 하는 경우에는 그 사실을 녹음을 해 두는 것이 안전하다.

6. 고객이 과다 수령한 사실을 부인하고 반환하지 않거나 과다 수령한 사실을 인정하면서도 차일피일 반환하지 않는 경우에는 먼저 서면[2]으로 자진 반환을 촉구하고, 그 지정한 기일까지 반환하지 아니하는 경우에는 고객의 주소지를 관할하는 경찰서에 점유이탈물횡령죄로 고소[3]하는 한편 부당이득반환청구의 소를 제기하여 회수하는 수밖에 없을 것이다.

2) 가급적 내용증명으로 발송하되 그 내용으로는 과다 지급된 근거, 지정일까지 반환하지 아니하면 점유이탈물횡령죄 등으로 고소한다는 등의 내용이 포함되어야 할 것이다.

3) 은행이 과다 지급한 사실을 입증할 수 있어야 한다.

## 5. 예금주가 의식불명 상태에 있는 예금의 권한 없는 자에 대한 변제의 효력

(상 황)

a. 甲이 乙명의 자유저축예금통장과 신고 인감을 지참, 예금의 지급을 요청하나 비밀번호를 모르고 있다.
b. 甲의 주장에 의하면, 예금주인 乙은 뇌질환으로 X병원에 입원치료 중인데 의식이 온전하지 못한 상태이며, 청구금액 전액은 乙의 치료비에 충당하기 위한 것이라고 한다. 이 경우 은행은 어떻게 처리하는 것이 적절하겠는가?

민법 제472조(권한 없는 자에 대한 변제)에는, 변제받을 권한 없는 자에 대한 변제는 채권자(乙)가 이익을 받은 한도에서 효력이 있다고 규정하고 있다. 본 조항은 정당한 수령권한이 없는 자에게 예금이 지급되었다 하더라도 그 금원이 결과적으로 예금주 본인을 위해 사용되었다면 그 범위 내에서 금융기관은 책임을 면한다고 해석될 수 있다.

따라서 예금주가 병원에 입원 치료중인 사실과 치료비를 확인한 후 甲으로부터 비밀번호 변경을 위한 제사고신고서를 받아 비밀번호를 변경하는 한편 치료비 상당액에 해당하는 예금지급청구서를 받아 지급하되 그 전액이 예금주 본인의 치료비에 충당되도록 조치하는 것이 고객과 은행 모두를 조율하는 합리적인 업무처리라 생각된다.

고객이 금융기관에 예치한 예금 중 증권적 예금[1]을 제외하고는 권리자가 특정되어 있는 지명채권으로서 채무자인 금융기관은 특정된 권리자(예금주)에게 예금을 반환하여야만 변제로서의 효력이 있다. 따라서 지명채권의 성질을 지닌 예금에 대한 지급청구가 있으면 금융기관은 그 청구인이 정당한 수령권자인지 여부를 확인하여야 함이 원칙이다.

그러나 예금지급 사무를 언제나 이와 같은 방식으로 처리하게 되면 예금주 보호라는 안전적인 측면에서는 더할 나위가 없겠지만 예금을 출금하고자 할 때마다 예금주 본인 또는 위임장을 소지한 정당한 대리인이 직접 금융기관을 방문하여야 하는 불편은 물론 예금청구인이 정당한 수령권자인지 여부를 확인하기 위해 일일이 신분증과 대조하여야 하는 데 따른 업무처리시간 과다로 거래의 신속성이 크게 위협받게 될 뿐만 아니라 진정

1) 증서식 양도성예금증서나 무기명정기예금과 같이 그 증서를 소지한 자를 권리자로 보는 예금을 말한다.

한 수령권자라고 믿고 지급을 한 경우라도 신분증의 위, 변조 등으로 무권리자에게 지급된 것으로 판명된 때에는 진정한 예금주에게 또다시 지급하여야 하는 문제가 있어, 수많은 고객을 상대로 대량의 거래를 처리하여야 하는 금융기관으로서는 영업자체가 사실상 불가능해 질 것이다.

상기와 같은 문제점을 해소하고자 금융기관은 소정요건[2]을 갖춘 지급의 경우에는 설령 인감이나 서명이 위조, 변조 또는 도용이나 그 밖의 다른 사고로 인하여 권한 없는 자에게 예금이 지급되어 예금주에게 손해가 발생하더라도 금융기관은 그 책임을 지지 않는다는 약정(예금거래기본약관 제16조, 면책)을 하고 있는데, 이를 면책약관이라 하며, 판례도 약관의 유효성을 인정하고 있다. 현재 각 금융기관이 공통으로 채택하고 있는 **면책요건**은 다음과 같다.

1. 예금통장(또는 증서)을 소지하고 있을 것.

2. 예금지급청구서에 찍힌 인감(또는 서명)을 신고한 인감(또는 서명감)과 육안으로 주의깊게 비교, 대조하여 틀림없다고 판단될 것.

3. 예금지급청구서에 기재된 또는 pin-pad기에 입력된 비밀번호가 신고된 비밀번호와 일치하고, 예금지급시 금융기관 직원의 고의나 과실이 없을 것.

한편 민법은 거래의 신속을 도모하고 채무자(금융기관)를 보호할 목적으로 채권의 준점유자에 대한 변제는 변제자가 선의이며 과실이 없는 때에 한하여 효력이 있다[3]고 규정하고 있는데, 여기서 채권 준점유자라 함은 사회통념상 진정한 권리자라고 믿을 수 있는 외관을 갖춘 자를 말한다. 예금의 경우 위 면책약관에서 정한 면책요건과 같다고 보면 된다.

결론적으로 위 사례에서, 甲이 비록 예금통장과 신고인감을 소지하고 있으나 비밀번호를 모르고 있다면 민법에서 규정하는 채권 준점유자로 볼 수 없고 아울러 예금거래기본약관에서 정하는 면책요건을 갖추지 못하고 있기 때문에 지급청구를 받은 금융기관으로서는 이를 거절하고, 예금주 본인 또는 예금주로부터 위임을 받은 정당한 대리인에 의한 비밀번호 변경 신고를 권고하는 수밖에 없다고 본다.

그런데 문제는 예금주가 의식이 온전하지 못한 상태로 병원에 입원, 치료 중이라고 하

2) 이를 '면책요건'이라 한다.

3) 민법 제470조(채권의 준점유자에 대한 변제).

는데 본인이 신분증을 지참하여 은행을 방문하라거나 또는 위임장을 가지고 오라고만 한다면 마치 금융기관이 예금을 지급하지 않겠다는 의도로 비춰져 고객을 납득시키기 어렵고, 누가 봐도 적절한 요구라 할 수 없다. 그렇다고 하여 甲으로부터 비밀번호 변경 신청을 받자니 추후 만에 하나 甲이 부정 소비하고, 예금주(예금주가 사망한 경우에는 그 상속인)가 비밀번호 변경 사실 및 예금인출을 부인한다면 그 책임은 고스란히 금융기관 직원이 질 수밖에 없어 사정은 이해가 가지만 도저히 수용할 수 없는 일이다.

그렇다면 과연 이 상황에서 고객과 은행 모두를 조율하는 적절한 방안은 없겠는가. 그 해답은 변제받을 권한 없는 자에 대한 변제는 채권자(乙)가 이익을 받은 한도에서 효력이 있다고 한 민법 조항에서 찾을 수 있다.

본 조항은 정당한 수령권한이 없는 자에게 예금이 지급되었다 하더라도 그 돈이 결과적으로 예금주 본인을 위해 사용되었다면 그 범위 내에서 금융기관은 책임을 면하는 것으로 해석할 수 있다. 따라서 본 조항을 원용한 업무처리 즉, 먼저 예금주가 병원에 입원치료중인 사실과 치료비를 확인한 후 甲으로부터 비밀번호 변경을 위한 제사고신고서를 받아 비밀번호를 변경하는 한편 치료비 상당액에 해당하는 예금지급청구서를 받아 직원이 해당 병원을 직접방문, 치료비로 납부하고 영수증 사본을 받아 제사고신고서에 첨부하거나 또는 병원 관계자에게 문의, 치료비 해당액을 확인하여 병원의 예금계좌에 대체입금하는 형식으로 업무를 처리한다면 고객과 은행 모두를 조율하는 합리적인 업무처리가 될 것으로 본다. 다만, 여기서 유의하여야 할 것은 甲 등이 다른 용도로 추가 인출하는 사례가 없도록 치료비 상당액을 출금한 후에는 즉시 지급금지 등록 조치를 취하여야 한다는 점이다.

고객이 어려울 때 이를 해결하려는 금융기관 직원의 적극적인 노력이야말로 진정한 서비스이다. 아울러 고객께서도 금융기관 직원이 처한 입장을 충분히 이해하고 협조를 당부하는 것이 문제를 원만히 해결하는 지름길임을 잊지 말아야 할 것이다.

한편 설문과는 달리 예금주(乙)가 Y지점을 방문, 비밀번호 변경신고 후 및 예금 지급을 요구한다면 어떻게 처리하여야 할지 의문이다.

결론적으로 예금주가 비록 정신질환으로 치료를 받고 있다 하더라도 한정치산 또는 금치산 선고를 받은 사실이 없다면 예금주의 요구에 응하여야 할 것으로 본다. 예금주가 정당한 행위능력을 가지고 있는지 여부는 민법에서 특별히 정하는 경우 즉 미성년자, 한정치산자, 금치산자[4]에 해당되지 않는 한 금융기관이 임의적으로 이를 판단할 수 없으므

4) 금치산자라 함은 심신을 완전히 상실한 상태에 있는 자로서 가정법원으로부터 금치산선고를 받은 자를 말한다(민법 제12조, 금치산의 선고).

로 예금주가 한정치산 또는 금치산 선고[5]를 받은 사실이 없는 한 정신질환을 앓고 있다는 그 사실만으로는 예금반환 요청을 거절할 수 없다. 따라서 이 경우에는 사고신고서를 징구하고 비밀번호 변경절차를 취한 뒤 지급하여도 무방할 것으로 본다.

그리고 예금주가 실질적으로 한정치산자[6] 내지 금치산자에 해당된다 하더라도 기본증명서 등에 한정치산자나 금치산자로 공시되지 아니한 이상 그 이후 한정치산이나 금치산 선고가 있더라도 선고 이전의 심신상실 상태를 이유로는 그가 행한 법률행위를 취소할 수 없다.[7]

5) 한정치산자 또는 금치산자 여부는 기본증명서에 공시되며, 이들의 후견인도 명시되어 있다.

6) 한정치산자라 함은 심신이 박약한 자 또는 재산의 낭비로 인하여 자기나 가족의 생활을 궁박하게 할 염려가 있는 자로서 가정법원으로부터 한정치산선고를 받은 자를 말한다(민법 제9조, 한정치산의 선고).

7) 표의자가 법률행위 당시 심신상실의 상태에 있었지만 법원의 금치산 선고가 없었다면 그 이후 금치산 선고가 되더라도 선고 이전의 심신상실 상태를 이유삼아 그 행위를 취소할 수 없다(대법원 1992. 10. 13. 선고 92다6433 판결).

# 제4절 예금 압류·추심명령, 전부명령·체납처분압류

## 1. 예금에 대한 가압류명령 접수와 그 유의사항

(상 황)

D은행 Y지점(제3채무자)은 법원으로부터 예금주 甲을 집행채무자로 하는 가압류명령을 송달받았다. 이 경우 Y지점이 실무상 특히 유의하여야 할 사항은?

은행이 제3채무자의 지위로 집행법원으로부터 가압류(압류)명령 등을 송달받은 때에는 특히 다음 사항에 유의하여야 한다.

1. 가압류(압류)명령의 송달은 이를 받을 자(제3채무자, 집행채무자)의 주소, 거소, 영업소 또는 사무소에 하도록 규정(민사소송법 제183조, 송달장소)하고 있다. 그리고 가압류[1]의 효력은 가압류명령이 제3채무자의 주소(법인인 경우 본점 또는 지점), 거소, 영업소 또는 사무소에 송달된 때부터 발생한다(민사집행법 제227조 제3항).

그러므로 제3채무자의 표시가 'D은행(소관점 X지점)'으로 되어 있는 가압류(압류)결정문이 D은행 X지점이 아닌 본점이나 또는 다른 지점에 송달되었다 하더라도 본점 또는 다른 지점에 송달된 그때부터 압류의 효력이 발생한다. 따라서 가압류명령을 송달받은 본점 또는 지점에서 소관지점으로 가압류결정문을 송달하는 사이에 압류대상 예금을 예금주(집행채무자)에게 지급한 때에는 은행은 그 지급으로써 가압류채권자에게 대항할 수 없다. 따라서 가압류(압류)결정문을 접수한 직원은 신속히 압류대상 예금에 대하여 지급정지 조치를 취한 후 해당 영업점에 송부하는 것이 올바른 업무처리이다.

2. 가압류(압류)결정문에 제3채무자의 표시가 특정지점으로 한정되어 있는 경우에는 그 특정지점에 존재하는 예금에 한하여 압류의 효력이 미치는 것으로 보고 실무를 처리하여야 할 것으로 생각된다.

1) 가압류라 함은 금전 또는 금전으로 환산할 수 있는 청구권을 그대로 두면 장래 강제집행이 불가능하게 되거나 곤란하게 될 것으로 예상되는 경우, 미리 채무자의 재산의 현상을 보전하고 그 처분을 금지하여 장래의 강제집행을 보전하는 절차를 말한다.

예컨대 제3채무자의 표시가 'D은행(소관점 X지점)'으로 되어 있는 경우에는, X지점에 예치 중인 가압류채무자의 예금계좌에 한하여 압류의 효력이 미치는 것으로 해석하고 있으므로 소관점(X지점) 이외의 다른 지점의 예금계좌에 대해서는 압류에 응해서는 아니 될 것으로 본다.

반면에 제3채무자의 표시가 'D은행'으로 되어 있고 소관점 표시가 없는 때에는 D은행 모든 지점에 존재하는 가압류채무자의 예금계좌에 대해 압류의 효력이 미치는 것으로 보고[2] 실무를 처리하여야 할 것이다.

3. 제3채무자(은행)가 집행법원으로부터 가압류(압류)명령을 송달받았으나 압류등록(지급금지 등록)을 하기 전에 예금이 지급된 경우, 제3채무자의 책임 여부에 관하여 대법원의 입장은, 제3채무자가 그 압류명령에 따라 해당 예금에 대하여 압류 조치를 하는데 필요한 최소한의 시간 이내에 인출이 되었다면 제3채무자(은행)에게 책임이 없는 것으로 판시하고 있다. 따라서 가압류(압류)명령을 송달받은 때에는 최대한 신속히 지급정지 조치(압류등록)를 취하여야 할 것이다.

4. 압류등록을 하여야 할 금액은 송달시점의 예금 잔액이 청구금액보다 많은 경우에는 청구금액을, 적은 경우에는 예금 잔액이다.

다만, 송달시점의 예금액이 청구금액보다 적은 경우라 하더라도 압류할 채권의 표시가 '채무자가 제3채무자에 대하여 현재 또는 장래에 가지는 예금채권 중 위 청구금액에 이를 때까지의 금액'으로 표시된 경우와 같이 장래 입금분에 대해서도 압류를 하라는 취지의 문언이 기재되어 있는 경우에는 청구금액만큼 압류 등록을 하여야 할 것이다.

5. 가압류채무자(예금주)의 외화예금 계좌에 대하여 가압류명령이 송달되고 청구금액이 원화로 표시되어 있는 경우에는 가압류명령 접수시점의 '대고객 전신환매입률[3]'에 의거 환산한 해당 외화금액을 압류할 금액으로 보는 것이 타당할 것으로 생각된다.

6. 가압류채무자(예금주)의 본인 명의의 대출금, 신용카드 이용대금 또는 제3자에 대한 보증채무 등 제3채무자(은행)가 예금주에 대하여 반대채권을 가지고 있는 경우, 은행이 압류대상 예금을 수동채권으로 하여 상계를 할 것인지 여부는 가압류(압류)명령이 송달되어 채무자가 기한이익을 상실한 그 시점에서 신속히 결정하여야 한다.

---

2) 손창환, 사례로 본 민사집행.

3) 전신환매입율에 의거 환산한 금액을 압류등록 하는 것이 전신환매도율에 의거 환산한 금액을 등록하는 것보다 압류채권자에게 유리하다.

만일 상계를 할 수 있었음에도 상계를 하지 아니하고 이자수령 및 재약정 등을 하게 되면 기한이익이 부활된 것으로 간주되어 상계를 할 수 없을 뿐만 아니라 특별한 사정이 없이 장기간 상계를 하지 아니함으로써 가압류(압류)채권자로 하여금 추심이 가능하다는 인식을 준 후 상계를 하는 것은 신의칙에 반하는 행위로 상계가 무효라는 견해가 있기 때문이다.

7. 상계를 하고자 하는 경우에는 채무자(예금주)에게 기한이익 상실 통지(만일 당연 기한이익 상실 사유가 발생한 때에는 기한이익 상실통지를 하지 않아도 무방하다) 및 상계예고통지서를 배달증명부 내용증명으로 발송하는 한편 반대채권으로 상계를 하고자 한다는 뜻을 압류채권자[4]와 집행법원에 통지하는 것이 적절한 업무처리라 생각된다.

이 경우 상계기표는 상계예고통지서를 우체국에 접수한 날을 포함하여 3영업일이 되는 날 실행하는 것이 바람직하다. 상계를 할 수 있음에도 불구하고 상계를 지연함으로써 지연배상금(연체이자)이 증가된 때에는 그 증가된 금액에 대해서는 원칙적으로 채무자에게 청구할 수 없을 것이다.

특히 상계통지를 하고 난 이후에 상계를 하지 않고 그 예금을 예금주에게 반환하는 행위는 가압류채권자를 해하는 행위인 동시에 신의칙에 반하는 행위로 가압류(압류)채권자에게 대항할 수 없다.

8. 은행(제3채무자)이 가압류 또는 압류명령을 송달받은 이후에 그 압류채무자(예금주)로부터 취득한 채권(대출금 또는 신용카드이용대금 등)을 자동채권으로 하고, 압류된 예금을 수동채권으로 하는 상계는 할 수 없다.[5]

그리고 제3자명의 예금을 담보 취득(근질권)하고 대출을 실행하면서 그 예금주가 연대보증인으로 입보하지 않았다면(이러한 자를 물상보증인이라 한다) 대출금과 담보예금을 서로 상계할 수 없다. 상계를 하려면 양 채권이 서로 대립되고 있어야만 하는데 물상보증인은 책임은 있으나 채무를 부담하지 않으므로 은행의 입장에서 볼 때 상계할 채권(자동채권)이 존재하지 않기 때문이다.

9. 본인명의 예금을 담보 취득(근질권)하고 통장대출(한도거래)약정을 할 때 질권설정계약서에 확정일자[6]를 받아 둔 경우로써, 그 후 담보예금에 대하여 법원으로부터 가압류명

4) 압류채권자에게 상계통지를 하는 것은 법률상의 의무가 아니라 단지 불필요한 분쟁을 피하기 위한 것이므로 압류채권자에게는 내용증명으로 발송하지 않아도 무방하다.

5) 민법 제498조(지급금지채권을 수동채권으로 하는 상계의 금지).

6) 확정일자라 함은 그 증서 또는 문서가 작성된 일자에 대하여 제3자에 대해서 완전한 증거력이 있다

령을 송달받은 이후에 한도대출이 실행된 경우에도 은행은 담보권(질권)을 실행하여 가압류채권자에게 대항할 수 있다. 다만, 그렇다고 하더라도 가압류 사건이 해결될 때까지는 한도대출 실행을 하지 않는 것이 가압류채권자에 대한 도리가 아닌가 생각한다. 그러나 가압류명령이 아니라 압류명령을 송달받은 이후에 한도대출이 실행된 경우에는 담보권(질권)을 실행하여 압류채권자에게 대항할 수 없다. 근질권의 경우 근질권자(은행)가 담보예금(압류채무자가 은행에 담보로 제공한 예금)에 대하여 강제집행이 개시된 사실을 알게 된 때에 근질권에 의하여 담보되는 채권이 확정[7]되어, 확정 이후 신규 취급된 대출금에 대하여는 근질권의 효력이 미치지 않기 때문이다.

10. 은행 내규에서는 가압류(압류)명령서에 기재된 예금주의 성명과 예금의 표시가 맞지 않거나, 압류할 예금계좌가 존재하지 않거나, 상계 등으로 압류명령에 응할 수 없기나, 기타 압류명령에 응할 수 없는 사정이 있을 때에는 그 뜻을 집행법원(가압류채권자에게도 통지하는 것이 바람직하다)에 통지하도록 규정하고 있다. 이는 압류할 채권이 없음에도 추심명령이나 전부명령을 신청함으로써 비용과 노력만 소모하는 무익한 행위를 하지 않도록하는 한편 압류채권자로 하여금 별도의 채권보전 조치를 강구할 기회를 부여하고자 하는 취지에서라고 생각된다. 따라서 이러한 경우에는 압류에 응할 수 없다는 뜻을 집행법원 및 가압류(압류)채권자에게 통지하여 불필요한 분쟁이 발생하지 않도록 하여야 할 것이다.

11. 가압류(압류)명령이 있으면 압류등록을 완료한 후 가압류(압류)명령 송달 사실을 예금주 및 질권자에게 통지하도록 한다. 이는 법률상의 의무는 아니지만 고객관리상 필요하다고 본다.

가압류(압류)명령과 별도로 법원으로부터 진술최고를 받았을 때에는 송달받은 날로부터 7일 이내에 집행법원에 서면으로 통지하여야 한다.[8]

12. 가압류(압류)채권자는 실명법상 정보제공을 요구할 수 있는 자에 해당되지 아니한다. 따라서 이들에게 가압류(압류)관련 통지를 하고자 할 때에는 예금의 종류, 잔액, 거

고 법률에서 인정하는 일자를 말한다.

7) 근질권의 경우와는 달리, 제3자가 저당부동산에 대하여 압류 또는 임의경매를 신청한 경우, 다른 근저당권자의 피담보채권은 그 근저당권이 소멸하는 시기, 즉 매수인이 매각대금을 완납한 때에 확정된다(대법원 1999. 9. 21. 선고 99다26085 판결). 다만, 민법 개정시안(제357조의11 제1항 제4호)에 의하면 제3자에 의하여 저당부동산에 대한 경매절차가 개시되거나 체납처분에 의한 압류가 있는 때에는 근저당권자가 경매절차개시가 있음을 안 날로부터 2주일이 경과 한때에 확정된다고 규정하고 있다.

8) 민사집행법 제237조(제3채무자의 진술의무) 제1항.

래지점 등 구체적인 정보를 제공해서는 아니 되므로 통지 내용에도 유의하여야 할 것이다.

13. 압류가 경합하지 아니한 상황에서 추심명령을 득한 채권자로부터 추심 의뢰가 있으나 예금주가 추심채권자에 대한 지급을 반대하는 경우에는 예금주로부터 집행공탁요구서[9]를 받아 즉시 집행공탁을 하는 것이 추심채권자 및 예금주 모두로부터 분쟁에서 벗어나는 바람직한 업무처리라 생각된다.

추심채권자에게도 지급하지 아니하고 집행공탁도 하지 아니한 상황에서 예금주의 다른 채권자를 집행채권자로 하는 가압류(압류)명령이 송달되고 이로 인해 압류가 경합하게 되면 추심채권자에게 배당될 금액이 줄어들어 추심채권자가 피해를 입을 수도 있다.

그러므로 추심채권자에게 지급도 아니하고 집행공탁도 하지 아니하면 또 다른 분쟁에 휘말릴 수 있으므로 예금주가 집행공탁요구서를 제출하지 아니하는 때에는 특별한 사정이 없는 한 추심채권자에게 지급하는 것이 바람직하다.

14. 예금 채권의 전부 또는 일부에 압류가 있는 경우 또는 예금 채권의 전부에 대하여 압류경합이 있는 경우, 제3채무자인 은행은 예금의 전액을 공탁[10]할 권한이 있다.

제3채무자(은행)가 채무액을 공탁한 때에는 그 사유를 법원에 신고하여야 한다(민사집행법 제248조 제4항). 공탁사유 신고는 서면으로 하되 사건명을 표시하고 채권자와 채무자 및 제3채무자의 이름(가압류 또는 압류결정문 사본 첨부), 공탁 사유와 공탁한 금액을 적고 공탁서를 붙여야 한다.

압류경합을 원인으로 공탁을 하는 경우에는 먼저 송달된 압류명령 발령법원에 공탁사유 신고를 하여야 한다.

공탁관련비용은 제3채무자가 부담한 후 공탁금 중에서 우선 변제를 받는 것이 원칙이나 이 경우 공탁비용 회수에 장시간이 소요되므로 공탁시 집행공탁에 드는 비용을 제외한 나머지를 공탁하는 것이 실무 관행이다.

9) 집행공탁이란 민사집행법상의 강제집행이나 보전집행절차의 어느 단계에서 집행기관이나 집행당사자 또는 제3채무자가 강제집행법상의 권리, 의무로써 집행의 목적물을 공탁소에 맡겨 그 목적물의 관리와 집행당사자에게의 교부를 공탁절차에 따라 행하도록 하기 위한 공탁을 말한다. 집행공탁은 그 절차가 번거로울 뿐만 아니라 공탁비용이 발생하고 특히 채권자 등이 공탁금을 수령하는데 상당한 기간이 소요되는 등의 문제가 있다. 집행공탁요구서를 징구하는 이유는 공탁으로 인한 분쟁을 미연에 방지하기 위해 예금주의 분명한 의사표시를 확인하고자 함이다.

10) 이는 민사집행법 제248조의 집행공탁에 속한다.

## 2. 당좌예금의 압류와 당좌거래 계속 여부

(상 황)

a. D은행 Y지점은 법원으로부터 A사 당좌예금 계좌에 대하여 다음과 같은 가압류결정문을 송달받았다.
   ① 청구금액 : 100백만원
   ② 채무자(A사)가 제3채무자(Y지점)에 대하여 현재 또는 장래에 가지는 당좌예금 채권 중 위 청구금액에 이를 때까지 금액
b. A사의 당좌대출 한도 약정금액은 100백만원이다.
c. 가압류명령 송달 당시, A사의 당좌예금 계좌 잔액은 없었으며, 오히려 당좌대출 잔액이 -10백만원이다.

### (1) 당좌예금(당좌대출 상태)에 대한 가압류명령의 송달과 그 효력

**이 경우 당좌예금에 송달된 가압류명령은 유효한가?**

가압류결정문에 기재된 가압류 할 채권의 표시 내용이 '채무자(A사)가 제3채무자(Y지점)에 대하여 현재 또는 장래에 가지는 당좌예금 채권 중 위 청구금액에 이를 때까지 금액'으로 되어 있으면, 비록 제3채무자(D은행)가 그 명령을 접수하는 시점 현재에는 당좌예금의 잔액이 없다 하더라도 그 가압류명령은 유효한 것으로 본다. 따라서 D은행은 가압류명령에 응하여야 할 것이다.

예금주의 예금에 대하여 법원으로부터 가압류 또는 압류명령이 송달되었으나 예금 잔액이 채권자의 청구금액에 미치지 못하는 경우, 압류명령 접수 이후에 입금된 금액에 대하여도 압류의 효력이 미치는지 여부가 제3채무자인 은행으로서는 압류 예금의 관리에 매우 중요하다.

압류의 효력이 미치지 않는다고 한다면 예금 잔액에 대해서만 압류등록 조치를 취하여 지급이 되지 않도록 하면 되겠지만, 압류의 효력이 미친다고 한다면 예금 잔액에 불구하고 청구금액만큼 압류등록 조치를 취하여 혹 명령 접수 이후 입금되는 금액이 있을 경우 지급이 되지 않도록 조치하여야 하기 때문이다.

가압류(압류)명령 송달 이후 입금된 예금에 대하여 압류의 효력이 미치는지 여부는 가압류결정문에 기재된 가압류 할 채권의 표시 내용이 어떻게 기재되어 있느냐에 달려 있

다고 본다.

그러므로 은행이 법원으로부터 고객의 예금을 피압류채권으로 하는 가압류 또는 압류명령을 송달받았을 때, 그 압류의 효력이 미치는 범위는 원칙적으로 그 명령 송달 당시에 존재하는 예금액에 한하고, 송달 이후에 입금되는 금액에 대해서는 미치지 않는 것으로 본다.

그러나 가압류 할 채권의 표시에 가압류명령 송달 이후 입금되는 금액에 대해서도 압류의 효력이 미치는 것으로 하는 내용, 예컨대 예금채권 중 현재 입금된 금액을 포함하여 앞으로 입금될 금액 중 청구금액에 달할 때까지의 금액, 또는 ○년 ○월 ○일까지 입금될 금액 중에서 청구금액에 달할 때까지의 금액, 또는 채무자(A사)가 제3채무자(Y지점)에 대하여 현재 또는 장래에 가지는 ○○예금 채권 중 위 청구금액에 이를 때까지 금액(이와 같은 내용은 압류명령 송달 이후 입금된 금액에 대해서도 채권자의 청구채권액 범위까지 압류하라는 뜻으로 해석한다)으로 기재되어 있는 때에는 가압류(압류)명령 송달 이후에 입금되는 예금에 대해서도 압류의 효력이 미치는 것으로 본다.

반면에 가압류 할 채권의 표시가 'A사의 ○○예금 100백만원'이라고 기재되어 있다면 가압류명령 접수 당시 예치되어 있는 A사의 ○○예금 잔액 중 채권자의 청구채권액 범위 내에서 압류의 효력이 있는 것으로 본다. 따라서 위 사례에서 보는 바와 같이 가압류명령 송달 당시 예금이 없고 당좌대출 상태인 경우에는 그 가압류명령은 목적물 부존재로 무효가 된다.

그런데 문제는 가압류 할 채권의 표시가 '금 ×××원(청구채권)에 달할 때까지의 금액 또는 위 청구금액에 달할 때까지의 금액 또는 예금채권 중 다음에서 기재한 순서에 따라 위 청구금액에 달할 때까지의 금액으로 기재되어 있는 경우에는 압류명령 송달 이후 입금액에 대해서도 압류를 하라는 것인지 그 의미가 모호하여, 가압류명령 송달 이후에 입금되는 금액에 대해서는 압류의 효력이 미치지 않는다는 견해와 미친다는 견해가 서로 대립하고 있다.

저자의 소견으로는 압류의 효력이 미치지 않는 것으로 해석하는 것이 타당하다고 본다.[1] 제3채무자인 은행으로서는 채무자(예금주)나 채권자 어느 쪽에도 구애됨이 없이 오직

1) 가압류 할 채권의 표시가 '예금채권 중 다음에서 기재한 순서에 따라 위 청구금액에 달할 때까지의 금액'으로 되어 있었으나, 압류업무 담당직원의 업무 미숙으로 압류예금 관리를 전혀 하지 아니한 상황에서 그 후 압류예금계좌에 추가 입금이 되고 인출이 됨으로써 가압류채권자가 은행을 상대로 소를 제기하는 사건이 발생하였다. 이 사건에서 저자는 장래 입금분에 대해서 압류하라는 취지로 해석할 수 없다는 주장을 하여 승소한 바가 있다. 그러나 영업점 실무에서는 이러한 문언도 압류명령 송달 이후 입

가압류결정문에 표시된 대로 처리를 하여야 하는데 이와 같은 문장을 장래에 입금되는 예금액에 대해서도 압류를 하라는 취지로 해석하기에는 무리라고 판단되기 때문이다.

하지만 법원의 실무처리 기준은 가압류명령 송달 이후에 입금되는 금액도 압류목적채권에 포함된다는 태도(법원실무제요)를 취하고 있다. 따라서 제3채무자인 은행으로서는 장래 입금될 금액에 대해서도 압류의 효력이 미치는 것으로 보고 실무처리를 하는 것이 안전할 것으로 생각된다.

결론적으로 위 사례의 경우 가압류 할 채권의 표시가 '채무자(A사)가 제3채무자(Y지점)에 대하여 현재 또는 장래에 가지는 당좌예금 채권 중 위 청구금액에 이를 때까지 금액'으로 기재되어 있으므로, 비록 가압류명령 송달 당시 당좌예금 계좌의 잔액이 예금이 아닌 당좌대출(10백만원) 상태라 하더라도 장래에 추가적으로 입금이 이루어짐으로써 예금채권으로 전환될 수 있는 점을 고려하여, 제3채무자인 D은행은 그 가압류명령은 유효한 것으로 보고 가압류명령에 응하여야 할 것이다. 이러한 법리는 일반 통장대출의 경우에도 마찬가지이다.

한편 은행 내규에서는 가압류(압류)명령서에 기재된 예금주의 성명과 예금의 표시가 맞지 않거나, 압류할 예금계좌가 존재하지 않거나, 상계 등으로 압류명령에 응할 수 없거나, 기타 압류명령에 응할 수 없는 사정이 있을 때에는 그 뜻을 집행법원(가압류채권자에게도 통지하는 것이 바람직하다)에 통지하도록 규정하고 있다. 이는 압류할 채권이 없음에도 추심명령이나 전부명령을 신청함으로써 비용과 노력만 소모하는 무익한 행위를 하지 않도록 하는 한편 압류채권자로 하여금 별도의 채권보전 조치를 강구할 기회를 부여하고자 하는 취지에서라고 생각된다. 따라서 이러한 경우에는 압류에 응할 수 없다는 뜻을 집행법원 및 가압류(압류)채권자에게 통지하여 불필요한 분쟁이 발생하지 않도록 하여야 할 것이다.

### (2) 가압류명령 송달을 받고도 당좌대출 약정한도 범위 내에서 당좌거래를 계속할 수 있는지 여부

**위 사안에서 A사의 당좌대출 한도(100백만원) 내에서 당좌거래를 계속하여도 무방하겠는가?**

당좌예금 계좌의 잔액이 당좌대출 상태(당좌예금 잔액이 없고 마이너스 상태)를 유지하고, 대

금분에 대해서도 압류하라는 취지로 해석하여 실무처리를 하는 것이 바람직하며, 특히 은행이 채권자의 자격으로 압류명령을 신청할 때에는 이와 같이 애매한 문언을 사용하지 않도록 하여야 할 것이다.

출 잔액을 초과하는 입금(이 경우 예금잔액이 마이너스에서 플러스로 전환됨)이 되지 않는 한 이론상 당좌거래를 계속할 수 있을 것으로 본다. 그러나 당좌대출에서 당좌예금으로 전환되는 순간부터는 더 이상 당좌대출을 발생시켜 지급제시된 어음·수표를 결제할 수는 없을 것을 판단된다. 당좌거래처의 당좌예금에 대하여 가압류명령이 송달되었다 하더라도 채무자의 신용상태에 특별한 문제가 없고, 당좌대출의 채권보전에 문제가 없다면 교환 또는 창구 지급제시된 어음·수표를 당좌대출을 발생시켜 그 자금으로 결제하게 할 수 있다. 집행법원의 가압류(압류)명령의 효력은 채무자가 제3채무자에 대하여 가지는 예금 채권에 대하여만 미칠 뿐 제3채무자가 채무자에 대하여 대출채권에 대해서는 효력이 미치지 않기 때문이다.

또한 채무자가 당좌대출 변제를 위하여 당좌예금 계좌에 입금하는 금액은 채무자의 책임재산에 속하지 아니한다. 따라서 이론상 가압류명령이 송달되었다 하더라도 D은행은 이미 약정되어 있는 당좌대출 한도를 실행하여 지급제시된 어음·수표를 결제하고, 채무자(당좌거래처)는 당좌예금 계좌에 입금하여 당좌대출을 변제하는 형식으로 당좌거래를 계속할 수 있다.[2] 다만, 이 경우 채무자와 은행이 가압류를 회피할 목적으로 법리를 악용하고 있다는 오해의 소지가 있을 수 있으므로 조속히 가압류사건을 해결하도록 종용하는 것이 바람직한 업무처리라 생각된다.

2) 한국산업은행 금융법률실무(수신편).

## 3. 화해를 하고 압류된 예금의 지급을 요구하는 경우 그 처리

(상 황)

D은행 Y지점은 집행법원으로부터 A를 채권자로 하고, B를 채무자로 하는 채권가압류 결정문을 송달받고, B의 해당 예금계좌에 압류(지급금지)등록을 하였다.

### (1) 예금주가 가압류채권자와의 화해를 이유로 압류된 예금의 지급을 요구하는 경우

**가압류채권자(A)와 채무자(B)가 서로 화해를 하고, 피압류예금에 대한 압류해지 및 예금의 반환을 요구할 경우, Y지점은 압류된 예금을 예금주에게 지급을 하여도 무방하겠는가?**

가압류채권자와 채무자 간에 화해를 이유로, 이미 압류등록이 된 예금에 대한 반환요청이 있는 때에는 가압류채권자로 하여금 집행법원에 가압류(압류)명령취하 신청을 하게 하여 그 접수증명원과 가압류 해지에 관한 동의[1]를 받고 예금주에게 예금을 지급하여도 무방하다.[2]

판결의 효력[3] 중에는 기속력이라는 것이 있다. 이는 소송법상 성립된 재판이 한번 외부에 선고되면 그 판결의 안전성을 확보하기 위하여 이를 선고한 법원 스스로도 그 판결에 대한 취소나 변경을 할 수 없고, 그 내용을 존중하여야 한다는 원칙을 말한다.

따라서 집행법원의 가압류명령 결정문 송달 이후에 가압류 사건의 당사자가 서로 화해를 하였다 하더라도 그러한 화해는 그 당사자 사이에서만 효력이 있을 뿐 제3채무자에

1) 장래 공연한 분쟁이 발생하지 않도록 하려면 가압류채권자로부터 '압류해지에 관한 승낙 또는 동의서'를 반드시 받아야 한다. 승낙서 또는 동의서는 가압류취하 신청접수증명원 등에 '가압류된 예금을 예금주에게 지급하더라도 귀 은행에 일체의 이의를 제기하지 않겠다.'라는 내용을 가압류채권자로 하여금 간략히 자필로 기재하게 하고 서명을 받으면 족하다.

2) 한국금융연수원 발행 '수신실무법률 제2권, 제6장 예금의 압류'편에서는 가압류채권자의 동의 또는 승낙이 있으면 가압류취하 신청접수와 무관하게 언제든지 지급할 수 있는 것으로 기술하고 있다. 하지만 이 경우 당사자 간에 원만히 합의되어 가압류 해지 사유가 발생되었음에도 그 가압류 사건이 계속하여 미제 사건으로 남아 있게 되므로 가급적 가압류채권자로 하여금 가압류취하 신청을 하게 하는 것이 바람직할 것으로 본다.

3) 판결의 효력에는 기속력(구속력이라고도 한다), 형성력, 기판력, 집행력 등이 있다.

대해서는 효력이 미치지 아니한다. 가압류명령의 효력을 소멸시키려면 가압류채권자가 집행법원에 채권가압류명령 취하 신청을 하여 그 취하통지서가 제3채무자에게 송달되어야 한다.

대법원 판례[4]도 '채권가압류에 있어서 채권자가 채권가압류 신청을 취하하면 채권가압류 결정은 그로써 효력이 소멸되지만, 채권가압류 결정정본이 제3채무자에게 이미 송달되어 채권가압류 결정이 집행되었다면 그 취하통지서가 제3채무자에게 송달되었을 때 비로소 그 가압류집행의 효력이 장래를 향하여 소멸된다.'고 판시함으로써 같은 입장을 취하고 있다.

그러므로 당사자 간에 화해를 하고 가압류채권자가 집행법원에 채권가압류명령 취하 신청을 한 후 그 접수증명원을 제시하며, 압류등록이 된 예금에 대한 압류 해제 및 예금의 지급을 요구한다 하더라도 집행법원으로부터 가압류(압류)명령 취하통지서를 송달받지 아니한 이상 제3채무자인 은행은 이들의 요구를 거절할 수 있다고 본다.

하지만 이 경우 가압류채권자가 집행법원에 채권가압류 취하 신청을 하더라도 그 취하통지서가 제3채무자에게 송달되기까지는 그 신청을 한 날로부터 약 2주간 이상이 소요되는 관계로 당사자 간에 분쟁이 이미 종결되었음에도 예금주의 입장에서는 그 기간 동안 예금자원을 활용할 수 없다는 등의 문제가 있다.

예컨대 가압류채무자(예금주)가 압류된 예금을 인출하여 계약금이나 결제자금으로 지급하여야 할 사정에 처해 있다면 어떻게 할 것인가. 더구나 그 가압류채무자가 오래 동안 거래해 온 주요고객이라면 또 어떻게 할 것인가.

물론 지급을 거절한다하여 금융기관 직원에게 법적책임이 따르는 것은 아니라 할지라도 여간한 고민이 아닐 수 없다. 이러한 문제를 해결하기 위해서는 가압류명령의 효력에 관하여 살펴 볼 필요가 있다.

금전채권에 대한 가압류명령은 그 명령을 송달받은 제3채무자로 하여금 가압류(압류)채무자에 대한 변제를 금지(지급금지)하는 효력이 있다. 그런데 이러한 변제금지의 효력은 절대적인 것이 아니라 오직 제3채무자와 집행채권자(가압류채권자) 그리고 집행채무자(가압류채무자)에 한하여 미칠 뿐이다. 따라서 지급금지로 이하여 이득을 받을 자(A)가 스스로 권리를 포기하고 가압류 해제를 요구한다면 제3채무자는 더 이상 가압류명령에 구속을 받을 이유가 없다. 다만, 당사자 간에 원만히 합의되어 실질적으로 가압류 해지 사유가

4) 대법원 2001. 10. 12. 선고 2000다19373 판결.

발생되었음에도 가압류명령 취하 신청을 하지 아니함으로써 그 가압류 사건이 계속하여 미제 사건으로 남게 되므로 가압류채권자로 하여금 취하 신청을 하도록 하는 것이 바람직하다.

결론적으로 가압류채권자와 채무자 간에 서로 화해를 하고, 가압류 해지 및 예금반환을 요청해 올 경우 제3채무자인 은행은 가압류채권자로 하여금 집행법원에 가압류(압류)명령 취하 신청을 하게 하여, 그 접수증명원과 가압류(압류) 해지에 관한 승낙서 또는 동의서를 받고 압류된 예금을 예금주에게 지급하여도 무방하다.

### (2) 가압류를 본압류로 전이 및 추심명령을 받은 후 압류해제 및 수심포기를 한 경우

**가압류채권자(A)가 집행권원을 득하여 가압류를 본압류로 이전하는 압류 및 추심명령을 신청, 그 결정문이 Y지점에 송달되었다. 그런데 며칠 후 법원으로부터 압류해제 및 추심권 포기신청서 등본이 송달되었다. 이 경우 Y지점은 압류를 해제하고 예금주(B)에게 지급할 수 있겠는가?**

채권자(A)가 금전채권의 가압류를 본 압류로 전이하는 압류 및 추심명령을 받아, 본 집행절차로 이행한 후 본 압류의 신청만을 취하(압류해제 및 추심권 포기)함으로써 본 집행절차가 종료한 경우라 하더라도 특단의 사정이 없는 한 그 가압류집행에 의한 보전 목적이 달성된 것이라거나 그 목적달성이 불가능하게 된 것이라고는 볼 수 없기 때문에 그 가압류집행의 효력이 본집행과 함께 당연히 소멸되는 것은 아니라는 것이 대법원 판례[5]의 태도이다.

따라서 설문의 경우 채권자(A)로 하여금 집행법원에 가압류명령 취하 신청을 하게하여 그 취하통지서를 송달받은 이후에 예금을 지급하는 것이 원칙이다. 다만, 가압류채권자로 하여금 집행법원에 가압류(압류)명령 취하 신청을 하게 하여 그 접수증명원과 가압류해지에 관한 동의를 받고 예금주에게 예금을 지급하여도 무방할 것으로 본다.

추심명령을 얻은 채권자는 추심명령에 의하여 취득한 권리를 포기할 수 있고 포기하더라도 기본채권에는 영향을 미치지 아니한다. 이는 추심명령이 갖고 있는 가장 큰 장점 중의 하나이다. 따라서 제3채무자가 무자력하거나 추심이 곤란하면 추심을 포기하고 채

5) 대법원 2000. 6. 9. 선고 97다34594 판결.

무자의 다른 재산에 대해 강제집행을 할 수 있으며, 집행채권 자체도 전액 회수할 때까지 소멸하지 않는다. 추심권의 포기는 추심채권자가 압류해제 및 추심포기신청 신고서를 집행법원에 제출, 집행법원이 이를 제3채무자에게 송달함으로써 추심권은 소멸된다.

그리고 추심명령을 얻은 채권자는 동일한 채권을 가지고 다시 전부명령을 받을 수도 있다. 즉 전부명령 신청 요건을 갖춘다면 추심명령을 그대로 두고 전부명령을 신청할 수 있으며, 이 경우 추심명령은 당연히 소멸된 것으로 본다.

전부명령은 그 명령이 확정되면 제3채무자에게 송달된 때로 소급하여 채무가 변제된 것으로 보기 때문에 추심명령과는 달리 전부채권자와 채무자(예금주)가 합의하였다 하여 그 권리를 포기할 수 없으므로 법원에 전부금 포기 신청을 할 수 없다. 따라서 전부채권자가 예금주와의 화해를 이유로 압류를 해제하고 예금주에게 예금을 지급해 달라고 요구하더라도 전부채권자에게 집행법원에 전부금포기 신청을 하고 동 접수주증명원을 제출하라고 요구하여서는 아니 될 뿐만 아니라 전부채권자가 압류해지에 관한 동의서를 제출한다 하더라도 채무자에게 예금을 지급할 수 없음이 원칙이다. 이 경우 제3채무자인 은행으로서는 일단 전부채권자에게 예금을 지급하는 형식(전부채권자로부터 예금청구서 및 수령증 징구)을 취하고 수령한 예금의 반환여부는 당사자 간에 해결하도록 하는 것이 바람직할 것으로 본다.

## 4. 진술최고서 접수와 진술서 작성 요령

(상 황)

a. D은행 Y지점에 거래하고 있는 甲의 여 · 수신 거래내역(단위 : 백만원)은 아래와 같다.
   (1) 예금 현황 : 신자유저축예금 0, 정기적금 7, 정기예금 20
   (2) 대출 현황 : 일반자금 대출 20, 통장대출(한도거래) 잔액 4
   (3) 기타 현황 : 신용카드사용대금 미결제액 1

b. 甲의 예금에 대하여 법원으로부터 2건의 가압류명령이 송달, 접수되었으며 그 내용은 다음과 같다.
   (1) 가압류채권자 : 丙
       송달일자 : 2010. 7. 15.
       사건번호 : 2010카단 32000(대구지방법원)
       청구금액 : 15백만원
   (2) 가압류채권자 : 乙
       송달일자 : 20010. 7. 18.
       사건번호 : 2010카단 21000(대구지방법원)
       청구금액 : 10백만원

c. 위 (2)의 가압류명령과 함께 진술최고서가 송달되었다. Y지점이 진술서를 작성하고자 할 때 그 진술요령은?

민사집행법상의 진술최고(진술명령)라 함은 가압류(압류)채권자의 신청에 따라 집행법원이 제3채무자에게 그 채권의 존재 유무와 내용 및 항변권의 유무 등에 관하여 진술할 것을 최고하는 집행법원의 명령을 말한다.

진술최고 제도는 압류채권자로 하여금 집행대상채권이 어느 정도이며, 금전채권의 환가방법인 추심명령과 전부명령 중 어떤 방법을 선택하는 것이 적절한지 또 압류채권의 집행으로 채권만족을 얻을 수 있는지 여부에 관한 판단자료를 제3채무자(은행)로부터 수집할 수 있도록 하고자 하는데 그 목적(민사집행법 제237조, 제3채무자의 진술의무)이 있다.

집행법원은 가압류(압류)채권자의 신청이 있는 경우에 한하여 제3채무자에게 진술최고를 명령할 수 있을 뿐, 법원의 직권이나 배당요구채권자가 진술최고를 신청할 수는 없다. 진술최고서는 가압류(압류)명령과는 별도로 송달된다. 일반적으로 제3채무자가 진술하여야 할 사항 및 그 진술요령은 다음과 같다.

**1. 채권을 인정하는지의 여부 및 인정한다면 그 한도** 채권[1]을 인정하는지의 여부라 함은 은행(제3채무자)이 채무자(예금주)에게 반환할 예금이 존재하는지 여부 또 존재한다면 그 금액은 얼마인지를 진술하라는 것이다. 따라서 진술최고를 받은 은행이 피압류채권(예금)을 보유하고 있을 경우에는 그 예금의 종류와 진술일 현재 그 예금 잔액을 진술하면 될 것으로 본다.

**2. 채권에 대하여 지급할 의사가 있는지의 여부 및 지급할 의사가 있다면 그 한도** 여기서 '지급의사'라 함은 가압류(압류)채권자에 대한 지급의사를 의미하는 것이 아니라 채무자(예금주)에게 지급할 수 있는지 여부를 진술하라는 것이다.

따라서 은행이 예금주에 대하여 지급을 거절할 사유(예컨대 대출금채권을 보유하고 있는 관계로 지급을 거절하고 상계를 하고자 한다는 등의 사유)가 있는 때에는 이를 반드시 진술하여야 한다. 예금주에 대하여 지급을 거절할 사유가 전혀 없는 때에는 '지급할 의사가 있으며 그 한도는 ○○○원 입니다.'라고 진술하면 될 것이다.

**3. 채권에 대하여 다른 사람으로부터 청구가 있는지의 여부 및 청구가 있다면 그 종류** 진술일 현재 피압류예금에 대하여 가압류(압류)채권자보다 우선하는 권리자(예 : 질권자)나 예금을 양도받았다고 주장하는 자 등으로부터 지급 청구가 있는 경우에는 이들의 성명과 주소 및 청구내용을 간략히 진술하면 된다.

**4. 다른 채권자에게 채권을 압류 당한 사실이 있는지의 여부 및 그 사실이 있다면 그 청구의 종류** 예금주의 다른 채권자들로부터 가압류, 압류 또는 파산이나 회사정리법상의 보전처분, 국세징수법에 의한 체납처분 등이 있는 경우 그 종류(압류, 체납처분, 보전처분 등)와 채권자의 성명, 주소 및 집행법원(또는 세무서명), 사건번호, 송달일자, 청구금액 등을 진술하면 된다. 진술서 작성의 예는 아래와 같다.

1) 여기서 채권이라 함은 가압류 목적물인 예금 등을 의미하는 것으로 은행이 예금주에게 부담하는 예금반환채무를 의미한다.

■ 진술최고 제도와 진술서 작성(例文)

# 진 술 서

○○은행 : 제○○호 2010. 7. 20.

수 신 : 대구지방법원

참 조 : 민사신청과(31단독)

제 목 : 진술서 제출

귀원의 진술명령(채권 가압류사건 : 2003카단21000, 채권자 丙, 채무자 甲)에 의거 다음과 같이 진술합니다.[2)]

다 음

1. 채권을 인정하는지의 여부 및 인정한다면 그 한도에 관하여

당행은 2010. 7. 20. 현재 채무자(예금주) 甲에 대하여 신자유저축예금 0원, 정기적금 7백만원, 정기예금 20백만원의 예금반환채무를 부담하고 있습니다.

2. 채권에 대하여 지급할 의사가 있는지의 여부 및 의사가 있다면 그 한도에 관하여 당행은 예금주(甲)에 대하여 통장대출 4백만원, 일반자금대출 20백만원 및 신용카드 사용대금 미결제액 1백만원 상당의 반대채권을 보유하고 있는 관계로 예금주가 동 대출채권 전액(원금기준 25백만원)을 자진변제하지 않는 한 해당 금액에 대해서는 지급할 의사가 없습니다.

3. 채권에 대하여 다른 사람으로부터 청구가 있는지의 여부 및 청구가 있다면 그 종류에 관하여 '해당사항 없음'

4. 다른 채권자에게 채권을 압류 당한 사실이 있는지의 여부 및 그 사실이 있다면 그 청구의 종류에 관하여

다른 채권자로부터의 가입류(압류)된 사실이 있으며, 그 내용은 다음과 같습니다.

* 사건명 : 채권가압류 대구지법 2003카단21000(송달일자 2010년 7월 15일)
* 채권자 : 丙(661020-×××××××), 대구광역시 남구 봉덕동 1329
* 청구금액 : 15백만원. 끝.

○ ○ 은 행 △ △ 지 점 장

---

2) 진술은 가압류(압류)명령을 송달받은 때로부터 7일 이내에 하도록 되어 있지만 이는 훈시규정이므로 이 기간을 경과하여 진술하더라도 유효하지만 가급적 기간 내에 진술하는 것이 안전하다. 진술서를 법원에 발송하면 그 진술서가 관련 사건에 편철되고, 진술최고를 신청한 채권자가 이를 열람할 수 있다. 진술서는 등기로 발송하고 그 증빙서류를 보관하도록 한다.

## 5. 예금에 대한 압류경합과 그 처리 방안

(상 황)

a. D은행 Y지점은 A명의 정기예금 30백만원에 대하여, 법원으로부터 B를 집행채권자로 하는 압류 및 추심명령(청구금액 : 20백만원)을 송달받았다.
b. 그리고 다음 날 동 예금계좌에 대하여 C를 집행채권자로 하는 압류 및 전부명령(청구금액 : 30백만원)을 송달받았다.

### (1) 압류 및 추심명령을 송달받고 난 이후 압류 및 전부명령이 송달된 경우 그 효력

위 사례에서 C의 압류 및 전부명령의 효력은 유효한가?

가압류 또는 압류 및 추심명령(B)이 먼저 송달되고 그 후에 다른 채권자로부터 압류 및 전부명령(C)이 송달됨으로써 압류경합 상태에 놓이게 되는 경우, 뒤에 송달된 전부명령의 효력은 무효가 된다. 다만, 전부명령의 기초가 되었던 압류명령의 부분만은 유효하다.

예외적으로 전부명령을 받은 채권자의 채권이 법률상 우선변제권(예컨대 최우선변제대상 임금채권이나 물상대위권에 기한 전부명령 등)을 가진 채권일 경우에는 그 전부명령은 유효하며, 다른 가압류나 압류채권자의 송달 순위에 불문하고 우선한다. 따라서 설문의 경우 C의 채권이 우선변제권에 기인한 것이 아닌 한 전부명령을 무효가 되고, 다만 다른 압류채권자와 평등한 지위에서 실 채권액에 비례하여 변제를 받게 될 것이다.

하나의 예금 채권에 대하여 다수의 채권자가 압류를 함으로서 채무자(예금주)의 예금금액이 각 채권자의 청구금액의 합계액을 초과하는 상태를 압류의 경합이라 한다.

추심명령이란 추심명령을 득한 채권자로 하여금 집행채무자(예금주)를 대위하여 제3채무자(은행)에게 채무의 이행(지급청구)을 청구할 수 있는 권한을 부여한 집행법원의 명령을 말한다. 추심명령은 전부명령과는 달리 채권자평등주의를 채택하고 있어, 추심채권자는 경합하는 다른 채권자와 배당에 관여하는 자 전원을 위하여 단지 대표자격으로 추심하는 것에 불과하므로 압류경합 하에서도 유효하다.

전부명령이란 압류된 금전채권을 집행채무자(예금주)에 대한 지급(변제)에 갈음하여 전부채권자에게 이전시키는 집행법원의 명령을 말한다. 전부명령은 실질적으로 피압류채권을 압류채권자에게 이전시킴으로써 전부채권자에게 독점적인 만족을 주는 제도이므로 전부명령보다 먼저 송달된 압류경합 채권자를 배제하고 전부채권자에게만 독점적 만족을 주는 것은 채권자평등주의 원칙에 반한다. 따라서 전부명령이 제3채무자에게 송달될 때까지 그 금전채권에 관하여 다른 채권자가 압류나 가압류 또는 배당요구를 한 경우에는 전부명령은 그 효력이 없다. 다만, 서두에서 언급한 바와 같이 그 전부채권이 우선변제권에 기인한 경우에는 그 전부명령은 유효함은 물론 다른 가압류나 압류채권자의 송달 순위에 불문하고 우선한다.

채무자의 예금에 대하여 압류가 경합하는 경우에는 특히 다음 사항에 유의하여야 할 것이다.

1. 전부명령이 제3채무자에게 송달될 당시에 압류 등의 경합이 있으면 그 전부명령은 무효이며, 그 후에 경합된 압류나 가압류 또는 배당요구 등의 효력이 소멸된다 하여 그 전부명령의 효력이 되살아나는 것은 아니다.[1] 다만 이 경우 다시 전부명령을 신청하는 것은 무방할 것이다.

그러나 전부명령이 압류의 경합으로 인하여 무효가 되었다 하더라도 그 전부명령의 기초가 되었던 압류명령까지 무효가 되는 것은 아니므로 무효인 전부명령을 얻었던 압류채권자도 전부명령이 무효임을 입증(입증 근거로는 제3채무자의 증명서 또는 전부금청구의 소에서 패소한 판결문 등)하여 추심명령을 얻을 수도 있다.[2]

2. 전부명령의 효력은 즉시항고[3] 기간이 경과하였거나 즉시항고 기간 내에 즉시항고가 제기된 때에는 그 각하 또는 기각 결정이 있는 때에 비로소 발생한다.[4] 다만, 그 확정의 효력은 전부명령이 제3채무자(Y지점)에게 송달된 때로 소급해서 발생한다.[5] 따라서

1) 이미 압류가 경합중인 예금 채권에 대해 다른 채권자로부터 압류 및 전부명령이 송달된 경우 그 압류는 유효하나 전부명령은 무효이며, 그 후에 다른 가압류나 압류 등이 취소되어 가압류(압류)의 효력이 소멸되었다고 하여 이미 무효가 된 전부명령이 유효해지는 것은 아니다(대법원 1980. 9. 30. 선고 78다129 판결).

2) 임승서, 한국금융연수원 수신법률기초 제2권.

3) 즉시항고라 함은 소송법상 일정한 불변기간 내에 제기하여야 하는 항고를 말한다. 즉시항고의 기간은 1주일이고 그 기산점은 즉시항고권자에게 전부명령이 송달된 때이며, 즉시항고를 할 자가 전부명령을 고지받을 자가 아닌 때에는 그 재판을 고지받아야 할 자 전원에게 고지된 날로부터 진행한다.

4) 추심명령은 제3채무자에 대한 송달로써 그 효력이 발생한다(민사집행법 제229조 제4항). 그러나 전부명령은 즉시항고가 허용되므로 확정되어야만 효력이 발생한다(민사집행법 제229조 제7항).

전부채권자로부터 지급요청이 있는 경우에는 집행법원의 전부명령 확정증명서를 제출하게 하여 전부명령이 확정되었음을 확인한 후 지급하여야 할 것이다.

### (2) 압류 및 추심명령을 얻은 채권자가 예금의 지급을 요구하는 경우 그 처리

**추심명령을 받은 채권자(B)로부터 압류예금에 대한 지급청구가 있을 경우, Y지점은 지급할 수 있는지 여부 및 지급할 수 있다면 지급하여야 할 금액은? 단, 정기예금의 만기일은 이미 도래된 것으로 한다.**

먼저 송달된 추심명령이 그 후에 송달된 압류로 인하여 압류경합이 되는 경우, 제3채무자인 은행은 추심채권자(B)에게 지급하거나 또는 집행공탁을 함으로써 예금반환 채무를 면할 수 있다. 따라서 Y지점은 B에게 압류된 예금을 지급하여도 무방하겠지만 가급적이면 집행공탁을 하는 것이 바람직할 것으로 본다.

Y지점이 집행공탁을 하지 아니하고, 추심명령을 얻은 채권자(B)에게 지급을 하고자 할 때 그 금액은 B의 청구금액이 20백만원임에도 불구하고 피압류채권(정기예금)의 전액인 30백만원이 된다. 제3채무자(은행)에게는 배당을 실시할 권한이 부여되어 있지 않기 때문이다.

추심명령을 얻은 채권자가 채권을 추심한 때에는 법원에 서면으로 추심신고[6]를 하여야 한다. 그러나 추심신고 전에 이미 다른 채권자의 가압류 등으로 압류가 경합하는 경우에는 추심채권자는 추심한 금액을 바로 공탁하고 그 사유를 법원에 신고하여야 한다.[7]

추심채권자가 추심금을 공탁하지 아니하고 추심금 전액을 자기 채권의 변제에 충당하였다면 다른 가압류(압류)채권자는 추심채권자에게 자신의 배당액 상당액에 대한 부당이득반환청구를 할 수 있다. 하지만 추심채권자가 추심 후 무자력자가 되어 버린다면 부당이득반환청구권도 아무런 소용이 없게 된다.[8] 물론 이러한 문제가 발생되더라도 제3채무

5) 전부명령이 확정된 경우에는 전부명령이 제3채무자에게 송달된 때에 채무자가 채무를 변제한 것으로 본다(민사집행법 제231조).

6) 추심신고서에는 사건의 표시, 채권자, 채무자 및 제3채무자의 표시, 제3채무자로부터 지급받은 금액 및 연월일을 기재하여야 한다(민사집행법 제236조).

7) 민사집행법 제236조 제2항.

8) 이러한 문제점을 해소하기 위해 일본에서는 압류가 경합된 경우 제3채무자는 반드시 공탁하도록 하

자는 법률상 아무런 책임을 지지 아니한다. 하지만 추심채권자가 공탁을 하지 아니함으로써 입게 될 다른 가압류(압류)채권자의 보호를 위해서는 압류경합시 추심채권자에게 지급하는 것보다는 집행공탁을 하는 것이 바람직할 것으로 본다.

추심채권자(B)에게 지급하고자 할 경우에는 다른 모든 압류채권자에게 통지하여 이들의 입회(이렇게 할 법적인 의무는 없지만 다른 압류채권자를 보호하려는 조치임)하에 지급하는 것이 바람직하며, 그리고 각 채권자에 관한 사항(가압류 또는 압류결정문 사본)을 추심채권자에게 교부하는 한편 추심한 금액을 즉시 공탁하고 법원에 공탁사유를 신고할 것을 안내한다.[9]

한편 Y지점이 집행공탁을 하지 아니하고 B에게 지급할 경우 그 금액은 청구금액인 20백만원이 아니라 피압류채권 전액(정기예금 30백만원)이다. 따라서 추심채권자가 자신의 배당 몫만큼의 지급만을 요구하는 경우에는 제3채무자인 은행은 이를 거절하고 그 전액을 집행공탁을 하는 것이 바람직할 것으로 본다.

대법원 판례[10]도 '압류경합 하에서 제3채무자가 공탁 또는 추심채권자에게 지급하고자 할 경우 그 금액은 추심채권자의 채권금액 만이 아니라 압류된 목적채권의 전액에 대하여 추심명령의 효력이 미치기 때문에 모든 압류의 효력이 미치는 전액을 지급하여야 한다.'라는 태도를 취하고 있다. 위 사례를 통하여 다음과 같은 교훈을 얻을 수 있다.

1. 제3채무자(은행)가 추심채권자에게 지급 또는 집행공탁 중 어느 한 방법을 선택할 수 있는 경우라 하더라도 추심채권자에게 지급하는 것 보다는 가급적 집행법원에 공탁을 하는 것이 공연한 분쟁을 예방하는 바람직한 업무처리이다.

2. 가압류 또는 압류채권자중 1인으로부터 공탁 요구[11]가 있을 때에는 은행은 추심채권자에게 지급하여서는 아니 되며 반드시 공탁(민사집행법 제248조 제3항)을 하여야 한다.

3. 제3채무자가 집행공탁을 하고자 할 때에는 공탁소에 공탁을 하고 그 사유를 법원에 신고(공탁사유신고서 제출)를 하여야 한다. 공탁사유신고서에는 사건명, 채권자와 채무자

---

고 있으나 우리나라의 경우에는 가압류결정문에 '압류가 경합할 경우 공탁을 하라'는 문언이 없는 한 제3채무자는 공탁할 의무가 없다. 다른 채권자의 보호적 측면을 고려할 때 우리나라도 압류경합이 있는 경우에는 일본의 경우처럼 제3채무자에게 공탁을 의무화하는 것이 합리적일 것으로 판단된다.

9) 실무상 공탁의무를 설명한다면 그 절차가 번거로워 추심채권자가 현실적으로 추심을 할 가능성은 극히 희박하며, 결국 제3채무자가 공탁을 하는 형태가 될 것으로 본다.

10) 대법원 1971. 11. 9. 선고 71다1941호 판결.

11) 가압류 또는 압류결정문에 '압류경합시는 공탁을 하라'는 문언이 기재되어 있다. 만일 그러한 문언이 없더라도 압류채권자가 공탁을 요구하는 경우에는 집행공탁요구서를 받고 공탁을 하는 것이 안전하다.

및 제3채무자를 표시하고, 공탁사유와 공탁한 금액을 적고 공탁서를 붙여야 한다. 특히 공탁원인 사실에는 모든 가압류(압류)채권자 및 채권액을 표시하여 기재 누락으로 인하여 이들 채권자가 배당에서 제외되는 일이 없도록 각별히 유의하여야 할 것이다(대전고법 2003. 4. 23. 선고 2002나8375 판결).

### (3) 압류경합상태에서 추심을 한 채권자가 공탁을 하지 아니하고 자기 채권에 충당한 경우 다른 압류채권자가 취할 수 있는 대책

**압류 및 추심명령을 받은 채권자(B)가 Y지점으로부터 추심(30백만원)을 하고도 그 추심금액을 공탁하지 않은 경우, 다른 압류채권자인 C가 취할 수 있는 대책은?**

C는 B를 상대로 부당이득반환청구권을 행사하거나 또는 공탁의무이행 청구의 소를 제기, 승소한 후 B의 일반 재산에 대하여 강제집행을 신청하여 그 환가대금을 공탁을 한 후, 법원의 배당절차를 통하여 배당을 받는 방안을 고려해 볼 수 있을 것이다.

가압류나 압류 등이 경합하는 상황에서 압류금액을 추심한 채권자가 그 추심금을 공탁하지 아니하고 독점적으로 지기 채권의 변제에 충당해 버린 경우, 다른 가압류 또는 압류채권자는 추심채권자를 상대로 자기 배당금액의 상당액에 대한 부당이득반환청구권을 행사하거나 또는 공탁의무이행 청구의 소를 제기, 승소한 후 추심채권자의 재산에 대하여 강제집행을 실시하여 그 환가대금을 공탁을 한 후 법원의 배당절차에서 배당을 받을 수 있다(법원실무제요).

한편 추심채권자가 고의적으로 추심신고를 하지 아니한 것으로 인정되면 형사책임(횡령죄)도 물을 수 있는 것으로 본다.

### (4) 압류경합시 각 채권자가 배당받을 수 있는 금액

**위 사례에서 압류채권자인 B와 C는 집행채무자인 A의 정기예금으로부터 각각 얼마를 배당받을 수 있겠는가?**

압류가 경합할 경우 압류채권자나 배당요구채권자는 채권자평등원칙에 의거, 목적채권(정기예금)으로부터 그들의 집행채권의 비율에 따라 안분배당을 받게 된다. 따라서 B는 12백만원, C는 18백만원을 각각 배당 받게될 것으로 본다.

한편 예금에 대하여 압류가 경합하는 경우 제3채무자의 실무처리 방안을 요약하면 별표와 같다.

**예금에 대한 압류경합시 실무처리 방안**

| 선 행 | 후 행 | 효 력 | 실 무 처 리 방 안 |
|---|---|---|---|
| 가압류<br>(또는 압류) | 가 압 류<br>(또는 압류) | 모두 유효함. | 누구에게도 지급할 수 없음. 장래 추심명령을 얻은 자에게 지급 또는 집행공탁. |
| 가압류<br>(또는 압류) | 압류 및 추심명령 | 모두 유효함. | 집행공탁을 하거나 추심명령을 얻은 자에게 지급. |
| 가압류<br>(또는 압류) | 압류 및 전부명령 | 선행된 가압류(압류)는 유효.<br>후행된 전부명령은 무효(단, 법률상 우선변제권을 기한 전부명령인 경우는 유효)이나 압류부분은 유효함. | 누구에게도 지급할 수 없음.<br>집행공탁은 가능. |
| 압류 및<br>추심명령 | 가압류 또는 압류 | 모두 유효함. | 집행공탁을 하거나 추심채권자에게 지급. |
| 압류 및<br>추심명령 | 압류 및 추심명령 | 모두 유효함. | 집행공탁을 하거나 추심명령을 받은 자 중 먼저 지급청구를 하는 자[12]에게 지급. |
| 압류 및<br>추심명령 | 압류 및 전부명령 | 선행된 압류 및 추심명령은 유효함.<br>후행된 전부명령 부분은 무효(단, 법률상 우선변제권을 기한 전부명령인 경우는 유효)이나 압류부분은 유효함. | 집행공탁을 하거나 추심명령을 얻은 자에게 지급. |
| 압류 및<br>전부명령 | 가 압 류<br>압류 및 추심명령<br>압류 및 전부명령 | 선행된 전부명령이 확정되면 그 후에 송달된 것은 모두 무효가 됨.<br>다만, 전부채권 충당 후 잔액에 대해서는 가압류, 압류 및 추심명령은 모두 유효함. | 집행공탁을 하거나 전부채권자에게 지급. |

12) 추심명령이 동시 또는 시기를 달리하여 이중으로 발부된 경우 그 사이에는 우열의 순위가 있을 수 없고, 제3채무자는 먼저 지급 청구하는 자에게 지급하면 채무를 면한다. 추심명령을 얻어 채권을 추심하는 압류채권자의 지위는 자기채권의 만족을 위한다는 목적을 가지는 것이기도 하지만 압류가 경합된 경우 혹은 배당요구가 있는 경우에는 집행법원의 수권에 기하여 일종의 추심기관으로서 압류 또는 배당에 참가한 모든 채권자를 위하여 제3채무자로부터 추심을 한다고 할 수 있으므로, 제3채무자의 변제도 정당한 추심권자에게 한 것인 이상 당연히 위 모든 채권자에 대하여 효력을 가진다 할 것이고, 그 변제에 의하여 제3채무자는 채무를 면하게 되고 따라서 다른 압류채권자가 또다시 제3채무자에 대하여 변제를 청구할 수 없다(대법원 1986. 9. 9. 선고 86다카988 판결).

## 6. 추심명령과 전부명령의 차이 및 장단점

(상 황)

D은행 Y지점은 甲의 정기예금에 대하여 집행법원으로부터 乙을 채권자로 하는 압류 및 추심명령을 송달받았고, 그 후 丙을 채권자로 하는 압류 및 전부명령을 송달받았다.

### (1) 추심명령과 전부명령의 의의

추심명령과 전부명령의 의의?

추심명령이란 추심명령을 득한 채권자로 하여금 집행채무자(예금주)를 대위하여 제3채무자(은행)에게 채무의 이행(지급청구)을 청구할 수 있는 권한을 부여한 집행법원의 명령을 말한다.

추심명령은 전부명령과 더불어 압류명령을 전제로 이루어지는 금전채권에 대한 환가방법 중 하나이다.[1] 그러나 추심명령 그 자체에는 집행권원이 없기 때문에 추심명령을 송달받은 제3채무자가 그 명령에 불응한다 하더라도 이를 강제할 수 없으므로 이 경우에는 별도의 소송(추심금 청구의 소)을 제기하여 승소한 후, 이를 근거로 제3채무자의 재산에 대한 강제집행을 실시, 추심을 하는 수밖에 없다.

한편 추심명령은 전부명령과는 달리 채권자평등주의를 채택하고 있어, 추심채권자는 경합하는 다른 채권자와 배당에 관여하는 자 전원을 위하여 단지 대표자격으로 추심하는 것에 불과하므로 압류경합 하에서도 유효하다.

전부명령이란 압류된 금전채권을 집행채무자(예금주)에 대한 지급(변제)에 갈음하여 전부채권자에게 이전시키는 집행법원의 명령을 말한다. 전부명령은 실질적으로 피압류채권을 압류채권자에게 이전시킴으로써 전부채권자에게 독점적인 만족을 주는 제도이므로 전부명령보다 먼저 송달된 압류경합 채권자를 배제하고 전부채권자에게만 독점적 만족을 주는 것은 채권자평등주의 원칙에 반한다. 따라서 전부명령이 제3채무자에게 송달될 때까지 그 금전채권에 관하여 다른 채권자가 압류나 가압류 또는 배당요구를 한 경우에는 전

1) 민사집행법 제229조(금전채권의 현금화 방법) 제1항.

부명령은 그 효력이 없다.

### (2) 추심명령과 전부명령의 차이 및 그 장단점

**채권자의 입자에서 볼 때 추심명령과 전부명령의 주된 차이점 및 그 장단점은?**

압류채권자가 금전채권의 환가방법으로 추심명령과 전부명령 중 어느 것을 신청할 것인지는 집행채권자의 자유이지만, 제3채무자가 금융기관과 같이 변제능력이 확실한 경우에는 전부명령을, 그 반대의 경우에는 추심명령을 신청하는 것이 적절하다고 생각한다.

추심명령과 전부명령의 차이점 및 장단점은 아래 별표와 같다.

<u>추심명령과 전부명령의 장단점</u>

| 구 분 | 추 심 명 령 | 전 부 명 령 |
|---|---|---|
| 장 점 | 제3채무자로부터 추심을 하지 못한 때에는 집행채무자의 다른 재산으로부터 다시 강제집행을 실시할 수 있다. | 전부명령이 유효한 이상 다른 채권자는 배당요구를 할 수 없으므로, 전부명령을 얻은 자는 독점적인 우선변제권을 가진다. |
| 단 점 | 집행법원으로부터 추심명령을 얻었다 하더라도 그 후 타채권자의 배당요구가 있으면, 채권액에 비례하여 배당을 받게 되므로 우선변제권이 인정되지 않는다. | 전부명령이 유효한 이상 전부채권자로서의 권리를 포기하고 추심명령을 신청할 수 없다.<br>전부채권이 존재하는 한 그 범위 내에서 변제를 받은 것이 되므로, 제3채무자가 변제능력이 없으면 그 위험을 전부채권자가 부담하게 된다. |

## 추심명령과 전부명령의 차이점

| 구 분 | 추 심 명 령 | 전 부 명 령 |
|---|---|---|
| 압류의 효력이 미치는 범위 | 제한이 없으며, 압류채권 전부에 대하여 미친다. | 전부의 범위는 압류채권자의 채권액 및 집행비용에 한한다. |
| 압류경합 가능 여부 | 압류경합이 가능하다. | 압류경합이 불가능하다. |
| 채권 및 위험성의 이전 여부 | 이전되지 아니한다. | 이전 된다. |
| 타 채권자의 배당요구 가능여부 | 집행법원에 추심신고를 할 때까지 타 채권자의 배당요구가 가능하다. | 전부명령의 효력이 발생한 이후에는 타 채권자는 배당요구를 할 수 없다. |
| 권리행사에 대한 의무 유무 | 채권자가 추심할 채권의 행사를 게을리한 때에는 이로써 생긴 채무자의 손해를 부담한다. | 전부된 채권에 대한 권리행사 의무가 없다. |
| 압류채권자의 채권 소멸 시기 | 집행법원에 추심신고와 동시에 집행절차가 종료되며, 채권도 소멸한다. | 전부명령이 제3채무자에게 송달되고, 그 전부명령이 확정되면 압류채권자의 채권은 송날된 때로 소급하여 소멸한다. 다만, 이전된 채권이 존재하지 않는 때에는 그러하지 아니하다. |
| 다른 집행방법 허용 여부 | 추심권을 포기하고 다른 집행방법인 전부명령을 신청할 수 있다. | 전부명령 효력발생 이후에는 다른 집행방법을 불허한다. |
| 추심신고 의무 | 채권자는 추심한 채권액을 집행법원에 신고를 하여야 한다. | 추심신고 의무가 없다. |
| 배당 유무 | 배당요구한 각 채권자의 채권액에 비례하여 배당된다. | 배당 없다. |

## 7. 전부명령이 송달된 예금의 지급 절차 등

(상 황)

D은행 Y지점은 甲명의로 된 기업자유저축예금에 대하여 법원으로부터 乙을 집행채권자로 하는 압류 및 전부명령을 송달받았다.

### (1) 전부명령의 효력 확정시기

**전부명령의 효력이 확정되는 때는 언제인가?**

전부명령의 효력[1]은 즉시항고 기간[2]이 경과하였거나 즉시항고 기간 내에 즉시항고가 제기된 때에는 그 각하 또는 기각결정이 있는 때에 비로소 확정된다. 전부명령이 확정된 경우에는 전부명령이 제3채무자(Y지점)에게 송달된 때에 채무자(甲)가 채무를 변제한 것으로 본다(민사집행법 제231조).

예금주 또는 제3자가 예금에 대해 송달된 압류 및 전부명령(또는 추심명령)에 대한 불복을 신청 방법으로는 즉시항고, 집행이의의 소, 청구이의의 소, 제3자 이의의 소 등이 있으나 어느 방법에 의하더라도 신청 즉시 집행정지의 효력이 발생하는 것은 아니며 그 신청이 법원에서 수리되어야만 효력이 발생한다.

따라서 예금주 등이 예금에 대해 송달된 압류 및 추심명령에 대해 단지 불복신청을 하였다는 이유만으로는 압류 및 추심채권자의 추심권을 상실시킬 수 없고, 그 불복신청에 기하여 법원에서 집행정지 결정 또는 집행취소 결정을 하여야만 추심권의 행사를 막을 수 있다.

다만, 전부명령은 그 명령이 확정되어야 효력이 발생하기 때문에 즉시항고가 있으면 이 항고가 취하 또는 각하 등에 의하여 효력이 상실되지 않는 한 전부명령에 의한 효력은 발생하지 아니하므로, 예금주 등 즉시항고권자가 전부명령 송달일로부터 1주일 이내에 즉시항고의 항고장을 집행법원에 제출하고 그 사실을 확인할 수 있는 서류를 제3채무

1) 추심명령은 제3채무자에 대한 송달로써 그 효력이 발생한다(민사집행법 제229조 제4항). 그러나 전부명령은 즉시항고가 허용되므로 확정되어야만 효력이 발생한다(민사집행법 제229조 제7항).

2) 즉시항고의 기간은 1주일이며, 그 기산점은 즉시항고권자에게 전부명령이 송달된 때부터 진행한다. 즉시항고를 할 자가 전부명령을 고지받을 자가 아닌 때에는 그 재판을 고지받아야 할 자 전원에게 고지된 날로부터 진행한다.

자에게 제출하게 되면, 제3채무자는 즉시항고가 취하되거나 각하 또는 기각되어 전부명령이 확정될 때까지는 압류 및 전부명령이 송달된 예금을 전부채권자에게 지급할 수 없다. 따라서 법원으로부터 예금의 압류 및 추심명령 또는 전부명령이 송달되고 그 후 집행정지의 통지를 받은 예금에 관하여는 압류 및 추심명령 또는 전부명령의 취소결정이 있거나, 신청의 취하, 각하, 소의 패소 등에 의하여 확정되기 전까지는 제3채무자인 은행은 예금주나 압류채권자 중 어느 누구에게도 예금을 지급하여서는 아니 된다. 그러나 집행정지와 관계없는 다른 채권자가 압류, 추심명령을 받아 추심금 지급을 요청하는 경우에는 기존의 집행정지의 효력은 새로운 강제집행에는 미치지 않으므로 은행은 동 예금을 이 추심권자에게 지급할 수 있다.[3]

실무상 고객의 예금에 대하여 법원으로부터 압류 및 전부명령이 송달된 경우에는 특히 다음 사항에 유의하여 실무를 처리하여야 한다.

1. 전부명령은 확정되어야만 그 효력이 발생하므로 전부채권자가 지급을 요구할 경우에는 먼저 '전부명령확정증명서'를 제출하게 하여, 전부명령이 확정되었음을 확인한 후 지급하여야 한다.

2. 전부명령이 제3채무자에게 송달될 당시에 먼저 송달된 압류, 가압류 등으로 이미 압류경합 상태에 있거나 또는 전부명령이 송달됨으로 인해 압류가 경합할 경우에는 그 전부명령은 무효가 되고, 전부명령이 무효가 된 이상 그 후 선행된 다른 가압류나 압류명령이 취소 또는 해제되어 압류경합이 해소되었다 하더라도 그 전부명령의 효력이 되살아나는 것이 아니며 역시 무효이다.[4]

다만, 전부명령이 압류의 경합 등으로 인하여 무효가 되더라도 그 전부명령의 기초가 되었던 압류명령까지 무효가 되는 것은 아니므로, 무효인 전부명령을 얻었던 압류채권자는 압류명령에 기하여 추심명령을 얻거나 다시 전부명령을 신청할 수 있다.

3. 전부명령 송달 전에 전부대상채권이 제3자 대항요건을 갖추어 이미 양도되었다면 그 전부명령은 목적물 부존재로 무효가 되고, 그 후 예금양도 계약이 해제되어 당초의 권리자(예금주)에게 권리가 복귀되었다 하더라도 이미 무효가 된 전부명령의 효력이 되살아나는 것은 아니다.

4. 전부명령이 그 요건을 갖추지 못하여 무효인 경우, 제3채무자는 이를 이유로 전부명령을 얻은 채권자의 이행청구를 거부할 수 있으나 이러한 사실을 모르고 또한 과실

3) 홍제남, 예금 · 적금의 법률실무.

4) 대법원 2001. 10. 12. 선고 2000다19973 판결.

없이 전부명령을 얻은 채권자에게 변제를 한 경우에는 채권의 준점유자에 대한 변제(민법 제470조)로써 유효하다. 하지만 선행된 압류가 있어 후에 송달된 전부명령이 압류의 경합으로 무효가 되었음에도 전부채권자에게 지급하였다면 제3채무자는 면책될 수 없다. 압류가 경합중인 예금에 송달된 전부명령은 그 효력이 없다는 것은 금융기관 직원이면 이미 누구나 알고 있는 법률상식에 해당하고 또한 압류경합이나 다른 채권자로부터의 배당요구가 있는 경우 제3채무자는 집행공탁에 의하여 채무를 면할 수 있음에도 불구하고 무효인 전부채권자에게 지급한 행위에 과실이 없다고 볼 수 없기 때문이다.

### (2) 전부명령을 받은 채권자가 예금의 지급을 요구하는 경우 그 처리 방안

**전부명령을 얻은 채권자(乙)로부터 압류예금에 대한 지급 요구가 있는 경우, Y지점의 실무 처리 방안은?**

전부명령을 얻은 집행채권자로부터 피압류채권(예금액)에 대한 지급 요구가 있는 때에는 다음과 같이 처리하는 것이 적절할 것으로 판단된다.

1. 전부채권자로부터 전부명령확정증명서, 주민등록증 등 채권자임을 확인할 수 있는 실명증표, 전부채권자가 법인인 경우에는 법인등기부등본, 대표자의 실명증표, 법인인감증명서,[5] 대리인에게 지급할 경우에는 위임장, 위임인의 인감증명서, 대리인의 실명증표(법인의 경우에는 위임장, 법인등기부등본, 법인인감증명서, 대리인의 실명증표), 수령인이 자필로 작성한 지급청구서[6]를 받아 지급하도록 한다.

2. 전부명령서를 제출하게 하여 금융기관이 송달받은 명령서와 일치하는지를 대조, 확인하는 한편 그 명령서 여백에 지급일자, 지급금액, 제3채무자 등을 부기한 후에 반환하는 것이 바람직하다.

3. 압류예금을 전부채권자에게 지급한 경우에는 거래신청서 등에 관련 내용을 기재하는 한편 예금주에게 지급사실을 통지하도록 한다. 참고로 변호사가 지급을 요구할 때에는 소송위임 사실이 확인되면 지급해도 무방하다. 변호사는 소송위임만 있으면 별도의 위임이 없더라도 변제 수령권한이 있기 때문이다.

5) 법인인감증명서는 특별히 징구할 필요가 없으나 은행 내규상 징구하도록 규정하고 있는데 이는 본인 확인을 보다 철저히 하기 위한 목적으로 판단된다.

6) 은행 내규에는 지급청구서 대신 별도의 수령증을 받도록 규정하고 있으나 그 효력은 지급청구서를 받는 것과 동일하다. 지급청구서에는 전부채권자로 하여금 자기의 이름을 기재하게 한다.

## 8. 만기일 미도래 예금에 대한 추심명령의 송달과 그 처리

(상 황)

D은행 Y지점은 아래 설문과 같이 만기일이 도래되지 아니한 정기예금에 대하여 법원으로부터 압류 및 추심명령을 송달받았다.

### (1) 만기일 미도래 예금에 대한 압류 및 추심명령 송달과 예금의 지급

**Y지점은 법원으로부터 만기일이 도래하지 아니한 정기예금을 피압류채권으로 하는 압류 및 추심명령(또는 전부명령)을 송달받았다. 압류된 정기예금을 추심채권자에게 지급하여도 무방하겠는가?**

예금주가 중도해지에 동의하지 않는 한 정기예금의 만기일이 도래되기 전에는 추심명령(또는 전부명령)을 받은 채권자에게 지급할 수 없음이 원칙이다.

다만, 피압류예금에 다른 특별한 조건이 붙어 있지 않고 또한 주택청약예금과 같이 특수한 목적으로 가입된 예금이 아닌 경우로서 중도해지를 하더라도 예금주의 이익[1]을 저해하지 않는다고 판단되는 경우에는 동의를 받지 않고 지급하여도 무방할 것으로 본다. 이 경우에는 예금을 지급하더라도 예금주(압류채무자)에게 손해가 발생하지 않기 때문이다.

민법에 제153조(기한의 이익과 그 포기) 제1항에 의하면, 기한은 채무자의 이익을 위한 것으로 추정한다고 규정하고 있다. 은행 예금의 경우 은행이 채무자가 되고 예금주가 채권자가 된다. 따라서 정기예금과 같이 만기를 정한 예금의 경우 예금주가 그 예금의 만기일이 도래되기 전에 지급청구를 할 경우 채무자인 은행은 이를 거절할 수 있음이 원칙이다.[2]

추심명령을 얻은 압류채권자는 대위의 절차 없이도 압류채권을 추심할 수 있지만(민사집행법 제229조 제2항), 그렇다고 하여 예금주가 은행에 대하여 가지는 권리 이상을 가지는

1) 정기예금의 만기일이 얼마 남지 않았음에도 추심채권자에게 지급하게 되면 동 예금은 중도해지 처리되어 예금주는 약정이율과 중도해지시 적용되는 이율의 차이만큼 손해를 볼 수 있다. 따라서 이러한 경우에는 추심채권자가 그 손해를 부담한다는 확실한 의사표시가 없는 한 예금주의 동의를 구하고 지급하는 것이 바람직할 것이다.

2) 그럼에도 불구하고 불구 금융기관 실무상으로는 예금주가 만기가 도래하기 전에 지급청구를 하는 때에는 약정이자 대신 중도해지에 따른 이율을 적용하여 지급하고 있다.

것은 아니므로 추심채권자는 압류예금의 지급기일이 도래되지 않는 한 제3채무자(Y지점)에게 만기가 도래하지 아니한 압류예금의 지급을 청구할 수 없다.

그리고 압류채권자가 전부명령을 얻게 되면 압류된 채권은 예금주 지급에 갈음하여 압류채권자에게 이전되지만(민사집행법 제229조 제3항) 전부명령을 얻었다 하여 계약당사자의 지위를 이전 받는 것은 아니므로 압류예금의 지급기일이 도래되지 아니한 이상 역시 중도해지를 요구할 권한은 없는 것이다.3)

결론적으로 기한을 정한 예금에 대하여 압류 및 추심명령 또는 전부명령이 송달된 때에는 중도해지를 할 경우와 만기해지를 할 경우 각각 예금주에게 미치는 실익을 분석하여 중도해지를 하더라도 예금주의 이익을 저해하지 않는다고 판단되는 때(예컨대 중도해지를 하여 채무를 변제하는 것이 유리하다고 판단되는 경우)에는 예금주의 동의를 받지 않고 지급을 하여도 무방할 것으로 본다. 왜냐하면 당사자 간에 미리 정한 약정이나 관련 법률을 일방이 위반함으로써 그 상대방에게 손해가 발생된 때에는 위반자가 이를 당연히 배상하여야 하지만 이 경우에는 오히려 예금주에게 이득이 되는 행위로써 배상할 손해가 없기 때문이다.

그러나 주택청약예금과 같이 특수한 목적이 있는 예금의 경우에는 예금주의 동의가 없는 한 만기가 도래되기 전에는 지급하여서는 아니 된다는 점을 각별히 유의하여야 한다.

참고로 일부 금융기관 수신업무 내규에는 기한을 정한 예금에 압류 및 추심명령 또는 전부명령이 송달된 경우 다른 특별한 조건이 없는 경우에는 예금주의 이익을 해치지 않는 범위 내에서 예금주의 동의 없이도 지급할 수 있다고 규정하고 있다.

### (2) 월 적립식 예금에 대한 압류 및 추심명령 송달과 예금의 지급

**정기적금 등 적립식 예금에 대하여 압류 및 추심명령(또는 전부명령)이 송달된 경우, 정기적금의 만기 전이라도 지급할 수 있겠는가?**

정기적금 등과 같은 적립식 예금의 경우에도 정기예금 등 거치식 예금의 경우와 같이 예금주의 동의를 받은 후 지급하여야 함이 원칙이다.

그런데 채무자(예금주)가 법원으로부터 자신의 예금이 압류되었다는 압류통지서를 받고

3) 임승서, 한국금융연수원 수신법률기초 제2권.

도 매월 정기적으로 월부금을 입금하다는 것은 특별한 사정이 없는 한 기대하기 어려운 일이다. 따라서 이 경우에는 예금주에게 계속해서 월부금을 납입할 의향이 있는지 여부와 정상 납입하지 아니할 경우에는 중도해지 처리 후 추심채권자(또는 전부채권자)에게 지급한다는 사실을 최고하여 그 결과에 따라 처리하도록 한다.[4)]

다만, 앞에서 언급한 바와 같이 이미 월부금이 정상적으로 납입되지 않고 있는 계좌로써 중도해지 처리를 하더라도 예금주에게 손해가 없다고 판단되는 때에는 예금주의 동의를 받지 않고 지급을 하여도 무방할 것으로 본다. 그러나 주택청약부금과 같이 특수한 목적이 있는 예금의 경우에는 예금주의 동의가 없는 한 만기가 도래되기 전에는 지급하여서는 아니 된다.

4) 임승서, 한국금융연수원 수신법률기초 제2권.

## 9. 압류된 예금계좌에 압류금지채권이 입금된 경우 그 처리

(상 황)

a. D은행 Y지점은 甲의 자유저축예금에 대하여 乙을 채권자로 하는 가압류명령을 송달받고, 동 예금계좌에 대하여 지급금지 조치(압류등록)를 하였다.
b. 그런데 동 예금계좌에 관할 동사무소로부터 국민기초생활보장법에 기초한 생계급여가 입금되었다.
c. 甲은 동사무소에서 매월 입금하는 생계보조금(생계급여)은 법률상 압류가 금지된 채권임을 주장하며, 그 금액에 대하여 지급을 요구하고 있다. 이 경우 Y지점의 적절한 업무처리는?

국민기초생활보장법에 의거 수급권자(甲)에게 매월 지급하는 생계급여는 법률상 압류금지채권[1]에 해당하지만 그것이 이미 압류가 되어 있는 수급권자의 예금계좌에 입금된 이상, 그 금액에 대해서도 압류의 효력이 미친다.[2] 따라서 Y지점은 乙의 요구를 수용할 수 없음이 원칙이다. 하지만 법률상 압류를 금지하고 있는 채권(생계급여)이 입금된 사실을 가압류채권자(乙)에게 충분히 설명, 동의를 구한 후 동 금액 해당액을 甲에게 지급하는 것이 합리적인 업무처리라 생각한다.

압류금지채권의 목적물이 입금되어 있는 예금주의 예금계좌에 가압류나 압류 및 추심명령 등이 있거나 또는 위 사례에서 보는 바와 같이 이미 가압류(압류)가 되어 있는 예금

1) 수급자에게 지급된 수급품과 이를 받을 권리는 압류할 수 없다(국민기초생활보장법 제35조).

2) 압류금지채권의 목적물이 채무자의 예금계좌에 입금된 경우에는 그 채권은 채무자의 당해 금융기관에 대한 예금 채권으로 변하여 종전의 채권과의 동일성을 상실하고 압류명령은 채무자와 제3채무자의 심문없이 하도록 되어 있어 압류명령 발령 당시 당해 예금으로 입금된 금원의 성격이 압류금지채권의 목적물인지 혹은 그에 해당하지 아니하는 금원인지, 두 가지 금원이 혼입되어 있다면 예금액 중 압류금지 채권액이 얼마인지를 가려낼 수 없는 것인 바, 신속한 채권집행을 실현하기 위해서는 압류단계에서는 피압류채권을 형식적 · 획일적으로 판단하여야 하므로 압류금지채권의 목적물이 채무자의 예금계좌에 입금된 경우, 채무자의 제3채무자 금융기관에 대한 예금 채권에 대하여는 압류금지의 효력이 미치지 아니한다. 하지만 압류금지채권의 목적물이 채무자의 예금계좌에 입금되어 그 예금 채권에 대하여 더 이상 압류금지의 효력이 미치지 아니하게 되었다 하더라도 원래의 압류금지의 취지는 참작되어야 할 것인 바, 그 경우 채무자의 보호는 민사소송법 제579조의2(현행 민사집행법 제246조 제2항)를 적용하여 법원이 채무자의 신청에 의하여 채무자와 채권자의 생활상황 기타의 사정을 고려하여 압류명령의 전부 또는 일부를 취소하는 방법에 의하여야 한다(대법원 1996. 12. 24. 자 96마1302, 1303 결정, 1999. 10. 6. 자 99마4857 결정).

계좌에 국민기초생활보장법에 의거 수급권자에게 매월 지급되는 생계급여나 노인복지법에 의거 지급되는 경로연금 등 법률상 압류금지채권이 예입된 경우 그 채권이 비록 법령에서 정한 압류금지채권이라 하더라도 제3채무자로서는 일단 압류의 효력이 미치는 것으로 보고 실무를 처리할 수밖에 없을 것으로 본다. 압류금지채권의 목적물이 이미 압류가 된 예금주의 예금계좌에 입금된 이상 그 채권은 채무자의 당해 금융기관에 대한 예금 채권으로 변하여 종전의 압류금지채권과의 동일성을 상실하기 때문이다. 따라서 Y지점은 일단 乙의 지급청구를 정중히 거절하여야 할 것으로 본다.

그런데 문제는 이와 같이 처리하게 되면 관련 법령에서 정한 압류금지채권으로서의 취지가 무색하게 된다는 점이다.

이러한 문제점을 해소하기 위해 대법원은 이 경우 '채무자의 보호는 민사집행법 제246조 제2항[3]을 적용하여 법원이 채무자의 신청에 의하여 채무자와 채권자의 생활상황, 기타의 사정을 고려하여 압류명령의 전부 또는 일부를 취소하는 방법에 의하여야 한다.'라는 입장을 취함으로써 실질적으로는 가압류(압류)채무자를 보호하고 있다. 결론적으로 Y지점은 다음과 같이 처리하는 것이 적절할 것으로 판단된다.

1. 가압류(압류)채권자 또는 관할 동사무소로부터 '생계급여 해당액을 예금주에게 지급하여도 좋다.'는 동의서[4]를 받고 甲에게 지급한다.

2. 가압류채권자 또는 관할 동사무소가 지급에 동의하지 않는 경우에는 부득이 집행공탁을 하는 것이 바람직할 것으로 본다.

3. 제3채무자인 Y지점이 압류채권자(乙)에 우선하여 상계를 할 수 있는 경우라 하더라도 압류금지채권을 수동채권으로 하는 상계는 하지 않는 것이 바람직할 것으로 본다. 그 이유는 앞에서 설명한 바와 같다. 그러나 예금주가 스스로 상계(역상계)를 요청해 올 때는 당연히 상계를 하여야 할 것이다. 다만, 이 경우에는 예금주로부터 상계통지서를 받아 두는 것이 안전하다.

---

3) 법원은 당사자가 신청하면 채권자와 채무자의 생활형편, 그 밖의 사정을 고려하여 압류명령의 전부 또는 일부를 취소하거나 제1항의 압류금지채권에 대하여 압류명령을 할 수 있다(민사집행법 제246조 제2항).

4) 가압류 또는 압류채권자가 동의를 하지 아니하면 제3채무자인 금융기관으로서는 집행공탁을 할 수밖에 없고 이 경우 공탁금은 압류금지채권 해당액은 채무자에게, 나머지 부분은 집행채권자에게 각각 교부될 소지가 매우 높다. 뿐만 아니라 일단 공탁을 하게 되면 최소한 3~4개월 이상은 공탁물을 수령하기 어려워 양자 모두가 손해를 보게 될 것으로 예상된다. 따라서 이러한 점을 가압류채권자에게 충분히 설명하고 협조를 구한다면 압류금지채권 해당액을 예금주에게 지급할 수 있는 길이 열릴 것으로 본다.

## 10. 증권적 예금에 대한 압류명령 송달과 그 처리

(상 황)

a. D은행 Y지점은 甲의 신청을 받고, 양도성예금증서 실물(계좌번호 1010-15-000100-1, 금액 100백만원)을 발행, 교부한 바 있다.

b. 그 후, Y지점은 법원으로부터 아래와 같은 가압류결정문을 송달받았다.

(1) 채권자 : 乙, 채무자 : 甲, 제3채무자 : D은행 Y지점

(2) 가압류할 채권의 표시 : 채무자가 제3채무자에 가지는 양도성예금(계좌번호 1010-15-000100-1).

(3) 청구금액 : 100백만원.

### (1) 실물 증서로 발행된 양도성예금증서를 피압류채권으로 하여 송달된 가압류명령의 효력

**실물 증서로 발행된 양도성예금증서에 대하여 지명채권에 대한 강제집행 절차 방식으로 하여 송달된 가압류명령은 유효한가?**

실물 증서로 발행된 양도성예금증서에 대하여 지명채권에 대한 강제집행 절차 방식으로 하여 송달된 가압류명령은 그 효력이 없는 것으로 본다. 따라서 Y지점(제3채무자)은 가압류명령에 응해서는 아니 된다. 다만, 압류에 응할 수 없다는 사실을 집행법원과 가압류채권자에게 통지하는 것이 장래 불필요한 분쟁을 예방하는 바람직한 업무처리라 생각된다.

실물 증서에 의한 양도성예금증서는 정기예금에 양도성을 부여하여 무기명, 할인식으로 발행되는 금융상품의 일종이다. 이 예금은 제3자에게 양도가 자유로워 환금성이 높으며, 예금의 지급청구를 하려면 반드시 그 증서를 발행 금융기관에 제시하여야 하고, 발행 금융기관은 사기 또는 중대한 과실이 없는 한 그 증서를 소지한 자에게 지급을 함으로써 예금반환채무를 면하게 된다. 이 예금증서는 어음이나 수표와 같이 유가증권과 같은 법적 성질을 지니고 있다고 하여 증권적 예금이라 한다.

유가증권에 대한 강제집행은 유체동산의 집행방법에 따른다.[1] 따라서 실물 증서로 발

1) 채무자가 점유하고 있는 유체동산의 압류는 집행관이 그 물건을 점유함으로써 한다. 다만, 채권자의

행된 양도성예금증서와 같은 증권적 예금에 대한 가압류(또는 압류)신청 및 그 절차는 예·적·부금 등 일반 기명식예금과 같은 지명채권에 대한 가압류(또는 압류)와는 달리 유체동산에 대한 강제집행 방법에 따라야만 한다. 그러므로 가압류(또는 압류)를 하고자 하는 채권자는 당해 증서의 소재지를 관할하는 지방법원에 소속되어 있는 집행관에게 서면으로 강제집행을 신청, 집행을 위임하고(집행관법 제5조), 그 위임을 받은 집행관은 채무자가 가지고 있는 증서(양도성예금증서)를 빼앗아 점유하는 방식으로 하여야 한다(민사집행법 제189조 제2항).

이때 점유는 집행관이 스스로 보관하는 것이 원칙이지만 채권자의 승낙이 있거나 또는 압류물의 운반이 곤란한 때에는 봉인 그 밖의 방법으로 압류 물건임을 표시하여 채무자에게 보관시킬 수 있도록 규정(민사집행법 제189조 제1항)하고 있다.

증권적 예금에 대하여 집행관이 증서를 제시하며 추심청구가 있는 때에는 금융기관은 이에 응하여 집행관에게 지급하면 예금반환채무를 면하게 된다. 그러나 중도해지를 요청하는 때에는 이에 응하여서는 아니 된다.

실물 증서로 발행된 증권적 예금에 대한 강제집행은 그 실효성을 기대하기 어렵다. 증권적 예금에 대한 가압류의 효력은 집행관이 그 증서를 채무자로부터 빼앗아 점유를 한 때에 비로소 발생하는데, 양도가 자유로워 그 증서 실물을 점유하기가 여의치 않기 때문이다. 이와 같은 이유로 실물 증서로 발행된 증권적 예금은 강제집행면탈 목적 등 불법적인 용도로 많이 이용되고 있는 것이 현실이다.

참고로 어음·수표 그 밖에 배서로 이전할 수 있는 유가증권으로서 배서가 금지된 증권적 채권(이를 지시금지채권이라 한다[2])에 대한 가압류는 채권자가 법원에 채권 가압류(압류)명령을 신청,[3] 제3채무자에게 송달하는 외에, 채권 가압류(압류)결정 정본을 첨부하여 집행관에게 집행을 위임하고, 집행관은 채권자에게 가압류결정이 고지 또는 송달된 날로부

승낙이 있거나 운반이 곤란한 때에는 봉인, 그 밖의 방법으로 압류물임을 명확히 하여 채무자에게 보관시킬 수 있다(민사집행법 제189조 제1항).

2) 지시금지채권이라 함은 자유로운 양도를 억제할 목적으로 유가증권의 표면에 '지시금지나 배서금지 또는 양도금지' 등의 문언을 기재한 것을 말하며, 이러한 유가증권은 배서의 방식으로는 양도할 수 없고 오직 지명채권 양도방법과 그 효력에 따라서만 양도가 가능하다.

3) 배서가 금지된 증권적 채권에 대한 가압류 신청취지는 다음과 같다.
① 채무자의 제3채무자에 대한 별지 기재 증서에 기한 채권을 가압류한다.
② 제3채무자는 채무자에게 위 채무의 지급을 하여서는 아니 된다.
③ 채권자의 위임을 받은 집행관은 채무자로부터 위 증서를 빼앗아 점유하고 위 증서의 권리보전에 필요한 조치를 취하여야 한다.

터 2주일 이내에 그 증서를 점유(가압류의 효력은 집행관이 증권을 점유한 때에 발생한다)를 하여야 하며, 이 기간 내에 점유하지 못하면 그 가압류결정은 집행력을 상실하게 된다. 따라서 배서가 금지된 증권적 채권에 대하여 가압류명령을 신청하고자 할 때에는 무엇보다도 먼저 그 증권의 종류, 배서금지 여부, 현 소재지, 집행관이 그 증서를 점유할 수 있는지 등 그 실효성 여부를 면밀히 검토 한 후 신청 여부를 결정하여야 할 것이다.

### (2) 은행등록발행 형식으로 발행된 양도성예금증서를 피압류채권으로 하여 송달된 가압류명령의 효력

**실물 증서로 발행된 것이 아니라 은행등록발행 형식으로 발행된 양도성예금증서라고 가정한다면, 위 가압류명령은 유효하겠는가?**

은행등록발행 형식으로 발행된 양도성예금은 실물 증서로 발행된 양도예금과는 달리, 일반 예·적금과 같이 예금주가 확정(고객이 등록발행을 신청하면 고객명이 전산등록 됨)되어 있고, 발행은행의 동의를 받아 자유롭게 양도가 가능하여 그 법적성질을 지명채권으로 보고 있다.

따라서 은행등록발행 형식으로 발행된 양도성예금에 대하여 일반 예금채권에 대한 강제집행방식으로 하여 송달된 위 가압류명령은 유효하므로, Y지점은 예금주(甲)로부터 예금반환 요청이 있다거나 양도승낙 요청이 있더라도 이에 응하여서는 아니 된다.

참고로 양도성예금증서의 등록발행이란 실물 증서의 발행 없이 등록기관(은행 또는 은행이 등록기관으로 지정한 증권예탁결제원)의 공사채등록법상 등록부에 등록기재로 발행하는 방법을 말한다. 고객이 은행에 등록발행을 신청하면 은행이 등록기관이 되어 매입 고객명과 기타 권리관계 변동내용을 전산 등록하여 관리하며, 고객에게는 통장(양도성예금증서 등록필증)을 교부한다.

이와 같이 발행된 양도성예금증서에 대하여 양도 또는 질권을 설정하고자 하는 때에는 발행은행의 승낙을 받아야 한다.

# 11. 체납처분압류의 의의 및 그 특징

(상 황)

D은행 Y지점은 관할세무서로부터 예금주 甲을 집행채무자로 하는 체납처분압류통지서를 송달받았다. 체납처분압류와 민사집행법에 의한 압류와의 주된 차이점은 무엇인가?

체납처분압류라 함은 국세나 지방세를 체납한 자가 체납독촉장(납부최고서)을 받고서도 지정된 기한까지 국세와 가산금을 완납하지 아니한 때 체납된 조세를 강제징수하기 위해 체납자의 특정재산에 대해서 법률상 또는 사실상의 처분을 금하고 그 재산을 환가할 수 있는 상태로 만들어 놓은 행정상의 처분을 의미 한다.[1] 체납처분압류는 민사집행법에 의한 압류와 그 명칭은 유사하지만 절차나 효력 등에 있어서는 아래와 같이 다소 차이가 있다.

1. 체납처분압류에는 민사집행법상의 압류명령과 추심명령을 합한 것과 같은 효력이 있다.

체납처분압류에는 제3채무자(은행)로 하여금 채무이행을 금지(변제금지)하고, 채무자(체납자인 예금주)에게는 처분 및 영수를 금지하는 효력 뿐 만 아니라 채권자(세무서장) 스스로 추심을 할 수 있는 권능까지 갖추고 있다. 따라서 민사집행법에서 규정하는 추심명령이나 전부명령과 같은 별도의 환가 절차 없이 체납처분압류 그 자체만으로 압류된 예금액을 추심[2]할 수 있으며, 법원에 추심신고(민사집행법에 의거 추심명령을 얻은 채권자는 추심 후 집행법원에 추심신고를 하여야 한다고 규정하고 있다)를 할 필요도 없다.

2. 조세채권은 다른 일반채권에 우선한다.

국세기본법 제35조(국세의 우선) 제1항에는, 국세・가산금 또는 체납처분비는 다른 공과금 기타의 채권에 우선(단, 예외 조항 있음)한다고 규정하고 있으며, 지방세기본법 제99조(지방세의 우선 징수)[3] 제1항에는, 지방자치단체의 징수금은 다른 공과금과 그 밖의 채권에 우

1) 국세징수법 제24조 (압류의 요건) 제1항.

2) 세무서장은 채권을 압류할 때에는 그 뜻을 해당 채권의 채무자(이하 제3채무자라 한다)에게 통지하여야 한다. 세무서장은 제3채무자에게 채권 압류 통지를 한 때에는 국세・가산금과 체납처분비를 한도로 하여 체납자인 채권자를 대위한다(국세징수법 제41조, 채권의 압류절차).
세무서장은 유가증권을 압류한 때에는 그 유가증권에 관계되는 금전채권을 추심할 수 있다(국세징수법 제40조, 유가증권에 관한 채권의 추심).

선(단, 예외 조항 있음)하여 징수한다고 규정하고 있다. 따라서 체납처분압류와 민사집행법에 의한 가압류가 경합하는 경우 그 도달의 선후에 불문하고 항상 체납처분압류가 우선 한다.[4]

체납처분압류와 민사집행법에 의한 압류가 경합하는 경우에도 그 압류가 법률상의 우선변제권에 기한 압류가 아닌 한 그 도달의 선후에 불문하고 체납처분압류가 우선한다. 다만, 압류 및 전부명령이 선행된 경우에는 그 후에 송달된 체납처분압류는 목적물 부존재로 무효가 된다.

3. 조세채권과 같이 일반채권에 우선하는 채권에 기한 압류가 있는 경우에는 민사집행법 제235조에서 규정하는 압류경합시의 효력이 그대로 적용되지 아니한다.

즉 체납처분압류 후에 민사집행법에 의한 압류 및 전부명령이 송달된 경우 체납처분압류금액에 해당하는 부분에 대해서는 압류는 유효하나 전부명령은 무효가 되지만 체납처분압류금액을 초과하는 예금액에 대해서는 그 전부명령도 유효하다.

4. 체납처분압류와 민사집행법상의 가압류가 경합한다 하더라도 제3채무자(은행)는 집행공탁을 할 수 없고, 체납처분압류 채권자에게 지급하여야 한다는 것이 대법원 판례[5]의 태도이다.

5. 체납처분압류는 체납세액과 그 가산금 그리고 체납처분비 합계액 범위 내에서 압류를 허용함이 원칙이다.

민사집행법에 의한 강제집행의 경우에는 채권자가 자신의 실 채권액을 초과하는 압류도 허용하고 있는데, 이는 압류가 경합할 경우를 상정하여 채권자를 보호하기 위한 것으로 판단된다. 그러나 체납처분압류는 체납세액과 그 가산금 그리고 체납처분비 합계액

---

3) 지방세기본법은 2011. 1. 1.부터 시행한다.

4) 체납처분은 재판상의 가압류 또는 가처분으로 인하여 그 집행에 영향을 받지 아니한다(민사집행법 제35조, 가압류·가처분재산에 대한 체납처분의 효력).

5) 체납처분절차와 민사집행 절차는 별개의 절차로서 양 절차 상호간의 관계를 조정하는 법률의 규정이 없으므로 한 쪽의 절차가 다른 쪽의 절차에 간섭할 수 없는 반면, 쌍방 절차에서 각 채권자는 서로 다른 절차에 정한 방법으로 그 다른 절차에 참여할 수밖에 없고, 동일 채권에 관하여 양 절차에서 각각 별도로 압류하여 서로 경합하는 경우에도 공탁 후의 배분(배당)절차를 어느 쪽이 행하는가에 관한 법률의 정함이 없어 제3채무자의 공탁을 인정할 여지가 없다(대법원 1999. 5. 14. 선고 99다3686 판결).
채권에 대한 체납처분에 의한 압류와 그 이후에 행해진 가압류가 경합하는 경우 제3채무자는 체납처분에 의한 압류채권자의 추심권 행사에 응하여야 하므로 변제공탁이나 집행공탁이 허용될 수 없고, 제3채무자가 공탁하였다고 하더라도 체납처분에 의한 압류채권자인 원고로서는 여전히 제3채무자를 상대로 직접 피압류채권을 추심할 수 있다(대법원 2008. 11. 13. 선고 2007다33842 판결).

범위 내에서 압류를 허용함이 원칙이다. 이는 체납처분압류를 하게 되면 다른 공과금이나 기타 채권에 우선하여 변제를 받을 수 있기 때문이라 생각된다. 다만, 압류할 채권이 국세・가산금과 체납처분비를 초과하는 경우에 필요하다고 인정하는 때에는 그 채권전액을 압류할 수 있다.[6]

6. 조세채권 상호간에는 압류 선착주의를 채택하고 있다.

동일한 예금채권(또는 부동산)에 대하여 체납처분압류가 있고 그 후 다른 체납처분압류 또는 세무관서의 교부 청구가 있는 때에는 그 송달이 먼저 된 국세・가산금 또는 체납처분비에 우선권이 있다.[7] 즉 국세와 국세, 국세와 지방세, 지방세와 지방세 상호간에는 체납처분압류통지서가 도달된 선후에 의하여 우선변제 순위가 결정되는데 이를 압류선착주의[8]라고 한다.

6) 세무서장은 채권을 압류하는 때에는 국세・가산금과 체납처분비를 한도로 하여야 한다. 다만, 압류할 채권이 국세・가산금과 체납처분비를 초과하는 경우에 필요하다고 인정하는 때에는 그 채권전액을 압류할 수 있다(국제징수법 제43조, 채권압류의 범위).

7) 국세 체납처분에 의하여 납세자의 재산을 압류한 경우에 다른 국세・가산금・체납처분비 또는 지방세의 교부 청구가 있으면 압류에 관계되는 국세・가산금 또는 체납처분비는 교부 청구된 다른 국세・가산금・체납처분비와 지방세에 우선하여 징수한다(국세기본법 제36조 제1항).
납세자의 재산을 지방자치단체의 징수금의 체납처분에 따라 압류한 경우에 다른 지방자치단체의 징수금 또는 국세의 교부 청구가 있으면 압류에 관계되는 지방자치단체의 징수금은 교부 청구한 다른 지방자치단체의 징수금 또는 국세에 우선하여 징수한다(지방세기본법 제101조 제1항).

8) 국세기본법 제36조, 지방세기본법 제34조.

## 12. 체납처분압류와 민사집행법상의 압류의 경합과 그 처리

(상 황)

a. D은행 Y지점은 甲의 예금에 대하여 국세징수법상의 체납처분압류와 민사집행법상의 가압류, 그리고 압류 및 추심명령과 압류 및 전부명령을 각각 송달받았다.

b. 그런데, 집행채무자인 甲의 예금 잔액은 이들 채권자의 청구채권의 합계액에 미달하는 상황이다.

### (1) 민사집행법상의 가압류와 체납처분압류가 경합하는 경우 그 처리

**민사집행법상의 가압류명령이 먼저 송달되고 그 후에 체납처분압류가 송달됨으로써 압류가 경합할 경우, Y지점의 실무처리는?**

이 경우 Y지점은 체납처분압류권자에게 지급을 하는 것이 적절할 것으로 판단된다.[1] 체납처분압류는 재판상의 가압류, 가처분으로 인하여 영향을 받지 아니하며(국세징수법 제35조), 조세채권 우선원칙[2]에 의거 체납처분압류통지서가 제3채무자에게 도달된 시기의

1) 만일 민사집행법상의 가압류(압류)채권자가 가지고 있는 원인채권이 조세에 우선하는 채권인 때에는 피압류채권(예금)을 체납처분압류권자에게 지급하여서는 아니 되며, 장래 가압류채권자가 집행권원을 얻어 본압류 전이 및 추심명령 또는 전부명령을 받아 오면 그 때 지급하여야 한다.

2) 국세 · 가산금 또는 체납처분비는 다른 공과금 기타의 채권에 우선하여 징수한다. 다만, 다음 각 호의 1에 해당하는 공과금 기타의 채권에 대하여는 그러하지 아니하다(국세기본법 제35조 제1항).

1. 지방세 또는 공과금의 체납처분에 있어서 그 체납처분금액 중에서 국세 · 가산금 또는 체납처분비를 징수하는 경우의 그 지방세 또는 공과금의 가산금 또는 체납처분비.
2. 강제집행 · 경매 또는 파산절차에 의한 재산의 매각에 있어서 그 매각금액 중에서 국세 · 가산금 또는 체납처분비를 징수하는 경우의 그 강제집행 · 경매 또는 파산절차에 소요된 비용.
3. 다음 각목의 1에 해당하는 기일(이하 '법정기일'이라 한다)전에 전세권 · 질권 또는 저당권의 설정을 등기 또는 등록한 사실이 대통령령이 정하는 바에 의하여 증명되는 재산의 매각에 있어서 그 매각금액 중에서 국세 또는 가산금(그 재산에 대하여 부과된 국세와 가산금을 제외한다)을 징수하는 경우의 그 전세권 · 질권 또는 저당권에 의하여 담보된 채권.
   가. 과세표준과 세액의 신고에 의하여 납세의무가 확정되는 국세(중간 예납하는 법인세와 예정신고 납부하는 부가가치세를 포함한다)에 있어서 신고한 당해 세액에 대하여는 그 신고일.
   나. 과세표준과 세액을 정부가 결정 · 경정 또는 수시부과 결정하는 경우에 고지한 당해 세액에 대하여는 그 납세고지서의 발송일.
   다. 원천징수의무자 또는 납세조합으로부터 징수하는 국세와 인지세에 있어서는 가목 및 나목의 규정에 불구하고 그 납세의무의 확정일.

선후를 불문하고 민사집행법상의 가압류보다 항상 우선하기 때문이다.

체납처분압류금액을 초과하는 예금액에 대해서는 당연히 민사집행법상의 가압류의 효력이 미친다.

한편 국세징수법상의 체납처분압류와 민사집행법상의 가압류가 경합하는 경우 제3채무자는 압류경합을 이유로 집행공탁을 할 수 있는지 의문이다.

이에 대하여 대법원은, 체납처분절차와 민사집행절차는 서로 별개의 절차이며, 현재 이들 상호간의 관계를 조정하는 법률의 규정이 없다는 이유로 체납처분압류와 민사집행법상의 압류가 경합하더라도 제3채무자는 집행공탁(형식은 집행공탁에 해당하나 실제는 변제공탁으로 보아야 할 것이다)을 할 수 없고, 집행공탁을 하였다 하더라도 체납처분압류채권자로부터 지급청구가 있으면 지급을 하여야 한다[3]는 태도를 취함으로써 집행공탁의 실효성을 인정하지 않고 있다.

하지만 제3채무자가 집행공탁을 하는 궁극적인 이유는 집행채권자들과의 분쟁에서 벗어나고 이중지급의 위험을 피하고자 하는 것인데 법 제도의 미비를 이유로 제3채무자의 권리라 할 수 있는 집행공탁을 인정하지 아니하는데 대해서는 개인적으로는 다음과 같은 이유로 동의할 수 없다.

1. 민법 제487조(변제공탁의 요건, 효과)에 의하면, 변제자가 과실 없이 채권자를 알 수 없는 경우에는 변제공탁을 함으로써 채무를 면할 수 있다고 규정하고 있다. 따라서 체납처분압류명령을 송달받은 제3채무자가 관련 법률에 관한 고도의 지식이 없다면 집행공탁(공탁의 종류에는 보증공탁, 담보공탁, 집행공탁, 변제공탁 등이 있다. 여기서의 공탁은 집행공탁이지만 실제는 변제공탁으로 보아야 할 것이다)을 통하여 채무를 면할 수 있도록 하는 것이 혹 발생할지도 모르는 이중지급의 위험에서 벗어나게 하는 동시에 민법의 취지에 부합하는 것이라 생각한다.

2. 민사집행법 제248조(제3채무자의 채무액의 공탁)[4]에 의하면, 금전채권에 관하여 가압류

---

라. 제2차 납세의무자(보증인을 포함한다)의 재산에서 국세를 징수하는 경우에는 국세징수법 제12조의 규정에 의한 납부통지서의 발송일.

마. 양도담보재산에서 국세를 징수하는 경우에는 국세징수법 제13조의 규정에 의한 납부통지서의 발송일.

바. 국세징수법 제24조 제2항의 규정에 의하여 납세자의 재산을 압류한 경우에 그 압류와 관련하여 확정된 세액에 대하여는 가목부터 마목까지의 규정에 불구하고 그 압류등기일 또는 등록일.

3) 대법원 판례(2008. 11. 13. 선고 2007다33842 판결).

4) 민사집행법 제248조(제3채무자의 채무액의 공탁) ① 제3채무자는 압류에 관련된 금전채권의 전액을

또는 압류가 있는 경우에 제3채무자는 압류에 관련된 금전채권의 전액을 공탁할 수 있다고 규정하고 있다. 이는 법률지식이 없는 제3채무자를 보호하기 위해 마련된 조항으로 판단되며, 체납처분압류라 하여 이를 달리해야 할 마땅한 이유도 없다고 본다.

3. 체납처분압류와 민사집행법상의 압류가 경합하는 경우 대법원은 체납처분절차와 민사집행 절차는 서로 별개의 절차이며, 현재 이들 상호간의 관계를 조정하는 법률의 규정이 없다는 이유로 제3채무자의 집행공탁을 인정을 하지 않고 있는데, 저자의 좁은 소견으로는 제3채무자가 공탁한 공탁금에 대해서는 법원이 실체법과 절차법에 따라 배당을 하더라도 무방할 것으로 판단되며, 이로 인하여 조세채권자가 불이익을 받을 개연성도 없다.

어쨌든 체납처분압류와 민사집행법상의 가압류가 경합하는 경우 대법원은 일관되게 집행공탁의 유효성을 인정하지 않고 있으므로 판례의 변경이 있기 전까지는 집행공탁을 할 수 없는 것으로 보고 실무를 처리하여야 할 것이다.

### (2) 압류 및 추심명령 송달 후 체납처분압류 송달로 압류가 경합하는 경우 그 처리

**민사집행법상의 압류 및 추심명령이 먼저 송달되고, 그 후에 체납처분압류가 송달됨으로써 압류가 경합할 경우, Y지점의 실무처리는?**

조세채권은 일반채권에 우선한다는 점을 고려할 때 특별한 사정이 없는 한 체납처분압류채권자에게 지급하는 것이 바람직할 것으로 판단된다.

조세채권은 다른 일반채권에 우선한다. 따라서 체납처분압류와 일반채권자의 민사집행법에 의한 압류 및 추심명령이 경합하는 경우에 그 추심명령이 체납처분압류보다 나중에 송달된 경우는 물론 먼저 송달되었다 하더라도 피압류채권(예금)을 추심채권자에게 지급하지 아니한 이상 체납처분압류가 우선한다. 다만, 그 압류 및 추심명령이 조세에 우선하

공탁할 수 있다. ② 금전채권에 관하여 배당요구서를 송달받은 제3채무자는 배당에 참가한 채권자의 청구가 있으면 압류된 부분에 해당하는 금액을 공탁하여야 한다. ③ 금전채권 중 압류되지 아니한 부분을 초과하여 거듭 압류명령 또는 가압류명령이 내려진 경우에 그 명령을 송달받은 제3채무자는 압류 또는 가압류채권자의 청구가 있으면 그 채권의 전액에 해당하는 금액을 공탁하여야 한다. ④ 제3채무자가 채무액을 공탁한 때에는 그 사유를 법원에 신고하여야 한다. 다만, 상당한 기간 이내에 신고가 없는 때에는 압류채권자, 가압류채권자, 배당에 참가한 채권자, 채무자, 그 밖의 이해관계인이 그 사유를 법원에 신고할 수 있다.

는 채권을 원인으로 하여 신청한 것인 때에는 그러하지 아니한다.

그런데 문제는 과연 체납처분압류와 민사집행법상의 압류 및 추심명령이 경합하는 경우, 제3채무자는 압류경합을 이유로 집행공탁을 할 수 있는가 하는 점이다.

유사 사건에 관한 대법원의 판례의 취지(동일 채권에 관하여 양 절차에서 각각 별도로 압류하여 서로 경합하는 경우에도 공탁 후의 배분(배당)절차를 어느 쪽이 행하는가에 관한 법률의 정함이 없어 제3채무자의 공탁을 인정할 여지가 없다)를 유추적용하면, 이 경우에도 집행공탁을 인정하지 않는 것으로 보아야 하겠지만 집행공탁을 인정하는 것이 오히려 합리적이라 생각된다.

### (3) 압류 및 전부명령 송달 후 체납처분압류 송달로 압류가 경합하는 경우 그 처리

**민사집행법상의 압류 및 전부명령이 먼저 송달되고 그 후에 체납처분압류가 송달됨으로써 압류가 경합할 경우, Y지점의 실무처리는?**

전부명령이 확정된 때에는 압류예금을 전부채권자에게 지급하도록 한다. 다만, 전부채권자에게 지급하고 남은 잔액은 체납처분압류채권자에게 지급하도록 한다.

전부명령은 채무자(예금주)에게 주어진 즉시항고 기간이 경과되었거나 또는 채무자가 제기한 즉시항고가 각하 또는 기각된 때에 비로소 확정된다. 전부명령이 확정되면 그 전부명령이 송달된 때로 소급하여 효력이 발생 한다.[5] 그리고 전부명령이 송달되고 난 이후에 송달된 체납처분압류명령은 일단 유효하지만 선행된 전부명령이 확정되어 버리면 목적물부존재로 무효가 된다. 전부명령이 확정되면 그 전부명령이 송달된 때로 소급하여 피전부채권(예금)이 그 동일성을 유지하면서 원래의 예금주로부터 전부채권자에게로 이전하기 때문에 체납처분압류명령이 송달되었을 때에는 이미 체납자의 예금이 아니라 전부채권자의 예금이 되는 관계로 압류(체납처분압류)할 예금이 존재하지 않기 때문이다. 다만, 전부채권자에게 지급하고 남은 잔액에 대해서는 그 체납처분압류도 유효하다.

5) 전부명령의 효력 발생이라 함은 전부명령에 의하여 피전부채권이 그 동일성을 유지하면서 원래의 예금주로부터 전부채권자에게로 이전하는 것을 말한다. 따라서 전부채권자는 원래의 예금주에 갈음하여 예금 채권을 취득함으로 자기의 이름으로 추심 또는 양도를 할 수 있다.

### (4) 체납처분압류 송달 후 압류 및 전부명령 송달로 압류가 경합하는 경우 그 처리

**국세징수법상 체납처분압류가 먼저 송달되고, 그 후에 민사집행법상 압류 및 전부명령이 송달됨으로써 압류가 경합할 경우, Y지점의 실무처리는?**

이 경우 Y지점(제3채무자)은 피압류채권(예금)을 체납처분압류채권자에게 지급하되, 체납처분압류금액을 초과하는 예금액에 대해서는 전부채권자에게 지급하도록 한다. 다만, 전부명령의 원인채권이 체납처분압류에 우선하는 채권에 기인한 것인 경우에는 전부채권자에게 지급하고 잔액이 있으면 체납처분압류채권자에게 지급하여야 할 것으로 판단된다.

민사집행법상의 가압류나 압류, 압류 및 추심명령이 먼저 송달되고 그 후에 압류 및 전부명령이 송달됨으로써 압류가 경합하는 경우, 뒤에 송달된 전부명령은 언제나 무효가 된다. 다만, 압류명령 부분만은 유효하다.

그러면 동일한 채권에 대하여 체납처분압류가 먼저 송달되고, 그 후에 민사집행법에 의한 압류 및 전부명령이 송달되어 압류가 경합하는 경우, 뒤에 송달된 전부명령도 역시 무효가 되는지 의문이다.

이에 관하여 대법원의 입장[6]은 체납처분에 기한 압류와 민사집행법에 의한 압류가 경합하더라도 압류효력의 확장[7]에 관한 규정이 적용되지 아니하고, 체납처분압류의 효력은 압류 당시 특정한 채권부분에 한하여 효력이 미치므로 일반채권에 기한 강제집행에 있어서의 압류경합의 경우와는 달리 체납처분압류금액을 초과하는 피압류채권(예금)에 대해서는 후에 송달된 전부명령도 유효하다는 태도를 취하고 있다. 따라서 체납처분압류가 송

6) 체납처분에 의한 압류에 관한 국세징수법 제43조(세무서장은 채권을 압류하는 때에는 국세·가산금과 체납처분비를 한도로 하여야 한다. 다만, 압류할 채권이 국세·가산금과 체납처분비를 초과하는 경우에 필요하다고 인정하는 때에는 그 채권전액을 압류할 수 있다)의 규정 취지에 비추어 보면, 이는 채권의 일부가 압류된 후에 그 나머지 부분을 초과하여 다시 압류명령이 발하여진 때에는 각 압류의 효력은 그 채권의 전부에 미친다고 하는 일반채권에 기한 강제집행에 있어서의 압류경합의 경우와 다르다고 할 것으로서 우선권 있는 채권에 기한 체납처분에 의한 압류에 관하여서는 피압류채권의 일부를 특정하여 압류한 경우 그 특정한 채권 부분에 한하여 압류의 효력이 미치는 것이며, 그 후 강제집행에 의한 압류가 있고 그 압류된 금액의 합계가 피압류채권의 총액을 초과한다고 하더라도 그 압류의 효력이 피압류채권 전액으로 확장되지 아니한다고 할 것이므로 나머지 부분에 대하여는 압류경합이 되는 것은 아니다(대법원 1991. 10. 11. 선고 91다12233 판결).

7) 민사집행법 제235조(압류의 경합) ① 채권 일부가 압류된 뒤에 그 나머지 부분을 초과하여 다시 압류명령이 내려진 때에는 각 압류의 효력은 그 채권 전부에 미친다. ② 채권 전부가 압류된 뒤에 그 채권 일부에 대하여 다시 압류명령이 내려진 때 그 압류의 효력도 제1항과 같다.

달되고 난 이후에 민사집행법에 기한 압류 및 전부명령이 송달됨으로써 압류가 경합하는 경우, 체납처분압류금액을 초과하는 피압류채권(예금)에 대해서는 후에 송달된 전부명령도 유효한 것으로 실무를 처리하여야 한다.

한편 전부명령이 제3채무자에게 송달될 당시에 압류 등의 경합으로 인하여 이미 무효가 된 전부명령은 그 후 다른 압류나 가압류의 효력이 소멸되었다 하더라도 그 전부명령은 역시 무효이므로, 먼저 송달된 체납처분압류가 취소 또는 해제되더라도 체납처분압류로 인해 지급이 금지되어 있는 예금액을 전부명령을 받은 채권자에게 지급할 수는 없다.

체납처분압류와 민사집행법상의 강제집행이 경합하는 경우의 제3채무자의 실무처리 방안을 요약하면 별표와 같다.

## 체납처분압류와 민사집행법상 압류와의 경합시 실무처리 방안

| 선 행 | 후 행 | 효 력 | 실 무 처 리 방 안 |
|---|---|---|---|
| 민사집행법상 가압류, 압류 | 체납처분압류 | 모두 유효함. | 체납처분압류채권자에게 지급하여야 한다. 집행공탁을 하더라도 공탁으로서의 효력을 인정하지 아니한다.[8) |
| 체납처분압류 | 민사집행법상 가압류, 압류 | 모두 유효함. | 상기와 동일함. |
| 민사집행법상 압류 및 추심명령 | 체납처분압류 | 모두 유효함. | 체납처분압류채권자에게 지급하는 것이 적절하다. 다만, 추심명령이 국세에 우선하는 채권에 기인한 경우에는 추심채권자에게 지급하도록 한다. |
| 체납처분압류 | 민사집행법상 압류 및 추심명령 | 모두 유효함. | 상기와 동일함. |
| 민사집행법상 압류 및 전부명령 | 체납처분압류 | 뒤에 송달된 체납처분압류는 무효이다. 다만, 전부채권 충당 후 잔액에 대해서는 체납처분압류도 유효함. | 전부채권자에게 지급한다. 다만, 남은 잔액은 체납처분압류채권자에게 지급하도록 한다. |
| 체납처분압류 | 민사집행법상 압류 및 전부명령 | 뒤에 송달된 전부명령은 무효임. 다만, 체납처분압류채권 충당 후 잔액에 대해서는 전부명령도 유효함. | 체납처분압류채권자에게 지급(전부명령이 국세에 우선하는 채권에 기인한 경우에는 전부채권자에게 지급)한다. 다만, 남는 잔액은 전부채권자에게 지급하도록 한다. |

(주 1) 하나의 예금 채권에 대하여 체납처분압류와 다른 체납처분압류가 경합하는 경우 그 우열은 체납처분압류통지서가 제3채무자에게 도달된 순위에 의한다.[9)]

8) 체납처분절차와 민사집행절차는 서로 별개의 절차이며, 현재 이들 상호간의 관계를 조정하는 법률의 규정이 없다는 이유로 체납처분압류와 민사집행법상의 압류가 경합하더라도 제3채무자는 집행공탁(형식은 집행공탁에 해당하나 실제는 변제공탁으로 보아야 할 것이다)을 할 수 없다는 것이 대법원 판례(2008. 11. 13. 선고 2007다33842 판결)의 태도이다.

9) 이를 '압류선착주의'라 한다.

## 13. 체납처분압류 이후 입금분에 대한 압류의 효력

(상 황)

a. D은행 Y지점은 관할 세무서장으로부터 아래와 같이 체납처분압류통지서를 송달받았다.
   (1) 체납자(예금주) : 甲
   (2) 체납총액 : 5백만원
   (3) 압류할 채권의 표시
   신자유저축예금 123-13-678910, 가산금을 포함한 체납액 및 체납처분비 범위 내
b. 체납처분압류통지서 접수 당시의 예금계좌 잔액은 3백만원이었으나 그 이후에 1백만원이 추가로 입금되어 현재 잔액은 4백만원이다.
c. 이 경우 체납처분압류통지서가 송달되고 난 이후에 입금된 1백만원에 대하여도 체납처분압류의 효력이 미치겠는가?

체납처분압류통지서에 체납액 범위 내에서 압류 이후에 입금되는 예금액에 대해서도 압류하라는 취지의 문언이 없다면, 제3채무자(Y지점)가 체납처분압류통지서를 송달받고 난 이후에 입금된 예금액에 대해서는 압류의 효력이 미치지 않는 것으로 판단된다.

Y지점이 송달받은 체납처분압류통지서에는 압류 이후에 입금되는 예금액에 대해서도 압류하라는 취지의 문언이 없으므로 압류등록을 하여야 할 금액은 체납세액에도 불구하고 체납처분압류통지서 접수 시점에 존재하는 예금액(단, 예금 잔액이 체납총액을 초과하는 경우에는 체납총액)이 될 것이므로 체납처분압류통지서 접수 이후 추가로 입금된 금액(1백만원)에 대해서는 예금주에게 지급되어야 할 것이다.

국세징수법 제44조(계속수입의 압류)에는, 급료, 임금, 봉급, 세비, 퇴직연금, 기타 이에 유사한 채권의 압류는 국세·가산금과 체납처분비를 한도로 하여 압류 후에 수입할 금액에 미친다고 규정하고 있어, 체납자가 받을 급여, 임금, 봉급, 퇴직연금 등에 대하여 체납처분압류가 있으면 국세·가산금과 체납처분비 한도 내에서 장래 체납자가 받게 될 급여나 임금, 봉급, 퇴직연금 등에 대하여도 당연히 체납처분압류의 효력이 미치는 것으로 본다.

그렇다면 당좌예금이나 보통예금 등과 같이 입금과 출금이 자유로운 예금계좌에 체납

처분압류통지서가 송달된 때에도 국세징수법 제44조(계속수입의 압류)에 의거, 체납처분압류 금액 한도 내에서 그 통지서가 송달된 이후에 입금된 예금액에 대해서도 압류의 효력이 미치겠는가.

이에 관한 대법원의 판례는 없지만 한국금융연수원[10]에서는 예금 채권은 국세징수법 제44조에서 규정하고 있는 '기타 이에 유사한 채권'에 해당되지 아니하여 체납처분압류 이후에 입금된 예금액에 대해서는 원칙적으로 압류의 효력이 미치지 않는다는 견해를 취하고 있다.

반면에 민사집행법에 기한 압류의 경우에는 채권압류 결정문의 내용에 따라 결정된다. 즉 채권압류 결정문에, 피압류채권(예금)이 채권자의 청구금액에 미달하는 때에는 청구금액에 달할 때까지 압류 이후에 입금되는 예금액에 대해서도 압류하라는 취지의 문언이 기재되어 있으면, 압류 후에 입금되는 금액에 대하여도 압류의 효력이 미치는 것으로 보며, 이러한 취지의 문언이 없으면 효력이 미치지 않는 것으로 본다.

생각건대, 체납처분압류의 경우에도 체납처분압류통지서에 체납처분압류 송달 이후에 입금되는 예금액에 대해서도 압류 하라는 취지의 문언이 없으면 압류통지서 접수 이후에 입금된 금액에 대해서는 압류의 효력이 미치지 않는 것으로 처리하고, 반면에 이러한 문언이 기재되어 있으면 압류의 효력이 미치는 것으로 실무를 처리하는 것이 바람직할 것으로 본다. 제3채무자는 집행법원이나 체납처분압류 관할청의 처분대로 처리하면 족하기 때문이다.

현재 세무관서에서 송달되고 있는 체납처분압류통지서에는 저자가 생각하는 데로 '국세 · 가산금과 체납처분비를 한도로 하여 압류 이후 입금되는 금액에 대하여도 압류하라'는 취지의 문언이 기재되어 있는 것을 종종 볼 수 있다. 금융기관이 세무서장으로부터 체납저분압류통지서를 송달받은 때에는 다음과 같이 처리하는 것이 적절할 것으로 판단된다.

1. 송달된 체납처분압류통지서에 국세 · 가산금과 체납처분비를 한도로 하여 압류 이후 입금되는 금액에 대하여도 압류하라는 취지의 문언이 없는 경우로서, 체납처분압류 송달 시점에 채무자의 예금이 존재하지 않는 때에는 그 압류를 무효로 처리(이 경우 압류할 예금 잔액이 없다는 사실을 해당 세무관서에 통지하고 종결처리 한다)하고, 예금 잔액은 있으나 체납처분액에 미달하는 경우에는 그 예금 잔액을 한도로 하여 압류등록을 하도록 한다. 그리

10) 임승서, 한국금융연수원 수신법률기초 제2권.

고 압류한 예금액을 해당 세무관서에 지급하는 때에는 그 지급액이 체납처분액에 미치는지 여부에 불문하고 예금주의 예금계좌에 대한 압류등록을 해제하도록 한다.

2. 체납처분압류통지서에 '예금 잔액이 체납처분액에 부족한 한 경우 압류 이후에 입금되는 예금액에 대하여도 압류하라'는 취지의 문언이 있으면, 체납처분압류 송달 시점의 채무자의 예금 잔액에 불구하고 체납처분액에 해당하는 금액을 압류등록 하도록 한다. 그리고 압류된 예금액의 일부를 해당 세무관서에 지급한 경우에는 체납처분액에서 지급금액을 빼고 남은 금액을 새로 압류등록(체납처분액 − 지급금액 = 압류등록 금액)을 하고 계속 관리하도록 한다.

# 제5절 예금주의 사망 · 상속예금

## 1. 상속인으로부터 정보제공 요청이 있는 경우 그 처리

(상 황)

a. D은행 Y지점은 甲의 상속인이라고 주장하는 乙로부터 甲명의 예금의 존재여부 및 그 거래 내역 요청을 받았다.
b. 사망진단서 등을 확인한 결과, 甲이 사망한 것이 틀림없고 그의 가족관계증명서에 의하면 乙은 상속인 중 1인이다. Y지점은 乙의 요구에 응할 수 있겠는가?

예금주 甲이 사망하였고, 乙이 그의 법정상속인이 틀림없다면 Y지점은 乙의 요구에 응하여야 한다.

상속인에 해당하는지의 여부는 甲의 가족관계증명서[1] 등을 제출받아 확인할 수 있다. 만일 乙이 甲의 가족관계증명서에 기재되어 있지 않음에도 상속인임을 주장하는 경우에는 일단 요구에 응하여서는 아니 되며, 인지청구 소송 등을 제기, 그 승소판결서등본 및 동 판결의 확정증명서 등에 의하여 상속인으로 판명된 후에 응하여야 할 것이다. 아울러 가족관계증명서상 상속인에 해당된다 하더라도 상속인 여부에 관하여 다툼이 있고, 이에 관한 소(입양무효, 친생자관계부존재 확인, 친생부인, 인지무효의 소 등)가 계속 중인 경우에는 그 소송에서 상속인으로 확정되지 않는 한 乙의 요구에 응하여서는 아니 된다. 한편 정보제공 범위는 피상속인 명의의 예금, 대출, 보증, 신용카드 및 가계당좌거래 유무 등이다.

1) 종전에는 호적등본과 제적등본 등으로 상속인을 확인하였으나 2008. 1. 1일부터 호적제도가 폐지되고 가족관계등록 등에 관한 법률이 새로 제정됨에 따라 가족관계등록부가 호적등본을 대신하고 있다. 가족관계등록부는 기본증명서, 가족관계증명서, 혼인관계증명서, 입양관계증명서, 친양자 입양관계증명서 등 5종류로 구성되어 있다.
가족관계증명서에는 본인의 부모(양부모), 배우자, 자녀에 관한 사항이 기재(형제자매는 기재되지 않음)되고, 발급신청권자는 본인, 배우자, 부모, 직계존비속, 형제자매 및 이들의 대리인에 한한다.

■ 참고사항

**1. 상속인에 대한 금융거래조회 제도** 상속인 또는 후견인이 피상속인(사망자 외에 심신상실자, 실종자 포함)의 예금, 대출 등 금융거래사실을 조회·확인하기 위하여 상속인 등이 각종 구비서류를 지참, 모든 금융회사를 일일이 방문하여 직접 조회신청 하는데 따른 시간적·경제적 어려움을 덜어 주기 위하여 금융감독원(금융소비자보호센터)에서는 조회를 원하는 모든 상속인 등에 대하여 금융거래조회 서비스를 제공하고 있다. 따라서 상속인으로부터 피상속인에 관한 금융거래조회 요청이 있을 경우에는 본 제도를 적절히 안내한다면 향후 고객과의 새로운 거래관계를 형성하는데 도움이 될 것으로 판단된다.

가. 조회대상
피상속인 명의의 예금, 대출, 보증, 증권계좌, 보험계약, 신용카드 및 가계당좌거래 유무이다.

나. 조회절차
상속인이 금융감독원 본·지원 및 출장소, 국민은행 각 지점, 삼성생명 고객 프라자, 농업협동조합중앙회와 그 회원 조합(본소) 영업점에 조회신청서를 제출하면, 이를 접수하여 각 금융협회를 경유하여 개별 금융회사에 이송, 각 금융회사가 피상속인의 금융거래 유무를 조회하여 거래계좌가 있는 경우에는 신청인에게 즉시 통보하고, 거래계좌가 없는 경우에는 협회에서 일괄 취합하여 통보한다.

다. 조회대상 금융회사
은행, 우체국, 새마을금고, 증권, 생명보험, 손해보험, 종합금융회사, 상호저축은행, 여신전문금융회사(카드, 리스, 할부금융, 캐피탈, 신기술금융), 신용협동조합, 산림조합중앙회, 증권예탁결제원

라. 처리기간
고객이 조회 신청한 접수일로부터 15일 이내에 그 결과를 회신하는 것을 원칙으로 하고 있다.

마. 조회 신청시 필요서류
사망사실 및 상속관계를 확인할 수 있는 피상속인의 가족관계증명서와 기본증명서(또는 제적등본) 및 신청인의 신분증. 단, 가족관계등록부에 사망사실 등이 기재되지 아니한 경우에는 피상속인의 가족관계증명서와 사망진단서 원본. 실종 또는 심신상실의 경우에는 기본증명서 또는 법원판결문(실종선고, 금치산선고) 원본을 제출하여야 한다.

바. 가족관계증명서 등 서류 제출시 유의사항
가족관계증명서 등 제 서류에는 피상속인 및 상속인 등 관련인의 주민등록번호가 정확히 기재된 것이어야 하며, 대리인이 신청하는 경우에는 상속인 등의 인감도장이 날인되어 있는 위임장 및 위임자(상속인 등)의 인감증명서를 첨부하고, 대리인은 신분증 지참하여야 한다.

## 2. 예금주의 사망과 법정상속인 및 그 상속분

(상 황)

a. D은행 Y지점의 거래처 A가 사망하였고, 그의 유가족으로는 부(B)와 모(C), 그리고 처(D)와 자녀 E(장남), F(미혼녀), G(상속 개시 전에 이미 사망하였으며 유가족으로는 남편 H, 미성년자인 아들 I가 있음)가 있다.

b. A의 예금은 45백만원이다.

c. A의 법정상속인과 각 상속인의 법정상속분은 얼마인가?

A의 법정상속인은 D, E, F, H, I (H, I는 G의 대습상속인으로서 G의 상속분을 이들이 상속받게 된다. 다만, 이들 중 상속결격 사유가 있는 자는 상속을 받을 수 없다). 그리고 이들 각 상속인의 법정상속분은 다음과 같다.

$$D = 45\text{백만} \times \frac{1.5(D)}{D(1.5)+E(1)+F(1)+G(1)} = 15\text{백만원}$$

$$E = 45\text{백만} \times \frac{1(E)}{4.5} = 10\text{백만원}$$

$$F = 45\text{백만} \times \frac{1(F)}{4.5} = 10\text{백만원}$$

$$G = 45\text{백만} \times \frac{1(G)}{4.5} = 10\text{백만원}$$

다만, G는 이미 사망하였으므로 대습상속[1] 규정에 의거, 남편 H와 아들 I가 그 지분에 따라 각각 6백만원(지분 1.5)과 4백만원(지분 1.0)을 상속받게 된다.

예금주의 사망과 관련하여 그 상속인으로부터 예금반환 청구가 있는 때에는 특히 다음 사항에 유의하여야 할 것이다.

1. 예금주의 사망을 이유로 그 상속인으로부터 지급청구가 있는 때에는 예금주의 사

1) 대습상속이라 함은 상속인이 될 직계비속 또는 형제자매가 상속개시 전에 사망 또는 상속결격자자가 된 경우로서 그에게 배우자나 직계비속이 있으면 이들이 그의 순위에 갈음하여 상속인이 되는 제도(민법 제1001조, 대습상속)를 말한다.

망을 확인할 수 있는 서류(사망진단서, 가족관계증명서 또는 기본증명서)와 법정상속인을 확인할 수 있는 서류(예금주에 관한 가족관계증명서, 상속인에 해당하는 자가 피상속인보다 먼저 사망한 자가 있는 때에는 그 자에 관한 가족관계증명서)를 받아, 법정상속인이 누구인지를 정확히 파악하여야 한다.

2. 가족관계증명서 등 서류상에 존재하지 않는 자(예 : 혼인 외의 출생자 등)가 나타나 상속인이라고 주장하거나, 상속인간의 분쟁으로 진정한 상속인을 확인하기가 어려운 경우에는 상속예금 지급 청구에 불응하고 채권자 불확지(변제자가 과실 없이 채권자를 알 수 없는 경우)[2]를 이유로 변제공탁을 하는 것이 이중지급의 위험부담이나 불필요한 분쟁을 예방하는 바람직한 업무처리라고 판단된다.

3. 일부 금융기관 수신업무 내규에 의하면, 상속예금 지급업무의 간소화를 위해 상속예금의 합계액이 일정금액 이하인 경우로서 영업점장이 사고의 우려가 없다고 인정하는 경우에는 상속인 중 일부만의 지급요청에 의해서도 지급이 가능하도록 예외규정을 두고 있으므로, 이를 적절히 활용하는 것도 고객의 편의를 위한 바람직한 업무처리라 생각된다.

4. 가족관계의 등록 등에 관한 법률에서 규정하는 등록부 등의 기록사항에 관하여 발급할 수 있는 증명서의 종류 및 기록사항은 다음과 같으며(가족관계 등록 등에 관한 법률 제15조, 증명서의 종류 및 기록사항), 본인 또는 배우자, 직계혈족, 형제자매는 제15조에 규정된 등록부등의 기록사항에 관하여 발급할 수 있는 증명서의 교부를 청구할 수 있고, 본인 등의 대리인이 청구하는 경우에는 본인 등의 위임을 받아야 한다(가족관계 등에 관한 법률 제14조, 증명서의 교부 등).

가. 가족관계증명서

가족관계증명서에는 본인의 등록기준지 · 성명 · 성별 · 본 · 출생연월일 및 주민등록번호, 부모의 성명 · 성별 · 본 · 출생연월일 및 주민등록번호(입양의 경우 양부모를 부모로 기록한다. 다만, 단독입양한 양부가 친생모와 혼인관계에 있는 때에는 양부와 친생모를, 단독 입양한 양모가 친생부와 혼인관계에 있는 때에는 양모와 친생부를 각각 부모로 기록한다), 배우자, 자녀의 성명 · 성별 · 본 · 출생연월일 및 주민등록번호가 기록되어 있다.

나. 기본증명서

기본증명서에는 본인의 등록기준지 · 성명 · 성별 · 본 · 출생연월일 및 주민등록번호,

2) 민법 487조(변제공탁의 요건, 효과).

본인의 출생, 사망, 국적상실 · 취득 및 회복 등에 관한 사항이 기록되어 있다.

다. 혼인관계증명서

혼인관계증명서에는 본인의 등록기준지 · 성명 · 성별 · 본 · 출생연월일 및 주민등록번호, 배우자의 성명 · 성별 · 본 · 출생연월일 및 주민등록번호, 혼인 및 이혼에 관한 사항이 기록되어 있다.

라. 입양관계증명서

입양관계증명서에는 본인의 등록기준지 · 성명 · 성별 · 본 · 출생연월일 및 주민등록번호, 친생부모 · 양부모 또는 양자의 성명 · 성별 · 본 · 출생연월일 및 주민등록번호, 입양 및 파양에 관한 사항이 기록되어 있다.

마. 친양자입양관계증명서

친양자입양관계증명서에는 본인의 등록기준지 · 성명 · 성별 · 본 · 출생연월일 및 주민등록번호, 친생부모 · 양부모 또는 친양자의 성명 · 성별 · 본 · 출생연월일 및 주민등록번호, 입양 및 파양에 관한 사항이 기록되어 있다.

■ 참고사항

**1. 상속의 의의** 상속이라 함은 피상속인의 사망 또는 생존 중에 발생하는 원인으로 인하여 피상속인의 신분이나 재산상의 권리와 의무를 포괄적으로 승계되는 것을 말하며, 특히 피상속인에 속한 모든 재산상의 지위를 포괄적으로 승계하는 것을 재산상속이라 한다.

**2. 상속의 형태** 상속의 형태는 크게 신분상속과 재산상속, 법정상속과 유언상속, 단독상속과 공동상속, 혈족상속과 배우자상속 등으로 나눌 수 있다.

**3. 상속의 법적 성격** 상속의 성격은 상속개시 전에는 기대권, 상속이 개시되었으나 상속승인 전인 경우에는 형성권, 상속이 개시되었고 이미 상속승인을 한 때에는 기득권적 성격을 가지는 것으로 보고 있다.

**4. 현행 상속법의 특징** 우리나라 현행 상속법의 특징으로는 신분상속을 제외한 재산상속만 인정(상속의 일원화)하고 있다는 점, 법정상속보다 유언상속을 우선(유증 우선원칙)한다는 점, 상속인 간 상속분이 균등하다는 점(균분공동상속원칙, 단 배우자에 한하여 일부 우대), 상속인은 자기 판단에 의거 자유롭게 상속을 포기(임의상속원칙)할 수 있다는 점, 법정상속인을 보호하기 위하여 일정 범위 내에서 유증을 제한(유류분 제도 채택)하고 있다는 점 등을 들 수 있다.[3]

3) 김형배, 민법학 강의.

**5. 유언상속** 민법은 유언에 의한 포괄유증 제도를 인정하여 상속과 동일한 효력을 지게 함으로써(민법 제1078조, 포괄적 수증자의 권리의무) 피상속인의 유언으로 재산상속자와 상속분을 임의로 정할 수 있게 하였다. 다만, 유언에는 엄격한 법정의 방식을 요구(민법 제1065조, 유언의 보통방식)하고 있기 때문에, 그 방식에 의하지 않는 한 유언은 효력이 없으므로 이 경우에는 법정상속에 의하게 된다.

**6. 법정상속 순위** 민법에서 규정하고 있는 상속의 순위는 먼저 피상속인의 유언에 의한 지정상속에 의하고, 유언이 없을 때에는 공동상속인 간의 협의분할에 따른다. 피상속인의 유언이나 공동상속인 간의 협의분할도 없는 경우에는 민법의 규정에 의한 법정상속(민법 제1000조)에 의하며, 법정상속 순위는 다음과 같다.

가. 제1순위 : 피상속인의 배우자(여기서 배우자라 함은 혼인 신고한 법률상의 배우자에 말한다. 따라서 혼인신고를 하지 아니한 사실혼 관계에 있는 자는 해당하지 아니한다) 및 피상속인의 직계비속.

나. 제2순위 : 피상속인의 배우자 및 피상속인의 직계존속

다. 제3순위 : 피상속인의 형제자매

라. 제4순위 : 피상속인의 4촌 이내의 방계혈족

**7. 법정상속 순위와 관련한 유의사항**

가. 자연혈족, 법정혈족,[4] 혼인 외 출생자를 불문한다. 태아의 경우에는 상속순위에 관하여는 이미 출생한 것으로 본다. 다만, 태아로 있는 동안에는 권리능력을 인정받지 못하고 살아서 출생할 것을 조건으로 권리능력의 취득효과가 인정되어 문제의 사실이 발생한 시기까지 소급하여 생긴다는 것(정지조건설)이 판례의 태도이다. 금융기관 실무상 상속예금을 지급하고자 할 때에는 태아를 전혀 고려할 필요가 없다. 태아는 일단 상속인에서 제외 되었다가 살아서 태어나면 다른 상속인들이 소급하여 상속인으로 인정하고 자신이 받은 상속분에서 반환하는 형식을 취하고 있기 때문이다.

나. 법정혈족으로는 양자와 친양자가 있으며, 양자는 양친 측과 친생 측 모두로부터 상속을 받게 된다. 그러나 친양자의 경우에는 친생부의 사망시 법정상속인이 될 수 없다. 그리고 양자가 사망하여 그의 직계존속이 상속인이 되는 경우에는 친생부모와 양부모는 동순위 공동상속인이 된다.

다. 다른 상속인이 혼인 외 출생자를 상속인으로 인정하지 않을 때에는 혼인 외 출생자는 친생부 또는 모의 사망일로부터 1년 이내에 '인지청구의 소'를 제기하여, 그 확정판결을 받은 날로부터 3년 이내에 상속회복청구권을 행사하여야 한다. 한편 금융기관으로서는 혼인 외 출생자로

4) 현행법상 법정혈족으로는 양자와 친양자가 있다.

부터 사전에 피상속인의 예금에 대한 지급정지 의뢰를 받지 아니한 이상 서류상의 법정상속인에게 지급하더라도 법률상 아무런 책임을 지지 아니한다.

라. 동순위의 상속인이 수인인 때에는 최근친을 선순위로 하고, 동친 등의 상속인이 수인인 때에는 공동상속인이 된다(민법 제1000조 제2항). 예컨대, 피상속인의 子와 손이 있을 때에는 子만이 상속인이 되고 子가 수인인 때에는 공동상속인이 된다.

마. 피상속인의 배우자는 제1순위인 직계비속과 공동상속인이 되지만, 직계비속이 없으면 제2순위인 직계존속과 공동상속인이 된다. 그러나 직계존속도 없으면 단독상속인이 된다(민법 제1003조, 배우자의 상속순위).

바. 형제자매간은 공동상속인이 된다. 여기서의 형제자매에는 이복 형제자매 및 이성동복 형제자매도 포함된다.[5)]

사. 피상속인의 직계비속 또는 형제자매가 상속개시 전에 사망 또는 상속결격자가 된 경우로서 그에게 배우자나 자녀가 있으면 이들이 그에 갈음하여 상속인(이를 대습상속인이라 한다)이 된다.

아. 피상속인의 4촌 이내의 방계혈족이라 함은 3촌 관계인 백숙부, 고모, 외숙모, 이모, 이질 및 4촌 관계인 종형제자매, 고종 형제자매, 외종 형제자매, 이종 형제자매이다. 방계혈족 간에는 근친자가 원친자보다 선순위가 된다.

자. 2인 이상이 동일한 사고로 동시 사망한 것으로 추정된 경우, 사망자 상호간에는 상속이 개시되지 않는다. 다만, 대습상속은 인정된다는 것이 대법원 판례의 태도이다.

차. 다음의 경우에 해당되는 자는 법정상속권이 없다.

(1) 적모(嫡母) · 서자(庶子) 관계에 있는 자

적모가 사망하더라도 그 서자는 상속권이 없다. 마찬가지로 서자가 사망하더라도 그 적모는 상속권자가 될 수 없다.[6)]

(2) 계모자(繼母子) 관계에 있는 자

5) 피상속인의 형제자매라 함은 민법 개정시 친족의 범위에서 부계와 모계의 차별을 없애고 상속의 순위나 상속분에 관하여도 남녀 간 또는 부계와 모계 간의 차별을 없앤 점 등에 미루어 볼 때, 부계 및 모계의 형제자매를 모두 포함하는 것으로 해석하는 것이 상당하므로 이성동복(異性同腹)의 형제자매도 상속인의 범위에 포함된다(대법원 1997. 11. 28. 선고 96다5421 판결).

6) 1991년 이전의 구민법에서는 부의 혼인 외 자와 배우자 간의 적모서자 관계, 그리고 부의 친자와 계모와의 계모자 관계를 법정혈족으로 인정하여 친생자와 동일하게 상속권을 인정하였으나, 민법의 개정으로 1991. 1. 1.부터는 종전의 적모서자 관계 및 계모자 관계를 혈족관계로 인정하지 아니하고, 다만, 직계존속의 배우자로서 인척관계만 인정하고 있다. 따라서 적모서자 관계, 계모자 관계에서는 상속권이 발생되지 아니한다.

계모가 사망하더라도 그 계자에게는 상속권이 없다. 계자가 사망하더라도 계모 역시 상속권자가 될 수 없다. 계부자 관계도 역시 마찬가지이다.

(3) 가봉자녀(加捧子女 : 의붓아들과 딸)[7]

(4) 민법 제1004조(상속결격사유)에서 규정하는 상속결격 사유가 있는 자

### 8. 대습상속

가. 피상속인의 직계비속 또는 형제자매가 상속개시 전에 사망 또는 상속결격자가 된 경우로서 그에게 배우자나 자녀가 있으면 이들이 그에 갈음하여 상속인(이를 대습상속인이라 한다)이 되는 것을 대습상속이라 한다(민법 제1001조・제1003조 제2항). 그러나 상속인이 상속을 포기한 경우에는 대습상속이 되지 않는다.

나. 부모와 자식이 수난, 화재, 교통사고 등으로 말미암아 사망한 경우와 같이, 2인 이상이 동일한 사고로 사망한 경우, 민법은 동시사망 추정주의를 채택하고 있다. 동시사망의 추정을 받는 경우에는 사망자 상호간에는 상속이 개시되지 않지만 대습상속은 인정된다는 것이 대법원 판례의 태도이다.

다. 대습상속의 요건

(1) 피대습자의 요건

피대습자는 피상속인의 직계비속 또는 형제자매로서, 상속개시 전에 피대습자가 사망 또는 상속결격(상속개시 후에 상속결격자가 된 경우를 포함한다)으로 인하여 상속권을 상실하였어야 한다.

(2) 대습자의 요건

대습자는 피대습자의 직계비속이나 배우자이어야 하며, 피상속인 및 피대습자에 대하여 상속결격 사유가 없어야만 한다.

### 9. 상속결격 사유 및 그 효과

가. 상속결격사유(민법 제1004조)

권리능력만 있으면 상속인이 행위 무능력자(미성년자, 한정치산자, 금치산자)라 하더라도 상속인으로서의 자격이 있다. 따라서 자연인은 누구나 다 상속인이 될 수 있다. 다만, 다음 각 호에 해당한 자는 상속인이 되지 못한다.

① 고의로 직계존속, 피상속인, 그 배우자 또는 상속의 선순위나 동순위에 있는 자를 살해하거나 살해하려 한 자. 낙태도 상속결격 사유의 살해에 해당한다는 것이 대법원 판례[8]

7) 가봉자녀라 함은 재혼한 여자가 데리고 들어온 전 남편의 아들과 딸을, 현재의 남편 입장에서 표현한 용어이다. 의붓아들과 의붓 딸이라고도 한다. 의붓아버지가 사망하더라도 가봉자나 가봉녀는 상속권자가 될 수 없다.

8) 태아가 호주상속의 선순위 또는 재산상속의 선순위나 동순위에 있는 경우에 그를 낙태하면 구민법

의 태도이다.

② 고의로 직계존속, 피상속인과 그 배우자에게 상해를 가하여 사망에 이르게 한 자.

③ 사기, 강박으로 피상속인의 양자 기타 상속에 관한 유언 또는 유언의 철회를 방해한 자.

④ 사기, 강박으로 피상속인의 양자 기타 상속에 관한 유언을 하게 한 자.

⑤ 피상속인의 양자 기타 상속에 관한 유언서를 위· 변조, 파기 또는 은닉한 자.

나. 상속결격의 효과

상속결격 사유 발생 후 상속이 개시된 경우에는 상속인에서 제외되며, 상속개시 후에 상속결격 사유가 발생하면 상속개시 시로 소급하여 무효가 된다. 그러나 상속결격의 효과는 결격자의 일신에만 해당되므로 대습자인 결격자의 직계비속이나 배우자가 피상속인 및 피대습자에 대하여 상속결격 사유가 없는 한 대습상속을 하는 데는 아무런 지장이 없다. 따라서 상속결격자에게 배우자나 직계비속이 있으면 대습상속 제도에 의거 이들이 공동상속을 받게 되고 이들 중 일방이 손재하지 아니하면 다른 일방이 상속을 받게 된다.

**10. 법정상속분** 동순위의 상속인이 수인인 때에는 균분(민법 제1009조 제1항)하며, 다만 피상속인의 배우자는 직계비속 또는 직계존속 상속분의 5할을 가산(민법 제1009조 제2항)한다. 만일 공동상속인 중에 피상속인으로부터 재산의 증여 또는 유증을 받은 자가 있는 경우에 그 수증재산이 자기의 상속분에 달하지 못한 때에는 그 부족한 부분의 한도에서 상속분이 있다(민법 제1008조).

**11. 특별수익자의 상속분** 공동상속인 중에 피상속인으로부터 재산의 증여 또는 유증을 받은 자가 있는 경우에는 그 수증재산이 자기의 상속분에 달하지 못하는 때에는 그 부족한 부분의 한도에서 상속분이 있다(민법 제1008조).

**12. 기여분 제도**

가. 공동상속인 중에서 상속재산의 유지, 증가 또는 피상속인을 특별히 부양한 자(이러한 자를

(1990. 1. 13. 법률 제4199호로 개정되기 전의 것) 제992조 제1호 및 제1004조 제1호 소정의 상속결격사유에 해당한다.

상속결격 사유로서 '살해의 고의'이외에 '상속에 유리하다는 인식'을 필요로 하는지 여부에 관하여는, 우선 같은 법 제992조 제1호 및 제1004조 제1호는 그 규정에 정한 자를 고의로 살해하면 상속결격자에 해당한다고만 규정하고 있을 뿐, 더 나아가 상속에 유리하다는 인식이 있어야 한다고까지는 규정하고 있지 아니하고, 위법은 피상속인 또는 호주상속의 선순위자와 피상속인 또는 재산상속의 선순위나 동순위에 있는 자 이외에 직계존속도 피해자에 포함하고 있고, 위 직계존속은 가해자보다도 상속순위가 후순위일 경우가 있는 바, 같은 법이 굳이 동인을 살해한 경우에도 그 가해자를 상속결격자에 해당한다고 규정한 이유는, 상속결격 요건으로서 살해의 고의 이외에 상속에 유리하다는 인식을 요구하지 아니한다는 데에 있다고 해석할 수밖에 없으며, 같은 법 제992조 제2호 및 이를 준용하는 제1004조 제2호는 '고의로 직계존속, 피상속인과 그 배우자에게 상해를 가하여 사망에 이르게 한 자도 상속결격자로 규정하고 있는데, 이 경우에는 상해의 고의만 있으면 되고, 이 고의에 상속에 유리하다는 인식이 필요 없음은 당연하므로, 이 규정들의 취지에 비추어 보아도 그 각 제1호의 요건으로서 살해의 고의 이외에 상속에 유리하다는 인식은 필요로 하지 아니한다고 할 것이다(대법원 1992. 5. 22. 선고 92다2127 판결).

기여자라 한다)에 대해서는 기여분을 인정하고 있다(민법 제1008조의2).

나. 기여분은 공동상속인간의 협의에 의하여 결정할 수 있으나 협의가 되지 않을 경우에는 기여자의 신청으로 가정법원이 결정한다.

다. 기여분의 최고한도는 상속재산가격(적극재산－소극재산)에서 유증가격을 차감한 범위 내이다. 이는 기여분보다는 유증을 우선시키기 위한 것이다.

라. 기여분 제도는 공동상속인 사이의 실질적인 공평을 실현하기 위한 제도이므로 기여분에 대해서는 유류분을 인정하지 아니한다.

마. 기여분이 공동상속인의 협의 또는 가정법원의 심판에 의하여 이미 결정된 경우에는 양도 또는 상속이 인정된다. 다만, 기여분이 결정되기 전인 경우에는 상속은 인정되나 타인에게 양도는 할 수 없다는 것이 다수설이다.

### 13. 유류분(遺留分)제도

가. 유류분이란 법적으로 보장되는 최소한의 상속분으로, 유언의 자유 또는 재산처분의 자유로부터 상속인을 보호하려는 제도이다.

나. 유류분반환청구권의 청구기한

상속개시 및 유류분의 대상이 되는 증여 또는 유증의 사실을 안 날로부터 1년, 상속개시일로부터 10년 이내에 유류분반환청구권을 행사하여야 한다.

다. 유류분(민법 제1112조)

(1) 직계비속, 배우자 : 법정상속분의 1/2

(2) 직계존속, 형제자매 : 법정상속분의 1/3

라. 유류분 산정 기초재산가격

{적극재산－소극재산(채무)－기여분＋상속개시 전 1년 이내에 한 증여}＝유류분 산정 기초재산가격

마. 기 타

증여는 상속개시 전의 1년간에 행한 것에 한하여 민법 제1113조(유류분의 산정)의 규정에 의하여 그 가액을 산정한다.[9] 당사자 쌍방이 유류분 권리자에 손해를 가할 것을 알고 증여를 한 때에는 1년 전에 한 것도 같다(민법 제1114조, 산입될 증여). 대습상속인도 피대습자의 상속분의 범위 안에서 유류분을 가진다.[10]

9) 공동상속인 중에 피상속인으로부터 재산의 증여에 의하여 특별수익을 한 자가 있는 경우에는 민법 제1114조의 규정은 그 적용이 배제되고 따라서 그 증여는 상속개시 전의 1년간에 행한 것인지 여부에 관계없이 유류분 산정을 위한 기초재산에 산입된다(대법원 1995. 6. 30. 선고 93다11715 판결).

10) 민법 제1118조(준용규정).

## 3. 상속예금의 지급시 유의사항

(상 황)

**예금주의 사망으로 인한 상속예금 처리와 관련하여 실무상 특히 유의하여야 할 사항은?**

예금주의 사망과 관련 상속예금을 처리할 때에는 특히 다음 사항에 각별히 유의하여야 할 것이다.

1. 금융기관이 예금주의 사망사실을 모르는 상태에서 예금통장(증서)을 소지하고, 예금지급청구서에 찍힌 인감(또는 서명)과 신고된 인감(또는 서명감)을 육안으로 주의 깊게 비교, 대조하여 틀림없다고 판단되고, 예금지급청구서에 기재된 또는 pin-pad기에 입력된 비밀번호가 신고된 비밀번호와 일치한 상태에서 금융기관 직원의 고의나 과실이 없이 지급되었다면 설령 무권리자에게 예금이 지급되었다 하더라도 예금거래기본약관 제16조 면책조항(이를 면책약관이라 한다)이나 민법 제470조(채권 준점유자에 대한 변제)[1] 규정에 의거 그 지급은 유효하다.

주의할 것은 예금주가 저명인사로서 이미 뉴스나 신문 등으로 사망이 공지의 사실이 된 경우에는 금융기관 직원이 사망 사실을 실제 몰랐다 하더라도 이는 과실에 의한 지급으로 유효한 지급이 될 수 없다.

2. 금융기관이 예금주의 사망 사실을 알았거나 알 수 있은 경우에는 예금거래기본약관 제16조 면책 조항과 민법 제470조(채권 준점유자에 대한 변제)의 규정이 적용되지 아니한다. 따라서 이 경우에는 예금통장과 지급청구서의 도장(또는 서명)이 신고된 것과 일치하고, 비밀번호를 인지하고 있다 하더라도 지급 청구에 응해서는 아니 되며, 정당한 권리자인 상속인이나 수증자에게 직접 지급하거나 이들 앞으로 명의 변경을 하여야 한다. 이를 위해서는 상속인 등으로부터 사망 사실을 인지한 때에는 즉시 해당 예금주의 계좌에 주의사고 등록(지급정지) 등의 조치가 따라야 할 것이다.

3. 피상속인이 유언[2]을 한 사실이 있는지 여부를 확인[3]하여 유언이 있었다면, 유언

1) 채권의 준점유자에 대한 변제는 변제자가 선의이며 과실이 없는 때에 한하여 효력이 있다(민법 제470조, 채권 준점유자에 대한 변제). 여기서 채권의 준점유자라 함은 사회통념상 진정한 권리자라고 믿을 수 있는 외관을 갖춘 자를 말한다. 따라서 예금의 경우 예금거래기본약관에서 규정하는 면책 요건과 동일하다고 보면 무방할 것으로 본다.

에 관한 증서 및 법원의 유언서 검인조서 등본(공정증서와 구수증서의 경우에는 제외)을 징구하여 유언의 적법성 여부를 확인한 후, 수유자 전원이 연서한 제신고 의뢰서, 손해담보각서 및 수유자 각자의 인감증명서[4]를 제출받아 처리하되, 포괄유증인 경우에는 공동상속인 전원의 동의를 얻은 후 수유자에게 지급하고, 특정유증[5]의 경우에는 유언집행자로부터 수유자에게 하는 채권양도통지서를 받아서 이를 확인한 다음 수유자에게 지급하여야 한다. 하지만 이와 같이 처리하려면 그 절차가 번거롭고 유류분(민법 제1112조)의 문제도 발생할 수도 있다. 따라서 유증의 이행여부는 상속인간에 해결하도록 하고 공동상속인 전원의 지급청구를 받아 지급하거나 아니면 채권자 불확지[6]를 공탁사유로 하여 변제공탁을 하는 것이 바람직할 것으로 본다.

4. 예금주가 사망한 경우 상속인이 누구인지 파악하기 위해서는 피상속인(예금주)의 가족관계증명서[7]를 징구하여야 하며, 피상속인의 직계비속(피상속인의 배우자나 직계비속 및 직계존속도 존재하지 않는 경우에는 형제자매)이 상속개시 전에 사망 또는 상속결격자가 된 경우에는 이들의 가족관계증명서를 징구하여 대습상속자[8]가 있는지도 확인하여야 한다.

5. 상속인 중 일부가 행방불명인 때에는 법원에 부재자의 재산을 관리할 재산관리

---

2) 유언은 엄격한 요식행위로서 민법에서 정한 방식에 의하지 아니하면 그 효력이 없다. 유언의 방식에는 자필증서, 공정증서, 비밀증서, 구수증서, 녹음 등 5종이 있다(민법 제1060조 및 제1065조).

3) 금융기관으로서는 특별한 사정이 없는 한 상속인 전원에게 피상속인이 유언을 한 사실이 있는지 여부를 확인함으로써 그 의무를 면한다.

4) 금융기관 실무상 상속인 본인이 직접 방문한 때에는 인감증명서 징구를 생략하도록 하고 있다.

5) 특정유증이란 상속재산 가운데 특정한 재산(예컨대 상속재산 가운데 X은행 Y지점에 예치중인 정기예금 1억)을 목적으로 하는 유증을 의미하며, 포괄유증의 경우에는 채무까지 승계하나 특정유증의 경우에는 권리만을 취득한다는 차이가 있다. 특정유증의 경우 그 유언집행자는 유언서에 지정되어 있거나 가정법원이 선임하는 경우가 있으며, 유언집행자가 없는 경우에는 법정상속인 전원이 공동으로 유언을 집행할 의무를 부담한다.

6) 여기서 '채권자 불확지'라 함은 상속인간의 분쟁 등으로 인해 채무자(은행)가 과실 없이 채권자를 알 수 없는 상태를 의미한다.

7) 종전에는 호적등본과 제적등본 등으로 상속인을 확인하였으나 2008. 1. 1.부터 호적제도가 폐지되고 가족관계등록 등에 관한 법률이 새로 제정됨에 따라 가족관계등록부가 호적등본을 대신하고 있다. 가족관계등록부는 기본증명서, 가족관계증명서, 혼인관계증명서, 입양관계증명서, 친양자 입양관계증명서 등 5종류로 구성되어 있다. 가족관계증명서에는 본인의 부모(양부모), 배우자, 자녀에 관한 사항이 기재(형제자매는 기재되지 않음)되고, 발급신청권자는 본인, 배우자, 부모, 직계존비속, 형제자매 및 이들의 대리인에 한한다.

8) 피상속인의 직계비속 또는 형제자매가 상속개시 전에 사망 또는 상속결격자가 된 경우로서 그에게 배우자나 자녀가 있으면 이들이 그에 갈음하여 상속인이 되는 것을 대습상속이라 한다(민법 제1001조·제1003조 제2항). 상속인이 상속을 포기한 경우에는 대습상속이 되지 않는다.

인[9]의 선임 신청(민법 제22조, 부재자의 재산의 관리)을 하게 하여, 선임된 관리인으로 하여금 행방불명된 자를 대리하게 하거나 아니면 그 자의 지분 해당액을 제외하고 지급하는 것이 적절하다. 다만, 상속대상 예금이 소액이거나 공동상속인간에 법적분쟁의 가능성이 전혀 없을 것으로 판단될 경우에는 부재자를 제외한 다른 공동상속인 전원의 청구를 받고 지급을 하는 방안도 적극 검토하여야 할 것으로 생각된다.

한편 가정법원이 선임한 상속재산관리인(재산관리인의 자격과 권한은 선임심판서와 공고문 사본을 징구하여 확인할 수 있다)이 있는 경우에는 그 관리인으로 하여금 상속예금 인출에 관한 법원의 허가[10]를 받아오게 하여 관리인에게 지급하는 것이 바람직할 것으로 본다.

참고로 각 금융기관 수신업무 내규에 의하면 상속인의 업무 편의를 고려, 상속예금의 합계액이 일정금액 이하인 경우로서 영업점장이 사고의 우려가 없다고 인정하는 경우에는 상속인 중 일부만의 지급 요청에 의해서도 지급을 할 수 있도록 하는 예외규정을 두고 있다.

6. 상속인으로부터 상속예금의 지급 청구가 있는 때에는 다음 3가지 방법 중 하나의 방법을 택할 수밖에 없다.

가. 공동상속인 전원의 지급청구를 받고 지급한다.

나. 상속인 중 일부가 지급을 청구하는 때에는 특별한 사정이 없는 한 지급청구를 하지 아니한 다른 상속인의 상속분에 해당하는 금액을 제외한 나머지 상속예금에 대해서는 지급하여야 할 것으로 본다. 민법 제1006조에 의하면, 상속예금의 법률적 성질을 공유로 규정(서울지방법원에서도 공유로 판시한 사례가 있다)하고 있으므로, 각 법정상속인은 피상속인의 사망과 동시에 자신의 법정상속분에 따라 피상속인이 갖는 예금반환채권을 분할 취득하고 또한 그 지분을 자유로이 처분(양도 또는 담보제공 행위 등)하거나 단독으로 반환청구를 할 수 있기 때문이다.

그런데 문제는 이 경우 은행은 지급을 거절하고 공탁을 할 수 있는지 의문인데 단지 공동상속인 전원이 공동으로 청구하지 않았다는 이유만으로는 공탁사유가 되지 아니하여 변제공탁을 할 수 없다는 견해가 지배적이다.

9) 법원이 선임한 관리인은 공동상속인을 대표하여 상속재산의 관리와 채무의 변제에 관한 모든 행위를 할 권리의무가 있다(민법 제1040조 제2항). 상속재산관리인은 상속재산의 관리행위에 대해서는 제한이 없으나 처분행위를 하려면 법원의 허가를 받아야 한다(민법 제1053조 제2항).

10) 상속예금의 인출행위가 반드시 처분행위에 해당한다고는 단정할 수 없지만 그 견해가 분분함으로 실무상으로는 법원의 허가를 받아 오도록 하는 것이 안전할 것으로 판단된다.

다. 혼인 외 출생자라고 주장하는 자와 같이 가족관계증명서 등 서류상에 나타나지 않는 자가 상속인이라고 주장하며 지급정지를 요구하거나 상속지분에 이의가 있는 등 상속예금에 대하여 다툼이 있는 경우에는 서류상의 상속인으로부터 지급청구가 있더라도 지급을 거절하고 변제공탁을 하는 것이 안전할 것으로 판단된다.

7. 변제공탁은 채무 이행지의 공탁소에 하여야 한다(민법 제488조 제1항). 다만, 채무이행지에 관한 약정이나 법률의 규정이 없는 경우에는 채권자(상속인)의 현주소가 채무 이행지가 되며, 현주소를 알 수 없는 경우에는 거소, 거소도 없거나 알 수 없으면 최후 주소지가 채무이행지가 된다.

금융기관의 예금반환채무는 당사자 간의 특약으로 예금계좌 개설점을 채무 이행지로 약정하고 있다(예금거래기본약관 제3조, 거래장소). 따라서 변제공탁은 계좌 개설점을 관할하는 지방법원이 지정하는 공탁소에 한다.

한편 공탁관련 비용은 제3채무자가 부담한 후 공탁금 중에서 우선 변제를 받는 것이 원칙이나 이 경우 공탁비용 회수에 장시간이 소요되므로 공탁시 집행공탁에 드는 비용을 제외한 나머지를 공탁하는 것이 실무 관행이다.

## 4. 친권행사자가 사망한 경우 법정대리권을 행사 할 자

(상 황)
a. 甲(父)과 乙(母)은 협의이혼을 하면서 미성년인 子(丙)에 대한 친권을 甲이 행사하기로 결정하였다.
b. 甲의 가족으로는 미성년인 子(丙)를 포함하여 母(丙의 할머니)와 兄이 있다. 한편 乙은 이미 재혼을 한 상태다.

### (1) 친권을 행사하지 않는 미성년자의 모가 자녀 명의의 통장을 개설할 수 있는지 여부

**乙이 래점, 丙의 명의로 정기예금 통장 개설을 요청하고 있다. 甲의 위임장을 징구하지 아니하고 예금계좌를 개설하더라도 실명법에 위반되지 않겠는가?**

乙은 丙의 직계존속이므로 이를 증명할 수 있는 서류를 제시한다면 친권행사자(甲)의 위임장이 없더라도 丙명의의 예금계좌 개설이 가능하며, 이 경우 실명법에 저촉되지 아니한다. 하지만 예금계좌를 개설한다 하더라도 丙에 대한 친권을 행사할 수 없어, 장래 동 예금의 인출 또는 처분(제3자 앞 담보제공 등)행위에 제한이 따를 수 있다. 따라서 계좌 개설 요청에 응하기 전에 먼저 이와 같은 문제점을 충분히 설명하여 乙로 하여금 계좌 개설 여부를 결정하도록 하는 것이 적절할 것으로 본다.

미성년자 명의의 예금계좌를 개설하는 방법으로는 학생증 또는 여권을 제시하고 미성년자 자신이 직접 개설하는 방법, 미성년자의 가족[1])이 자신의 실명확인증표 및 가족관계가 표시된 서류(주민등록등본, 가족관계증명서 또는 재외국민등록부 등)를 제시하고 개설하는 방법, 법정대리인(친권자, 친권자가 없는 경우 후견인)이 자신의 실명확인증표 및 법정대리인임을 확인할 수 있는 서류를 제시하고 개설하는 방법이 있다.

부부가 이혼을 하면서 미성년인 子에 대한 친권을 父가 행사하기로 협의되었고, 그 후 母가 재혼을 한 경우에도 그 母는 가족의 자격으로 미성년인 子명의의 예금계좌를 개설할 수 있는지 의문이다.

1) 금융실명거래와 관련 위임장 없이 예금계좌를 개설할 수 있는 가족의 범위는 배우자, 직계존비속, 배우자의 부모에 한한다.

결론적으로 父와 母가 이혼을 하고 子에 대한 친권을 父가 행사하기로 하였다 하여 母와 子 사이의 직계존비속 관계가 소멸하는 것은 아니므로 乙은 단독으로 미성년인 子(丙) 명의의 예금계좌를 개설하는 데는 아무런 제약을 받지 아니할 것으로 본다. 다만, 문제는 예금계약도 하나의 법률행위이므로 미성년자와 예금거래를 할 때에는 법정대리인과 거래를 하거나 법정대리인의 동의를 받아야 한다[2]는 점이다.

위 사례의 경우, 甲이 미성년인 子에 대한 친권을 행사하도록 되어 있어, 乙이 예금계좌를 개설한다 하더라도 정기예금을 해지하거나 통장의 분실로 인한 재발행, 비밀번호 변경, 인감(서명)변경 등 주요 제 사고신고를 하고자 할 때 친권을 행사할 수 없다. 따라서 이러한 문제점을 사전에 충분히 설명하고 乙로 하여금 계좌개설 여부를 결정하도록 조언하는 것이 장래 불필요한 민원으로부터 벗어나는 바람직한 업무 처리라 판단된다.

### (2) 친권행사자가 사망한 경우 미성년자의 법정대리인

**甲이 사망하게 되면, 丙의 법정대리인은 누가 되겠는가?**

이 경우 호적예규 및 서울지법 판례에 의하면, 甲이 사망하게 되면 乙(丙의 母)이 당연히 자동으로 丙의 법정대리인이 되는 것으로 정하고 있다. 그러나 민법 주석서(한국사법행정학회)에는 호적예규 및 판례의 취지와는 달리, 가정법원에 친권행사자 변경청구를 하여 친권행사자로 지정되어야만 비로소 乙이 친권을 행사(법정대리인)할 수 있는 것으로 해석하고 있다. 따라서 乙이 丙의 법정대리인 자격으로 상속예금 반환을 청구해오는 때에는 가정법원에 친권행사자 변경 청구를 하게 하여 친권행사자로 지정된 사실을 확인한 후 상속예금을 반환하는 것이 안전할 것으로 본다.

부부가 협의이혼을 하면서 미성년인 子에 대한 친권을 父가 행사하기로 하고, 친권을 행사해 오던 중 父가 사망을 한 경우, 과연 누가 미성년자의 법정대리인이 되는지 의문이다.

이에 대하여 호적예규(1991. 5. 1. 호적예규 제449-1호)에는 친권행사자로 지정된 자가 사망, 실종선고, 대리권과 관리권의 상실(사퇴)로 인하여 친권을 행사할 수 없는 경우에도 다른

2) 미성년자가 법률행위를 함에는 법정대리인의 동의를 얻어야 한다. 그러나 권리만을 얻거나 의무만을 면하는 행위는 그러하지 아니하다(민법 제5조, 미성년자의 능력).
미성년자가 법률행위를 부인하는 경우 법정대리인의 동의가 있었다는 입증책임은 미성년자에게 있지 아니하고 이를 주장하는 상대방에게 있다(대법원 1970. 2. 24. 선고 69다1568 판결).

부 또는 모가 있는 때에는 후견이 개시되지 아니하므로 후견 개시신고를 할 수 없는 것으로 규정하고 있으며, 또한 서울지법[3]에서는 부부가 이혼을 하면서 미성년인 子에 대한 친권을 父가 행사하기로 협의되었다 하여 친권행사자로 지정되지 아니한 자(사례의 경우 乙 : 丙의 母)의 친권이 완전히 소멸되는 것이 아니라 단지 친권의 행사가 일시 정지될 뿐이므로, 친권자로 지정된 자(甲)가 친권을 행사할 수 없게 되면 정지되었던 다른 일방(乙)의 친권의 행사는 당연히 자동으로 부활된다는 태도를 취한 바 있다. 그러므로 호적예규나 서울지법 판례에 따르면 乙이 丙의 법정대리인이 된다.

그런데 한국사법행정학회에서 편찬한 민법 주석서에 의하면, 친권을 행사하던 父(甲)가 사망 하자마자 곧바로 母(乙)가 친권행사자로 되는 것은 아니며, 乙이 친권을 행사하기 위해서는 민법 제909조 제4항 후단의 친권자변경에 관한 규정을 준용하여 가정법원에 친권행사자 변경청구를 하여 친권행사자로 지정되어야만 비로소 丙에 대한 친권을 행사할 수 있는 것으로 해석하고 있다.

미성년자가 법률행위를 할 때 그 법정대리인의 동의를 받도록 한 것은 미성년인 子를 보호하기 위한 것이므로 폭행성이나 방탕성을 가진 父 또는 母가 친권을 행사하는 일이 없도록 하기 위해서는 사례의 경우 비록 미성년자의 친모라 하더라도 가정법원에 친권자 변경청구를 하여 친권행사자로 지정된 때 친권을 행사할 수 있도록 하는 것이 미성년자를 보호하려는 민법 취지에 부합하므로 저자의 소견으로는 한국사법행정학회의 견해가 타당한 것으로 생각된다.

결론적으로 乙이 丙의 법정대리인 자격으로 상속예금 반환을 청구해오는 때에는 가정법원에 친권행사자 변경 청구를 하게 하여 친권행사자로 지정된 사실을 확인한 후 상속예금을 반환하는 것이 안전할 것으로 본다. 만일 乙이 은행의 요청에도 불구하고 친권행사자 변경 청구를 하지 아니하고 계속해서 상속예금 반환을 청구하는 때에는 변제공탁(변제공탁을 한 경우에는 그 사실을 乙에게 배달증명부 내용증명으로 통지하도록 한다. 丙의 할머니에게도 공탁사실을 통지를 하는 것이 안전할 것으로 판단된다)을 하는 것이 적절할 것으로 본다.

참고로 丙의 직계존속이자 丙을 실질적으로 부양하고 있는 丙의 할머니의 입장으로서는 가정법원에 친권상실의 선고[4]를 신청, 乙이 이미 재혼을 하는 등 丙의 친권을 행사하

3) 서울지방법원 1994. 5. 10. 선고 93가합81276 판결.

4) 부 또는 모가 친권을 도용하거나 현저한 비행 기타 친권을 행사시킬 수 없는 중대한 사유가 있는 때에는 법원은 제777조의 규정에 의하여 子의 친족 또는 검사의 청구에 의하여 그 친권의 상실을 선고할 수 있다(민법 제924조, 친권상실의 선고).
친권은 미성년인 子의 양육과 감호 및 재산관리를 적절히 함으로써 그의 복리를 확보하도록 하기 위한

기에 부적합한 중대한 사유가 있음을 주장하여 乙이 친권을 행사하지 못하게 하고 자신이 丙의 후견인[5]이 되는 방안을 고려해 볼 수 있을 것이다.

부모의 권리이자 의무의 성격을 갖는 것으로서, 민법 제924조에 의한 친권상실선고사유의 해당여부를 판단함에 있어서도 친권의 목적이 자녀의 복리보호에 있다는 점이 판단의 기초가 되어야 하고, 설사 친권자에게 간통 등의 비행이 있어 자녀들의 정서나 교육 등에 악영향을 줄 여지가 있다 하더라도 친권의 대상인 자녀의 나이나 건강상태를 비롯하여 관계인 들이 처해 있는 여러 구체적 사정을 고려하여 비행을 저지른 친권자를 대신하여 다른 사람으로 하여금 친권을 행사하거나 후견을 하게 하는 것이 자녀의 복리를 위하여 보다 낫다고 인정되는 경우가 아니라면 섣불리 친권상실을 인정하여서는 안 되고, 자녀들의 양육과 보호에 관한 의무를 소홀히 하지 아니한 모의 간통행위로 말미암아 부가 사망하는 결과가 초래된 사실 만으로서는 모에 대한 친권상실선고사유에 해당한다고 볼 수 없다(대법원 1993. 3. 4. 자 93스3 결정).

5) 미성년자에 대하여 친권을 행사하는 부모는 유언으로 미성년자의 후견인을 지정할 수 있다. 그러나 법률행위의 대리권과 재산관리권 없는 친권자는 이를 지정하지 못한다(민법 제931조). 후견인의 지정이 없는 때에는 미성년자의 직계혈족, 3촌 이내의 방계혈족의 순위로 후견인이 된다(민법 제932조).

# 제6절 대여금고 · 보호예수

## 1. 대여금고 이용자의 사망과 그 보관물의 처리

(상 황)

a. D은행 Y지점의 대여금고를 이용해 오던 甲이 사망하였고, 그의 상속인으로는 A, B, C가 있는 것으로 확인되었다.
b. 甲은 사방하기 전 장남인 A에게, D은행 대여금고에 양도성예금 증서와 유언서 등이 보관되어 있다는 말을 남겼다.

### (1) 상속인 중 1인이 대여금고 내용물의 확인을 요구하는 경우 그 처리

**상속인 A가 단독으로 래점, 대여금고 개비 후 내용물의 확인을 요구할 경우, Y지점은 이에 응할 수 있겠는가?**

A의 요구에 응하여야 할 것으로 본다. 다만, 금고 개비 또는 내용물의 확인행위에 대하여 후일 다른 상속인들로부터 이의가 있을 수 있으므로, 공증인이나 변호사, 법무사 등과 같이 신뢰할 수 있는 제3자의 입회하에 내용물 확인 요청에 응하여야 할 것이다.

고객이 사망하면 은행 대여금고에 입고된 내용물은 예금과 마찬가지로 상속인들의 공동상속재산이 되고, 그 재산은 유언이 있다거나 상속인 중 상속결격자가 있다는 등의 특별한 사정이 없는 한 상속인 각자의 법정상속분에 나라 분배된다.

그러면 공동상속재산의 법률적 성질을 어떻게 볼 것인가. 민법 제1006조(공동상속과 재산의 공유)에 의하면, 상속인이 수인인 때에는 상속재산은 그 공유로 한다고 규정하고 있다. 그럼에도 불구하고 그 법률적 성질을 두고 공유설과, 합유설로 팽팽히 대립하고 있다.

상속재산의 법적 성질을 공유로 본다면, 각 공동상속인들은 법정상속분에 따른 지분을 가지며, 그 지분을 자유로이 처분을 할 수 있다. 그러나 합유로 본다면, 법정상속분에 따른 지분을 가지지만 그 재산을 분할하기 전까지는 공동상속인 전원의 동의가 없는 한 지분을 처분할 수 없다. 다수설은 공유로 본다는 입장을 취하고 있다.

하지만 금융기관은 피상속인의 예금 채무에 대해서는 합유설에 따라, 대출금 등 채권에 대해서는 공유설에 입각하여 실무를 처리하고 있는 실정이다.[1] 이처럼 상속예금을 합유설에 입각하여 실무 처리를 하고 있는 이유는, 상속제도가 매우 복잡할 뿐만 아니라 유언 또는 상속포기자나 상속결격자가 있을 경우, 은행으로서는 정당한 상속지분을 계산하기 어렵다는 점 등을 고려한 것이라 생각된다.

따라서 대여금고에 입고된 내용물을 법정상속인 중 1인이 단독으로 반환(인도)을 요구한다면 이를 거절하여야 할 것이다. 그러나 설문과 같이 내용물의 반환을 요구하는 것이 아니라 단순히 그 내용물이 무엇인지 확인을 요구하는 때에는 이를 수용하여야 할 것으로 판단된다. 그 내용물이 무엇인지 확인을 해 주었다 하여, 다른 상속인이 피해를 입을 소지가 전혀 없음에도 상속인 전원의 공동명의로 신청할 것을 고집하는 것은 합리적인 업무처리라 할 수 없기 때문이다.

결론적으로 대여금고의 개비와 그 내용물의 확인을 요구하는 자가 일부 상속인이라 할지라도 은행은 이를 거절할 수 없을 것이다. 다만, 장래에 다른 상속인으로부터 내용물의 진정성 여부에 대한 논란이 있을 수 있으므로 공증인이나 변호사, 법무사 등과 같이 신뢰할 수 있는 제3자의 입회하에 처리하여야 할 것이다.

참고로 대여금고 계약의 상대방(甲)이 사망하여 상속이 개시되면 대여금고 이용권도 당연히 상속인에게 승계된다. 만일 특정 상속인이 이를 계속 이용하도록 공동상속인간에 협의가 이루어진 경우에는 그 특정 상속인만이 계속하여 대여금고를 이용할 권리를 갖게 된다. 그러나 은행 실무상으로는 특정상속인이 계속해서 이용을 희망한다 하더라도 피상속인과의 계약을 해지한 후, 상속인과 새로운 계약을 체결하는 것이 오히려 간편하고 적절한 업무처리라고 본다.

### (2) 대여금고에 입고된 유언서를 상속인 중 1인이 반환을 요구하는 경우 그 처리

**대여금고에 입고된 내용물 중 유언서에 대하여, 상속인 A가 단독으로 반환(인도)을 요구하는 경우, Y지점은 이에 응할 수 있겠는가?**

1) 상속예금의 법적 성질을 공유로 본다면 각 상속인은 단독으로 자신의 지분 해당액만큼 예금반환을 요구할 수 있겠지만 합유로 본다면 상속인 전원의 공동 청구에 의해서만 반환받을 수 있을 것이다.

대여금고에 입고된 내용물이 유언서인 경우에는 법정상속인 중 1인의 단독에 의한 반환 요구에 응하여도 무방할 것으로 본다. 상속인이 상속절차를 사후적으로 진행시킴에 있어서 유언서를 인출하여 이를 개봉하고 검인하는 것은 반드시 필요한 절차이고 또한 은행이 이를 특정한 상속인에게 인도한다 하여 다른 상속인을 직접적으로 해하는 행위로 볼 수 없기 때문이다. 그러나 상속인 중 1인에게 유언서를 인도할 때에는 유언서의 원본을 남겨두고 그 사본을 교부함으로써 원본의 멸실 또는 내용의 변조 등에 대비하여야 할 것이다. 다만, 유언서의 검인을 위한 경우와 같이 원본의 교부가 불가피한 경우에는 상속인 전원에게 이러한 사실을 통지하는 한편 사본을 남겨두고 교부하는 등의 조치를 취하여 후일 다른 상속인으로부터의 이의 제기에도 대비하여야 한다. 대여금고 이용계약자가 사망한 경우에는 특히 다음 사항에 유의하여야 한다.

1. 은행이 대여금고 이용계약자의 사망사실을 안 경우에는 즉시 대여금고계약서나 인감신고서에 이용자의 사망사실을 표시하여 정당한 상속인에게 반환되도록 하고, 상속인으로부터 금고 개비 및 내용물 인도요청이 있을 때에는 원칙적으로 상속예금의 지급절차에 준하여 처리하도록 한다.

2. 대리인이 지정되어 있는 경우, 대리 관계는 본인의 사망에 의하여 종료하고 대리권은 소멸(민법 제127조)하므로 상속개시 후에는 종전의 대리인에게 금고를 개비해 준다거나 내용물의 반출을 허용해서는 아니 된다.

### (3) 대출채권 회수를 목적으로 은행 단독으로 대여금고를 개문할 수 있는지 여부

**Y지점이 甲에 대하여 대출금채권을 가지고 있다면, 그 대출금을 회수하기 위하여 Y지점 임의로 대여금고를 개문할 수 있겠는가?**

채권보전을 위한 것이라 하더라도 Y지점 단독으로는 임의개문을 할 수 없다.

대여금고의 법률적 성질을 임대차(민법 제618조)로 보고 있다. 따라서 대여금고에 대한 점유권은 당연히 대여금고 이용자(甲)에게 있다. 그리고 대여금고 이용 약관상에도 화재, 천재지변, 법관이 발부한 영장, 관련 법령에서 정한 경우 등과 대여금고 수리, 기타 은행 사정상 부득이한 경우(대여금고이용약관 제4조 제3항)가 아닌 한 은행 단독에 의한 임의 개문을 할 수 없도록 약정하고 있다.

따라서 대출금채권을 회수할 목적이라 하더라도 Y지점 단독으로는 임의개문을 하여서는 아니 된다. 다만, 집행관에게 압류를 위임하여 집행관을 대동하는 방법으로 개문을 할 수 있을 것이다.[2] 그리고 개문을 하였다 하더라도 보관중인 유가증권은 집행의 대상으로 할 수 있지만, 기명식 예금증서나 신탁증서와 같이 채권자가 특정되어 있는 지명채권의 경우에는 집행대상이 될 수 없다. 지명채권에 대한 강제집행은 채권자가 제3채무자에게 가압류나 압류명령을 송달하는 방법으로 하여야만 그 효력이 발생하기 때문이다.

2) 임승서, 한국금융연수원 수신법률기초 제4권.

## 2. 보호예수품에 대한 압류 및 인도명령 접수와 그 처리

(상 황)

a. D은행 Y지점은 甲으로부터 보호예수 의뢰를 받고, 개봉예수로 처리한 후 보호예수 증서를 교부하였다.

b. 개봉예수 물건 명세는 다음과 같다.

(1) Y지점이 발행한 증서식 양도성예금증서

(2) Y지점이 발행한 기명식 정기예금증서

### (1) 보호예수품에 대하여 압류 및 인도명령이 송달된 경우 그 처리

**甲의 보호예수품에 대하여 甲의 채권자(乙)가 압류 및 인도명령을 얻어, 집행관이 보호예수품의 인도를 요구하고 있다. 이 경우 Y지점의 적절한 업무처리는?**

이 경우 거래처의 동의를 받아 보호예수품 중 증서식 양도성예금증서는 집행관에게 인도(이때의 인도를 임의인도라 한다)하는 것이 합리적인 업무처리라 판단된다. 다만, 甲이 임의인도에 동의하지 않는다면 계속 보관하고 있다가 집행관의 강제집행이 있으면, 그 때 집행관에게 인도(이때의 인도를 강제인도라 한다)하는 수밖에 없을 것이다.

한편 기명식 정기예금증서나 신탁예금증서와 같이 지명채권의 경우에는 그 증서 자체가 압류의 대상이 될 수 없으므로, 기명식 증기예금증서는 집행관에게 인도를 하지 말고, 거래처에게 반환하는 것이 타당하다.

보호예수품을 보관하는 은행과 같이 제3자가 정당하게 보관하고 있는 물건에 대해서는 유체동산에 대한 강제집행 방법만으로는 집행관이 그 물건을 직접 점유할 수 없다. 집행관이라 하더라도 제3자의 정당한 점유권을 해할 수는 없기 때문이다. 따라서 보호예수품에 대하여 단순히 압류명령(甲이 D은행에 대하여 가지는 보호예수 목적물인도청구권에 대한 압류)만 송달된 때에는 그 보호예수품을 거래처(수치인)에게 반환만 하지 아니하면, 은행은 압류명령을 이행한 것이 된다. 그러나 거래처의 채권자가 압류명령과 인도명령까지 받은 때에는 그 목적물(보호예수품)을 집행관에게 인도하여야만 보호예수품 반환채무를 면할 수 있다.[1)]

1) 임승서, 한국금융연수원 수신법률기초 제4권.

그런데 이때의 인도명령에는 제3채무자에 대하여 그 인도를 강제할 수 있는 권한이 부여되어 있지 않다. 즉 집행관은 제3채무자가 그 목적물을 순순히 임의로 인도를 해 줄 때 수령을 할 수 있는 권한 밖에 없다. 그리하여 인도명령이 있음에도 불구하고 은행(제3채무자)이 목적물을 임의로 인도를 하지 아니하면, 채권자는 집행법원에 추심명령을 신청하는 수밖에 없다. 여기서의 추심명령은 채권자에게 압류대상 목적물을 수령할 권한을 부여한 것이 아니라 집행관에게 위임하여 그 집행관으로 하여금 추심할 수 있는 권한을 부여한 것이다.

추심명령이 있음에도 불구하고 제3채무자가 집행관에게 인도하지 않는다면, 채권자로서는 제3채무자(D은행)를 상대로 '목적물을 채권자가 위임한 집행관에게 인도하라는 취지의 추심의 소를 제기'하여 승소를 한 후 이를 집행권원으로 하여 집행관이 강제집행을 하는 수밖에 없으며, 이 경우 은행은 반드시 집행관에게 인도를 하여야 한다.

결론적으로 거래처의 채권자가 보호예수품에 대하여 압류명령과 인도명령까지 받게 되면, 은행은 종국적으로 그 목적물을 집행관에게 인도하지 않을 수 없으므로 설문과 같이 거래처의 보호예수품에 대하여 제3자가 압류 및 인도명령을 받아 집행관이 인도를 요구하는 때에는, 거래처를 설득하여 인도를 하는 것이 합리적인 업무처리라 생각된다.

한편 기명식 정기예금증서나 신탁예금증서와 같이 채권자가 특정되어 있는 지명채권의 경우에는 그 증서 자체가 압류의 대상이 될 수 없다. 지명채권인 기명식 예금에 대한 강제집행은 예치 금융기관을 제3채무자로 하여, 가압류나 압류명령을 송달하는 방식으로 하여야 하기 때문이다. 따라서 甲이 의뢰한 보호예수품에 대한 압류 및 인도명령이 송달되었다 하더라도 기명식 정기예금증서는 집행관에게 인도를 하지 말고, 거래처에게 반환하는 것이 타당하다. 만일 이러한 상황에서 甲이 정기예금에 대한 지급청구가 있으면 이에 응하여야 할 것이다.

■ 참고사항

**1. 보호예수의 의의** 금융기관 업무 중 '보호예수'란 공사채, 주식, 어음·수표 등 유가증권이나 예금증서나 차용증 등과 같은 중요증서, 화폐, 귀금속, 보석과 같은 귀중품을 고객으로부터 의뢰를 받아 보관하다가 반환요청이 있는 때에 반환하는 업무를 말하며, 개봉예수와 봉함예수로 구분 운용하고 있다. 금융기관은 보호예수증거로서 예수증서를 발급하며 고객은 예수증서와 상환으로 예수품을 반환받는다.

**2. 보호예수와 대여금고의 차이점** 보호예수는 물품의 보관 업무를 하는 것이며, 대여금고는 물품을 보관할 수 있는 금고를 대여하는 것이다. 전자는 고객으로부터 의뢰받은 예

수품을 금융기관이 직접 맡아 보관하는 것을 말하며, 대여금고는 고객이 금융기관으로부터 금고를 대여받은 다음 그 금고를 이용하여 스스로 물품을 보관하는 것이다.

### (2) 봉함예수로 보관 중인 보호예수품에 대하여 송달된 압류 및 인도명령의 효력

**Y지점이 개봉예수 방식이 아닌 봉함예수 방식으로 받아 관리하고 있다고 가정할 경우, 甲의 채권자(乙)가 얻은 압류 및 인도명령은 그 효력이 있겠는가?**

봉함예수품에 대하여 송달된 압류 및 인도명령은 그 효력이 없을 것으로 생각된다. 봉함예수의 경우에는 보호예수 의뢰인의 채권자는 물론 보호예수품을 맡아 보관하고 있는 금융기관이 그 목록을 확인할 권한이 없으므로 압류의 대상이 되지 않기 때문이다.[1]

보호예수의 종류에는 개봉예수[2]와 봉함예수[3]의 2종류가 있으며 그 법적성질은 모두 요물임치계약으로 보고 있다.

전자와 후자의 차이점은 전자는 금융기관이 보관물의 목록을 확인할 수 있기 때문에 보관물의 동일성에 대해서도 당연히 책임을 지게 되며, 그 목적물은 압류나 인도명령의 대상이 된다. 그러나 후자의 경우, 금융기관은 단지 봉함물의 보관책임만 질 뿐 그 목적물의 동일성에 대해서는 일체의 책임을 지지 아니하며, 봉함예수품은 압류 대상 자체가 되지 않는 것으로 보고 있다. 압류 및 인도명령이 송달된다 하더라도 보호예수품을 맡아 관리하고 있는 금융기관으로서는 그 목록을 확인한 권한이 없기 때문이다.

---

1) 임승서, 한국금융연수원 수신법률기초 제4권.

2) 개봉예수가 가능한 물건으로는 국채와 지방채, 어음, 증권, 사채권 기타 유가증권이나 예금증서, 신탁증서 등이다.

3) 봉함예수 대상 물건으로는 개봉예수 대상 물건 전부와 중요문서, 화폐, 귀금속과 보석 등 귀중품이다. 금융기관 실무상으로는 중요문서나 화폐 및 귀금속과 보석 등 귀중품은 봉함예수를 원칙으로 하고 있다.

# 제 7 절 주식납입금 수납대행업무

## 1. 주식납입금 수납계약 체결 및 주금 수납시 유의사항

(상 황)

a. D은행 Y지점은 신규 설립하는 X주식회사의 발기인 대표(甲)로부터 주식납입금 수납대행 위탁 의뢰를 받았다.
b. 최근 신문지상에서는 수백억원 상당의 주금납입 가장 사건으로 시중에 화제가 되고 있어, 본부 소관부서로부터 이와 관련한 주의 공문을 받은 상태다.

### (1) 주식납입금 수납대행계약과 그 법적성질

D은행 Y지점은 X주식회가 의뢰한 주식납입금 수납대행 계약을 거절할 수 있겠는가?

주식납입금 수납계약의 법적성질을 위임계약으로 보고 있다. 위임계약은 위임자(신설회사의 경우 발기인 대표)의 위탁과 수임자(주식납입금 수납사무를 처리하기로 한 금융기관)의 승낙으로써 성립하는 불요식 낙성계약에 속한다. 따라서 Y지점은 X주식회사로부터 받은 주식납입금에 관한 서류를 검토하여 주식납입금 수납계약을 체결하는 것이 부적절하다고 판단되는 때에는 이를 거절할 수 있다.

그런데 영업점 실무상 거절하는 경우는 매우 드문 일에 속한다. 주식납입금을 정상적으로 수납하고, 수납한 주금은 정당한 절차에 따라 지급 또는 환급하는 등 수임자로서 선량한 관리자의 주의의무를 다한다면 주식납입금 수납계약으로 인하여 발생할 문제는 없기 때문이다.

더구나 주식납입금 수납사무를 통하여 신설회사와 유대 관계를 돈독히 한다면 새로운 고객을 창출하는 계기가 될 수도 있다. 그러나 실체가 없는 회사의 설립을 위한 위탁을 받지 않도록 의뢰인의 신원을 충분히 확인하여야 하겠으며, 의심이 가는 경우에는 주식납입금 수납계약 체결을 거절하는 것이 마땅하다.

한편 주식납입금의 수납대행 사무를 취급할 때에는 인지세, 우편료, 기타 취급 실비에 해당하는 수수료를 의뢰인으로부터 받을 수 있다.

### (2) 주식납입금 수납시 받아야 할 서류

**Y지점이 주식납입금 수납을 하고자 할 때, 발기인 대표 등으로 받아야 할 서류와 검토하여야 할 사항으로는 어떤 것이 있는가?**

금융기관이 주식납입금을 수납하는 때에는 주식납입금 수납 위탁의뢰를 한 자(위임자)로부터 다음과 같은 서류를 받아야 한다.

주식회사를 발기설립[1])의 방법으로 신설하는 경우에는 주식납입금 수납대행위탁서, 발기인 회의록 사본,[2]) 발기인 대표 선출 근거를 확인할 수 있는 결의록 사본, 공증인의 인증을 받은 정관 사본, 각 발기인의 주식인수를 증명하는 서류 등을 받아야 한다.[3])

이미 설립된 주식회사가 증자를 하는 때에는 주식납입금 수납대행 위탁서, 증자에 관한 주주총회 결의서(또는 이사회 결의서)사본, 정관 사본, 주식청약서 사본, 주식 배정통지서 사본, 그리고 자본시장통합법 적용대상인 회사의 경우에는 증권신고서 사본을 추가로 받아야 한다.

위임자로부터 주식납입금을 수납 관련 서류를 교부받은 때에는 주식납입금 수납대행 위탁서 및 정관 등에서 다음 사항을 검토하여야 한다.

1. 위임자의 명의가 발기인 대표(증자의 경우에는 대표이사)로 되어 있는지 여부
2. 금회 발행하는 주식의 총수가 회사가 발행할 주식 총수의 1/4 이상 인지 여부
3. 주금납입 기일은 발기인 회의록(증자의 경우 주주총회 또는 이사회 결의서)에 기재된 납

1) 주식회사 설립방법에는 발기설립과 모집설립이 있다. 전자는 회사설립시 발행하는 주식의 총수를 발기인이 모두 인수하는 조건으로 회사를 설립하는 방법을 말하며, 후자는 주식의 총수 중 발기인이 그 일부를 인수하고 잔여부분은 주주를 모집하는 방식의 회사설립 방법을 말한다.

2) 발기인 회의록 사본을 받는 이유는 주식납입금 수납대행 위탁서에 발기인 대표로서 기명날인한 자가 정당한 대표자 인지 여부를 확인하기 위함이다.

3) 모집설립 방법으로 신설하는 경우에는 주식납입금 수납대행 위탁서, 발기인 회의록 사본, 발기인 대표 선출 근거를 확인할 수 있는 결의록 사본, 공증인의 인증을 받은 정관 사본, 주식청약서 사본, 주식배정통지서 사본, 그리고 자본시장통합법 적용대상인 회사의 경우에는 증권신고서 사본을 추가로 받아야 한다.

일기일과 일치하는지 여부

4. 청약기간이 경과된 것은 아닌지 여부

5. 정관은 공증인의 인증을 받은 것인지 또 정관상에 발기인의 기명날인 여부

6. 정관상에 회사의 주소와 본점의 주소가 일치 하는지 여부 등

### (3) 주금 납입기일 변경요청이 있는 경우 그 처리

**X주식회사로부터 주금 납입기일 변경 요청이 있는 경우, Y지점은 이에 응할 수 있겠는가?**

회사 설립의 경우, 주금 납일기일 변경에 관하여 아무런 규정을 두고 있지 않다. 따라서 발기인 대표로부터 주금 납입기일 변경신청서를 받아 변경하여도 무방할 것으로 본다. 다만, 증자의 경우에는 납일기일 변경을 할 수 있는지 여부에 관하여 긍정하는 설과 부정하는 설이 대립하고 있을 뿐만 아니라 긍정설에 따른다 하더라도 주금 납일기일 변경은 주식인수인의 전원의 동의가 필요하다. 따라서 증자의 경우에는 주금 납일기일 변경 요청을 정중히 거절하여야 할 것으로 판단된다.

### (4) 주식납입금 처리 계정

**Y지점이 X주식회사의 발기인으로부터 수납한 주식납입금은 계정 처리는?**

주식납입금은 유가증권청약증거금 계정으로 처리하도록 한다. 종래에는 이를 별단예금에 예치하도록 규정하고 있었으나 현재는 유가증권청약증거금 계정으로 처리하고 있다.

### (5) 주식납입금 수납시 유의사항

**주식납입금을 수납할 때 특히 유의하여야 할 사항은?**

주식회사를 설립할 때나 증자를 할 때 발기인(또는 회사 대표)은 주금납입을 담당할 은행

기타 금융기관을 지정하여야 하며,[4] 주식납입금은 주식청약서에 기재된 납입장소(은행 또는 기타 금융기관)에 납입하여야 한다. 주식납입금의 보관자 또는 납입장소를 변경하고자 하는 때에는 법원의 허가를 얻어야 한다.[5] 주식납입금을 수납할 때에는 특히 다음 사항에 유의하여야 한다.

1. 주식납입금은 현금 또는 자기앞수표로 수납하여야 함이 원칙이다. 타 금융기관이 발행한 자기앞수표로도 수납이 가능하지만, 이 경우 회사로부터 주식납입금 보관증명 요청이 있는 때에는 동 수표가 교환 회부하여 결제 사실을 확인한 후 주식납입금 보관증명서를 발급하는 것이 안전한 업무처리이다. 따라서 타 금융기관이 발행한 자기앞수표보다는 주금수납담당 금융기관이 발행한 수표로 주금을 납입하도록 안내하는 것이 바람직할 것으로 본다.

2. 주식납입금을 수납할 때에는 주식인수인에 대한 실명확인 절차를 거쳐야 한다. 대리인이 주금을 납입하는 경우에는 위임장과 위임인의 인감증명서, 주민등록증 사본 및 수임자의 주민등록증으로 실명을 확인하도록 한다.

3. 주식납입금을 보관한 은행이나 그 밖의 금융기관은 발기인 또는 이사의 청구를 받으면 그 보관금액에 관하여 증명서를 발급하여야 하며, 주식납입금 보관증명서를 발급한 은행은 증명한 보관금액에 대하여는 납입이 부실하거나 그 금액의 반환에 제한이 있다는 것을 이유로 회사에 대항할 수 없으므로 주식납입금 보관증명서를 발급할 때에는 각별한 주의를 요한다.

자본금 총액이 10억원 미만인 회사를 제295조(발기설립의 경우의 납입과 현물출자의 이행) 제1항[6]에 따라 발기설립하는 경우에는 주식납입금 보관증명서 대신 은행이나 그 밖의 금융기관의 잔고증명서로 대체할 수 있다.[7]

4. 특정인이 주금을 일시에 일괄 납입한 경우에는 납입가장에 해당될 가능성이 많으므로 그 이유 및 사실관계를 명확히 규명, 수납 여부를 결정하되 수납시는 반드시 특정인을 대리인으로 하는 위임장을 징구한 후 수납하여야 한다.

---

4) 상법 제295조(발기설립의 경우의 납입과 현물출자의 이행) 제1항.

5) 상법 제306조(납입금의 보관자 등의 변경).

6) 발기인이 회사의 설립시에 발행하는 주식의 총수를 인수한 때에는 지체 없이 각 주식에 대하여 그 인수가액의 전액을 납입하여야 한다. 이 경우 발기인은 납입을 맡을 은행 기타 금융기관과 납입장소를 지정하여야 한다(상법 제295조 제1항).

7) 상법 제318조(납입금 보관자의 증명과 책임) 제3항.

5. 발기인 또는 회사 경영진 등이 사채업자 등과 통모하여 이들로부터 일시적으로 자금을 융통하여 주금을 납입한다는 것이 명백한 경우에는 가장납입한 자와 이를 중개한 사채업자는 물론 이에 동조한 금융기관의 임직원도 납입가장죄에 저촉될 수 있으므로 수납 요청이 있더라도 이를 거절하여야 할 것이다.

6. 특별한 이유 없이 회사의 예금계좌에서 출금한 금액으로 다른 주식인수인의 주식납입자금 수납을 의뢰할 경우, 이러한 회사의 행위는 명목상의 주금납입에 그칠 뿐 실질적인 자본충실을 기하지 못하는 납입가장으로 보아야 하므로 이러한 방식에 의한 주금납입 사무처리 요청이 있는 때에는 거절하는 것이 마땅하다.

7. 은행 대출대전으로 주금납입을 할 경우, 납입가장에 해당될 소지가 있고 설혹 납입가장 행위에 해당되지 않는다 하더라도 장래 납입가장과 관련한 문제가 발생할 소지가 많으므로 주식납입금 충당을 목적으로 하는 대출 신청이 있는 경우에는 이를 거절하는 것이 마땅할 것이다.

## 2. 주식납입금의 보관증명 및 그 지급과 환급

(상 황)

a. D은행 Y지점은 신규 설립하는 X주식회사와 회사설립에 따른 주식납입금 수납계약을 체결하였다.
b. 한편 X주식회사의 주식납입금은 지정된 주금의 납입기일 이전에 전액 납입되었다.

### (1) 주식납입금 보관증명서 발급 시기

**X주식회사로부터 주식납입금 보관증명서 발급 요청이 있다. 주식납입금 수납업무를 맡은 은행이 주식납입금 보관증명서를 발급해 줄 수 있는 시기는 언제부터인가?**

주금납입금 보관증명서는 주금납입이 완료되었다면 주금 납입기일 전이라도 보관증명서를 발급하여도 무방하다. 다만, 주식납입금 중에 타점권이 포함되어 있는 경우에는 그 타점권이 결제된 사실을 확인한 후 보관증명서를 발급하여야 할 것이다.

상법은 회사의 설립 또는 증자를 할 때, 실질적인 주금납입이 없는 것을 막아 그 회사의 자본충실을 기할 목적으로 주식납입금 사무를 담당한 금융기관에 대하여 주식납입금 보관증명에 대한 의무를 부과하고 있다. 이 보관증명 의무는 발기인(또는 회사)과 주식납입금 사무를 처리하는 금융기관과의 위임계약에 의거 발생하는 의무가 아니라 법률에 규정에 의거 부담하는 특별한 의무이다.

따라서 주식납입금을 보관한 은행 기타의 금융기관은 발기인 또는 이사의 청구가 있는 때에는 그 보관금액에 관하여 증명서를 교부하여야 한다. 증명한 보관금액에 대하여는 납입의 부실 또는 그 금액의 지급에 관한 제한이 있음을 이유로 회사에 대항할 수 없다(상법 제318조).

그렇다면 회사의 주금납입 사무를 맡은 금융기관이 주식납입금 보관증명서를 발급할 수 있는 때는 과연 언제부터로 보아야 할 것인지 의문이다.

원칙적으로는 주금납입 기일의 영업시간이 종료한 때부터로 보고 있다. 그러나 주식납입금 보관증명서는 주식회사 설립등기 신청을 할 때 반드시 포함되어야 할 서류 중 하나이기 때문에 실무상으로는 주금납입과 동시에 발급을 요청하는 경우가 대부분이며 주식납입금을 보관한 은행에서도 이에 응하고 있는 실정이다.

결론적으로 주식납입금 보관증명은 주급납입 기일의 영업시간이 종료한 때부터 할 수 있지만 주금납입이 완료된 이상 주금 납입기일이 아직 남아 있다 하더라도 언제든지 보관증명을 하여도 무방할 것이다.

주식납입금 보관증명서 발급은 발기인 대표(또는 대표이사)의 요구에 의하여 주식납입금 보관증명의뢰서를 받고 발급(금융기관 실무상 발급대장에 발급 사실을 기록하고 있다)하며, 소정의 수수료를 징수하기도 한다.

문제는 주식납입금 중에 타점권[1])이 포함되어 있는 경우이다. 이 경우에는 정상적으로 결제된 사실이 확인되지 않는 한 보관증명서를 발급해서는 아니 될 것이다.

타점권으로 수납하였음에도 불구하고 주식납입금 보관증명서를 발급한 경우에는 그 후 그 타점권이 부도처리되었다 하더라도 이를 이유로 회사에 대항할 수 없으며, 설사 은행이 보관증명서를 발급할 때 그 증명서상에 미결제타점권이 포함되어 있다는 뜻을 부기하였다 하더라도 역시 이를 이유로 회사에 대항할 수 없으므로 각별한 주의가 요구된다.

참고로 자본금 총액이 10억원 미만인 회사를 상법 제295조(발기설립의 경우의 납입과 현물출자의 이행) 제1항[2])에 따라 발기설립하는 경우에는 주식납입금 보관증명서 대신 은행이나 그 밖의 금융기관의 잔고증명서로 대체할 수 있다.[3])

### (2) 주식납입금 보관증명서의 재발급

**주식납입금 보관증명서를 기 발급하였으나 분실을 이유로 회사가 재발급을 요청하는 경우, Y지점의 실무처리는?**

주식납입금 보관증명서는 예금 잔액증명서와는 달리 회사의 설립등기(비송사건절차법 제203조, 설립의 등기) 또는 증자로 인한 변경등기(같은 법 제205조, 신주발행으로 인한 등기)를 할 때

1) 금융기관 내규에는 자기앞수표를 제외한 타점권으로 수납한 경우에는 교환 추심이 끝난 후가 아니면 발행할 수 없도록 규정하고 있다. 하지만 자기앞수표의 경우에도 수표 조회 후 사고신고가 없고 정상결제가 확실한 경우에 한하여 발행 요청에 응하여야 할 것이다.

2) 발기인이 회사의 설립시에 발행하는 주식의 총수를 인수한 때에는 지체 없이 각 주식에 대하여 그 인수가액의 전액을 납입하여야 한다. 이 경우 발기인은 납입을 맡을 은행 기타 금융기관과 납입장소를 지정하여야 한다(상법 제295조 제1항).

3) 상법 제318조(납입금 보관자의 증명과 책임) 제3항.

에 필요한 것으로 그 이외의 용도로써는 그 복사본 만으로도 충분하다. 따라서 부득이한 경우가 아닌 한 정본 1통만 발급하는 것이 원칙이다.

그런데 설문과 같이 보관증명서를 분실하게 되면, 회사 설립등기(또는 증자로 인한 변경등기)를 신청할 수 없으므로 주식납입금 보관은행으로서는 재발급을 하지 않을 수 없다. 다만, 재발급을 하고자 할 때에는 보관증명서상에 재발급의 뜻을 명시하는 한편 제출처인 등기소 명을 기재하여, 향후 재발급으로 인한 불필요한 분쟁이 발생되지 않도록 하여야 할 것이다.

### (3) 회사 설립등기 전에 주식납입금을 지급할 수 있는지 여부

**X주식회사로부터 주식납입금에 대한 지급 요청을 받았다. 그런데 아직까지 회사의 설립등기가 되지 않은 상황이다. Y지점은 X주식회사에게 주식납입금을 지급할 수 있겠는가?**

회사 설립과 관련하여 받은 주식납입금을 반환할 수 있는 시기는 회사가 성립한 때, 즉 설립등기를 마친 때이므로 비록 납입기일 전에 주금이 전액 납입되었다 하더라도 회사가 설립등기를 마치지 아니한 이상 지급하여서는 아니 된다. 그리고 주식납입금 보관증명서를 발급한 당일 중에는 이를 반환할 수 없다.

회사 설립시 주식납입금 보관은행이 그 납입금을 지급할 수 있는 시기에 관하여 창립총회가 종료된 때라는 견해와 회사가 성립된 때(설립등기를 마친 때)라는 견해가 대립하고 있다.

그런데 상법 제172조(회사의 성립)에 의하면, 회사는 본점 소재지에서 설립등기를 함으로써 성립한다고 규정하고 있고, 현행 비송사건절차법에 의하면 회사 설립등기를 신청하는 때에는 그 신청서에 주식납입금 보관증명서를 첨부하도록 규정하고 있는 점을 고려할 때, 회사가 설립등기를 마친 이후에야 주식납입금을 반환할 수 있다고 보는 것이 타당하다. 따라서 비록 납입기일 이전에 주금이 전액 납입되었다 하더라도 회사의 설립등기가 이루어지지 않았다면 지급을 할 수 없는 것으로 보아야 한다. 그러나 증자의 경우에는 증자에 따른 변경등기 전이라도 주금 납입기일 익일부터는 주식납입금을 지급하여도 무방할 것으로 본다. 신주발행(증자)의 효력은 납입기일 익일부터 발생하는 것으로 규정[4] 하고 있기 때문이다.

4) 신주의 인수인은 납입 또는 현물출자의 이행을 한 때에는 납입기일의 다음 날부터 주주의 권리의무가 있다(상법 제423조 제1항).

### (4) 주식납입금 지급시 받아야 할 서류

**주식납입금을 지급할 때 받아야 할 서류와 유의하여야 할 사항은?**

주식납입금을 지급할 때에는 법인등기부 등본과 대표이사 인감증명서(증자의 경우에는 대표이사 인감증명서만 받으면 된다)를 받아 다음 사항에 유의하여 지급하도록 한다.

1. 주식납입금을 지급시기에 반하여 지급한 경우, 주식납입금 수납업무를 맡은 은행은 이로써 회사에 대항할 수 없으므로 주의를 요한다.

2. 주식납입금은 반드시 현실로 지급되어야 하므로 주식납입금 보관은행이 발기인 또는 회사 등에 대하여 가지는 채권을 가지고 주식납입금과 상계할 수 없다.

3. 법인등기부 등본의 발행일자가 주식납입금 보관증명서 발행일자 이후로 되어 있는지, 그리고 지급청구서와 영수증에 날인된 인영이 대표이사 법인인감증명서의 인영과 일치하는지 여부를 확인하여야 한다.

4. 주식납입금은 대체지급표를 사용하여 해당 주식회사의 예금계좌에 대체 입금처리하고 영수증은 대체지급표 뒷면에 붙여 보관하도록 한다. 현금으로 지급하게 되면 장래 가장납입으로 추정될 여지가 있으므로 반드시 회사의 예금계좌로 대체 입금하는 것이 안전하다.

5. 만일 회사가 사업자등록[5]을 마치지 아니하여 회사 명의로 예금계좌를 개설할 수 없는 경우에는 대표이사 개인명의 예금계좌(반드시 회사명을 부기할 것)를 신규 개설하여 동 계좌에 입금하는 것이 가장 안전한 업무처리이다. 만일, 이미 개설되어 있는 대표이사 개인명의 예금계좌로 입금을 요청하는 경우에는 이를 거절하여야 할 것이다.

### (5) 주식납입금 환급 절차

**X주식회사의 주식납입금이 전부 납입되었으나 회사 불성립을 이유로 주식인수인(주금납입자)으로부터 주금 환급 요구가 있다. 이 경우 Y지점은 주식납입금을 누구에게 환급하여야 하는지 그리고 그 환급 절차는?**

주식납입금의 지급과 주식납입금의 환급은 그 성격이 완전히 다르다. 전자의 경우는

5) 사업자등록증은 법인이 예금계좌를 개설할 때 반드시 필요한 실명확인증표이다.

회사 설립등기가 된 때(증자의 경우 주식납입금이 완료된 익일)부터 그 납입대금을 회사에게 지급하는 것을 말하며, 후자의 경우는 회사가 불성립(증자의 경우에는 중지 또는 불능)한 때에 이미 납입된 주금을 주식인수인에게 반환하는 것을 의미한다. 회사의 불성립을 이유로 납입 주금에 대한 환급 요청이 있는 때에는 회사 불성립 사실을 확인한 후 납입된 주금은 주식인수인에게 환급하여야 한다. 주식납입금을 환급하고자 할 때에는 다음과 같이 처리하는 것이 적절할 것으로 판단된다.

1. 먼저, 발기인이 기명날인한 회사설립 취소에 관한 결의서 사본(증자의 경우에는 이사회 또는 주주총회 신주발행 중지에 관한 결의서 사본)을 받아 주금의 환급 사유가 발생된 것인지를 확인한다.

2. 주금 환급사유가 정당한 것으로 확인된 때에는 주식납입금 환급대행 위탁서(금융기관에 따라서 별지서식이 정해진 경우도 있으나 통상적으로 주식납입금 수납계약 체결시 받은 주식납입금 수납대행 위탁서의 뒷면에 환급사유 및 환급 요청의 뜻을 적는 것으로 가름하고 있다)를 받는다.

3. 주금납입자로부터 유가증권청약증거금 환급청구서(예금청구서로 대용한다)를 받아 주식납입자의 예금계좌에 대체 입금 또는 자기앞수표로 환급한다.

4. 주식납입금 보관증명서를 발급한 사실이 있는 때에는 이를 회수하는 한편 납입금 영수증도 회수하여 유가증권청약증거금 환급청구서(예금청구서로 대용함) 뒷면에 붙여 보관하도록 한다.

## 3. 주금 납입가장죄 및 응납입가장죄의 의의

(상 황)

a. D은행 Y지점은 유상증자를 결의한 X주식회사(대표이사 甲)로부터 주식납입금 수납사무 위탁 의뢰를 받고 이를 승낙을 하였다.
b. 그런데 최근 신문지상에서는 수백억원 대의 주금납입 가장 사건으로 시중에 화제가 되고 있어, 주금납입금 수납사무에 여간 신경이 가는 것이 아니다.

### (1) 주금 납입가장죄의 의의

**상법에서 규정하고 있는 납입가장죄의 의의?**

회사의 설립 또는 증자와 관련 회사의 발기인, 업무집행사원, 이사, 감사위원회 위원, 감사, 직무대행자, 지배인, 사용인 등이 실질적으로 주금 납입 사실이 없음에도 마치 정상 납입이 된 것과 같이 위장하는 행위 즉, 주식납입금을 회사의 자본으로 만들고자 하는 목적이 없으면서 단지 등기를 위한 수단으로 주금납입 행위를 한 경우 이를 주금 납입가장죄[1]라 한다.

아울러 이러한 사정을 알면서도 납입가장에 응하거나 이를 중개하는 행위를 한 경우에도 납입가장죄(이를 응납입가장죄라 한다)로 5년 이하의 징역 또는 1,500만원 이하의 벌금형을 받게 된다.

예컨대, 주식납입금을 다른 사람에게 차용하여 납입한 후 회사 설립등기나 증자 변경등기를 한 후 즉시 인출하여 그 채무를 변제하거나, 주식납입금 수납 업무를 담당하는 금융기관이 회사 설립등기(증자의 경우 변경등기) 후 즉시 주식납입금을 인출하여 변제하기로 하는 조건으로 대출금을 취급하는 행위는 모두 납입가장죄 또는 응납입가장죄에 저촉된다.

따라서 주식납입금 수납대행 위탁계약을 체결하여 주금을 수납하는 금융기관의 경우에

1) 상법 제628조(납입가장죄 등) ① 상법 제622조 제1항에 게기한 자(회사의 발기인, 업무집행사원, 이사, 감사위원회 위원, 감사, 직무대행자, 지배인, 사용인 등)가 납입 또는 현물출자의 이행을 가장하는 행위를 한 때에는 5년 이하의 징역 또는 1,500만원 이하의 벌금에 처한다. ② 제1항의 행위에 응하거나 이를 중개한 자도 제1항과 같다.

도 경우에 따라서는 응납입가장죄로 형사 책임을 질 우려가 있으므로 주식납입금 수납 업무를 처리할 때에는 각별한 주의가 요구된다.

### (2) 주금납입 완료 후 그 납입금으로 대출을 상환하기로 하는 여신취급과 납입가장죄 성립 여부

**X주식회사 발기인 대표(甲)로부터 주금납입이 완료되면 이를 인출하여 우선적으로 상환할 것을 조건으로 하는 대출 요청이 있는 경우, Y지점은 이에 응할 수 있겠는가?**

설문의 경우 이미 앞에서 언급한 바와 같이 공모에 의한 납입가장에 해당한다. 따라서 甲이 대출을 받아 주금을 납입한다 하더라도 상법 제628조에서 규정하는 납입가장죄에 저촉될 소지가 있을 뿐만 아니라 이를 취급한 Y지점 직원도 응납입가장죄로 처벌을 받을 수 있으므로 이와 같은 대출을 취급하여서는 아니 된다.

그리고 주금 납입이 완료되면 그 납입금으로 상환하기로 하는 조건으로 대출을 취급하여 주금 납입이 이루어졌다 하더라도, Y지점은 회사에 대하여 주식납입금 지급의무를 부담하여야 할 뿐만 아니라 형법상 응납입가장죄에 저촉됨은 물론 경우에 따라서는 업무상 배임죄 등이 성립될 수도 있으므로 이러한 업무처리를 하여서는 결코 아니 될 것이다.

한편 발기인 또는 대표이사가 은행으로부터 받은 대출금으로 주식납입금에 충당하였다 하더라도 그 대출금을 자신의 별도 수입, 예컨대 급여나 개인소유 부동산 매각대금 등으로 상환한 경우에는 회사의 자본충실을 해친 것이라 할 수 없고 대출 거래도 순수한 개인자격으로서의 이사와 은행 간의 거래에 불과한 것이므로 납입가장이 되지 않는 것으로 보고 있다.

결론적으로 금융기관 임직원이 가장납입죄에 해당되어 형벌을 받는 경우라 함은 가장납입에 공모하거나 또는 가장납입임을 알면서 보관증명을 발급한 경우에 한정된다. 따라서 주식납입금을 납입하는 자가 당해 금융기관에서 대출을 받고 납입시켰다 하여 모두 납입가장이 되고 금융기관 임직원이 형벌 대상이 되는 것은 아니다.

참고로 주식납입금이 가장납입된 경우에는 가장납입한 자와 이를 중개한 자는 물론 가장납입에 동조한 금융기관의 임직원도 형벌(상법 제628조, 납입가장죄)의 대상이 되며, 민사상으로는 불법행위에 대한 책임(민법 제750조)을 져야 하고, 금융기관은 사용자로서의 책임(민법 제756조)을 질 수도 있다. 납입가장에 의거 등기를 한 경우에는 형법상 공정증서원본

부실기재죄(형법 제228조)가 성립하며, 이를 알고서도 도와준 자는 동 방조죄가 성립될 수 있다.

### (3) 일시 융통자금으로 주금을 납입한다는 것을 알면서 주금을 수납한 경우 납입가장죄 성립 여부

X주식회사의 발기인 대표(甲)는 제3자로부터 일시적으로 자금을 융통하여 주식납입금을 납입하고자 한다. Y지점이 이러한 사정을 잘 알면서도 주식납입금을 수납할 수 있겠는가?

일시 차입금(융통)에 의한 주금납입은 상법 제628조(납입가장죄 등)에서 규정하고 있는 납입가장죄나 응납입가장죄에 해당될 소지가 매우 많으므로 주식납입금 수탁사무 위임을 받은 은행이 이러한 사실을 잘 알고 있다면 수납을 거절하는 것이 바람직할 것으로 본다.

### (4) 회사 예금계좌에서 인출하여 주금을 납입한 경우 납입가장죄 성립 여부

X주식회사가 증자를 하면서 대표이사가 X주식회사 명의의 예금계좌에서 출금한 금액으로 다수의 주식인수인의 주금납입 자금에 충당하려고 한다면, Y지점은 이러한 주금납입 사무를 처리하여도 무방하겠는가?

회사의 예금계좌에서 인출하여 다른 주식인수인의 주식납입금으로 충당되는 사실을 알면서도 은행이 주금납입 사무를 처리하게 되면 응납입가장죄가 성립될 수 있으므로 이러한 방식에 의한 주금납입 요청이 있는 때에는 거절하는 것이 타당하다.[2)]

X주식회사의 예금계좌에서 출금한 금액으로 주식인수인의 주금 납입자금으로 충당된 경우, X주식회사의 행위는 명목상의 증자에 그칠 뿐 실질적인 자본충실을 기하지 못하는 소위 납입가장 행위로 보아야 하므로 은행이 그러한 사정을 알면서도 주금납입을 받거나

2) 회사자금으로 주식납입금을 납입한 경우에는 납입으로 인하여 회사자본이 증가되지 않았기 때문에 납입가장이 되는 것이고 금융기관이 회사자금에 의한 주식납입이라는 것을 알면서 이를 수납하고 보관증명을 발급한 경우(악의가 있을 경우) 또는 중대한 과실로 이를 알지 못한 경우에는 금융기관이 이중지급을 하여야 하는 것이다(상법 제318조 제2항).

주식납입금 보관증명서를 발급하게 되면, 형법상의 응납입가장죄가 성립될 소지가 매우 많다. 따라서 이러한 방식에 의한 주금납입 요청이 있는 때에는 이를 거절하여야 할 것이다. 다만, 주식인수인들이 각 개인별 주식납입금 해당액을 회사의 예금계좌에 미리 송금을 하고 회사에서 단순히 주금납입사무를 대행해 주고 있는 것으로 확인되는 때에는 주금납입 사무를 처리하여도 무방하다.

### (5) 주식인수인 중 1인이 일괄 납입을 하고자 하는 경우 그 처리

**주식인수인 중 1인(乙)이 여러 사람의 주식납입금을 지참하여 일괄 납입을 요청하는 경우, Y지점이 취하여야 할 적절한 업무처리는?**

다른 인수인이 공동으로 작성한 위임장3)과 각 위임자의 인감증명서를 제출하게 하고, 위임받은 자(乙)의 실명확인 및 증표 사본을 징구한 후 일괄 납입 사무를 처리하는 것이 후일 납입가장죄 또는 응납입가장죄의 문제로부터 벗어날 수 있는 바람직한 업무처리이다.

주식납입금 수납 업무시 실명확인 방법으로는 개별납입의 경우에는 개별주주의 실명확인 및 입금표에 기재하고 날인 또는 서명을 하고, 일괄납입의 경우에는 발기인 대표(증자의 경우 법인의 실명)의 실명확인 및 입금표에 기재하고 취급자의 확인인을 날인하도록 한다.

대리인으로부터 주금납입 신청이 있는 경우에는 입금표 등에 본인 및 대리인의 성명, 주민등록번호 및 연락처와 본인과의 관계를 기재하고 대리인의 실명확인 후 취급자의 확인인을 날인하도록 한다.

### (6) 주금수납업무 처리시 유의사항

**주식납입금 수탁사무를 맡은 은행이 주금수납 업무와 관련, 특히 주의하여야 할 사항은?**

금융기관 직원이 주식납입금 수납업무를 처리할 때에는 특히 다음 사항에 유의하여야

3) 위임장에는 대리인의 표시 및 위임자의 인수주식수와 인수금액, 주소, 성명이 기재되어 있고 인감도장으로 서명날인 또는 기명날인이 되어 있어야 할 것이다. 다만, 이 위임장은 각 주식인수인이 개별적으로 작성하여야 하는 것은 아니므로 연명으로 작성하더라도 무방할 것이다.

한다.

1. 특정인이 주금을 일시에 일괄 납입한 경우에는 납입가장에 해당될 가능성이 많으므로 그 이유 및 사실관계를 명확히 규명, 수납 여부를 결정하되 수납시는 반드시 특정인을 대리인으로 하는 위임장을 징구한 후 수납하여야 한다.

2. 발기인 또는 회사 경영진 등이 사채업자 등과 통모, 이들로부터 일시적으로 자금을 융통하여 주금을 납입한다는 것이 명백한 경우에는 가장납입한 자와 이를 중개한 사채업자는 물론 이에 동조한 금융기관의 임직원도 납입가장죄에 해당될 수 있으므로 수납을 거절하여야 할 것이다.

3. 특별한 이유 없이 회사의 예금계좌에서 출금한 금액으로 다른 주식인수인의 주식납입자금 수납을 의뢰할 경우, 이러한 회사의 행위는 명목상의 주금납입에 그칠 뿐 실질적인 자본충실을 기하지 못하는 납입가장으로 보아야 하므로 이러한 방식에 의한 주금납입 사무처리 요청이 있는 때에는 이를 당연히 거절하여야 할 것이다.

4. 은행으로부터 차입한 자금으로 주금납입을 한 후 회사설립등기나 증자변경등기를 마치고 즉시 인출하여 차입금을 상환할 경우, 납입가장에 해당될 소지가 있으므로 주식납입금 충당을 목적으로 하는 대출 신청이 있는 경우에는 납입가장이 아니라는 것이 명백히 확인되지 않는 한 거절하는 것이 마땅하다.

# 제8절 사고신고담보금과 위 · 변조신고예수금

## 1. 어음 사고신고 접수와 사고신고담보금의 처리

(상 황)

a. 甲은 乙에게 물품을 판매하고 그 대가로 丙이 발행(지급장소 : D은행 Y지점, 지급기일 : 10. 8. 31.)한 약속어음을 수취하였으나 관리소홀로 분실하고 말았다.
b. 한편 甲은 발행인(丙)의 협조를 구하여 관할법원에 공시최고를 신청, 이미 법원으로부터 제권판결(10. 11. 20. 선고)은 받은 상태다.
c. 그런데 그 어음은 현재까지 지급제시가 되지 않았다.

### (1) 사고신고담보금의 법적성질

어음교환업무규약에서 정하고 있는 사고신고담보금(이하 담보금이라 한다)의 법적성질은?

담보금 처리를 위한 약정서의 법적성질은 제3자를 위한 계약(민법 제539조)으로 본다. 즉 어음 · 수표발행인을 요약자로 하고, 지급은행을 낙약자, 그리고 사고신고된 어음 · 수표의 정당한 권리자를 수익자로 하는 제3자를 위한 계약이다.

담보금은 예금이 아니라 어음 · 수표발행인이 소지인에게 부담하는 어음 · 수표상의 채무를 담보하기 위하여 예치된 금전에 불과하다. 이러한 이유로 말미암아 담보금 처리를 위한 약정을 한 이상 어음 · 수표 소지인의 동의 없이는 계약을 해제할 수 없도록 하고 있다.

### (2) 어음 분실과 사고신고담보금 예치의무자

甲은 지급은행에 어음 분실을 이유로 사고신고를 하고자 한다. 이 경우 담보금은 누가 예치하여야 하는가?

담보금은 丙(어음발행인)이 예치하여야 한다.

담보금이라 함은 정당한 어음·수표의 권리자로 판명된 자에게 그 지급을 담보하고, 사고신고가 어음·수표 발행인의 어음·수표금 결제자금부족을 은폐하여 거래정지처분을 면하기 위한 것이 아님을 보장하기 위한 목적으로 지급은행 별단예금에 입금한 어음·수표금액 해당자금을 말한다. 따라서 사고신고를 하는 자가 어음발행인이 아닌 중간소지인이라 할지라도 분실, 도난, 피사취, 계약불이행 등을 이유로 사고신고를 할 때 담보금을 예치하여야 할 자는 언제나 어음발행인(丙)이 된다.

### (3) 사고신고담보금의 예치시기

**사고신고접수와 관련한 담보금의 예치시기는 언제인가?**

사고신고접수(분실, 도난, 피사취, 계약불이행)로 부도 반환을 하려면 적어도 당해 어음이 지급제시 된 날의 영업시간까지는 담보금을 예치하여야 한다. 아울러 어음발행인은 당해 어음이 지급제시기간 내에 지급제시 된 때에 한하여 담보금을 예치할 의무를 부담한다. 따라서 당해 어음이 지급제시기간[1]내에 지급제시가 되지 아니 한 때에는 예치할 의무가 없다.

담보금의 예치시기는 사고신고를 하는 때가 아니라 사고어음·수표가 지급제시기간 내에 지급제시 된 날의 영업시간까지이다. 따라서 지급제시기간 전이나 경과한 후에 지급제시 된 때에는 담보금을 예치할 의무가 없다. 이 경우에는 '제시기일미도래 또는 제시기일경과'로 부도반환을 할 수 있기 때문이다.

담보금을 지급제시 된 날의 익 영업일 영업시간까지 예치할 수도 있다. 하지만 이 경우에는 어음발행인이 1차(1년에 3회까지는 거래정지처분을 하지 않지만 1년에 4회에 달한 경우에는 당좌거래정지처분을 면할 수 없다) 부도를 낸 것으로 처리되고, 부도반환 사유는 예금부족으로 하되 사고신고서가 접수되었다는 사실을 함께 어음교환소에 신고[2]하도록 어음교환업무규약시행세칙에서 정하고 있다.

---

1) 지급기일이 확정되어 있는 확정일출급 어음의 소구권보전을 위한 지급제시기간은 지급을 할 날 또는 이에 이은 2거래일 내이다.

2) 사고신고서 접수로 부도처리될 경우 예금부족으로 인한 부도와는 다르게 부정수표단속법상의 형사고발대상이 아님을 악용하여 지급자금이 부족한 발행인이 허위로 사고신고 하는 사례를 방지할 목적으로 1994. 12.부터 시행하고 있다.

### (4) 금액 백지인 어음을 분실한 경우에도 사고신고담보금을 예치하여야 하는지 여부

**어음금액이 백지인 상태로 어음을 분실하였으나 권한 없는 자가 금액란을 보충하여 지급제시한 경우에도 담보금을 예치하여야 하는가?**

금액란이 백지인 어음을 분실하였으나 권한 없는 자가 금액란을 보충하여 지급제시한 경우에는 변조로 부도반환을 할 수 있다. 어음을 위·변조로 부도반환을 할 경우에는 어음·수표발행인은 담보금이 아니라 위·변조신고예수금을 지급은행 별단예금에 예치하여야 한다. 다만, 위·변조임을 입증할 수 있는 증빙자료(어음교환업무규약시행세칙 제118조 참조)를 부도일로부터 15일 이내에 어음교환소에 제출하는 조건으로 위·변조신고예수금 예치 의무를 면할 수 있다. 수표의 경우에는 거래은행의 고발로 증빙자료 제출에 갈음할 수 있다.

### (5) 사고신고담보금 지급 청구 요건

**어음소지인이나 어음발행인이 지급은행(Y지점)에 대하여 담보금의 지급을 청구하려면 각각 어떠한 조건을 갖추어야 하는가?**

어음소지인 또는 어음발행인이 지급은행에 대하여 담보금의 지급을 청구하려면 각각 다음과 같은 요건 중 어느 하나를 충족하여야 한다.

1. 어음소지인의 경우

가. 어음·수표소지인이 어음·수표금지급청구소송 또는 어음·수표발행인이 제기한 어음·수표채무부존재확인소송에서 승소하고, 그 확정판결증명 또는 확정판결과 동일한 효력이 있는 것으로 지급은행이 인정하는 증서[3]를 제출하는 경우

나. 어음·수표소지인이 확정된 이행권고결정문 또는 확정된 지급명령문[4]을 제출한 경

3) 어음발행인에 대하여 파산절차가 개시되더라도 어음의 정당한 소지인은 파산절차에 의하지 아니하고 지급은행을 상대로 사고신고담보금의 지급청구권을 행사하여 그 채권의 만족을 얻을 수 있는 것이지만, 이 경우 어음소지인이 정당한 어음권리자로서 지급은행으로부터 사고신고담보금을 지급받기 위하여 제출이 요구되는 확정판결 등의 증서를 얻기 위해서는 파산채권자로서 파산절차에 참가하여 채권신고를 하고 채권조사절차 또는 채권확정소송 등을 거쳐 그 채권을 확정 받는 방법을 통해야 한다(대법원 2009다50506).

우. 다만, 청구에 관한 이의의 소가 제기되었음을 입증하는 자료가 제출된 경우에는 제외한다.

다. 어음・수표의 발행인이 어음・수표의 소지인에게 어음・수표금 지급에 동의하고 이를 증명하는 서면을 지급은행에 제출하는 경우. 단, 당해 어음에 대한 법원의 지급정지가처분명령이 송달된 경우에는 제외한다.

2. 어음발행인의 경우

가. 어음・수표채무부존재확인소송 또는 어음・수표소지인이 제기한 어음금지급청구소송에서 승소하고, 그 판결확정증명 또는 확정판결과 동일한 효력이 있는 것으로 지급은행이 인정하는 증서를 제출한 경우

나. 당해 어음・수표채무로 인하여 어음・수표발행인이 그 상대방을 위하여 별도로 담보공탁하였음을 입증하는 서면을 제출하는 경우 공탁해당금액. 다만, 발행인이 당해 어음의 지급정지가처분 신청과 관련하여 담보공탁 한 경우에는 제외.

다. 어음・수표발행인이 당해 어음・수표를 회수하여 제출하는 경우

라. 당해 어음・수표와 관련하여 이해관계인이 소송계속 중임을 입증하는 서면을 지급은행에게 제출한 바가 없고, 지급제시일로부터 6개월[5]이 경과한 경우.[6] 다만 소송 계속 중임을 입증하는 서면이 지급은행에 제출되었더라도 그 소송이 지급제시일로부터 6개월

4) 확정된 지급명령문은 집행권원(채무명의)이긴 하나 확정력과 집행력만 있을 뿐 기판력이 없는 관계로 담보금 지급사유에 해당되지 않는 것으로 실무를 처리하여 왔다. 그러나 2004년 2월 어음교환업무규약시행세칙을 개정하여 확정된 지급명령문 정본을 제출(다만, 청구에 관한 이의의 소가 제기되었음을 입증하는 자료가 제출된 경우에는 지급을 할 수 없다)할 경우 담보금을 반환할 수 있도록 하였다. 따라서 2004. 2. 12. 이후에 담보금 처리를 위한 약정을 체결한 경우에는 어음소지인이 확정된 지급명령 정본을 제출하는 경우에도 담보금을 반환하여야 한다.

5) 기간계산의 기준일은 담보금을 실제 예치한 일자가 아니라 어음・수표 지급제시일자를 기산일(초일산입)로 한다는 것이 어음교환심사위원회 결의사항이며, 은행실무도 이에 준하여 처리하고 있다.

6) 지급제시일로부터 6개월이 경과하도록 이해관계인이 소송계속 중임을 입증하는 서면을 제출하지 아니하였다 하여 사고신고담보금의 반환청구권이 확정적으로 발행인에게 귀속된다는 의미가 아니다. 다만, 은행이 어음・수표발행인의 요청에 따라 사고신고담보금을 발행인에게 지급하였다면 은행은 사고신고담보금의 반환책임을 면하게 되고 나아가 정당한 어음・수표소지인에 대하여도 대항할 수 있다(대법원 1994. 4. 15. 선고 93다 6100 판결).
지급제시일로부터 6개월이 경과하도록 이해관계인이 소송계속 중임을 입증하는 서면을 제출하지 아니하였다 하더라도 지급은행이 다른 경로를 통하여 소송계속 중임을 안 경우에는 어음・수표발행인에게 담보금을 지급하여서는 아니 된다. 그러나 지급은행이 소송계속 중인지 여부를 적극적으로 확인할 의무가 있는 것은 아니다.

이내에 각하 또는 취하되었을 경우에는 지급제시일로부터 6개월이 되는 때에 지급하고, 지급제시일로부터 6개월이 경과하여 각하 또는 취하되었을 경우에는 그 사실을 어음·수표발행인이 입증한 때에 지급한다.

마. 당해 어음·수표가 지급제시기간 내에 제시되지 않은 경우

지급제시기간 경과 후에 지급제시 된 어음·수표에 대해서는 담보금을 예치할 필요가 없으나 지급기일 백지의 어음 또는 선일자수표의 경우 해당어음·수표가 언제 지급제시 될지 알 수가 없어 지급제시 되기 전에 미리 담보금을 예치할 경우에 대비하여 마련한 조항이라 할 수 있다.

**3. 제권판결을 받은 자의 경우** 법원으로부터 제권판결을 받은 자가 담보금을 수령하려면 사고신고 사유가 분실, 도난(사고신고 사유가 피사취 또는 계약불이행인 경우에는 사고신고인이 제권판결문을 제출하여도 담보금을 지급할 수 없다)이고, 당해 어음·수표에 대한 제권판결을 받아 법원의 판결문을 은행에 제출하고 1개월이 경과하여야 한다. 다만, 신고된 권리를 보류하고 증권의 무효를 선고한 제권판결문을 제출한 경우 및 제권판결 불복의 소(제권판결 불복의 소는 제권판결이 있음을 안 날로부터 1개월, 제권판결 선고일로부터 3년 이내에 제기하여야 한다)가 제기되었음을 입증하는 자료가 제출된 경우는 제외한다.

### (6) 어음발행인이 사고신고담보금을 별단예금에 예치하고 제권판결을 받은 자에게 지급하여 줄 것을 요청하는 경우 그 처리

**위 사례에서 어음발행인(丙)이 담보금을 별단예금에 예치하고 제권판결을 받은 자(甲)에게 지급할 것을 요청할 경우, Y지점(지급은행)의 실무 처리는?**

어음발행인(丙)과 제권판결을 받은 자(甲)가 공동으로 연서한 각서(각서를 받아야 할 이유와 내용 등은 아래 설명 참조)를 받은 후 담보금 처리를 위한 약정을 체결하고 그 약정서의 내용에 따라 처리하도록 한다. 당사자(丙, 甲)가 각서 제출에 협조하지 않는다면 담보금 처리를 위한 약정 체결을 거절하고, 당사자 간에 직접 해결하도록 하는 것이 안전한 업무처리라 생각된다.

위 사례의 경우 사고신고 어음이 지급제시기간이 경과할 때까지 지급제시가 되지 않았으므로 어음발행인(丙)은 담보금을 예치할 의무가 없다. 따라서 담보금을 예치하고 아니 하고는 어디까지나 본인이 결정할 사항일 뿐 어느 누구도 강제할 수 없다. 어음발행인의

입장에서 보면, 어음이 지급제시 된 때 담보금을 예치하여도 무방하고, 끝내 지급제시가 없으면 제권판결을 받은 자(甲)가 판결문을 제시하는 때에 어음금을 지급하면 되므로 그 기간만큼 자금을 활용할 수 있는 정당한 이익이 있어 이러한 상황에서 담보금을 예치하는 경우는 실무상 이례적인 일에 속한다.

어음발행인은 제권판결을 받은 자에게 직접 어음금을 지급할 수도 있다.

이 경우 어음발행인은 지급을 할 때에 사기 또는 중대한 과실(예컨대 사고어음의 소지자가 어음금지급청구소송을 제기하거나 또는 제권판결 불복의 소를 제기한 사실을 알면서도 지급한 경우 등)이 없는 한 어음금 지급 후 제권판결을 받은 자가 무권리자로 판명되었다 하더라도 면책된다. 그리고 제권판결 불복의 소 등이 제기된 사실을 알지 못하는 한 제권판결문을 제출받은 날로부터 1개월이 경과하지 아니한 상황에서 지급하였다 하여 문제될 것도 없다고 본다. 제권 판결을 받은 자는 그 어음의 진정한 권리자로 추정을 받기 때문이다.

그러나 어음발행인이 지급은행과 담보금 처리를 위한 약정을 체결한 경우로서 제권판결을 받은 자가 제권판결을 받았음을 이유로 담보금을 수령하려면, 제권판결문(신고된 권리를 보류하고 어음의 무효를 선고한 소위 권리유보부 제권판결문의 경우는 제외)을 지급은행에 제출 후 1개월이 경과하고[7] 그 어음의 이해관계인으로부터 제권판결 불복의 소가 제기되지 아니한 경우이어야 한다. 이는 사고어음의 정당한 소지인 및 발행인을 보호할 목적으로 어음교환업무규약이 정하고 있기 때문이다.

한편 설문과 같이 간혹 어음발행인이 어음금을 제권판결을 받은 자에게 직접 지급하지 아니하고 지급은행과 담보금 처리를 위한 약정을 체결한 후, 지급은행으로 하여금 제권판결을 받은 자에게 지급하여 줄 것을 요청하는 경우를 볼 수 있다. 이는 아마도 어음금지급을 보다 확실히 하는 동시에 지급 이후 발생할지도 모르는 위험을 지급은행에 전가시키려는 의도라고 판단된다. 하지만 이 경우 은행의 실무처리방침이 제대로 마련되어 있지 않다. 그렇다고 하여 당좌거래처인 어음발행인의 요청을 무작정 거절할 수도 없는

7) 제권판결에 대하여는 상소를 할 수 없다(민사소송법 제490조, 제권판결에 대한 불복 소송). 그러나 공시최고의 기간을 준수하지 아니하였거나 권리 또는 청구의 신고가 있음에도 불구하고 법률에 위반한 판결을 하였거나 거짓 또는 부정한 방법으로 제권판결을 받는 등 특정사유(민사소송법 제491조 제2항)가 있는 경우에는 어음소지인 등 이해관계인은 제권판결에 대한 불복의 소를 제기할 수 있도록 정하고 있고, 이러한 불복소송은 원고가 제권판결이 있음을 안 날로부터 1개월, 제권판결 선고의 날로부터 3년 이내에 제기(민사소송법 제491조, 소제기 기간)하도록 정하고 있다.
담보금 처리를 위한 약정서에는 당해 어음·수표에 대한 제권판결을 받아 법원의 판결문을 제출하더라도 지급은행이 제권판결문을 접수한 때로부터 1개월이 경과한 후에 지급하는 것으로 약정하고 있는데, 이는 당해 어음·수표의 이해관계인이 제권판결이 있음을 안 날로부터 기산하여 1개월 이내에 제권판결 불복의 소가 제기될 수 있음을 고려하여 설정된 것으로 판단된다.

일이다.

저자의 견해로는 다음과 같이 처리하는 것이 어음발행인이나 제권판결을 받은 자 와의 불필요한 분쟁을 예방하는 적절한 업무처리라 생각된다.

먼저, 어음발행인(丙)으로부터 '지급제시기간이 경과되었음을 이유로 담보금의 반환을 요구하지 않겠다.'라는 내용의 각서[8]를 징구하는 한편 제권판결을 받은 자(甲)로 부터는 '제권판결문을 은행에 제출한 날로부터 1개월이 경과하여 담보금을 청구하는 그 때까지 사고어음에 대한 제권판결 불복의 소 등이 제기되지 아니한 경우에 한하여 수령권한이 있다.'라는 내용의 각서[9]를 받은 후에 어음발행인과 담보금 처리를 위한 약정을 체결하도록 한다. 당사자(丙, 甲)가 각서 제출에 동의하지 않는다면 담보금 처리를 위한 약정 체결을 거절하고, 당사자 간에 직접 해결하게 한다.

8) 담보금 처리를 위한 약정서 제4조 제6호에 의하면, 당해 어음이 지급제시기간 내에 제시되지 아니한 경우 어음발행인에게 담보금을 반환하는 것으로 약정하고 있어, 자칫하면 발행인이 담보금 예치 후 동 조항을 들어 반환을 요구해 올 수도 있다. 물론 제권판결이 있었음을 알고서 약정을 체결하였다면 동 조항을 이유로 반환 청구를 할 수 없는 것으로 해석하는 것이 타당할 것으로 생각되지만 이를 보다 명확히 하기 위한 조치이다.

9) 이 내용은 담보금 처리를 위한 약정서에도 명시되어 있지만 자칫 제권판결을 받은 자가 자금사정의 어려움을 들어 담보금 예치 즉시 반환을 청구해 올 수도 있으므로 이러한 점을 사전에 차단하기 위한 조치이다.

## 2. 사고신고담보금에 송달된 가압류 명령의 효력

(상 황)

a. 甲(어음발행인)이 예치한 사고신고담보금(이하 담보금이라 한다)에 대하여 甲의 다른 채권자가 가압류명령을 신청, 그 명령이 D은행 Y지점에 송달되었다.

b. 그런데 甲은 어음소지인(乙)에게 담보금을 지급하여 줄 것을 요청하고 있다. Y지점은 甲으로부터 사고신고취하서를 받고 어음소지인에게 담보금을 지급하고자 한다. 이러한 업무처리는 정당한가?

담보금을 어음소지인에게 지급하는데 대하여 어음발행인이 동의를 한다면, 설사 그 담보금에 대하여 발행인의 다른 채권자가 가압류(또는 압류)명령을 신청, 그 명령이 지급은행(Y지점)에 송달되었다 하더라도 지급은행은 그 담보금을 어음소지인(乙)에게 지급하여야 한다.

담보금은 어음·수표발행인이 어음·수표를 분실, 도난, 피사취, 계약불이행 등 사고신고를 이유로 부도반환하고자 할 경우에, 그 사고신고가 지급자금부족을 은폐하여 어음교환소의 거래정지처분을 면하기 위한 것이 아님을 보장하는 한편 만일 그 어음·수표의 소지인이 정당한 권리자로 판명된 경우, 그에 대한 어음·수표금의 지급을 담보하기 위하여 지급은행에 별단예금으로 예치하는 어음·수표 해당금액을 말한다.

사고신고담보금 제도는 약속어음이나 당좌수표(가계수표 포함)의 경우에만 적용이 되고, 국고수표, 자기앞수표, 원화표시 여행자수표, 표지어음 등에 대해서는 적용되지 아니한다. 이러한 수표나 어음은 발행인이 모두 은행으로 되어 있어 허위 신고의 여지가 없을 뿐만 아니라 거래정지처분의 대상자가 아니기 때문이다.

담보금 제도의 취지는 사고신고의 진실성을 증명하고, 정당한 소지인에 대한 지급자금을 담보하기 위한 것이다. 따라서 비록 어음발행인의 타 채권자로부터 가압류(이 경우는 담보금의 반환청구권이 어음발행인에게 귀속하는 것을 정지조건으로 하여 가압류의 효력이 발생한다. 따라서 만일 담보금의 반환청구권이 어음소지인에게 확정적으로 귀속되게 되면 가압류의 효력은 자동으로 소멸하게 된다)가 있더라도 어음발행인의 지급 동의가 있다면 지급은행은 이에 구애 없이 어음소지인에게 담보금을 지급할 수 있다.

## 3. 위 · 변조신고예수금의 반환 사유 등

(상 황)

a. 발행인이 甲으로 되어 있는 어음(100백만원)이 교환 지급제시되었다. 그런데 甲은 동 어음은 자신이 발행한 어음이 아니라 위조된 어음임을 주장하며, 위조로 부도반환을 요청하고 있다.
b. 어음에 날인된 인감은 당좌 개설 당시 제출한 당좌계정 거래인감신고서에 날인된 인감과 동일한 것으로 추정된다.
c. 한편 甲은 지난 1월 31일 1차부도(예금부족)를 시작으로 4월 30일 현재까지 3차 부도 상태이다.

### (1) 위조 여부가 불분명한 경우에도 위조로 부도반환을 할 수 있는지 여부

위 사례에서 Y지점은 당해 어음을 위조로 부도반환 할 수 있겠는가?

위조가 아니라는 사실을 명백히 입증할 수 있는 경우가 아닌 한 위조로 부도반환을 할 수밖에 없다.

어음 · 수표는 발행인과 은행 사이의 당좌(가계당좌)계정 거래약관을 통한 지급위탁계약에 의하여 발행인의 어음 · 수표발행과 지급은행의 어음 · 수표금 지급이 이루어지고 있다. 지급은행은 발행인이 발행한 어음 · 수표의 지급사무 처리를 위임받은 것에 불과하므로 발행인의 의사에 반하여 해당 어음금을 지급할 수 없다. 따라서 甲으로부터 진술서 등을 징구하고 당해 어음을 위조로 부도반환을 할 수밖에 없을 것이다. 그러나 발행인의 요청이 전적으로 허위임을 알면서 이에 응한 경우에는 은행이 어음소지인에게 불법행위의 책임을 부담할 수도 있음으로 주의를 요한다.

### (2) 위 · 변조신고예수금을 익 영업일에 입금한 경우 부도횟수에 포함되는지 여부

당해 어음을 위조로 부도반환하고서도 부도반환 당일 위 · 변조신고예수금을 입금하지 아니하고 익 영업일에 입금할 경우, 甲에게 거래정지처분(1년간 4회 이상 부도) 조치를 취하여야 하는가?

발행인이 지급제시된 어음을 위조로 부도반환하면서 위・변조신고예수금(이하 '예수금'이라 한다)을 부도 반환 익 영업일에 입금하였다 하더라도 도난, 분실, 피사취, 계약불이행 등과 같은 사유로 사고신고를 하는 경우와는 달리, 이를 부도횟수에 포함하지 아니한다(어음교환업무규약해설). 따라서 거래정지처분 조치를 취해서는 아니 된다.

예수금이란 어음・수표상의 발행인이 그 어음・수표가 위조 또는 변조되었음을 이유로 지급정지의뢰를 할 때 지급은행의 별단예금계좌에 예치하는 어음・수표금 해당액을 의미하는데, 본 예수금의 목적은 단순히 신고의 진실성을 담보하기 위한 것일 뿐 그 어음의 정당한 권리자에 대한 지급을 담보하고자 하는 것이 아니다.

어음교환업무규약시행세칙 제119조(위・변조어음의 처리)에서는 예수금을 입금하지 아니하고도 관련 증빙자료, 즉 고소장 또는 고발장(또는 고소장이나 고발장 제출 사실을 증명할 수 있는 자료), 발행인의 진술서, 위・변조어음의 사본, 서약서 등을 지급은행에 제출(수표의 경우에는 이러한 증빙자료 필요 없이 은행의 고발로 증빙자료 제출에 갈음한다)함으로써 거래정지처분을 면할 수 있도록 정하고 있다. 증빙자료를 받은 지급은행은 증빙자료의 제출사실을 부도어음입금통보서에 기재하여 부도일로부터 15일 이내에 교환소에 FAX 송부를 하여야 한다.

실무상 위・변조로 부도반환을 할 때 어음・수표발행인 등이 예수금을 실제로 별단예금계정 위・변조신고예수금 계좌에 예치하는 경우는 매울 드물다. 앞에서 언급한 바와 같이 부도일로부터 15일 이내에 지급은행에 증빙자료를 제출(수표의 경우에는 은행의 고발로 갈음)함으로써 예수금의 예치를 면제받을 수 있기 때문이다.

### (3) 위조로 부도반환 후 익 영업일 영업시간까지 예수금을 입금하지 않는 경우

**증빙자료의 제출을 조건으로 하여 위・변조신고예수금 입금을 면제해 주었으나 甲이 증빙자료를 제출하지 아니하고 대신 위・변조신고예수금을 입금하고자 한다면, Y지점은 이에 응할 수 있겠는가?**

발행인(甲)이 위조로 부도반환하고 익 영업일 영업시간이 경과할 때까지 예수금을 입금하지 않았다면 그 후에는 반드시 증빙자료를 제출하여야만 거래정지처분을 면할 수 있다. 따라서 甲이 증빙자료 제출 대신 예수금을 입금하고자 할 때에는 이를 거절하여야 한다. 이를 허용할 경우 발행인의 자금 부담이 아무런 근거 없이 유예되는 결과가 되어 악용할 소지가 있기 때문이다.

Y지점은 甲의 요청을 거절한 후 부도일로부터 15일 이내에 증빙자료를 제출하지 아니하면 거래정지처분을 하여야 할 것이다. 참고로 수표의 경우에는 지급은행의 고발로 증빙자료에 갈음하므로 신고인으로부터 별도의 증빙자료를 징구 할 필요가 없다.

실무상 어음발행인 등이 지급제시 된 어음을 위・변조로 부도반환을 요청하는 때에는 지급은행은 사고신고인에게 예수금을 입금하는 방법과 부도일로부터 15일(제출기간의 말일이 휴일이면 그 익 영업일까지 제출하면 된다)이내에 관련 증빙자료를 제출하는 방법이 있음을 설명하고, 특히 부도반환을 한 익 영업일 영업시간이 경과할 때까지 예수금을 입금하지 아니하면 그 이후로는 예수금을 입금할 수 없고, 반드시 증빙자료를 제출하여야만 거래정지처분을 면할 수 있음을 충분히 주지시켜 장래 이와 관련한 문제로 분쟁이 발생하지 않도록 하여야 할 것이다.

### (4) 거래정지처분을 면할 목적으로 허위로 위조 신고를 한 어음발행인에 대한 제재

**발행인이 거래정지처분을 면할 목적으로 위조 또는 변조로 허위신고를 한 것으로 판명된 경우, 어음발행인에게 취할 수 있는 조치는?**

현행 어음교환업무규약시행세칙 상으로는 위・변조 부도의 경우 발행인이 고소장을 접수하여 관련 서류를 제출하는 이상 지급은행으로서는 별도의 제재 방법이 없다. 이는 위・변조에 따른 발행인의 피해를 최소화하기 위한 불가피한 제도이다. 결국 위・변조 부도신고의 진실성 여부는 사법적 판단에 맡길 수밖에 없는 것이다.

다만, 향후 사법적 판단에 의거 거래정지처분을 면하기 위한 허위신고로 밝혀질 경우 불량거래처로 지정하여 어음교환심사위원회 의결에 의거 거래정지처분을 할 수 있다.

### (5) 위・변조신고예수금 지급 사유

**위・변조신고예수금의 지급 사유에는 어떤 것이 있는가?**

예수금은 다음 중 하나의 사유로 지급청구가 있는 경우에 지급하여야 한다.[10]

10) 어음교환업무규약시행세칙 제120조(위・변조신고예수금의 지급).

**1. 예수금 면제 관련 증빙자료를 제출한 경우** 위·변조로 부도반환을 한다 하여 반드시 예수금을 지급은행 별단예금에 예치하여야 하는 것은 아니다. 별도로 정한 증빙자료의 제출을 조건으로 하여 예수금을 예치하지 않을 수도 있기 때문이다. 따라서 부도반환 당일 또는 그 익 영업일까지 예수금을 예치하였다면 그 후 관련 증빙자료를 제출하면 기 예치한 예수금을 반환하여야 하는 것은 당연하다. 그러나 예수금에 대하여 예치자를 채무자로 하고 어음·수표소지인 또는 다른 채권자를 집행채권자로 하는 법원의 가압류 또는 압류명령이 이미 송달되어 있는 경우에는 지급할 수 없다.

**2. 어음·수표의 지급제시일로부터 1년이 경과한 경우** 지급제시일로부터 1년(사고신고담보 또는 지급정지가처분담보금의 경우 6개월)이 경과한 경우에는 어음소지인이 신고인(발행인 등)을 상대로 제기한 소송이 계속 중임을 지급은행이 알고 있을지라도 그 어음소지인이 가압류(압류) 등의 조치를 취하지 아니한 이상 그 신고인에게 예수금을 지급하여야 한다.

예수금은 사고신고담보금이나 지급정지가처분담보금의 경우와는 달리 어음소지인이 정지조건부 반환청구권을 가지는 것이 아니기 때문이다.

**3. 위·변조신고인과 어음·수표의 소지인이 합의한 경우** 위·변조신고인과 어음소지인이 합의를 하고 이를 증명하는 서면을 제출한 때에는 그 합의내용에 따라 지급할 수 있다. 다만, 이 경우에도 신고인의 다른 채권자로부터 가압류 또는 압류명령이 송달된 때에는 지급할 수 없다.

한편 신고인이 당해 어음을 회수하여 제출하는 경우에는 신고인에게 지급할 수 있음은 당연하다.

**4. 어음·수표의 소지인이 전부명령을 얻은 경우** 어음소지인을 채권자로 하는 전부명령이 송달되고, 그 전부명령이 확정된 경우에는 어음소지인에게 예수금을 지급할 수 있다. 다만, 전부명령을 얻게 된 집행권원(채무명의)이 당해 어음상의 채권에 기한 것인 때에는 즉시 지급할 수 있지만, 당해 어음상의 채권이 아닌 다른 채권(대여금 채권 등)에 기한 것인 때에는 지급제시일로부터 1년이 경과한 후에 지급하는 것이 타당한 것으로 본다. 그 이유는 전자의 경우에는 집행권원을 취득하는 과정에서 위조어음이 아닌 진정한 어음임이 밝혀진 것으로 볼 수 있지만 후자의 경우는 위·변조 여부가 밝혀진 것으로 볼 수 없어 그 진위가 밝혀질 때까지 기다려야 할 필요가 있기 때문으로 해석하고 있다.

한편 소지인이 추심명령을 득한 경우(어음교환업무규약시행세칙에는 이에 관한 명문의 규정이 없다)는 집행권원상의 채권이 당해 어음상의 채권에 기한 것이라 하더라도 지급제시일로부터 1년이 경과한 후라야 지급할 수 있는 것으로 해석하고 있다. 이 경우는 어음교환업무규약시행세칙에 의한 지급이 아니라 채권자의 강제집행에 따른 지급으로 보기 때문이다.

실무상 위 · 변조신고예수금에 대하여 당해 어음상의 채권에 기한 것이 아닌 다른 채권에 기한 전부명령이 송달되거나 또는 추심명령이 송달된 경우에는 집행공탁(또는 변제공탁)을 하는 것이 안전한 업무처리이며 공탁을 하고자 할 경우에는 예치자에게 이를 통지하여야 할 것이다.

# 제9절 자기앞수표·약속어음과 당좌수표·부정수표단속법

## 1. 자기앞수표의 분실신고 접수와 그 처리

(상 황)

a. 甲은 2002년 5월 1일 8시경 D은행 Y지점에서 발급(2002. 4. 30.) 받은 1백만원권 정액 자기앞수표 1매를 분실, 즉시 D은행(수표발행은행) 본점 콜센타에 전화로 사고신고를 하였다.
b. 분실신고를 접수 완료한 D은행 직원은 서면으로도 사고신고를 할 것을 甲에게 권고하였다.

### (1) 전화 사고신고 후 서면신고가 없는 경우에도 사고신고서 접수로 부도반환을 할 수 있는지 여부

2002. 5. 3. 동 수표가 어음교환소를 경유하여 지급제시되었으나 甲으로부터 일체의 서면신고도 없고 전혀 연락도 되지 않는다. 이 경우 Y지점은 사고신고서 접수(분실)를 이유로 부도처리를 할 수 있겠는가?

사고신고서 접수(분실)를 이유로 부도반환이 가능하다.

지급제시기간[1] 내에 지급제시된 수표에 대하여는 원칙적으로 지급위탁의 취소[2]를 할 수 없고(수표법 제32조) 또한 자기앞수표의 지급위탁의 취소는 수표의 발행인만이 할 수 있을 뿐 자기앞수표의 발행의뢰인은 수표의 단순한 소지인에 불과하여 지급위탁의 취소를 구할 지위에 있지도 않다.

분실·도난 등의 사유로 자기앞수표 소지인이 한 사고신고는 수표법상의 지급위탁의 취소가 아니라 단지 습득자, 도취자 등 무권리자에게 지급되지 않도록 은행에 대하여 주의를 환기시키는 경고적 효과가 있음에 불과하므로 수표 발행은행에서는 사고신고에도

1) 국내에서 발행하고 지급할 수표는 10일 이내(발행일 포함하여 11일)에 지급을 위한 제시를 하여야 한다(수표법 제29조, 수표의 지급제시기간).

2) 수표의 지급위탁의 취소는 제시기간 경과 후에만 그 효력이 생긴다. 지급위탁의 취소가 없는 때에는 지급인은 제시기간 경과 후에도 지급을 할 수 있다(수표법 제3조, 수표의 지급위탁의 취소).

불구하고 소지인이 선의취득자라는 확신이 있으면 수표소지인에게 지급하여도 무방하다. 다만, 수표금을 지급하였으나 그 수표를 지급제시한 자가 선의취득자가 아닌 무권리자로 판명되면 지급은행으로서는 사고신고인에게 또다시 수표금을 지급하여야 하는 위험이 따를 수 있다.

그러므로 금융기관 실무상으로는 지급제시기간 이내에 지급제시되었다 하더라도 사고신고가 있는 수표에 대해서는 일단 지급을 거절하고 사고신고서 접수(도난 또는 분실)로 부도반환을 하는 것이 관행이다.

문제는 금융기관 내규에 의하면, 전화로 분실 또는 도난신고를 한 경우에는 별도로 서면에 의한 사고신고를 하도록 규정하고 있는데 사례와 같이 전화신고후 서면신고를 하지 아니한 상태에서 동 수표가 지급제시된 경우, 과연 사고신고로서의 효력이 유효한지 의문이다.

만일, 전화에 의한 사고신고가 사고신고로서의 효력이 없다면, 지급은행이 수표금을 지급할 때 따르는 주의의무가 경감되어, 지급제시기간 내 지급제시된 수표에 대하여는 은행이 악의나 중대한 과실 없이 지급한 이상 설사 소지인이 무권리자였다 할지라도 선의지급으로써 면책된다.

그런데 은행의 실무관행은 사고신고가 서면신고이든 전화신고이든 그 효력을 동일시하고 있으며 단지 전화신고보다는 서면신고가 보다 신빙성이 있는 것으로 여기고 있을 뿐이다. 따라서 금융기관 내규상 자기앞수표에 관한 사고신고를 할 때 서면신고를 하도록 규정하고 있다 하더라도 최종소지인을 선의취득자로 인정할 만한 특별한 사정이 없는 상태에서 단지 서면신고를 하지 아니하였다는 이유로 지급해 버린다면 후일 민원 소지는 물론 경우에 따라서는 최종소지인에게 또다시 지급하여야 하는 위험이 따른다.

그리고 자기앞수표용 사고신고서의 특약 내용 및 은행업감독업무시행세칙 제65조 제3호[3]에 의하면, 전화로 사고신고를 받은 수표가 지급제시 되어 사고신고접수로 부도반환하였음에도 사고신고인이 서면신고를 해태한다거나 법적절차가 진행중임을 확인할 수 있는 서류를 사고신고일로부터 5영업일(기간을 日로 정한 때에는 기간의 초일을 산입하지 아니하며,

3) 은행업감독업무시행세칙 제65조(금융거래시 유의사항) 제3호(사고신고가 있는 자기앞수표의 처리) ① 지급제시기간 내 지급제시된 자기앞수표 중 도난, 분실, 피사취 등 사고신고가 된 경우 지급을 정지한다. ② 사고신고인이 5영업일 이내에 공시최고, 수표인도청구소송 등 법적 절차가 진행 중임을 확인하는 서류를 은행에 제출하지 않을 경우 최종소지인에게 지급한다. ③ 지급제시기간 경과 후 지급제시된 경우 사고신고인 또는 지급제시인으로 하여금 조속히 소정의 법적 절차를 취하게 하거나 당사자 간 화해를 적극 주선하다.

기간말일의 종료로 기간이 만료한다. 그리고 전화로 사고신고를 한 후 서면신고를 하는 경우에는 전화로 신고한 그 날을 사고신고일로 보는 것이 타당하다) 이내에 제출하지 아니하면, 은행은 수표대금을 최종소지인에게 지급하도록 정하고 있다.

결론적으로 전화신고후 서면신고를 하지 아니한 상태에서 동 수표가 지급제시되었다 하더라도 일단 사고신고서 접수(분실)로 부도반환을 하고 서면신고를 유도하는 것이 적절한 업무처리라 판단된다.

이러한 문제를 사전에 예방하려면 전화에 의한 사고신고 접수를 받을 때에 전화신고와는 별도로 즉시 서면신고를 하여야 한다는 것을 충분히 주지시키는 수밖에 없다.

### (2) 사고신고 후 5영업일이 지나도록 법적절차가 진행 중임을 확인할 수 있는 서류를 제출하지 아니하는 경우 수표금을 최종소지인에게 지급할 수 있는지 여부

**甲이 전화로 도난신고를 한 다음날 서면신고를 하였으나 사고신고일로부터 5영업일이 지나도록 법적절차가 진행 중 임을 확인할 수 있는 서류를 제출하지 아니한 상태에서 당해 수표가 어음교환소를 경유하여 지급제시(2002. 5. 9.)되었다고 가정한다면, Y지점은 동 수표금을 최종소지인에게 지급할 수 있겠는가?**

원칙적으로 최종소지인에게 지급하여야 한다. 다만, 지급을 하기 전에 먼저 사고신고인에게 통지하여 법적절차 관련서류를 즉시 제출할 수 있는지 또는 다른 특별한 사정이 있는지 여부를 확인 후 지급여부를 결정하는 것이 무용의 분쟁을 예방하는 합리적인 업무처리라 생각된다.

서면으로 사고신고를 받을 때에는 은행은 사고신고인으로부터 당해 수표가 지급제시기간 내에 지급제시가 되었으나 사고신고일로부터 5영업일 이내에 법적절차가 진행중임을 확인할 수 있는 서류(공시최고신청 접수증명원 또는 소지인을 상대로 한 수표인도청구의 소 제기 증명원 등)를 제출하지 않을 경우에는 최종소지인에게 지급하더라도 이의를 제기하지 않겠다는 약정(사고신고서 특약 내용)을 하고 있다. 따라서 설문과 같이 사고신고일로부터 5영업일이 경과하도록 법적절차가 진행 중임을 확인할 수 있는 서류를 제출하지 아니한 상황에서 당해 수표가 지급제시기간 내에 지급제시 되었다면 원칙적으로 최종소지인에게 지급[4]하여도 무방하다. 하지만 무조건 수표금을 지급할 것이 아니라 지급전에 먼저 사고신고인

4) 지급제시기간 내에 지급제시가 되지 않았다면 사고신고일로부터 5영업일이 경과할 때까지 법적절차가 진행 중 임을 확인할 수 있는 서류를 제출하지 않았다 하더라도 소지인에게 지급하여서는 아니 된다.

에게 통지하여 법적절차 관련서류를 즉시 제출할 수 있는지 또는 다른 특별한 사정이 있는지 여부를 확인 후 지급여부를 결정하는 것이 무용의 분쟁을 예방하는 바람직한 업무처리라 할 것이다.

자기앞수표의 분실이나 도난과 관련하여 전화로 사고신고를 접수할 때에는 먼저 사고신고인의 연락처를 확실히 파악하는 한편 전화신고와는 별도로 발행지점에 래점하여 서면신고 및 5영업일 이내에 법적절차가 진행중임을 확인할 수 있는 서류를 제출하지 않을 경우 최종소지인에게 수표금을 지급할 수 있다는 사실을 분명하게 주지시키는 것이 사고신고와 관련한 분쟁을 사전에 예방하는 바람직한 업무처리라 할 것이다.

### (3) 사고신고서 접수로 부도처리된 자기앞수표 소지인의 대응 방안

**당해 수표를 소지인이 2002. 5. 8. 거래은행에 추심의뢰하였으나 사고신고서 접수(분실)로 부도반환(2002. 5. 9.) 되었다면 수표금 회수를 위해 최종소지인이 취할 수 있는 법적 대응 방안은?**

최종소지인은 발행인(은행)을 상대로 지급제시기간 경과 후 6개월 이내에 수표금청구소송을 제기할 수 있다. 그러나 동 기간 동안 소도 제기하지 아니하고 다른 시효중단 조치도 취하지 아니하여 수표금청구권이 시효소멸[5]한 경우에는 수표금청구소송을 제기할 수 없고 이득상환금청구소송을 제기하여야 할 것이다.

한편 최종소지인이 은행을 상대로 소송을 제기해 오면 은행은 사고신고인(甲)에게 보조참가 또는 법원으로부터 소송고지 등의 통지를 받은 때에는 반드시 소송에 참가[6]하도록 촉구하고 이를 태만히 함으로써 발생된 손해는 전적으로 본인에게 귀속된다는 사실을 충분히 주지시켜야 할 것이다.

지급제시기간 이내에 지급제시를 한 소지인은 선의취득자로 추정되므로 소지인이 은행

5) 수표소지인의 배서인, 발행인, 기타의 채무자에 대한 소구권은 제시기간 경과 후 6월간 행사하지 아니하면 소멸시효가 완성한다. 수표의 채무자의 다른 채무자에 대한 소구권은 그 채무자가 수표를 환수한 날 또는 그 자가 제소된 날로부터 6월간 행사하지 아니하면 소멸시효가 완성한다(수표법 제51조, 시효기간).

6) 수표소지인이 제기한 수표금청구소송에서 패소할 경우를 대비하여 사고신고인으로 하여금 소위 사고신고보증금(보증금은 소지인이 제기한 소송에서 패소할 경우 수표소지인에게 지급할 지연손해금 및 변호사 보수, 송달비용 등에 충당키 위한 것임)을 예치하도록 의무화하고 있다.

을 상대로 수표금청구소송을 제기하면 사고신고인이 소지인에게 악의(수표를 양도한 자가 무권리자임을 알면서 취득하는 행위 등)나 중대한 과실이 있었음을 입증하여야 할 책임이 있고, 반면에 소지인이 은행을 상대로 이득상환금청구소송을 제기하여야 할 경우에는 소지인 자신이 동 수표를 지급제시기간 이내에 악의 또는 중대한 과실 없이 수표를 취득하였다거나 선의취득자로부터 양수하였음을 입증하여야 할 책임이 있다.

참고로 수표금액이 20백만원 이하인 소액사건(소액사건이라 함은 소송물 가격이 20백만원 이하인 사건을 말한다)의 경우, 법원은 변론기일을 지정하기 전에 피고에게 이행권고결정을 발송하고 피고가 이를 받은 날로부터 2주 이내에 이의신청을 하지 않으면 확정이 되어, 원고는 확정된 이행권고결정 정본으로 강제집행을 할 수 있다. 따라서 은행이 이행권고결정을 송달받은 때에는 신속히 사고신고인에게 통지하여, 이의를 제기하고자 하는 때에는 사고신고인으로 하여금 이의 신청서를 작성, 관할법원에 제출하게 하여야 한다.

■ 참고사항

**1. 소구권 보전을 위한 어음·수표의 지급제시기간**

가. 어음의 경우

확정일출급어음, 발행일자 후 정기출급어음, 일람 후 정기출급어음의 경우에는 지급할 날 또는 이에 이은 2거래일 이내(어음법 제38조 제1항)에, 일람출급어음의 경우에는 발행일자로부터 1년 이내(어음법 제34조 제1항)에 지급제시를 하여야만 소구권을 행사할 수 있다.

나. 수표의 경우

국내에서 발행되고 지급될 수표의 경우에는 발행일(실제 발행된 일자가 아니라 수표상에 기재된 발행일자를 의미함)을 포함하여 11일(기간 중 공휴일도 포함하되 다만, 지급제시기간의 말일에 해당하는 날이 공휴일인 경우에는 그 다음 영업일까지 이다)이내에 지급제시를 하여야만 소구권을 행사할 수 있다.

**2. 소구의 요건** 어음·수표소지인이 소구의무자에게 소구권을 행사하기 위해서는 어음·수표의 지급제시기간 내에 적법한 지급제시(어음·수표의 요건이 흠결되어 있는 경우에는 이를 완전히 보충하여 지급제시를 하여야 한다) 및 지급거절증서 작성기간 내에 지급거절증서를 작성하여야 한다.

그러나 어음의 경우에는 배서란에 부동문자로 거절증서 작성을 면제하는 문구가 인쇄되어 있고, 당좌수표의 경우에는 수표에 제시의 날을 기재하고 일자를 부기한 지급인의 부도선언으로 지급거절증서 작성에 갈음하도록 정하고 있으며(수표법 제39조 제2호), 자기앞수표의 경우에도 역시 수표 표면에 지급거절증서 작성을 면제하는 문구가 인쇄되어 있어 사실상 어음·수표 모두 지급거절증서를 작성할 필요가 없다. 따라서 어음·수표소지인은 어음·수표의 지급제시기간 내에 적법한 지급제시를 하기만 하면 소구의무자에게 소구권을 행사할 수 있게 된다.

**3. 소구의무자**

가. 약속어음의 소구의무자

어음상의 배서인, 배서인의 보증인, 배서인과 보증인의 무권대리인 등

나. 환어음의 소구의무자

발행인, 배서인, 발행인과 배서인의 보증인, 참가인수인 등

다. 수표의 소구의무자

발행인, 배서인, 발행인과 배서인의 보증인, 발행인과 배서인의 무권대리인 등

**4. 소구의무를 부담하지 않는 자** 배서인 중 무담보배서나 추심위임배서 및 기한후 배서를 한 자(배서금지 배서를 한 배서인은 자기의 직접 후자에 대해서만 소구의무를 부담한다)와 피배서인이 백지로 된 어음을 교부받은 자가 이를 단순히 교부에 의하여 양도한 자 등은 소구의무를 부담하지 아니한다.

## (4) 공시최고 신청을 하는 이유

**발행은행이 사고신고인(甲)에게 공시최고신청을 하게하고 그 증명원을 요구하는 이유는 무엇인가?**

사고신고인에게 공시최고[7]신청을 하고 그 증명원을 제출하도록 하는 이유는 허위신고를 하는 것을 예방하는 동시에 수표 없이도 수표금을 지급받을 수 있도록 하기 위한 조치로 보아야 한다.

은행의 내규에 의하면, 수표의 지급제시기간 내에 사고신고가 있고 당해 수표가 지급제시기간 내에 지급제시가 된 때에는 사고신고인은 사고신고일로부터 5영업일 이내에 법적절차(공시최고신청 또는 수표인도청구의 소 제기 등)를 취한 후 이를 확인할 수 있는 서류를 제출하도록 하고, 만일 이를 이행하지 아니할 경우에는 사고신고에도 불구하고 소지인에게 지급하도록 규정하고 있는데, 이는 허위신고 예방을 통한 유가증권의 유통성을 강화하기 위한 조치라 생각된다.

당해 수표가 지급제시되지 않거나 부도수표 실물을 소지하고 있는 소지인이 도취자 이거나 악의자인 관계로 은행을 상대로 수표금청구소송을 제기해 오지 않는다면 사고신고

7) 공시최고라 함은 법원이 일정한 기간내에 권리의 청구 또는 신고를 할 것과 만일 그 기간내에 청구나 신고를 하지 않으면 권리를 잃게 된다는 것을 불특정 다수인에게 경고하는 재판상의 최고를 말한다(민사소송법 제475조~제497조).

인은 그 수표에 대한 제권판결을 받아 그 정본을 제시여야만 수표금을 지급받을 수 있는데, 공시최고 신청은 바로 당해 수표에 대한 제권판결을 받기위한 것이다. 다만, 제권판결을 받았다 하더라도 그것이 권리유보부 제권판결이거나 또는 사고수표의 소지인이 선의취득을 주장하며 동 수표의 실질적인 권리를 다투고 있을 때에는 은행은 지급을 보류하고 소송결과에 따라 처리하고 있다.

제권판결이 있게 되면 당해 어음·수표가 무효(이를 제권판결의 소극적 효력이라 한다)가 되므로 지급은행은 어음·수표소지인에게 어음·수표금을 지급할 수 없다. 그러나 어음·수표의 진정한 권리자가 어음·수표상 가지고 있던 실질적인 권리까지 상실하는 것은 아니고 단지 어음·수표가 무효가 되어 어음·수표상의 권리를 행사할 수 없게 될 뿐이다. 결론적으로 제권판결을 받은 자는 어음·수표소지인으로서의 형식적 자격을 인정받아 어음·수표 제시 없이도 어음을 소지하는 것과 같은 어음상의 권리를 행사(이를 제권판결의 적극적 효력이라 한다)할 수 있으나 실질상의 권리자로 확정되는 것은 아니라는 점에 유의하여야 한다.

제권판결 전에 그 증서를 선의취득한 자와 제권판결을 얻은 자가 있는 경우 과연 이들 중 누가 우선하는지 의문이다. 이에 대하여 제권판결취득자 우선설과 선의취득자 우선설이 대립하고 있으나 대법원의 판례는 선의취득자의 권리를 우선시키되 선의취득자가 그 권리를 행사하려면 제권판결에 대한 불복의 소를 제기하여 그 취소판결을 얻어야 한다는 입장을 취하고 있다.

판례는 형식상 선의취득자 우선설을 취하고 있으나 그 조건을 고려할 때 사실상 제권판결취득자가 우선하는 결과가 되는 것으로 판단된다. 은행 실무상으로는 양자 간의 타협을 권고하여 합의대로 처리하거나, 합의가 이루어지지 않을 경우에는 어음의 선의취득자라고 주장하는 자에게 제권판결 불복의 소를 제기(제권판결이 있음을 안 날로부터 1개월 이내, 제권판결 선고일로부터 3년 내에 제기하여야 함)하도록 권고하여 그 결과에 따라 처리하되 만일 어음의 선의취득자가 1개월 이내에 제권판결 불복의 소를 제기하지 않고 있는 경우에는 제권판결을 얻은 자에게 지급을 하고 있다.

한편 공시최고 신청을 하려면 도난, 분실, 멸실 등과 같이 수표의 행방을 모르거나 형체를 알아 볼 수 없는 등의 사유가 있어야 하는데, 피사취나 계약불이행의 경우에는 비록 수표의 소지인이 누구인지 모른다 하더라도 공시최고를 신청할 수 없다. 따라서 피사취 또는 계약불이행을 이유로 사고신고를 하는 자에게는 공시최고 신청에 필요한 미제시증명원을 발급하여서는 아니 된다. 수표의 소지인을 알면서도 공시최고를 하여 제권판결을 받으면 동 수표는 무효가 되지만 공시최고 신청인은 법원을 기망하여 부당이득을 취한 것이 되어 형사상 사기죄가 성립되며, 소지인에 대해서는 불법행위에 기한 손해배상 책임을 지게 된다.

어음교환소를 통하여 지급제시가 된 경우에는 수표의 소지인이 누구인지를 알 수 있겠으나 금융실명거래 및 비밀보장에 관한 법률에 의하여 소지인의 서면 동의가 없는 한 사고신고인은 소지인의 인적사항에 관한 정보를 제공받을 수가 없으므로 이 경우에는 수표 소지인을 모르는 것에 해당되어 공시최고를 신청할 수 있는 것으로 본다.

공시최고에 따른 제권판결이 먼저 확정될 가능성이 있을 경우에는 은행은 최종소지인에게 반드시 공시최고 신청 법원에다 권리신고를 하도록 안내하여야 한다.

## 2. 당좌 거래보증금의 법적성질 및 그 반환

(상 황)

a. D은행 Y지점의 거래처인 A주식회사(이하 'A사'라 한다)의 당좌개설 및 해지내용은 다음과 같다.
   (1) 당좌거래 개설일자 : 2003. 10. 6.
   (2) 당좌거래 해지일자 : 2010. 6. 28.
   (3) 현재 미회수 수표 17매, 어음 85매. 단, 최근 3년간 지급제시된 어음과 수표는 없음.

b. 한편 A사는 현재 법정관리 중에 있다. Y지점은 A사에 대하여 특수채권 70백만원을 가지고 있으며, 그리고 거래보증금(250만원)은 아직까지 별단예금계정의 당좌예금 거래보증금 계좌에 그대로 예치되어 있는 상황이다.

### (1) 당좌예금 거래보증금을 받아 두는 이유 및 그 법적성질

**당좌거래계약을 체결할 때 당좌거래처로부터 별도의 당좌예금 거래보증금을 받아 두는 이유와 그 법적성질은 무엇인가?**

당좌거래처(가계당좌거래처 제외)가 어음·수표를 결제하지 아니하고 부도반환하는 경우에는 그 부도반환 사유에 해당하는 소정의 부도제재금을 어음교환소에 납부하여야 하며, 아울러 개설은행에 부도처리수수료[1])를 부담하여야 하는데, 당좌예금 거래보증금[2])은 이와 같이 장래 당좌거래처가 개설은행에 대하여 부담하게 될지도 모르는 부도제재금이나 부도처리수수료를 담보하고자 할 목적으로 징구하여 별단예금계정 당좌예금 거래보증금계좌에 예치하고 있으며, 그 법적 성질은 '정지조건부 반환채무를 수반하는 금전소유권의 이전'으로 정지조건부 채권으로 보는 것이 통설이다.

1) 2010. 11. 1. 현재, 당좌수표 및 약속어음 공히 부도반환 사유에 관계없이 건당 10,000원을 징구하고 있는 실정이다. 다만, 당좌거래처가 국가, 지방자치단체, 학교 등의 경우에는 징구하지 않고 있다.

2) 2010. 11. 1. 현재, 당좌예금 거래보증금은 특별시 및 광역시의 경우에는 250만원, 시지역의 경우 180만원, 기타 지역의 경우 100만원이다.

■ 참고사항

제재금(어음교환업무규약시행세칙 제137조) ① 참가은행은 자행이 지급장소로 된 당좌수표, 약속어음 및 환어음이 부도처리된 경우에는 매 1장에 대하여 다음의 제재금을 교환소에 납입하여야 한다.

1. 예금부족
   (1) 부도어음 입금통보가 있는 3회 이하의 어음부도 : 1만원
   (2) 부도어음 입금통보가 없는 어음부도 : 1만 5천원
   (3) 부도어음입금통보가 있는 경우라도 교환소별로 모든 참가은행을 통하여 1년간 4회의 어음부도가 있을 때 : 2만원
2. 무거래 : 5천원. 다만, 가설인인 경우와 거래해지 후 5년이 경과된 경우는 제외
3. 형식불비 중 인감불선명, 정정인 누락 또는 상이, 금액 및 발행일자 오기, 약정용지상위 : 1만 5천원
4. 사고신고서 접수 : 1만 5천원, 다만, 부도당일에 사고신고담보금이 입금된 경우는 제외
5. 인감서명상이 : 1만 5천원

② 전항의 제재금은 참가은행이 부도어음의 발행인으로부터 징구하여 교환소에 납입하여야 하며, 제재금의 징구가 불가능하거나 늦어지더라도 이를 반드시 납입하여야 한다.

## (2) 당좌예금 거래보증금의 반환시기 및 충당순서

**당좌예금 거래보증금의 반환시기 및 그 충당순서는?**

거래보증금의 반환시기는 당좌거래를 해지한 때이며, 그 충당순서는 거래처가 은행에 변제하여야 할 채무, 당좌해지 시점 현재 미회수 어음·수표 수량을 감안하여 계산한 부도제재금 및 부도처리수수료 순으로 충당(입출금이 자유로운 예금약관 제14조, 당좌예금 거래보증금)하고, 남는 잔액에 대해서는 당좌거래처에게 반환하어야 한다.

따라서 당좌거래를 해지하는 경우에는 별단예금계정에서 거래보증금을 출금, 먼저 대출금 등 거래처에 대하여 채권을 가지고 있는 때에는 이들 채권을 수동채권으로 하여 상계를 하고, 상계 후 잔액이 있는 경우에는 미회수 어음·수표 수량을 감안하여 계산한 금액을 별단예금계정 부도제재금 계좌와 별단예금계정 부도처리수수료 계좌에 각각 대체입금을 하고, 그러고도 남은 잔액은 거래처에게 반환하도록 한다.

대출금 등 충당 후 남은 거래보증금 잔액이 부도제재금 및 부도처리수수료를 충당하기에 부족하다면 부도제재금 부족부분은 손익, 영업외비용, 기타영업외손실 항목으로 처리하여 어음교환소에 납부하고, 부도처리수수료는 면제 처리(품의서 작성)하는 것이 적절한

업무처리라 생각된다.

### (3) 부도제재금 및 부도처리수수료의 처리

**Y지점은 현시점에서 거래보증금을 인출하여 미회수 어음·수표 수량을 감안하여 계산한 부도제재금 및 부도처리수수료 상당액을 별단예금계정의 부도제재금 및 부도처리수수료 계좌에 입금하여야 하는가?**

A사의 경우 비록 미회수 어음·수표가 상당하나 당좌거래 해지 후 이미 5년이 경과됨으로써 향후 부도반환을 하더라도 거래처는 부도제재금을 납부할 의무가 없으므로[3] 현시점에 굳이 거래보증금을 인출하여 부도제재금 계좌에 예치할 필요가 없다. 따라서 A사에서 거래보증금의 반환을 요구한다면 부도제재금에 해당하는 금액에 대해서는 반환하여야 한다. 다만, 부도처리수수료 상당액에 해당하는 금액에 대해서는 반환을 거절하고 별단예금 부도처리수수료 계좌에 입금하는 것이 적절할 것으로 본다.

### (4) 부도제재금과 부도처리수수료 반환사유

**A사가 당좌거래 해지일로부터 5년이 경과되었음을 이유로 별단예금 계좌에 입금되어 있는 금액(부도제재금과 부도처리수수료 용)의 반환을 요구해 올 경우, Y지점의 실무처리는?**

당좌거래 해지일로부터 5년이 경과된 이후에 어음·수표가 지급제시되어 무거래로 부도처리하더라도 거래처는 어음교환소에 부도제재금을 납부할 의무를 부담하지 아니한다.[4] 따라서 부도제재금에 대해서는 거래처에 대하여 가지는 다른 채권이 없는 한 반환하여야 한다. 그러나 부도처리수수료는 기간에 관계없이 징수함으로 부도처리수수료 상당액에 대해서는 그 반환 요구를 거절하여도 무방하다.

참고로 당좌거래 해지 후 상당기간이 경과하였으나 지급제시되는 어음·수표가 없고 사실상 회수불능이라고 판단되는 때에는 A사로부터 장래에 어음·수표가 지급제시될 경우 부도처리수수료를 부담하겠다는 손해담보각서(A사의 신용이 확실하지 않다면 신용 있는 자를 연대보증인으로 입보하도록 요구할 수 있다)를 받고 지급할 수도 있겠지만 이는 어디까지 Y지점

3) 어음교환업무규약시행세칙 제137조 제1항 제2호.

4) 어음교환업무규약시행세칙 제137조 제1항 제2호.

의 업무재량에 속하는 문제라고 본다.

### (5) 거래보증금과의 상계

**Y지점은 거래보증금을 출금하여 A사에 대하여 가지고 있는 특수채권에 충당할 수 있겠는가?**

A사가 현재 법정관리 중에 있다면 상계권을 행사할 수 없을 것이므로 Y지점으로서는 관리인으로부터 보증금 수령증을 받아 지급 처리한 후 이를 다시 받아 특수채권에 충당하는 수밖에 없을 것으로 본다.

Y지점은 A사와의 당좌거래를 해지할 때 거래보증금을 인출하여 A사에 대하여 가지는 대출금과 상계를 하여야 함이 올바른 업무처리이지만 담당직원의 업무미숙으로 현재까지 별단예금 거래보증금 계좌에 예치된 것으로 생각된다. 만일, 현시점에서 거래보증금을 특수채권 상환자금에 충당하려면 상계를 하는 방법과 관리인으로부터 수령증을 받아 지급 처리한 후 이를 특수채권에 충당하는 방법이 있다.

그런데 A사가 법정관리 중에 있기 때문에 상계를 하는 방법으로는 특수채권에 충당할 수 없을 것으로 판단된다. 회사정리절차(법정관리)개시결정이 있는 경우 채권자는 적어도 정리채권 또는 정리담보권의 신고기간 내(채권신고기간 내에 상계통지가 관리인에게 도달되어야 한다)에 상계를 하여야 하기 때문이다. 따라서 Y지점으로서는 관리인으로부터 수령증을 받아 지급 처리한 후, 특수채권에 충당하여야만 하는데 관리인이 이와 같은 업무처리에 협조해 줄 것을 기대하기란 어려울 것으로 본다.

결국 현시점에서 관리인이 보증금 반환을 요구한다면 장래 예상되는 부도처리수수료 상당액을 제외한 금액에 대해서는 지급을 거절하기 어려울 것으로 판단된다.

위 사례를 보면, Y지점은 당좌거래를 해지할 때 거래보증금과 A사의 대출금을 서로 상계를 하였다면 반환하지 않아도 될 것을 상계를 하지 아니함으로써 특수채권을 보유하고도 거래처에게 거래보증금을 반환하는 우를 범하게 되었다. 따라서 거래처가 당좌거래를 해지할 때에는 반드시 거래보증금을 인출하여 거래처에 대하여 가지는 다른 채권과 우선 상계를 하고 남는 잔액이 있을 경우에 한하여 별단예금 부도제재금 및 부도처리수수료 계좌에 입금하여야 할 것이다.

# 3. 어음 · 수표의 요건

**(상 황)**

**D은행 Y지점 직원은 당좌거래처로부터 어음 · 수표의 요건에 관한 질의를 받았다. 어음 · 수표법에서 규정하는 어음 · 수표의 요건은 무엇인가?**

어음 · 수표는 고도의 유통증권이므로 엄격한 요식성에 따라 작성되어야 한다. 따라서 어음 · 수표가 되려면 반드시 어음 · 수표 표면에 기재되어야 할 사항(이를 필요적 기재사항이라 하며, 이것이 곧 어음요건, 수표요건이다)이 어음 · 수표법에 명시되어 있다.

이러한 요건 중 하나라도 흠결이 있으면 원칙적으로 그 어음 · 수표는 어음 · 수표로서의 효력을 상실한다. 다만, 어음 · 수표요건 중에는 그 요건이 누락되었다 하더라도 그 어음 · 수표를 무효로 하지 않고 유효한 것으로 하는 보충규정(어음법 제76조 · 제2조, 수표법 제2조)이 있는데 이를 요건 흠결의 보충이라 한다.

어음 · 수표법에서 규정하는 약속어음, 수표 및 환어음의 법정요건(이를 법정기재사항이라 한다)은 다음과 같다.

## 1. 어음의 요건

약속어음에는 다음 각 호(①~⑦)의 사항을 적어야 한다(어음법 제75조).

| 약 속 어 음 | | | |
|---|---|---|---|
| | | ⑤갑 주식회사 귀하 | 자가123456 |
| 금 | | | |
| 위 금액을 귀하 또는 귀하의 지시인에게 이 ①약속어음과 ②상환하여 지급하겠습니다. | | | |
| ③지급기일 | 년 월 일 | ⑥발 행 일 | 년 월 일 |
| ④지 급 지 | | ⑥발 행 지 | |
| 지급장소 | 주식회사 대구은행 | 주 소 | |
| | 영 업 부 | ⑦발 행 인 | (인) |

① 증권의 본문 중에 약속어음임을 표시하는 글자

② 조건 없이 일정한 금액을 지급할 것을 약속하는 뜻

③ 만기(지급기일)

④ 지급지
⑤ 지급받을 자(수취인) 또는 지급받을 자를 지시할 자의 명칭
⑥ 발행일과 발행지
⑦ 발행인의 기명날인 또는 서명

### 2. 수표의 요건

수표에는 다음 각 호(①~⑥)의 사항을 적어야 한다(수표법 제1조).

| 당 좌 수 표 | | |
|---|---|---|
| ④지 급 지<br>③주식회사 대구은행 영업부 앞 | | 마가23456 |
| 금 | | |
| 이 ①수표 금액을 | 에게 ②지급하여 주십시오. | |
| ⑤발 행 지 : 대구광역시 | ⑤ | 년 월 일 |
| | ⑥발 행 인 | (인) |

① 증권의 본문 중에 수표임을 표시하는 글자
② 조건 없이 일정한 금액을 지급할 것을 위탁하는 뜻
③ 지급인의 명칭
④ 지급지
⑤ 발행일과 발행지
⑥ 발행인의 기명날인 또는 서명

### 3. 환어음의 요건

환어음에는 다음 각 호(①~⑧)의 사항을 적어야 한다(어음법 제1조).

| 환 어 음 | | |
|---|---|---|
| | ③갑 주식회사 귀하 | 마가23457 |
| 금<br>위의 금액을 이 ①환어음과 상환하여 ⑥대구은행 영업부 또는 그 지시인에게<br>②지급하여 주십시오. | | |
| ⑤ 지 급 지<br>지급장소 대구광역시 | ④만기<br>⑦발행일<br>⑦발행지<br>⑧발행인 | (인) |

① 증권의 본문 중에 환어음임을 표시하는 글자
② 조건 없이 일정한 금액을 지급할 것을 위탁하는 뜻
③ 지급인의 명칭
④ 만기(지급기일)
⑤ 지급지
⑥ 지급받을 자 또는 지급받을 자를 지시할 자의 명칭
⑦ 발행일과 발행지
⑧ 발행인의 기명날인 또는 서명

### 4. 어음·수표 요건 흠결의 보충규정

| 흠결사항 | 약속어음(어음법 제76조) | 환어음(어음법 제2조) | 수 표(수표법 제2조) |
|---|---|---|---|
| 만기의 기재가 없는 경우 | 일람출급 약속어음으로 본다. | 일람출급 환어음으로 본다. | |
| 지급지의 기재가 없는 경우 | 발행지를 지급지 및 발행인의 주소지로 본다. | 지급인의 명칭에 부기한 지를 지급지 및 지급인의 주소지로 본다. | 지급인의 명칭에 부기한지를 지급지로 본다.<br>지급인의 명칭에 여러 개의 지를 부기한 경우에는 수표의 맨 앞에 적은 지에서 지급할 것으로 한다.<br>지급인의 명칭에 부기한 지도 없으면 발행지에서 지급할 것으로 한다. |
| 발행지의 기재가 없는 경우 | 발행인의 명칭에서 부기한 지를 발행지로 본다. | 좌 동 | 좌 동 |

## 4. 부도통보를 받은 어음을 정상결제 처리한 경우 그 대책

(상 황)

a. D은행 Y지점(제시은행)은 甲으로부터 지급장소가 K은행 X지점(지급은행)으로 된 약속어음의 추심의뢰를 받고, 교환에 회부하였다.

b. 다음 날 오후, Y지점은 K은행 X지점으로부터 동 어음이 부도처리되었다는 통보를 받았으나 담당 직원이 부도어음 관련 업무처리를 소홀히 함으로써 결과적으로 어음이 결제된 것으로 처리되고 말았다.

c. 이 경우 Y지점은 甲에 대하여 부당이득을 이유로 그 반환을 청구할 수 있겠는가?

추심의뢰인이 제시은행(Y지점)을 통하여 추심 의뢰한 어음이 결제자금 부족으로 부도처리되었음에도 불구하고 은행 직원의 과실로 자금화(어음의 결제처리)되었다면, 추심을 의뢰한 자(甲)는 법률상 원인 없이 이득을 얻은 것이 된다. 따라서 Y지점은 甲에게 부당이득[1]을 이유로 그 반환을 청구할 수 있을 것으로 본다. 대법원 판례도 같은 입장을 취하고 있다.

제시은행으로부터 교환어음을 수취한 지급은행(K은행 X지점)은 그 어음의 발행인의 서명 또는 기명날인이 신고된 서명 또는 기명날인과 일치하는지, 위조 또는 변조된 어음은 아닌지, 분실 또는 도난 등 사고신고가 되어 있는 것은 아닌지, 어음의 지급제시기간이 경과된 것은 아닌지, 그리고 발행인의 당좌예금 계좌에 결제자금이 있는지 등을 조사 확인하여, 부도처리 사유가 있다거나 결제자금이 입금되지 아니하여 결제 여부가 불투명한 미결제어음에 대하여 교환일의 영업종료 2시간 전까지(이를 미결제통보시각이라 한다) 제시은행에 그 사실을 통보하여야 한다.[2] 미결제통보를 하지 않은 어음에 대하여는 어음교환업무규약시행세칙 제100조(부도어음의 통보)에 의한 부도통보를 할 수 없다.

미결제통보시각까지 지급은행으로부터 미결제통보가 없다면 제시은행은 그 어음이 정

1) 법률상 원인 없이 타인의 재산 또는 노무로 인하여 이익을 얻고 이로 인하여 타인에게 손해를 가한 자는 그 이익을 반환하여야 한다(민법 제741조, 부당이득의 내용).

2) 어음교환업무규약시행세칙 제99조(미결제어음의 통보) 제1항.

상 결제된 것으로 보고 어음금액을 추심의뢰인[3]에게 지급하여도 무방하며, 이 경우 지급은행은 제시은행에 대하여 부도어음대금의 회수 절차를 취할 수 없게 된다.

반면에 미결제통보시각까지 지급은행으로부터의 미결제통보가 있으면 제시은행은 그 미결제어음이 결제처리되었다는 사실이 확인되지 않는 한 추심의뢰인에게 지급처리를 할 수 없다.

지급은행은 미결제통보를 한 어음 중 교환당일 영업시간까지 어음금이 입금되지 않은 부도어음에 대하여 교환일의 영업종료시각까지(이를 부도통보시각이라 한다) 제시은행에 유선통보함과 동시에 '부도어음 통보/확인서'를 FAX로 송부하여야 한다. 다만, 부도통보시각은 참가은행간 합의로 연장할 수 있다. 이 경우 지급은행은 연장시각까지 부도여부를 통보하여야 한다.

부도어음의 통보를 받은 제시은행은 부도통보시각으로부터 30분 이내에 부도확인번호를 부여하여 지급은행에 유선 통보함과 동시에 부도어음 통보/확인서를 FAX로 송부하여야 한다.[4]

그런데 위 사례에서 보는 바와 같이 제시은행이 지급은행으로부터 부도어음 통보를 받았음에도 통보를 받은 직원의 업무 부주의로 추심의뢰인의 예금계좌에서 부도출금을 하지 못하고 지급 처리된 경우 제시은행(또는 부도 처리되어야 할 어음이 지급은행 직원의 업무부주의로 제시은행에 부도통보를 하지 않아 정상 결제 처리된 경우 지급은행)은 추심의뢰인에 대하여 부당이득을 이유로 그 반환을 청구할 수 있을지 여부가 의문이다.

이에 관하여 대법원의 입장은 일관되게 부당이득 반환을 청구할 수 있는 것으로 판시[5]하고 있다. 즉 추심의뢰인이 지급받은 그 어음금 상당의 이익은 사회통념상 제시은행

3) 추심의뢰인이란 예금주 겸 어음의 최종소지인을 의미한다.

4) 어음교환업무규약시행세칙 제100조(부도어음의 통보) 제2항.

5) 예금계약에 적용되는 예금거래기본약관 제7조의 규정은 다른 은행이나 점포에서 지급될 어음 등 증권으로 입금하는 경우에는 이를 교환에 돌려 지급은행에서 그 증권이 정상적으로 추심되었는지 또는 부도 처리되어 추심이 이루어지지 않았는지 여부에 관계없이 추심을 의뢰한 은행이나 점포에 위 부도반환시한까지 부도통보가 없으면 무조건 예금계약이 성립한다는 취지는 아니다. 따라서 소지인이 제시은행에 추심을 의뢰, 예입한 약속어음이 지급은행에 개설된 발행인의 당좌계좌의 예금부족으로 현실적으로 추심되지 않았음에도 불구하고, 어음교환일 당일 어음교환업무규약 등에 정해진 시각까지 미결제어음통보 혹은 부도어음통보가 이루어지지 않아 지급은행이 어음교환소에서 대차 결제된 결제자금을 제시은행으로부터 회수하지 못하게 됨으로써 그 어음이 정상적으로 추심된 것처럼 입금・처리되고 소지인이 이를 인출하여 간 경우, 소지인이 얻은 위 인출금 상당액은 원칙적으로 지급은행의 결제자금 상당의 손해로 인한 것이므로 사회통념상 법률상 원인 없는 부당이득으로 반환할 의무가 발생한다(대법원 2006. 5. 26. 선고 2003다65643 판결).

이 입은 손해로 인한 법률상 원인 없는 부당이득으로 보고 있다. 실무상 유사 사례가 발생한 경우 제시은행으로서는 특히 다음과 같이 처리하는 것이 바람직할 것으로 생각된다.

1. 먼저 부도어음금 상당액이 현실적으로 출금되었는지 여부를 조회하여 아직까지 그 계좌에 그대로 예치되어 있다면 전화통지 후 부도출금을 하여야 할 것이다. 그러나 본인 명의의 다른 예금계좌로 이체되었다거나 또는 그 계좌에는 잔액이 없고 다른 계좌에 잔액이 있는 경우에는 해당 계좌에 지급정지 조치[6]를 취한 후, 이 사실을 추심의뢰인에게 통지하여 반환 협조를 구하도록 한다.

2. 추심의뢰인이 자진 반환할 의사가 없다고 판단되는 경우에는 서면으로 협조요청서[7]를 발송하고 그 요청서가 송달되었다고 판단될 때, 무통 출금하여 정리하는 것이 바람직할 것으로 판단된다. 이는 장래 예상되는 민원에 대비한 조치이다.

3. 만일 어음금 결제액이 이미 출금 처리되어 행방이 묘연하고 회수가 어렵다고 판단되는 경우에는 그 어음상의 채무자를 상대로 어음금을 회수하는 방안도 강구하여야 할 것이다.

---

제시은행이 자기앞수표를 어음교환소의 어음교환 과정을 통하여 지급은행에 추심한 경우, 지급은행으로서는 그 수표가 결제할 수 없는 것이라면 그 사유를 어음교환소규약에서 정한 미결제어음 통보시각까지 제시은행에 통보하여야 하고 그 시각까지 통보하지 않으면 이를 부도 반환할 수 없게 되고 그 결과 그 수표는 자금화되므로, 제시은행에서 자금화된 그 수표금액을 예금자 명의로 발행한 약속어음 및 당좌수표의 교환결제자금으로 사용한 것은 결과적으로 그 수표를 예입 받아 그 추심 의뢰를 받은 제시은행이 어음교환소규약에 따른 그 수표의 추심 및 교환결제 결과에 바탕을 두고 행한 업무 집행으로서 적법성이 보장되고, 그 금원 지급은 순전히 지급은행의 출연에 기한 것일 뿐 제시은행으로서는 아무런 손해를 입은 바가 없으므로 제시은행이 예금자에 대하여 그 수표금 상당의 부당이득반환채권을 갖게 되었다고 할 수는 없으며, 이에 반하여 지급은행으로서는 그 수표가 위조된 수표임에도 불구하고 이를 부도어음으로 반환할 수 없게 되어 그 결제자금 상당의 손해를 입었지만, 제시은행이 위에서 본 바와 같이 이로 인하여 아무런 이득도 얻은 것이 없으므로 제시은행을 상대로 하여 부당이득의 반환을 구할 수는 없으나, 그 수표의 예입자는 그가 제시은행에 예입한 그 수표가 위조되어 현실적으로 추심될 수 없음에도 불구하고 어음교환소규약 때문에 그 부도수표의 지급인인 지급은행이 이를 제시은행에게 반환할 수 없게 되고 그 결제자금을 회수하지 못하게 된 나머지 그 수표가 자금화 되어 제시은행으로부터 그 수표금을 지급받게 된 것이므로, 예금자가 지급받은 그 수표금 상당의 이익은 사회통념상 지급은행이 입은 위 결제자금 상당의 손해로 인한 법률상 원인 없는 부당이득이라 할 것이고, 따라서 지급은행은 예금자에 대하여는 그 수표금 상당의 부당이득의 반환을 구할 수 있다(대법원 1997. 11. 28. 선고 96다21751 판결).

6) 만일 어음금 결제대금이 타인의 계좌로 이체되었다면 그 계좌의 실질적인 예금주가 자금이체를 한 본인이라는 등의 특별한 사유가 없는 한 지급금지 조치를 취할 수 없다.

7) 협조요청서에는 사고발생 경위, 요청사항, 업무부주의로 인하여 불편과 심려를 끼친 점에 대한 정중한 사과 등의 내용을 기재하고 그 근거서류도 첨부하여야 할 것이다.

## 5. 어음 · 수표 결제자금이 부족한 경우 지급의 선택

(상 황)

a. D은행 Y지점은 甲과 당좌예금거래를 하고 있다.
b. 금일 어음교환소를 통하여 지급제시 된 어음 · 수표는 2매 40백만원(어음 10백만원, 수표 30백만원)이다.
c. 甲은 30백만원을 당좌예금 계좌에 입금하면서 수표는 결제를 하고, 어음은 부도 반환을 요청하고 있다. Y지점은 이에 응할 수 있겠는가?

Y지점으로서는 당연히 甲(어음 · 수표발행인)이 요구하는 대로 수표(30백만원)는 결제를 하고, 어음(10백만원)은 부도 처리를 하여야 한다. 설사 甲으로부터 아무런 의사표시가 없고 또 연락이 두절된 상황이라 하더라도 이와 같이 처리하는 것이 수임인으로서의 선량한 관리자의 주의의무를 다한 것으로 볼 수 있다.

어음을 지급함에 있어 은행은 지급담당자로서의 지위를, 그리고 수표의 경우에는 지급은행으로서의 지위를 갖게 된다. 아울러 당좌(또는 가계당좌)예금계약은 소비임치계약 뿐만 아니라 위임계약의 성격을 가지고 있으므로 어음 · 수표의 지급을 수탁받은 은행은 수임인으로서의 선량한 관리자의 주의의무를 다하여야 한다.

위 사례에서 보는 바와 같이 당좌예금의 잔액이 당일 지급제시된 어음 · 수표의 합계 금액보다 부족한 경우 어떻게 처리하여야 할지가 의문이다.

어음교환업무규약시행세칙 제97조(부도사유) 제3항에 의하면, 동일한 발행인에 대하여 2장 이상의 어음(또는 수표)이 지급제시되었을 때 지급자금의 부족으로 그 어음(또는 수표)대금을 전부 지급할 수 없을 경우에는 지급은행의 당좌거래약관(현재는 입출금이 자유로운 예금약관) 등 지급은행과 발행인 간에 합의된 바에 따라 처리한다고 규정하고 있다.

그리고 입출금이 자유로운 예금약관 제8조(지급자금 부족시의 처리)에는, 같은 날 거래처의 지급자금을 초과하는 수표나 어음의 지급 또는 그 밖의 채무 이행의 청구가 있는 경우 은행은 거래처의 의사를 확인하였을 때에는 그 의사에 따라 처리하고, 의사를 확인할 수 없는 때에는 은행이 판단하여 처리한다고 약정하고 있다. 따라서 어음 · 수표발행인(甲)이 결제자금 부족으로 당일 지급제시된 어음 · 수표 모두를 결제할 수 없는 상황에서 수표

(30백만원)만 결제를 하고, 어음(10백만원)에 대해서는 부도 처리를 요청한다면 수임인(Y지점)으로서는 당연히 그의 의사에 따라 어음 · 수표 지급사무를 처리를 하여야 한다. 설사 甲으로부터 아무런 의사표시가 없고 또 연락이 되지 않는 상황이라 하더라도 마찬가지이다.

어음의 경우에는 결제를 하지 않는다 하더라도 특별한 사정이 없는 한 형사처벌을 받는 일이 없지만, 수표를 결제를 하지 아니하면 그 발행인은 부정수표단속법에 의거 처벌을 받으므로, 수임인인 은행으로서는 어음 · 수표발행인에게 유리한 방향으로 어음 · 수표 지급사무를 처리하는 것이 수임인으로서의 선량한 관리자 주의의무를 다한 것이 되기 때문이다.

## 6. 어음 결제자금을 대출금 상환에 충당할 수 있는지 여부

(상 황)

a. D은행 Y지점은 甲과 여신 및 당좌예금 거래를 하고 있다.
b. 금일 지급제시된 어음·수표는 2매 40백만원(어음 10백만원, 수표 30백만원)이며, 현재 당좌통장대출 잔액은 50백만원(한도 50백만원, 신용취급)이다.
c. 甲은 30백만원을 당좌예금 계좌에 입금(당좌예금잔액 -30백만원)하면서 수표를 결제하고, 어음은 부도 반환을 요청하고 있다.
d. Y지점은 어음을 결제하지 아니하여 거래정지처분을 당할 경우, 대출금 회수가 의문시되어 당좌예금에 입금된 30백만원을 수표 결제자금에 충당하지 아니하고, 대출금 회수에 충당하고자 한다. Y지점의 실무처리는 타당한가?

당일 지급제시된 어음과 수표 모두를 부도(예금부족)반환 처리한 후, 익 영업일 영업시간까지 기다려 어음 결제자금을 마련한 경우에는 당좌예금 계좌에 입금된 30백만원으로 수표 결제자금에 충당하고, 그렇지 못하여 어음교환소로부터 거래정지처분을 당하게 될 때에는 대출금(통장대출) 회수자금에 충당하여도 무방할 것으로 판단된다.

위 사례에서 보는 바와 같이 어음·수표발행인(甲)이 당일 지급제시된 수표를 결제할 의도로 당좌예금 계좌에 입금한 금액을 지급은행이 그의 의사에 반하여 수표발행인에 대하여 가지는 대출금을 상환하는데 충당한 경우, 지급은행은 과연 수표발행인과 수표소지인에게 대항할 수 있는지 여부가 의문이다.

만일, 수표발행인이 요구하는 대로 충당되어야 한다면 지급은행으로서는 자신의 채권(대출금 등)이 회수가 의문시되는 상황임에도 불구하고 타 채권자(어음·수표 최종소지인)의 채무 변제에 충당되는 것을 그저 지켜만 보고 있어야 할 것이므로 여간 불합리한 일이 아닐 수 없다.

은행여신거래기본약관 등에 의하면, 어음·수표발행인(甲)이 지급제시된 어음·수표를 결제하지 아니하여 부도처리된 때에는 그 발행인은 은행에 대한 모든 채무의 기한의 이익을 상실하는 것으로 약정하고 있으므로 위 사례에서 지급은행은 채무자에 대하여 가지는 대출금 채권과 채무자(수표발행인)에 대하여 부담하는 예금반환채무를 서로 상계를 할 수 있을 것으로 판단된다. 따라서 비록 지급제시된 수표를 결제할 목적으로 입금된 자금이라 하더라도, 당일 지급제시된 어음·수표금액 전부를 결제할 수 없어 거래정지처분을 당할 우려가 있는 등 어음·수표발행인의 신용상태가 현저히 악화된 상황에서는 그의 요구를 거절하고 그 자금으로 지급은행의 대출금을 상환하였다 하더라도 이는 정당한 업무처리라고 본다. 다만, 부도반환 사유가 甲의 일시적인 자금부족에 기인하고 장래 은행 채권회수에 무리가 없다고 판단되는 경우에는 일단 어음과 수표 모두를 예금부족으로 부도반환을 하되, 익 영업일 영업시간까지 어음 결제자금을 마련한 경우에는 수표 결제자금에 충당하고, 그렇지 못하여 어음교환소로부터 거래정지처분을 당하게 될 때에는 대출금(통장대출)을 회수하는 것이 수표발행인과 그 소지인과의 분쟁을 예방하는 합리적인 업무처리라고 판단된다.

그러나 당좌통장대출의 담보가 충분하다거나 또는 수표 결제자금에 충당하는 조건으로 입금을 받았다면 그 수표 결제자금에 우선 충당되어야 함은 당연하다.

# 7. 어음의 위·변조와 그 입증책임 등

(상 황)

a. A는 B로부터 원재료를 구입하고 그 대가로 2백만원의 약속어음을 발행하여 교부하였다.
b. 그런데 B는 어음금액을 20백만원으로 고쳐서 이러한 사실을 전혀 모르는 C에게 배서 양도하였다.
c. 그 후 C가 지급제시를 하였으나 어음발행인(A)은 금액이 변조되었다고 주장하며, 지급을 거절하였다.

## (1) 어음의 변조와 그 입증책임

**어음발행인(A)과 소지인(C) 간에 어음금액 변조와 관련하여 다툼이 있는 경우 그 입증책임은 누구에게 있겠는가?**

어음·수표의 변조라 함은 권한 없는 자가 기명날인 또는 서명 이외에 어음·수표상의 기재내용을 변경하는 것을 말한다. 어음발행인과 그 어음의 권리자 간에 변조와 관련하여 다툼이 있는 경우로서, 변조가 어음·수표상 명백하지 아니한 경우(예컨대 아무리 조사하여도 변조여부를 확인하기 어려운 경우)에는 어음발행인이 변조된 사실을 입증하여야 한다. 그러나 변조가 명백한 경우에는 어음의 소지인이 변조가 아니라는 것을 입증하여야 한다.[1)]

한편 어음·수표의 위조라 함은 권한 없는 자가 어음·수표상에 타인의 기명날인 또는 서명을 함으로써 마치 그 타인이 어음·수표행위를 한 것과 같은 외관을 나타내는 것을 말한다. 위조의 경우에는 어음의 소지인이 위조가 아니라는 것, 즉 어음상의 의무자가 진정하게 어음상에 기명날인 또는 서명을 했다는 것을 입증하여야 한다.[2)]

## (2) 어음의 변조와 어음발행인의 책임

**위 사례에서 A(어음발행인)와 B(수취인 겸 배서인)의 어음상의 책임은?**

1) 대법원 1990. 2. 9. 선고 89다카14165 판결.

2) 대법원 1993. 8. 24. 선고 93다4151 전원합의체 판결.

어음이 변조되고 난 이후에 기명날인 또는 서명한 자는 변조 후의 문언에 따라, 변조 전에 기명날인 또는 서명한 자는 변조되기 전의 원 문언에 따라 책임(어음법 제69조, 수표법 제50조)을 진다. 따라서 A는 2백만원, B는 20백만원의 책임을 져야 하므로 어음소지인(C)은 A로부터 2백만원을 수령하고, 잔액 18백만원을 B에게 청구할 수 있다.

### (3) 어음을 위조 또는 변조한 자의 책임

**어음을 위조 또는 변조한 자는 어떠한 책임을 지게 되겠는가?**

어음을 위조 또는 변조한 자는 어음행위를 하지 않았다 하더라도 다음과 같은 책임을 져야 한다.

**1. 위조자의 책임** 어음 · 수표의 위조자는 비록 어음 · 수표행위를 하지 않았다 하더라도 어음법 제8조(어음행위의 무권대리)[3]를 유추 적용하여 어음상의 책임을 져야 한다는 견해도 있으나, 어음 · 수표상의 책임을 지지 않는다[4]는 것이 다수설의 입장이다. 하지만 민법상의 불법행위에 기한 손해배상책임과 형법상의 유가증권위조죄(형법 제214조)의 책임을 져야 한다.

**2. 변조자의 책임** 변조를 한 자가 어음에 기명날인 또는 서명을 하여 어음행위를 한 경우에는 변조 후의 기명날인 또는 서명한 자에 해당하여 당연히 변조 후의 문언에 따라 책임을 진다. 그러나 어음에 기명날인 또는 서명을 하지 않은 경우에는 어음상에 기명날인 또는 서명 없는 자는 어음상의 책임 없다는 원칙에 의거, 어음상의 책임은 지지 않는다는 것이 다수설의 입장이다.

한편 변조를 한 자는 위법한 행위를 하였으므로 어음상에 기명날인 또는 서명 유무를 묻지 아니하고 민법상의 불법행위에 기한 손해배상책임과 형법상의 유가증권변조죄(형법 제214조)의 책임을 져야 한다.

3) 대리권 없이 타인의 대리인으로 환어음에 기명날인 또는 서명한 자는 그 어음에 의하여 의무를 부담한다. 그 자가 어음금액을 지급한 때는 본인과 동일한 권리를 가진다. 권한을 초과한 대리인에 관하여도 같다(어음법 제8조, 어음행위의 무권대리).

4) 위조 어음 · 수표에는 피위조자 자신의 어음 · 수표행위가 존재하지 아니하므로, 피위조자는 어음 · 수표상의 책임을 지지 아니한다(어음법 제7조, 수표법 제10조).

## (4) 피위조자의 책임

**피위조자는 어음소지인 등 이해관계인에게 어떤 책임을 지게 되겠는가?**

위조 어음에는 피위조자(어음을 위조 당한 자)의 어음행위가 존재하지 않으므로, 피위조자는 피위조에 대한 중대한 과실유무 및 수취인의 선의여부에 불문하고 어음・수표상의 책임을 지지 않는 것이 원칙이다. 다만, 피위조자가 추인을 하거나 위조어음의 상대방으로 하여금 위조자가 어음행위를 할 권한이 있다고 믿을만한 외관을 조장한 경우에는 표현책임(표현대리에 관한 민법규정 유추적용) 또는 위조자와 피위조자 와의 특정한 관계로 인해 발생되는 사용자로서의 책임에 의한 손해배상 책임을 져야 할 경우도 있다.[5)]

## (5) 위조된 어음임을 알면서 배서양도한 자의 책임

**위조된 어음임을 알면서 배서양도한 자는 어떠한 책임을 지게 되겠는가?**

위조된 어음임을 모르고 수취하였으나 나중에 그것이 위조 어음임을 알면서도 배서양도 행위를 하게 되면 허위유가증권작성죄(형법 제216조) 및 위조유가증권행사죄(형법 제217조)가 성립되는 것으로 보고 있다. 따라서 위조 어음임을 알면서 타인에게 배서양도 행위를 해서는 아니 된다.

5) 서헌제, 어음・수표법.

## 8. 선일자수표의 부도와 추심위임을 받은 은행의 책임

(상 황)

a. D은행 Y지점은 2010. 5. 12. 甲으로부터 乙이 발행한 당좌수표(발행일자 2010. 6. 25.)의 추심의뢰를 받았다.
b. Y지점은 당해 수표에 기재되어 있는 발행일자(2010. 6. 25.)가 도래한 때 지급제시를 하려고 보관을 하고 있었으나 수표발행인은 2010. 6. 2. 어음교환소로부터 거래정지처분을 당하고 말았다.
c. 추심의뢰인(甲)은 추심을 위임받은 즉시 지급제시를 히지 아니한 것은 은행의 중대한 과실이라고 주장하며, 손해배상을 청구하고 있다. 甲의 주장은 정당한가?

甲이 Y지점에 선일자수표[1])를 추심위임 하면서 수표상의 발행일자가 도래하기 전에는 지급제시하지 말 것을 요구한 사실이 없다면, 甲이 입은 손해에 대해 배상할 책임이 있을 것으로 판단된다.

수표는 일람출급으로 한다. 이에 위반되는 모든 문구는 적지 아니한 것으로 본다. 수표에 기재된 발행일이 도래하기 전에 지급을 받기 위하여 제시된 수표는 그 제시된 날에 이를 지급하여야 한다고 규정(수표법 제28조, 수표의 일람출급성)하고 있다.

이를 유추해석하면, 수표는 법률상 규정하는 일람출급증권이다. 따라서 수표의 소지인이 수표금을 지급받고자 할 때에는 그 수표에 기재된 발행일자에 불구하고 언제든지 지급제시할 수 있다는 것이 된다.

추심의뢰인(甲)과 추심위임을 받은 은행과의 관계는 위임계약 관계에 속한다. 따라서 그 은행이 추심업무를 처리할 때에는 위임의 본지에 따라 선량한 관리자로서의 주의의무를 다하여야 한다.

추심의뢰인이 은행에 선일자 당좌수표를 추심위임하면서, 그 수표에 기재된 발행일자에 불구하고 즉시 추심하여 줄 것을 요청하였거나 또는 아무런 의사표시 없이 추심을 의

1) 선일자수표라 함은 수표의 발행일자를 실제 발행일보다 후일의 일자로 기재한 수표를 말한다. 선일자수표의 경우에 지급제시기간은 실제로 수표가 발행된 날이 아니라 수표에 기재된 발행일로부터 기산하게 되고, 시효기간도 수표에 기재한 발행일자를 기준으로 제시기간이 경과한 후부터 기산한다.

뢰하였다면 그 은행은 당해 수표를 즉시 지급제시하여야 하며, 이를 위반함으로써 추심의뢰인에게 손해가 발생된 때에는 이를 배상하여야 한다는 것이 통설이다.[2] 그 이유로는 수표는 일람출급성을 그 본질로 하는 것이므로, 추심의뢰인이 발행일자가 아직 도래하지 않았음에도 불구하고 추심을 의뢰하는 것은 즉시 지급제시하려는 의사표시로 해석하여야 한다는 점을 들고 있다.

하지만 금융기관의 업무 관행이 통설의 입장과 달리 처리되고 있어 분쟁의 소지를 않고 있다. 즉 추심의뢰인이 선일자수표의 추심을 위임하면서 발행일자 이전의 지급제시를 금지한 경우는 물론 아무런 의사표시가 없는 경우에도 그 수표에 기재된 발행일자가 도래한 때에 지급제시하라는 취지로 알고 추심 위임사무를 처리하고 있는 실정이다. 아마 이는 당좌수표(가계수표도 같다)가 상거래에 있어서 일람출급증권으로서의 기능이 많이 퇴색하고 약속어음과 같이 신용증권화된 결과라고 판단된다.

은행이 고객으로부터 소위 선일자수표에 대하여 추심 위임을 받을 때에는 특히 다음 사항에 유의하여야 할 것이다.

1. 당해 수표의 지급제시 시기, 즉 수표에 기재되어 있는 발행일자에 불구하고 즉시 지급제시하여야 하는지, 아니면 발행일자가 도래된 때 지급제시하는지 여부에 관한 추심의뢰인의 분명한 의사를 확인하고 그 증거를 남겨 두어야 할 것이다.

예컨대 그 수표상의 발행일자가 도래하기 전에는 지급제시하지 않도록 요청하는 경우에는 '발행일자 도래된 때 지급제시 요망', 그리고 수표상의 발행일자에 불구하고 즉시 지급제시를 요구하는 경우에는 '즉시 지급제시 요망' 등의 문언을 추심의뢰인으로 하여금 수표의 배면 여백에 기재하게 한다면 장래 불필요한 분쟁을 예방하는 바람직한 업무처리라 생각된다.

2. 수표의 일람출급성에 관한 규정(수표 제28조 제2항)은 강행규정이므로 발행일자 이전에 지급제시가 있는 때에는 지급을 거절하기로 하는 발행인과 지급인 간의 특약(선일자수표의 경우 특별한 사정이 없는 한 이러한 특약이 있었던 것으로 본다)은 수표법상으로는 당연 무효가 되지만 당사자 간에는 유효하다는 것이 통설이다. 그러므로 수표소지인이 이를 위반하여 지급제시를 한 때에는 수표예약의 채무불이행으로서 손해배상책임을 부담하게 될 수도 있다는 점을 고객(추심의뢰인)에게 충분히 안내하는 것도 하나의 진정한 서비스이다.

3. 추심위임 당시 수표상의 발행일자 이전에는 지급제시하지 말라는 의뢰인의 요청

2) 한국산업은행 금융법률실무(수신).

이 있었다면, 발행인이 그 수표의 발행일자가 도래하기 전에 거래정지처분을 당하게 되었다 하더라도 자금사정 악화 등으로 발행일자 전에 부도가 날 것임을 예견하였거나 예견할 수 있었다는 등의 사정이 있지 않는 한 추심위임을 받은 은행은 부도와 관련한 책임이 없다는 것이 대법원 판례[3]의 태도이다.

3) 수표소지인이 선일자수표의 추심을 위임하면서 발행일자 이전의 지급제시를 금하는 외에 별다른 조건을 붙이지 않았다면, 수임은행으로서는 수표 지급제시기간 내에 지급을 위한 제시를 한 이상 수임인으로서 위임의 본지에 따라 위임사무를 처리한 것이라고 할 것이다. 따라서 지급제시기간 중 일찍 제시를 하였더라면 지급을 받을 수 있었는데 늦게 제시를 하였기 때문에 그 사이에 발행인의 자금사정이 악화되어 예금부족으로 지급거절이 되었다고 하여도 추심수임은행이 자금사정 악화로 인한 예금부족을 예견하였거나 예견할 수 있었음에도 불구하고 늦게 제시하였다는 등, 특별한 사정이 없는 한 지급제시기간 내 제시한 은행에게 수임인으로서의 선량한 관리자의 주의를 게을리 한 책임이 없다(대법원 1985. 5. 28. 선고 84다카2451 판결).

## 9. 선일자수표의 발행인과 그 수표 수취인의 책임

(상 황)

a. 甲은 乙로부터 기계를 주문 제작 구입하고 그 대금조로 발행일자가 3개월 후로 된 선일자 당좌수표를 발행・교부하면서, 수표에 기재된 발행일자가 도래하기 전에는 지급제시를 하지 않기로 약속하였다.

b. 그러나 乙이 약속을 이행하지 아니함으로써 그 수표는 수표상의 발행일자가 도래하기 전에 지급제시가 되었다. 이 경우 甲이 취할 수 있는 적절한 대응 방안은?

위 사례에서, 甲(선일자수표 발행인)은 다음과 같이 대응하는 것이 적절할 것으로 판단된다.

1. 당좌개설 은행(지급은행)에 사고신고(계약불이행)를 하는 한편 사고신고담보금 처리를 위한 약정을 체결하고, 담보금을 별단예금에 예치하도록 한다.

2. 당해 수표는 지급을 거절하고 사고신고서 접수(계약불이행)로 부도반환한다.

3. 그리고 乙과 타협을 하되, 협의가 원만하게 이루어 지지 아니하면 소 제기와 더불어 사기죄로 고소하는 방안도 적극 고려한다.

수취인과 합의 하에 선일자수표를 발행하였으나 수취인이 특약을 위반함으로써 발행인이 손해(예컨대 자금 사정의 차질, 선일자수표 미결제로 인한 거래정지처분, 부정수표단속법 위반에 따른 제재 등)를 입게 된 때에는 그 손해를 배상하여야 하고, 경우에 따라서는 사기죄에 해당될 수 있기 때문이다. 그러나 발행인은 발행일자 전 지급제시 금지 특약을 이유로 제3자에게는 대항할 수 없다는 점을 유의하여야 한다.

선일자수표라 함은 수표발행인이 수표의 발행일자를 실제 발행한 날짜가 아닌 미래의 날짜를 기재하고, 그 수표에 기재되어 있는 발행일자가 도래한 때에 수표금을 지급하기로 약정하고 발행된 수표를 말하며, 선수표(先手票) 또는 연수표(延手票)라고도 한다.

그런데 수표법 제28조(수표의 일람출급성)는 '수표는 일람출급으로 한다. 이에 위반되는 모든 문구는 적지 아니한 것으로 본다. 수표에 기재된 발행일이 도래하기 전에 지급을 받기 위하여 제시된 수표는 그 제시된 날에 이를 지급하여야 한다.'라고 규정하고 있다.

수표발행일자 전에는 지급제시를 하지 않기로 하는 수표의 발행인과 수취인 간의 특약(선일자수표의 경우 특별한 사정이 없는 한 이러한 특약이 있었던 것으로 본다[1])은 당사자 간에는 유효한 것으로 본다.[2] 하지만 본 규정은 강행규정이다. 따라서 선일자수표가 그 수표상의 발행일자가 도래하기 전에 지급제시되었다 하더라도 발행인은 그 제시된 날에 지급을 하여야 하며(수표법 제28조 제2항), 지급을 하지 아니하면 어음교환소로부터 거래정지처분의 대상이 될 뿐만 아니라 부정수표단속법에 의거 처벌을 받게 된다. 그 수표에 기재된 발행일자가 도래하기 전에는 지급제시를 하지 않기로 하는 특약에 반하여 발행일자 전에 지급제시된 경우에도 마찬가지이다.[3]

한편 수표발행인과 수취인 간에 수표상에 기재된 발행일자가 도래되기 전까지는 지급제시를 하지 않기로 하는 특약 있었음에도 불구하고 발행일자가 도래하기 전에 지급제시함으로 인하여 수표발행인이 손해를 입은 경우 그 수취인은 민사상의 손해배상[4] 뿐만 아니라 사기죄로 형사처벌을 받을 수도 있으므로 수표상의 발행일자가 도래하기 전에는 지급제시를 하지 않는 것이 마땅하다.

상관습에 의해 시중에 흔히 통용되고 있는 선일자수표가 비록 수표의 일람출급성에 반하고 수표를 신용증권화 하는 모순점이 있으나 일단 당사자 간의 합의에 의거 발행된 이상 그 합의를 이행하는 것이 신의성실의 원칙에 부합하는 동시에 뜻하지 않은 불측의 피해를 예방할 수 있으므로 선일자수표의 발행인과 수취인은 특히 다음 사항에 유의하여야 할 것으로 생각된다.

1. 발행인은 비록 수취인과의 합의 하에 선일자수표를 발행하였다 하더라도 발행일자전에 지급제시된 이상 결제하지 아니하면 어음교환소로부터의 거래정지처분을 당함은 물론 부정수표단속법에 의거 형사처벌을 받을 수 있다. 따라서 부득이 선일자수표를 발행하여야 하는 때에는 별도의 이행 각서를 받되 필요시는 수표 본문에 기재되어 있는 소지인 부분을 말소하고, 그 자리에 수취인을 기재한 다음 수표앞면에 지시금지 문언을 기

1) 선일자수표는 그 발행자와 수취인 사이에 특별한 합의가 없었더라도 일반적으로 수취인이 그 수표상의 발행일 이전에는 자기나 양수인이 지급을 위한 제시를 하지 않을 것이라는 약속이 이루어져 발행된 것이라고 의사 해석함이 합리적이며 따라서 대부분의 경우 당해 발행일자 이후의 제시기간 내의 제시에 따라 결제되는 것이라고 보아야 한다(대법원 1989. 11. 28. 선고 88다카33367 판결).

2) 정동윤, 어음 · 수표법.

3) 소위 선일자수표라 하더라도 그 특약에 반하여 소지인으로부터 지급은행에 그 수표의 지급제시가 있었으나, 예금부족으로 그 지급이 되지 않은 이상, 이를 발행한 피고인으로서는 부정수표단속법에 의한 처벌을 면치 못할 것이다(대법원 1981. 9. 22. 선고 81도1181 판결).

4) 서헌제, 어음 · 수표법.

재(이러한 수표를 지시금지수표라 한다)하여 발행하는 것이 안전하다.

2. 수취인은 수표에 기재되어 있는 발행일자에 지급제시하기로 하고 수표를 교부 받은 이상 이를 이행하는 것이 상도의이며, 신의성실의 원칙에 부합하는 것임을 각별히 유념하여 그 수표를 제3자에게 배서양도할 경우에는 발행일자가 도래하기 전까지는 지급제시하지 않도록 철저히 주지시켜야 한다. 그리고 거래은행에 추심을 위한 보관을 의뢰할 때는 수표상의 발행일자가 도래한 때에 지급제시하도록 당부를 해 두는 것이 적절한 처리라 생각된다.

## 10. 부정수표의 유형과 금융기관의 고발의무

(상 황)

a. D은행 Y지점에 당좌거래를 하던 甲이 어음교환소로부터 거래정지처분을 당하였다.

b. Y지점은 지급제시된 당좌수표 중 부정수표단속법에서 규정하는 부정수표에 해당되는지 여부를 검토하고 있다.

### (1) 거래정지처분 후에 지급제시되었으나 무거래로 부도처리된 당좌수표가 부정수표에 해당하는지 여부

**당좌수표가 거래정지처분 후에 지급제시되고 부도사유가 무거래인 경우, 부정수표에 해당되는지 여부?**

그 수표에 기재된 발행일자가 언제인지 그리고 지급제시기간 내에 지급제시가 되었는지 여부에 따라 부정수표 여부가 결정된다. 즉 발행일자가 거래정지처분 일자와 같거나 그 이후로 되어 있는 것(이러한 수표는 부정수표단속법상 금융기관으로부터 거래정지처분을 받은 후에 발행한 수표로 간주한다)은 부정수표단속법상에서 규정하는 부정수표에 해당한다.

발행일자가 거래정지처분 전으로 되어 있는 경우로서 지급제시기일 이내에 지급제시되었으나 무거래로 부도처리된 수표(이러한 수표는 부정수표단속법상 수표를 발행한 후에 거래정지처분이나 수표계약의 해제 또는 해지로 인하여 제시기일에 지급되지 아니한 수표에 해당한다)는 부정수표에 해당되지만, 제시기일경과 후에 지급제시된 수표는 부정수표에 해당하지 아니한다.

참고로 부정수표단속법에서는 다음 각 호에 해당하는 수표를 부정수표로 보고 이를 발행한 자와 작성한 자에 대하여 5년 이하의 징역 또는 수표금액의 10배 이하의 벌금에 처하도록 규정하고 있다.[1] 다만, 고의가 아닌 과실로 아래 각 호에 해당하는 부정수표를 발행 한 자, 그리고 고의범이라 하더라도 예금부족으로 지급을 하지 못한 수표 및 무거래로 지급을 하지 못한 수표를 발행(아래 4호)하거나 작성한 자가 그 수표를 회수하였거나, 설사 회수하지 못하였을 때라도 수표소지인이 명시적으로 처벌을 원하지 않는다는 의사표시[2]가 있는 때에는 공소를 제기하지 못한다(부정수표단속법 제2조 제4항).

1) 부정수표단속법 제2조(부정수표발행인의 형사책임).

1. 가공인물의 명의로 발행한 수표.

2. 금융기관(우체국을 포함)과의 수표계약 없이 발행하거나 금융기관으로부터 거래정지처분을 받은 후에 발행한 수표.

3. 금융기관에 등록된 것과 다른 서명 또는 기명날인으로 발행한 수표.

4. 수표를 발행하거나 작성한 자가 수표를 발행한 후에 예금부족, 거래정지처분이나 수표계약의 해제 또는 해지로 인하여 제시기일에 지급되지 아니한 수표.

발행인이 법인이나 그 밖의 단체일 때에는 그 수표에 적혀 있는 대표자 또는 작성자[3]를 처벌하며, 그 법인 또는 그 밖의 단체에도 해당 조문의 벌금형을 과한다. 다만, 법인 또는 그 밖의 단체가 그 위반행위를 방지하기 위하여 해당 업무에 관하여 상당한 주의와 감독을 게을리 하지 아니한 경우에는 그러하지 아니하다. 한편 대리인[4]이 수표를 발행한 경우에는 본인을 처벌하는 외에 그 대리인도 처벌 한다.[5]

금융기관에 종사하는 사람이 직무상 가공인물의 명의로 발행한 수표를 발견하거나, 금융기관(우체국을 포함)과의 수표계약 없이 발행 또는 금융기관으로부터 거래정지처분을 받은 후에 발행한 수표를 발견하거나, 금융기관에 등록된 것과 다른 서명 또는 기명날인으

2) 부정수표를 여러 장 발행한 경우에는 발행한 각 장마다 별개의 범죄가 성립한다. 그 발행행위가 동일한 시기에 동일한 장소에서 동일 상대방에 대하여 이루어진 경우도 마찬가지이다(대법원 1986. 3. 11. 선고 85도2809 판결). 따라서 이와 같은 경우에는 발행한 부정수표 모두를 회수하거나 발행된 모든 수표에 관하여 수표소지인이 처벌을 원하지 않는다는 명시적인 의사표시를 하여야 형사책임이 면제되게 된다. 발행인의 수표 회수나 수표소지인의 처벌을 원하지 않는다는 명시적인 의사표시는 검사가 공소를 제기한 후에도 할 수 있으며, 이러한 수표 회수나 의사표시가 있으면 법원은 공소기각판결을 하여 형사소송을 종결시키게 된다. 다만, 발행인의 형사책임을 면하게 하는 수표 회수나 의사표시는 늦어도 제1심 판결의 선고가 있기 전까지 하여야 한다는 것이 대법원 판례(1994. 10. 11. 선고 94도1832 판결)의 태도이다.

3) 경리담당 사원이 사장의 서명날인된 수표용지에 사장의 지시로 금액만 기입하였다면, 기입한 사원은 기계적으로 행동하였을 뿐, 그를 가리켜 수표의 작성자라고 볼 수 없다(대법원 1975. 12. 23. 선고 75도2737 판결).
부정수표를 작성한 자라고 함은 수표상의 요건을 대리기입한 자를 지칭하는 것이 아니고, 발행인과 공모하거나, 그의 위임아래 부정수표를 만드는 자를 말한다고 해석하여야 될 것이다(대법원 1975. 12. 9. 선고 74도2650 판결).

4) 부정수표단속법 제3조(법인 · 단체 등의 형사책임) 제2항이 규정하고 있는 대리인에 의한 수표발행의 경우는 수표장에 대리인이 본인을 위하여 하는 것이라는 것을 기재하여 대리인이 기명날인한 경우, 즉 수표상에 ① 본인표시 ② 대리관계의 표시 ③ 대리인의 기명날인이 기재되어 있는 경우를 의미한다(대법원 1981. 7. 28. 선고 80도1603 판결).

5) 부정수표단속법 제3조(법인 · 단체 등의 형사책임).

로 발행한 수표를 발견하거나, 위조 또는 변조된 수표를 발견한 때에는 48시간 이내에 수사기관[6]에 고발하여야 한다. 수표를 발행하거나 작성한 자가 수표를 발행한 후에 예금부족, 거래정지처분이나 수표계약의 해제 또는 해지로 인하여 제시기일에 지급되지 아니한 수표를 발견한 때에는 30일 이내에 수사기관에 고발하여야 한다.

금융기관이 정해진 기한 내에 고발을 하지 아니하면 100만원 이하의 벌금을 부과받게 된다.

고발장에 기재하는 고발사유는 부정수표단속법 관련조항에 의거 구체적으로 기재하여야 하며, 단순히 부도반환사유를 기재하여서는 아니 된다. 고발장에는 고발대상 수표사본(전 · 후면 복사)을 첨부하여야 한다.

예금부족으로 부도처리한 수표의 부도대전이 다음 영입일에 제시은행에 입금되어 거래정지처분을 면하게 된 경우에도 일단 고발을 하여야 한다. 다만, 발행인이 부정수표를 회수하여 제출하거나 부도대전을 입금한 경우에는 고발장에 동 사실을 명기하여 발행인이 정상 참작을 받을 수 있도록 하여야 한다. 이러한 경우에는 금융기관에서 고발을 하더라도 수표발행인은 형법상 아무런 제재를 받지 않는다.

한편 수표금액의 지급 또는 거래정지처분을 면할 목적으로 금융기관에 거짓 신고를 한 자는 10년 이하의 징역 또는 20만원[7] 이하의 벌금에 처한다.[8]

### (2) 지급제시기간 내에 지급제시되었으나 예금부족으로 부도처리되었다가 익 영업일에 결제된 수표가 부정수표에 해당되는지 여부

**당좌수표가 지급제시기간 내에 지급제시되었으나 결제자금이 부족하여 예금부족으로 부도처리한 후, 그 다음날 부도수표 금액을 제시은행에 입금한 경우, 부정수표에 해당되는지 여부?**

지급제시기간 내에 지급제시된 당좌수표를 예금부족으로 부도처리한 후, 수표발행인이 다음 영업일 날 당해 수표대금을 결제하였다 하더라도 일단 그 수표는 부정수표단속법

6) 부정수표를 발견한 때에는 고발의무 기간 내에 수표발행인의 주소지를 관할하는 경찰서에 고발하여야 한다. 다만, 위. 변조로 부도처리한 수표의 경우에는 영업점을 관할하는 경찰서에 고발한다.

7) 저자의 좁은 소견으로는 징역형과 벌금형의 균형이 전혀 맞지 않다고 생각된다.

8) 부정수표단속법 제4조(거짓 신고자의 형사책임).

제2조 제2항에서 규정하는 부정수표[9]에 해당한다. 따라서 이러한 수표를 발견한 금융기관은 동 수표를 발견한 때로부터 30일 이내에 고발을 하여야 한다. 다만, 부정수표로 고발할 때에는 고발장 비고란에 결제사실을 반드시 기재하여 정상참작이 되도록 하여야 할 것이다.

부정수표 발행 행위 중 과실범의 경우와 고의범 중 예금부족으로 지급되지 않는 수표의 발행 또는 무거래로 지급되지 않는 수표의 발행에 해당하는 경우로서 그 수표를 발행하거나 작성한 자가 그 수표를 회수한 때에는 형사처벌을 받지 아니함으로[10] 설문과 같이 익 영업일에 수표대금을 결제하고 수표를 회수한 경우에는 금융기관에서 고발을 하더라도 수표발행인은 형법상 아무런 제재를 받지 아니한다.

### (3) 발행일자의 기재가 없는 수표가 지급제시되었으나 예금부족으로 부도처리된 경우 부정수표에 해당되는지 여부

**당좌수표 발행일자의 기재가 누락 상태로 지급제시가 되고, 예금부족으로 부도처리된 경우, 부정수표에 해당되는지 여부?**

당좌수표의 발행일자의 기재가 없는 수표는 지급제시기간 내에 제시되었는지를 확정할 수 없어 부정수표단속법 제2조 제2항 소정의 구성요건을 충족하지 못하였으므로 그 수표가 예금부족으로 부도처리되었다 하더라도 부정수표로 보지 않는다는 것이 판례[11]의 태도이다.

9) 부정수표단속법 제2조 제2항 위반의 범죄는 예금부족 등으로 인하여 제시기일에 지급되지 아니할 것이라는 결과발생을 예견하고 발행인이 수표를 발행한 때에 바로 성립하고 수표소지인이 그 제시기일에 지급을 위한 제시를 하여 수표금의 지급이 되지 아니한 때에 성립하는 것이 아니다(대법원 1996. 3. 8. 선고 95도2114 판결).

10) 부정수표단속법 제2조 제2항.

11) 수표의 발행일자란의 발행 년 월 일 중, 월의 기재가 없는 수표는 발행일의 기재가 없는 수표로 볼 수밖에 없고, 이러한 수표는 수표법 소정의 지급제시기간 내에 제시되었다는 지의 여부를 확정할 길이 없으므로 부정수표단속법 제2조 제2항 소정의 구성요건을 충족하지 못하는 것이다(대전합판 1983. 5. 10. 83도340).
백지보충권의 소멸시효가 완성된 다음 수표상의 백지부분을 보충하였다고 하더라도 이는 적법한 보충이라고 할 수 없으므로 소멸시효기간이 완성된 후 백지수표의 백지부분이 보충되어 지급제시되었다면 그 수표가 예금부족 또는 거래정지처분 등의 사유로 지급거절 되었다고 하더라도 이에 대하여는 부정수표단속법 위반죄의 죄책을 물을 수 없다(대법원 2001. 11. 27. 선고 2001도3184 판결).

참고로 발행지의 기재가 없는 수표가 지급제시되어 예금부족으로 부도처리되면 부정수표로 고발하여야 한다는 것이 대법원 판례의 태도이다.

### (4) 거래정지처분 전에 발행하였으나 수표상의 발행일자가 거래정지처분 후의 날짜로 기재된 당좌수표가 지급제시되어 무거래 부도처리된 경우 부정수표에 해당하는지 여부

**실제 발행은 거래정지처분이 있기 전에 하였으나 선일자수표를 발행함으로써 수표상의 발행일자가 거래정지처분이 있은 후의 날짜로 기재되어 있는 당좌수표가 지급제시되어 무거래 부도처리된 경우, 부정수표에 해당되는지 여부?**

부정수표 해당여부는 수표상의 기재 일자가 아니라 그 수표의 실제 발행일자를 기준으로 판단하여야 한다. 따라서 수표상의 발행일자가 거래정지처분 이후의 날짜로 기재되어 있으나 실제 거래정지처분 이전에 발행된 수표(이러한 수표를 선일자 수표라 한다)가 무거래로 부도처리되고, 발행인이 이러한 사실을 입증할 수 있다면 그 수표는 부정수표단속법상의 부정수표에 해당되지 아니한다. 문제는 이 경우 지급증권인 수표를 어음과 같이 신용증권화를 부추길 우려가 있다고 판단된다.

한편 선일자수표는 금융기관 직원으로서는 실제 발행일자가 언제 인지를 알 수 없고 설사 발행인이 거래정지처분 전에 발행된 근거를 제시한다 하더라도 그 내용의 진정성이 확보되지 않는다면 금융기관으로서는 일단 거래정지처분 후에 발행된 수표로 보고 고발을 할 수밖에 없다.

수표발행인에게 상기와 같은 내용을 설명하여 관할경찰서로부터 구제를 받도록 하는 것이 적절할 것으로 본다.

## 11. 법인 등이 부정수표를 발행한 경우 형사책임

(상 황)

a. D은행 Y지점의 당좌거래처 A주식회사(대표이사 乙)는 지급제시된 어음과 수표를 결제하지 못하여 최근 어음교환소로부터 거래정지처분을 당하였다.

b. 그런데, 금일 지급제시된 당좌수표는 대표이사가 변경되기 전인 甲을 대표자로 하여 발행된 수표이다. 이 경우 Y지점은 甲과 乙중 누구를 고발하여야 하는가?

당해 수표를 현재 대표자인 乙이 甲의 명의로 발행하였다는 것과 같은 특별한 사정이 있지 않는 한 구대표자(甲) 또는 그 작성자를 고발하여야 한다.

부정수표단속법(이하 법이라 한다)상 부정수표와 관련하여 형사처벌을 받는 자는 그 수표를 발행하거나 작성한 자(법 제2조 제1항)이며, 위조 및 변조 수표의 경우에는 위·변조 행위를 한 자(법 제5조)이다.

부정수표를 발행한 자가 법인이거나 그 밖의 단체일 때에는 그 수표에 적혀 있는 대표자 또는 작성자를 처벌하는 동시에 그 법인 또는 그 밖의 단체에 대해서는 이 법에서 정하는 벌금형을 부과한다. 다만, 법인 또는 그 밖의 단체가 그 위반행위를 방지하기 위하여 해당 업무에 관하여 상당한 주의와 감독을 게을리하지 아니한 경우에는 벌금형을 부과하지 아니한다. 대리인이 수표를 발행한 경우에는 본인을 처벌하는 외에 그 대리인도 처벌하도록 규정하고 있다.

참고로 은행이 수표에 기재된 대표이사(甲)를 피고발인으로 하여 고발을 한다 하더라도 그 피고발인이 반드시 처벌되는 것은 아니다.[1]

예컨대, A주식회사의 종전 대표이사(甲)가 퇴임하면서 자신의 명의로 당좌수표가 발행되지 않도록 별도의 조치를 취하지 않았다 하더라도 현재 대표자인 乙이 甲의 명의로

1) 은행원이 부정수표단속법상 규정된 의무의 이행으로 수사기관에 행하는 고발의 성격은 단지 수사상의 단서에 불과하므로 은행에서 고발장에 기재한 내용자체가 특별한 법적 효력을 가지는 것은 아니다. 즉 실체적 사실여부는 수사기관의 수사에 의하여 밝혀질 것이므로 고발의무가 있는 자는 부정수표 발견 당시 그 수표상에 기재된 사항에 한해서만 또 그 상태대로 고발함으로써 그 의무를 면한다고 보아야 할 것이다.

수표를 발행한 경우라면 종전 대표자에게 부정수표를 발행한 책임을 물을 수 없기 때문이다.[2)]

아울러 금융기관으로서는 수표 발행 경위에 대한 구체적인 사안을 알 수가 없고 또 그러한 사정을 조사하여 특정인을 고발할 의무도 없다. 실체적 진실에 입각한 형사책임의 문제는 수사기관과 법원에서 판단한 사항이므로 그 수표에 기재된 대표자와 법인을 고발하면 되는 일이다.

2) 부정수표단속법 제2조 제3항이 정하는 과실범은 수표를 발행하거나 작성한 자가 과실로 인하여 그 수표가 예금부족 등으로 지급 거절되는 것을 예견하지 못하였을 때 성립할 따름이므로 그 주체는 어디까지나 수표를 발행하거나 작성한 자 본인이어서 비록 퇴임하는 대표이사가 자기 명의의 수표가 발행되지 못하도록 제반조치를 취하지 않아 회사임직원이 퇴임한 대표이사 명의의 수표를 발행한 경우라도 그 퇴임한 대표이사에게 수표를 발행한 책임은 물을 수 없다(대법원 1984. 2. 28. 선고 83도2565 판결).

# | 사항 찾아보기 |

[사]



[아]



[자]

■ 저자약력

- ○ 대구상업고등학교 졸업
- ○ 고려 사이버대학교 법학과 졸업
- ○ 1979년 1월 대구은행 입행
- ○ 은행 내 실무법규 전문 강사(1999년~현재)
- ○ 대구상공회의소 어음·수표법 실무 강사 역임
- ○ 금융채권관리사(한국금융채권협회)
- ○ 한국생산성본부 채권관리사 과정 강사 역임
- ○ 새마을금고 중앙연수원 여·수신법률 강사(2001년~2005년) 역임
- ○ (현) 대구은행 고령지점장 겸 기업지점장

**사례로 보는**
**여·수신법률의 실무**

2011. 1. 20. 발행

저 자 안영칠
펴낸이 백 욱
펴낸곳 **육법사**
121-838 서울특별시 마포구 서교동 370-28
TEL (02) 332-1830·1831
FAX (02) 332-1836
http://www.yp1966.co.kr
등록연월일 1966. 8. 19. 1-300호


**ISBN 978-89-7214-179-2 93360**
정가 35,000원

저자와
협의에 의하여
검인 생략